LA PÉDAGOGIE

Théories et pratiques de l'Antiquité à nos jours

2e édition

Sous la direction de
Clermont Gauthier et Maurice Tardif

LA PÉDAGOGIE

Théories et pratiques de l'Antiquité à nos jours

2e édition

**gaëtan morin
éditeur**

CHENELIÈRE ÉDUCATION

La pédagogie
Théories et pratiques de l'Antiquité à nos jours, 2e édition

Sous la direction de Clermont Gauthier et Maurice Tardif

© gaëtan morin éditeur ltée, 1996, 2005

Éditeur : Luc Tousignant
Coordination : Lucie Turcotte
Révision linguistique : Ginette Gratton
Correction d'épreuves : Isabelle Canarelli et Danielle Maire
Conception graphique : Jocelyn Mallette
Infographie : Yvon St-Germain

**Catalogage avant publication
de Bibliothèque et Archives Canada**

Vedette principale au titre :

La pédagogie : théories et pratiques de l'Antiquité à nos jours

2e éd.

Comprend des réf. bibliogr. et des index.

ISBN 2-89105-899-2

1. Pédagogie – Histoire.   2. Éducation – Philosophie – Histoire.
3. Éducateurs.   4. Sciences de l'éducation – Histoire.   5. Psychopédagogie.   I. Gauthier, Clermont, 1951-   .   II. Tardif, Maurice,
1953-   .

LB14.7.P43 2004   370'.1   C2004-941201-9

**gaëtan morin
éditeur**

CHENELIÈRE ÉDUCATION

7001, boul. Saint-Laurent
Montréal (Québec)
Canada H2S 3E3
Téléphone : (514) 273-1066
Télécopieur : (514) 276-0324
info@cheneliere-education.ca

ISBN 2-89105-899-2

Dépôt légal : 1er trimestre 2005
Bibliothèque nationale du Québec
Bibliothèque nationale du Canada

Imprimé au Canada

1 2 3 4 5 IQL 08 07 06 05 04

Nous reconnaissons l'aide financière du gouvernement du Canada
par l'entremise du Programme d'aide au développement de l'industrie
de l'édition (PADIÉ) pour nos activités d'édition.

Gouvernement du Québec – Programme de crédit d'impôt pour
l'édition de livres – Gestion SODEC

Tableau de la couverture :
Oracle
Œuvre de **Dimitri Loukas**

Né dans l'Île de Chio, en Grèce, Dimitri Loukas
a passé son enfance en France ; il est maintenant
citoyen canadien.

Peintre autodidacte intéressé par le postcubisme
et la géométrisation du gestuel, il produit des
œuvres contenant de multiples déformations
spatiales et chromatiques des objets et des personnages à travers une organisation logique de
lignes fluides.

On trouve ses toiles dans plusieurs musées et
collections privées et publiques, tant en Amérique
du Nord qu'en Europe. Elles sont présentées à
la Galerie Michel-Ange de Montréal.

DANGER
LE
PHOTOCOPILLAGE
TUE LE LIVRE

Présentation des collaborateurs

MARC AUDET a travaillé comme enseignant et comme directeur d'école au primaire pendant presque 30 ans. Dès le début des années 1970, il menait ses premières expériences avec la pédagogie Freinet. Puis, en 1975, il a été cofondateur du Collectif québécois de l'école moderne (CQEM), organisme regroupant des enseignants québécois travaillant selon la pédagogie Freinet. Il a également été membre fondateur d'une école Freinet, l'école optionnelle Yves-Prévost, à Beauport.

STEVE BISSONNETTE, psychoéducateur, et **MARIO RICHARD**, psychopédagogue, unissent leurs efforts, en 1995, afin d'approfondir leurs recherches sur l'acte d'enseignement-apprentissage. Cette association amène la mise sur pied du groupe PROXIMA et le développement d'une approche intégratrice, l'enseignement par médiation (EPM). Depuis janvier 1996, les deux auteurs ont rencontré plus de 5 000 intervenants en éducation par l'entremise d'ateliers de formation portant sur l'EPM dispensés au Québec, au Nouveau-Brunswick, au Manitoba et en Ontario. Ils ont publié, à l'automne 2000, un ouvrage sur l'acquisition des compétences dans le cadre de la réforme de l'éducation québécoise. Messieurs Richard et Bissonnette sont actuellement doctorants en éducation, chercheurs-étudiants au Centre de recherche interuniversitaire sur la formation et la profession enseignante (CRIFPE) de l'Université Laval et, depuis janvier 2003, consultants pour le ministère de l'Éducation de l'Ontario.

CECILIA MARIA FERREIRA BORGES a un doctorat en sciences de l'éducation de l'Université Pontificale de Rio de Janeiro (2002). Pendant 10 ans, elle a enseigné comme professeure régulière au Département d'enseignement de la Faculté d'éducation de l'Université Fédérale de Pelotas, au Brésil. Actuellement, elle est attachée au Centre de recherche interuniversitaire sur la formation et la profession enseignante (CRIFPE) de l'Université de Montréal et boursière postdoctorale du Conseil de recherche en sciences humaines du Canada (CRSH) à l'Université de Montréal, où elle étudie les connaissances professionnelles chez les enseignants du secondaire dans le contexte de la réforme de l'éducation au Québec. Au Brésil, son livre *O professor de Educação Física e a construção do saber* (Editora Papirus, 2002) en est présentement à la 4ᵉ édition (2003). Elle est codirectrice du dossier thématique *Os saberes dos docentes e sua formação* (Educação & Sociedade, 2001). Au Canada, elle est aussi codirectrice du livre *Savoir, former et intervenir dans une éducation physique en changement* (Éditions du CRP, 2003).

JEAN-FRANÇOIS DESBIENS a obtenu son doctorat en psychopédagogie de l'Université Laval en 2001. Éducateur physique, il enseigne depuis 2002 à la Faculté d'éducation physique et sportive (FEPS) de l'Université de Sherbrooke. Il est membre associé du CRIFPE et du Centre de recherche sur l'intervention éducative (CRIE) à l'Université de Sherbrooke. Il est aussi membre régulier du Groupe de recherche en intervention éducative et formation professionnelle en activité physique (GRIEFPAP) de la FEPS.

BENOÎT DUBUC a obtenu un doctorat en psychologie de l'Université de Montréal et a été professeur au Département de psychopédagogie de l'Université Laval de 1977 à 1981, puis au Département des sciences de l'Éducation à l'Université du Québec à Chicoutimi de 1983 à 1994. Il a fondé l'École Montessori de Québec en 1987 où il travaille actuellement comme directeur et professeur. Il a également participé à la fondation du Centre de Formation Montessori de Montréal (AMI) en 1995.

THIERRY KARSENTI est titulaire de la Chaire de recherche du Canada sur les technologies de l'information et de la communication (TIC) en éducation. Il est également chercheur au Centre de recherche interuniversitaire sur la formation et la profession enseignante (CRIFPE) et professeur agrégé à l'Université de Montréal, où il travaille à l'intégration des technologies de l'information et de la communication dans la formation des maîtres. Ses réalisations et innovations technopédagogiques dans les formations ouvertes ou à distance ont été reconnues tant sur le plan provincial que national. Il se distingue également par la contribution de ses activités de recherche à la qualité de la pédagogie universitaire.

MARIE-FRANÇOISE LEGENDRE est professeure agrégée à la Faculté des sciences de l'éducation de l'Université de Montréal et enseigne dans la formation initiale et continue des enseignants depuis de nombreuses années. Elle est aussi responsable pédagogique du baccalauréat en enseignement secondaire. Ses travaux s'inscrivent dans les perspectives constructiviste et socioconstructiviste du développement des connaissances. Auteure de nombreux chapitres de livres et du *Lexique de la psychologie du développement de Jean Piaget*, elle a également publié plusieurs articles sur l'apprentissage et l'enseignement dans des revues scientifiques et professionnelles. Elle s'intéresse depuis quelques années à la question du développement des compétences et de l'élaboration des programmes par compétences.

FRANCISCO A. LOIOLA est professeur agrégé à l'Université de Montréal où il travaille dans le domaine de la pédagogie universitaire. Ses recherches portent sur l'influence des conceptions de l'enseignement et de l'apprentissage sur la pratique pédagogique des professeurs d'université. Pendant 13 ans, il a été professeur au Département de théorie et pratique de l'enseignement à l'Université fédérale du Ceará (Brésil). Il possède un doctorat en psychopédagogie de l'Université Laval (2001), une maîtrise en enseignement de l'Université fédérale du Ceará (Brésil, 1990), un diplôme en technologie éducationnelle et une licence en philosophie de la Faculté de philosophie de Fortaleza (1984).

STÉPHANE MARTINEAU est professeur depuis 1998 au Département des sciences de l'éducation de l'Université du Québec à Trois-Rivières, et il est membre du Centre de recherche interuniversitaire sur la formation et la profession enseignante (CRIFPE). Formé en sociologie, en anthropologie et en psychopédagogie, monsieur Martineau est spécialiste des fondements de l'éducation. Il s'intéresse plus particulièrement au développement des savoirs et des compétences en enseignement, à la construction de l'identité professionnelle et à l'insertion au travail des enseignants.

DENIS SIMARD a obtenu un Ph. D. en fondements de l'éducation et il est professeur agrégé et directeur du baccalauréat en enseignement secondaire à la Faculté des sciences de l'éducation de l'Université Laval. Il est également chercheur régulier au Centre de recherche interuniversitaire sur la formation et la profession enseignante (CRIFPE). Ses travaux portent sur la pédagogie et son histoire, les courants pédagogiques contemporains, l'herméneutique et l'approche culturelle de l'enseignement.

Préface de la première édition

Pour beaucoup de nos contemporains, l'intérêt pour la pédagogie et son histoire paraît, il faut bien le dire, un peu désuet. Ne sommes-nous pas entrés dans une époque où toutes ces vieilleries au statut épistémologique mal défini, ces théories qui tentent avec peine de frayer avec les pratiques, ces rêveries que Durkheim voulait définitivement ranger dans les bibliothèques, au rayon de la littérature utopique ou à celui de la science-fiction, apparaissent totalement démodées ?

Que pouvons-nous encore trouver d'utile et d'actuel dans les divagations philosophiques d'un saint Augustin qui nous explique, dans le De Magistro, que le seul maître est le « maître intérieur » et que nos précepteurs ne nous apprennent rien d'autre que le mouvement qui consiste à se tourner vers lui ? À l'heure des autoroutes de l'information, ne convient-il pas de reléguer définitivement saint Augustin au grenier ? Et qu'avons-nous encore à apprendre de Rabelais et de Montaigne ? Que peut nous apporter le premier, boulimique de culture et d'érudition comme Gargantua de bonne chère, transgressant sans cesse les frontières des savoirs autorisés et organisant des programmes d'études qui prétendent faire le tour des connaissances humaines ? Qui peut tirer profit de la lecture de ces textes invraisemblables où pas une minute de la journée n'est perdue et où l'on s'assure que l'élève apprend bien tout, absolument tout ce qu'il faut savoir ? Quand le problème essentiel est aujourd'hui de choisir l'information utile et pertinente, quand nous croulons sous une culture multiforme, la boulimie n'est plus de mise et Rabelais ne peut plus être regardé que comme une curiosité historique. Et que dire de Montaigne dont des générations d'élèves ont rabâché, dans un paradoxe insupportable, l'inoubliable leçon : « Il vaut mieux une tête bien faite qu'une tête bien pleine » ? Il faut bien admettre que, dans ce registre-là du moins, s'il a tout dit, tout reste à faire. Pauvre Montaigne, sans cesse évoqué mais jamais appliqué ! Finalement, il s'avère que Montaigne est bien plus utopique que Jules Verne.

Faut-il multiplier les exemples et citer Rousseau, le grand visionnaire, fondateur d'une pédagogie moderne où l'élève apprend par les expériences que l'éducateur organise autour de lui ? Rousseau ignorait — et pour cause ! — l'influence de la télévision, et aussi la prégnance terrible d'un enseignement magistral qui rentre toujours par la fenêtre quand on le chasse par la porte, même dans les cours de pédagogie où l'on excelle à faire des leçons pour expliquer qu'il n'en faut point faire ! Et Pestalozzi, aux prises avec la « fange » — ce que nous nommons aujourd'hui pudiquement les « publics difficiles » —, découvrant qu'il n'y a pas de meilleur moyen pour empêcher les enfants de devenir ce qu'on voudrait qu'ils soient que de faire comme s'ils l'étaient déjà : peut-on encore s'y référer aujourd'hui, quand il devient si évident pour tout le monde que l'école doit se contenter de scolariser les enfants déjà « bien éduqués », et de renvoyer ailleurs ceux qui risquent de compromettre un équilibre si difficile à trouver ? Dans cette époque si sûre d'elle, où même la didactique vient subtilement servir d'outil de sélection pour les maîtres qui affichent symboliquement à la porte de leur classe : « Nul n'entre ici s'il ne connaît pas déjà le métier d'élève, s'il ne sait pas se tenir

et s'il compromet le déroulement impeccable de ma programmation didactique »,
qui oserait encore se réclamer de Pestalozzi et affirmer que la pédagogie ne pose
jamais de préalable et que, par définition, elle « fait avec » ? Et, au-delà, plus près
de nous, Montessori et Freinet, qui fort heureusement ont suscité quelques
expériences pédagogiques, sont-ils bien considérés comme des chercheurs sérieux
en matière éducative ? Eux qui ne se sont jamais souciés d'évaluer les résultats
de leurs élèves et de les comparer à des échantillons étalonnés, eux qui ne se
sont jamais livrés à des expérimentations « scientifiques » avec isolement d'une
variable unique, « toutes choses étant égales par ailleurs », que peuvent-ils prétendre nous apporter de vraiment sérieux et fiable ?

Ainsi, lorsque les sciences de la cognition et les techniques du management
réunies prétendent régenter le champ social en général, et le champ éducatif en
particulier, la pédagogie, décidément, cela fait ringard ! Mais il faut espérer que
les Québécois, contrairement à nous, francophones de l'Hexagone, n'ont pas
oublié le sens des mots... Et si, par hasard, celui-ci leur échappait, ils pourraient
vérifier dans le dictionnaire que le ringard est un instrument utilisé pour raviver
un foyer, remuer le combustible et attiser le feu. Superbe définition au regard
de laquelle ce livre est décidément, délibérément, absolument... ringard !

En effet, cet ouvrage nous propose de remonter dans l'histoire et d'en regarder
d'un peu plus près les enjeux. Sa grande réussite est de dépasser la simple énuméra-
tion, la juxtaposition de monographies successives, pour « faire question » et
donc « faire sens ». Il montre que les enjeux de la pédagogie humaniste ou les
postulats de la pédagogie libertaire ne méritent pas simplement d'être connus
pour enrichir notre culture générale, ni même pour maintenir vivante une
mémoire de ce qui nous a construit. Les questions qui y sont soulevées sont toujours d'actualité et les solutions proposées par les uns et par les autres doivent
toujours être comprises comme des réponses à ces questions, et ne peuvent l'être
qu'en tant que telles.

C'est pourquoi les auteurs ont raison, après avoir examiné de près chacun des
courants importants de l'histoire de la pédagogie, de présenter les débats qui
ont cours actuellement sur la si difficile question des finalités et des méthodes
de l'éducation. Je sais bien qu'ils peuvent ainsi décourager certains lecteurs pressés
et nostalgiques qui préféreraient que, dans le domaine de l'éducation, il y ait un
consensus général et que l'on établisse des vérités auxquelles il serait impossible
de ne pas se rallier. Mais ceux-là font partie, me semble-t-il, des adversaires,
conscients ou inconscients, de la véritable démocratie. Car s'il fallait chercher
un indicateur du degré de démocratie d'une nation, il ne serait pas impossible
de considérer l'existence de débats pédagogiques et l'existence des pédagogues
qui s'interrogent sur la formation qu'il convient de donner à l'enfant et sur les
moyens d'y parvenir, comme des indicateurs particulièrement significatifs. Dans
toutes les sociétés totalitaires, ce débat est interdit ou encore réduit aux sphères
limitées d'une pensée orthodoxe dont les fondements ne peuvent être discutés.
Au Moyen Âge, les pédagogues sont hérétiques ou schismatiques, quand ils ne
finissent pas sur les bûchers. Il faut attendre la Renaissance pour que Rabelais
ose sortir de la sphère et, au moment où les certitudes théologiques commencent à vaciller, soulève la chape de plomb que faisait peser l'Église sur la réflexion
éducative. De nombreux siècles plus tard, en Union soviétique, Makarenko, qui

travaille avec les délinquants et qui ose même écrire un *Poème pédagogique*, ne tardera pas à être suspect aux yeux des autorités officielles. Et, à ma connaissance, on n'a pas encore entendu parler d'un débat public qui serait ouvert, en Iran, sur les finalités de l'éducation dans ce pays ou sur les méthodes pédagogiques qui doivent y être employées.

Je sais bien qu'il y a là, pour les jeunes qui se consacrent à l'enseignement, quelque chose qui peut paraître un peu désespérant : on se prend souvent à rêver d'un pays ou d'une époque où l'on savait vraiment quel type de personnes former et par quelles méthodes précises et pour quelle société. Or, nous assistons à tout le contraire : personne ne sait vraiment quel type d'hommes et de femmes former, par quels moyens et pour quelle société. Il existe même, sur ces questions, un débat qui peut parfois ressembler à un brouhaha décourageant. On dit tout et son contraire : qu'il faut d'une part former un « individu adaptable qui saura épouser la nouveauté »… et qu'il faut d'autre part former « un être enraciné dans une histoire, qui saura résister aux changements qui lui seront imposés tout en s'appuyant sur les valeurs fortes qui lui auront été transmises ». Certains proclament qu'il faut abandonner le découpage en disciplines d'enseignement cloisonnées qui ne permet pas d'appréhender la réalité des problèmes complexes, tandis que d'autres affirment qu'il n'y a pas de vérité possible en dehors des champs de validité que constituent les disciplines, qui doivent rester les piliers de toute formation. Quelques-uns affirment qu'il convient d'individualiser l'enseignement en utilisant largement l'ordinateur, pendant que d'autres mettent de l'avant la formation à la vie sociale par le groupe. Il s'en trouve pour penser que l'école doit être coupée du monde et rester un univers où l'accès à l'abstraction intemporelle doit prévaloir, alors que d'autres rétorquent qu'il n'est de véritable formation que centrée sur les problèmes quotidiens et l'actualité que vivent les jeunes.

Dans ces conditions, comment y voir clair et ne pas comprendre les nostalgiques du « consensus » ? Tout simplement en saisissant ces débats comme étant une chance, et non pas un malheur qui frappe la modernité ; et aussi, en se disant que l'on a le privilège de vivre dans des sociétés qui ont à définir de concert l'éducation qu'elles veulent donner à leurs enfants, et non pas à subir un modèle imposé. Certes, il faut déterminer des lieux et des balises pour que le débat soit possible. Il faut un minimum d'écoute pour que ce débat soit paisible. Il faut aussi un minimum institutionnel garanti pour que ce dernier n'aboutisse pas à faire éclater l'éducation en une multitude de sectes, de chapelles et d'écoles entre lesquelles plus rien ne serait partagé.

C'est là le grand défi de nos sociétés démocratiques : comment rendre possible l'éducation quand celle-ci requiert de statuer sur des finalités essentielles, voire métaphysiques ou politiques, et que, précisément, la démocratie admet, reconnaît même comme fondamentale la diversité des options dans ces domaines ? Quelle loi commune doit être imposée pour que chacun puisse exprimer ses différences en respectant celles d'autrui ? Comment penser une « école plurielle » qui ne soit pas une « école éclatée », « babélisée », au service d'une multitude d'intérêts sociaux, professionnels, idéologiques, etc. ?

Il serait présomptueux de ma part de tenter de répondre à de telles questions dans le cadre nécessairement modeste d'une préface. Mais il me revient de dire que ces questions ne seront pas résolues et qu'on n'avancera pas dans leur réso-lution si l'on ne s'approprie pas les enjeux essentiels de la réflexion éducative à travers l'histoire. Je suis convaincu que nos débats ne peuvent devenir construc-tifs que si : nous les effectuons en pleine conscience de ce qui nous a précédés ; nous savons dépasser la facilité des slogans et des modes ; nous savons voir ce qui se cache derrière telle ou telle référence ; nous savons identifier ce qui a pu, au cours des siècles, réunir les humains et les rendre à la fois plus libres et plus heureux.

Le débat pédagogique est une chance ; le débat démocratique est également une chance. Mais pour que le débat pédagogique soit démocratique, il est essen-tiel que les acteurs entendent quelque chose à ce qu'ils disent, qu'ils évitent les pièges de la démagogie et les lieux communs. Il faut aussi que les participants sachent reconnaître les conceptions implicites qui se cachent derrière le moindre geste et qu'ils débusquent les choix idéologiques tapis derrière des décisions qui souvent semblent purement techniques.

C'est dire que si le débat pédagogique doit être démocratique, il nous faut aussi inventer une pédagogie de la démocratie. L'existence d'un débat péda-gogique est signe de démocratie dans la mesure où la démocratie est déjà présente dans ce débat. C'est dire, enfin, que l'une et l'autre participent fondamentale-ment de la même éthique : celle qui affirme que toute parole est porteuse de sens, mais seulement à partir du moment où elle tente d'échapper à toute forme de violence – quand le « convaincre » remplace le « vaincre » – et quand on est dé-sespérément en quête d'une relation entre les êtres qui soit exempte de violence. Le refus de la violence est une expression irréductible d'humanité ; en amont de ce refus il n'y a rien... rien de constructif.

Puisse donc cet ouvrage contribuer tant au développement de la réflexion pédagogique qu'à celui du débat démocratique sur l'éducation dans nos sociétés. Pour ma part, je n'en doute pas et j'en sais gré à ses auteurs.

Philippe Meirieu

Table des matières

Présentation des collaborateurs V

Préface IX

Introduction 1
Clermont Gauthier, Maurice Tardif

Partie I
L'évolution des idées et des pratiques pédagogiques de l'Antiquité jusqu'au XXᵉ siècle

Chapitre 1
Les Grecs anciens et la fondation de la tradition éducative occidentale 9
Maurice Tardif

Résumé 9

Introduction 10

1.1 L'émergence des sociétés ouvertes 12

1.1.1 La tradition, la religion, l'autorité 13

1.1.2 Les sociétés fermées 14

1.1.3 L'essor des sociétés modernes et les expériences de décentrement 15

1.1.4 La Grèce ancienne : la première « société ouverte » en Occident 16

1.1.5 Les Grecs, fondateurs d'une civilisation 18

1.1.6 Un nouveau modèle de culture : le rationalisme et l'humanisme 19

1.2 L'éducation philosophique et l'apprentissage de la raison 21

1.2.1 Quelques considérations à propos de l'éducation : sa nature, son importance et ses fonctions 21

L'origine de l'éducation 21

La dimension fondamentale de l'éducation : universalité et nécessité 22

Définition de l'éducation 22

Socialiser les enfants et les former à la culture 22

La culture commune et la culture technique 23

1.2.2 L'éducation et la société traditionnelle 23

Une tradition repose sur un savoir quotidien 23

Toute tradition est transmise et acquise par l'éducation 24

La tradition et la culture technique 24

1.2.3 La pluralité et le conflit des éducations 25

1.2.4 Les sophistes 26

1.2.5 Socrate éducateur 27

La maïeutique 28

1.2.6 Platon 30

La philosophie comme métaphysique 31

L'éducation selon Platon 31

Un modèle cognitif de l'éducation 33

Conclusion 34

Questions 35

Bibliographie 35

Chapitre 2
La naissance de l'école au Moyen Âge 37
Clermont Gauthier

Résumé 37

Introduction 38

2.1 Après l'unification des Grecs et des Romains, le christianisme opère une synthèse à son tour 39

2.1.1 Rome construit sur l'héritage grec et devient un formidable instrument d'unification 39

2.1.2 L'Église, née sous l'Empire, unifie à son tour 41

L'Église sert à l'unité politique de l'Empire romain .. 41

Le christianisme contient dans sa doctrine un principe universaliste 42

L'Église accueille les hommes de toutes les conditions 43

L'Église incorpore la culture de son temps : la culture juive, grecque, romaine 43

2.2 Le christianisme donne naissance à l'école 45

2.2.1 La civilisation a régressé considérablement avec les migrations germaniques (IVᵉ, Vᵉ et VIᵉ siècles) 45

2.2.2 L'Église devient le lieu de protection de la culture 46

2.2.3 Qu'est-ce que l'école au Moyen Âge ? 47

2.3 De Charlemagne à la scolastique 50

2.3.1 Charlemagne (742-814) et l'école du Palais 50

2.3.2 La scolastique 52

2.3.3 Qu'en est-il des méthodes pédagogiques durant cette période qui va de Charlemagne à la fin du Moyen Âge ? 53

Conclusion 57

Questions 57

Bibliographie 58

Chapitre 3
La Renaissance et l'éducation humaniste 59
Denis Simard

Résumé 59

Introduction 60

3.1 Récapitulation et signification générale de la Renaissance 62

3.2   Le contexte sociohistorique et idéologique de la Renaissance 64

3.2.1   Les grands courants de pensée de la Renaissance ... 64

La Réforme et la Contre-Réforme 64

L'humanisme 66

L'essor de la science et de la technique 68

3.2.2   Les grandes expériences de décentrement de la Renaissance 69

3.3   L'éducation humaniste 70

3.3.1   Des remarques d'ordre général 71

Une critique de la scolastique 71

De nouveaux instruments du savoir 71

La relation maître-élève 71

La formation d'un orateur 72

Le programme général des études 72

L'éducation des filles 73

Les institutions d'enseignement 73

3.3.2   Rabelais ou le courant encyclopédique 74

Les finalités éducatives 75

Le programme d'études 76

3.3.3   Érasme ou le courant littéraire 78

Les finalités éducatives 78

Le programme d'études 79

Commentaire 81

Conclusion 82

Questions 83

Bibliographie 83

Chapitre 4
Le XVIIe siècle et le problème de la méthode dans l'enseignement ou la naissance de la pédagogie 85
Clermont Gauthier

Résumé 85

Récapitulation 86

Introduction 89

4.1   Quelques facteurs ayant influencé l'apparition de la pédagogie et leurs conséquences 92

4.1.1   Les facteurs 92

La Réforme protestante 92

La Contre-Réforme catholique 92

Le nouveau sentiment de l'enfance 93

Le problème urbain 94

4.1.2   Les effets de ces facteurs 94

4.2   La pédagogie comme nouveau savoir méthodique sur l'enseignement dans les écoles 96

4.2.1   Une méthode inspirée de la nature 96

4.2.2   Les caractéristiques de la méthode 97

La maîtrise du groupe : l'enseignement simultané ... 97

La gestion du temps 98

La gestion de l'espace 98

La direction de l'enfant 99

L'organisation des savoirs 102

Conclusion : Le XVIIe siècle marque l'apparition d'un nouvel ordre scolaire 104

Questions 106

Bibliographie 107

Chapitre 5
Jean-Jacques Rousseau : le Copernic de la pédagogie 109
Stéphane Martineau

Résumé 109

Introduction 110

5.1   Le XVIIIe siècle : le Siècle des lumières 111

5.1.1   L'annonce du XVIIIe siècle 111

5.1.2   Qu'est-ce que le Siècle des lumières ? 111

5.1.3   La raison comme faculté critique 112

5.1.4   La raison comme réalité positive 113

5.1.5   Le siècle du progrès et de la science 113

5.1.6   Le siècle des philosophes 114

5.1.7   La consolidation de l'économie de marché 115

5.1.8   Le siècle des bouleversements politiques et des révolutions 116

5.2   Jean-Jacques Rousseau : le personnage et son œuvre 117

5.2.1   Quelques éléments biographiques 117

5.2.2   Les apports intellectuels de Rousseau à son siècle 118

5.2.3   Des clés pour la compréhension de son œuvre 118

5.2.4   *Discours sur l'origine et les fondements de l'inégalité parmi les hommes* (1755) 119

5.2.5   *Du Contrat social, ou Principes du droit politique* (1762) 119

5.3   La pensée éducative de Rousseau 120

5.3.1   *Émile ou De l'éducation* (1762) 120

5.3.2   L'éducation comme politique : nature-culture 120

5.3.3   Les principes dans l'éducation rousseauiste 122

L'homme n'est pas un moyen mais une fin 122

Redécouvrir l'homme naturel 122

5.3.4   Les lois dans l'éducation rousseauiste 122

5.3.5   Les conséquences éducatives des principes et des lois de la pédagogie rousseauiste 123

L'enfant-modèle : sa connaissance et ses stades de développement 123

L'enfant actif et responsable de son éducation 123

Le but de l'éducation : former un être humain libre 124

Une manière d'éduquer : l'éducation négative 124

5.3.6   Une comparaison entre la pédagogie du XVIIIe siècle et la pensée éducative proposée par Rousseau 125

Conclusion 126
Questions 127
Bibliographie 128

Partie II
Pédagogies et pédagogues
au XXᵉ siècle

Chapitre 6
De la pédagogie traditionnelle
à la pédagogie nouvelle 131
Clermont Gauthier

Résumé 131
Introduction 132
6.1   Le XIXᵉ siècle et la tradition pédagogique 133
6.1.1   Les caractéristiques de la tradition pédagogique 133
6.1.2   L'enseignement mutuel 134
6.1.3   La législation et l'organisation scolaires au XIXᵉ siècle 140
6.2   La science critique la tradition pédagogique 141
6.3   La pédagogie nouvelle *versus* la pédagogie traditionnelle 144
6.3.1   Les débuts de la pédagogie nouvelle 144
6.3.2   L'opposition à la pédagogie traditionnelle 145
6.3.3   Les caractéristiques de l'opposition entre pédagogie traditionnelle et pédagogie nouvelle 146
Conclusion 151
Questions 152
Bibliographie 153

Chapitre 7
Maria Montessori:
l'enfant et son éducation 155
Benoît Dubuc

Résumé 155
Introduction 156
7.1   Historique: à la découverte de l'enfant 157
7.2   Le principe de base: suivre l'enfant 158
7.2.1   La construction de la personne 158
7.2.2   Les tendances humaines 159
7.3   Les périodes de développement 159
7.4   La première période de développement: l'esprit absorbant 160
7.4.1   L'éducation du jeune enfant: l'aider à « faire » seul 160
7.4.2   La vie pratique 161
7.4.3   L'éducation sensorielle 162
7.4.4   Le langage 162
7.4.5   Les mathématiques 163
7.4.6   La culture 163

7.4.7   L'art d'éduquer et sa finalité: un « enfant normal » 163
7.5   La seconde période de développement: les caractéristiques psychologiques 164
7.6   La perspective du programme au primaire: l'éducation au cosmos 165
7.6.1   La géographie 166
7.6.2   L'histoire 166
7.6.3   La biologie 167
7.6.4   Le langage (français) 167
7.6.5   Les mathématiques 168
7.6.6   La géométrie 168
7.6.7   La liberté et la discipline: un enfant qui s'assume ... 169
7.7   La formation des maîtres Montessori: une formation généraliste éclairée 170
Conclusion: Suivre l'enfant 171
Bibliographie 172
Questions 172
Annexe: Adresses utiles 173

Chapitre 8
Alexander S. Neill et la pédagogie
libertaire 175
Clermont Gauthier

Résumé 175
Introduction 176
8.1   Notes biographiques 176
8.1.1   Les influences de Neill et l'émergence de sa pédagogie libertaire 177
8.2   Le détour psychanalytique: Freud et Reich 179
8.2.1   Freud et la psychanalyse 179
        Le stade oral 180
        Le stade anal 180
        Le stade phallique 180
        La période de latence 181
        La résolution de la situation œdipienne 181
8.2.2   Reich 182
        Un cadre plus sociologique 182
8.3   Neill et l'éducation 184
8.3.1   La critique sociale et la psychanalyse 184
8.3.2   Summerhill 186
Conclusion 189
Épilogue 192
Questions 193
Bibliographie 193

Chapitre 9
La pédagogie Freinet 195
Marc Audet

Résumé 195
Introduction 196

9.1   Quelques éléments historiques et biographiques 196
9.2   Les finalités de l'approche 198
9.2.1   S'exprimer et communiquer 198
9.2.2   Coopérer 200
9.2.3   Apprendre 201
9.2.4   Individualiser l'apprentissage 202
9.2.5   S'organiser 203
9.2.6   S'autogérer 204
9.2.7   Évaluer 205
9.3   La pédagogie Freinet d'aujourd'hui 206
Conclusion 206
Questions 207
Bibliographie 208

Chapitre 10
Carl Rogers et la pédagogie ouverte 209
Denis Simard
Résumé 209
Introduction 210
10.1   Notes biographiques 210
10.1.1   Sa famille 210
10.1.2   Ses études 211
10.1.3   Sa vie professionnelle 213
10.2   Les influences de Rogers 214
10.3   Rogers et la psychologie américaine 216
10.4   Les fondements de la pensée rogérienne : psychothérapie et enseignement 218
10.4.1   La conception de la personne 218
10.4.2   La psychothérapie 219
10.4.3   La pédagogie 220
10.5   Les pédagogies ouvertes au Québec 223
10.5.1   Le modèle « organique » de l'activité éducative 224
10.5.2   La pédagogie ouverte de Paré 226
Les postulats 227
Le modèle pédagogique 228
10.5.3   La pédagogie ouverte de Paquette 230
Les courants pédagogiques au Québec 230
Les composantes de la pédagogie ouverte 231
Conclusion 232
Questions 233
Bibliographie 234

Chapitre 11
La pédagogie de Paulo Freire ou quand l'éducation devient un acte politique 237
Francisco A. Loiola, Cecília Borges
Résumé 237
Introduction 238
11.1   Paulo Freire : sa vie, son œuvre 239
11.2   La pensée de Freire : entre Marx et Jésus 242

11.2.1   Éducation et politique : une pédagogie de la libération par la conscientisation 243
La conscience, enjeu central de l'éducation des opprimés 244
L'éducation bancaire 246
11.3   La méthode éducative de Freire 248
11.3.1   La pratique de l'alphabétisation 249
11.3.2   Une illustration de la méthode d'alphabétisation 250
Conclusion 252
Questions 253
Bibliographie 253

Chapitre 12
Les technologies de l'information et de la communication dans la pédagogie 255
Thierry Karsenti
Résumé 255
Introduction 256
12.1   L'ordinateur : l'invention du millénaire pour la pédagogie ? 258
12.2   Internet : la naissance d'un village global 261
12.3   La difficile pénétration des TIC dans les pratiques pédagogiques 263
12.4   L'influence des TIC sur la pédagogie : la naissance d'un nouveau paradigme ? 267
Conclusion 269
Questions 271
Bibliographie 271

Partie III
Psychologies scientifiques et pédagogie

Chapitre 13
Le projet de création d'une science de l'éducation au XXe siècle 277
Maurice Tardif
Résumé 277
Introduction 278
13.1   L'éducation comme art et l'enseignant comme artisan 277
13.2   L'idée d'une science de l'éducation : origines et fondements 281
13.3   La psychologie scientifique : au singulier et au pluriel 284
Questions 287
Bibliographie 288

Chapitre 14
Le béhaviorisme et l'approche scientifique de l'enseignement 289
Jean-François Desbiens
Résumé 289

Introduction 290

14.1   Un aperçu du béhaviorisme 290

14.2   Les racines du béhaviorisme 291

14.2.1 Les influences de l'empirisme
et de l'associationnisme 291

14.2.2 Les influences de la neurophysiologie
et de la neuropsychologie 292

Ivan Pavlov et le conditionnement classique 293

Edward L. Thorndike et le conditionnement
instrumental 294

14.2.3 Le béhaviorisme watsonien : héritage
et rupture 295

14.2.4 B.F. Skinner et le conditionnement opérant 296

Le conditionnement opérant 296

**14.3   Les contributions du béhaviorisme
à l'enseignement et à l'apprentissage
en contexte scolaire** 298

14.3.1 La critique d'une pédagogie héritée
de la tradition 299

14.3.2 L'individualisation de l'enseignement 299

L'enseignement programmé 300

La machine à enseigner 300

14.4   La critique et la réfutation du béhaviorisme 302

14.4.1 Les critiques provenant de l'intérieur
du béhaviorisme 302

14.4.2 Les critiques provenant des sciences cognitives 303

L'être humain appréhende le monde de manière
active plutôt que passive en vue de s'y adapter ... 303

Le comportement humain est intentionnel
et plastique 303

Les limites du conditionnement comme
théorie explicative de l'apprentissage
et de sa persistance 304

La critique de la conception béhavioriste
de l'activité humaine 304

La cognition et la manipulation de symboles 305

14.4.3 Les critiques provenant de la psychologie génétique
et de l'éthologie 305

Conclusion 306

Questions 307

Bibliographie 308

**Chapitre 15
Le cognitivisme et ses implications
pédagogiques** 309

Steve Bissonnette, Mario Richard

Résumé 309

Introduction 310

15.1   Un peu d'histoire 311

15.2   Le modèle de Robert Gagné 313

15.2.1 La mémoire à long terme 315

15.2.2 La mémoire de travail ou mémoire à court terme 316

15.2.3 La représentation 316

15.3   La phase d'acquisition 317

15.4   La phase de rétention 320

15.5   La phase de transfert 323

15.6   Le développement de la métacognition 327

Conclusion 330

Questions 331

Bibliographie 332

**Chapitre 16
Jean Piaget et le constructivisme
en éducation** 333

Marie-Françoise Legendre

Résumé 333

Introduction 334

16.1   Jean Piaget (1896-1980) 335

16.2   La perspective épistémologique de Piaget 337

16.2.1 Piaget, héritier de Descartes et de Kant 337

16.2.2 La connaissance : un processus adaptatif
et évolutif 338

16.2.3 L'évolution des connaissances :
deux grands niveaux 339

16.3   La psychologie piagétienne 339

16.3.1 L'intelligence : des outils en construction et non
une faculté innée 340

16.3.2 Les principaux facteurs et processus en jeu
dans le développement de l'intelligence 340

16.3.3 L'acquisition des connaissances et la formation
de la pensée 341

16.4   La pensée éducative de Piaget 342

16.4.1 L'influence de l'éducation sur le développement
intellectuel et moral 342

16.4.2 Le rôle des interactions sociales dans
le développement 343

16.4.3 Les relations entre apprentissage
et développement 344

**16.5   Les répercussions du constructivisme
piagétien sur la pédagogie et la didactique** 345

16.5.1 L'apprentissage : une activité d'élaboration
de sens 345

16.5.2 Le statut de l'erreur et le rôle des connaissances
antérieures 346

16.5.3 L'adaptation des démarches d'enseignement
à la nature des connaissances 347

Questions 348

Bibliographie 348

**Chapitre 17
Lev Vygotsky et le socioconstructivisme
en éducation** 351

Marie-Françoise Legendre

Résumé 351

17.1   Lev Vygotsky (1896-1934) 352

17.2   La perspective historico-culturelle de Vygotsky 354

17.2.1 Vygotsky, héritier de Spinoza, de Hegel et de Marx et Engels 354

17.2.2 La méthode génétique et instrumentale 355

17.2.3 L'origine et la nature sociales des fonctions psychiques supérieures 356

17.3   La psychologie vygotskienne 357

17.3.1 La pensée : à l'intersection des domaines individuel et social 357

17.3.2 Le rôle central de la médiation sémiotique dans le développement de la pensée 358

17.3.3 L'acquisition du langage et le développement de la pensée 359

17.4   La pensée éducative de Vygotsky 360

17.4.1 Les effets de l'éducation sur la formation de la pensée : la notion de zone de développement proximal 360

17.4.2 Les relations entre apprentissage et développement 361

17.4.3 Le passage des concepts spontanés aux notions scientifiques 362

17.5   L'influence du socioconstructivisme vygotskien sur la pédagogie et la didactique 363

17.5.1 L'apprentissage, une immersion dans la culture 364

17.5.2 Le statut des outils de la culture : la notion d'individu-plus 365

17.5.3 La médiation sociale et le développement de la conscience : la notion de métacognition 366

17.6   Synthèse et comparaison : le constructivisme et le socioconstructivisme en éducation 367

17.6.1 Piaget et Vygotsky : complémentarité plutôt qu'opposition 367

17.6.2 Des différences de point de vue 367

17.6.3 Des éléments de convergence ou de complémentarité 368

17.6.4 Le constructivisme aujourd'hui 369

17.6.5 Constructivisme et réforme des programmes : les idées-forces et les dérives possibles 370

Questions 371

Bibliographie 372

Conclusion : La pédagogie de demain 375
Clermont Gauthier, Maurice Tardif

Index des noms propres 385

Index des sujets 391

Introduction

Clermont Gauthier
Maurice Tardif

Le présent ouvrage est l'aboutissement d'un projet qui nous tenait à cœur depuis un moment déjà. Nous sommes responsables depuis plusieurs années d'un champ d'enseignement qui s'adresse aux élèves de l'université en formation des maîtres et qui traite de l'évolution des idées et des pratiques pédagogiques en Occident. Comme la plupart des professeurs universitaires, nous avons utilisé pendant quelques années des recueils de textes et des notes de cours pour soutenir notre propos. Or, ces textes et ces notes, en dépit de leur intérêt, présentaient plusieurs défauts que nous désirions corriger. D'une part, les textes, malgré leur importance incontestable, étaient souvent tirés d'ouvrages spécialisés (en sociologie, en philosophie, en psychologie, etc.), conçus dans une tout autre perspective d'analyse que la nôtre. De plus, la plupart du temps, ces travaux, souvent érudits, avaient peu à voir avec la formation des enseignants. D'autre part, les notes de cours, souvent trop schématiques, ne présentaient pas les nuances nécessaires pour nourrir une compréhension fine de la matière.

Il fallait donc aller plus loin et offrir au lecteur un livre qui présenterait une perspective d'ensemble, une approche globale de l'évolution des idées et des pratiques pédagogiques, de même qu'un outil qui approfondirait suffisamment le sujet pour constituer un ouvrage de référence culturel et pédagogique de haut niveau tout en servant d'introduction au domaine. Enfin, nous voulions écrire ce livre dans une visée de formation à l'enseignement à la fois fondamentale et professionnelle. Nous avons travaillé à relever ce défi, et le présent ouvrage constitue le résultat de nos efforts.

Il faut cependant préciser que, bien que ce livre s'adresse d'abord aux étudiants en formation des maîtres, il est loin de leur être exclusif. En fait, il peut convenir non seulement aux étudiants en sciences de l'éducation mais aussi à tous ceux (éducateurs, professionnels de l'éducation, chercheurs, parents, etc.) qui veulent acquérir ou parfaire une culture pédagogique de base. *La pédagogie : théories et pratiques de l'Antiquité à nos jours* constitue un ouvrage d'introduction à la pédagogie. Il expose les idées de la manière la plus claire possible, sans toutefois faire de compromis sur la profondeur du contenu. On y aborde l'étude de la transformation des idées et des pratiques concernant l'enseignement, l'apprentissage, l'organisation de la classe, et ce, de l'Antiquité grecque à nos jours.

On nous demandera peut-être pourquoi nous écrivons un ouvrage sur l'évolution des idées et des pratiques pédagogiques alors qu'il y a dans la société des problèmes qui semblent tellement plus urgents. Nous répondrons que le présent ouvrage est une nécessité pratique et théorique pour quiconque, intéressé à l'enseignement, veut s'initier au domaine immense qu'est la tradition pédagogique occidentale. En effet, toute personne passionnée par l'enseignement a d'abord des intérêts pratiques qui la conduisent à se renseigner sur les manières de faire la classe. En ce sens, ce livre s'efforce constamment de mettre en évidence les conséquences pratiques des idées pédagogiques. Même quand on y discute des Grecs, du Moyen Âge ou du XIXe siècle, l'objectif de l'exposé demeure la formation professionnelle des enseignants. En outre, ce n'est pas parce qu'on traite du passé que celui-ci n'a plus rien à voir avec la réalité contemporaine. Au contraire, on doit considérer l'actualité comme le prolongement des idées et des gestes passés. À ce titre, chacun d'entre nous est bien plus grec, juif ou romain qu'il ne se l'imagine. Il est tissé, sans même qu'il s'en aperçoive, avec les fils de l'histoire occidentale provenant d'Athènes, de Rome et de Jérusalem. Aussi, pour bien comprendre le « présent pédagogique », les enjeux qu'il englobe, ainsi que le sens et la portée des pratiques actuelles en éducation, il faut posséder une certaine culture en pédagogie. En ce sens, *La pédagogie : théories et pratiques de l'Antiquité à nos jours* constitue une synthèse nouvelle des connaissances historiques et culturelles nécessaires à la compréhension des problèmes actuels.

Connaître l'évolution des idées et des pratiques pédagogiques relève également d'une nécessité théorique. Il nous apparaît important que les futurs enseignants et, plus largement, tous les éducateurs aient, dans leur formation professionnelle, l'occasion de réfléchir sur la nature, les finalités, les origines et les transformations de leur profession. Chacun reconnaît qu'une formation en enseignement requiert plus que l'apprentissage de recettes ou de trucs du métier ; il faut aussi acquérir une connaissance pédagogique qui permette d'avoir une perspective plus large de l'activité professionnelle et de l'éducation en général. Cette formation fondamentale est un élément essentiel de la culture professionnelle pour la personne qui se destine à l'enseignement, car elle lui fournit des axes d'intelligibilité qui contribueront à la situer et à l'orienter dans sa future profession. Plus précisément, il est important que les élèves puissent avoir des repères théoriques à la fois philosophiques, sociohistoriques, psychologiques et pédagogiques. Nous adoptons une approche chronologique classique de l'histoire afin que les élèves s'y reconnaissent plus aisément dans les transformations successives des idées et des pratiques pédagogiques. Par ailleurs, étant donné que la psychologie occupe une place prépondérante en éducation au XXe siècle ainsi qu'en ce début de XXIe siècle, nous profiterons de l'occasion pour initier les élèves à ses principaux concepts, qui sont autant de contributions à l'éducation (psychanalyse, béhaviorisme, psychologie humaniste, psychologie cognitive, etc.). Ainsi, on pourra découvrir et comparer les approches de quelques grands pédagogues contemporains.

Toutefois, nous insisterons sur le fait que notre objectif n'est pas de présenter les idées et les approches pédagogiques comme si nous nous adressions à de futurs historiens, à des philosophes ou à des sociologues. Au contraire, notre but est de puiser à même ces diverses sources, de les intégrer dans une perspective de formation professionnelle et générale des enseignants, et de les relier aux pratiques concrètes actuellement en vigueur. Nous ne voulons pas nous ériger en spécialistes des époques ou des courants pédagogiques, ni nous adresser à un auditoire d'experts en psychologie, en histoire ou en sociologie. Nous cherchons plutôt à proposer des visions d'ensemble capables d'expliciter des pratiques et des idées afin de donner au lecteur une compréhension claire du domaine de la pédagogie. Nous ne chercherons donc pas à décrire d'une manière encyclopédique les événements et les approches pédagogiques qui ont eu cours dans l'histoire ou qui sont employées actuellement. Nous tenterons plutôt de les expliquer par quelques concepts clés (éducation, école, pédagogie, etc.) patiemment élaborés. Le lecteur sera ainsi muni d'un outil conceptuel qui lui permettra de mieux s'orienter dans le territoire des idées et des pratiques pédagogiques.

Par ailleurs, souligner l'importance de la culture pédagogique ne signifie en aucune façon, dans notre esprit, faire un étalage pédant de culture pour diminuer ou culpabiliser le néophyte, comme c'est trop souvent le cas. Nous décrivons plutôt la culture vivante, celle qui sert à sentir les choses, à comprendre le monde, à intervenir avec plus de finesse dans la vie professionnelle de tous les jours. Si nous parlons du passé, c'est pour mieux revenir au présent, qui en est le prolongement. Si nous nous sentons obligés de faire un détour pour expliquer un contexte sociopolitique ou économique entourant un changement en pédagogie, une doctrine philosophique dont s'inspire un auteur, c'est afin d'en dégager la signification pédagogique globale. Si nous puisons, à l'occasion, aux sources de la littérature, des arts et de la philosophie, c'est pour rendre nos exemples plus probants. Ce ne sont donc pas des faits de culture superflus que nous présentons dans cet ouvrage, mais bien des éléments culturels indispensables à une bonne formation professionnelle. En outre, il est important de le souligner, la pédagogie dépasse aujourd'hui les limites du territoire scolaire ; elle envahit un grand nombre de moyens de communication, à commencer par les médias électroniques. Ainsi, cette « société pédagogique » dont parlait Beillerot[1], il y a déjà plus d'une vingtaine d'années est maintenant nôtre : la formation, l'éducation et l'apprentissage sont devenus des préoccupations sociales fondamentales qui s'étendent dans les autres sphères de l'activité humaine. Il est important de bien saisir les fondements idéologiques, théoriques et culturels qui sous-tendent cette évolution.

Nous cherchons également à amener le lecteur à prendre une distance critique par rapport aux idéologies pédagogiques ou aux opinions dogmatiques qui ont cours et à les examiner avec attention, et ce, afin d'en analyser les fondements et les prémisses. Nous voulons aussi que le lecteur soit capable, dans le contexte pluraliste contemporain, de comparer diverses approches pédagogiques et d'en saisir les dimensions et postulats fondamentaux. Il pourra ainsi, croyons-nous, adopter une attitude de questionnement à l'égard des diverses formes d'enseignement et des multiples pratiques pédagogiques. De plus, étant donné qu'une approche pédagogique est un système d'idées, de thèses au sujet des finalités et des méthodes d'enseignement, nous pensons que le présent ouvrage pourra aider les élèves en pédagogie à raffiner leurs habiletés d'analyse et d'argumentation, de même qu'à acquérir un raisonnement plus rigoureux. Tout cela leur permettra d'aller bien au-delà de l'opinion arbitraire et du prêt-à-penser. Une telle réflexion donne un sens historique et une perspective qui font voir tel courant de pensée ou telle approche non pas comme une création *ex nihilo*, mais comme la résultante d'une opposition entre certaines idées ou pratiques antérieures ; non pas comme une solution radicale et définitive, mais comme une tentative de résoudre certains problèmes contextuels ; non pas comme un simple arsenal de moyens, mais comme une action finalisée et sujette à débat.

Nous avons délibérément choisi de ne pas proposer une doctrine pédagogique particulière, à l'aune de laquelle les autres approches seraient évaluées. Nous avons en effet pris le parti de nous limiter à décrire les circonstances dans

---

1. Beillerot, J. (1982). *La société pédagogique : action pédagogique et contrôle social.* Paris : Presses universitaires de France.

lesquelles certains problèmes se sont posés, à cerner les solutions retenues, à expliquer les arguments employés pour justifier ces dernières, à en examiner les conséquences sur la manière d'enseigner, etc. Il serait donc juste de dire que la perspective que nous adoptons est critique, car elle permet, dans le flot ininterrompu des crises et des réformes pédagogiques, de faire certaines distinctions, de souligner l'apparition de certains concepts ou idées et d'en mesurer tant la portée que la signification.

Enfin, comme on sait que l'école est l'une des institutions les plus importantes de la société, une meilleure connaissance de l'évolution historique des idées et des pratiques pédagogiques nous permettra de saisir le sens des transformations de la profession enseignante tout en étant capables de situer les modèles pédagogiques actuels dans le contexte idéologique global des sociétés occidentales. Comme la science tient une place prédominante dans la vie quotidienne de chacun, on ne peut manquer de réfléchir au rôle du pédagogue et à son rapport aux sciences de l'éducation. L'enseignant, comme professionnel, est-il une sorte de technicien ou d'ingénieur de l'apprentissage, ou a-t-il un autre rôle à jouer ? Ainsi, le lecteur, en étant davantage conscient des origines et de l'évolution de la pédagogie, en connaissant les grands débats pédagogiques du XXe siècle et en se familiarisant avec des approches pédagogiques particulières, pourra mieux saisir la réalité pédagogique québécoise.

Ce livre se divise en trois parties. La première, intitulée « L'évolution des idées et des pratiques pédagogiques de l'Antiquité jusqu'au XXe siècle », porte sur les origines de la pédagogie et comprend cinq chapitres. Dans le chapitre 1, nous constatons que les Grecs ont été de sévères critiques de leurs propres traditions éducatives et qu'ils ont élaboré une réflexion originale sur l'éducation ; nous y étudions la conception de l'éducation chez les premiers grands penseurs de l'Occident que sont Socrate, Platon et les sophistes. Le chapitre 2 traite de la longue période qui va de l'Antiquité romaine à la fin du Moyen Âge, et il s'attarde à montrer l'importance des relations étroites qu'entretient le christianisme avec l'école. Nous reprenons l'hypothèse durkheimienne de la naissance de l'école au Moyen Âge, de l'école considérée comme un milieu moral organisé. La Renaissance est une grande période à tous les points de vue ; nous examinons au chapitre 3 les idées sur l'éducation de célèbres humanistes classiques tels Rabelais et Érasme, qui ont fortement ébranlé l'édifice scolastique du Moyen Âge. Le XVIIe siècle est un siècle déterminant pour la pédagogie puisqu'on voit apparaître, tant dans les milieux catholiques que protestants, de nouvelles stratégies de transmission des connaissances aux enfants ; c'est l'objet du chapitre 4. Le XVIIIe siècle est la période des révolutions française et américaine, et de la confiance sans bornes dans la raison, dans les Lumières ; il est question, au chapitre 5, des idées originales de Jean-Jacques Rousseau en matière d'éducation et de l'influence des thèmes de la liberté, de la nature et de l'enfance sur la pédagogie moderne.

La deuxième partie de l'ouvrage s'intitule « Pédagogies et pédagogues au XXe siècle » et traite de quelques-uns des principaux courants pédagogiques qui ont marqué le XXe siècle. Elle se divise en sept chapitres qui représentent autant de manières différentes de concevoir et de faire la classe. Ces approches ne traitent évidemment pas de tous les modèles pédagogiques qui existent ; il y en a bien d'autres. Cependant, nous les avons choisies parce qu'elles présentent des pratiques pédagogiques concrètes, parce qu'elles sont encore ou ont été appliquées en Europe et en Amérique du Nord, et enfin parce qu'elles sont, à notre avis, des modèles éducatifs complets, c'est-à-dire des approches qui englobent l'ensemble des dimensions de la vie de la classe et qui tiennent compte des problèmes associés à la discipline, à la gestion, à la motivation, au programme à enseigner, etc. Bref, tous ces modèles pédagogiques ont été appliqués en classe et ont donné lieu à des expériences globales. On peut parler, par exemple, de la pédagogie Freinet, de la pédagogie Montessori et de la pédagogie libertaire. Ces approches couvrent la totalité des dimensions de la vie de la classe et existent concrètement ; elles ne sont donc pas uniquement des modèles abstraits.

Dans le chapitre 6, qui sert d'introduction à cette deuxième partie de l'ouvrage, nous expliquons comment la tradition pédagogique s'est constituée et nous analysons le sens du débat entre la pédagogie nouvelle et la pédagogie traditionnelle. Nous brossons également un tableau des caractéristiques de la pédagogie nouvelle et des courants pédagogiques contemporains, que nous examinons dans les six chapitres suivants. Au chapitre 7, nous étudions les idées et l'approche de la pionnière de la pédagogie nouvelle : Maria Montessori. Au chapitre 8, nous présentons les idées d'Alexander S. Neill, qui s'inspirent de la psychanalyse et qui ont été mises en pratique dans sa célèbre école, Summerhill. Au chapitre 9, nous examinons la pensée d'un homme qui a créé une approche à la fois pédagogique et politique, Célestin Freinet. Nous voyons quelques principes qui guident son enseignement, notamment le tâtonnement expérimental, et des techniques ou outils qu'il a inventés pour faire la classe. Au chapitre 10, il est question de l'influence de la psychologie humaniste sur la pédagogie. Nous étudions plus particulièrement les idées de Carl Rogers et une approche pédagogique inspirée de ces mêmes idées : la pédagogie ouverte. Le chapitre 11 présente les conceptions de Paulo Freire, l'un des plus importants éducateurs contemporains, qui a largement influé sur les pratiques éducatives dans plusieurs pays en développement, de même qu'en Amérique du Nord. À l'instar de Platon, de Rousseau et de Freinet, Freire réintroduit en éducation la réflexion proprement politique, en s'efforçant d'arrimer l'activité pédagogique à des finalités d'émancipation et de conscientisation. Enfin, nous avons choisi de consacrer le chapitre 12 à la question si actuelle de l'introduction des technologies de l'information et de la communication (TIC) en éducation et plus concrètement au sein des établissements scolaires et des classes. En effet, bien que les TIC ne soient pas directement porteuses d'une conception de la pédagogie, leur utilisation amène de nouvelles pratiques éducatives, cognitives et culturelles qui ne manquent pas de colorer les manières actuelles d'enseigner et d'apprendre. Il convenait donc de jeter quelque lumière sur cette question et de dresser un bref panorama des expériences actuelles en la matière.

La troisième et dernière partie s'intitule « Psychologies scientifiques et pédagogie ». Comme l'indique ce titre, son propos est de présenter les principales psychologies à prétention scientifique qui, au XXe siècle, ont marqué l'évolution des conceptions et des pratiques pédagogiques. Le chapitre 13 sert d'introduction à cette partie. Il rappelle brièvement l'essor de l'idée d'une « Science de l'éducation » au XXe siècle et montre comment diverses psychologies ont tâché de relever le défi de procurer à l'enseignement une base scientifique. Le chapitre 14 est consacré à l'important mouvement béhavioriste (ou psychologie du comportement) qui a dominé la scène éducative nord-américaine pendant une grande partie du XXe siècle. D'abord psychologie de laboratoire, le béhaviorisme a très rapidement proposé une refonte quasi totale des pratiques éducatives, tout en introduisant plusieurs idées nouvelles telles que les approches par objectifs, l'enseignement programmé, la nécessité des renforcements et le rôle de la motivation dans l'apprentissage. Certes, la plupart de ces idées ont été par la suite critiquées, mais bon nombre d'entre elles continuent d'inspirer la pédagogie ainsi que les programmes scolaires. Le chapitre 15 s'attache à l'étude de la psychologie cognitive contemporaine, qui s'insère elle-même dans le mouvement plus général des sciences de la cognition. Il s'intéresse plus particulièrement au courant dominant de la psychologie cognitive, à savoir la théorie du traitement de l'information. Essentiellement, nous expliquons comment les recherches sur la cognition sont susceptibles de renouveler notre vision de l'enseignement et de l'apprentissage, et d'apporter des stratégies nouvelles et pertinentes pouvant améliorer la qualité de la pédagogie en milieu scolaire. Enfin, les chapitres 16 et 17 présentent les idées des deux grands psychologues que sont Jean Piaget et Lev Vygotsky, lesquels, malgré plusieurs différences théoriques, peuvent être considérés aujourd'hui comme les deux principaux penseurs qui ont fécondé le constructivisme en éducation. Après avoir expliqué leurs idées, nous discutons de l'influence de chacun sur les réformes pédagogiques actuelles.

Ainsi, cette seconde édition de *La pédagogie : théories et pratiques de l'Antiquité à nos jours* constitue une sorte de carte routière, un outil de référence pour orienter sa pensée et éventuellement ses actes. Nous souhaitons que cet ouvrage donne au lecteur le goût d'entreprendre de fascinants voyages pédagogiques.

L'évolution des idées et des pratiques pédagogiques de l'Antiquité jusqu'au XXe siècle

$\mathcal{L}$es Grecs anciens et la fondation de la tradition éducative occidentale

Maurice Tardif

Résumé

Ce chapitre présente le contexte socioculturel dans lequel émerge la tradition éducative occidentale en Grèce ancienne, il y a de cela environ 2 500 ans, et les contributions apportées par les sophistes, par Socrate et par Platon à cette même tradition. Il veut faire découvrir qu'une crise de la culture et des valeurs est l'un des éléments qui est à l'origine de notre civilisation occidentale. Cette crise est au cœur même de toute l'entreprise éducative occidentale.

La première partie de ce chapitre analyse l'idée de crise de la culture et montre comment cette idée s'applique aussi bien à nos sociétés actuelles qu'à la société grecque ancienne. En s'aidant des notions de « société ouverte » et de « société fermée » proposées par Karl Popper (1979), il s'agit de faire ressortir la profonde similitude existant entre notre situation actuelle et celle qui est à l'origine de la culture occidentale. C'est ainsi que les théories des Grecs anciens sont encore d'une étonnante actualité par certaines de leurs conceptions éducatives.

La seconde partie du chapitre étudie de façon plus détaillée les conceptions traditionnelles, sophistiques, socratiques et platoniciennes de l'éducation, qui illustrent, dans leur unité, leur diversité et leurs contradictions toute la richesse de la pensée éducative léguée par la Grèce ancienne. Tout au long de ces divers développements plus conceptuels, nous donnons en même temps différents repères historiques, culturels et notionnels, susceptibles de mieux orienter les lecteurs qui abordent pour la première fois cette matière.

Introduction

Dans son ouvrage *La crise de la culture*, Hannah Arendt (1972) soutient, à l'instar de bien d'autres penseurs, que notre époque — le monde moderne, la modernité — est confrontée à une expérience totalement nouvelle dans l'histoire de l'humanité, à savoir celle de faire face à l'avenir sans s'appuyer sur la tradition, la religion et l'autorité. Cette expérience prend aujourd'hui la forme d'une crise générale de la culture, d'un bouleversement profond et radical de nos systèmes de valeurs et de nos croyances les mieux établies. Cette crise n'est pas vraiment récente car déjà, à la fin du XIXᵉ siècle et au début du XXᵉ siècle, des philosophes et des sociologues (Friedrich Nietzsche, Émile Durkheim, Max Weber, Edmund Husserl, Martin Heidegger, etc.) l'ont thématisée sous différents vocables. Cependant, ce qu'il y a de nouveau, c'est sans doute l'amplitude de cette crise et surtout le fait qu'elle ne concerne plus exclusivement les « intellectuels », mais bien tous les membres de nos sociétés modernes. Rares sont maintenant les gens qui ne reconnaissent pas que nous vivons une phase vraiment intense de transformation des valeurs. En fait, l'idée de crise est devenue aujourd'hui un véritable lieu commun ; elle nourrit aussi bien les idéologies réactionnaires que celles des partisans des changements les plus radicaux.

Une telle crise de la culture rejaillit bien sûr avec une grande force sur la pensée et la pratique éducatives. Cette situation n'a rien d'étonnant, car l'éducation dépend étroitement de la culture. Elle ne peut donc échapper aux tensions et aux malaises qui assaillent cette dernière. Tous les débats contemporains sur la formation fondamentale, la formation générale, l'instruction, la culture scolaire, les connaissances de base, etc., portent justement l'empreinte d'une telle situation de crise. Ils révèlent non seulement l'existence de désaccords profonds entre les personnes et entre les groupes sociaux, mais aussi, et plus profondément, une mutation de nos systèmes de valeurs. On constate maintenant qu'il devient de plus en plus difficile d'établir un consensus sur la nature même de l'éducation, sur ses finalités, ses contenus ou ses modes de transmission. Il y a une vingtaine d'années, le célèbre psychologue suisse Jean Piaget (1972) posait cette question : Où va l'éducation ? Deux décennies plus tard, on constate que cette question aboutit à un « véritable conflit des interprétations », pour reprendre la formule de P. Ricœur.

Ainsi, qu'on le veuille ou non, en raison de cette situation de crise et d'incertitude, la pensée éducative actuelle se heurte désormais à des questions fondamentales incontournables. Dans quel monde voulons-nous vivre ? Quel avenir souhaitons-nous offrir à nos enfants ? Parmi toutes nos connaissances actuelles, quelles sont celles qui sont dignes d'être transmises aux nouvelles générations ? Qu'est-ce qui mérite d'être vu et regardé, lu et médité, entendu et écouté, appris et étudié ? En d'autres termes, quelle culture doit être privilégiée par l'école : culture scientifique, culture technique, culture littéraire, culture artistique, culture populaire ? Plus profondément, quelles formes de vie individuelles et collectives voulons-nous favoriser à travers l'éducation, la formation et l'apprentissage ? Ces questions sont essentielles et inévitables, car l'école ne peut ni refléter la totalité de la culture d'une société, ni transmettre l'ensemble

des savoirs produit par cette société. L'école doit forcément sélectionner, au sein de la culture globale, une culture partielle qu'elle considère exemplaire et porteuse d'avenir[1]. L'école promeut toujours une certaine culture, qu'elle tient pour le modèle culturel par excellence. Elle choisit forcément certains savoirs parmi l'ensemble des savoirs qui existent. Il faut, par conséquent, que les responsables de la formation scolaire établissent une hiérarchie des œuvres, des activités, des connaissances, des croyances et des savoirs, afin de choisir ceux qu'ils considèrent dignes d'être transmis aux nouvelles générations. Bref, éduquer et instruire, c'est choisir parmi un ensemble de possibilités culturelles une certaine base de connaissances qui sera intégrée à la culture scolaire et aux programmes enseignés dans les écoles (Forquin, 1989).

Nous voulons montrer dans ce premier chapitre que toutes ces questions très actuelles, tous ces problèmes très modernes, sont en fait des questions initiales, des problèmes originels, et aussi originaux, à partir desquels va se constituer l'histoire éducative de l'Occident. En d'autres termes, nous voulons faire découvrir que cette crise de la culture et des valeurs, dont on parle tant aujourd'hui, est constitutive de la naissance de notre civilisation occidentale et qu'elle est au cœur même de toute son entreprise éducative depuis plus de 2 500 ans.

L'histoire occidentale de l'éducation débute en Grèce ancienne, cinq à six siècles avant notre ère. Dans un monde beaucoup plus petit que le nôtre à tous points de vue, cette société a vécu, à bien des égards, une expérience similaire à la nôtre. Comme nous le voyons dans la première partie de ce chapitre, la naissance de notre histoire éducative est marquée dès l'origine par une crise de la culture[2], crise qui se traduit par une lente mais puissante dissolution des modèles traditionnels, religieux et autoritaires, qui orientaient la vie humaine dans le monde antique. Les premiers savants, ceux qu'on appelle alors les sages, les sophistes, les philosophes, termes à peu près synonymes à l'époque, contribuent à cette dissolution en sapant, de l'intérieur, les croyances et les langages traditionnels, transformant par exemple les notions communes et les savoirs quotidiens en problèmes, en questions et en concepts nouveaux[3]. Ils inventent la pensée abstraite, théorique, ainsi que la connaissance spéculative, la science et la formation générale, définissant du même coup de nouvelles exigences de culture. Ils sont parmi les premiers à abandonner les traditions des sociétés archaïques, et à proposer de nouveaux types de formation et d'apprentissage. L'idée occidentale d'éducation, telle que nous la comprenons aujourd'hui, est donc apparue en même temps que

---

1. Sur ce sujet, on peut consulter Forquin (1989) et l'ouvrage désormais classique de Young (1971), *Knowledge and Control : New Directions for the Sociology of Education*.

2. Cette idée de crise est notamment développée par Vernant (1962). Voir également, du même auteur, l'article « Grèce » dans l'*Encyclopædia Universalis*. Cependant, Vernant parle plutôt de crise de la souveraineté, c'est-à-dire du politique, des structures du pouvoir social. Néanmoins, il montre que cette crise excède la sphère politique au sens étroit du terme, car elle englobe l'ensemble des dimensions sociales.

3. Sur ce sujet, voir Ramnoux (1968), qui montre comment les premiers philosophes vont procéder à une déstructuration et à une restructuration des discours quotidiens.

les idéaux de vérité, de science, de rationalité, de beauté, de vertu, d'humanisme, etc., qui constituent les éléments fondamentaux de la tradition intellectuelle et scientifique de l'Occident.

Nous verrons que Socrate est le symbole humain de cette crise de la culture, dans la mesure où il est l'homme qui ne sait plus pourquoi et comment vivre, penser, agir. Tout l'enseignement socratique est conditionné, en définitive, par cette situation de crise de confiance envers les modèles individuels et collectifs, modèles à la base de la culture de son époque. Nous verrons aussi que l'œuvre de Platon se situe dans ce même contexte, dans la mesure où sa doctrine est une solution philosophique à la crise des modèles établis, notamment ceux de l'autorité politique et de l'éducation en vigueur à l'époque.

Dès l'origine, l'éducation occidentale est donc une réponse à une crise de la culture. Quelle est l'essence de cette réponse ? Réduite à sa plus simple expression, elle se résume à proposer un nouveau modèle de culture : le rationalisme et l'humanisme. Le but de ce chapitre est donc d'initier les étudiants à la connaissance de ce modèle de culture et d'éducation. Il repose, comme nous allons le démontrer, sur un certain nombre de fondements, de convictions et d'attitudes intellectuelles relativement stables à travers les siècles, formant ainsi l'une des traditions culturelles et intellectuelles les plus vieilles et les plus vivaces de la civilisation occidentale.

Nous avons divisé ce chapitre en deux parties. La première partie reprend la notion de crise de la culture, et montre comment cette notion est applicable tant à notre société actuelle qu'à la société grecque ancienne. Nous espérons ainsi faire voir la profonde similitude existant entre notre situation actuelle et celle qui est à l'origine de la culture occidentale. Les conceptions éducatives des Grecs anciens présentent un grand intérêt contemporain.

La seconde partie analyse de façon plus détaillée certaines conceptions éducatives élaborées par les Grecs afin d'affronter la crise de leur propre culture. Nous allons nous attarder plus particulièrement sur les conceptions traditionnelles, sophistiques, socratiques et platoniciennes de l'éducation, qui illustrent, dans leur unité, leur diversité et leurs contradictions, toute la richesse de la pensée éducative léguée par la Grèce ancienne.

1.1 L'émergence des sociétés ouvertes

Selon Arendt (1972), la **crise actuelle de la culture** est une des conséquences de l'effondrement de la tradition, de la religion et de l'autorité. Pourquoi ? Essentiellement parce que ces trois phénomènes sont la source, en Occident, de modèles de vie, de penser et d'agir relativement stables, à travers le temps et les inévitables changements sociaux. Ces modèles ont fourni aux êtres humains, depuis plus de deux millénaires, des idéaux et des symboles hautement significatifs qui se sont incarnés dans des pratiques concrètes et des institutions durables.

Par **modèles**, on entend aussi bien des hommes, des discours et des actions, que toute représentation abstraite (par exemple, des êtres divins). Ces modèles comportent simultanément deux aspects. Premièrement, un modèle sert d'étalon pour évaluer les choses, les hommes, les actions ou toute autre représentation. Par exemple, si nous disons d'une personne qu'elle est un modèle de courage, cela signifie qu'elle peut servir de norme ou de mesure pour évaluer les autres, pour distinguer les gens plus ou moins courageux de ceux qui sont plus ou moins lâches. Cette personne constitue de la sorte un archétype, un parangon, une incarnation ou un symbole du courage. Deuxièmement, un modèle est chargé de valeur positive ; il mérite donc d'être imité ou suivi. La personne courageuse mérite évidemment d'être valorisée, imitée, suivie, admirée. Sur un plan plus abstrait, on peut dire qu'un modèle est une schématisation résultant de la sélection et de l'agencement de certaines caractéristiques idéales ou formelles. Par exemple, les théories sont habituellement des modèles à l'aide desquels on analyse un grand nombre de phénomènes concrets.

Toute société humaine, tout groupe humain, y compris bien sûr la famille, propose à ses membres des modèles de pensée et de conduite. Ces modèles sont transmis et acquis à travers le long processus de formation et de socialisation qui conduit les nouveau-nés à l'âge adulte. Par exemple, chaque enfant mâle ou femelle doit, à travers son éducation, apprendre, intérioriser et s'approprier un modèle masculin ou féminin, selon le cas. De façon globale, on peut dire qu'être éduqué, c'est avoir intériorisé les modèles établis de la culture dans laquelle on vit : modèle de comportement sexuel, modèle de propreté, modèle langagier, modèle lié aux diverses valeurs dominantes (performance, excellence, instruction, etc.). Nous reviendrons plus loin sur cette question des modèles et de l'éducation. Pour l'instant, insistons sur le fait que la crise de la culture moderne est profondément assimilable à une crise de ses propres modèles, aussi bien anciens que nouveaux. En quel sens ?

1.1.1 La tradition, la religion, l'autorité

La **tradition** met les contemporains en rapport direct avec les modèles humains du passé. Elle confère ainsi au présent une temporalité dense et émotionnellement forte puisqu'elle le situe sur la ligne de vie historique de la communauté humaine. Le temps de la tradition ne se confond pas bien sûr avec le temps abstrait des sciences naturelles, ni avec le temps comp-table des horlogers, des affairistes et des banquiers. Il correspond au temps vécu, au temps concret de notre histoire personnelle, dans notre milieu de vie quotidien, familial, social immédiat. Pour l'homme traditionnel, vivre, c'est vivre comme son père et sa mère, comme les membres de sa famille, de son clan, de sa tribu ; c'est respecter les ancêtres et les coutumes, les vieilles façons de faire, de penser et d'agir. Contrairement à l'homme moderne, qui s'efforce de s'orienter en fonction de ses propres choix et de ses valeurs personnelles, trouvant en lui-même le ressort de sa propre action, l'homme traditionnel s'oriente en fonction de modèles de vie qui existent depuis longtemps, trouvant ainsi dans la stabilité de la société les normes qui guident sa propre action. En un certain sens, on peut dire que l'avenir de l'homme traditionnel est décidé d'avance : il sait toujours où il va, il lui suffit de répéter le passé, source des modèles les plus valorisés.

La **religion** instaure, quant à elle, une relation entre les êtres humains et des modèles surhumains ou divins. Elle assure ainsi une filiation entre divers mondes (divin et humain, naturel et surnaturel, etc.), entre la vie et la mort, entre le profane et le sacré. Elle confère à l'existence humaine une autre dimension que la stricte dimension matérielle ou physique. Elle incite l'homme à s'interroger entre autres sur la vie avant la naissance et après la mort. Bref, elle propose aux êtres humains des modèles parfaits ou infiniment supérieurs qui échappent aux vicissitudes de la mort, de la maladie, de la vieillesse, du temps et de l'imperfection humaine.

En Occident, le christianisme définit l'être humain comme étant un être créé à l'image de Dieu, qui est le créateur et le modèle ultime de toute chose bonne, parfaite, idéale. Toujours selon le christianisme, il existe entre Dieu et les hommes des modèles intermédiaires tels les archanges, les anges, les saints, les martyrs, etc. Il existe aussi des antimodèles : les êtres infernaux, les succubes, les démons, Satan et autres. Grâce à la religion, l'humain peut ainsi se référer à un ou des modèles idéaux qui guident sa conduite et orientent son existence dans la bonne direction. Pour l'homme religieux, le croyant sincère, le doute radical n'existe pas car il possède, en son âme et conscience, une certitude absolue — l'existence et la bonté de Dieu — qui lui permet de distinguer le bien du mal, le bon du mauvais, le pur de l'impur, le licite de l'illicite. Tout comme l'homme traditionnel, le croyant est donc, en principe, toujours orienté : il sait où il va, il sait pourquoi il vit et comment il doit vivre. Or ce savoir n'a rien de théorique ou de scientifique ; il relève de la foi, de la conviction profonde, de l'émotion, du sentiment.

Enfin, alors que la tradition définit des modèles idéaux du passé et que la religion propose des modèles surhumains, l'**autorité** détermine, quant à elle, les personnes qui sont dignes d'être imitées et respectées en tant que modèles humains actuels. L'autorité ne doit pas être confondue avec le pouvoir politique, la force militaire ou la puissance matérielle. Il ne suffit pas d'être un chef, ni d'être riche, fort ou puissant pour être respecté. Selon Arendt (1972), qui s'inspire de la vieille conception romaine de l'*autoritas*, l'autorité est une vertu, une qualité à la fois personnelle, visible et publique. Grâce à cette qualité on peut reconnaître une personne de valeur, sur laquelle on peut s'appuyer ou se fier, car elle a la capacité de conduire, de diriger et d'orienter adéquatement les autres membres de la société. En ce sens, l'homme autoritaire agit pour le bien de ceux qu'il guide. Telle est, par exemple, l'image classique du bon père de famille, le *pater familias*, qui agit toujours pour le bien de ses enfants, même quand il les punit sévèrement. Le roi, le sage, le sauveur, le prophète, le leader charismatique, etc., sont des modèles analogues à celui de l'autorité paternelle, mais on les trouve sur un plan plus large, celui de la communauté humaine. Ces personnages servent de guides à la communauté ; ils la conduisent dans la « bonne direction », lui permettant ainsi d'affronter l'avenir avec confiance.

1.1.2 Les sociétés fermées

Quelle est l'importance historique de la tradition, de la religion et de l'autorité ? Quel poids faut-il accorder à ces phénomènes sur le plan de l'évolution de la culture et, plus globalement, sur celui de l'histoire humaine ? Aussi loin que remonte notre connaissance des sociétés humaines, nous savons, notamment grâce à l'histoire et à l'anthropologie, que la tradition, la religion et l'autorité ont été, pendant fort longtemps, des fondements de l'ordre social. Avant notre époque, l'histoire de l'humanité est largement orientée et dominée par des modèles

de vie, de pensée et d'action basés sur des traditions, des religions, des autorités. Ces modèles ont pour fonction, entre autres, d'assurer une stabilité sociale, ainsi qu'une intégration des diverses composantes de la société : les générations, les hommes et les femmes, les riches et les pauvres, les citoyens et les étrangers, etc.

Les sociétés traditionnelles, religieuses et autoritaires sont des sociétés relativement stables, des sociétés closes, comme les appelle le philosophe Karl Popper (1979), ou encore des sociétés froides, comme les nomme l'anthropologue Claude Lévi-Strauss (1961). À ces sociétés stables, fermées, froides, on oppose habituellement les sociétés modernes, qualifiées de mobiles, ouvertes, chaudes. Nous retiendrons, quant à nous, les termes proposés par Popper pour distinguer ces deux types de sociétés : les sociétés fermées et les sociétés ouvertes. Les **sociétés fermées** sont basées sur des règles relativement rigides, des tabous, des interdits, des coutumes, des rituels, qui déterminent à l'avance les modèles de conduite à suivre. Ces règles agissent aussi bien sur le conscient que sur l'inconscient des individus ; elles fournissent aux membres, grâce à l'éducation, à la formation et à la socialisation, un répertoire de réponses face aux situations les plus variées de la vie. L'homme vivant d'une société religieuse, traditionnelle ou autoritaire possède des savoirs concrets, non rationnels, fruits de l'expérience, grâce auxquels il sait s'orienter. En fait, la plupart du temps, la religion, la tradition et l'autorité apportent des réponses toutes faites à des questions que les êtres humains n'ont même pas besoin de se poser, car ils en connaissent déjà les « bonnes réponses ». En termes techniques, on peut dire que les membres des sociétés traditionnelles, religieuses et autoritaires partagent un même univers de symboles et de représentations mentales. Or, cet univers très contraignant peut interdire la pensée critique, c'est-à-dire la pensée autonome capable de juger et d'évaluer les idées collectives, les préjugés communs, les certitudes établies, les croyances sociales ; bref, une pensée capable de se démarquer des idéologies collectives.

De plus, les sciences humaines montrent que les sociétés traditionnelles, religieuses et autoritaires sont ordinairement assez stables sur le plan de la mobilité interne et dans leurs rapports avec l'extérieur, c'est-à-dire avec les autres sociétés, avec les

« étrangers ». Toute culture est fondée sur un registre de différences dont les critères sont variables d'une société à l'autre : humain-divin, humain-animal, homme-femme, jeune-vieux, enfant-adulte, citoyen-étranger, riche-pauvre, noble-roturier, etc. Dans les sociétés traditionnelles, religieuses et autoritaires, ces différences tendent à devenir plus rigides ; les rôles sociaux étant définis une fois pour toutes, il est difficile, voire impossible, de changer de statut social et d'améliorer son sort personnel, ou encore de contester les modèles établis. Il en va de même dans les rapports que ces sociétés entretiennent avec les autres sociétés, qu'elles considèrent habituellement inférieures : ce qui est autre est souvent vu comme malfaisant, mauvais, sous-humain, « barbare ». L'étranger est en quelque sorte un « animal à visage humain ».

1.1.3 L'essor des sociétés modernes et les expériences de décentrement

Il est évident de nos jours que la religion, la tradition et l'autorité ont subi, en Occident, un recul très important, et ce, depuis au moins le XVIIIe siècle. Ce recul ne signifie pas pour autant que ces phénomènes ont disparu. Il signifie plutôt que ces derniers ont cessé d'être les fondements de notre civilisation moderne, laquelle repose sur d'autres forces, tels la rationalité, la science et la technique, l'État et l'économie. Ce recul des sociétés traditionnelles, religieuses et autoritaires est, historiquement parlant, encore récent et inachevé. Il débute à l'époque de la Renaissance, époque qui marque le coup d'envoi de la modernité, et va jusqu'au XVIIIe siècle. Cette période est en effet marquée par un certain nombre d'expériences fondamentales de **décentrement par rapport à la tradition et à l'univers judéochrétiens**, déjà vieux d'un millénaire à cette époque. Ces expériences ne sont pas soudaines, mais s'étalent au contraire sur environ trois siècles (du XVe au XVIIIe siècle), façonnant ainsi lentement — mais en profondeur — les structures mêmes de la conscience moderne. De quelles expériences s'agit-il ? Rappelons-les succinctement, car nous aurons l'occasion de les analyser plus en détail dans les chapitres consacrés à la Renaissance et à Jean-Jacques Rousseau.

- À travers la découverte des « nouveaux mondes » (les Amériques), l'Européen fait l'expérience extraordinaire de l'expansion du monde. L'Europe,

c'est-à-dire la chrétienté, cesse alors d'être le centre du monde, et n'en devient qu'une partie.

- À cette première expérience de décentrement vient s'ajouter la division de l'unité chrétienne en catholiques et protestants. Rome n'est plus le seul centre de la culture européenne. Le Nord (Grande-Bretagne) et le Nord-Est (Allemagne) s'affirment au détriment du Sud (Italie).

- Une autre expérience fondamentale de décentrement réside dans la découverte de l'héliocentrisme par opposition au géocentrisme. La Terre, elle aussi, cesse alors d'être le centre de l'Univers.

- Sur le plan de la culture matérielle, la découverte de l'imprimerie et des procédés d'impression des images (gravure sur bois) entraîne aussi une expansion progressive de la culture écrite aux couches illettrées de la société. La culture scolastique cesse alors d'être le centre de la culture.

- Un nouvel ordre économique — le capitalisme — provoque aussi un décentrement profond des anciennes pratiques sociales, dans la mesure où, comme l'a montré Marx, le capitalisme révolutionne l'ensemble des anciens rapports sociaux entre les classes et les individus. Ce capitalisme exige une grande mobilité sociale. Il met l'accent sur l'initiative des individus, au détriment des rôles et des statuts rigides propres aux sociétés closes. Il abolit les barrières entre les groupes et les sociétés afin d'assurer la libre circulation des biens et des capitaux.

- Enfin, ces nombreux changements culturels, sociaux et économiques aboutissent à une transformation, accompagnée d'événements plus ou moins violents (révolutions française et américaine), des sociétés occidentales. Le XVIIIe siècle, siècle des Lumières et de la raison, jette les bases de la société moderne, société fondée sur la puissance de l'État et du marché. Le régime politique démocratique ressuscite, nous le verrons, l'expérience grecque de la démocratie, morte alors depuis plus de deux mille ans.

C'est donc dans le contexte de ces diverses expériences de décentrement que la culture et la société modernes prennent forme. Ces expériences, est-il nécessaire de le mentionner, sont profondément douloureuses. Elles entraînent forcément une perte d'identité pour les personnes ayant vécu jusque-là dans des sociétés traditionnelles, religieuses et autoritaires. Elles les forcent à passer des sociétés fermées aux sociétés ouvertes, avec ce que cela comporte de changements profonds et d'insécurité. Elles les confrontent à une nouvelle réalité : le pluralisme et l'éclatement des vieux modèles.

Cependant, malgré la justesse de son interprétation au sujet de la crise de la culture, Arendt (1972) se méprend sur un point important. Notre époque n'est pas la seule à vivre une telle situation, un tel changement. Les Grecs anciens sont les premiers à vivre l'expérience, douloureuse mais exaltante, qui marque le passage d'une société fermée à une société ouverte.

1.1.4 La Grèce ancienne : la première « société ouverte » en Occident

Nous savons très peu de choses des événements qui ont conduit à la crise de la Grèce ancienne. Cette crise, selon les historiens, aurait germé entre 1200 et 800 ans av. J.-C., lorsque la société grecque de l'époque s'est effondrée devant les envahisseurs. Cette société archaïque était *grosso modo* de type féodal, gouvernée par un roi et formée d'une aristocratie guerrière, ainsi que de paysans payant des redevances aux nobles. La royauté avait aussi une dimension religieuse, comme c'est le cas dans toutes les vieilles sociétés indo-européennes. Dans la Grèce archaïque, la vie sociale est centrée autour du palais royal et de la fonction religieuse de la royauté. On parle alors d'une société palatine. Ce genre de société était courant à l'époque et se trouvait non seulement en Grèce mais aussi en Asie, en Afrique du Nord et un peu partout autour de la Méditerranée. Il s'agit bien sûr de sociétés fermées, religieuses, profondément autoritaires et basées sur un ordre social traditionnel, vieux de plusieurs millénaires, car il remonte aux très vieilles sociétés indo-européennes.

Quoi qu'il en soit, vers le XIIᵉ siècle av. J.-C., la société palatine s'effondre devant l'assaut de peuples

guerriers, eux-mêmes indo-européens. Commence alors une période obscure de l'histoire de la Grèce archaïque qu'on appelle le Moyen Âge grec, qui s'étend du XIIᵉ siècle au VIIIᵉ siècle av. J.-C. Or, il semble que la fin de la société palatine ait été marquée par un phénomène nouveau et particulier à la Grèce : non seulement les rois ont disparu, mais la fonction royale elle-même, c'est-à-dire la concentration des pouvoirs profanes et religieux entre les mains d'un seul homme, a été éliminée. Les Grecs de cette époque ont été confrontés, sans doute pour la première fois de l'histoire, à un type de fonctionnement social qui ne reposait plus sur la royauté, la religion et la tradition. Ils devaient donc mettre en place de nouveaux mécanismes de pouvoir[4].

C'est justement ce qui se produit entre le VIIᵉ et le IVᵉ siècle av. J.-C. La vieille histoire des sociétés autoritaires et hiérarchiques, qui sans doute dure depuis l'origine de l'espèce humaine, est pour la première fois rompue dans la Grèce ancienne avec l'émergence de la démocratie, grâce à laquelle des hommes décident de leur destin à l'aide de la « libre discussion ». Bien sûr, cette première démocratie reste réservée à une élite de citoyens. Chez les Grecs anciens, la notion de citoyen est beaucoup plus restrictive que l'idée que nous nous en faisons actuellement. À titre d'illustration, prenons le cas d'Athènes, qui était la plus grande ville du monde grec. À son apogée, vers le IVᵉ siècle av. J.-C., Athènes comptait environ 100 000 habitants[5]. Environ la moitié de ces habitants étaient des esclaves, soit 50 000 personnes (hommes, femmes et enfants). Les Grecs considéraient les autres peuples comme des êtres inférieurs, des animaux à visage humain (*barbaros*), qu'ils faisaient travailler à leur place. Vivaient également à Athènes environ 10 000 étrangers, qu'on appelait des « métèques », des Grecs des autres villes. Parmi les 40 000 Athéniens restants, il faut soustraire les femmes et les enfants, soit environ 20 000 personnes, qui n'avaient aucun droit politique. Ceux qu'on appelle les Athéniens, les véritables citoyens d'Athènes, sont donc au nombre approximatif de

---

4. Il est intéressant de constater que cette situation nouvelle qui prévaut en Grèce ancienne autour du Iᵉʳ millénaire av. J.-C. se retrouve aussi, au même moment, en Inde, en Chine et en Orient. En effet, les grandes religions orientales tels le bouddhisme, le confucianisme, le taoïsme, le zoroastrisme et l'Upanisad remontent à cette époque. Cela a conduit K. Jaspers

et E. Weil, deux éminents philosophes, à s'interroger sur l'existence d'une « période axiale » de l'histoire, qui commencerait autour de l'an mille av. J.-C. Sur ce sujet, voir le texte de Éric Weil (1982).

5. Ces chiffres sont tirés de Flacelière (1980).

20 000 personnes, soit un cinquième de la population. Ces hommes se considéraient comme des êtres humains supérieurs, l'élite, l'aristocratie, les maîtres. Les plus riches ne travaillaient pas ; ils avaient plusieurs esclaves qui s'occupaient de leurs terres et de leurs troupeaux. Les citoyens d'Athènes, les maîtres, menaient donc une « vie de loisirs » : ils s'occupaient surtout de la politique et de la guerre, une minorité s'intéressait aux arts et aux sciences. Ceux qui ont inventé les sciences, la philosophie, les arts, le théâtre étaient donc des hommes libres, des hommes qui ne travaillaient pas et qui méprisaient le travail. C'est de là que vient notamment l'opposition classique entre l'activité intellectuelle et le travail manuel.

Du point de vue historique, on assiste à la naissance de la démocratie, même si cette dernière est l'apanage d'une minorité. Il faudra attendre vingt-trois siècles avant que l'expérience ne se répète en Occident. Dans cette première démocratie, le pouvoir est indépendant de la volonté d'un seul homme (le roi) ou d'une élite (les nobles, les aristocrates, les riches ou ploutocrates). Le pouvoir devient un exercice de négociations ouvertes, où la parole, la discussion et le dialogue représentent des instruments de ce pouvoir. L'agora, espace public situé au centre de la cité et des relations politiques, est le symbole de ce nouveau type de pouvoir. Pour la première fois, des hommes peuvent décider ensemble de leur avenir ; ils doivent en discuter entre eux, sans maîtres, et s'orienter en utilisant un langage cohérent, argumentatif, compréhensible par les autres et susceptible d'être contesté publiquement. Ainsi naissent les premières formes de rationalité, d'argumentation, de logique et de raisonnement. De même apparaissent de nouveaux types de discours appelés à connaître par la suite une extraordinaire postérité : la philosophie et la science, la réfutation et la recherche de la vérité, le dialogue et la confrontation dialectique des points de vue. La démocratie est donc le creuset d'une véritable métamorphose de la culture, du discours et de la pensée ; elle mobilise, grâce à cette lutte pour le pouvoir désormais indissociable de la parole, une énergie spirituelle considérable, capable d'ébranler les vieilles fondations des sociétés archaïques, religieuses et autoritaires.

Comment expliquer ce changement profond ? Exactement comme au début des temps modernes, l'apparition d'une société ouverte dans la Grèce ancienne est conditionnée par un certain nombre d'expériences de décentrement, qui s'étalent sur deux à trois siècles, façonnant ainsi en profondeur la conscience de l'homme grec.

- Le commerce se développe, entraînant et multipliant les contacts avec les autres civilisations de la Méditerranée. Or, les relations commerciales ne se limitent pas à des échanges de biens ; elles entraînent l'émergence de valeurs communes, d'échanges d'idées, de confrontations de points de vue. Elles favorisent ainsi l'éclosion du pluralisme et du relativisme.

- En prenant de l'expansion, la civilisation grecque entre aussi en conflit avec d'autres civilisations, notamment la puissante société perse, à laquelle elle livre de nombreuses guerres. Or, ces conflits militaires sont aussi porteurs d'autres valeurs que les valeurs guerrières. Par exemple, celui que l'on considère comme le premier historien occidental, le Grec Hérodote, reconnaît que les Perses sont des modèles de courage au même titre que le sont les guerriers grecs. Dans son ouvrage *Histoires*, il raconte la guerre entre les Grecs et les Perses, en tenant compte du point de vue des deux camps et de leurs exploits respectifs. Cela constitue le premier effort d'objectivité pour écrire l'histoire. Hérodote est d'ailleurs reconnu comme le père de la science historique.

- L'exaltation des vertus guerrières et aristocratiques se traduit aussi chez les Grecs par une vision agnostique de l'existence, c'est-à-dire une conception de la vie qui met l'accent sur le courage, la compétition et l'émulation. Or, ces valeurs nourrissent aussi la démocratie grecque (sans parler de l'olympisme), car celle-ci prend concrètement la forme d'un débat oratoire sur la place publique entre des hommes s'efforçant d'imposer leurs points de vue à une foule.

- Entre le VIIIe siècle et le Ve siècle av. J.-C., on constate le développement, à travers d'intenses conflits sociaux, politiques et intellectuels, d'une opposition entre la *phusis* et le *nomos*, c'est-à-dire entre la nature et la culture, entre d'une part les lois naturelles, qui passent pour immuables et nécessaires, et d'autre part les lois humaines, qui sont conventionnelles et variables. Une telle opposition signifie que les structures de pouvoir de la société grecque deviennent progressivement un objet de discussion et de contestation. Les partisans de la tradition voient dans les anciennes façons de vivre, de penser et d'agir des lois naturelles, alors que de nouveaux groupes (les démocrates, certains philosophes, les sophistes, etc.) les considèrent comme purement conventionnelles et, par conséquent, arbitraires. Plus concrètement, cela signifie que les divers types de domination, des hommes sur les femmes, des adultes sur les jeunes, des citoyens sur les étrangers, des hommes libres sur les esclaves, des Grecs sur les barbares, etc., sont remis en question, dans la mesure où ils deviennent des phénomènes strictement conventionnels, arbitraires et variables selon les sociétés, les mœurs, les peuples. Bref, les Grecs ont fait en quelque sorte, 2 500 ans avant nous, l'expérience du pluralisme et du relativisme.

Les Grecs ne sont évidemment pas les premiers à vivre d'aussi importantes transformations, car toutes les sociétés humaines connaissent, à un moment ou à un autre, des situations semblables. Cependant, il est indéniable qu'ils sont les premiers à prendre conscience des enjeux spirituels, ainsi que des problèmes politiques et idéologiques qui surgissent à l'occasion de l'ébranlement des assises matérielle et idéologique de leur société. Avant les Grecs, les êtres humains subissaient ces situations de changement comme s'il s'agissait d'un destin inéluctable, ou bien ils y voyaient l'œuvre des dieux. Dans tous les cas, ils s'efforçaient de nier le changement, en rétablissant les vieilles traditions, le tribalisme, les anciennes autorités. L'originalité des Grecs réside dans leur volonté de comprendre ce qu'il leur arrive, de traduire cette compréhension dans un nouveau type de langage : le discours rationnel.

1.1.5 Les Grecs, fondateurs d'une civilisation

À travers ces diverses expériences, **les Grecs anciens jettent progressivement les bases de la civilisation occidentale**. La culture grecque classique débute avec Homère et l'éducation « poétique », qui n'est elle-même que la reprise de vieilles traditions d'éducation orale. Elle trouve, dans l'Athènes des Vᵉ et IVᵉ siècles av. J.-C., sa première expression achevée

et durable, grâce à l'enseignement et aux doctrines nouvelles des sophistes et des philosophes, des orateurs et des savants. Mais la nouvelle culture grecque ne se limite pas aux conceptions de ceux qu'on appelle aujourd'hui les « intellectuels ». Elle bénéficie également de l'apport prodigieux et varié de toute la société grecque. Les arts et les sciences connaissent un développement sans précédent et rarement égalé dans toute l'histoire humaine. À ces manifestations spirituelles, culturelles et sociales, il faut ajouter la guerre, le commerce, les jeux, les voyages, bref, toutes les activités grâce auxquelles une société s'impose aux autres, en créant et en occupant une aire de civilisation. Enfin, à côté de ces phénomènes visibles, il faut ajouter une série de transformations profondes, dont l'étude relève de ce qu'on appelle aujourd'hui l'histoire des mentalités, et qui concernent l'homme grec tel qu'il existe avec ses croyances, ses certitudes, ses catégories mentales, ses représentations du monde et de lui-même.

En tant que fondateurs de la civilisation occidentale, on reconnaît aux Grecs un certain nombre d'inventions capitales, qui font désormais partie du patrimoine de l'humanité. Les Grecs ont découvert la géométrie, la mathématique théorique, la logique, la grammaire, la rhétorique, la philosophie, la physique, la biologie, l'astronomie scientifique, c'est-à-dire basée sur les mathématiques. Ils ont inventé le théâtre et ce qu'on peut appeler l'art humaniste, c'est-à-dire l'art qui a pour fonction de représenter non les dieux ou la nature mais les êtres humains. Ils ont inventé également les jeux olympiques et, nous l'avons vu, la démocratie, et bien d'autres choses encore (l'urbanisme, l'art de la guerre, la logistique, etc.). Ces nombreuses découvertes ont-elles un lien entre elles ou bien s'agit-il d'une suite fortuite de créations isolées ? Lorsqu'on les examine de plus près, on constate qu'elles ont trois choses en commun :

- la valorisation de la pensée rationnelle ;
- la valorisation de la parole ;
- la valorisation de l'être humain.

En grec, parole et pensée rationnelle renvoient à la même notion : *logos* (*ratio*, en latin), la raison, c'est-à-dire la faculté de penser et de parler. Les Grecs sont donc les découvreurs de la raison, les inventeurs de la rationalité, cette activité qui consiste à fonder des idées, des discours et des actes sur des arguments[6]. Ils sont également les inventeurs de l'humanisme, cette conception qui reconnaît à l'être humain une valeur intrinsèque. Par exemple, les Grecs ont été parmi les premiers à s'intéresser à la beauté humaine en tant que valeur esthétique. Ils ont été parmi les premiers à valoriser la compétition et l'émulation non violentes entre les hommes à travers, notamment, l'olympisme. Ajoutons ici, pour éviter tout contresens, que ces découvertes sont essentiellement l'œuvre d'une minorité, le « groupe des intellectuels », bien qu'elles aient été nourries par toute l'expérience grecque, notamment politique.

S'il est très difficile d'inventer, il est encore bien plus difficile d'inventer quelque chose qui puisse résister à l'épreuve du temps durant plus de deux millénaires. C'est cela l'œuvre des Grecs : inventer quelque chose, proposer de nouvelles façons de vivre, de penser et d'agir qui ont réussi à traverser l'histoire en s'imposant à de multiples sociétés pourtant très éloignées, à tous points de vue, de la Grèce ancienne.

1.1.6 Un nouveau modèle de culture : le rationalisme et l'humanisme

La valorisation de la pensée rationnelle, de la parole et de l'être humain conduit au développement d'un nouveau modèle de culture, modèle qui est à la base de notre civilisation occidentale et qui correspond au rationalisme et à l'humanisme.

Le **rationalisme** renvoie à la conception selon laquelle le monde qui nous entoure est gouverné par des lois ou des principes qui peuvent être envisagés sous deux aspects. Premièrement, ces principes obéissent à une certaine « logique » ou, du moins, à certaines régularités ; en d'autres termes, ils ne sont pas arbitraires, purement chaotiques ou aléatoires. Toutes les choses ont leur raison d'être. Deuxièmement, ces principes sont accessibles à l'esprit humain par une forme ou une autre de raisonnement

(dialectique, déductive, inductive, etc.). En théorie, tout est intelligible. Autrement dit, le rationalisme postule que le monde est ordonné selon des règles que l'être humain peut appréhender par sa raison. Un tel postulat est à l'origine de la philosophie grecque. Il est également à la base de la science moderne. Il signifie notamment que la vérité n'est pas un don des dieux, qu'elle n'est pas un secret possédé par une minorité (les sages, les sorciers, les gourous, etc.), mais que cette vérité découle au contraire d'une libre recherche de l'esprit humain qui s'applique à comprendre le monde qui l'entoure, puis à soumettre aux autres le fruit de ses efforts afin qu'il soit discuté librement.

De son côté, l'**humanisme** peut être vu comme un prolongement naturel du rationalisme, car il place justement l'homme au centre du discours, de la culture, pour en faire le sujet, moteur même de la connaissance. Il est impossible de discuter rationnellement avec son semblable si on ne reconnaît pas en lui un égal qui mérite d'être respecté. De plus, l'humanisme — comme le rationalisme — est basé sur la conviction que les êtres humains sont capables de se soustraire à la violence, aux préjugés, aux contraintes et de se déterminer grâce à leur propre force intérieure, à leur liberté. L'humanisme repose sur le principe que l'être humain n'est pas une chose, un objet, un être déterminé une fois pour toutes, un animal dressé et conditionné à tout jamais par ses gènes ou par son milieu ; au contraire, il considère l'être humain comme un « être ouvert », un être dont la nature n'est pas définie d'avance et une fois pour toutes, un être capable de se changer, de se transformer, de s'améliorer.

Ce nouveau modèle de culture s'appuie sur le fondement suivant : tous les modèles, toutes les valeurs, toutes les croyances, tous les savoirs, peu importe leur ancienneté, leur dignité, leur divinité, leur autorité, leur puissance ou leur violence, sont ou doivent être soumis à la libre discussion entre les personnes. Dans une perspective rationaliste et humaniste, la libre discussion signifie que tout être humain a le droit de contester les idées d'autrui avec lesquelles il est en désaccord, peu importe la force, la richesse, le rang social ou le prestige personnel de son interlocuteur. En d'autres termes, le principe de libre discussion implique que ce ne sont pas les attributs des hommes qui déterminent la valeur des

---

6. Bien sûr, avant les Grecs, les êtres humains étaient doués de la faculté de raisonner ; cependant, cette faculté ne constituait pas à leurs yeux l'essence de l'être humain. Cette faculté ne s'appuyait pas non plus, dans son fonctionnement, sur des règles explicites. Enfin, la raison n'était pas favorisée parce que les idéologies sociales étaient fondées sur les mythes et la pensée magique. Dans cette optique, on peut dire que les Grecs sont moins les inventeurs de la raison que ses découvreurs : tout comme l'Amérique d'avant Colomb, cette réalité existait, mais nécessitait une découverte.

idées (discours, projets, politiques, etc.). **Le ratio-nalisme croit que les idées ont une existence autonome, indépendante des caractéristiques personnelles des hommes qui les défendent.** Dans une optique rationaliste, un maître est un maître, non pas à cause de sa force ou de sa puissance, mais à cause uniquement de la valeur rationnelle de son jugement, de son discours. Cette autonomie des idées est basée sur leur validité, leur logique, leur cohérence, leur force argumentative. Ainsi, pour le rationalisme, les choses, les projets, les situations, les phénomènes, la nature ainsi que la culture n'ont pas de sens qui soit donné par les dieux, le destin ou les gourous. Pour le rationalisme, la culture dépend des hommes, de leur capacité à penser, à raisonner, à discuter, à critiquer, à connaître, à apprendre, et ainsi à progresser. Comme le dira Kant, vingt-deux siècles après Socrate : « **Osez penser par vous-mêmes !** » Tel est le principe de base du rationalisme antique ou actuel.

Avec cette exigence de libre discussion, ce qui est ainsi ouvert pour la première fois en Grèce ancienne, c'est le « lieu de l'homme » (Dumont, 1969) en tant qu'individu libre et responsable, autonome et capable d'une réflexion personnelle. À travers le rationalisme, l'homme grec accepte la fragilisation de la culture, et assume la tâche de donner un sens à sa propre existence et au monde dans lequel il vit. Ce que la pensée grecque découvre, c'est donc que la culture est, par nature, fragile et précaire. Sa fragilité exige des êtres humains un nécessaire effort pour donner un sens à tout ce qui les entoure. Si nous voulons vivre selon d'autres modèles, c'est-à-dire sans nous référer aux ancêtres, aux dieux, aux autorités qui nous disent comment et pourquoi vivre, alors nous devons forcément apprendre à penser, à vivre et à nous orienter par nous-mêmes. Tel est, en substance, le modèle de culture qui prend place autour du IVᵉ siècle av. J.-C.

Ce modèle de culture se veut, en même temps, un modèle de résolution des conflits humains, puisqu'il place la libre discussion au centre de la vie sociale, donnant du même coup un sens nouveau à la société et à l'histoire. La société, compte tenu du principe de la libre discussion, de la raison et du respect de l'autre, devient un lieu d'échanges public, un espace ouvert de communication et de confrontation des idées, une agora où toutes les opinions sont permises,

avancées, discutées, critiquées. L'autre cesse d'être ainsi l'ennemi, l'étranger qu'il faut combattre, asservir, mépriser ou ridiculiser ; il devient un citoyen auquel on s'adresse sans violence, en l'incitant toutefois à justifier ses paroles, ses actes et ses pensées. Tel est le fondement de toute démocratie. L'histoire, par la libre discussion, cesse d'appartenir au temps circulaire imposé par les traditions ; elle devient progressive, orientée vers un avenir où les œuvres humaines du passé se transforment en réalités perfectibles. Nous avons une histoire parce qu'un jour nous avons accepté de ne plus vivre comme nos ancêtres, croyant que leurs œuvres et leurs modèles de vie pouvaient être critiqués, transformés, améliorés, et non seulement imités ou adorés. Tel est le fondement de tout progrès.

Enfin, ce modèle de culture est aussi un modèle de formation et d'éducation qui se cristallise principalement dans l'enseignement de la philosophie et dans les écoles philosophiques de l'Antiquité. Ce sont les philosophes qui fondent les premières écoles d'enseignement à Athènes, écoles dans lesquelles de petits groupes de disciples étudient. Ces écoles s'adressent, non aux enfants, mais aux adolescents et aux adultes. Les philosophes sont donc les ancêtres des professeurs d'université. En quelque sorte, ils ont inventé les premières universités, les premiers lieux publics consacrés entièrement à l'étude et à la recherche de la vérité. On les considère, à juste titre, comme les fondateurs de l'histoire éducative occidentale. Ce qu'ils veulent développer, ce n'est pas un type d'être humain en particulier, comme le font déjà à cette époque les Égyptiens, les Perses, les Phéniciens et les Juifs. À la différence de ces autres grands peuples de l'Antiquité, les Grecs ne veulent pas former un soldat, un prêtre, un scribe, un lettré, un croyant ou un autre type d'homme spécialisé. Ils veulent plutôt former l'être humain complet, corps et esprit, développer chez lui le sens critique et le sens esthétique, la raison et l'émotion, la capacité de penser et aussi celle d'éprouver des sentiments supérieurs. L'idéal éducatif grec est dominé par les idées d'harmonie, d'équilibre et de maîtrise de soi, qui constituent des vertus dont la réalisation passe forcément par la connaissance de nos propres limites.

De plus, à la différence des sciences contemporaines, le rationalisme classique, issu notamment de l'enseignement de Socrate, de Platon et d'Aristote, refuse de limiter la connaissance à la production et à la gestion d'informations nouvelles sur le monde. Pour les Anciens, **la connaissance en soi est formatrice**. Pour les Grecs, mais aussi pour les Romains et plus tard pour les chrétiens, philosopher, c'est devenir meilleur. Ce principe est au centre des doctrines éducatives de l'Antiquité. Le savant n'est pas seulement différent de l'ignorant, il lui est supérieur. En d'autres termes, la connaissance a d'emblée, dirions-nous aujourd'hui, une dimension éthique : le vrai n'est pas séparable du beau et du bon. Connaître la vérité, c'est être capable de distinguer, non seulement le vrai du faux, mais aussi le beau du laid, le bon du mauvais[7].

L'éducation est donc au centre du rationalisme classique. Alors que les sciences modernes placent la transformation de la nature par l'homme au cœur de leur entreprise, c'est la formation de l'être humain qui constitue le cœur même du rationalisme exemplaire tel que l'ont conçu les Grecs anciens.

1.2 L'éducation philosophique et l'apprentissage de la raison

Dans les pages précédentes, nous avons mis en évidence le contexte qui est à l'origine du développement de la culture intellectuelle dans la Grèce ancienne. On a pu voir que ce contexte était caractérisé par une crise de la culture provoquée par l'émergence d'un nouveau système politique (la démocratie) et par diverses autres expériences de décentrement en regard des traditions et des croyances établies. Cette crise a entraîné, pour la première fois dans l'histoire, l'essor d'un nouveau modèle de culture basé sur le rationalisme et l'humanisme. Ce nouveau modèle met l'accent sur l'initiative et l'autonomie de l'être humain, ainsi que sur la parole et la pensée rationnelle. Il va influencer toute l'histoire occiden-

tale par la suite, et représenter une partie importante de l'héritage que la civilisation grecque antique va léguer aux civilisations suivantes, romaine, chrétienne et moderne. On a vu aussi, mais très brièvement, que ce modèle de culture est porteur d'une nouvelle conception de l'éducation et de la formation de l'être humain. Cette conception est basée sur une nouvelle idée de la connaissance, perçue comme le résultat d'une activité à la fois rationnelle et formatrice.

Dans cette seconde partie du chapitre, nous voulons pénétrer plus avant dans l'étude des conceptions proposées par les penseurs de l'Antiquité — essentiellement les philosophes — au sujet de l'éducation, de la formation, de la culture et des autres dimensions de l'entreprise éducative. Nous allons nous limiter aux conceptions des sophistes, de Socrate et de Platon. Il s'agit de conceptions philosophiques, théoriques, abstraites, qui ne s'appliquent pas directement à la pédagogie telle que nous l'entendons aujourd'hui, c'est-à-dire à l'art d'éduquer et d'instruire les enfants dans les classes de nos écoles modernes. Ces conceptions se situent davantage sur le plan des grands principes et des fondements philosophiques de l'éducation en général. Elles représentent sans contredit, à travers leurs ressemblances et leurs divergences, l'un des moments les plus intenses de la formation de la culture occidentale. Mais avant d'exposer les idées de ces penseurs, nous allons commencer par présenter quelques notions générales sur la nature de l'éducation. Ces considérations permettront de mieux situer et de mieux comprendre l'apport particulier des Grecs. Elles nous aideront également, tout au long de cet ouvrage, à mieux fixer les bornes de l'histoire occidentale de l'éducation, et à souligner ses principaux apports.

1.2.1 Quelques considérations à propos de l'éducation : sa nature, son importance et ses fonctions

L'origine de l'éducation

Est-il nécessaire de rappeler que les Grecs n'ont pas inventé l'éducation ? Celle-ci est aussi ancienne que l'espèce humaine, et a pris, tout au long de l'histoire, une immense variété de formes qui la rendent parfois difficilement reconnaissable d'une société à

---

7. Dans cette perspective, on peut dire que les Anciens (Grecs, Romains et chrétiens) ignoraient le problème de ce qu'on appelle aujourd'hui les « valeurs » et les « choix de valeurs », dans la mesure où l'on fait dépendre ces choix de la subjectivité. Pour eux, l'éthique était moins une question de choix déterminée par le libre arbitre qu'une conséquence de l'organisation objective de la réalité. Ils croyaient que le monde dans lequel ils vivaient présentait un ordre naturel qui servait de fondement à l'éthique.

l'autre, d'une époque à l'autre. L'éducation a l'âge de l'humanité ; elle est paradoxalement aussi vieille qu'elle et aussi jeune que chaque enfant qui naît et qu'on doit éduquer. En soutenant que l'éducation est aussi vieille que l'espèce humaine, il s'agit moins de faire appel à un fait scientifiquement prouvé que de poser un constat anthropologique. On ne peut comprendre l'être humain sans tenir compte de l'éducation, car cette dernière fonde sa « nature ». L'humain est devenu humain dès qu'il a commencé à s'éduquer. L'origine de l'éducation est donc contemporaine de l'apparition de la vie en groupe, du langage, du travail, de l'art, bref, de la naissance de l'être social, de l'humanité. En ce sens, on peut dire que l'éducation n'a pas une origine précise : elle n'a été inventée par personne, elle n'a pas commencé quelque part, pour se répandre ensuite, elle n'est la propriété d'aucun peuple, d'aucune culture particulière. Elle est inhérente à l'expérience humaine.

La dimension fondamentale de l'éducation : universalité et nécessité

Au même titre que le travail, l'art, la politique et la technique, l'éducation constitue une activité anthropologique fondamentale, c'est-à-dire qu'en s'éduquant l'être humain ne fait pas seulement quelque chose, il fait quelque chose de lui-même, il transforme sa personnalité et, de la sorte, se définit à travers sa propre action formatrice. Marx a dit que « le travail est la racine de l'homme » ; on peut sans doute compléter en disant que l'activité éducative est le sol nourricier où s'enfonce cette racine : le « travailleur », l'« homme de la praxis », doit d'abord être éduqué avant de transformer le monde par son action laborieuse.

La dimension fondamentale de l'éducation se montre à la fois dans son universalité et sa nécessité. Toutes les sociétés humaines connues se livrent en effet à des activités éducatives. De plus, ce qu'on appelle l'hominisation est impossible sans éducation. À la différence de l'animal, l'être humain doit en quelque sorte naître deux fois[8]. Il naît d'abord une fois comme animal, c'est-à-dire comme un être naturel, et il doit naître une seconde fois comme humain, c'est-à-dire comme un être de culture. Or,

cette seconde naissance est justement rendue possible par l'éducation, qui assure ainsi le passage et, jusqu'à un certain point, la rupture entre la nature et la culture. Dans cet esprit, on pourrait définir l'être humain comme un animal éduqué. Cette définition serait aussi valable et pertinente que les définitions usuelles telles : l'homme est un animal raisonnable, un animal politique ou un *homo faber*.

Définition de l'éducation

Tout comme les termes « art », « politique », « technique », etc., la notion d'« **éducation** » est indéfinissable scientifiquement ou logiquement. Il s'agit d'un champ général de connaissances, dont la signification varie selon les époques, les cultures, les auteurs. En ce sens, il n'y a pas une bonne définition de l'éducation ; il y en a plusieurs, et ces définitions sont limitées, partielles, incomplètes. Cela dit, on peut tout de même proposer une définition qui nous semble acceptable. En nous inspirant de Durkheim (1980), définissons donc l'éducation comme étant **l'action exercée par les adultes sur et avec les enfants afin de les intégrer à leur communauté et de leur transmettre leur culture**, c'est-à-dire l'ensemble des savoirs nécessaires à l'existence de cette communauté. Cette existence exige aussi bien la connaissance du passé, que celle du présent et du futur. Toutes les sociétés humaines s'acquittent de cette tâche, de cette double fonction : intégrer les enfants et leur transmettre leurs savoirs, leur culture.

Socialiser les enfants et les former à la culture

L'intégration est une fonction de socialisation. **Intégrer les enfants, c'est les socialiser**, c'est-à-dire les amener à apprendre et à intérioriser les normes et les modèles sociaux (de vivre, de faire, de penser, etc.). En ce sens, l'éducation est une activité profondément sociale, alors que l'apprentissage peut fort bien être individuel. C'est toujours l'individu qui apprend, même s'il est membre d'un groupe, d'une classe. À l'inverse, l'éducation nécessite la présence d'autrui. Elle est donc une activité socialement organisée. Chaque société a, par conséquent, des pratiques éducatives relativement bien définies, exercées par des agents particuliers en fonction de finalités et de modalités précises.

---

8. Sur cette idée d'une double naissance de l'être humain, voir Kant (1966).

La sélection, la conservation et la construction de la culture se font par le processus de transmission des connaissances. Dans cette optique, la transmission de la culture n'est pas un processus passif et automatique, qui reproduit mécaniquement et intégralement la culture du passé. Chaque génération humaine reprend cette culture à son compte pour la modifier et l'adapter à de nouvelles situations et exigences, construisant ainsi peu à peu une culture nouvelle.

La culture commune et la culture technique

La culture transmise par l'éducation est double :

- **La culture commune.** Au sens large, il s'agit de l'ensemble des connaissances que les membres d'une communauté partagent avec les autres sociétés. Ainsi, à chaque époque de l'histoire, les sociétés élaborent diverses conceptions du monde, de l'être humain et d'elles-mêmes (mythes, religions, philosophies, sciences, idéologies), qu'elles s'efforcent de transmettre aux générations suivantes et de partager entre elles. Il en va de même, d'une part, pour certains cadres symboliques généraux (le langage, le système perceptif, etc.) à la base de la communication sociale et, d'autre part, pour les systèmes de normes et de règles régissant l'ordre social (éthique, droit, coutumes) qui sont aussi transmis par l'éducation. Cependant, la culture commune doit toujours composer, dans son processus de transmission, avec certaines différenciations sociales produisant, selon les époques et les sociétés, des sous-cultures. C'est ainsi que les hommes et les femmes, les riches et les pauvres, les nobles et les roturiers, les jeunes et les vieux, possèdent une culture à la fois commune et différenciée.

- **La culture technique.** Il s'agit d'un ensemble de connaissances plus particulières qui est la propriété de groupes sociaux (artisans, techniciens, savants, sorciers, chamans, professionnels, ouvriers, etc.). Plus spécialisée, la culture technique est évidemment liée directement au système productif de la société, mais aussi à diverses autres fonctions (contrôle social, production symbolique particulière, etc.) variables selon les époques et les sociétés, fonctions qui exigent des savoirs particuliers.

Ces précisions étant apportées à propos de la nature de l'éducation, de son importance et de ses principales fonctions, essayons maintenant de voir comment les sociétés traditionnelles éduquent leurs membres. Ce développement permettra de mieux comprendre la rupture de la pensée grecque face à ses propres traditions éducatives.

1.2.2 L'éducation et la société traditionnelle

Une société traditionnelle est une société dont la culture, tant commune que technique, propose des modèles de vie dont on justifie la valeur par le fait qu'ils ont toujours existé. Ces modèles tirent leur origine des dieux, des forces de la nature, du destin, des grands ancêtres, de la coutume. Ils possèdent une dimension plus ou moins sacrée, c'est-à-dire qu'on les considère intouchables. C'est ainsi que l'on reproduit le mode de vie des ancêtres : on agit comme eux, on pense comme eux. Une société traditionnelle est donc basée sur un ordre qui est tenu pour largement immuable, du moins aux yeux des membres de la société. Elle renvoie à des manières de vivre, de penser, d'agir, qui reposent sur des coutumes, un héritage du passé qui semble avoir toujours existé.

Une tradition repose sur un savoir quotidien

Dans une société traditionnelle, l'éducation a pour fonction de transmettre aux nouvelles générations les contenus et le respect de la tradition. L'éducation traditionnelle se développe directement dans le milieu familial et social des enfants. Il n'y a pas d'écoles ou d'institutions éducatives en dehors du milieu de vie quotidien. Les enfants sont éduqués dans la famille, en fonction de la vie de tous les jours. Il n'y a donc pas de professeurs ou d'enseignants, c'est-à-dire de personnes exerçant un métier spécialisé dans un lieu particulier, comme la classe. L'école, c'est la vie de tous les jours. Le professeur, c'est le père, la mère, un membre de la famille, le voisin, les autres enfants.

Au sein de la société traditionnelle, les enfants doivent apprendre à vivre comme les ancêtres ont vécu, comme les adultes vivent actuellement et comme leurs enfants vivront. Les règles de vie traditionnelles transmises par l'éducation proposent des réponses aux diverses situations de la vie, mais ces réponses s'imposent en quelque sorte d'elles-mêmes, grâce à la force du groupe, aux habitudes, etc. En d'autres termes, ce qui pousse les gens à agir, ce ne sont pas des raisons mûrement réfléchies, mais des normes de conduite fixées par l'usage, l'habitude. Dans une société traditionnelle, les gens savent comment s'y prendre, et quelle attitude adopter selon les circonstances : naissance, mort, mariage, etc. Mais ce « savoir-s'y-prendre » n'est pas un savoir théorique. Il est inspiré par le vécu quotidien. Il constitue le savoir sédimentaire, le réservoir de significations grâce auquel le monde quotidien est spontanément doté de sens. Un tel « savoir » n'est pas abstrait ; il n'est pas autre chose que la culture vécue et quotidienne, culture qui s'exprime dans les actes journaliers des gens, dans leurs attitudes et leurs rôles.

On peut donc définir une tradition comme étant l'essentiel des savoirs transmis de génération en génération, savoirs que les membres d'une communauté partagent et qui orientent leur conduite et leurs attitudes dans le vécu quotidien vers des formes d'action cristallisées en habitudes, en rituels et en coutumes. Une tradition se fonde sur le savoir du sens commun, sur le savoir quotidien partagé par tous au sujet de ce qu'il convient de faire dans telle ou telle circonstance. Il ne s'agit pas d'un savoir réfléchi, mais implicite. Il ne s'agit pas non plus d'un savoir individuel, mais d'un savoir socialement partagé, collectif, culturel en somme.

Toute tradition est transmise et acquise par l'éducation

L'éducation dans les sociétés traditionnelles suppose un processus d'apprentissage qui est fondé non sur un projet éducatif comportant des objectifs, mais sur les habitudes de vie et de conduite des gens qui élèvent des enfants. Par exemple, dans une famille vivant dans une société traditionnelle, ce sont les façons d'être et d'agir des adultes qui fournissent aux enfants le système de repères qui les guide dans leur conduite quotidienne. Bien souvent, ce qui influence les enfants, ce n'est pas tant ce que les adultes disent, mais ce qu'ils sont et ce qu'ils font, jour après jour, et ce, sans même y penser. Ces comportements n'ont pas besoin d'être verbalisés, théorisés, réfléchis. Par exemple, la plupart des « techniques corporelles »

sont acquises de façon non verbale, simplement par imitation des adultes par les enfants, lesquels voient en eux des modèles à copier. Voici quelques exemples de techniques corporelles acquises par éducation traditionnelle :

- la façon de marcher des garçons et des filles ; leur façon de s'asseoir ; leur façon de fermer le poing, de lancer un objet, de courir, de serrer la main ;
- l'attitude des hommes et des femmes devant la tristesse, la peine ;
- l'attitude des gens devant la mort, la maladie ;
- la manière de se tenir à table, de manger, de se conduire en public ;
- la manière de dormir ;
- le choix des vêtements.

À travers ces techniques corporelles, la culture quotidienne laisse des empreintes quasi indélébiles[9]. Toute éducation repose sur des traditions. Enfant, nous devons nous intégrer à une communauté qui existe depuis longtemps ; c'est pourquoi nous devons apprendre et adopter les modèles de vie des gens qui nous entourent. En ce sens, « éduquer » consiste à offrir aux enfants des modèles de vie conformes à la culture de notre communauté. C'est pourquoi l'éducation des jeunes enfants recèle toujours une part de conformisme ; elle leur impose obligatoirement des stéréotypes.

La tradition et la culture technique

Dans les sociétés traditionnelles, il existe, outre la culture commune, une culture plus spécialisée, la culture technique, qui est la culture des artisans, des gens de métier (forgerons, marins, médecins, etc.). Or, comment cette culture spécialisée est-elle transmise ? Par les artisans eux-mêmes. Il n'y a donc pas d'écoles ou de professeurs. L'apprentissage se fait directement au contact des artisans. En d'autres termes, la fonction de formation et la fonction de production ne sont pas séparées, comme c'est le cas dans nos sociétés modernes. L'enseignant est toujours

---

9. À propos des techniques corporelles, on peut consulter Bateson et Mead (1977). Voir aussi l'ouvrage classique de Mauss (1967), *Manuel d'ethnographie*, en particulier le chapitre 4.

un artisan ou un ouvrier qui transmet, par contact direct, son savoir spécialisé. Dans les sociétés traditionnelles, les savoirs techniques et les savoir-faire qui sont nécessaires au renouvellement des diverses fonctions liées à la production sont intégrés à la pratique de divers groupes sociaux qui assument ces mêmes fonctions, et qui assurent par conséquent la formation de leurs membres. Tel est, par exemple, le cas des anciennes corporations d'artisans et d'ouvriers.

La relation éducative entre l'artisan et l'apprenti ne procède pas du discours mais de l'acte, du faire, du geste. On apprend en voyant le maître artisan à l'œuvre, en essayant de répéter ses gestes, en imitant le geste de l'autre. On apprend ainsi, par imitation et par expérience, au contact direct des maîtres qui savent forger le fer, guérir le malade, combattre l'ennemi, conduire le navire, etc. Le savoir du maître artisan n'a rien de théorique ou de général ; il s'agit d'un savoir spécialisé, technique, artisanal, que lui seul détient. Ce savoir n'a pas besoin d'être formulé dans un discours compliqué ou abstrait ; il se transmet directement sur les lieux de la production. Apprendre et travailler, s'instruire et faire, penser et agir, rien de tout cela n'est séparé à cette époque. Le geste et la parole sont encore unis dans une seule et même coulée.

1.2.3 La pluralité et le conflit des éducations

Nous l'avons vu, les Grecs ont été les premiers à vivre une crise profonde de leur tradition, de leur culture, de leur éducation. De plus, cette crise se double, principalement à Athènes, d'une longue suite de luttes politiques très dures et très violentes entre les démocrates, les aristocrates et les ploutocrates. Enfin, les luttes politiques sont également au centre de conflits militaires entre Athènes et Sparte, les deux villes luttant pour affirmer leur supériorité respective sur le monde grec. Bref, la situation ne se limite pas à des conflits d'idées, mais on assiste aussi à des luttes armées qui donnent lieu, parfois, à l'extermination de citoyens réfractaires par des tyrans qui parviennent à prendre le pouvoir. C'est notamment ce qui explique que les conflits d'idées entre des penseurs ont, la plupart du temps dans la Grèce ancienne, des résonances politiques.

En éducation, les Grecs ont connu un problème que nous vivons actuellement : la pluralité des éducations. Ce problème est né de leur régime politique, la démocratie, et du rôle prépondérant de la pensée et de la discussion rationnelle, ainsi que de la découverte des autres cultures. Les Grecs ont connu simultanément l'éducation traditionnelle (militaire et aristocratique) et une éducation nouvelle (philosophique, mystique, sophistique, etc.).

En effet, au Ve siècle av. J.-C., principalement à Athènes, l'éducation traditionnelle est sérieusement remise en question. Cette éducation est familiale, aristocratique et militaire. Elle puise dans la poésie homérique des modèles de vertu, de courage, de force et d'intelligence, modèles qui servent de guides aux parents pour élever leurs enfants, et surtout leurs adolescents. Cette poésie (*L'Iliade*, *L'Odyssée*) s'inspire des vieilles traditions orales de la société grecque archaïque. Elle était à l'origine transmise par des aèdes, poètes qui allaient de place en place pour chanter ou réciter leurs vers. Les poètes sont, en quelque sorte, les premiers éducateurs de l'humanité ; ils sont des hommes dont la fonction consiste à conserver la mémoire collective, la culture commune, dans des sociétés qui ne connaissent pas les ressources de l'écriture[10]. Cependant, avec la crise de la culture, l'essor de l'écriture, le développement des sciences et de la philosophie ainsi que de la démocratie, la vieille éducation traditionnelle ne fonctionne plus, car les conditions sociales et mentales ont trop changé. Homère, Hérodote, d'autres poètes éducateurs, sont souvent la cible de choix des philosophes qui ridiculisent leurs conceptions de l'homme et du monde.

Cette situation conflictuelle amène donc les Grecs à se tourner vers de nouvelles formes d'éducation. Cependant — et ce point est fondamental — ces nouvelles formes d'éducation concernent surtout, pour ne pas dire exclusivement, les adolescents. Dans la Grèce ancienne, les enfants étaient élevés dans la famille et de façon traditionnelle. En ce sens, la « révolution éducative » des Grecs n'a jamais touché l'enfance. Elle est, à ce titre, beaucoup moins radicale que les réformes modernes en matière d'éducation,

---

10. Concernant la dimension éducative de la poésie et les pratiques éducatives dans les sociétés basées sur l'oralité, on peut consulter Mialaret et Vial (1981).

notamment les idées de Rousseau que nous aborderons plus avant dans cet ouvrage. De plus, les Grecs n'ont jamais connu cette institution qui s'appelle l'école, institution conçue comme un lieu permanent et collectif dans lequel vont tous les enfants pour être soumis à l'action commune d'instituteurs qui appliquent un même programme. Les Grecs recherchent pour les adolescents (exclusivement les garçons) de nouvelles formes d'éducation, se tournant ainsi, du moins pour une minorité d'entre eux, vers les « nouveaux philosophes » (les hommes religieux, les sages, les sophistes) pour que ces derniers leur proposent de nouvelles façons d'éduquer.

Les Grecs ont dû faire face, pour la première fois de l'histoire, au problème suivant : s'il existe plusieurs formes d'éducation, laquelle est la meilleure ? Laquelle choisir ? Soulignons que ce problème n'est pas technique : il ne porte pas sur le comment éduquer mais sur le pourquoi, c'est-à-dire sur les fins poursuivies par l'éducation et sur ses mérites. Les Grecs ont dû, par conséquent, s'interroger sur les finalités de l'éducation. Quel type d'individu veut-on former par l'éducation ? Il ne s'agit pas d'un problème spécialisé, mais général. Ce problème entraîne une rupture avec la tradition. Il signifie que la tradition n'a pas, ou n'a plus, réponse à tout et qu'elle est uniquement une possibilité de réponses parmi d'autres. De plus, ce problème comporte également une dimension politique essentielle, car l'éducation ne vise pas exclusivement la formation d'individus, mais aussi celle de citoyens responsables au sein de la communauté.

Cette situation critique, à la fois culturelle, éducative et politique, peut être illustrée par les sophistes et par ce célèbre personnage qu'est Socrate.

1.2.4　Les sophistes

« Sophiste » veut simplement dire « savant », « sage » ou, comme on dirait aujourd'hui, « cultivé »[11]. Les sophistes sont des hommes de vaste culture, des érudits, des lettrés capables de briller par l'esprit et la parole. Les plus éminents d'entre eux sont Protagoras,

Gorgias, Antiphon, Prodicus et Hippias. Les sophistes étaient souvent des étrangers ou des métèques, des voyageurs se promenant de ville en ville pour vendre leur talent. Athènes était leur lieu de prédilection. On peut les définir comme des maîtres du discours, des maîtres du « savoir-parler » en public, du « savoir-convaincre ». Ils proposent à leurs élèves d'apprendre à s'exprimer pour bien parler en n'importe quelle circonstance. Ils conçoivent le langage non pas comme un moyen de connaissance, mais comme un moyen de contrôle et d'action sur autrui, un outil de persuasion.

Les sophistes sont les inventeurs de la rhétorique, de l'éloquence, de l'art oratoire qui vont jouer un rôle fondamental par la suite, puisque le « savoir-parler » et le « bien-parler » resteront, jusqu'au XXᵉ siècle, les signes les plus tangibles d'une bonne éducation et d'une vaste culture. Les sophistes sont donc à l'origine de ce qu'on appelle la culture littéraire, la « grande culture », basée sur l'idée que le savoir n'est pas seulement un contenu de vérité, mais aussi une forme qui possède une beauté intrinsèque. Son idéal n'est pas la vérité mathématique ou logique, mais la vérité poétique. Il ne s'agit pas seulement de dire la vérité, mais de la bien dire. Le vrai s'unit ici au beau, le contenu aux belles formes.

Les sophistes sont également les promoteurs de la culture générale, une culture qui n'est pas la culture quotidienne (commune, traditionnelle), ni la culture des artisans ou la culture technique. Cette culture générale est profondément liée à l'essor des villes et d'une civilisation urbaine, avec tout ce que cela comporte désormais d'arbitraire, de nouvelles normes de savoir-vivre, de nouvelles règles de conduite et de contestation des traditions. Les sophistes critiquent les coutumes, les lois qu'ils tiennent pour contingentes, c'est-à-dire non fondées sur la nature. Ils critiquent l'esclavage et les traditions aristocratiques. Ils défendent la démocratie, le progrès et la mobilité sociale. Ils proposent une nouvelle culture basée sur la maîtrise non des savoirs quotidiens ou des techniques, mais des habiletés communicationnelles et intellectuelles générales, aidant les gens à penser et leur permettant de parler d'une façon compétente de différents sujets. En ce sens, leur vision de l'éducation est profondément déterminée par la politique, la démocratie, qui exige justement une compétence générale de la part de tous les citoyens : être capable

11. À propos des sophistes, voir Guthrie (1976), Moreau (1987) et Dupréel (1948).

Tableau 1.1	
Une comparaison entre l'éducation traditionnelle et l'éducation sophistique	
Éducation traditionnelle	**Éducation sophistique**
Est fondée sur les coutumes et sur le respect des traditions.	Est fondée sur la réflexion et sur des choix de valeurs.
Poursuit une fin qui tire sa valeur dans le fait que le modèle a toujours existé.	Poursuit une fin qui se justifie par un choix personnel.
Subordonne l'individu au groupe et à ses modèles de vie.	Vise la formation de l'individu et sa promotion personnelle au sein de la société.
Éduque par le milieu et le contact avec les adultes.	Éduque par des maîtres spécialisés, œuvrant en dehors du milieu de vie et de la famille, maîtres qu'il faut payer.
Transmet un savoir tacite, quotidien, préréflexif.	Permet d'acquérir une culture générale, des habiletés globales, un savoir théorique.
Est associée aux valeurs centrales suivantes : courage, vertu morale, héroïsme, conformisme, droiture, loi du groupe, etc.	Est associée aux valeurs centrales suivantes : individualisme, originalité, intellectualisme, verbalisme, etc.

de s'exprimer publiquement de façon cohérente, de manière à convaincre les autres de la valeur de ses opinions.

On tient les sophistes pour les premiers professeurs[12]. Avec eux, l'éducation cesse d'être une entreprise familiale ou une activité régie par le milieu social quotidien. L'éducation sophistique n'est pas traditionnelle : elle est consciente d'elle-même, elle poursuit sciemment un but ; elle n'est pas spontanée mais organisée ; elle n'est pas collective mais individuelle. Le professeur offre des services à ses élèves, des clients en quelque sorte. L'élève doit quitter sa famille et payer pour suivre ses cours. Bref, le sophiste a une clientèle.

Par ailleurs, l'éducation sophistique se distingue de l'éducation technique traditionnelle. En effet, dans cette dernière, l'artisan, l'homme de métier et l'enseignant sont une seule et même personne : l'artisan a appris de son maître un savoir spécialisé, et quelqu'un d'autre l'apprend de lui, par contact direct,

par imitation. Les sophistes, eux, n'enseignent pas un savoir spécialisé, mais une culture générale, à savoir comment penser, comment vivre, comment parler. Ils ne sont pas des artisans ou des techniciens spécialistes, mais exclusivement des professeurs. Les fonctions de formation et de travail, d'éducation et de production se séparent donc avec l'arrivée des sophistes. Leur métier, c'est d'enseigner : ils n'enseignent pas une connaissance particulière, mais une connaissance générale. Ainsi ils valorisent le savoir théorique, la culture générale, les notions abstraites.

Face à la crise de la tradition, les sophistes proposent aux parents et aux jeunes de nouvelles valeurs formatrices, qui sont autant de réponses à la question du **pourquoi** et du **comment éduquer** : l'individualisme, le progrès, la mobilité sociale, l'apprentissage et la maîtrise de la parole en public, l'intellectualisme, la spiritualité, la supériorité d'une culture générale sur la culture technique et de la culture théorique sur la culture quotidienne.

Le tableau 1.1 met en évidence ce qui sépare l'éducation traditionnelle de l'éducation sophistique.

1.2.5 Socrate éducateur[13]

La plupart des grandes traditions culturelles et religieuses de l'humanité ont commencé avec des maîtres, des hommes saints, des prophètes, des prédicateurs, des sages, qui apportaient et enseignaient à des disciples un nouveau savoir, une nouvelle vision du monde et de l'homme, de nouvelles tables de la loi. Bref, ces grandes traditions débutent toujours avec un maître possédant un savoir, savoir qu'il transmet aux hommes ignorants, ces derniers devenant alors ses élèves, ses disciples. Jésus est ainsi venu enseigner une nouvelle vérité.

Or, l'histoire intellectuelle occidentale a ceci d'unique qu'elle est la seule tradition qui débute avec un homme déclarant ne rien savoir et vivant pour apprendre, et non pour enseigner quelque chose ou transmettre des connaissances. Cet homme, c'est Socrate, le premier des maîtres qui a osé plaider sa propre ignorance, amenant ainsi un nouveau type de recherche de la vérité.

---

12. Nous nous inspirons ici de l'interprétation de Moreau (1961).

13. Sur Socrate, la littérature est immense. Voir à ce sujet Fraisse (1972), qui présente des textes choisis et tirés des œuvres de Platon et de Xénophon. Voir aussi Brun (1973).

Pour les Grecs de son époque, Socrate est une sorte de sophiste. Cependant, il se distingue d'eux de plusieurs façons. D'abord, il n'a pas vraiment d'élèves puisqu'il ne donne jamais de leçons : ne sachant rien, il ne transmet rien. Ensuite, lorsqu'il parle avec de jeunes gens, il ne réclame pas de salaire. De plus, les sophistes sont ses adversaires favoris ; il les critique sans arrêt, non pas dans leur dos, mais en face d'eux, dans l'échange dialogique. Enfin, dans ses nombreuses discussions, il cherche davantage à apprendre qu'à enseigner ; il renverse ainsi le rôle même du sophiste, en devenant l'élève de ses élèves. Bref, on le voit, Socrate est un bien étrange professeur ! Il est l'un des très rares penseurs à avoir vécu sa pensée, c'est-à-dire à faire en sorte que sa vie quotidienne soit une vie pensée, réfléchie, en accord avec ses certitudes profondes. Socrate n'a pas seulement eu des idées — ce qui est à la portée du premier philosophe venu ! —, il a été possédé par les idées, ce qu'il appelait lui-même son « démon », son désir d'apprendre, de rechercher sans cesse la vérité. Socrate suivait ainsi son oracle, le fameux « Connais-toi toi-même ».

Socrate

Malheureusement, la vie de Socrate est peu documentée. Nous ne connaissons ce dernier qu'à travers les témoignages de ses contemporains, en particulier Platon et Xénophon. Nous savons, grâce à eux, que son activité préférée était de se promener sur les places publiques et d'engager la discussion avec toute personne qui le souhaitait. Il n'a lui-même rien écrit. Il est un philosophe sans œuvres écrites, dont l'œuvre se confond avec la vivante mais éphémère parole. Socrate est l'homme du dialogue. Il aimait particulièrement parler avec les jeunes gens, mais aussi avec les grands maîtres sophistes, les nobles, les soldats, les citoyens ordinaires ; bref, avec tout un chacun. Il s'intéressait à ce que les gens pensaient savoir, à leurs certitudes, à leurs croyances, à leurs idées, à leurs connaissances.

Pour comprendre Socrate, il est nécessaire de rappeler quelques notions relatives au savoir et à l'ignorance. Certaines personnes ne peuvent apprendre. Qui sont-elles ? Il y a d'abord les « grands savants », qui croient tout savoir. Ces personnes n'ont donc jamais besoin d'apprendre, puisqu'elles savent tout. Telle est, *grosso modo*, l'image véhiculée par Socrate, et surtout par Platon à propos des sophistes. Les sophistes se considèrent si savants qu'ils n'apprennent rien. Ils donnent des leçons, professent leurs très nombreuses connaissances, dispensent sans cesse du savoir, oubliant que le savoir véritable n'a rien à voir avec l'érudition. Par ailleurs, il y a aussi la personne ignorante mais dont l'ignorance est si profonde qu'elle s'ignore elle-même. Cette personne ne ressent pas non plus le besoin d'apprendre, car elle ignore la profondeur de sa propre ignorance. C'est ce qu'on appelle la double ignorance.

Or, Socrate s'oppose aussi bien aux gens qui savent qu'aux doubles ignorants. Il est l'homme qui ne sait rien ; il s'oppose au grand savant. De plus, il savait qu'il ne savait rien ; il s'oppose ainsi au double ignorant. Que désire Socrate, au juste ? Du fond de son ignorance il veut apprendre, connaître et partager les certitudes sur lesquelles les autres hommes s'appuient pour vivre. C'est donc pour apprendre qu'il parle avec ses concitoyens. Socrate découvre que le savoir et l'ignorance ne sont pas deux réalités opposées, mais que toutes deux s'insèrent dans un processus de découverte de la vérité. Un être humain qui saurait tout serait un dieu ou un fou ; un être humain qui ne saurait rien serait un animal ou un sot. L'homme véritable se situe entre le dieu et l'animal, entre le fou et le sot. Il est conscient de sa propre ignorance et connaît les limites de son savoir et cherche, par conséquent, à les combler par l'apprentissage.

La maïeutique

La méthode de Socrate s'appelle la maïeutique. Il s'agit d'un art du dialogue (ou dialectique) qui consiste à discuter avec autrui, à le laisser exprimer ses propres idées, tout en lui posant des questions sur le sens et la définition des notions qu'il emploie. Socrate est le premier à comprendre la nécessité de définir les termes que nous utilisons afin de parvenir à un consensus. Il est l'inventeur de la définition. En discutant, il bouscule la quiétude intellectuelle de ses interlocuteurs par ses questions et par son ironie proverbiale. En parlant, il force ses interlocuteurs à se redéfinir; il les réveille du sommeil intellectuel dans lequel les plongent les préjugés communs et les évidences gratuites. Il dit tenir de sa mère, une sage-femme, l'art d'accoucher l'esprit d'autrui, bien que lui-même soit stérile et n'accouche d'aucune science. Bref, Socrate incarne l'esprit critique par excellence, mais l'esprit critique dénué de dogmatisme et de suffisance. Le discours socratique est fait de questions, d'ironie, de raillerie, de passion et d'humour.

Se déclarant ignorant, il oblige ses interlocuteurs à préciser leurs propres idées, les amenant ainsi à découvrir progressivement que bon nombre de ces idées ne reposent sur rien de solide. Ses contemporains comparent Socrate à un « poisson torpille ». Lorsqu'on discute avec lui, ses questions habiles conduisent l'interlocuteur à découvrir ses propres contradictions, ses propres insuffisances. Il force ainsi les gens à penser par eux-mêmes, plutôt qu'à répéter des idées toutes faites, des préjugés, des croyances traditionnelles. Le but de la maïeutique est ainsi d'amener les gens à se servir de leur propre raison et à être capables de découvrir la vérité par eux-mêmes. Socrate croit en effet que la vérité existe, qu'elle peut faire l'objet d'une véritable définition (qu'il appelait l'essence), et que tout homme peut la découvrir en lui, grâce à son activité intellectuelle.

Sous bien des aspects, Socrate est une figure exemplaire et symbolique de l'homme grec aux prises avec une crise de sa culture, de ses traditions. À travers Socrate, on peut reconnaître le symbole d'un homme qui n'a plus de savoirs traditionnels, qui avoue désormais sa propre ignorance et qui entreprend de découvrir un nouveau type de vérité, fondé sur le dialogue rationnel. Lorsque les traditions s'effondrent, lorsque le passé cesse d'orienter le présent, il est nécessaire de procéder à une nouvelle recherche de la vérité. Au fond, ce que Socrate propose à travers son propre exemple de vie, c'est un nouveau modèle de culture. **Il est ce modèle en acte.** Ce nouveau modèle ne repose plus sur des traditions, mais sur la discussion raisonnable. Socrate s'oppose

également à l'érudition des sophistes, qui se prennent pour de grands savants; il met l'accent sur la recherche de la vérité plutôt que sur l'érudition. Il s'oppose enfin aux préjugés du sens commun, aux formules vides, aux paroles imprécises du quotidien, aux fausses idées. Pour Socrate, apprendre, c'est devenir meilleur. Alors que nous faisons résider aujourd'hui la finalité de la connaissance dans la maîtrise et le contrôle utilitaire des phénomènes naturels, des philosophes comme Socrate la font résider dans le développement moral de l'être humain.

Dans l'histoire de l'éducation, l'apport de Socrate consiste à amener l'idée que l'éducation n'est pas un processus de transmission de quelque chose, ni un processus d'imposition d'un contenu ou d'une norme, mais qu'elle est un **processus de formation** au sein duquel l'apprenant est appelé à assumer et à légitimer sa propre pensée, ses convictions et ses orientations de vie à l'aide de sa raison. Dans une perspective socratique, l'éducation renvoie à l'idée d'une discussion sans violence au cours de laquelle les interlocuteurs s'efforcent d'exposer leurs points de vue respectifs, à l'aide d'arguments fondés sur des raisons susceptibles de susciter l'adhésion des participants. Cette idée signifie que le processus éducatif ne peut se limiter à imposer à l'apprenant un point de vue qui lui est extérieur, une façon de vivre, de penser ou d'agir à laquelle il devrait se soumettre sans discussion. **L'éducation socratique comporte l'idée d'un processus d'apprentissage concret, à travers lequel l'apprenant forge sa propre pensée, construit et fonde ses propres convictions par le biais d'interactions langagières avec l'éducateur.** Le savoir n'est pas déversé par le maître dans l'esprit de l'élève; il est, diton aujourd'hui, construit et validé par l'activité cognitive et langagière de l'élève. En ce sens, ce qui compte ici, ce n'est pas le pouvoir, la richesse, la beauté ou la force des personnes, mais leurs idées, leurs convictions, leur engagement moral et leur volonté d'apprendre.

Pour Socrate, mais aussi pour les sophistes, la discussion avec autrui n'est pas seulement un moyen éducatif; elle est à la fois le moyen par lequel se produit l'éducation elle-même et la finalité de la formation, qu'il est possible de reconnaître par l'acquisition d'une « compétence discursive ». Être éduqué c'est, pour les sophistes, « savoir parler », « savoir argumenter » en public selon les règles pragmatiques de la rhétorique ou, selon Socrate, savoir développer une argumentation logique pour légitimer des assertions. Dès lors, on comprend que les philosophes grecs n'ont pas vraiment développé de pédagogie de l'enfance, puisque l'éducation véritable ne commence, pour eux, que lorsque les personnes sont capables de parler et de penser de façon autonome.

À l'origine de la tradition occidentale, grâce aux sophistes et à Socrate, l'activité éducative a donc été définie comme une activité discursive, d'interactions langagières où s'appliquent ce savoir-parler et ce savoir-penser que les Grecs appelaient *logos*. Rappelons que ce terme peut se traduire, en français, par les notions de mesure, de discours, de parole, de science, de pensée et de rationalité.

1.2.6 Platon

Jeune homme, Platon est le disciple de Socrate. Ce dernier est condamné à mort en 399 av. J.-C. pour des raisons principalement politiques. On l'accuse de corrompre la jeunesse et de mépriser la religion, mais on dénonce surtout son comportement ambigu lors du règne des trente tyrans et lors du retour de la démocratie. Il est condamné soit à quitter Athènes, soit à se suicider en buvant un poison végétal, la ciguë. Socrate ne veut pas quitter Athènes, car son départ donnerait raison à ceux qui l'accusent ; il choisit donc de boire la ciguë.

Platon

La mort de Socrate est pour Platon un événement majeur dans la mesure où elle représente l'échec non du message socratique lui-même, mais de sa méthode, de son éducation. À quoi bon, comme l'a fait Socrate, faire appel à la raison des autres si ces derniers tuent ou font violence ? Ainsi, pense Platon, il faut aller beaucoup plus loin que Socrate, il faut dépasser la simple discussion et proposer une éducation plus puissante, capable de transformer les hommes en profondeur, et non pas seulement leurs discours.

Pour Platon, l'éducation véritable — qui n'est rien d'autre que la philosophie elle-même — est clairement un substitut à la politique. Devant une situation politique dominée par la violence, les contradictions, l'absence d'issues, Platon voit dans l'éducation un moyen de sortir de la crise politique. L'éducation devient chez Platon, exactement comme chez Rousseau vingt-deux siècles plus tard, un moyen à la fois de sortir de l'histoire humaine et de la refaire. Platon est donc un utopiste : grâce à une nouvelle éducation, il veut refaire le monde. Toutes les utopies sont fondées sur l'éducation ; leur but étant de refaire l'homme complètement, elles veulent le former dès l'enfance, alors qu'il est neuf et vierge. Pour les utopistes, l'enfant est le chemin de l'homme nouveau ; il est l'avenir de l'homme.

Sur le plan politique, Platon est plutôt un réactionnaire si on le compare aux sophistes. Il croit aux lois naturelles. Il soutient, en bon aristocrate, que des hommes sont supérieurs à d'autres par nature. Les hiérarchies sociales reflètent pour lui des divisions naturelles entre les hommes. Pour Platon, les lois sociales édictées par les autorités élues témoignent que la société est mal faite. Selon lui, une société dont les membres sont éduqués peut se passer de lois ; la multiplication des lois, qui entraîne un accroissement de la surveillance et de la coercition, exprime l'échec de l'éducation. L'être humain mal éduqué a toujours besoin d'un maître, d'un surveillant, car il n'est pas son propre maître ; il est l'esclave de ses passions et de son ignorance ; il ne possède pas cette vertu suprême que les Grecs appelaient l'« autarcie » et qui correspond à l'autonomie et à la maîtrise de soi.

Dans son ouvrage majeur, *La République*, Platon propose sa conception de l'éducation. Cet ouvrage constitue sans conteste un sommet de la pensée occidentale. Il s'agit d'une « œuvre ouverte » (Eco, 1965), c'est-à-dire d'une œuvre dont les significations sont multiples et susceptibles d'interprétations diverses. Chaque époque de l'histoire redécouvre ainsi Platon, et trouve en lui des idées nouvelles. Dans cette œuvre, la conception éducative de Platon s'exprime et se condense dans le célèbre mythe de la caverne, où Platon expose sa propre philosophie sous forme symbolique. Nous allons brièvement analyser cette allégorie un peu plus loin. Auparavant, il est nécessaire de rappeler certains éléments de sa philosophie.

La philosophie comme métaphysique

La grandeur de Platon et l'intérêt qu'on lui porte ne résident pas dans ses opinions politiques. Ils résident dans sa pensée philosophique, laquelle jette les bases de ce qu'on appelle la métaphysique, c'est-à-dire la recherche d'une connaissance absolue, portant sur un type d'être qui échappe positivement au temps, au mouvement, à la matière, en somme, la recherche d'un être éternel, immobile, purement intellectuel. La connaissance véritable, selon Platon, est tournée vers l'absolu, le divin. Le savant authentique effectue une recherche purement intellectuelle et spirituelle. La science platonicienne est essentiellement contemplative : savoir, c'est contempler avec les yeux de l'esprit des choses que les yeux humains sont incapables de voir.

Platon appelle ce genre de choses, les **Idées**, ou, selon d'autres traductions possibles du terme grec *Eidos*, les **Modèles**, les **Formes** ou les **Essences**. Pour lui, le monde dans lequel nous vivons, ainsi que toutes les choses qui nous entourent — y compris notre corps — ne sont que de pâles reflets des Idées. Notre monde est moins réel que les Idées, qui représentent pour Platon le réel absolu (exactement comme Dieu représente le réel absolu pour les chrétiens). La philosophie de Platon est donc régie à sa base par un dualisme fondamental. Le tableau 1.2 présente quelques-unes des principales oppositions autour desquelles gravite la pensée platonicienne.

La véritable connaissance doit partir du monde matériel pour s'élever vers les Idées, vers les réalités spirituelles. Connaître, pour Platon, c'est apprendre à détacher l'esprit des réalités matérielles, pour l'élever peu à peu vers la contemplation purement intellectuelle des Idées. Platon dit : « philosopher, c'est apprendre à mourir », c'est-à-dire apprendre à quitter, par la pensée, le monde des apparences matérielles pour accéder à celui des Idées.

Platon introduit la dimension de la transcendance dans la philosophie occidentale : penser, c'est nécessairement être attiré vers et par une réalité spirituelle. L'objet de la pensée n'est pas les choses, la matière, les phénomènes qui nous entourent ; il s'agit au contraire d'un horizon qui appelle sans cesse la pensée humaine à s'élever vers cette réalité spirituelle. En ce sens, pour Platon, la pensée humaine est habitée par un profond désir de rejoindre le monde des Idées.

Tableau 1.2	
Le dualisme de la pensée platonicienne	
Le monde humain, social, culturel	Le monde des Idées, des Modèles
Matériel	Intellectuel
Temporel	Éternel
Changeant, historique	Immobile, immuable
Fondé sur les apparences	Fondé sur les réalités ou les essences
Relatif	Absolu
Tantôt vrai, tantôt faux	Toujours vrai
Corruptible	Incorruptible
Imparfait	Parfait
Naturel et humain	Divin

Ce désir, *eros* en grec, est un préalable à la connaissance. Connaître n'est donc pas une opération strictement intellectuelle ; il s'agit aussi d'un processus mettant en jeu le désir, l'amour, l'appel. Plus encore, la connaissance représente pour Platon la façon supérieure et authentiquement humaine d'exister. Dans cet esprit, connaître engage toute notre existence. La philosophie véritable n'a rien à voir avec l'accumulation de connaissances ; il s'agit au contraire d'une expérience spirituelle et passionnelle qui engage toute une vie.

L'éducation selon Platon

Dans *La République*, Platon consacre une très grande partie de son ouvrage à décrire de façon exhaustive un système d'éducation utopique. Pour lui, l'être humain est composé, tout comme la société, de trois parties : le ventre, source des passions et des besoins primaires, le cœur, à l'origine du courage, et finalement la raison, qui témoigne de la présence d'une âme intelligible. Dans le même sens, Platon conçoit que la société idéale est basée sur trois classes : les paysans et ouvriers (le ventre), les gardiens (le cœur) et les rois philosophes (la raison). Le but de l'éducation, selon Platon, est de favoriser le triomphe de la pensée rationnelle sur les passions, sur le corps. Ce que propose Platon, c'est une pédagogie fondée sur un long processus d'apprentissage, comprenant une suite de ruptures et de passages entre différents degrés de la connaissance. Ce processus débute dès l'enfance et se poursuit jusqu'à l'âge adulte (autour de 45 ans). Platon est le premier penseur occidental à concevoir ainsi un processus global de formation comportant des seuils et des trajectoires différents selon les individus. Son éducation s'appuie sur une idéologie « méritocratique ». Tous les enfants, sans distinction (riches ou pauvres, garçons ou filles), sont soumis à la même formation. Ce n'est qu'au fil du long processus de formation que les enfants, progressivement, se démarquent grâce à leurs mérites naturels, certains devenant des paysans, d'autres des gardiens, et, une minorité, des philosophes.

Au livre VII de *La République*, Platon énonce son célèbre mythe de la caverne, qui condense, comme nous le disions précédemment, toute sa conception de l'éducation mais aussi sa philosophie. Le tableau 1.3 est une interprétation de ce mythe.

En observant ce tableau, on peut constater que l'éducation est un processus de libération des opinions et de la connaissance sensorielle (l'enfant connaît principalement le monde grâce à ses sens), processus qui conduit progressivement l'esprit vers la reconnaissance de la Vérité, c'est-à-dire des Idées. Platon part du principe que, dès la naissance, l'âme humaine possède en elle la connaissance. Connaître, c'est se « resouvenir ». C'est la célèbre théorie de la réminiscence. L'âme humaine, dans sa vie antérieure, a contemplé les vérités et elle les conserve en elle. Cependant, parce que l'âme est désormais incarnée dans un monde matériel, il faut lui apprendre à détacher son esprit des apparences. L'éducation est conçue ici comme un long processus à travers lequel l'être humain traverse des expériences d'apprentissage, à partir desquelles il découvre chaque fois de nouvelles façons d'envisager la réalité.

Le mythe de la caverne montre que l'apprentissage est un processus long et difficile. Platon propose en définitive une pédagogie de l'effort, basée sur une conception « méritocratique » du pouvoir. Cette pédagogie amène l'individu à dépasser les « apparences » à travers des expériences souvent douloureuses. Les ombres, le feu, la lumière du jour et, finalement, le soleil, représentent autant d'étapes sur le chemin de l'apprentissage, pendant lesquelles le prisonnier doit briser les chaînes de l'expérience sensorielle difficile, bris symbolisant une rupture avec ses connaissances antérieures. Apprendre, ce n'est pas seulement assimiler des connaissances nouvelles,

Tableau 1.3

Le mythe de la caverne et ses éléments

	Le monde sensible (humain et naturel)		Le monde intelligible (les principes scientifiques et les Idées pures)	
Les éléments et les étapes qu'on trouve dans le mythe de la caverne	Les ombres sur le mur du fond	Les objets et les hommes reflétés par les ombres	Les objets du monde naturel, la lumière du jour	Le soleil
Les quatre degrés de la connaissance auxquels correspondent les étapes du mythe	*Degré 1* La connaissance sensorielle	*Degré 2* Les opinions, les croyances, les préjugés, les savoirs du sens commun	*Degré 3* La connaissance scientifique : la mathématique, la physique, la musique	*Degré 4* La vérité et la connaissance purement intellectuelle : la philosophie
La nature des objets sur lesquels porte la connaissance	Les apparences, les phénomènes sans consistance Ces phénomènes varient constamment.	Les objets matériels	Les phénomènes scientifiques : les lois, les principes, les causes	Les Idées, le divin Ces phénomènes sont soustraits au changement.
La cause des phénomènes		Le degré 2 est la cause du degré 1.		Le degré 4 est la cause du degré 3.
La nature de l'apprentissage		L'effort et la douleur	L'effort et la douleur	L'effort et la douleur

c'est aussi réévaluer les anciennes, et surtout se changer soi-même. Chez Platon, l'éducation est assimilée au processus dialectique lui-même, c'est-à-dire à la démarche scientifique ou philosophique comme processus de formation et d'élévation de l'être humain vers la connaissance scientifique, au sens antique du terme. Connaître et apprendre sont les deux faces d'un même processus de libération qui mène à la sagesse.

Un modèle cognitif de l'éducation

Dans une optique platonicienne, le « savoir-parler » des sophistes et le « savoir-argumenter » de Socrate ne suffisent plus. Le discours humain doit se fonder sur des principes qui font appel non seulement à l'intelligence du langage (rhétorique ou rationnelle), mais à la connaissance des phénomènes objectifs, c'est-à-dire indépendants des interlocuteurs. Telles sont justement les Idées.

En éducation, cela signifie que l'éducateur peut désormais se référer, dans son enseignement, à un savoir objectif indépendant de lui et de l'apprenant : le « savoir-éduquer » n'a de sens qu'en fonction de ce savoir objectif qui est fondé, chez Platon, sur la science des Idées. En éducation, comme le dit Aristote, c'est le savant qui doit parler en premier, parce que faire apprendre, c'est faire connaître et que connaître, c'est connaître les causes premières des phénomènes, et c'est là la prérogative du savant. De Socrate à Aristote, en passant par Platon, l'activité éducative cesse progressivement de correspondre à un strict modèle de communication et d'interactions langagières entre les éducateurs et les éduqués, pour devenir un modèle cognitif d'apprentissage. L'accent n'est plus mis sur la discussion ou le dialogue, mais sur la connaissance ; il n'est plus mis sur la relation langagière entre l'éducateur et l'éduqué, mais sur la relation de l'éducateur et de l'éduqué à un savoir objectif, consistant, universel, indépendant d'eux-mêmes et de leurs opinions variables.

C'est, *grosso modo*, ce modèle cognitif qui sert de fondement à ce qu'on a appelé plus tard l'éducation classique et humaniste, laquelle assimile le processus de formation à un processus de connaissance portant sur des savoirs indépendants du sujet, savoirs que

ce dernier doit assimiler et intérioriser par apprentissage. Le maître ne parle pas en son nom propre, mais au nom d'une connaissance indépendante de sa subjectivité et d'une connaissance dont il est le représentant compétent auprès de l'élève[14]. C'est donc à partir de Platon qu'a été déterminé le modèle canonique de la relation éducative, comme l'illustre la figure 1.1.

Selon ce modèle, la relation entre l'éducateur et l'éduqué est médiatisée par un troisième terme, le savoir. Chez Platon, ce savoir — la connaissance des Modèles absolus — est la philosophie, la connaissance intellectuelle des réalités intellectuelles. Platon croyait que la philosophie pouvait résoudre la crise de la culture. Il croyait en effet que toute l'agitation, l'incertitude, l'insécurité provoquées par les nombreux changements qui frappaient la société grecque pouvaient être surmontées grâce à la connaissance philosophique et à l'éducation.

Ainsi, Platon propose à la pensée occidentale de nouveaux modèles d'intelligibilité pour la culture, modèles fondés sur la science et la rationalité. Cependant, on peut se demander, à la suite de bien d'autres interprètes du platonisme, si les modèles platoniciens ne sont pas trop absolus, trop exigeants, pour s'adapter à la précarité de la condition humaine. La culture, cette réalité précaire et temporelle, plurielle et changeante, peut-elle vraiment ressembler à ces réalités absolues que propose Platon ? Comment concevoir l'éducation de l'enfant, de l'adolescent et de l'adulte en s'inspirant de modèles souverains mais aussi rigides, abstraits, absolus ? Les Idées peuvent-elles vraiment correspondre à des modèles humains pragmatiques qui, eux, sont soumis à la contingence, à la mort et à l'histoire ? Entre une culture sans modèles et une culture fondée sur des modèles trop absolus, existe-t-il d'autres voies ? Nous verrons, dans les chapitres suivants, comment les époques ultérieures vont chercher à répondre, à leur façon, à ces questions cruciales pour l'éducation.

14. Soulignons qu'en employant les notions de sujet et de subjectivité nous utilisons, pour les fins de notre propre argumentation, des concepts qui étaient inconnus dans l'Antiquité.

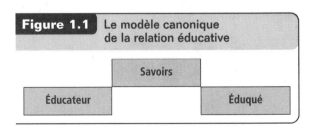

Figure 1.1 Le modèle canonique de la relation éducative

Éducateur — Savoirs — Éduqué

Conclusion

Face à une crise de leur culture, les Grecs de l'Antiquité ont instauré un nouveau modèle de culture et de formation, axé sur le rationalisme et l'humanisme. Ce modèle est contemporain d'un nouveau régime politique, la démocratie, qui fait de la discussion le cœur même du pouvoir politique. À travers la démocratie et la crise de la culture, les Grecs ont découvert le pluralisme et le relativisme ; les vieilles traditions, les autorités établies, et même les dieux ont été remis en question. Il est donc devenu nécessaire pour eux d'inventer et de rechercher de nouvelles manières de vivre, de penser et d'agir. Les Grecs ont multiplié les recherches en ce sens, et ont procédé, dans une nouvelle société urbaine, effervescente et ouverte, à diverses expériences destinées à renouveler la culture traditionnelle.

C'est dans ce contexte de changements que les sophistes, Socrate, Platon et bien d'autres ont proposé de nouvelles éducations. Les sophistes ont insisté sur l'apprentissage de la parole publique et du discours rhétorique capable de convaincre un auditoire de citoyens. Ils ont également formulé de nouvelles règles de formation, en introduisant l'idée de culture générale et lettrée. Enfin, ils ont été les premiers professeurs, les premiers à avoir pour métier principal l'enseignement, tout en étant rémunérés. Socrate, de son côté, tout en appartenant à la sophistique, s'est distingué des grands sophistes en mettant l'accent sur la recherche de la vérité (plutôt que sur l'utilité et l'efficacité) et sur le discours rationnel. Enfin, Platon a proposé une éducation philosophique, c'est-à-dire un long processus d'apprentissage où l'esprit humain se purifie progressivement de l'emprise du corps, du monde sensible, pour s'élever à la contemplation des Idées, ces réalités éternelles, immuables, abstraites, et qui sont la source de tout sens dans le monde.

Ce sont les idées des penseurs grecs de l'Antiquité qui vont former par la suite le cœur de la grande culture classique. Cette culture est à la fois dominée par la conception lettrée et érudite des sophistes et la conception intellectualiste et philosophique de Platon et de ses successeurs. Ces idées — rationalisme, humanisme, équilibre, sens de la mesure, esprit critique, etc. — constituent bien sûr des idéaux éducatifs puisque, dans l'Antiquité, l'éducation a été essentiellement le privilège d'une élite. De plus, la réflexion éducative des philosophes et des sophistes n'a jamais vraiment été confrontée au problème très concret d'instruire des enfants dans une classe. Ils ignoraient ce qu'étaient un système scolaire, une école, la pédagogie enfantine. Par conséquent, leur réflexion s'est davantage orientée vers l'étude des grands principes de base de l'éducation. Cette réflexion s'adressait à des hommes déjà formés, hommes qu'il s'agissait en fait de transformer grâce à la parole, à la discussion, à l'exemple, à la réflexion et à la persuasion. En ce sens, on peut dire que les penseurs grecs anciens ont surtout créé la réflexion sur les fondements de l'éducation, alors que la réflexion sur les problèmes relatifs à l'école, à l'instruction et à la pédagogie viendra plus tard dans l'histoire, comme nous le découvrirons dans les chapitres suivants.

Questions

1. En quoi l'opposition entre «société fermée» et «société ouverte» proposée par Karl Popper permet-elle de comprendre l'originalité de la culture grecque ancienne? Situez son apport dans l'histoire humaine.

2. En quoi le rationalisme et l'humanisme peuvent-ils être considérés comme des réponses à la crise de la culture vécue par les Grecs anciens?

3. Quel est le rôle de l'éducateur dans une perspective socratique?

4. En vous référant à l'allégorie de la caverne, expliquez et commentez brièvement le type d'éducation préconisé par Platon.

5. Montrez le lien existant entre la méthode d'enseignement de Socrate et le but éducatif qu'il poursuit.

6. Les sophistes sont les premiers professeurs, c'est-à-dire les premières personnes qui ont pour métier ou fonction d'enseigner. Ce nouveau métier qu'ils pratiquent s'oppose aussi bien à l'éducation traditionnelle qu'à l'éducation technique des anciens artisans. Expliquez.

7. Comparez la méthode éducative de Socrate et l'activité éducative des sophistes.

8. En vous référant à quelques personnages étudiés dans ce premier chapitre (les sophistes, Socrate, Platon), montrez en quoi l'une des valeurs de base de la tradition éducative occidentale est le rationalisme.

9. L'histoire éducative occidentale se base sur une conception humaniste de l'éducation. Expliquez.

10. En partant des idées et de l'enseignement de Socrate, expliquez pourquoi ce dernier était un rationaliste.

11. Selon les thèses avancées dans ce chapitre, l'idée de crise de la culture s'applique aussi bien à notre époque qu'au monde grec ancien. Expliquez.

Bibliographie

ARENDT, H. (1972). *La crise de la culture*. Paris: Gallimard.

BATESON, G., et MEAD, M. (1977). «Les usages sociaux du corps à Bali». *Actes de la recherche en sciences sociales*, n° 14.

BRUN, J. (1963). *Platon et l'académie*. 2ᵉ éd. Paris: Presses universitaires de France.

BRUN, J. (1973). *Socrate*. 5ᵉ éd. mise à jour. Paris: Presses universitaires de France (coll. «Que sais-je?», n° 899).

DUMONT, F. (1969). *Le lieu de l'homme: la culture comme distance et mémoire*. Montréal: HMH.

DUPRÉEL, E. (1948). *Les Sophistes: Protagoras, Gorgias, Prodicus, Hippias*. Neuchâtel: Éditions du Griffon.

DURKHEIM, É. (1980). *Éducation et sociologie*. Paris: Presses universitaires de France.

ECO, U. (1965). *L'œuvre ouverte*. Paris: Seuil.

FLACELIÈRE, R. (1980). *La vie quotidienne en Grèce au siècle de Périclès*. Paris: Hachette.

FORQUIN, J.-C. (1989). *École et culture. Le point de vue des sociologues britanniques*. Bruxelles: De Boeck-Wesmael.

FRAISSE, A. (1972). *Socrate. Portraits et enseignements*. Paris: Presses universitaires de France.

GOLDSCHMIDT, V. (1947). *Les Dialogues de Platon: structure et méthode dialectique*. Paris: Presses universitaires de France.

GUTHRIE, W.K.C. (1971). *Socrates*. VII. London: Cambridge University Press.

GUTHRIE, W.K.C. (1976). *Les sophistes*. Trad.: P. Cottereau. Paris: Payot.

JAEGER, W. (1964). *Paideia. La formation de l'homme grec*. Paris: Gallimard.

KANT, E. (1966). *Réflexions sur l'éducation*. Paris : J. Vrin (coll. « L'enfant »).

KOFMAN, S. (1989). *Socrate*. Paris : Galilée.

LÉVI-STRAUSS, C. (1961). *Race et histoire*. Paris : Gonthier.

MARROU, H.-I. (1981). *Histoire de l'éducation dans l'Antiquité.* Tome 1. Paris : Seuil.

MAUSS, M. (1967). *Manuel d'ethnographie*. Paris : Payot.

MIALARET, G., et VIAL, J. (1981). *Histoire mondiale de l'éducation.* Tome I. Paris : Presses universitaires de France.

MOREAU, J. (1961). « Platon et l'éducation », dans J. Château, *Les grands pédagogues*. Paris : Presses universitaires de France.

MOREAU, J. (1987). *Platon devant les sophistes*. Paris : J. Vrin.

PIAGET, J. (1972). *Où va l'Éducation ?* Paris : Denoël/Gonthier (coll. Folio/essais).

PLATON. (1965). *Apologie de Socrate. Criton. Phédon*. Paris : Garnier/Flammarion.

PLATON. (1966). *La République*. Paris : Garnier/Flammarion.

POPPER, K. (1979). *La société ouverte et ses ennemis*. 2 volumes. Paris : Seuil.

RAMNOUX, C. (1968). *Héraclite : l'homme entre les choses et les mots.* 2e éd. Paris : Les Belles Lettres.

ROBIN, L. (1988). *Platon*. 2e éd. Paris : Presses universitaires de France.

ROMEYER-DHERBEY, G. (1985). *Les sophistes*. Paris : Presses universitaires de France (coll. « Que sais-je ? » n° 2223).

ROMILLY, J. de (1988). *Les Grands sophistes dans l'Athènes de Périclès.* Paris : Éditions de Fallois.

SCHUHL, P.-M. (1967). *L'œuvre de Platon*. 4e éd. Paris : J. Vrin (coll. « La recherche de la vérité »).

VERNANT, J.-P. (1962). *Les origines de la pensée grecque*. 4e éd. Paris : Maspero.

VERNANT, J.-P. « Grèce ancienne », dans *Encyclopædia Universalis.*

WEIL, É. (1982). « Qu'est-ce qu'une percée en histoire ? ». *Philosophie et réalité*. Paris : BAPP, p. 193-223.

YOUNG, M.F.D. (sous la dir. de) (1971). *Knowledge and Control : New Directions for the Sociology of Education*. London : Collier-Macmillan Publishers.

$\mathcal{L}$a naissance de l'école au Moyen Âge

Clermont Gauthier

Résumé

On dit de l'école qu'elle est née au Moyen Âge, sous l'impulsion de l'Église (Durkheim, 1969). L'école s'inscrit dans le prolongement d'un mouvement qui commence avec les Grecs et se poursuit sous l'Empire romain. L'éducation romaine, formation rudimentaire et utilitaire associée à une pratique de paysannerie, s'enrichit des apports culturels des pays conquis : la culture grecque y est intégrée. Par ailleurs, le mouvement chrétien s'étend comme une force d'unification politique, culturelle et morale. L'Église a pour mission d'enseigner les bases permettant aux chrétiens d'accéder à la connaissance des textes sacrés. Elle est ainsi amenée à récupérer l'espace scolaire existant et à redéfinir l'éducation. Aux savoirs hétérogènes transmis traditionnellement dans des lieux divers, l'Église substitue l'« école », dès lors définie comme le lieu où des maîtres différents poursuivent un même objectif de connaissance qui est voué à la moralité et à la conversion au christianisme. L'éducation s'unifie autour de quelques propositions basales ; l'école naît quant à elle en vertu des caractères qui la définissent : concentration, organisation et projet moral commun. Cette époque est suivie de la période carolingienne, caractérisée par le règne de Charlemagne, puis de la dernière période moyenâgeuse, la scolastique, marquée par un formalisme extrême.

Si l'éducation aboutit ainsi à l'organisation de l'école, il n'est toutefois pas encore question de pédagogie. Hormis la concentration de l'action éducative que le christianisme opère et la nature du matériel utilisé, l'enseignement demeure traditionnel : nombre sensiblement peu élevé d'élèves, mêmes contenus, même vision de l'apprentissage, même formation des maîtres sur le tas. Il faudra attendre encore longtemps pour que s'opère la révolution pédagogique.

Introduction

Dans ce chapitre, nous allons parcourir, à une vitesse vertigineuse, plusieurs siècles d'histoire, près d'un millénaire et demi. Nous étudierons brièvement la période de l'Antiquité romaine, plus particulièrement l'époque de l'Empire, au temps de Jésus, pour enchaîner ensuite avec ce long passage qu'est le Moyen Âge (du Vᵉ au XVᵉ siècle). Il est évident que, sur une aussi longue période, il s'est déroulé un nombre incalculable d'événements politiques, économiques et culturels. Un grand nombre de faits significatifs concernant l'éducation ont eu lieu. Pour alimenter nos propos, nous allons donc rappeler un ensemble de faits qui aideront à mieux saisir le contexte de l'époque, mais qui seront subordonnés à quelques idées maîtresses. Ces dernières nous apparaissent essentielles ; nous allons les développer.

Puisqu'il est impossible de tout étudier et de tout connaître, il a fallu faire des choix. Nous avons d'abord fait celui d'insister sur les rapports étroits que l'Église entretient naturellement avec l'école, et qui sont un facteur important de perpétuation de la civilisation. Nous avons également choisi de mettre l'accent sur une idée avancée par Durkheim (1969) dans son magnifique ouvrage *L'évolution pédagogique en France*, dans lequel il soutient que l'école apparaît au Moyen Âge. Voilà une hypothèse intéressante au sens où, de nos jours, lorsqu'on voit partout des écoles, on est porté à penser que ces dernières ont toujours été là, qu'elles sont aussi vieilles que les étoiles. Aussi loin que l'on remonte dans ses souvenirs, que l'on soit de la ville ou de la campagne, on revoit des écoles. Et pourtant, ces dernières n'ont pas toujours existé ; elles sont des créations humaines qui sont apparues quelque part, à une certaine période de l'histoire, dans un contexte donné. Nous allons nous demander dans ce chapitre : « Qu'est-ce que l'école ? D'où vient-elle ? »

Nous avons vu au chapitre précédent que les Grecs avaient été confrontés au pluralisme. Située sur les bords de la Méditerranée, la Grèce (ou plutôt les cités grecques) est un carrefour où s'arrêtent les étrangers pour des périodes plus ou moins longues. Les Grecs, grands voyageurs eux aussi, découvrent dans les contrées voisines différentes manières de comprendre le monde, d'organiser la *polis* (cité), d'éduquer la jeunesse, de se vêtir, de manger, d'honorer les dieux, de s'occuper des morts, etc.

À côtoyer tant de différences, tant de façons de faire et de vivre, on ne peut qu'être conduit à réfléchir sur sa propre existence. Dans un pays isolé des influences extérieures, chacun incorpore et reproduit, plus ou moins consciemment, la tradition dans laquelle il baigne et qu'il vient à prendre pour la seule façon de faire, de vivre et de penser : c'est le propre des sociétés traditionnelles. Mais il en va autrement dans les régions où les cultures s'entremêlent. Confrontés au pluralisme, les Grecs ont donc dû faire face à un choc culturel qui les a amenés à remettre en cause leurs traditions, leurs us et leurs coutumes. S'il y a plusieurs façons de gouverner, laquelle est la meilleure ?, se demandait Aristote, qui comparait les constitutions de diverses cités grecques afin de trouver celle qui était la plus appropriée. S'il y a plusieurs formes d'éducation, laquelle est la meilleure ? Les Grecs ont donc développé une approche rationnelle de

la vie. Critiques de la tradition, ils s'en sont distanciés, ils se sont méfiés des apparences, des sens, et ils ont proposé une nouvelle forme de culture, un nouvel idéal de l'homme éduqué dont les Romains se sont inspirés par la suite.

Les Grecs ont donc été de grands éducateurs, de formidables professeurs, mais, selon Durkheim (1969), ils n'ont pas créé l'école. Il est effectivement possible d'enseigner en l'absence de l'école, du moins dans le sens où Durkheim la définit ; c'est ce qu'ils firent. L'école avait besoin pour naître, on le verra, d'un ensemble de conditions que le christianisme était sans doute le seul à pouvoir lui donner. Après un court survol de l'époque romaine, nous verrons qu'au Moyen Âge, et sous l'influence du christianisme, un nouveau modèle de l'homme éduqué est apparu, une nouvelle vision du monde et de l'éducation a émergé, vision qui a provoqué la création d'une institution culturelle nouvelle : l'école.

2.1 Après l'unification des Grecs et des Romains, le christianisme opère une synthèse à son tour

2.1.1 Rome construit sur l'héritage grec et devient un formidable instrument d'unification

En 323 av. J.-C., Alexandre le Grand, empereur et élève d'Aristote, meurt. L'empire d'Alexandre, qui s'étend en Asie Mineure, en Égypte, en Mésopotamie, au-delà du golfe Persique jusqu'à l'Indus à 4 000 kilomètres de la Grèce, commence alors à se morceler. Les généraux se partagent cet empire et ne tardent pas à se combattre. Avec Alexandre, la cité n'est plus désormais le facteur d'unité (Marrou, 1948a, p. 151). Il y a maintenant un « esprit grec », une sorte d'idéal d'humanité, d'esprit cultivé (poètes, penseurs, artistes, lettrés); une façon d'être qui se propage et qui va au-delà des frontières de la ville, façon d'être qui unit tous les Grecs, immigrants et barbares hellénisés.

> Qu'est-ce qui fait, désormais, l'unité de ce monde grec ? [...] Moins que jamais, c'est le sang ; Isocrate l'avait déjà suggéré, mais cela est plus vrai encore à l'époque hellénistique où l'hellénisme s'incorpore et s'assimile tant d'éléments d'origine étrangère, Iraniens, Sémites, Égyptiens ! Ce n'est pas non plus l'unité politique, qui n'a guère survécu à la mort d'Alexandre : ce ne peut

être que le fait de communier en un même idéal, dans la même pensée concernant la finalité essentielle de l'homme et les moyens d'atteindre celle-ci, en un mot la communauté de civilisation ou, pour mieux dire, de culture. (Marrou, 1948a, p. 152.)

Peu de temps après la mort d'Alexandre, au IIIe siècle av. J.-C., la conquête romaine (282 à 146 av. J.-C.) débute et, en 146 av. J.-C., la Grèce devient une province romaine. Cette phase d'expansion de Rome, dite période de la République, avait déjà commencé auparavant (dès 509 av. J.-C.), pour se poursuivre (jusqu'en 27 av. J.-C.) en Italie d'abord, puis dans les cités grecques de Sicile (260 av. J.-C.), en Afrique du Nord (Carthage, 146 av. J.-C.), en Grèce (168 av. J.-C.), en Gaule (122 av. J.-C.), en Palestine (63 av. J.-C.), en somme, sur tout le pourtour du bassin méditerranéen. Puis, en 48 av. J.-C., Jules César, général des armées, qui vient de vaincre Vercingétorix en Gaule, s'oppose à Pompée (qui avait auparavant conquis l'Asie Mineure, la Syrie et la Palestine) et le défait dans un combat à Phrasale. César rentre à Rome et s'impose comme dictateur. Il est par la suite assassiné, et son fils, Auguste, prend le pouvoir et met en œuvre, en 27 av. J.-C., le système impérial qui a duré des siècles après lui. C'est la naissance d'un nouvel empire : l'Empire romain. Cette longue période (27 av. J.-C. à 476 apr. J.-C.) est marquée par l'apogée de Rome aux Ier et IIe siècles ; cette période est aussi celle qui voit apparaître un personnage qui marquera grandement l'histoire : Jésus. Nous y reviendrons.

Il importe de noter que de la même façon que la Grèce a joué un rôle unificateur, Rome le fait tout autant ; il y a aussi un « esprit romain » qui déborde le cadre étroit de la cité et qui s'exprime de plusieurs façons. On l'a vu, sur le plan militaire, Rome a conquis tout le bassin méditerranéen, et même une partie du Moyen-Orient. S'instaure alors une paix romaine de 250 ans qui permet à l'Empire de connaître une phase de prospérité économique et de croissance démographique importante. Cette longue période de relative tranquillité permet aux Romains d'assimiler, d'unifier et d'organiser progressivement les territoires conquis selon un modèle commun, le modèle romain.

Les Romains fonctionnent selon l'idée que l'État est une autorité qui transcende les individus. En ce sens, l'État est fondé sur la justice, c'est-à-dire le droit. Les Romains ont créé un code, un système de lois qui s'applique à tous et partout dans l'Empire[1]. Sous l'Empire, on instaure également une même administration. En particulier avec Dioclétien, tout l'Empire est assujetti, sans exception, à l'impôt foncier ; une même monnaie à l'effigie des empereurs est également utilisée. Les Romains considèrent, de plus, que l'organisation de la cité est le meilleur instrument de civilisation (Barrow, 1962, p. 112). Ainsi, on trouve partout le même type de ville romaine : même plan avec, tout comme à Rome, aqueducs, arcs de triomphe, thermes, amphithéâtres, etc. Un immense réseau routier permet le commerce, le déplacement rapide des armées et les communications entre les régions de l'Empire. Une même langue, le latin, finit par remplacer le grec comme langue diplomatique, et devient la langue de l'Empire (à partir du IVᵉ siècle).

On peut ajouter que les Romains ont assuré une sorte d'unité en respectant les traditions des peuples conquis, tout en leur donnant la possibilité de servir l'État. En effet, les Romains n'ont pas cherché à unifier les pays conquis en niant leurs différences. Au contraire, ils ont laissé ces peuples pratiquer leur religion et leurs rituels à leur guise. Cela a son importance, car l'Empire regroupait plus de vingt peuples ayant des religions, des coutumes et des mœurs fort différentes. Rome a eu le trait de génie d'offrir aux peuples conquis la possibilité de participer à sa grandeur en devenant citoyens romains. L'octroi de la citoyenneté n'enlevait en aucune façon aux individus et communautés locales leur liberté. La citoyenneté donnait la possibilité de participer aux affaires de l'État (Meslin, 1978, p. 139). Elle était assortie d'une série de privilèges (droit de vote, droit d'être élu magistrat, droit de faire partie de la légion, donc de pouvoir toucher au butin des guerres, droit de mariage, donc citoyenneté automatique aux descendants, droit de propriété et de legs des biens aux héritiers, droit d'être jugé selon la loi romaine, etc.). Ces droits ont eu pour effet de faire de la citoyenneté romaine un statut souhaitable pour les ressortissants des peuples conquis et, partant, de cimenter d'une façon extraordinaire le modèle romain.

> Cette civilisation unitaire, que Rome avait eu la sagesse de ne pas imposer, s'est spontanément développée. Avec la marque des originalités provinciales, la romanité s'est ainsi répandue d'un bord à l'autre de la Méditerranée, et de la Bretagne au Tigre, marquant de manière indélébile […] l'esprit de tout l'Occident. (Meslin, 1978, p. 141.)

Mais plus encore, cette forme de respect des traditions et d'esprit pragmatique a permis aux Romains de conserver la plus grande culture intellectuelle de l'époque, la culture grecque, et de ne pas brutalement se couper des trésors d'intelligence et de raffinement qu'elle recelait.

Il faut dire en premier lieu que l'éducation dans l'ancienne Rome du VIᵉ siècle av. J.-C. est beaucoup plus rudimentaire et fort différente de l'éducation grecque. C'est une éducation de paysans, très attachée à la terre, à la tradition et aux coutumes ancestrales, à la famille, au bien public, au goût du travail acharné et à la frugalité. Il n'y a pas dans cette ancienne éducation latine d'aspects proprement intellectuels ; le jeune Romain n'apprend que ce qui est utilitaire, seulement ce qu'il est nécessaire de savoir comme propriétaire terrien ou soldat paysan (Marrou, 1948b, p. 25). Ce n'est qu'au IIᵉ siècle av. J.-C. qu'une littérature proprement romaine se développe. Même s'il y avait à Rome une tradition éducative originale, elle a grandement évolué sous l'influence grecque, à la suite des conquêtes romaines qui aboutissent à l'annexion de la Grèce en 146 av. J.-C.

---

1. On notera, en passant, que le Code civil de la province de Québec est basé sur le code Napoléon qui, à son tour, se fonde sur le Code romain de Justinien.

Les aristocrates romains savent très vite reconnaître les avantages que leur procure la connaissance de la langue et de la culture grecques. À cela il faut ajouter que l'empire romain englobe plusieurs provinces (ancien empire d'Alexandre) où l'on parle grec. Le grec, langue diplomatique et internationale d'alors, permet aux Romains de traiter avec bon nombre de leurs adversaires. On sait également qu'au IIe siècle av. J.-C. la rhétorique est considérée comme importante pour les Romains, qui ne manquent pas de recourir à cet art grec pour accroître leur efficacité politique. Même dans le domaine de l'astronomie, les Romains ont puisé dans l'héritage grec pour dégager des règles régissant le déplacement des armées (Marrou, 1948b, p. 32). Bref, les aristocrates romains s'enthousiasment pour l'esprit et la culture grecques : « Ainsi l'aristocratie romaine adopta, pour ses fils, l'éducation grecque. » (Marrou, 1948b, p. 35.)

Les Romains font appel à des maîtres grecs qui viennent donner des conférences, et ce sont des esclaves grecs qui enseignent à leurs enfants. Certains jeunes Romains se rendent même en Grèce pour compléter leur formation. Cet engouement pour la culture grecque est bien exprimé par le célèbre vers d'Horace : « La Grèce vaincue a conquis à son tour son sauvage vainqueur et a apporté la civilisation au barbare Latium. » Toutefois, malgré cet engouement pour la culture grecque, les Romains conservent une identité distincte ; ils savent adapter et réformer l'école en fonction de leur propre culture et de leurs besoins.

Les Romains ont su, comme les Grecs dont ils assurent en quelque sorte la continuité, unifier leur empire : ils ont installé une sorte de romanité, d'esprit romain. Le christianisme naissant récupérera plus tard cet héritage.

2.1.2 L'Église, née sous l'Empire, unifie à son tour

On oublie souvent, en comparant d'une manière trop étroite les mondes grec et romain, que l'Église[2] a vu

le jour « dans un petit canton juif, fortement hellénisé, du grand Empire romain » (Paupert, 1982, p. 130). On oublie facilement que le christianisme est le résultat de la rencontre des trois grandes cultures grecque, romaine et juive. Jésus, ce Juif né dans la Judée de l'empereur Auguste, dans une région ayant subi l'influence grecque, a inspiré des disciples qui ont jeté les bases de ce qui est devenu l'énorme édifice de la religion chrétienne, religion qui a joué un rôle considérable dans la perpétuation de la civilisation.

L'étymologie du mot « religion » nous apprend que le terme signifie *religare*, c'est-à-dire « lier ». La religion permet aux hommes de se lier aux dieux et, partant, de se lier les uns aux autres. Lier et unifier, on le verra, le christianisme l'a fait mieux que toute autre institution.

Comment l'Église sera-t-elle un facteur d'unification ? Elle le sera de plusieurs manières.

L'Église sert à l'unité politique de l'Empire romain

D'abord persécutée sous l'Empire romain, l'Église a ensuite été tolérée avant d'être imposée comme religion officielle et de devenir l'un des organes de l'Empire (Durkheim, 1969, p. 27). En effet, en moins d'un siècle, on assiste à un revirement radical. À la fin du IIIe et au début du IVe siècles, sous Dioclétien (284-305), les persécutions sont systématiques, car on craint alors pour l'unité de l'Empire. Quelque temps plus tard, l'empereur Constantin se convertit au christianisme et, à la fin du IVe siècle (en 392), sous Théodose Ier dit le Grand, la religion chrétienne devient la religion officielle de l'Empire. À cette époque, dans la partie occidentale de l'Empire, « romain » et « chrétien » sont pratiquement des termes synonymes (Ballard, Genet et Rouche, 1990, p. 25).

Comment expliquer ce revirement d'attitude face au christianisme ? D'abord, en ce qui concerne les persécutions, il faut mentionner que les premiers chrétiens ont été persécutés par les Juifs, qui les

---

2. Dans ce chapitre, nous utilisons de manière presque synonyme les termes « Église » et « christianisme ». Il faut cependant préciser que le terme « Église » est chargé d'ambiguïté. L'Église du Moyen Âge a trait à la totalité de la société, c'est-à-dire à l'ensemble des hommes et des femmes de la chrétienté, mais elle a aussi trait à divers groupes chrétiens. L'Église du Moyen Âge s'est organisée et hiérarchisée progressivement, et il serait

préférable, sans doute, de parler des divers groupes qui la composent à divers moments (clergé, papauté, conciles, seigneurs ecclésiastiques). On ne peut donc comprendre l'Église du Moyen Âge en faisant allusion à toute la structure hiérarchique que représente ce terme de nos jours. Par ailleurs, pour des raisons de commodité, nous utilisons indistinctement les termes « Église » et « chrétienté ».

considéraient comme des éléments schismatiques. On ne pouvait croire que ce messie tant attendu et promis par la Bible, ce fils de Dieu qui devait libérer le peuple juif de l'oppresseur, ce sauveur, se présenterait dans des conditions aussi modestes : né dans une étable, fils de charpentier et mort sur une croix.

> [Pour les Juifs,] Jésus n'est qu'un « faux prophète » provocateur, qui a pris ouvertement à contre-pied l'enseignement juif traditionnel en donnant de nouvelles interprétations de la Loi. (Salles, 1993, p. 134.)

Ensuite, les Romains, à plusieurs reprises, dès Néron (en 64), ont vu dans les premiers chrétiens une menace à l'unité de l'Empire et les ont persécutés. Ainsi, les persécutions des chrétiens se poursuivent jusqu'au tout début du IVᵉ siècle.

Or, on l'a dit, les Romains étaient habituellement assez tolérants face aux autres religions. Cependant, ils ne l'étaient que dans la mesure où la sécurité de l'État n'était pas en jeu. Les chrétiens représentaient une menace, notamment par leur refus de prêter serment de fidélité à l'empereur. Ces disciples de Jésus qui voulaient sur terre établir le Royaume de Dieu allaient-ils créer un État dans l'État ? Les Romains le craignaient. De plus, le monothéisme chrétien différait considérablement du « vivre et laisser vivre » romain envers les autres religions. Pour les chrétiens, il n'y a qu'un seul Dieu, et par conséquent les dieux romains étaient de faux dieux. Une telle position était inquiétante aux yeux des Romains, soucieux de ne pas déplaire aux dieux, parce qu'elle pouvait entraîner la vengeance divine contre l'Empire (Salles, 1993, p. 137). À partir du IIᵉ siècle, la prédisposition des chrétiens au martyre les poussait à provoquer les Romains (Barrow, 1962, p. 151). Le martyre est alors vu comme l'expression suprême de la foi, le supplicié vivant une sorte d'exaltation en s'identifiant à Jésus dans ses souffrances (Salles, 1993, p. 139). Enfin, les premiers chrétiens veulent montrer à tous que le monde tire à sa fin : « Repentez-vous, car le Royaume des Cieux est tout proche », dit l'Évangile (Matthieu, IV, 17). Quelle méfiance les Romains n'entretiennent-ils pas à leur endroit[3] !

Pourtant, malgré cet ensemble d'éléments suspicieux aux yeux des Romains, ces derniers font, à la fin du IVᵉ siècle, du christianisme la religion officielle de l'État. Constantin se convertit au christianisme puis, plus tard, Théodose Iᵉʳ le Grand oblige chaque habitant de l'Empire à devenir chrétien. On se rend sans doute compte que le christianisme est déjà une force importante dans l'Empire ; en effet, plus de 50 % de la population est chrétienne au début du IVᵉ siècle. De plus, dans un empire de luxure, en pleine période de déclin, empire qui commence à se sentir menacé par les barbares, l'Église peut servir de « réarmement moral » (Durkheim, 1969, p. 27). Le fidèle doit en effet vivre selon une morale de renoncement, mépriser les joies de ce monde, refuser la luxure, bannir les plaisirs de la chair ; bref, l'Église propose une série de mesures dont ne peuvent que profiter des Romains blasés de la richesse. L'Église apparaît donc comme un facteur de cohésion politique sous l'Empire.

Le christianisme contient dans sa doctrine un principe universaliste

Au début, l'Église naissante jouit de la paix romaine et de la tolérance des Romains envers les religions des pays conquis. Elle a donc prospéré dans la population de l'Empire. Saint Paul est un grand artisan de cette expansion ; il parcourt l'Empire sur les voies romaines, créant partout des communautés chrétiennes. Cependant, cela ne se serait pas fait aussi rapidement si le christianisme n'avait pas recelé en lui-même une idée, un principe qui le pousse à se propager. Contrairement à l'hindouisme, religion purement contemplative où l'individu doit se fondre dans le grand tout qu'est l'Univers, le chrétien doit veiller non seulement à son propre salut, mais aussi à celui de l'humanité (Durkheim, 1969, p. 32). Jésus n'a-t-il pas dit :

> Allez donc, de toutes les nations faites des disciples, les baptisant au nom du Père et du Fils et du Saint-Esprit, et leur apprenant à observer tout ce que je vous ai prescrit. (Matthieu, XXVIII, 19.)

---

3. À cela, il est indispensable d'ajouter que la citoyenneté romaine n'est offerte qu'à l'étranger qui est assimilé ou qui désire l'être. L'autre étranger, le barbare, continue pour le Romain d'appartenir à une humanité inférieure. Cela aide à comprendre pourquoi la diffusion du christianisme auprès des barbares, comme auprès des esclaves, était contradictoire aux valeurs romaines et contribuait également à ébranler les fondements de l'Empire.

Que signifie cette injonction, sinon l'intention de répandre le message chrétien à toute la terre, à tous les peuples, sans distinction de sexe, de classe, de race, de fortune ?

Cette mission salvatrice caractérise le christianisme. Elle était inconnue des Grecs, des Romains et également des Juifs.

> La foi chrétienne [...] développa très tôt l'idée systématique de mission. Il fallait que naissent partout des communautés qui célébreraient le nom de Jésus. À terme toutes les nations seraient élues, rachetées et sanctifiées par le sang de Jésus. Elles formeraient une seule nation, un seul peuple, elles seraient l'assemblée des saints, le corps même du Seigneur. (Beaude, 1993, p. 40.)

L'Église accueille les hommes de toutes les conditions

Corollaire du principe universaliste, l'Église accueille tous les humains sans exception, incluant les pauvres et les déshérités. « Bienheureux les pauvres en esprit car le Royaume des Cieux est à eux », proclame-t-on dans les *Béatitudes* (Matthieu, V, 3). Jésus, pauvre de condition, propose une religion qui donne l'espoir aux déshérités, aux pécheurs, aux malades et aux gueux. C'est ce qui explique le succès de la religion auprès des barbares, peuplades nomades et pauvres.

> C'était, par excellence, la religion des petits, des humbles, des pauvres, pauvres de bien et pauvres d'esprit. Elle exaltait les vertus de l'humilité, de la médiocrité tant intellectuelle que matérielle. Elle vantait la simplicité des cœurs et des intelligences. (Durkheim, 1969, p. 28.)

C'est donc la majorité de la population qui peut recevoir le message de Jésus.

S'il a suscité, au début, bien des réticences de la part des gens instruits et riches, le christianisme a fini par atteindre la population cultivée. Il faut bien comprendre que le message du Christ n'empêche en aucune façon les gens de condition élevée d'accéder un jour au Royaume de Dieu. En fait, il leur dit : peu importe votre condition, observez les règles, aimez votre prochain et vous aurez la vie éternelle. Ce n'est pas votre argent ni votre science qui vous sauvera, c'est votre respect du message de l'Évangile.

Dans l'Antiquité, la conversion au christianisme exigeait, de la part d'un homme cultivé, un effort de renoncement, de dépassement : il lui fallait confesser la vanité radicale, admettre les limites, de cette culture dont jusque-là il avait vécu. (Marrou, 1948b, p. 135.)

L'homme cultivé, selon la norme classique, peut devenir orateur ou philosophe, se lancer dans l'action politique ou la contemplation des Idées ; il a maintenant un autre choix, devenir chrétien, s'ouvrir à la Bonne Nouvelle, faire de l'exégèse et de la théologie (Marrou, 1948b, p. 134). On trouvera donc, à la fin du IIe siècle, des écrivains chrétiens (Clément d'Alexandrie, Hippolyte à Rome, Tertullien à Carthage) que Marrou (1977, p. 61) décrit ainsi :

> [Ils] ont pleinement assimilé la culture intellectuelle de leur temps [grecque et romaine] sous sa forme la plus élevée et la plus complète. En eux et par eux s'est nouée une synthèse que les siècles révéleront indissoluble entre la foi chrétienne et la culture classique.

L'Église incorpore la culture de son temps : la culture juive, grecque, romaine

Le christianisme se présente d'abord comme un mouvement interne du judaïsme. Jésus est un Juif et les premières communautés chrétiennes s'installent à Jérusalem. Le christianisme s'inscrit dans la continuité de la culture juive. On le sait, le judaïsme suppose la connaissance de la Loi révélée et écrite. L'éducation religieuse juive est fondée sur l'étude des textes sacrés de l'Ancien Testament. De la même façon, le christianisme s'inscrit dans la tradition écrite et est une religion « savante » basée sur l'étude du Nouveau Testament. Le Christ étant un Juif, il a pratiqué la loi juive, tout en s'attaquant au formalisme de son application. Dans ce sens, il était venu la parfaire et non l'abolir (Paupert, 1982, p. 167). En conséquence, on trouve dans le christianisme une insistance sur la connaissance des Saintes Écritures, donc sur la nécessité d'être lettré. Il faut préciser que, jusque vers l'an 50, tout l'enseignement chrétien se fait oralement. Puis, saint Paul rédige ses épîtres pour soutenir dans leur foi diverses communautés chrétiennes nouvellement fondées. Les Évangiles de Marc, Matthieu et Luc auraient été écrits entre 70 et 80 ; celui de Jean, vers 95. L'ensemble des textes (les quatre évangiles, les Actes des apôtres, les épîtres de saint Paul, etc.) qui constituent le corps de la doctrine, appelé le Nouveau Testament, aurait été définitivement fixé vers le IIIe siècle. Le christianisme s'inscrit donc dans un rapport très intime au livre, à l'écriture, au texte, à la nécessité d'être lettré.

Cependant, il faut également rappeler que le christianisme naît et se déploie dans l'Empire romain qui a conquis toute la Palestine. Le christianisme subit donc l'influence romaine. De plus, on sait que la partie orientale de l'Empire est fortement hellénisée à la suite des conquêtes d'Alexandre, et qu'on y parle encore grec. C'est cette partie de l'Empire qui subit d'abord l'influence du christianisme. Il n'est donc pas surprenant d'apprendre que le Nouveau Testament a d'abord été écrit en grec.

En conséquence, le christianisme apparaît et se répand dans un monde païen qui est, il faut le dire, un monde lettré. Comme le christianisme a besoin « des lettres », il devient « inconcevable de renoncer aux études profanes, sans lesquelles les études religieuses deviennent impossibles (il faut bien, pour commencer, apprendre à lire) » (Marrou, 1948b, p. 137). En ce sens, la culture païenne et la religion chrétienne, loin de s'opposer radicalement, se sont constamment croisées. Le christianisme a accepté les écoles classiques grecques et romaines en place. Ce fait est essentiel. L'Église primitive, parfaitement consciente du caractère « savant », lettré de la religion chrétienne, a laissé la jeunesse se former dans les écoles de type païen, c'est-à-dire les écoles grecques et romaines. Il s'est cependant donné en milieu chrétien un enseignement exclusivement chrétien, mais à côté des écoles païennes. Ces écoles d'initiation doctrinale étaient semblables aux *sunday schools* anglo-saxonnes, mais fort différentes de ce que seront les écoles chrétiennes du Moyen Âge. La formation scolaire de base, lire et écrire, était cependant acquise dans les écoles païennes.

En somme, le christianisme se déploie dans un univers où se rencontrent les trois immenses cultures — juive, grecque et romaine. Le christianisme est donc influencé par ses sources juives, notamment celle qui donne la plus haute valeur aux Écritures. Il puise également à la pensée grecque et à ses exigences de rationalité. Songeons par exemple à Platon, qui veut dépasser les sens pour atteindre la

Vérité, et à l'ascèse de l'allégorie de la caverne. Enfin, le christianisme se déploie en plein Empire romain ; comment s'étonner alors que le latin, langue de l'Empire, devienne aussi la langue de l'Église ? L'exemple par excellence de cet amalgame de trois cultures est personnifié par saint Paul. Juif (il s'appelait Saül) nouvellement converti au christianisme, citoyen romain, il prêche en grec (Barrow, 1962, p. 152). L'épître de saint Paul aux Romains est écrite en grec.

En conclusion, l'Église joue un rôle important d'unification. Elle s'est développée durant la paix romaine, et a même servi de facteur de cohésion politique. Elle sert de médiatrice entre plusieurs peuples hétérogènes. Elle permet que des individus de toutes les conditions puissent se réunir autour d'un même sujet, Dieu, *religare*. Mais, ce qui est plus important, c'est que l'Église donne plus qu'une foi et qu'un ensemble de rites ; elle apporte un système d'idées, un ensemble de raisonnements, un corps de doctrines solidement constitué. Elle fournit aussi une culture, une vision du monde, une façon de saisir la réalité qui puise aux sources grecque, romaine et juive.

C'est pour cette raison que la religion chrétienne doit être **enseignée**, parce que, fondamentalement, elle est plus qu'un ensemble de rites ; elle est un savoir théorique, elle exige du chrétien d'être lettré. Pour être chrétien, il faut plus que pratiquer machinalement certains rituels traditionnels, il faut penser, méditer, admettre certaines idées ; en somme, il faut écouter de nouveau les paroles mêmes du Christ consignées dans les Écritures :

Or, pour inculquer des pratiques, un simple dressage machinal suffit ou même est seul efficace, mais des idées, des sentiments ne peuvent se communiquer que par la voie de l'enseignement, que cet enseignement s'adresse au cœur ou à la raison, ou à l'un et à l'autre à la fois. Et c'est pourquoi, dès que le christianisme fut fondé, la prédication, qui était au contraire inconnue de l'Antiquité, y prit tout de suite une grande part ; car, prêcher, c'est enseigner. Or, l'enseignement suppose une culture, et il n'y avait pas d'autre culture, alors, que la culture païenne. Il fallait donc bien que l'Église se l'appropriât. L'enseignement, la prédication, supposent chez celui qui enseigne ou qui prêche une certaine pratique de la langue, une certaine dialectique, une certaine connaissance de l'homme et de l'histoire. Or, ces connaissances, où les trouver sinon dans les œuvres des Anciens ? (Durkheim, 1969, p. 30.)

L'Église a donc progressivement été amenée à ouvrir des écoles. C'est ce qui nous conduit à notre seconde partie : le christianisme donne naissance à l'école au Moyen Âge.

2.2 Le christianisme donne naissance à l'école

On l'a vu, le christianisme est plus qu'un assemblage de rites : il comporte une doctrine, un corps de savoirs. Aussi, pour être chrétien il faut être éduqué ; il faut un minimum de civilisation. Étant donné que la religion chrétienne tend également à rassembler, à unifier, elle a tout pour être civilisatrice, éducative. On ne sera donc pas surpris de voir que l'école et le christianisme opèrent dans une relation très étroite, et que le christianisme a permis à l'école de se propager.

2.2.1 La civilisation a régressé considérablement avec les migrations germaniques[4] (IVe, Ve et VIe siècles)

Déjà, à la fin du IIIe siècle de notre ère, l'Empire romain a amorcé son déclin. La corruption du pouvoir est généralisée ; la fiscalité, écrasante. Les Romains ne se sentent plus en sécurité à l'intérieur de leurs propres frontières. Eux qui avaient été de si bons guerriers en étaient venus à engager des mercenaires étant donné que les besoins de l'Empire obligeaient le recrutement d'un nombre accru de soldats qui n'étaient pas des Romains. Le soldat romain est désormais, la plupart du temps, un barbare recruté parmi les tribus vaincues. On poste les chefs de ces tribus aux frontières qu'ils doivent défendre. Rome a pour ainsi dire donné les clés du pays à ses futurs envahisseurs (Ballard, Genet et Rouche, 1990, p. 25).

Des barbares, qui ont pillé Rome une première fois en 410, ont provoqué la chute de l'Empire d'Occident en 476. Il faut noter cependant que l'empire avait été divisé en deux auparavant, celui d'Occident et celui d'Orient. L'Empire d'Orient, ou Empire byzantin, a résisté à ces migrations et ne s'est éteint qu'en 1453[5]. Délogés d'Asie, les Huns se déploient vers l'ouest, et déplacent à leur tour des tribus germaniques qui, elles, poussent leurs voisins. En 371, les Wisigoths franchissent le Danube ; puis ils envahissent l'Italie et saccagent Rome en 410. Le choc moral est immense pour les Romains, mais il n'y eut aucune réaction (Ballard, Genet et Rouche, 1990, p. 25). Par la suite, les Wisigoths se rendent jusqu'en Espagne, où ils délogent un autre peuple germanique, les Vandales, qui à leur tour se réfugient en Afrique du Nord, dans l'ancienne capitale romaine, Carthage. De là, les Vandales attaquent l'Italie et ravagent Rome en 455, qui n'a plus désormais la maîtrise de la Méditerranée. Ces diverses tribus concluent des alliances avec Rome, qui leur octroie un territoire en échange d'une aide militaire : c'est dire toute la faiblesse de l'Empire à ce moment-là. Les traités n'ont évidemment pas été respectés. En 476, l'Empire romain d'Occident passe aux mains de ces divers groupes, qui se combattront entre eux sans cesse dans les années qui suivront.

Même si certaines peuplades détruisent tout sur leur passage, pillant, brûlant, massacrant ce qu'elles trouvent devant elles, il reste que les historiens n'attribuent plus aujourd'hui aux « invasions barbares » des actes aussi sanguinaires et déchaînés que jadis. Les mouvements des populations germaniques se sont plutôt déroulés sur quelques générations et ont rarement été des invasions massives. Ils ont néanmoins été, avec l'insécurité généralisée, l'impuissance administrative, la crise économique et l'effondrement idéologique ressentis alors, un facteur important de la mutation de la société romaine en Occident. Celle-ci a été décisive. En effet, de la fin du Ve siècle

---

4. Dans les manuels classiques d'histoire, on appelle aussi ces migrations « invasions barbares ». Le terme « barbare », même s'il réfère plus à l'étranger qu'au non civilisé, conserve néanmoins ce halo de mépris dont il est difficile de se débarrasser.

5. Il faut mentionner que, dès le IVe siècle, Rome et Constantinople commencent à s'éloigner l'une de l'autre. L'Orient redevient grec dans le cadre institutionnel romain, et tant l'Islam que Byzance sont les grandes civilisations qui ont émergé. Le latin était la langue de l'Église d'Occident et le grec, celle de l'Église d'Orient. À ce moment-là, l'Occident était une sorte de tiers-monde qui ne commença à se ressaisir et à dominer que vers le XIe siècle.

au début du VIᵉ, le paysage de la civilisation romaine s'est transformé de façon radicale : d'une grande civilisation on passe à la déchéance. Ce qui a fait dire à Durkheim (1969, p. 41) : « On n'écrivait plus parce qu'on ne savait plus écrire. »

2.2.2 L'Église devient le lieu de protection de la culture

Les historiens ont l'habitude de situer le début du Moyen Âge à la chute de l'Empire romain d'Occident. La désagrégation de l'Empire marque la fin d'un monde et le début d'une autre époque beaucoup moins éclatante, mais néanmoins féconde. L'Église jouera un rôle majeur dans les siècles qui vont suivre : « Si, à ce moment, l'Église ne s'était trouvée là, c'en était fait de la culture humaine, et l'on peut se demander ce qui serait advenu de la civilisation. » (Durkheim, 1969, p. 41[6].) Quand l'Empire s'éteint en 476, l'Église demeure la seule force organisée capable de transmettre l'héritage gréco-romain (Langlois et Villemure, 1992, p. 94). Il n'y a plus alors d'écoles païennes.

> De toutes les écoles municipales qui avaient illustré la Gaule à partir du IVᵉ siècle, il ne reste rien ; elles furent toutes balayées, emportées par le torrent de l'invasion ; seules les écoles des cathédrales et des monastères restèrent ouvertes. (Durkheim, 1969, p. 42.)

Marrou (1948b, p. 169) va dans le même sens : « Au VIᵉ siècle, il n'y a plus d'autre enseignement que celui que l'Église s'efforce désormais d'assumer. »

Il ne faut pas se surprendre que l'Église joue alors le rôle de protectrice de la culture intellectuelle parce que, on l'a vu, elle entretient un rapport assez intime avec cette dernière. Elle réussit à protéger la culture parce qu'elle est une religion savante basée sur un système d'idées, et non simplement une religion faite de pratiques, de rituels. Elle a besoin de la culture pour exister. Elle réussit également à protéger la culture parce qu'elle a des visées universelles qui

l'amènent à prêcher la Bonne Nouvelle. La prédication, inconnue dans l'Antiquité, suppose un prédicateur cultivé et engendre une certaine culture chez le converti.

En conséquence, l'Église assure la continuité culturelle en créant trois types d'écoles, soit les écoles monacales, épiscopales et presbytérales.

> Elles sont nées non seulement du besoin de remplacer l'école antique qui avait disparu, mais aussi [...] du désir de créer un nouveau genre de culture, fondée uniquement sur l'étude des textes sacrés. (Riché, 1979, p. 190.)

Pour les écoles monacales, une impulsion vient notamment du sud de l'Italie par saint Benoît, fondateur de l'ordre des moines bénédictins au VIᵉ siècle. Même si les Bénédictins n'ont pas pour mission de défendre la cause des lettres, il n'en demeure pas moins qu'ils s'adonnent à la lecture des livres saints, et que leur exemple illustre comment les lettres grecques et romaines ont pu se rendre jusqu'à nous.

> Mais par livres saints il fallait entendre, outre l'Ancien et le Nouveau Testament, tous les commentaires, tous les exposés qui en avaient été faits par les Pères les plus réputés [...] Mais, par cela même, la porte était ouverte à l'étude et à la réflexion. Car qui peut dire où commence la liste des Pères les plus orthodoxes et les plus réputés ? Puis, pour comprendre leurs commentaires, leurs controverses, il fallait connaître les théories qu'ils discutaient et qu'ils rejetaient. Et c'est ainsi que la littérature profane trouvait nécessairement accès dans les monastères. (Durkheim, 1969, p. 45.)

Les monastères ont des bibliothèques ; les moines transcrivent les manuscrits, écrivent les chroniques, traduisent des ouvrages. De plus, les moines voyagent et propagent des idées. D'ailleurs, les Bénédictins rencontrent les moines d'Irlande, qui accordent une grande importance aux lettres et à la culture grecques.

Le VIᵉ siècle voit aussi apparaître un autre type d'école chrétienne : l'école épiscopale.

> Plus la décadence s'accentue, plus il devient difficile de trouver des jeunes gens ayant reçu ce minimum de culture littéraire sans lequel la formation cléricale et l'exercice du ministère ecclésiastique sont impossibles. C'est pourquoi nous

---

6. Ici, Durkheim véhicule les préjugés de son époque qui identifie la culture humaine à la culture humaniste bourgeoise. Il faudrait plutôt comprendre, par cette citation, la culture intellectuelle d'une élite, et non toute culture. De même, il faut entendre par déclin de la civilisation, la diminution de l'importance des lettres.

voyons, par exemple en France aux temps mérovingiens, les évêques amenés à s'occuper eux-mêmes directement de l'instruction élémentaire de certains enfants. (Marrou, 1948b, p. 155.)

Pour assurer le recrutement du clergé et lui procurer une instruction littéraire élémentaire, il faut que les évêques créent des écoles.

Enfin, à la suite d'une ordonnance du concile de Vaison II en 529, on prescrit à tous les prêtres de paroisse rurale de recevoir chez eux et d'instruire chrétiennement les jeunes gens, afin de leur apprendre à lire les Écritures et de préparer la relève (Marrou, 1948b, p. 157). Les fonctions d'instituteur et de curé de village sont donc unies.

La création d'écoles chrétiennes marque un tournant important. En effet, pour Marrou, sauf quelques exceptions, les chrétiens n'ont pas créé d'écoles durant l'Antiquité. Ils ont plutôt participé aux écoles païennes existantes. Ils ont, parallèlement à cela, assuré la formation chrétienne de leurs ouailles dans des « écoles du dimanche ». Cependant, le Moyen Âge voit apparaître une école d'un type nouveau, qui n'a plus rien d'antique dans l'esprit (Marrou, 1948b, p. 149). L'école chrétienne du Moyen Âge, qu'elle soit monacale, épiscopale ou presbytérale, s'inscrit dans une tout autre dynamique : elle associe « éducation chrétienne » et « instruction », d'une part, et « formation aux vertus religieuses » et « formation littéraire », d'autre part.

> Pour le maître du Haut Moyen Âge, il n'y a pas de frontières entre les formations humaine, religieuse et intellectuelle des enfants ; il est en même temps éducateur et professeur. (Riché, 1979, p. 214.)

Cette association de l'instruction littéraire et de l'éducation religieuse fait de l'école chrétienne du Moyen Âge un type si particulier d'école que Durkheim lui attribue le concept même d'**école**.

2.2.3 Qu'est-ce que l'école au Moyen Âge ?

En fait, nous jouons sur les mots, mais le jeu a son importance, car il marque un changement important dans toute la tradition occidentale, et ce, pour les siècles à venir. Comment pouvons-nous soutenir que l'école apparaît au Moyen Âge alors que l'on sait

bien qu'il y avait déjà des écoles dans l'Antiquité, tant chez les Grecs que chez les Romains ? On vient de le voir, le changement qui apparaît avec les écoles chrétiennes du Moyen Âge réside précisément dans cette union de l'instruction littéraire et de la formation religieuse. Pour Durkheim (1969, p. 39), la signification même de l'école se trouve là : l'école chrétienne fait plus qu'instruire aux rudiments, elle est aussi et surtout un **milieu moral organisé**. En cela, dit-il, elle mérite le titre d'école véritable. Dans cette perspective, en faisant de l'école un concept qui dépasse la notion ordinaire d'école issue du sens commun, l'apport de Durkheim est majeur, en ce qu'il permet de percevoir une différence importante : avec l'école chrétienne du Moyen Âge, l'école est désormais plus qu'un lieu où l'on transmet des connaissances, c'est d'abord et avant tout un milieu d'éducation, de formation.

Examinons la question. Dans l'Antiquité grecque ou romaine, l'élève reçoit son instruction de maîtres différents n'ayant aucun lien entre eux.

> Il allait chez le grammatiste ou le littérator apprendre la grammaire, chez le cithariste apprendre la musique, chez le rhetor apprendre la rhétorique, etc. (Durkheim, 1969, p. 34.)

Souvent ces maîtres ne se connaissent même pas et tiennent école dans des lieux différents. Ils ne partagent donc pas les mêmes buts. En fait, ils dotent l'individu de connaissances qui s'acquièrent séparément et qui ne se relient entre elles qu'extérieurement.

> Le maître d'école est chargé d'un secteur spécialisé de l'instruction ; il équipe techniquement l'intelligence de l'enfant, mais ce n'est pas lui qui éduque. L'essentiel de la formation, c'est la formation morale, celle du caractère, du style de vie. Le « maître » n'est chargé que d'apprendre à lire, ce qui est beaucoup moins important. (Marrou, 1948a, p. 222.)

Bref, chacun des maîtres « travaille » sur le jeune à sa manière, à partir de sa spécialité et en fonction de ses buts particuliers. Ces contenus hétérogènes forment un ensemble assez disparate.

Tout autre est la vision de l'école chrétienne du Moyen Âge. Même s'il peut y avoir plusieurs maîtres à l'école qui enseignent des contenus différents, ils sont cependant fortement liés entre eux. Ils partagent le même but; ils veulent toucher l'élève dans son âme afin de le convertir au message de Jésus-Christ. Chacun oriente son enseignement, peu importe le contenu, vers ce but unique qui est la conversion de l'élève. En ce sens, on assiste à une très forte concentration d'influences qui se renforcent mutuellement. Cette influence est très importante dans les convicts (monastères) où, en un même lieu, l'esprit des jeunes est imprégné de religion d'une manière continue, du lever jusqu'au coucher. À la disparition de l'école antique, le Moyen Âge répond par des écoles chrétiennes présentant une forte cohésion. À l'éducation compartimentée de l'Antiquité, le Moyen Âge substitue une éducation intégrée, complète, totale, qui encadre complètement l'individu.

> Il s'agissait [dans l'Antiquité] non d'agir sur la personnalité dans ce qui fait son unité fondamentale, mais de la revêtir d'une sorte d'armature extérieure dont les différentes pièces pouvaient être forgées indépendamment les unes des autres, si bien que chaque ouvrier pouvait y mettre la main séparément. Le christianisme, au contraire, eut très vite l'idée que, sous cet état particulier de l'intelligence et de la sensibilité, il y a en chacun de nous un état plus profond d'où les premiers dérivent et où ils trouvent leur unité; et que c'est cet état profond qu'il faut atteindre si l'on veut vraiment faire œuvre d'éducateur, exercer une action durable. (Durkheim, 1969, p. 37.)

Aujourd'hui encore, cette idée de faire converger les influences pour éduquer est présente, même si l'aspect religieux est moins présent. On cherche encore, de nos jours, à ce que l'école soit plus qu'un simple lieu d'instruction, lieu où des maîtres, à tour de rôle, transmettent leur savoir. On veut que l'école éduque; on veut qu'elle façonne en profondeur les élèves, qu'elle leur inculque des valeurs. On désire que l'école soit plus qu'une usine à transmettre des savoirs, mais bien un milieu moral organisé. À ce titre, on peut se référer notamment au concept de projet éducatif qui a connu une certaine vogue dans les écoles du Québec dans les années 1980. Ne consistait-il pas précisément à faire en sorte qu'une école soit plus qu'un simple lieu où se donnent des cours de façon parallèle, mais un espace où l'ensemble du personnel (enseignants, directeurs, secrétaires, concierges, etc.) participe à la diffusion des mêmes valeurs, conjugue ses énergies à la réalisation des mêmes buts?

En conclusion, on comprend maintenant mieux pourquoi Durkheim se plaît à dire que l'école apparaît au Moyen Âge:

> Une école, ce n'est pas seulement un local où un maître enseigne; c'est un être moral, un milieu moral, imprégné de certaines idées, de certains sentiments, un milieu qui enveloppe le maître aussi bien que les élèves. Or, l'Antiquité n'a rien connu de pareil. Elle a eu des maîtres, elle n'a pas eu d'Écoles véritables. Le Moyen Âge a donc été, en pédagogie, novateur. (Durkheim, 1969, p. 40.)

Les principaux éléments que nous venons de voir sont résumés dans le tableau 2.1.

Ici, il est nécessaire de faire une remarque importante. À lire les interprétations des historiens de l'éducation, on entend souvent ces derniers parler de pédagogie. Ils emploient souvent le terme « pédagogie » comme synonyme d'« éducation ». Or, on le verra plus avant dans ce livre, nous utiliserons le mot « pédagogie » dans un sens très précis qui diffère considérablement du concept d'éducation. Aussi nous ne pouvons être d'accord avec Durkheim lorsqu'il soutient, dans la citation qui précède, que le Moyen Âge a été novateur en pédagogie. Au contraire, nous pensons que si le Moyen Âge a été novateur en créant l'école, il n'a pas nécessairement apporté une révolution dans les méthodes d'enseignement. En fait, nous soutenons plutôt l'opinion que, tout comme chez les Grecs et chez les Romains, il n'y avait pas, à proprement parler, de souci pédagogique au Moyen Âge.

En ce qui concerne les Grecs, Marrou donne quelques indications intéressantes à ce sujet. Il signale qu'il n'y avait aucune compétence nécessaire précise à cette époque, si ce n'est une certaine rectitude morale, pour exercer le métier d'instituteur au primaire:

> Techniquement, quiconque avait lui-même appris à lire était considéré comme capable de s'improviser à son tour; il n'avait qu'à utiliser ses souvenirs d'enfance. (Marrou, 1948a, p. 221.)

Pour Marrou, étant donné que la pensée antique était vouée entièrement à l'éducation de l'homme, on ne s'est pas attardé à poser le problème de l'enfance. En conséquence, on ne sera pas surpris de lire que la pédagogie grecque était élémentaire et routinière

Tableau 2.1	
Un tableau comparatif des conceptions de l'école de l'Antiquité et de celle du Moyen Âge	
Antiquité	**Moyen Âge**

– Diversité de buts
  Pas de fin unique
	– Unité de but
	  Direction morale précise : christianiser

– On veut doter l'individu de connaissances, d'habiletés qui pouvaient s'acquérir séparément (beau corps, bel esprit, beau parleur, bon musicien).	– On veut agir sur la personnalité en profondeur, former une certaine attitude de l'âme, **convertir** (*convertere*) : se tourner vers (se tourner vers Dieu et se détourner des choses terrestres).
– On tente de former l'esprit pour bien paraître.	– On tente de toucher l'âme : le plus profond à l'intérieur.
– Maîtres différents sans liens entre eux (grammatiste, pédotribe, cithariste, rhetor)	– Maîtres différents unis (partageant le même but)
– Ces enseignements s'ignorent mutuellement. Chacun poursuit sa fin.	– Chaque maître enseigne dans son domaine tout en participant à la fin commune.
– Enseignement aux contenus hétérogènes	– Enseignement au contenu homogène (unité d'enseignement)
– Dispersion	– Concentration

– Dans des lieux différents
  Contacts occasionnels maître-élève
	– Dans un même lieu
	  Contacts étroits, soutenus et permanents (convicts)

– Élèves passagers	– Élèves permanents
– L'Antiquité a eu des maîtres.	– Le Moyen Âge a eu l'**école** : « un milieu moral organisé ».

(Marrou, 1948a, p. 221), même si les classes étaient peu chargées et que l'enseignement était assez individualisé (Marrou, 1948a, p. 225). Le programme se résumait aux éléments de base suivants : lire, apprendre par cœur, écrire et compter (Marrou, 1948a, p. 227). Pour la lecture, notamment, l'approche était rationnelle et ne prenait aucunement en compte la psychologie de l'élève :

> Son plan d'études est dressé en fonction d'une analyse *a priori*, purement rationnelle, de l'objet à connaître et ignore délibérément les problèmes d'ordre psychologique que pose le sujet, à savoir l'enfant. L'instruction procède du simple (en soi) au complexe, de l'élément au composé : toute autre façon de procéder aurait paru absurde [...]. (Marrou, 1948a, p. 227.)

On apprend d'abord, par ordre, les lettres, puis les syllabes, ensuite les mots, et enfin les phrases. Dès l'étape des mots, on met l'élève en contact avec des mots rares et difficiles ; sauf jusqu'à l'étape de la syllabation, où on ne se soucie pas de graduer les difficultés, n'hésitant pas à faire lire à l'élève des phrases célèbres et complexes. C'est la même chose pour l'écriture, où l'élève s'exerce à copier des lettres, des mots, des phrases, même les plus absurdes ou complexes quant à leur signification. En fait, chez les Grecs, on ne semble pas vraiment se soucier de pédagogie dans l'enseignement. Pour tout dire, la pédagogie des Grecs anciens est rudimentaire, même si les contingents d'élèves sont peu nombreux.

> Le maître ne sait pas faciliter à l'enfant l'accès à la connaissance ; il ne s'élève pas au-dessus de l'endoctrinement passif [...]. La tradition ayant déterminé [...] l'ordre des connaissances à absorber, l'effort du maître se borne à rabâcher et à attendre que l'esprit de l'enfant ait surmonté la difficulté qui l'arrête. (Marrou, 1948a, p. 238.)

En ce qui concerne les écoles romaines, il n'y a pas de changements majeurs dans les méthodes pédagogiques lorsqu'on les compare à celles des Grecs. C'est la même approche analytique qui ignore la psychologie enfantine (Marrou, 1948b, p. 69).

> Les méthodes de la pédagogie romaine sont aussi grecques que ses programmes ; méthodes passives : la mémoire et l'imitation sont les qualités les plus prisées chez l'enfant. (Marrou, 1948b, p. 71.)

C'est la même chose pour les petites écoles chrétiennes de l'Empire :

> [...] Le christianisme n'a pas influencé l'école romaine, ni dans ses programmes, ni dans ses méthodes pédagogiques. (Riché, 1968, p. 16.)

Marrou indique aussi que, lorsqu'on compare un manuel scolaire du IIIe siècle av. J.-C. au cahier d'un écolier chrétien d'Égypte du IVe siècle de notre ère, on constate que c'est la même méthode et que rien, sauf quelques références à la religion, ne le distingue d'un manuel hellénistique de six ou sept siècles antérieurs (Marrou, 1948b, p. 141). Dans les monastères du VIe siècle, même si on apprenait à lire aux novices avec un psautier, on leur faisait faire le même genre d'exercices : recopier les versets sur des tablettes, apprendre par cœur et par ordre (Riché, 1968, p. 37).

En somme, mis à part quelques initiatives qui tiennent plus du talent de certains enseignants qu'à une institutionnalisation de procédés, il ne semble pas y avoir eu, lors de la période que nous avons vue jusqu'à maintenant, de véritable souci pédagogique, et ce, même si le Moyen Âge a apporté une innovation majeure : l'école.

2.3 De Charlemagne à la scolastique

Parmi l'ensemble des transformations qui ont eu lieu par la suite, au cours du Moyen Âge, il convient de s'attarder à deux faits structuraux particuliers : la renaissance carolingienne et la renaissance scolastique. Ces deux grands épisodes de l'histoire ont eu des répercussions directes sur l'école dans les siècles qui ont suivi et, en ce sens, méritent qu'on les examine succinctement.

2.3.1 Charlemagne (742-814) et l'école du Palais

Charlemagne, roi des Francs, puis empereur d'Occident, fait l'unité chrétienne ; avec lui, l'Europe chrétienne devient un État[7].

---

7. L'État dont on parle ici ne doit pas être confondu avec l'État moderne. Quand Charlemagne et ses clercs tentent de reconstituer un État, cet État n'est rien d'autre que l'Église, et son pouvoir est un pouvoir sacré.

Au VIIIe siècle, encore sous l'effet des migrations germaniques, il n'y avait pas d'unité politique européenne comme on en avait connu avec les Grecs ou les Romains ; il n'y avait pas non plus de nationalisme, mais plutôt un mouvement incessant de populations. Les petites royautés barbares se combattaient entre elles, ou encore étaient déchirées par des guerres intestines. L'Europe était une mosaïque de peuples divers, en transformation continuelle (Durkheim, 1969, p. 49). Cependant, de la fin du VIIIe siècle au début du IXe siècle, l'Europe occidentale passe du morcellement à l'unité, sous l'impulsion donnée notamment par Charlemagne qui, après bien des guerres, et grâce à une alliance avec le clergé, donne au royaume des Francs une expansion considérable. Cette unité politique chrétienne de ce que les contemporains appellent parfois l'Europe, un espace recouvrant une superficie de 1 200 000 kilomètres carrés, peuplé de 15 000 000 d'habitants, est l'œuvre de Charlemagne (Ballard, Genet et Rouche, 1990, p. 64).

Charlemagne a besoin du clergé et ce dernier a besoin de lui ; aussi ils font alliance. Le clergé compte sur Charlemagne pour être protégé des dangers qui le guettent et gagner en influence. Charlemagne, de son côté, s'appuie sur l'Église parce qu'elle est la seule institution qui permette à toutes ces sociétés de communier entre elles. Par exemple, il est de l'habitude des moines de parcourir l'Europe ; ils ne sont pour ainsi dire d'aucun pays, d'aucune société : leur patrie, c'est l'Église (Durkheim, 1969, p. 49).

> Mieux que le service militaire ou le serment exigé de chaque homme libre, [...] le sermon du prêtre de paroisse peut transmettre la volonté royale et la renforcer par l'obéissance que doit tout chrétien au roi, jusqu'aux lieux les plus reculés de l'empire. (Ballard, Genet et Rouche, 1990, p. 68.)

Ainsi, aux yeux de Charlemagne, le clergé devient l'auxiliaire par excellence du pouvoir royal ; non seulement il nomme les évêques et préside aux conciles, mais il ordonne aussi certaines transformations de l'administration religieuse par ses capitulaires.

Chose encore plus intéressante, le clergé avait aussi le monopole de la culture écrite et savante. En effet, à cette époque la culture écrite était extrêmement réduite.

Jusqu'au VIIIe siècle, ces écoles [paroissiales, épiscopales et monastiques] que l'on peut repérer ici et là, ont eu une existence assez précaire. Au VIIIe siècle, au moment de la crise qui secoue l'Église, quelques écoles monastiques survivent mais, dans les villes et les campagnes, tous les centres d'études ont presque disparu. (Riché, 1979, p. 190.)

Même si les monastères essaimèrent avec leurs écoles, entre le VIe et le VIIe siècle, ce phénomène demeure assez marginal. On signale que les moines écrivent en très mauvais latin, et que Charlemagne craint qu'ils ne puissent comprendre les Écritures, tellement ils ont une culture littéraire limitée (Riché, 1979, p. 71).

> Le patrimoine culturel que l'on offrait aux futurs prêtres était bien modeste : savoir lire et écrire ; connaître la Bible, si possible par cœur (au moins les psaumes) ; avoir quelques notions de la liturgie et des canons. (Garin, 1968, p. 45.)

Rares sont donc les laïcs qui sont des lettrés. On dit même que Charlemagne ne savait pas écrire.

Il fallait faire quelque chose pour donner un nouveau souffle à la culture écrite en déclin. Charlemagne joue ici un rôle prépondérant. D'abord il ordonne ceci dans son capitulaire de l'an 789 :

Charlemagne

> […] que, dans chaque évêché, dans chaque monastère, on enseigne les psaumes, les notes, le chant, le comput, la grammaire et qu'on ait des livres soigneusement corrigés. (Ballard, Genet et Rouche, 1990, p. 70.)

Le capitulaire de l'an 802 stipule que « tous les fidèles peuvent envoyer leurs enfants étudier les lettres jusqu'à ce qu'ils les aient apprises » (Garin, 1968, p. 47). Ces recommandations ont été suivies plus tard, en l'an 813, à la suite du concile de Mayence lors duquel on a ordonné la création d'écoles rurales pour la formation des jeunes prêtres.

Mais plus encore, Charlemagne a redressé la situation en créant un centre intellectuel : l'école du Palais.

Produit d'un mouvement de concentration destiné à réunir dans une même main et sous une même loi tout le monde chrétien, l'État nouveau devait naturellement tendre à concentrer toutes les forces intellectuelles qu'il contenait, de manière à former un centre de culture intellectuelle capable de rayonner sur tout l'Empire. (Durkheim, 1969, p. 51.)

C'est sans doute de cette école que l'on parle dans la chanson puisque, comme on l'a vu, l'école est née bien avant lui. Charlemagne regroupe ainsi toutes les forces intellectuelles de l'Empire pour former l'école du Palais, vers l'an 782. Il fait appel aux meilleurs maîtres, aux plus grands esprits du temps (l'Anglo-Saxon Alcuin, Paul Diacre, Théodulf, Clément d'Irlande, le grammairien Paul de Pise, etc.). L'école du Palais est le modèle qui a été suivi lorsqu'on a créé les écoles épiscopales. C'est une école nomade qui se déplace et suit les nombreux voyages du roi ; elle est ouverte aux fils de seigneurs, aux jeunes clercs, mais aussi aux gens des autres classes.

Le programme de l'école du Palais est encyclopédique. Il vise à transmettre la totalité des connaissances humaines. Celles-ci sont regroupées dans les sept arts libéraux, une classification qui remonte à l'Antiquité classique et qui a été délaissée un temps. Reprise ensuite au VIe siècle, elle devient la base de l'enseignement pendant des siècles[8]. D'ailleurs cette classification reprend, sous une forme archaïque, notre terminologie contemporaine des sciences humaines (humanités) et des sciences de la nature. Les sept arts libéraux sont divisés en deux grandes parties : les arts du *trivium* et les arts du *quadrivium*. Le *trivium* enseigne les règles de l'esprit, les formes du raisonnement. C'est un enseignement de type formel qui comprend la grammaire, la rhétorique et la dialectique. La grammaire est la discipline qui permet de comprendre le sens des textes ; la rhétorique est associée à l'art de discourir ; et, enfin, la dialectique consiste en l'étude des raisonnements pour découvrir la vérité. Bien plus tard, lorsque l'université a été fondée, le *trivium* est resté

---

8. Voir les notes de Garin (1968, p. 48) pour en savoir davantage sur l'origine et les transformations des arts libéraux.

une partie essentielle de l'enseignement. Quant au *quadrivium*, il regroupe les connaissances relatives aux choses, les lois des nombres (arithmétique), les lois des astres (astronomie), les lois des sons (musique) et les lois de l'espace (géométrie). Le *trivium* est le cursus d'études le plus répandu à l'époque, du moins dans les écoles cathédrales. Le *quadrivium* conserve un caractère de luxe et s'adresse davantage à l'enseignement supérieur.

Les écoles cathédrales imitent l'école du Palais. Elles en reproduisent le programme, surtout le *trivium*. Elles sont installées dans un bâtiment de l'évêché et dirigées par un clerc. Il faut noter, cependant, qu'il n'y a pas une école dans chaque évêché comme l'aurait bien voulu Charlemagne. Des écoles cathédrales servent quelques siècles plus tard de modèles à la création des universités.

Enfin, dans les écoles de paroisse, on enseigne les premiers éléments. Cet enseignement à l'école presbytérale est (et sera) malheureusement peu développé. L'école avait peine à fonctionner aux VIᵉ et VIIᵉ siècles, et a presque disparu au VIIIᵉ siècle. Malgré les efforts de Charlemagne, le problème des écoles de paroisse se pose jusqu'à la fin du Moyen Âge (Riché, 1979, p. 193).

Par cette impulsion qu'il a donnée aux études, on peut affirmer que Charlemagne a créé une sorte d'embryon de « système scolaire », le premier système organisé d'enseignement en Europe (Durkheim, 1969, p. 62) et patronné par l'État (Riché, dans Mialaret, 1981, p. 227). D'ailleurs, l'expression *schola publica* apparaît au IXᵉ siècle et désigne des écoles qui sont soutenues par le pouvoir public (Riché, 1979, p. 190). Bien sûr, il ne faut pas confondre ce système embryonnaire avec l'immense structure que l'on connaît de nos jours. Charlemagne a en effet bien des difficultés à se faire écouter ; il doit répéter bien des fois ses recommandations quant à la création d'écoles :

> Tant d'initiatives, tant de recommandations répétées auraient dû donner des résultats et permettre la création d'un réseau d'écoles dans tout l'Empire. En fait, jusqu'à la fin de son règne, Charles et ses évêques sont forcés de revenir sur les mêmes conseils, sans pouvoir vraiment se faire obéir, tant est grande la passivité des clercs et des moines. (Riché, 1979, p. 72.)

Cependant, Charlemagne met en place un système qui est appliqué surtout au nord de la Loire, près de Lyon, et quelque peu en Italie (Riché, 1979, p. 102). Ses fils et petits-fils ont poursuivi son œuvre qui fera du IXᵉ siècle le grand siècle des écoles carolingiennes (Riché, 1979, p. 103).

L'Empire de Charlemagne ne s'est pas maintenu, mais il a eu des suites importantes sur le plan intellectuel. La contribution de Charlemagne, outre la création d'écoles, a été d'amener un renouveau des études latines, un essor de la théologie et la réédition de nombreux manuscrits anciens (près de 8 000). Plus encore, par l'insistance sur le *trivium*, donc les études formelles, il a préparé l'époque qui va suivre, la scolastique, « que l'on peut caractériser en l'appelant l'âge de la logique » (Durkheim, 1969, p. 77).

2.3.2 La scolastique

Au Xᵉ siècle, à la suite des luttes fratricides des héritiers de Charlemagne et des attaques répétées de l'extérieur, il ne subsiste plus rien de l'Empire carolingien. On assiste à une période où la société se referme sur elle-même, la féodalité. Cependant, aux XIᵉ, XIIᵉ et XIIIᵉ siècles, on voit apparaître un autre phénomène qui aura de l'importance par la suite sur le plan intellectuel : les croisades. À cette époque, la croisade est une opération militaire ayant un but religieux ; elle consiste en une expédition armée vers Jérusalem pour délivrer la Terre Sainte des envahisseurs musulmans qui empêchent les pèlerinages des chrétiens. En 1095, l'exhortation du pape Urbain II d'aller défendre les chrétiens d'Orient a un retentissement considérable auprès de la population. Souverains, nobles, chevaliers, vieillards, femmes, riches, pauvres, se mobilisent ; bref, 150 000 personnes répondent à l'appel. Les croisades, ces immenses migrations, ont non seulement des conséquences politiques et économiques importantes, mais elles modifient aussi le paysage culturel.

Plus particulièrement, les croisades permettent « de redécouvrir l'Antiquité grecque par les traductions arabes ou syriaques d'œuvres antiques » (Ballard, Genet et Rouche, 1990, p. 194). En effet, on redécouvre par les croisades des œuvres oubliées d'Aristote au XIIᵉ siècle, traduites en arabe et commentées par des musulmans et des Juifs. Il y a une sorte d'engouement aristotélique, et la théologie peut ainsi bénéficier de nouveaux apports. On rêve d'une science qui puisse servir de base à la foi et permettre de défendre la doctrine de l'Église contre les hérétiques. C'est la raison d'être d'un mouvement intellectuel, la scolastique, qui occupe la scène entre le XIIe et le XIVe siècle, et qui vise précisément à concilier la raison et la foi. Avec la scolastique, la théologie fait appel à la raison et devient une science. Une autre branche du *trivium* prend désormais la plus grande place, la dialectique. La scolastique puise abondamment dans la dialectique dont les procédés permettent d'exposer de façon systématique un problème. Ces procédés permettent également de faire valoir des arguments en contre-attaque à des objections, et de résoudre finalement le problème en convainquant le lecteur.

Cette nouvelle discipline de l'esprit est toute formelle, axée sur le raisonnement et sur lui seul. En fait, la scolastique est une méthode de penser ; « penser est un métier dont les lois sont minutieusement fixées » (Chenu, cité par Le Goff, 1985, p. 97). C'est ce qui fait sa force, puisqu'elle permet de formuler des raisonnements de haut niveau. La scolastique est un progrès décisif de la rationalité occidentale.

Par contre, ce rationalisme extrême cause aussi la perte de la scolastique car, déjà au XIVe siècle, on commence à se préoccuper de la nature, du monde réel et non pas simplement du monde formel.

> Le respect qu'inspire le texte substitue le texte à l'objet : on ne lit pas le livre de la nature, mais le livre à la place de la nature ; non pas le corps humain mais le Canon d'Avicenne ; non plus la langue des hommes, mais Priscien ; on ne lit pas l'Univers, mais Aristote ; on ne lit pas le ciel, mais Ptolémée. (Garin, 1968, p. 67.)

En fait, le formalisme extrême de la scolastique entraînera son déclin. Par exemple, à force de pousser le raisonnement de façon excessive, la forme finit par l'emporter sur le fond, et l'exercice de la pensée devient pur verbalisme. On a notamment en tête les fameuses querelles sur le sexe des anges ; mais il y a plus encore. On se plaît à argumenter sur toutes sortes de problèmes formels du genre : « rat » est une syllabe, or un rat ronge du fromage, donc une syllabe ronge du fromage ; est-ce l'homme ou la corde qui mène le porc au marché ? ; est-ce que Dieu peut

savoir plus de choses qu'il n'en sait ? ; est-ce que le corps du Christ est ressuscité avec des cicatrices ? ; est-ce que la colombe dans laquelle apparaît le Saint-Esprit est un animal véritable ?

Mais le monde est en train de changer[9]. La scolastique fait partie de ce que dénoncent vivement de nouveaux intellectuels (Rabelais, Érasme), qui appartiennent déjà à une autre époque. Certains attribuent la fin du Moyen Âge à la découverte de l'Amérique en 1492. D'autres, à la prise de Constantinople par les Turcs en 1453, prise qui oblige les savants byzantins, lesquels possèdent de nombreux ouvrages de l'Antiquité, à se réfugier en Italie. Plusieurs historiens préfèrent situer la fin du Moyen Âge par les crises qui y ont été vécues plutôt que par des dates trop peu significatives. Peu importe, avec la fin de la scolastique, c'est comme si toute la culture livresque se détournait de Dieu et des questions abstraites qui le concernent pour se concentrer davantage sur sa création, l'homme. Cela a une grande importance pour l'école et pour la pédagogie.

2.3.3 Qu'en est-il des méthodes pédagogiques durant cette période qui va de Charlemagne à la fin du Moyen Âge ?

Globalement, on pourrait dire que l'école au Moyen Âge manifeste une certaine stabilité, tant dans ses programmes que dans ses méthodes. À l'exception de la dimension proprement chrétienne, on retrouve dans ces écoles une grande part de l'héritage de l'Antiquité. On ne peut cependant déceler une véritable structure pédagogique, un ensemble de mesures visant à contrôler systématiquement l'acte d'enseignement. Les préoccupations semblent aller plutôt dans le sens de répondre aux urgences, de créer

---

9. Selon les historiens contemporains, les changements économiques et sociaux importants qui se produisent aux XIe, XIIe et XIIIe siècles sont plus fondamentaux que les dates que l'on retient habituellement dans les ouvrages classiques d'histoire pour parler de la fin du Moyen Âge. C'est peut-être davantage à partir de là que l'on pourrait parler de rupture. En effet, à partir de l'an 1000, on assiste à l'occupation de nouveaux espaces, le nord de l'Europe, à une croissance démographique importante, à une révolution agraire, à un essor des villes, à l'expansion d'une classe de marchands et d'artisans. Ces éléments structuraux sont plus importants que les dates ; celles-ci ne doivent être considérées que comme des repères.

des écoles, d'assurer leur maintien. Même là, il y a une grande fragilité durant tout le Moyen Âge.

Tout comme dans l'Antiquité, la fréquentation scolaire n'est pas très répandue. Il y a encore peu d'écoles au XIIIᵉ siècle :

Il est bien peu probable que chaque ville épiscopale ait été pourvue d'une école stable et régulière, et là même où les traces nous en sont fournies, il faudrait contrôler de près son extension, sa clientèle et sa valeur. (Paré, Brunet et Tremblay, 1933, p. 22.)

Il y a aussi peu d'écoliers[10]. Le fameux monastère de Saint-Gall n'a pas plus de 100 écoliers. Les écoles de Reims et de Chartres, dirigées par des maîtres prestigieux, n'ont pas plus de 10 ou 12 élèves (Riché, 1979, p. 197). Si on examine la clientèle, il faut reconnaître également qu'elle est composée de membres du clergé. Ce sont surtout les religieux qui sont éduqués. Même si Charlemagne a voulu propager l'éducation à la population laïque, il reste néanmoins que peu de membres de celle-ci sont instruits. En fait, Charlemagne n'a pas rendu l'école obligatoire mais a essayé, sans trop de succès d'ailleurs, d'obliger les évêques à ouvrir des écoles.

N'allons pas croire que tous les aristocrates ont acquis une culture de même niveau. Beaucoup savent simplement lire, quelques-uns écrire, un petit nombre connaissent le latin et possèdent dans leur bibliothèque des livres profanes et religieux. (Riché, 1979, p. 297.)

Si peu d'écoles, si peu d'élèves n'entraînent pas un impératif de changement dans les méthodes ou dans les programmes, puisque le maître peut encore garder un certain contrôle sur le groupe et sur sa progression dans les apprentissages.

Plus encore, on a remarqué que les indications concernant l'âge des élèves et l'organisation des études sont très imprécises, et probablement fort variables d'un lieu et d'une période à l'autre. En effet, Le Goff (1985, p. 85) fait le commentaire suivant :

Et d'abord à quel âge entrait-on à l'université et avec quel bagage ? Très jeune sans doute, mais ici se pose le problème : les écoles de grammaire faisaient-elles partie ou non de l'université, l'enseignement de l'écriture par exemple était-il donné avant l'entrée à l'université ou [...] était-il une de ses fonctions essentielles ? Un fait est certain c'est que le Moyen Âge a mal distingué les ordres d'enseignement : les universités médiévales ne sont pas seulement des établissements d'enseignement supérieur. Nos enseignements primaire et secondaire s'y donnaient partiellement ou étaient contrôlés par elles. Le système des « collèges » [...] accrut encore cette confusion en dispensant dès l'âge de 8 ans l'enseignement à ses membres.

On aurait pu penser qu'une telle variation dans l'organisation des études aurait entraîné une réflexion pédagogique particulière, qu'elle aurait stimulé la création d'ouvrages sur les méthodes d'enseignement. Il n'en est rien : au Moyen Âge, on enseigne à peu près toujours de la même manière, c'est-à-dire en reprenant la façon de faire de l'Antiquité.

Le programme de l'école élémentaire ressemble, à peu de choses près, à celui de n'importe quelle école de l'Antiquité. L'enseignement élémentaire consiste à lire, à écrire, à compter et à chanter. Cet enseignement n'est pas donné à tous les élèves, ni simultanément comme dans nos écoles actuelles. En ce qui concerne la lecture, il y a cependant une grande différence avec l'école antique puisque, depuis l'avènement de l'école monastique, le psautier est le livre de lecture partout utilisé, et ce, jusqu'à la fin du Moyen Âge. La lecture et le chant sont des études qui se complètent. On sait que l'élève mémorise mieux les psaumes et les petits textes latins en les chantant[11] (Riché, 1979, p. 225). Par contre, au Moyen Âge, la lecture et l'écriture ne sont pas étroitement associées. « Bien des moines savaient lire mais ignoraient la technique de l'écriture » (Riché, 1979, p. 224). Pour écrire, l'élève prend une tablette à écrire et copie les psaumes dans la cire. Les futurs clercs doivent apprendre également un peu de calcul élémentaire pour l'administration de leurs biens et la perception de la dîme. Après cela vient

---

10. Il y a tellement peu d'écoliers que cela risque d'induire une méprise. Même si on parle de naissance de l'école au Moyen Âge, il ne faut surtout pas oublier que la vaste majorité des enfants du Moyen Âge (disons 95 % pour se donner un ordre de grandeur) ne la fréquentent pas. Les enfants du Moyen Âge sont plus des apprentis dans le cadre de la pratique d'un métier que des écoliers.

11. Il faut noter que l'importance accordée à la mémorisation au Moyen Âge est sans doute liée à la résistance de l'oralité. L'écriture progresse, mais encore bien lentement, alors que l'on conserve cette habitude immémoriale de retenir par cœur.

la grammaire latine. On recommande aux élèves de parler entre eux en latin, même si ce n'est pas leur langue maternelle. Il faut bien admettre que peu d'élèves ont une bonne connaissance du latin, en dépit du fait qu'ils finissent par connaître par cœur les psaumes à force de les chanter et de les entendre à l'office (Riché, 1979, p. 235).

De son côté, le programme des écoles secondaires comprend, en principe, les sept arts libéraux dont le *trivium*, composé de la grammaire, de la rhétorique et de la dialectique, et le *quadrivium*, comprenant la géométrie, l'arithmétique, la musique et l'astronomie. Alcuin, qui a proposé cette division, veut faire de la Gaule une « nouvelle Athènes » (Riché, dans Mialaret, 1981, p. 228), c'est dire l'influence de l'Antiquité sur le programme de ces écoles. Les mêmes auteurs, romains et grecs, sont étudiés. On constate une grande stabilité des contenus :

> En comparant les auteurs au programme dans les écoles, depuis l'Antiquité tardive jusqu'au XIIᵉ siècle et même au-delà, nous constatons qu'il s'agit toujours des mêmes titres. Les classiques sont vraiment ceux que l'on étudie « en classe ». L'Antiquité a transmis à l'Occident une sorte de canon des *autoritates* qui s'est peu modifié. (Riché, 1979, p. 251.)

Ce programme ambitieux n'a cependant pas été partout réalisé, ni dans toutes ses branches également puisque « [...] l'enseignement reste, comme par le passé, fondé d'abord sur la grammaire et la rhétorique » (Riché, dans Mialaret, 1981, p. 237).

Par ailleurs, en ce qui concerne les méthodes pédagogiques, il n'y a pas de changements notables non plus. Même si le psautier est partout le livre de lecture utilisé dans les écoles primaires chrétiennes, la méthode de lecture est la même depuis l'Antiquité : il faut apprendre d'abord les lettres, puis les syllabes, puis les mots et les phrases. En même temps que l'enfant lit les psaumes, il doit les apprendre par cœur. Pour habituer les enfants à parler le latin, on leur propose aussi des textes qu'ils doivent mémoriser. Ces textes sont tirés des mêmes ouvrages que dans l'école romaine, notamment le Distique de Caton, des proverbes de Sénèque et des fables d'Ésope que l'on transforme en christianisant tel ou tel verset. Également, plusieurs manuels sont écrits sous forme de dialogues, comme on le faisait dans l'Antiquité. Le maître pose les questions et attend les réponses

que l'élève doit mémoriser. Par exemple, à la question : « Qui est né et mort deux fois ? », la réponse est : « Lazare ». À la question : « Quel est le premier roi d'Israël ? », la réponse est : « Saül ». Et ainsi de suite pour des dizaines et des dizaines de questions. C'est une manière de rendre l'enseignement « actif ». L'élève du Moyen Âge, comme celui de l'Antiquité, doit apprendre ses réponses par cœur car, au Moyen Âge, savoir, c'est savoir par cœur. On reprend ainsi les conseils de Quintilien, qui souhaitait que les élèves retiennent tout ce qu'ils lisaient (Riché, 1979, p. 218). En fait, les enseignements se font surtout oralement. Sans doute parce que l'écriture est une technique difficile, et que la prise de notes se réalise fort mal sur les tablettes de cire, les élèves développent leur capacité de mémorisation par toutes sortes de trucs mnémotechniques.

Les méthodes de l'enseignement secondaire ne présentent pas d'éléments vraiment nouveaux. Toute la pédagogie médiévale est fondée sur la lecture de textes (*lectio*) dont les procédés fort anciens ont été amenés à leur plus haut niveau par la scolastique, à l'université, au XIIᵉ siècle. Enseigner consiste à lire et à commenter des textes (Garin, 1968, p. 66). On analyse d'abord le sens du texte en partant de l'analyse grammaticale, pour en expliquer ensuite le contenu logique. Les passages difficiles engendrent des questions (*quæstio*) qui alimentent le débat (*disputatio*) (Garin, 1968, p. 68).

En ce qui concerne la formation des maîtres, là aussi, il n'y a pas de changements majeurs par rapport à l'Antiquité. Pour devenir maître, il faut simplement connaître la matière. Et même là, il arrive qu'on se contente de peu. En effet, encore au XIIᵉ siècle, un clerc ou un moine un peu lettré peut s'improviser maître (Riché, 1979, p. 197). Il ne semble pas y avoir de savoirs pédagogiques théoriques, comme on en verra apparaître plus tard au XVIIᵉ siècle. Riché (1979, p. 209) pense plutôt que les maîtres tiraient leurs principes de leur expérience.

D'ailleurs, on ne trouve pas de traités de pédagogie au Moyen Âge. Bien sûr, il y a, à cette époque, des considérations sur les textes à utiliser, sur les commentaires à apporter et sur la façon de faire la *lectio*. Cependant, cela maintient, pour l'essentiel, ce qui est connu depuis l'Antiquité. Et cela demeure bien loin d'une réflexion organisée et en profondeur sur la façon de faire l'école. En fait, les ouvrages les plus connus du Moyen Âge qui abordent la question de l'enseignement sont les deux *De magistro*, soit celui de saint Augustin, pour le début du Moyen Âge, et celui de saint Thomas, au XIIIe siècle. Il faut le souligner d'entrée de jeu, la perspective pédagogique y est encore au singulier et très abstraite ; au singulier, parce que ces auteurs réfléchissent sur le rapport de l'homme à la connaissance, et non pas au problème d'un enseignant aux prises avec des groupes d'élèves auxquels il doit transmettre des connaissances ; abstraite, parce que cette réflexion aborde les problèmes d'enseignement d'un point de vue théorique, en dehors du contexte réel et concret de l'enseignement. Ces deux textes célèbres sont donc davantage des traités de philosophie de la connaissance que des exposés sur la manière concrète et précise d'enseigner, d'organiser son enseignement et de gérer sa classe.

Le *De magistro* de saint Augustin met en scène un dialogue de l'auteur avec son fils. Cet ouvrage, fortement influencé par le platonisme et par l'étude de la grammaire, est une réflexion de haut niveau sur la théorie de la connaissance, laquelle valorise l'idée que l'enseignement n'est possible que s'il y a chez le maître et chez l'élève, ce lien qu'est Dieu. Quand le maître enseigne, il parle, il en-signe, c'est-à-dire qu'il fait signe et que l'élève écoute son « Maître intérieur » qui est, en fin de compte, le véritable enseignant. Pour saint Augustin, le rôle du maître consiste à éveiller l'attention du disciple afin que ce dernier, par introspection, découvre la lumière intérieure, c'est-à-dire le Christ, seul capable de lui montrer ce que le maître voulait lui faire découvrir (Châtillon, dans saint Thomas d'Aquin, 1983, p. 8). On voit donc que, chez saint Augustin, le souci pédagogique est assujetti à une vision théologique de l'enseignement qui subordonne les contenus à enseigner et les méthodes d'enseignement à l'ultime Maître, le « Maître intérieur », c'est-à-dire Dieu.

De son côté, saint Thomas met plutôt de l'avant une théorie de la connaissance qui donne une place importante à l'intellect. Même si l'intellect est d'abord, selon lui, une création de Dieu, il n'en demeure pas moins que chacun, s'il veut apprendre, doit accomplir des opérations par lui-même. Il y a donc, dans le langage de saint Thomas, une causalité propre de la raison de chacun. En cela, il diffère profondément de saint Augustin : l'homme, au lieu de

recevoir directement les enseignements de Dieu, hérite plutôt de son créateur d'une intelligence qui lui permet de produire des concepts (Jollès, dans saint Thomas d'Aquin, 1983, p. 15). Cette thèse de saint Thomas, qui est redevable pour une grande part à Aristote, donne une large place à la raison ; cette idée sera abondamment reprise dans les siècles suivants. Cet apport est intéressant. Cependant, saint Thomas est un universitaire qui professe, c'est un chercheur. Aussi, son traité porte sur des questions théoriques qui se débattent à l'université, mais qui ne concernent pas l'enseignant ordinaire. Par exemple, il se demande si le titre de maître peut être réservé à Dieu seul ; si quelqu'un peut être son propre maître ; si l'homme peut être instruit par un ange, etc. Voilà des considérations abstraites et purement spéculatives d'un penseur qui réfléchit sur l'enseignement en dehors de tout contexte et de tout problème concret qui pourrait survenir dans sa classe.

Dans le prolongement de ce qui précède, il faut signaler que ceux que les historiens de l'éducation au Moyen Âge ont l'habitude d'appeler les grands pédagogues (comme ceux de l'Antiquité) doivent, à notre avis, être davantage considérés comme des grands penseurs qui « professent ». Le plus souvent, ils le font au niveau de l'enseignement supérieur, dans des monastères ou dans des universités. Ils peuvent peut-être, à l'exemple d'Abélard, enseigner avec brio, mais ils ne méritent pas pour autant le titre de pédagogues, du moins pas au sens où ils font progresser la réflexion pédagogique. Ils se rapprochent davantage de cette catégorie que Le Goff (1985, p. 4) nomme les « intellectuels ».

En définitive, cette période qui va de Charlemagne à la fin du Moyen Âge est une époque où la pédagogie proprement dite n'a pas vraiment progressé. Le Moyen Âge emprunte énormément à l'Antiquité, que ce soit dans ses méthodes ou dans ses programmes, et pour tous les ordres d'enseignement. On avait dit de l'Antiquité que la façon d'y faire l'école était rudimentaire ; on affirmera donc la même chose du Moyen Âge. Par ailleurs, on est toujours face à une grande fragilité de l'organisation scolaire, si bien qu'on a toujours cette impression que tout est à recommencer chaque fois. Même s'il y a de nombreux exemples d'écoles, de réformes, de mises en place de procédés particuliers, c'est souvent le cas d'initiatives isolées qui sont abandonnées quand le maître quitte l'école.

Ainsi, entre la réforme carolingienne avec ses « capitulaires » d'ailleurs très primitifs, et les premiers règlements universitaires de Paris ou de Bologne après 1200, malgré une certaine uniformité de programme et de méthode, nous nous trouvons [nous soulignons] dans **une période d'improvisation, d'initiative, de mobilité, où les influences souveraines et générales des papes, des conciles, des princes et des empereurs, sont d'ordre moral plus qu'institutionnel, et s'expriment dans des exhortations plus que dans des règlements, soit au point de vue administratif, soit au point de vue de la matière et des méthodes d'enseignement.** (Paré, Brunet et Tremblay, 1933, p. 56.)

Conclusion

Reprenons pour terminer quelques éléments qui nous semblent importants à retenir à propos de cette longue période que nous venons de couvrir. Quels en sont les acquis ? En premier lieu, il faudrait mentionner que les Romains ont permis à la grande civilisation grecque de se perpétuer. Même s'ils ont leur originalité, les Romains s'inscrivent dans la continuité du monde grec. Également, il est nécessaire de souligner que l'Église a joué un rôle considérable pour la culture intellectuelle en donnant naissance à l'école au Moyen Âge. Celle-ci prendra alors une dimension morale particulière qui se superposera à la fonction classique d'instruction et qui se maintiendra jusqu'à nos jours. De plus, le Moyen Âge a aussi permis d'amorcer la mise en place, avec Charlemagne, mais encore de manière extrêmement fragile, d'un « système scolaire » à trois niveaux. Enfin le Moyen Âge, par son insistance sur les études formelles et la raison, rend possible un nouveau mouvement qui s'amorce, la Renaissance.

Enfin il faut bien reconnaître que, d'un bout à l'autre du Moyen Âge, on n'a pas encore de souci pédagogique profond. Les procédés pédagogiques demeurent peu étendus, liés surtout au contenu et non conçus en fonction de l'élève. Généralement, ils ne se concentrent que sur ces éléments : lire, copier, apprendre par cœur, commenter les auteurs classiques. S'il y a quelques initiatives intéressantes, elles sont liées au génie de leurs auteurs, ne sont pas institutionnalisées et, finalement, ne survivent pas.

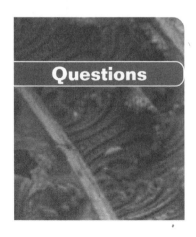

Questions

1. Sous l'Empire romain, l'Église a joué un grand rôle dans l'éducation. Décrivez ce rôle ainsi que les raisons qui le motivent.

2. Selon Durkheim, c'est au Moyen Âge que l'école est née, et non chez les Grecs. Expliquez.

3. « Qui a eu cette idée folle, un jour d'inventer l'école... » : la légende veut que ce soit Charlemagne qui ait eu cette idée. Quelle a été l'action réelle de Charlemagne ? Décrivez le contexte historique.

4. Commentez le fameux vers d'Horace : « La Grèce vaincue a conquis à son tour son sauvage vainqueur et a apporté la civilisation au sauvage Latium. »

5. Nommez les différentes formes d'éducation pendant les quatre périodes du Moyen Âge : romaine, chrétienne, carolingienne et scolastique.

6. Montrez comment les visions successives de l'Univers et les types de pensée marquant chacune des quatre périodes ont influencé l'acte éducatif.

7. Peut-on dire que l'école chrétienne soit l'aboutissement des mouvements éducatifs hétérogènes qui l'ont précédée ? Expliquez.

8. L'école du Moyen Âge est-elle un « milieu moral organisé » ? Expliquez le sens de l'expression « milieu moral organisé » en retraçant ses sources.

9. Comment peut-on définir l'enseignant du Moyen Âge si on le compare avec l'enseignant d'aujourd'hui ? Argumentez.

10. Quelles sont les différences entre la conception de l'enfant (et de l'écolier) au Moyen Âge et celle qui a cours actuellement ? Expliquez.

11. On a émis l'hypothèse que l'école apparaît au Moyen Âge. Peut-on parler d'un véritable souci pédagogique lors de cette période ?

12. Les termes « éducation », « école » et « pédagogie » semblent étroitement liés, mais en réalité ils ont des significations différentes. Distinguez leurs convergences et leurs divergences en vous inspirant notamment de l'épisode chrétien de la naissance des écoles.

Bibliographie

BALLARD, M., GENET, J.-P., et ROUCHE, M. (1990). *Le Moyen Âge en Occident*. Paris : Hachette.

BARROW, R.H. (1962). *Les Romains*. Paris : Payot.

BEAUDE, P.-M. (1993). *Premiers chrétiens, premiers martyrs*. Paris : Gallimard.

CHRISTOL, M., et NONY, M. (1990). *Rome et son empire*. Paris : Hachette.

DURKHEIM, É. (1969). *L'évolution pédagogique en France*. 2ᵉ éd. Paris : Presses universitaires de France.

GARIN, E. (1968). *L'éducation de l'homme moderne. 1400-1600*. Paris : Fayard.

HACQUARD, G., DAUTRY, J., et MAISANI, O. (1952). *Guide romain antique*. Paris : Hachette.

JERPHAGNON, L. (1989). *Histoire de la pensée. Philosophies et philosophes. Vol. 1 : Antiquité et Moyen Âge*. Paris : Tallandier.

LANGLOIS, G., et VILLEMURE, G. (1992). *Histoire de la civilisation occidentale*. Montréal : Beauchemin.

LE GOFF, J. (1985). *Les intellectuels au Moyen Âge*. Paris : Seuil.

LE GOFF, J. (sous la direction de) (1989). *L'homme médiéval*. Paris : Seuil.

MARROU, H.-I. (1948a). *Histoire de l'éducation dans l'Antiquité. Tome 1 : Le monde grec*. Paris : Seuil.

MARROU, H.-I. (1948b). *Histoire de l'éducation dans l'Antiquité. Tome 2 : Le monde romain*. Paris : Seuil.

MARROU, H.-I. (1962). *Saint Augustin et l'augustinisme*. Paris : Seuil.

MARROU, H.-I. (1977). *Décadence romaine ou Antiquité tardive ? IIIᵉ-IVᵉ siècles*. Paris : Seuil.

MESLIN, M. (1978). *L'homme romain. Des origines au Iᵉʳ siècle de notre ère*. Paris : Hachette.

MIALARET, G., et VIAL, J. (sous la direction de) (1981). *Histoire mondiale de l'éducation. Tome 1 : Des origines à 1515*. Paris : Presses universitaires de France.

PARÉ, G., BRUNET, A., et TREMBLAY, P. (1933). *La Renaissance du XIIᵉ siècle. Les écoles et l'enseignement*. Paris : Vrin ; Ottawa : Institut d'études médiévales.

PAUPERT, J.-M. (1982). *Les mères patries. Jérusalem, Athènes et Rome*. Paris : Grasset.

RICHÉ, P. (1962). *Éducation et culture dans l'Occident barbare*. Paris : Seuil.

RICHÉ, P. (1968). *De l'éducation antique à l'éducation chevaleresque*. Paris : Flammarion.

RICHÉ, P. (1979). *Les écoles et l'enseignement dans l'Occident chrétien. De la fin du Vᵉ siècle au milieu du XIᵉ siècle*. Paris : Aubier Montaigne.

RICHÉ, P. (1981). « L'éducation dans le Haut Moyen Âge », dans G. Mialaret et J. Vial (sous la direction de), *Histoire mondiale de l'éducation. Tome 1 : Des origines à 1515*. Paris : Presses universitaires de France.

SAINT AUGUSTIN (1988). *De magistro (Le maître)*. Trad. : B. Jolibert. Paris : Klinsieck.

SAINT THOMAS D'AQUIN (1983). *Questions disputées sur la vérité. Question XI, Le maître*. Trad. : B. Jollès. Paris : Librairie philosophique Vrin.

SALLES, C. (1993). *L'Antiquité romaine des origines à la chute de l'Empire*. Paris : Larousse.

$\mathcal{L}$a Renaissance et l'éducation humaniste

Denis Simard

Résumé

La période que nous étudions dans ce chapitre couvre environ deux siècles et demi d'histoire (du milieu du XIVe siècle à la fin du XVIe siècle). Cette période est importante, car on y pose les fondements d'une culture séculière et les bases de l'éducation de l'homme moderne. Dans la première partie, une récapitulation générale nous permet de mettre en évidence le rôle central que la culture de la Renaissance accorde à la nature et à l'homme dans la recherche de nouveaux modèles de vie. Une deuxième partie examine les grands courants de pensée qui contribueront à renouveler les idées de l'époque. La Réforme protestante et la Contre-Réforme catholique, le mouvement humaniste et l'essor des sciences et des techniques, seront tour à tour discutés. Enfin, pour clore cette deuxième partie, quelques-uns des grands phénomènes marquants de l'époque seront aussi considérés. On pense, entre autres, à l'épisode des grandes découvertes, à la transformation de la représentation de l'Univers, à la découverte de l'imprimerie, etc. Une troisième et dernière partie s'efforce de présenter quelques-unes des grandes conceptions éducatives de la Renaissance ; d'abord par le biais de certaines considérations générales, et ensuite en examinant le courant encyclopédique de Rabelais et le courant littéraire d'Érasme sous l'angle des finalités éducatives et des programmes d'études. Une brève conclusion termine ce chapitre et quelques questions sont proposées en complément pour soutenir le travail du lecteur.

Introduction

Depuis la publication de la grande œuvre de Jacob Burckhardt (1958), *La Civilisation de la Renaissance en Italie*, l'image de la Renaissance s'est considérablement modifiée. Si elle marquait, selon le célèbre historien suisse, une période de rupture avec un Moyen Âge décadent et ténébreux, « la tendance historique actuelle est de mettre l'accent sur la continuité de la civilisation et le lent passage du Moyen Âge aux Temps modernes, sans exagérer la coupure qui les sépare, ni faire dépendre la valeur d'une époque de celle de l'autre, mais en leur concédant des mérites différents » (Lazard, 1993, p. 22).

On ne s'entend ni sur les dates, ni sur les événements, ni sur les causes et les origines de la Renaissance (Lazard, 1993, p. 22). S'il faut en juger par l'ampleur des débats que cette période suscite encore de nos jours, il y a tout lieu de croire que notre connaissance n'a pas fini de s'enrichir de l'intérêt que l'on porte à la Renaissance. En outre, en ce qui concerne l'éducation, l'humanisme et les humanistes ne semblent pas avoir dit leur dernier mot. Cinq siècles plus tard, qu'ont-ils encore à nous dire et que signifie la Renaissance pour nous ? Les questions qu'elle soulève sont évidemment nombreuses et complexes mais, suivant l'orientation de ce chapitre, nous les ramènerons à quelques-unes en guise d'introduction. Quelle est la signification générale de cette période de l'histoire ? Quelle est la place (ou l'importance) de l'éducation humaniste à la Renaissance dans le cadre de l'évolution des idées et des pratiques pédagogiques ? Et quel peut bien être, de nos jours, l'intérêt d'un tel sujet d'étude ?

La période que nous abordons dans ce chapitre couvre environ deux siècles et demi d'histoire (milieu du XIVᵉ siècle jusqu'à la fin du XVIᵉ siècle, ou milieu du *Trecento* jusqu'à la fin du *Cinquecento* pour reprendre les termes italiens). Elle est donc une période cruciale en ce qu'elle met fin progressivement à un millénaire d'histoire chrétienne et pose les fondements d'une culture séculière. Cruciale également sur un autre aspect, car elle met en place les bases de l'éducation de l'homme moderne. D'entrée de jeu, voilà l'objet premier de ce chapitre : étudier et comparer l'éducation de l'homme moderne, l'éducation humaniste en Europe au temps de la Renaissance. Comme l'atteste le sociologue américain Talcott Parsons (1973, p. 73) dans son ouvrage *Le système des sociétés modernes* :

> Avec la Renaissance apparut une culture séculière hautement développée qui se différencia de la matrice religieuse primitive. Débutant en Italie, la Renaissance posa les fondements des arts et des disciplines intellectuelles modernes, avec en particulier la catégorie frontière de la culture juridique.

Culture séculière, donc, où la parole et l'action des hommes ouvrent un espace de liberté.

L'homme de la Renaissance[1] demeure un enfant de Dieu — il cherche à renouveler le christianisme à la lumière d'une culture élargie — mais ni

---

1. Comme le précise Eugenio Garin (1990) dans son ouvrage *L'homme de la Renaissance*, il faut compter Jacob Burckardt parmi les pères du concept d'« homme de la Renaissance ». L'un des premiers, dans son ouvrage *La Civilisation de la Renaissance en Italie*, il a contribué à construire une image durable de la Renaissance comme période capitale de la civilisation italienne. Nous lui devons, entre autres, le thème de l'émancipation de l'homme à l'égard de l'emprise de la religion chrétienne.

sa liberté, ni son action, ni sa volonté ne sont enchaînées (Jolibert, 1987, p. 54). Ce thème de la liberté — et nous y reviendrons plus loin pour nuancer davantage — trouve en Pic de La Mirandole[2] son chantre le plus émouvant :

> Ô libéralité suprême du Dieu Père, félicité suprême et admirable de l'homme ! à qui fut donné d'avoir ce qu'il choisit, d'être ce qu'il veut ! (« Discours de la dignité de l'homme », dans Valcke et Galibois, 1994, p. 188.)

Mots sublimes de l'humaniste italien, joignant son verbe puissant à la voix des philosophes qui proclament la liberté et la dignité de l'homme : « L'homme est un grand miracle » ou *Magnum miraculum est homo* (cité dans Garin, 1990, p. 8). Dans cet autre passage, Pic de La Mirandole chante à nouveau la grandeur de l'homme :

> Par sa liberté, […] l'homme revendique à juste titre le privilège de la suprême admiration, c'est ce privilège qui excite l'envie non seulement des bêtes, mais aussi des astres, mais des esprits au-delà des mondes. (Cité dans Valcke et Galibois, 1994, p. 93.)

Entre le ciel et la terre, l'homme peut désormais librement circuler, tendre vers l'ange comme déchoir vers la bête. « Il n'y a plus d'essence prédéterminée mais une volonté d'être » qui déploie ses richesses et multiplie ses visages. « La liberté définit l'homme » (Védrine, 1971, p. 17).

L'homme de la Renaissance appartient donc à la fois au passé et au présent ; il ressemble encore aux chrétiens, mais son regard scrute des horizons inédits là où il nous ressemble : horizons nouveaux, horizons insoupçonnés, horizons élargis qui effritent les repères anciens dans un monde désormais ouvert. Pluralisme également, promotion de l'individu, du corps et de la beauté, où le foisonnement des attitudes et des valeurs appelle la tolérance et la construction d'un monde de plus en plus différencié.

La Renaissance est donc véritablement une renaissance, la naissance d'un monde qui se détache de l'ancien, la mutation décisive d'une culture à la recherche de valeurs et de conduites nouvelles pour un âge nouveau. Or, ces modèles et ces valeurs, c'est à la source de l'Antiquité gréco-romaine que l'homme de la Renaissance croit les découvrir. Par le biais des Arabes d'abord, et de la science chrétienne ensuite, l'homme de la Renaissance redécouvre la culture antique qu'il interprète à la lumière de sa propre situation historique.

> L'homme de la Renaissance s'invente à travers le passé : ce qu'il en reconnaît et ce qu'il en occulte peuvent sans doute servir à le caractériser. (Védrine, 1971, p. 7.)

---

2. Pic de La Mirandole (Giovani Pico Della Mirandola, dit Jean) : humaniste italien né dans la province de Modène en 1463. Érudit précoce, il tente de réconcilier l'antique sagesse avec le christianisme. Il est l'auteur du fameux *Oratio de hominis dignitate*. Il meurt en 1494 dans la fleur de l'âge.

Que cherche-t-il et que trouve-t-il dans l'Antiquité ?

Pour répondre à ces questions, comme à celles formulées précédemment, notre découpage est fort simple. Dans une première partie, une brève récapitulation nous permet de mettre en évidence l'essentiel (ou la signification générale) de la Renaissance. Dans une deuxième partie, nous situons le contexte historique et idéologique de la Renaissance par le biais des grands courants de pensée, et à travers ce que nous avons appelé, au premier chapitre, les expériences fondamentales de décentrement par rapport à la tradition judéo-chrétienne. Enfin, dans une troisième partie, et après avoir dégagé un certain nombre de généralités touchant les instruments du savoir, les programmes d'études, les institutions d'enseignement, etc., nous présentons les grandes conceptions éducatives ; nous rappelons en particulier les éléments essentiels de ce que Durkheim (1969) appelle, dans son ouvrage *L'évolution pédagogique en France*, le courant encyclopédique de Rabelais et le courant humaniste (ou littéraire) d'Érasme.

3.1 Récapitulation et signification générale de la Renaissance

Si le lecteur a suivi nos pas, il connaît les repères qui jalonnent la route. Mais au seuil de cette nouvelle étape de l'histoire, il n'est certes pas inutile de les rappeler brièvement. Comme chacun le sait, l'Antiquité gréco-romaine et le Moyen Âge précèdent une grande période de la culture européenne occidentale, la Renaissance.

Dans les chapitres précédents, nous avons étudié l'Antiquité grecque à partir de la découverte du pluralisme des cultures, des modes de vie et des façons d'éduquer. À l'égard de ce fourmillement des manières de vivre, de faire et de dire, les Grecs élaborent une nouvelle forme politique — la démocratie — et un nouveau type de discours sur le fond trouble et tragique d'une profonde crise de la tradition. Au hasard d'une rencontre ou dans les assemblées publiques, à l'occasion de conférences à succès ou en petits groupes, les Grecs s'interrogent sur le bonheur et la vertu, sur la signification générale de l'éducation et sur les finalités à poursuivre. Comme les formes d'éducation et les finalités sont nombreuses, quelle est la meilleure, et surtout quelle est celle qu'il faut privilégier ? Les Grecs ont abordé ces problèmes en élaborant des conceptions éducatives rationnelles, des formes d'éducation générales qui ont fécondé l'Occident, depuis Rome jusqu'à nos jours — comme celles des sophistes, de Platon, de Socrate et d'Aristote[3].

Puis, en 476 après J.-C., quand l'Empire romain d'Occident s'effrite peu à peu sous l'effet conjugué des migrations germaniques, de la crise économique et de l'impuissance de son administration, le paysage politique, culturel et intellectuel connaît de profonds bouleversements. Le pluralisme antique fait place à une nouvelle unité culturelle qui domine l'Occident pendant toute la durée du Moyen Âge, le christianisme. Unité, donc, particulièrement visible sur le plan religieux, mais aussi sur le plan éducatif où la convergence des efforts, des actions et des buts concourt à donner naissance à l'école comme lieu de conversion des cœurs et des âmes. L'éducation est au service de la foi et de l'Église, et les textes, grecs et latins, sont minutieusement choisis en fonction du seul critère de leur concordance à l'orthodoxie chrétienne. Forme dominante de la conscience grecque et romaine, le polythéisme se dissout sous l'action hégémonique du monothéisme religieux triomphant. Dorénavant, il n'y a plus qu'un seul et unique vrai Dieu, un seul Être Suprême en qui se

---

3. Pour un exposé des différentes formes de *paideia*, voir le chapitre de Moreau (1969), « Platon et l'éducation » et, bien sûr, le classique de Jaeger (1964), *Paideia. Vol. 1 : La formation de l'homme grec.*

concentrent et se rassemblent toutes les manifestations de la culture humaine — l'art, la science, la politique, la pensée, l'amour, etc. Et comme l'être humain est à l'image de Dieu, il doit tendre à s'y conformer et à lui ressembler de toutes ses forces et de toute son âme. En d'autres termes, l'homme a pour inspiration profonde, pour unique source et ultime but : Dieu, fondement unique et clé de voûte de l'Univers.

Nous retrouvons ici une idée déjà formulée par les Grecs, et notamment par Platon, bien que sous une forme différente. Chez Platon aussi, le modèle que l'être humain doit imiter est un modèle supra-humain, surhumain.

En schématisant à l'extrême, nous pouvons dire que l'homme de la Renaissance ne tire désormais plus de Dieu ou du Cosmos ses règles ou ses modèles de conduite ; en d'autres termes, le monde de l'humain n'est plus subordonné au monde divin. Nous le verrons plus loin, l'originalité profonde de la Renaissance, plus que son retour à l'Antiquité ou sa critique de la religion et de la scolastique, demeure, selon Jolibert (1987, p. 53), l'insertion de l'homme dans un Univers aux dimensions infinies : « Si l'Univers est comme infini, alors il n'y a plus de place assurée, d'essence humaine fixée de toute éternité. » Partant, fait-il justement remarquer, tout l'effort consiste à définir un modèle humain qu'une action éducative doit réaliser. Et l'*Utopie* de More, *La Cité du Soleil* de Campanella ou l'Abbaye de Thélème de Rabelais sont autant d'utopies « politico-pédagogiques » qui tentent de « représenter un avenir ordonné où l'homme retrouve une place définie par-delà les angoisses et les incertitudes d'un présent sans ancrage » (Jolibert, 1987, p. 54).

La culture de la Renaissance a son centre de gravité dans le rôle qu'elle accorde à la nature en général, et à l'être humain en particulier, dans la recherche de modèles de vie. L'homme devient pour ainsi dire un modèle pour lui-même, auteur de sa propre image et créateur d'un monde qu'il a pour charge de délimiter. Animal raisonnable, sa liberté naissante se lie à sa raison pour édifier un monde nouveau. Entre le monde invisible, où s'abrite le Dieu tout-puissant, et le monde visible des choses, l'homme se découvre capable de se constituer une culture et d'en occuper le centre ; par l'essor des sciences et des

techniques, il prend possession de la nature et accroît son sentiment de puissance. Dès lors, il ne s'agit plus de se conformer ou d'imiter des modèles supra-humains, mais de considérer l'homme à la fois comme valeur et comme source de valeur, « à la fois source et but de l'éducation » (Jolibert, 1987, p. 54), c'est-à-dire de le considérer tel qu'il est, dans sa nature terrestre. Pour reprendre au passage Protagoras d'Abdère, « l'homme est la mesure de toute chose ». Et c'est pourquoi l'éducation devient si nécessaire à l'homme ; elle consistera à réaliser ce qui, en lui, est spécifiquement humain.

Dans ce chapitre, et prenant appui sur l'un des maîtres européens de la Renaissance[4], Eugenio Garin (1990), nous proposons de situer cette période de l'histoire entre le milieu du XIVe siècle et la fin du XVIe siècle.

[...] [La Renaissance] prend ses origines dans les villes-États italiennes, d'où elle se diffusera par la suite en Europe, comme si cette époque avait vu circuler un nombre important de types humains ayant des caractéristiques spéciales, des dons et des attitudes particulières et des fonctions nouvelles. [...] Aussi la diffusion des idées et des thèmes propres à la Renaissance italienne hors d'Italie se serait-elle prolongée longtemps encore et aurait-elle revêtu des formes différentes, au-delà des limites chronologiques habituelles, durant tout le dix-septième siècle. (Garin, 1990, p. 7.)

La Renaissance[5] commence donc en Italie et se propage ensuite dans les autres pays d'Europe — avec le début des guerres d'Italie. Comme le précise Garin (1990, p. 9), elle ne doit pas être confondue avec les renaissances — la renaissance carolingienne

---

4. Le terme de Renaissance, note Jacques Bailbé (1986, p. 19), daterait de Vasari (1550) « qui, dans sa *Vie des grands peintres, sculpteurs et architectes*, considère l'histoire de l'art depuis son réveil (*rinascita*) jusqu'à Michel-Ange ».

5. Avec la Renaissance naît également l'idée d'Europe. Le Moyen Âge n'a pas connu l'Europe. La *christianitas* ou la chrétienté est sa notion dominante. Voir à ce sujet l'ouvrage de Julien Freund (1980), *La fin de la Renaissance*.

par exemple — des siècles médiévaux[6]. Elle trouve déjà chez Pétrarque les signes d'une sensibilité renouvelée, qui elle-même rencontre « un écho dans des événements dont la résonance profonde déborde largement les frontières nationales et les limites des phénomènes littéraires » (Garin, 1990, p. 9), et s'étend jusqu'à la fin du XVIe siècle et même au-delà de ces limites convenues.

3.2 Le contexte socio-historique et idéologique de la Renaissance

3.2.1 Les grands courants de pensée de la Renaissance

Il est habituel de distinguer trois grands courants de pensée dans le renouvellement des idées de l'époque : le renouveau religieux, le mouvement humaniste, la pensée scientifique et technique. Le premier conduit à la Réforme protestante à laquelle répond la Contre-Réforme catholique ; le deuxième traduit l'effort de redécouverte de l'Antiquité gréco-romaine ; quant au troisième, il conduit au développement de savoirs techniques ou scientifiques (Jolibert, 1987, p. 57). C'est dans cet ordre que nous les présentons dans la présente section.

La Réforme et la Contre-Réforme

Entre le milieu du XIVe siècle et le début du XVe, toute une série de secousses ébranlent l'édifice médiéval : la guerre de Cent Ans (1337-1453), d'où émergent la France et l'Angleterre comme nations ;

la terrible peste noire[7] de 1348 et des années suivantes, qui décime près de la moitié de la population européenne ; le grand schisme d'Occident (1378-1417), qui affaiblit irrémédiablement le pouvoir, le prestige et l'autorité de l'Église. Ces drames et ces bouleversements remuent à nouveau l'Europe en profondeur, la déstabilisent et la remodèlent sur les plans politique, démographique, religieux et culturel. Pour mieux comprendre la Réforme protestante, examinons de plus près ce qui la précède et la prépare.

D'une grande portée politique, religieuse et pédagogique, la Réforme de Luther plonge ses racines dans les années de troubles, de conflits et de désordres qu'inaugure le schisme de la papauté d'Occident. Par l'ampleur de la crise et le déchaînement des passions, et surtout par l'incapacité de l'Église à résoudre le conflit qui la déchire, un tort irréparable est porté à son prestige et son autorité. Brièvement, rappelons les faits.

L'attentat d'Anagni[8] (1303) porte un coup fatal au rêve d'une chrétienté unie sous la prééminence pontificale. Clément V, ami personnel de Philippe le Bel, roi de France, transporte le Saint-Siège à Avignon. De 1309 à 1376, sept papes, tous Français, se succèdent sur les bords du Rhône. Le grand schisme survient lorsque Grégoire XI, dernier pape d'Avignon, décide de s'en aller mourir à Rome. Le peuple romain exige alors un pape de Rome à la tête de l'Église. Mais l'élu, Urbain VI, d'un style altier et agressif, soulève le courroux de la majorité française du Sacré Collège ; les cardinaux de France déclarent nulle cette élection et nomment l'un d'entre eux, qui, sous le nom de Clément VII, s'installe à Avignon. Dès lors, la chrétienté se partage entre deux allégeances : l'une à la papauté d'Avignon — la France, l'Espagne, Naples, l'Écosse ; l'autre se joint à Rome — l'Italie, l'Allemagne et l'Angleterre. Ce n'est qu'en 1417, lors du concile de Constance (le 11 novembre, que l'Église catholique retrouve enfin son unité sous l'autorité de Martin V (Aimond, 1939, p. 301-302). Mais, dans l'intervalle, les réactions sont brutales.

---

6. Pour Jacques Le Goff (1975), l'ouvrage du grand historien portugais contemporain Victorino Magalhaes Gohindo, *Économie de l'Empire portugais aux XVe et XVIe siècles*, retrace des signes de cette transformation mentale. Une grande différence sépare l'*Imago mundi* de Pierre d'Ailly (1410), la chronique de Guinée (1453-1465, environ), et l'*Esmeraldo de situ orbis* de Duarte Paccho (1505). « Dans les premiers ouvrages, le merveilleux, le fatras médiéval, les fables, d'énormes erreurs dans l'évaluation des distances, l'absence de chiffres, de dates, d'itinéraires. Dans l'*Esmeraldo*, en revanche partout les chiffres, les latitudes, les distances, la profondeur de la mer, des erreurs insignifiantes de latitude, une toponymie riche, des descriptions rigoureuses, des cartes partout, des données d'observation. Voilà peut-être la plus grande nouveauté scientifique et mentale du second XVe siècle, ce qui n'est plus le Moyen Âge, âge sans chiffres », mais qui est déjà la Renaissance, l'observation, la mesure, le chiffre (Le Goff, 1975, p. 79-80).

7. Ce monde qui s'apprête à vivre la grandeur de la Renaissance est aussi, selon Le Goff (1975), un « monde sauvage », un monde d'épidémies, de mortalité infantile, de famines et de sous-alimentation chronique, un monde où la vie égale la mort.

8. Ville des États de l'Église où Boniface VIII fut menacé et humilié par les troupes de son ennemi juré, Philippe le Bel.

La rupture de l'Église provoque les assauts de Wyclif (ou Wycliffe) en Angleterre et de Jean Hus en Bohême. Le premier, docteur de l'Université d'Oxford, attaque « l'autorité du Saint-Siège et même certains points de la Doctrine relatifs aux sacrements, aux indulgences et au culte des saints » (Aimond, 1939, p. 303). Le second, recteur de l'Université de Prague et disciple de Wyclif, n'admet que la Bible comme autorité suprême.

« Traduit devant le concile de Constance, auquel il en avait lui-même appelé, Jean Hus fut condamné et brûlé comme hérétique obstiné ; ses cendres furent jetées au Rhin. » (Aimond, 1939, p. 303.) Il faut voir dans la critique et l'action de ces hommes les semences de la Réforme à venir. Aimond (1939, p. 303) rapporte :

> Ces doctrines essentielles annonçaient et préparaient, dès le XVe, la Réforme protestante. Une gravure d'un livre hussite[9], conservé à Prague, représente Wyclif battant le briquet, Jean Hus présentant les charbons et Luther brandissant la torche qui devait mettre le feu à l'Europe.

Préparée en réponse à une crise religieuse, politique et sociale, la Réforme de Luther[10] trouve en Allemagne le terrain propice à sa propagation. En affichant ses quatre-vingt-quinze thèses à la porte du château de Wittenberg (1517), Luther déclare, dans un geste dramatique, son projet de s'affranchir de l'autorité pontificale et de rétablir la vérité du message évangélique dans sa pureté originelle. Une religion nouvelle est née, qui devait sceller la désunion définitive de l'Église romaine d'Occident : le protestantisme[11].

Cet élan religieux de la Réforme, qui fonde le protestantisme, se caractérise à l'origine par sa volonté de retourner à la vérité première des textes sacrés, et ce, en éliminant toutes les formes de médiation possibles entre Dieu et le croyant.

> La liberté que Luther revendique pour le croyant, c'est uniquement la liberté d'entrer directement en rapport avec Dieu, sans aucun intermédiaire humain, au moyen de la lecture et de la médiation de la Parole divine. À l'autorité de la tradition et de la hiérarchie catholiques, Luther substitue ainsi l'autorité infaillible de la parole écrite, de la Bible littéralement infaillible. (Spenlé, 1967, p. 13.)

En valorisant et en intensifiant ainsi le rapport personnel de l'homme à Dieu, en éliminant les médiations qui le relient au Créateur, chaque homme est seul face à Dieu qui est son unique juge et sa conscience. Religion de l'action et du devoir, le protestantisme accroît le sentiment de responsabilité de l'homme envers le monde et l'exhorte à suivre, pour la conduite de sa vie, une morale stricte et rigoureuse. Le protestant obtient son salut personnel en agissant avec rigueur ; sa conscience intérieure lui dicte la bonne conduite, celle qu'il doit pratiquer dans toutes les circonstances de sa vie[12].

Pour endiguer le flot des protestations qui affluent de partout, mais surtout pour réagir fermement contre la poussée des réformés en Allemagne, la prolifération du mouvement hors de ses frontières et la constitution d'une Église d'Angleterre séparée de Rome, l'Église catholique, par la voix de son pape Paul III, convoque la tenue d'un concile, en l'année 1545, dans la ville de Trente, en Italie. Les travaux du concile seront l'occasion pour l'Église de condamner sévèrement le protestantisme et de se refaire une intégrité morale ; des *Décrets* sont adoptés afin de régler la vie de l'Église, depuis celle des évêques jusqu'à celle des fidèles. L'Art aussi sera contrôlé[13], et de nombreux ordres religieux voient le jour,

---

9. « Le supplice de Jean Hus, que les Tchèques regardaient comme un héros national, déchaîna en Bohême le terrible soulèvement des hussites, appelés encore taborites (du nom d'une ville près de Prague) » (Aimond, 1939, p. 303).

10. La révolte de Luther commence par la querelle des indulgences. Précisons qu'une indulgence est une remise de la peine temporelle qu'entraîne un péché pardonné. Le fidèle qui versait une aumône pour l'achèvement de la Basilique Saint-Pierre de Rome se voyait accorder une indulgence. En Allemagne, cette pratique prend l'allure d'une véritable vente et soutient le faste de l'archevêque de Mayence, Albert de Hohenzollern, qui en perçoit la moitié. D'où la révolte de Luther, pour qui le salut ne saurait être marchandé.

11. La Réforme eut plusieurs foyers, notamment Calvin à Genève (le calvinisme), Henri VIII en Angleterre (l'anglicanisme), Zwingli en Suisse et Knox en Écosse.

12. Le chapitre suivant met en lumière les conséquences de la Réforme luthérienne sur l'école et la pédagogie. Pour notre part, nous ne l'aborderons que de façon indirecte.

13. En musique, par exemple, l'idéal de la Contre-Réforme est incarné par Giovanni Pierluigi da Palestrina. Son style, *a cappella*, se caractérise par le respect absolu du texte sacré, le rejet du chromatisme, la clarté et la symétrie de la structure.

assurant ainsi le rayonnement du catholicisme : la congrégation de l'Oratoire de Saint-Philippe-Neri, l'ordre des Frères de Saint-Jean-de-Dieu, les Carmélites de Sainte-Thérèse et la Compagnie de Jésus de Saint-Ignace-de-Loyola. Comme nous le verrons au chapitre suivant, l'éducation sera l'œuvre principale de cette nouvelle Compagnie. Au sein de ses nombreux collèges, plusieurs générations d'une jeunesse noble et bourgeoise seront formées dans le creuset de la langue et des auteurs latins (Aimond, 1940, p. 92-98).

L'humanisme

Comme le précise Margolin[14] (1981a, p. 5) dans son ouvrage *L'humanisme en Europe au temps de la Renaissance*, rares sont les colloques ayant trait à cette période de l'histoire « qui ne portent dans leur intitulé, comme trois axes majeurs de la recherche, les termes obligés de Renaissance, humanisme et Réforme ». C'est le deuxième de ces termes qui nous intéresse ici.

Bien sûr, l'humanisme[15] varie selon le lieu, le moment historique, les hommes et leurs œuvres, mais dans son canevas le plus général il traduit l'effort remarquable — peut-être inégalé dans l'histoire — de prise de conscience de l'homme par lui-même. L'humanisme trouve ses premiers échos dans l'œuvre de Pétrarque, laquelle chante la liberté de l'homme, les valeurs spirituelles, l'amour et le bonheur de l'Antiquité retrouvée, et rayonne à travers les âges jusqu'à la fin du XVIᵉ siècle, depuis l'Italie vers la France, l'Europe du Nord — l'Angleterre, les Pays-Bas, les pays germaniques — puis vers la péninsule ibérique, le Portugal, l'Europe centrale et orientale — la Hongrie, la Bohême, la Pologne (Margolin, 1981a, p. 35-62).

Un événement capital marque l'essor de l'humanisme et l'élargissement de la culture occidentale : la prise de Constantinople en 1453 par les Turcs ottomans[16]. Venus d'Asie centrale (Turkestan), ils s'installent peu à peu aux abords de la Méditerranée et dans la vallée du Danube. Après les conquêtes de l'Anatolie (Asie Mineure) au début du XIVᵉ siècle, puis celle de la péninsule des Balkans à la fin du XIVᵉ siècle (perte de Nicopolis en Bulgarie, dernière grande croisade chrétienne en 1396), Constantinople, dernier vestige de l'Empire romain, est l'objet de la convoitise turque. Le sultan Mahomet II en fait son affaire. Avec 200 000 hommes et une flotte imposante, il vient assiéger la capitale. Deux mois plus tard, le 29 mai 1453, Mahomet II met fin à l'Empire millénaire d'Orient par la prise de Constantinople qu'il rebaptise du nom d'Istanbul (Aimond, 1940, p. 326-327).

La fuite des savants grecs, qui trouvent refuge en Italie, entraîne l'hellénisation de la culture latine et européenne. La péninsule d'abord, puis les autres pays d'Europe, se mettent à l'étude de la culture et de la langue grecques. Il faut dire que, mis à part l'enseignement du grec par le savant Chrysoloras au *studio* de Florence dès 1397, le grec demeure en général fort mal connu en Occident[17]. Certes, à travers la traduction de ses œuvres par les commentateurs arabes, on connaît Aristote que les croisades ont permis de redécouvrir, mais les richesses de la philosophie et de la science grecques demeurent enfermées dans le secret de leur langue. L'exil des savants grecs provoque l'éclosion d'un courant néo-platonicien dans la société italienne ; par la transformation de l'idée du « Beau » et la redécouverte de l'esthétisme grec qui l'accompagne, « la culture allait renaître une nouvelle fois, ou plutôt l'hellénisme allait féconder la culture latine et européenne » (Margolin, 1981a, p. 26).

L'homme n'est-il pas ce qu'il y a de plus admirable sur la Terre ?, disait Pic de La Mirandole, s'inspirant lui-même de sources arabes. Aussi l'action et la réflexion des hommes qui ont pour nom Ficin, Érasme, Rabelais, More, Montaigne, Vinci, Michel-Ange, et combien d'autres, ont-elles consisté à définir

---

14. Nous puisons d'ailleurs chez cet auteur l'essentiel de nos propos sur l'humanisme. Voir aussi son article dans l'*Encyclopædia Universalis* (1989).

15. Le terme ne date que de la seconde moitié du XIXᵉ siècle. Contemporain de Burckhardt (1860), c'est Voigt (1859) qui le rapproche le premier de la Renaissance. Le terme italien *umanista* apparaît bien au XVᵉ siècle, mais il désigne le professeur de grammaire et de rhétorique, ce que ne furent pas tous les humanistes, comme le note Margolin (1989, p. 728).

16. Du nom de l'un de leurs premiers sultans, Othman ou Osman (Aimond, 1940, p. 326).

17. Signalons cependant qu'à Venise, à Ravenne, dans les monastères du Sud et dans le territoire d'Otrante, en Sicile, la connaissance du grec s'était maintenue. Voir à ce sujet l'ouvrage de Garin (1968, p. 92).

un modèle de perfection humaine — intellectuel, moral, esthétique — qui a puisé ses sources d'inspiration dans l'Antiquité gréco-romaine. Mais que cherchent ces hommes et que trouvent-ils dans l'Antiquité ?

Essentiellement des valeurs et des modèles esthétiques qui expriment en des formes équilibrées et harmonieuses la beauté de l'homme et du monde. Dans l'œuvre peinte et sculptée, les artistes humanistes de la Renaissance représentent les richesses d'un monde de couleurs, de mouvements et de lumière[18]. Qu'il nous suffise ici d'évoquer les œuvres de Michel-Ange où la plénitude des formes humaines, la force, la grâce et l'équilibre atteignent un sommet d'expression.

Les humanistes de la Renaissance y puisent aussi une conception renouvelée du bonheur humain, liée cette fois à l'accomplissement de soi dans la communauté humaine et dans la nature : être heureux, humainement heureux, tel Rabelais, c'est être bon vivant et gai, c'est aimer le boire, le manger et le rire, c'est vivre dans l'amour des choses et des êtres.

Le goût des sciences et des techniques fait également partie de cette conception du bonheur, de même que la curiosité pour les choses de la nature et l'amour de la connaissance. Fascinés par la nature, les hommes de la Renaissance sont moins des théoriciens et des contemplatifs (comme les Grecs) que des observateurs, des empiristes et des inventeurs. Ainsi, leurs sciences sont celles d'ingénieurs et

de mécaniciens. Dans une lettre qu'il adresse à Ludovic Le More, Léonard de Vinci se présente en insistant sur ses talents de mécanicien et d'ingénieur « plus que sur ceux d'artiste, et l'on voit par ses manuscrits qu'il se souciait d'avions, d'anémomètres, de scaphandres, de mitrailleuses, de tanks, autant que du problème de la Léda ou de la section dorée » (Faure, 1958, p. 50).

Mais par-dessus tout, c'est l'amour de la culture et de la civilité que les hommes de la Renaissance trouvent dans l'Antiquité, cette culture qu'exprime l'idéal du lettré, l'homme de culture classique maîtrisant les langues, la parole et l'écrit en toutes circonstances. Tel Érasme pour qui rien n'est plus admirable que le discours.

De l'avis de Margolin, deux expressions latines désignent cet effort de résurrection de la culture gréco-romaine[19] : *studia humanitatis* et *litteræ humaniores* :

> [Il s'agit d'] un ensemble de disciplines dont la base était constituée par la grammaire, la rhétorique, le commentaire des auteurs (poètes et prosateurs), et dont la finalité propre était de permettre aux jeunes gens d'acquérir leur *humanitas*, c'est-à-dire de devenir des hommes au sens plein du terme, en combinant étroitement un idéal de connaissance et un idéal d'action. (Margolin, 1981a, p. 9.)

Sur la scène de la Renaissance, l'humanisme a donc joué le rôle d'un puissant mouvement de restructuration de l'image du monde et de l'homme. Mouvement historique et force socio-culturelle qui se répercutent sur les œuvres, l'action et la pensée des humanistes[20] eux-mêmes, l'humanisme propose aux hommes de son temps un idéal de réalisation

---

18. L'Art de la Renaissance est d'abord le fait du génie italien du XVe siècle. Les artistes s'engagent dans une recherche anthropologique où l'idéal de l'expression s'incarne dans le nu, signe de l'harmonie. L'épanouissement de l'art, à cette époque, est en partie attribuable à l'équilibre politique de l'Italie (divisée en six États), et à l'encouragement des princes et de la Rome pontificale. Pensons à la famille Médicis, en particulier Laurent Ier, dit le Magnifique (1449 à 1492), protecteur des arts et des lettres qui règne à Florence de 1462 à 1492. Pensons aussi à la famille Este (Ferrare, Modène, Reggio) qui protège des artistes comme l'Arioste et le Tasse ; à la famille Montefeltro et, bien sûr, au pape Jules II, pape de 1503 à 1513, et protecteur d'artistes comme Bramante, Michel-Ange et Raphaël. Notons aussi que Giotto (1266-1337) est un précurseur de l'art du XVe siècle italien. L'un des premiers, il rompt avec le « style courtois international » issu du Moyen Âge qui se caractérise par un souci de l'arabesque, la préciosité des tons et les grâces intellectuelles. Voir à ce sujet : *Encyclopédie thématique universelle* (1973-1974). Nous recommandons aussi l'ouvrage de Pierre Francastel (1970).

19. « [Effort] qui va de la traduction pure et simple (du grec au latin) à l'imitation, à l'adaptation, au commentaire, aux éditions critiques et annotées, aux transpositions de toutes sortes auxquelles se livreront un maître, un élève ou un artiste épris des symboles patinés par le temps » (Margolin, 1989, p. 728).

20. L'engouement que suscite l'humanisme à la fin du XVe et durant la première moitié du XVIe siècle, note Roland Mousnier (1993), permet aux humanistes de poursuivre des carrières de conseillers politiques, de secrétaires publics des chancelleries des rois, ou encore d'ambassadeurs. Sortis des écoles humanistes — de Saint-Paul-de-Londres, du Corpus Christi College d'Oxford, du Gymnase de Strasbourg ou du Collège trilingue de Louvain —, parlant et écrivant le latin à la façon de Cicéron, ils forment une véritable « République des Lettres européenne » (Mousnier, 1993, p. 44).

humaine qui fait de chaque homme l'artisan de sa vie en puisant dans les ressources de sa volonté et la puissance créatrice de son intelligence.

L'essor de la science et de la technique

Tout un ouvrage devrait être consacré à la question de la science et de la technique à la Renaissance. Aussi, ce n'est pas sans quelques regrets que nous nous limiterons à des indications très générales[21]. En abordant ce thème, nous touchons l'une des clés essentielles de cet univers mental. En effet, par la science et la technique, la grande Idée de Progrès, si étroitement liée à la civilisation européenne, fait son entrée sur la scène du monde. Et l'Idée coïncide avec le rêve d'une *mathesis universalis* qui substitue à la vision qualitative le règne du quantitatif, et où les notions de substance et de qualité font place à celles de temps, d'espace, de masse et d'énergie. La forme géométrique évince l'ancienne forme substantielle (Aristote) ; l'Univers n'est plus qu'une grande géométrie que le nombre exprime.

> Donc, le Monde tout entier est objet de mesures et de calculs et peut être expliqué par une série de relations mathématiques. (Mousnier, 1993, p. 35.)

Cette vision, d'une nouveauté absolument radicale, s'accompagne d'un accroissement formidable du sentiment de puissance de l'homme. Dans tous les domaines, des possibilités nouvelles apparaissent là où l'homme exerce dorénavant son action (Waelhens, 1989, p. 503). C'est Marsile Ficin (1433-1499), philosophe néoplatonicien de Florence, qui assigne à l'homme des visées nouvelles : « Le but de l'homme, c'est la domination de l'Univers par son industrie. » (Cité dans Mousnier, 1993, p. 27.) Fidèle au plan de Dieu que la Nature exprime, l'homme se crée un monde, analogue au premier, en transformant et en complétant la Nature par l'action de ses machines. De fait, un grand nombre d'innovations techniques coïncident avec l'aube des temps modernes. Liés à l'essor de la bourgeoisie marchande,

le rôle et le pouvoir des villes s'accroissent et provoquent des transformations qui nécessitent la mise en œuvre et le développement de techniques de plus en plus perfectionnées — urbanisme, architecture, aménagement des routes, construction de canaux, assèchement des marais, défrichement et mise en culture (Breton, Rieu et Tinland, 1990, p. 30).

Certes, des inventions comme la poudre à canon, la boussole et l'imprimerie[22] sont importantes, mais elles sont loin d'être les seules ; l'esprit d'invention et l'intérêt que l'on porte à la technique se propagent *urbi et orbi*, de Nicolas de Cues (1401-1464) à Ambroise Paré (1509-1590) à la fin du XVIe siècle. Dans l'œuvre de Nicolas de Cues, note Faure (1958), les mathématiques et la mécanique occupent une place importante. Et Rabelais n'exhorte-t-il pas Gargantua, dans son programme d'études, à fréquenter les ateliers des orfèvres, des tailleurs de pierres précieuses, des monnayeurs et des alchimistes, des horlogers et de combien d'autres ? Tel aussi un Léonard de Vinci qui se présente à Ludovic Le More en insistant sur ses talents de mécanicien et d'ingénieur (Faure, 1958, p. 50). Toujours selon Faure, l'activité industrielle porte surtout « sur les matières fondues, la métallurgie, la verrerie, la chimie industrielle, et sur les tissus » (p. 51). La médecine connaît également de remarquables progrès. Des écoles comme celles de Montpellier — où est d'ailleurs formé Rabelais —, de Bruxelles, de Padoue et de Crémone jouissent d'une excellente réputation.

> Pierre Franco invente la taille sous-pubienne, le Belge Vésale publie en 1543 la première description anatomique exacte. L'Espagnol Michel Servet (1509-1553) découvre la petite circulation du cœur ; Ambroise Paré (1509-1590) pratique la ligature des artères. (Faure, 1958, p. 64.)

Mais il nous faut aller plus loin et voir dans ces mutations techniques l'expression d'une profonde transformation du rapport de l'homme à la nature, transformation qui explique le radicalisme de la révolution copernicienne, et précisément celle du rejet

---

21. Voir à ce sujet l'excellent ouvrage de Roland Mousnier (1993), *Les XVIe et XVIIe siècles*, p. 25-39 ; de même que l'ouvrage de Philippe Breton, Alain-Marc Rieu et Frank Tinland (1990), *La techno-science en question*, p. 30-35. Aussi, sur les progrès techniques à la Renaissance, voir le livre de Paul Faure (1958), *La Renaissance*, p. 48-64. C'est dans ces ouvrages que nous puisons l'essentiel de nos informations.

22. Il faut dire que les marins de la Méditerranée tenaient des Arabes la propriété que possède l'aiguille aimantée de se tourner vers le pôle magnétique. Aussi, la poudre à canon a été inventée par les Chinois. Enfin, le papier de coton était en usage depuis longtemps chez les Arabes et les Chinois (Aimond, 1939, p. 339).

de la théologie géocentrique au profit d'une cosmologie héliocentrique (Breton, Rieu et Tinland, 1990, p. 31). Plutôt que de s'abstraire du monde en se tournant vers Dieu, les hommes se tournent vers la Nature, reflet de Dieu, afin de mieux connaître ce dernier, et trouver la perfection et l'ordre qu'il a voulus. « Microcosme du macrocosme qu'est la nature » (Breton, Rieu et Tinland, 1990, p. 32), l'homme a pour mission essentielle d'agir en son sein, de créer et de fabriquer un monde analogue à la perfection de la création divine qui lui fournit ses modèles. La catégorie de l'Art, recouvrant à l'époque aussi bien l'« artistique » que le « technique », résume à elle seule le destin de l'homme.

> C'est la clef du monde moderne : la Nature est faite pour l'homme, qui doit chercher à en extraire tout ce qui est nécessaire à son développement, elle est destinée à son « industrie » : il lui faut non plus seulement la connaître pour en compléter la perfection, miroir de la divinité, mais pour la reproduire et ainsi la faire servir à son « perfectionnement », à son progrès. Tel est le « dessein » (à la fois plus originaire et la finalité) de la nature. Comment l'homme peut satisfaire sa fonction dans la nature ? Par l'Art, c'est-à-dire par la mise en œuvre, le développement ou l'invention des techniques. (Breton, Rieu et Tinland, 1990, p. 34.)

3.2.2 Les grandes expériences de décentrement de la Renaissance

Loin d'être une imitation servile de l'Antiquité, la Renaissance procède à une relecture des modèles antiques à la lumière de sa propre situation historique. Période de renouveau général et de changements profonds, la Renaissance introduit chaque homme dans l'expérience d'un monde qu'effrite la perte des repères coutumiers et des ancrages habituels. Une culture se met en place, qui ne sera plus celle de la familiarité des horizons et de la sécurité des appartenances premières. Une culture qui n'a pas encore de nom, mais qui présente les caractéristiques de ce que nous appelons aujourd'hui le pluralisme (Simard, 1988, p. 26). Un espace est ouvert où le sens de la vie et du monde n'est plus entièrement donné par la collectivité, par les coutumes, par les héritages ou les traditions auxquels on appartient ; un espace où le sens est construit quelque part entre les convictions reçues et l'expérimentation individuelle, et qui demeure ouvert à l'incertitude relative « à la critique, à la libre pensée, à la délibération, en un mot, à la Raison » (Simard, 1988, p. 26[23]). Quelles sont ces épreuves marquantes, ces expériences de décentrement par rapport à la tradition judéo-chrétienne qui, étalées sur près de trois siècles, travaillent à défaire les champs habituels d'identification et à modifier en profondeur la conscience et la culture de l'homme européen ? Examinons-les en enfilade :

- Et d'abord l'épisode des grandes découvertes — de l'Amérique, de l'Afrique, de l'Asie, de l'océan Pacifique — qu'inaugurent l'Espagne (Christophe Colomb en 1492) et le Portugal (Vasco de Gama en 1497), puis la France et l'Angleterre un peu plus tard. Phénomène grandiose où l'homme européen prend conscience de lui-même à travers le regard de l'Autre, où il fait l'expérience de l'élargissement de sa connaissance du globe dans sa finitude sphérique : l'épisode des grandes découvertes marque aussi la prise de conscience progressive que l'Europe n'est pas le centre du monde, mais une partie de ce monde.

- La découverte, capitale et décisive, que la Terre n'est pas immobile au centre de l'Univers, mais qu'elle tourne plutôt sur elle-même en décrivant une orbite autour d'un astre comme les autres planètes. Révolution fondamentale qui ruine les bases de la théologie géocentrique, la représentation d'un cosmos fini et achevé. L'homme entre ainsi dans un Univers aux dimensions infinies.

- La découverte de l'imprimerie — « révolution technique mentale et sociale aux conséquences incalculables » (Margolin, 1981a, p. 26) —, qui permet d'élargir l'accès à la culture à un plus grand nombre d'individus. La culture se répand et se différencie ; elle se déplace de la culture scolastique vers un autre type de culture, qui permet à chacun de dépasser l'horizon fermé où le confinent ses déterminations premières. Notons aussi que Rabelais, l'un des premiers, emprunte à la culture ou à la « tradition narrative populaire ».

---

23. Nous recommandons sur ce thème l'excellent article du sociologue Jean-Jacques Simard (1988), « La révolution pluraliste : une mutation du rapport de l'homme au Monde ».

- L'avènement du protestantisme, qui disloque l'unité chrétienne et qui déplace la culture vers d'autres centres de diffusion, notamment l'Allemagne, la Suisse (en particulier Genève avec Calvin) et l'Angleterre; Rome n'est plus le seul centre de la culture européenne.

- Enfin, la dissolution de l'unité chrétienne de l'Europe au profit des États-nations en voie d'émergence. Des guerres interminables — par exemple la guerre de Cent Ans, qui oppose la France et l'Angleterre — portent de durs coups à la noblesse qui voit ses terres dévastées et sa puissance compromise. La guerre de Cent Ans provoque un déplacement vers l'Italie et la Flandre de la richesse et de la prospérité. Devant ces villes en concurrence — notamment Gand, Bruges, Ypres dans les Flandres; Venise et Gênes en Italie —, le système féodal s'écroule. Une nouvelle classe, issue de la roture, s'enrichit par le commerce et l'industrie, et se rapproche du pouvoir royal par les charges publiques qu'elle assume. Un nouveau type d'homme, le bourgeois, qui provoquera bientôt « la refonte de l'organisation politique fondée sur la nation comme entité historique et sur l'État comme entité administrative et militaire » (Breton, Rieu et Tinland, 1990, p. 30), incarne ce nouvel esprit économique, ce pouvoir naissant de l'argent. « La Révolution capitaliste est l'œuvre d'un type d'homme qui participe de l'esprit de la Renaissance, le bourgeois capitaliste » (Mousnier, 1993, p. 108).

Avec l'effondrement progressif du Moyen Âge, un monde nouveau se met en place, un monde qui bouleverse notre représentation de l'Univers et notre conception de l'homme. Quelle est dorénavant sa place et quel idéal éducatif les hommes de la Renaissance doivent-ils poursuivre? Ce sont quelques-unes des questions auxquelles ont tenté de répondre les penseurs humanistes que nous présentons dans une troisième partie.

3.3 L'éducation humaniste

Nous avons vu qu'il nous était possible de comprendre la Renaissance à partir du pluralisme qui l'ébranle, d'une crise de la culture où s'affirment de nouvelles valeurs. Un monde se met en place où la clarté des grands axes d'autrefois disparaît pour faire place à l'imprécision des contours; un ancien monde s'écroule, ce qui projette l'homme dans un Univers aux dimensions infinies. Au bouleversement de la pensée qu'engendre ce passage correspond une transformation des finalités éducatives. D'où l'urgence pour les humanistes de réfléchir à la place de l'homme dans l'Univers, de définir un modèle humain qu'une éducation éclairée devra réaliser. Dans son ouvrage *Raison et éducation*, Jolibert (1987, p. 53) pose en ces termes le problème de l'éducation à la Renaissance:

> Si l'Univers est posé comme infini, alors il n'y a plus de place assurée, d'essence humaine fixée de toute éternité. L'homme est dans l'histoire et l'état de nature créé n'a d'autre finalité que de se voir toujours dépassé. L'homme est à faire, à réaliser, son essence n'est pas un donné, mais un possible. Devant ce bouleversement intellectuel, les problèmes éducatifs vont subir une crise profonde. Jusqu'alors, éduquer, c'était conduire un être de l'état brut, mal dégrossi, à un état conforme à l'ordre d'un Univers défini. À partir de la Renaissance, éduquer, c'est commencer par définir un modèle humain possible, c'est-à-dire proposer un but idéal à l'action éducative.

Quel est ce modèle anthropologique que les humanistes proposent et dont ils espèrent la réalisation? Est-il possible d'en retracer les grandes lignes?

Ces questions nous amènent à examiner de façon plus précise les grandes doctrines éducatives qui sont à la source des réformes scolaires à venir, et qui expriment l'idéal éducatif selon lequel a vécu la France, note Durkheim (1969, p. 205), depuis le XVIᵉ siècle jusqu'à la fin du XVIIIᵉ [24]. Non pas que l'humanisme de la Renaissance se limite à ces doctrines, mais c'est à travers ces doctrines que s'expriment des courants d'idées où viendront puiser les grands penseurs de l'époque à des degrés divers. La première de ces tendances est celle que représente Rabelais, celle où l'idéal du savant trouve son expression la plus élevée; la seconde, que représente Érasme, incarne l'idéal de l'homme lettré, l'idéal de la grande culture littéraire. Étudiée sous l'angle des

---

24. Idéal éducatif qui dominera aussi au Québec depuis l'ouverture, en Nouvelle-France, du premier collège par les Jésuites en 1635 jusqu'à la fin des années 1950, moment où le Québec amorce sa Révolution tranquille.

finalités éducatives et des programmes d'études, la présentation de ces tendances respectives nous permettra d'en mieux comprendre les ressemblances et les divergences. Mais d'abord, certaines remarques d'ordre général s'imposent.

3.3.1 Des remarques d'ordre général

Un total de sept remarques d'ordre général sont regroupées sous cette rubrique. Nous désirons attirer l'attention du lecteur sur un certain nombre de dimensions relatives aux principes éducatifs nouveaux — la critique de la scolastique, la relation maître-élève, les instruments du savoir, la formation de l'orateur —, au cadre général des études, à l'éducation des filles ou encore aux institutions d'enseignement. Inutile de dire que chacune de ces remarques exigerait un plus ample développement, mais que dans les limites de ce chapitre, nous devrons nous rabattre sur quelques linéaments pour esquisser le tableau.

Une critique de la scolastique

Un trait commun saute aux yeux de l'observateur dès qu'il s'intéresse à des pédagogues comme Guarino, Vittorino da Feltre, Vives, Érasme ou Rabelais, pour n'en nommer que quelques-uns : d'une commune voix ils dénoncent les méthodes médiévales, qu'ils jugent archaïques, anachroniques, néfastes et inefficaces. Pour Érasme comme pour Rabelais, la méthode scolastique n'est que rabâchage, répétition inutile de formules insipides ou de règles stupides qui font d'un enfant doué un élève « niais, tout rêveux et rassoté » (Rabelais, cité dans Lazard, 1993, p. 195). On le verra plus loin, pour définir le programme de cette culture nouvelle, Rabelais use d'un contraste saisissant : placé d'abord sous la tutelle de vieux maîtres aux méthodes dépassées, Gargantua peut ensuite s'épanouir grâce à l'action pénétrante d'un précepteur humaniste qui, constatant d'abord les méfaits, purge l'élève avant de le soumettre à des « méthodes rationnelles et modernes » (Lazard, 1993, p. 194).

De nouveaux instruments du savoir

Si les humanistes ont été de grands découvreurs de textes latins et grecs, de grands réanimateurs de la culture antique, ils n'ont pas moins contribué à la diffusion du savoir et au progrès des connaissances, ce qui faisait dire à Jean-Claude Margolin (1981a, p. 81) qu'il y a probablement pléonasme à qualifier l'humanisme de pédagogique. Un grand nombre d'essais éducatifs sont publiés à la fin du XIVe siècle et au début du XVe siècle. Une pensée nouvelle est née qui devait d'abord se réfléchir, se construire et s'exprimer, avant de pouvoir se réaliser à l'échelle concrète. Et cette culture nouvelle, rejetant la précédente comme une gaine étroite, travaille à se donner de « véritables outils du savoir » pour les générations d'élèves qu'elle a pour tâche d'éduquer. Margolin (1981a, p. 81) écrit :

> Mieux encore, par les grammaires, les dictionnaires, les éditions critiques des auteurs anciens, leurs commentaires, les traductions du grec au latin (et parfois de l'une de ces deux langues dans une langue vernaculaire), ils ont forgé les véritables outils du savoir pour plusieurs générations d'élèves ou d'étudiants.

Et l'on verra des œuvres comme les *Elegantiæ* (1444) de Lorenzo Valla, *De ratione studii* (1512) d'Érasme ou le *Cornucopia* (1489) de Perotti remplacer le *Mammotrectus*, le *Græcismus* ou le *Catholicon*, ces œuvres désuètes d'un passé révolu.

La relation maître-élève

À travers la relation maître-élève, un changement dans la manière d'éduquer apparaît de façon tangible. Depuis l'ouvrage d'Ariès (1973), *L'enfant et la vie familiale sous l'Ancien Régime*, nous savons l'indifférence des époques médiévales envers l'enfance, l'âpreté des relations éducatives et le peu de souci pour la distinction entre les âges. Sans égard à la psychologie des âges, enfants et adolescents sont mélangés aux adultes dans l'enseignement jusqu'à la fin du XIVe siècle. À la base de cette transformation dans la manière d'éduquer les enfants, à la source de cette culture nouvelle, un même souci, une même préoccupation, note Garin (1968, p. 29), celle « de former la jeunesse en l'aidant à susciter elle-même ses énergies naturelles, mais sans la conditionner, sans la contraindre à l'intérieur de cadres et de formules figées ». Aussi l'action d'un maître prévenant, tendre et bienveillant est-elle de loin préférable aux méthodes d'un maître distribuant des coups de férule.

De Vittorino da Feltre à John Colet, de Jean Vives à Johannes Sturm, ou d'Érasme à Rabelais, on trouve un même respect des enfants, un authentique souci de ne point troubler leur joie[25] et leur sérénité, une semblable préoccupation d'adapter l'enseignement à l'âge de l'élève, un vibrant appel à l'amitié confiante, à l'affection et à l'écoute entre le maître et l'élève.

La formation d'un orateur

Comme le rappelle Margolin (1981a), la formation de l'orateur est la visée première des humanistes de l'Europe du XVᵉ siècle. L'orateur, ici, dans l'esprit des humanistes, ne se limite pas à l'ecclésiastique, à l'orateur politique ou judiciaire, mais il concerne tous ceux dont la vie professionnelle consiste à convaincre les autres par l'action de la parole ou par celle de l'écriture. Ce qu'il s'agit de développer au plus haut point, de porter à son plus haut niveau de maîtrise, les humanistes le désignent — en particulier Érasme, s'inspirant de ses maîtres Quintilien et Cicéron — par l'expression *copia verborum*. La formation de l'orateur recouvre non seulement la multiplicité des ressources — les jeux de mots et de sens, les synonymes, les figures — mais aussi la précision du langage, la force et la nuance d'un mot, « celle qui convient dans telle circonstance psychologique ou sociale, à tel moment, en présence de tel auditoire, etc. » (Margolin, 1981a, p. 94). La formation de l'orateur est au fondement de la pédagogie humaniste. C'est par l'imitation des Anciens que chacun peut découvrir par lui-même « la grande règle de plaire et de toucher » (Margolin, 1981a, p. 96).

> L'orateur, selon le cœur et l'esprit des grands pédagogues humanistes, doit se proposer, à l'instar de l'*orator* de Cicéron ou de Quintilien, un triple but qui déborde la simple rhétorique : *docere* (enseigner), *delectare* (plaire), *movere* (émouvoir). (Margolin, 1981a, p. 96.)

Le programme général des études

De Vittorino da Feltre (1378-1446) à Johannes Sturm (1507-1589), pour couvrir environ un siècle et demi d'éducation humaniste, le programme d'études

présente évidemment des variations[26]. À la *Casa giocosa* de Vittorino da Feltre par exemple, le sport et l'activité de plein air occupent une place qui ne sera pas la même dans le programme d'Érasme ; l'étude du latin, de la rhétorique et de la Bible y alterne avec le jeu — jeux littéraires, jeux collectifs ou jeux sportifs —, et il n'est pas rare non plus d'y voir circuler, à côté des copistes grecs ou des mathématiciens, des musiciens et des artistes réputés. Chez l'auteur de *Pantagruel*, pour citer un autre exemple, la science occupe une place qui n'est pas celle que lui confère Érasme.

Les jeunes auxquels s'attachent les pédagogues humanistes ont entre 10 et 15 ans. Il ne faudrait pas croire pour autant que l'éducation de la petite enfance est négligée. Puisqu'il s'agit de réaliser un modèle humain, aussi bien débuter l'éducation dès le plus jeune âge. À ce sujet, Érasme écrit le *De pueris instituendis* (1529), consacré à la petite enfance (trois à quatre ans), afin d'initier le jeune enfant aux rudiments de la langue, des chiffres, de l'écriture, et de soutenir son apprentissage des bonnes lettres et du latin. Un autre ouvrage, *De civilitate morum puerilium* (1530), est un véritable modèle de civilité puérile. Tout y passe, de la manière de se moucher à la façon de saluer son maître et de se tenir à la table, aux jeux et à l'église.

Pour en revenir à notre groupe d'âge privilégié, et sans exclure l'intérêt grandissant pour d'autres disciplines telles que l'histoire, la géographie et les sciences naturelles, citons Margolin (1981a, p. 82) :

> Le curriculum des études ne s'est pas considérablement modifié dans la période de l'humanisme triomphant et a conservé le cadre traditionnel

---

25. L'école de Vittorino da Feltre, à Mantoue, porte d'ailleurs le nom de *Casa giocosa* ou la maison de la joie.

26. L'humanisme de Montaigne n'est pas abordé dans le présent chapitre. Cinquante années séparent sa naissance de celle de Rabelais, et Montaigne n'a que trois ans quand Érasme décède à Bâle en 1536. C'est donc un auteur de la seconde moitié du XVIᵉ siècle qui a décanté l'enthousiasme de l'humanisme naissant. Sur le plan éducatif, quand on compare Montaigne à Rabelais ou à Érasme, il présente de nombreuses différences. Plus frugal que le premier et moins littéraire que le second, il ne vise ni l'encyclopédisme de l'un ni l'esthétisme de l'autre. À l'éducation, Montaigne assigne des finalités bien plus modestes et beaucoup plus pratiques : former le jugement par le commerce des hommes, apprendre les langues — la maternelle d'abord, puis les langues vivantes, et enfin les mortes —, l'histoire et l'éducation physique ; en toute chose, éviter le bourrage de crâne, car tête bien faite vaut mieux que tête bien pleine.

du *trivium* et du *quadrivium*, c'est-à-dire le cycle des études de grammaire, de rhétorique et de logique, suivi du cycle de l'arithmétique, de la musique, de la géométrie et de l'astronomie qui constituaient ensemble les sept arts libéraux.

Mais dans le curriculum des études, les disciplines qui forment le cycle du *trivium* occupent une place prépondérante. L'étude des langues grecque et latine est au cœur de la formation humaniste, et c'est dans ce trésor retrouvé que chaque homme trouve la voie de son humanité.

> Étudier les Anciens, cela signifie acquérir toujours davantage une conscience historique et une conscience critique, devenir capable de se jauger soi-même et de jauger autrui, embrasser les vastes dimensions du monde des hommes et de son développement, comprendre que l'humanité constitue une société à la fois multiple et unitaire, progressant dans un effort qui se prolonge dans le temps, et triomphe de l'espace. [...] Faire l'éducation des jeunes gens d'après les classiques cela consista alors réellement à leur faire prendre conscience de la communauté humaine dans son évolution et dans son unité. (Garin, 1968, p. 95.)

L'éducation des filles[27]

La révolution culturelle qui caractérise la Renaissance se répercute aussi sur la situation sociale de la femme. Somme toute, note Margolin (1981b, p. 82), elle a contribué à rétrécir la distance qui séparait la jeune fille du garçon, la femme de l'homme. Mais l'éducation, malgré ce progrès notable, demeure une prérogative masculine. En règle générale, même dans les classes aisées, les jeunes filles restent à la maison pendant que les garçons fréquentent le collège[28].

Sur cette question, les opinions de Vives, d'Érasme ou de Rabelais ne sont guère éloignées. Vives par exemple, bien qu'il se prononce en faveur de l'éducation des jeunes filles, acquiesce aux idées répandues sur la modestie qui sied bien aux femmes, sur l'inutilité sociale de leur donner une formation poussée ou sur leur incapacité de rivaliser avec les hommes sur des questions scientifiques. Comme bien d'autres humanistes de l'époque, c'est à remplir son rôle de bonne chrétienne, de bonne épouse et de bonne mère qu'il prépare la jeune fille, et s'il consent à donner une éducation scientifique et politique plus poussée aux filles de familles royales — lui-même a été précepteur de la princesse Marie, fille du roi Henri VIII et de Catherine d'Aragon —, pour le reste, il les confine à l'éveil de l'enfant, à la sollicitude et à la tendresse, de manière à leur inculquer « une sensibilité morale et affective » (Margolin, 1981a, p. 90-91). Pour Vives comme pour Érasme, seules quelques-unes possèdent une érudition exceptionnelle, des talents remarquables — la fille aînée de More, Margaret, l'Italienne Cassadre Fedele, les sœurs Pirckheimer, les filles de la famille des érudits hollandais, les Canter.

Les institutions d'enseignement

Une vue trop rapide de l'histoire nous donne parfois l'impression que la Renaissance est un âge d'or de l'humanité, une période de lumière qui succède aux ténèbres médiévales[29], une oasis d'opulence intellectuelle et matérielle à laquelle s'abreuvaient sans distinction tous les membres de la société. Au banquet de la Renaissance, chacun était convié. Mais c'est aller un peu vite en besogne, car ce monde demeure essentiellement rural et pauvre ; « le monde des villes est un monde brillant mais exceptionnel » (Le Goff, 1975, p. 77). Malgré le lien qui unit la création des écoles aux luttes politico-religieuses, l'école du village, pour tous et partout, demeure un fait qui n'est pas encore accompli en ces temps (Margolin, 1981b, p. 187). En ce qui concerne l'enseignement élémentaire, il est encore assumé par des congrégations religieuses, tant chez les protestants que chez les catholiques. En vertu du lien personnel qui relie l'homme à Dieu, du droit de chaque homme d'interpréter les Saintes Écritures, les protestants, les premiers, déploient de grands efforts pour la création d'écoles et la scolarisation des masses.

---

27. Voir en particulier le texte de Margolin (1981b). Voir aussi l'ouvrage de Margolin (1981a, p. 90-91), *L'humaniste en Europe au temps de la Renaissance.*

28. « Alcala est la première ville européenne à avoir ouvert une école de filles dès le début du XVIe siècle. Et c'est en 1574 seulement que les Ursulines fonderont en Avignon une école féminine » (Margolin, 1981b, p. 182).

29. L'historiographie récente s'est chargée de réhabiliter le Moyen Âge. Elle nous en révèle la diversité, l'originalité profonde et la fécondité créatrice.

C'est plutôt du côté des villes qu'il faut chercher de véritables innovations éducatives. Le bouillonnement des idées, l'essor de courants culturels nouveaux et la pression qu'exerce une bourgeoisie marchande favorisent, notamment en Italie du Nord, la naissance d'institutions nouvelles et l'adoption de pratiques pédagogiques novatrices. Des écoles se constituent qui tourneront le dos aux vieilles méthodes médiévales encore largement répandues dans les universités. À Florence, à Milan, Venise ou Ferrare, de grands maîtres réputés enseignent les *studia humanitatis* à des fils de grandes familles. C'est que l'éducation supérieure demeure non seulement le privilège des hommes, mais l'apanage des plus riches d'entre eux.

Si l'université demeure la création originale du Moyen Âge, le collège est la grande nouveauté de la Renaissance au chapitre des institutions scolaires. À la fois lieu d'enseignement et d'hébergement, il présente à peu près la même forme, qu'il s'agisse des régions où le protestantisme fleurit ou des régions que domine le catholicisme. C'est l'avènement des collèges qui transformera en profondeur l'enseignement secondaire. Au nombre des institutions les plus connues, notons d'abord les écoles des Frères de la vie commune — collège de Deventer aux Pays-Bas —, puis les collèges des Jésuites, sans oublier, bien sûr, le collège de Saint-Paul de Londres, le Corpus Christi College d'Oxford ou le « gymnase » de Sturm à Strasbourg. Pétries de principes éducatifs nouveaux — la pratique des Anciens, le respect de l'élève, l'émulation, le dialogue entre le maître et l'élève —, ces institutions forment les humanistes qui occuperont les plus hautes fonctions civiles et ecclésiastiques en Europe.

Par ailleurs, rapporte Margolin (1981b), c'est aussi l'époque où les autorités, les élites et le clergé prennent peu à peu conscience que l'instruction des masses enfantines, en plus de poser un problème sur le plan intellectuel et religieux, en soulève aussi un sur le plan social et moral. Que faire en effet de ces jeunes qui encombrent les rues, qui tuent, qui pillent et dévalisent ? Comment remédier à cette errance juvénile, à cette mendicité alarmante ? Des initiatives naissent, comme celle de cet humaniste de Bruges qui, dans son ouvrage *De subventione pauperum* (1526), somme les autorités de la ville d'adopter un plan général d'éducation et un programme de travail rémunéré pour les enfants démunis.

Mais il est évident qu'en dépit de ces initiatives isolées, le problème de la jeunesse sans instruction ni métier ni assistance quelconque demeure l'une des ombres les plus noires de cette époque si magnifiquement dépeinte par Gargantua dans sa lettre à Pantagruel, ou par le chevalier Ulrich von Hutten saluant avec enthousiasme et lyrisme l'avènement d'un nouvel âge d'or. (Margolin, 1981b, p. 189.)

Enfin, en ce qui concerne l'enseignement supérieur, trois grandes institutions humanistes voient le jour, trois phares intenses de la vie intellectuelle de l'époque : le collège trilingue de Louvain (latin, grec, hébreu), créé par Jérôme de Busleiden sous l'impulsion d'Érasme ; celui d'Alcalá de Henares en Espagne ; et enfin celui des « Lecteurs royaux » de Paris, l'actuel Collège de France, fondé en 1529 par François Iᵉʳ, à l'instigation de l'humaniste français Guillaume Budé[30].

3.3.2 Rabelais ou le courant encyclopédique

L'œuvre de Rabelais est, à bien des égards, à l'image de sa vie : insaisissable, multiple, mystérieuse et déconcertante. D'abord moine franciscain, puis bénédictin et prêtre séculier, le célèbre médecin se double ici d'un fervent humaniste, et l'écrivain est aussi un grand voyageur. On ne s'entend ni sur les dates ni sur le lieu précis de sa naissance. Il serait né en 1483 en Touraine, à Chinon, au lieu-dit La Devinière, propriété de son père, l'avocat Antoine Rabelais. Mis à part une enfance vraisemblablement passée dans la campagne tourangelle, peu de choses nous sont connues de ses premières années d'études. Fils de bourgeois, on suppose qu'il a d'abord reçu l'enseignement du *cursus studiorum* — le *trivium* puis le *quadrivium* — suivant des méthodes anciennes qu'il portera plus tard au ridicule dans ses écrits. Probablement novice chez les cordeliers de La Baumette vers la fin de 1510, il quitte l'ordre des Franciscains pour l'ordre des Bénédictins quand la

---

30. Pour de plus amples détails sur l'histoire de ces célèbres institutions, nous recommandons la lecture du texte de Margolin (1981b), en particulier les pages 177 à 181.

Sorbonne frappe d'interdit les auteurs grecs en 1523[31]. Vers 1530, Rabelais quitte la vie monastique et se rend à Montpellier pour étudier la médecine, et c'est en novembre de l'année 1532 qu'on le retrouve en exercice à l'hôtel-Dieu de Lyon. C'est d'ailleurs dans cette ville, sous le pseudonyme d'Alcofribas Nasier, qu'il fait paraître son premier ouvrage, le *Pantagruel* (1532), condamné plus tard en 1535 par la Sorbonne. Dans les dernières années de sa vie, il est prêtre à Meudon près de Paris, où il termine ses jours en l'année 1553. On lui doit, outre des ouvrages savants, le *Gargantua* (1534), le *Tiers Livre* (1546), le *Quart Livre* (1548) et le *Cinquième Livre* (1564).

Les finalités éducatives

C'est contre la vieille éducation scolastique que la raison et le cœur de Rabelais se courroucent; c'est contre ses méthodes et son formalisme qu'il déverse sa fureur. L'un des premiers, il a montré que les pratiques anciennes étaient contraires à l'esprit d'un mouvement nouveau qui visait le développement intégral de l'homme, le déploiement de ses puissances d'imagination et de ses capacités créatrices. Pour illustrer de la manière la plus nette l'antagonisme qui l'oppose aux docteurs de la Sorbonne, Rabelais use d'un contraste saisissant. Rappelons que son personnage Gargantua, fils de Grandgousier, est d'abord instruit par un docteur en théologie. Rabelais rapporte:

FRANÇOIS RABELAIS.

Rabelais

De fait, on lui recommanda un grand docteur Sophiste, nommé Maître Thubal Holopherne, qui lui apprit si bien son abécédaire qu'il le récitait à l'envers, par cœur, ce qui lui prit cinq ans et trois mois. Puis il lui lut la Grammaire de Donatus, le Facet, le Théodolet, et Alain dans ses Paraboles, ce qui lui prit

treize ans, six mois et deux semaines. (Rabelais, *Gargantua*, chapitre 14, 1973, p. 81.)

Ensuite les *Modes de la signification* avec les commentaires de Heurtebise, de Faquin, de Tropditeux et autres, sans oublier l'*Almanach*, jusqu'à la mort du précepteur en question. Un autre vieux « tousseux » remplaça ce dernier, Maître Jobelin Bridé, qui lui lut le *Grécise*, le *Doctrinal*, les *Parties*, le *Quid* et plusieurs autres. Sous l'effet de ce régime, Gargantua sentait son corps s'alanguir pendant que son esprit s'alourdissait de ces sottises.

Alors que son père put voir que sans aucun doute, il étudiait très bien et y consacrait tout son temps; malgré tout, il ne progressait en rien et, pire encore, il devenait fou, niais, tout rêveux et radoteur. Comme il s'en plaignait à Sir Philippe des Marais, vice-roi de Papeligosse, il sut qu'il vaudrait mieux qu'il n'apprît rien que d'apprendre de tels livres avec de tels précepteurs, car leur savoir n'était que sottise et leur sagesse billevesées, abâtardissant les nobles et bons esprits et flétrissant toute fleur de jeunesse. (Rabelais, *Gargantua*, chapitre 15, 1973, p. 82.)

Après de longues discussions, ils désignèrent Ponocrates pour faire office de précepteur auprès de Gargantua.

Constatant sur son élève les méfaits des méthodes anciennes, Ponocrates entreprend de le purger avec de l'éllébore d'Anticyre afin de nettoyer son cerveau « de toute corruption et de tout vice ». Exprimée en termes de médecine, de purges et de lavements, c'est ici l'idée d'une nouvelle naissance, d'un retour à la nature, une idée qui parcourt toute la Renaissance sous des formes diverses (Garin, 1968, p. 73).

À l'école de Ponocrates, Gargantua est instruit de manière à ne pas perdre une seule heure de sa journée. Le programme d'études[32] auquel on le soumet dose savamment l'éducation du corps et l'éducation intellectuelle, le libre jeu et la fréquentation des Anciens,

---

31. « La Sorbonne, confrontée à la crise de la réforme luthérienne, s'appliquait à faire interdire l'étude du grec, qui favorisait l'interprétation personnelle du Nouveau Testament » (Demerson, 1991, p. 12). À la suite de l'interdit, Rabelais se retrouve chez les Bénédictins, qu'il juge plus ouverts aux transformations culturelles.

32. Voir ici le *Gargantua* de Rabelais, chapitre 23, 1973, p. 106-117.

les échanges avec de savants lettrés et le contact direct avec la nature. Ce qui frappe d'abord, c'est le caractère gargantuesque du programme ; rien de ce qui est humain n'y est négligé : les jeux, les activités physiques, les arts et les métiers, les langues, les sciences, profanes et religieuses, l'histoire et la littérature. Dans la fameuse lettre que Gargantua fait parvenir à son fils Pantagruel, alors étudiant à Paris, et sur laquelle nous reviendrons plus loin, s'exprime une pareille frénésie d'apprendre, la même passion du savoir.

Ce que recherche Rabelais dans cette quête joyeuse et passionnée, c'est l'érudition totale, le savoir absolu, un savoir encyclopédique qui embrasse tous les domaines de l'activité humaine. Car le savoir libère tandis que l'ignorance enchaîne. L'éducation rabelaisienne aspire à former un homme complet, à développer chez l'élève, au moyen de méthodes efficaces et rationnelles, toutes les facultés de sa personne, aussi bien ses qualités physiques que ses facultés mentales. Une vie nouvelle s'ouvre, abondante et généreuse, une vie authentique et véritable, où chaque homme porte au faîte de son développement les capacités dont il est l'heureux possesseur.

> Voilà, vraisemblablement, pourquoi c'est dans des géants que s'incarne l'idéal rabelaisien. C'est que des géants seuls sont de taille à le réaliser. Le géant, c'est le modèle populaire du surhomme, de l'homme supérieur à l'homme moyen. (Durkheim, 1969, p. 211.)

C'est pourquoi une telle vision de l'homme, de l'éducation et du savoir, ne saurait tolérer la contrainte, la borne et la réglementation. Tout ce qui gêne ou fait obstacle aux désirs et aux besoins de l'homme, tout ce qui réprime la libre expansion de ses facultés et sa marche glorieuse vers le savoir, ne saurait avoir l'assentiment du grand humaniste. Rabelais aspire à « une société où la nature, affranchie de toute contrainte, peut se développer en toute liberté » (Durkheim, 1969, p. 210). *Naturam sequere* : suivre la nature, telle est sa devise. Cet idéal d'une société libre et parfaite se réalise dans l'abbaye de Thélème. Sans horaires et sans murailles, le seul et unique règlement de cette abbaye tient tout entier dans cette brève formule : « Fais ce que voudras. »

> Fais ce que voudras parce que les gens libres, bien nés, bien éduqués, vivant en bonne société, ont

naturellement un instinct, un aiguillon qu'ils appellent honneur et qui les éloigne du vice. (Rabelais, *Gargantua*, chapitre 57, 1973, p. 203.)

Fais ce que voudras, car la nature, tout entière et sans restriction, est bonne et généreuse. « C'est, comme on le voit, cette conviction de la bonté fondamentale de la nature qui est à la base du réalisme de Rabelais », rappelle Durkheim (1969, p. 210). Comment cet idéal s'est-il traduit en éducation dans un programme d'études ? Voyons-le de plus près.

Le programme d'études

Comme cela a déjà été mentionné, l'exaltation de la faculté de connaître éclate aussi bien dans le programme d'études du *Gargantua* que dans la célèbre lettre que ce dernier fait parvenir à son fils Pantagruel, alors étudiant à Paris. Ce qui frappe *illico* l'esprit, c'est le caractère encyclopédique du programme ; Rabelais y dresse le plan d'une éducation de géant qui vise un savoir universel. Aussi, chez Rabelais, comme chez Érasme d'ailleurs, le maître doit-il posséder une science universelle ? Doit-il avoir parcouru tout le cercle du savoir ? Programme touffu, complet et ambitieux, ce n'est que de façon sommaire que nous l'examinerons dans ces pages, renvoyant le lecteur aux chapitres des œuvres déjà mentionnées.

Dans les occupations quotidiennes de Gargantua, l'éducation physique occupe une place de premier choix. Trois ou quatre heures par jour d'exercices physiques pendant lesquelles il lui faut apprendre tous les sports : les jeux de balle et de paume, la nage, la navigation, l'escalade ; Gargantua doit aussi monter dans les arbres, courir, sauter, lancer, crier pour exercer ses poumons, et pratiquer la gymnastique pour développer son corps et fortifier ses muscles. Outre cette éducation physique rigoureuse, l'art de la chevalerie, pour défendre la maison et protéger les amis, figure aussi au plan d'éducation de Rabelais. Elle consiste, pour l'essentiel, dans des leçons d'équitation pour guider le cheval à volonté, dans le maniement des armes, de la lance, de l'épée, de la hache, de la dague et du poignard, ou encore dans des leçons de chasse pour courir le cerf, le chevreuil, l'ours, le daim, le sanglier, etc.

Quant à la formation intellectuelle, elle vise, nous l'avons dit, l'encyclopédisme. C'est toute la science de son temps que l'élève doit acquérir, car seule la connaissance intégrale de la science le remplira d'un souverain bonheur. S'il est une faculté que Rabelais propose de développer dans sa plénitude, c'est la faculté cognitive.

> L'homme ne réalise pleinement sa nature que s'il fait reculer les limites de sa connaissance aussi loin qu'il est possible, que s'il élargit sa conscience de manière à ce qu'elle embrasse l'Univers. Il n'est vraiment et absolument heureux que dans l'état d'exaltation où se trouve l'intelligence en possession de la vérité ; c'est dans les joies de l'ivresse scientifique qu'il doit chercher la béatitude suprême. (Durkheim, 1969, p. 220.)

Quand l'abbé de Thélème, F. Jean des Entommeures, s'aventure avec Panurge à la recherche du bonheur, c'est une île lointaine où s'élève un temple consacré à la « dive Bouteille » qui leur révèle le secret de la félicité. De la bouteille mystérieuse un seul mot s'échappe : boire… boire, et boire encore dans le fleuve de la science jusqu'au ravissement suprême de l'esprit.

Dans la lettre que Gargantua fait parvenir à Pantagruel, il lui recommande d'apprendre les langues : d'abord le grec, comme le veut Quintilien ; ensuite le latin ; puis l'hébreu, le chaldéen et l'arabe pour les Saintes Écritures. Il est aussi recommandé à Pantagruel de former son style à l'aide de Platon, pour le grec, et de Cicéron, pour le latin (Rabelais, *Pantagruel*, chapitre 8, 1973, p. 247). Une brève remarque s'impose ici. À l'inverse d'Érasme, comme il sera vu plus loin, l'intérêt de l'enseignement des langues chez Rabelais, en particulier le latin et le grec, ne relève pas d'une préoccupation esthétique. Comme le note Durkheim (1969), c'est en érudit qu'il approche les Anciens. L'Antiquité n'est pas, selon Rabelais, un instrument ou un modèle de culture esthétique ou d'élégance littéraire, « mais une mine de connaissances positives » (dans Durkheim, 1969, p. 216). Rabelais compose donc son programme sans égard à la valeur littéraire de l'œuvre. Et les *Travaux* d'Hésiode ou les *Géorgiques* de Virgile prennent place, ici, aux côtés de Théophraste, de Dioscoride, de Marinus, d'Oppien et de Pollux. Pantagruel doit aussi s'instruire des arts libéraux et des sciences mathématiques : la musique, la géométrie, l'arithmétique et l'astronomie, à l'exclusion cependant de l'astrologie divinatrice et de l'art de Lulle (l'alchimie).

La science occupe également dans ce programme une place prépondérante. Attention ! Non pas celle toute formelle de la dialectique du Moyen Âge, ni celle à venir de la science expérimentale, mais la connaissance positive des choses du monde, la connaissance de la nature, de l'homme.

> Et quant à la connaissance de la nature, je veux que t'y donnes avec soin : qu'il n'y ait mer, rivière, ni source dont tu ignores les poissons ; tous les oiseaux du ciel, tous les arbres, les arbustes et les buissons des forêts, toutes les herbes de la terre, tous les métaux cachés au ventre des abîmes, les pierreries de tous les pays de l'Orient et du Midi, que rien ne te soit inconnu. (Rabelais, *Pantagruel*, chapitre 8, 1973, p. 248.)

Mais le texte d'un auteur ancien vient toutefois compléter ce contact direct de l'élève avec la réalité du monde. Ainsi, à la table ou à la campagne, à l'égard des aliments qui couvrent celle-là ou des arbres que celle-ci abrite, le contact avec les choses est soigneusement rapproché des textes qui en parlent. C'est une caractéristique de Rabelais que d'insister sur ce processus continuel qui va du livre vers la vie, et de la vie vers le livre (Garin, 1968, p. 74). Pour compléter cette formation intellectuelle, Gargantua recommande aussi d'étudier les plus beaux textes du droit civil, de relire les livres des médecins arabes, grecs et latins, les talmudistes et les cabalistes, et enfin de fréquenter les gens lettrés de Paris ou d'ailleurs.

Une éducation esthétique et une éducation aux métiers s'ajoutent encore à ce programme déjà fort chargé. Les jours de pluie, en effet, Gargantua s'initie aux arts de la peinture et de la sculpture, puis il visite les orfèvres, les fondeurs, les monnayeurs, les tailleurs de pierres précieuses, les horlogers, les imprimeurs et combien d'autres.

Enfin, Rabelais préconise une éducation morale et religieuse, car « science sans conscience n'est que ruine de l'âme ». Quelques heures par jour, Pantagruel doit lire les Saintes Écritures : le Nouveau Testament et les épîtres en grec, l'Ancien Testament en hébreu. Et chaque jour, Pantagruel s'abandonne à Dieu et se recommande à sa clémence.

> Mais — parce que, selon le sage Salomon, Sagesse n'entre pas en âme malveillante et que science sans conscience n'est que ruine de l'âme — tu dois servir, aimer et craindre Dieu, et mettre

en lui toutes tes pensées et tout ton espoir ; et par une foi nourrie de charité, tu dois être uni à lui, en sorte que tu n'en sois jamais séparé par le péché. […] Sois serviable pour tes prochains, et aime-les comme toi-même. (Rabelais, *Pantagruel*, chapitre 8, 1973, p. 248.)

En terminant, ce plan d'éducation que Rabelais propose, cet idéal et cette aspiration profonde au savoir universel, Rabelais lui-même — et plusieurs autres comme Ramus, Alberti, Ficin, Léonard de Vinci — le réalise et l'incarne au plus haut point. Il connaissait toutes les langues dont il recommandait l'apprentissage ; il était médecin, jurisconsulte et théologien, il connaissait tout de l'Antiquité et possédait une solide connaissance de la gymnastique, des arts et des métiers de son temps, ainsi que l'atteste son œuvre (Durkheim, 1969, p. 221). Il est, sur le plan individuel, nous rappelle Durkheim (1969, p. 218), ce que sont les sociétés européennes au temps de la Renaissance : dans sa pleine jeunesse. Et c'est le propre de la jeunesse de faire sauter les barrières.

3.3.3 Érasme ou le courant littéraire

Curieux destin que celui d'Érasme, né de parents non mariés, le 28 octobre d'une année incertaine, l'année 1466 ou 1467, probablement 1469, et qui deviendra le prince de l'humanisme, un pacifiste engagé[33] et un ardent défenseur du christianisme. Né dans une famille de la petite bourgeoisie hollandaise, Érasme n'a laissé que peu de traces de sa petite enfance. En 1476, il entre à l'école Peter-Winckel, à Gouda, puis à l'école capitulaire d'Utrecht, comme choriste, en 1477. De 1478 à 1483, on le retrouve à la célèbre école des Frères de la vie commune à Deventer. C'est d'ailleurs là qu'il fait la rencontre de Rudolf Agricola, alors chantre de l'humanisme aux Pays-Bas. Dès l'âge de 17 ans, Érasme est orphelin. Quelques années plus tard, en 1486 ou 1487, il entre au monastère des chanoines réguliers de Saint-Augustin, à Steyn, près de Gouda. Ordonné prêtre en 1492, il débute une vie d'errance à travers l'Europe, une vie d'humaniste

cosmopolite : d'abord comme secrétaire auprès de l'évêque de Cambrai, Henri de Berghes, puis au collège de Montaigu, à Paris, pour ensuite sillonner l'Europe, depuis l'Angleterre (en 1499) où il fait la rencontre de Thomas More, futur chancelier d'Henri VIII et futur martyr, jusqu'à Louvain (en 1502) où il contribue à fonder le Collège des trois langues, en passant par l'Italie — Turin, Bologne, Venise, Rome — (de 1506 à 1509). Enfin, Érasme revient en Angleterre de nouveau entre 1509 et 1514. En l'année 1522, Érasme quitte définitivement les Pays-Bas et s'installe à Bâle, ville où il termine ses jours en 1536. Ses idées sur l'éducation sont exposées dans les ouvrages suivants : l'*Antibarbaros* (1520), *De ratione studii* (1512) et le *De pueris* (1529). On lui doit aussi le célèbre *Éloge de la folie* (1511), un ouvrage sur la civilité puérile, *De civilitate morum puerilium* (1530) et plusieurs œuvres savantes en philologie et en théologie dans lesquelles il s'efforce de réconcilier la sagesse antique et le christianisme.

Les finalités éducatives

Dès ses premières années d'études à Steyn — il écrira alors avec Gérard Corneille une *Apologie contre les barbares* — Érasme prépare une diatribe qui éclatera plus tard dans son *Antibarbaros*. Les « barbares », ici, ce sont ceux qu'une éducation scolastique a rendus « incultes et déformés » et ceux qui leur enseignent. Dans son ouvrage, qui a pour titre *Érasme parmi nous*, Halkin (1987, p. 32) rapporte ceci :

> Les barbares qu'Érasme combat sont incultes et déformés. L'éducation scolastique avait remplacé les auteurs anciens par les commentaires, les gloses et les sommes. Elle enseignait trop souvent un programme d'études notionnelles et superficielles, où l'argument d'autorité prenait une place indue.

Plus tôt, en l'année 1511, alors qu'il séjournait chez son grand ami Thomas More, Érasme attaquait déjà les méthodes anciennes de cette éducation dépassée. On connaît aujourd'hui la fortune de ce livre célèbre, l'*Éloge de la folie*, qui fait le délice des esprits depuis près de cinq siècles.

D'entrée de jeu, dans son plan d'études, Érasme exige du maître une science universelle.

> Cela dit [il réfère ici aux conseils de Quintilien sur les méthodes d'instruction], quiconque

---

33. Dans les années 1522-1523, voyant la paix menacée en Europe, Érasme fait parvenir aux quatre grands — Charles Quint, François Iᵉʳ, Henri VIII et Ferdinand Iᵉʳ de Habsbourg — chacune des quatre *Paraphrases sur l'Évangile* (Margolin, 1989, p. 729).

voudra donner à autrui quelque enseignement, accordera tous ses soins à fournir immédiatement à son élève les connaissances les meilleures ; mais celui qui veut les enseigner de la meilleure façon devra, de toute nécessité, être omniscient ; ou, si cela n'est pas permis à un esprit humain, qu'il connaisse au moins les éléments principaux de chaque discipline. (Érasme, 1992, p. 448.)

Plus loin, Érasme (1992, p. 448) précise davantage :

> Pour cela, je ne me contenterai pas de ces dix ou douze auteurs[34] mentionnés plus haut, mais j'exigerai le cercle complet du savoir afin que celui qui se prépare à un enseignement élémentaire soit au courant de tout.

De préférence, il recommande Platon et Aristote pour la philosophie ; Augustin, Origène, Chrysostome, Basile, Ambroise et Jérôme pour la théologie ; Homère et Ovide pour la mythologie ; Pomponius Mela, Ptolémée et Pline pour la cosmographie (géographie) ; puis l'étude de l'astrologie, de l'histoire et des sciences naturelles. Mais si le maître est tenu de posséder une telle connaissance, ce n'est pas pour en déverser la totalité dans l'esprit de son élève, mais plutôt pour la lui épargner. En d'autres termes, s'il fait porter par un seul cet immense fardeau, c'est afin de permettre au plus grand nombre de s'en décharger.

Érasme

> Ce que je veux, c'est qu'un seul homme lise toutes les œuvres des Anciens afin de pouvoir dispenser tous les autres d'en faire autant. (Érasme, 1992, p. 451.)

Il s'agit là d'une différence fondamentale qui le sépare de Rabelais : seul le maître doit tout savoir pour épargner à l'élève d'avoir à tout apprendre. Le contenu de la liste que dresse Érasme est minutieusement choisi. La première place revient à Lucien, la deuxième à Démosthène, la troisième à Hérodote. Parmi les poètes on retrouve Aristophane, Homère et Euripide. Parmi les latins on retrouve d'abord Térence, Plaute pour certaines de ses comédies, puis Virgile, Horace, Cicéron et César ; voilà qui est complet. Par le choix minutieux de ses auteurs et la frugalité de son programme, Érasme se distingue une seconde fois des exigences plantureuses de Rabelais. En fait il faut chercher ailleurs les finalités de son programme. Pour Érasme, en effet, la science n'est pas un bien en soi comme chez Rabelais, mais un moyen au service d'une éducation toute littéraire. Comme il s'agit de former le goût de l'élève, nul besoin d'une connaissance encyclopédique. Nous touchons ici à la finalité profonde de l'éducation érasmienne : former un homme de bon sens et de bon goût, capable de discourir oralement et par écrit.

La faculté de discourir, tant à l'oral qu'à l'écrit, est la faculté que nous devons développer avant toutes les autres. Ce qu'il appelle *orationis facultas*, la faculté verbale — l'art par excellence —, c'est l'art de discourir, de développer une idée dans une langue correcte, et surtout dans une langue abondante, élégante et belle, appropriée au sujet. La faculté verbale est aussi l'art d'analyser sa pensée, d'en disposer les éléments dans un ordre convenable ; bref, c'est l'art de bien parler, de bien écrire et de bien discourir en toutes circonstances.

> Il n'y a, dit-il, rien de plus admirable et de plus magnifique que le discours (*oratio*) quand, riche d'idées et de mots, il coule abondamment tel un fleuve d'or. (Érasme, cité dans Durkheim, 1969, p. 225.)

La faculté littéraire, telle est la faculté privilégiée dans l'éducation érasmienne, plutôt que la faculté de connaître, comme nous l'avons vu avec Rabelais.

Le programme d'études

Puisqu'il s'agit de former des hommes capables de bien s'exprimer oralement et par écrit, puisqu'il s'agit de former des hommes de bon goût et de bon sens,

---

34. Érasme fait ici référence à des auteurs grecs et latins tels Homère, Euripide, Aristophane, Hésiode, Lucien, Virgile, Cicéron.

faire connaître aux jeunes gens les grandes œuvres du passé est éminemment souhaitable. Dans ces œuvres résident non seulement une langue riche et belle, mais aussi tout ce qui est digne d'être connu. Or, seules les langues grecque et latine donnent accès à ce trésor. En conséquence, Érasme recommande de se consacrer à l'étude des grammaires grecque et latine avec une égale ferveur. Parmi les grammairiens grecs, Théodore Gaza ravit la première place, puis Constantin Lascaris, la seconde ; parmi les grammairiens latins, la palme revient à Diodème, puis à Nicolas Perotti, pour son zèle jusque dans le moindre détail. Tout en reconnaissant la nécessité de la grammaire, Érasme en veut les règles aussi peu nombreuses que pertinentes, car l'aptitude à s'exprimer correctement s'acquiert principalement par le contact et la conversation avec ceux qui s'expriment en un langage châtié, et la lecture assidue des auteurs éloquents. Pour tirer le plus grand profit de ces lectures, Érasme recommande d'étudier Lorenzo Valla, « qui a écrit de la manière la plus raffinée sur l'élégance de la langue latine » (Érasme, 1992, p. 445). Ce précieux conseil d'Érasme nous introduit à une autre nouveauté.

La langue latine à laquelle fait allusion l'humaniste hollandais n'est pas la langue vivante des scolastiques du Moyen Âge, commode et pratique, mais sans valeur éducative ; c'est une langue nettoyée de ses scories, une langue littéraire hautement éducative. Le latin qu'Érasme introduit pour la première fois dans l'enseignement, c'est le latin classique du siècle d'Auguste, le latin comme langue morte. Puisqu'il ne s'agit pas de tout connaître, mais bien de former le goût de l'élève, une anthologie sera minutieusement préparée en fonction de l'élévation morale de l'auteur et de son mérite littéraire. Et l'érudition, du côté du maître, est ici au service de l'explication littéraire. Durkheim (1969, p. 228) nous le rappelle :

> L'érudition, loin d'être une fin en soi, est donc mise au service d'une autre culture ; c'est un moyen d'explication littéraire.

Voilà pourquoi la littérature occupe une telle place dans le plan d'éducation d'Érasme. Dans sa conception des choses, la littérature est la discipline la plus hautement éducative ; les sciences de la nature, l'histoire et la géographie ne jouant qu'un rôle subsi-

diaire[35]. Mais là ne sont pas les seules nouveautés de sa pensée.

Avec Érasme, en effet, apparaissent un ensemble d'exercices scolaires qui seront à la base de l'enseignement en France par la suite. Tout d'abord l'explication littéraire des textes se substitue à l'*expositio* des scolastiques. Elle consiste à mettre en évidence la beauté et les curiosités littéraires du texte, à faire ressortir ses élégances, ses archaïsmes et ses néologismes, et ses passages obscurs ou critiquables. Quant à l'élève, il doit soigneusement noter dans un cahier les expressions heureuses et les tournures réussies (Durkheim, 1969, p. 228). En outre, insiste Érasme (1992, p. 446), en matière d'éloquence, lire ne suffit pas ; il faut aussi s'exercer à prendre la plume, écrire en vers, en prose, comme en chaque genre de composition. Inconnus au Moyen Âge, la composition écrite et l'exercice de style feront désormais partie du programme d'éducation du jeune élève.

En somme, on a pu voir dans l'importance exceptionnelle accordée à la littérature le signe d'une grande révolution morale et intellectuelle à la Renaissance. Une société se développe, s'améliore et s'enrichit, société qui répugne à la violence et qui aspire aux mœurs délicates et à la politesse. Le *De civilitate morum puerilium* d'Érasme et la critique de Rabelais à l'égard de la dureté de ces professeurs « Sorbonnagres » témoignent de ce raffinement des mœurs. Ce modèle d'une société polie, riche et adoucie s'offrait alors à la vue de chacun dans un modèle relativement parfait :

> [...] C'était le monde de la noblesse. [...] C'est la politesse des cours qu'Érasme se propose de vulgariser dans son *De civilitate* ; il nous en avertit dès le début de son traité. Le jeune Eudémon, ce produit de la nouvelle éducation, nous est présenté comme un jeune page. Et qu'est-ce que l'abbaye de Thélème, sinon une société de gentilshommes et de gentilles dames, mais où la noblesse intellectuelle est mise sur le même pied que la noblesse de sang ? (Durkheim, 1969, p. 232-233.)

---

35. Érasme recommande notamment la lecture de l'*Organon* d'Aristote ; l'étude de la dialectique dans la mesure où elle peut servir la rhétorique ; ainsi qu'un peu de physique et de mathématiques.

Tableau 3.1

Les deux grandes conceptions éducatives du XVIᵉ siècle

	Rabelais	Érasme
Dimension critique	Critique de la scolastique qu'il juge archaïque, dépassée, inefficace, et qui ne s'adresse qu'à l'intelligence verbale.	Critique de la scolastique qu'il juge archaïque, dépassée, inefficace, et qui ne s'adresse qu'à l'intelligence verbale.
Conception de base	Conception naturaliste qui repose sur l'idée que la nature est bonne et généreuse, et que l'homme l'est également.	Conception culturelle, civilisée, axée sur les plaisirs délicats et les raffinements de la vie civilisée et cultivée.
Qualités humaines dominantes	Énergie, passion, force, expansion, libre expression, qui s'expriment en activités intenses, en actions où l'homme se tourne vers le monde de la nature.	Élégance et politesse, raffinement de l'esprit, bon goût et bon sens, maîtrise de soi et bonnes manières.
Principes éducatifs, buts et idéal éducatif	• L'éducation doit favoriser la libre expression et la libre expansion de toutes les facultés humaines : il faut former des hommes complets (tête et corps). • Contre la discipline, contre tout ce qui contient, limite et réprime. • L'idéal rabelaisien : l'homme qui a développé au maximum toutes ses facultés, le Géant. La Science n'est rien d'autre que le grand savoir, le développement maximal de toutes les capacités humaines.	• L'éducation doit favoriser l'imitation et l'apprentissage des meilleurs modèles de culture et de civilité. • Elle doit former un esprit fin, le bon goût et le bon sens, la capacité de bien s'exprimer, tant à l'oral qu'à l'écrit. • L'idéal érasmien : l'homme à l'esprit fin, cultivé et raffiné.
Moyens	Tout apprendre, se soumettre à toutes les expériences, se mettre en contact direct avec les choses de la nature, connaître tous les livres qui parlent des choses.	Apprendre principalement auprès des grands auteurs classiques, apprendre les langues anciennes : le grec et le latin. Apprendre auprès de ceux qui ont un langage châtié.
Conception du savoir que doit apprendre l'élève	La science représente pour Rabelais la synthèse vivante de toutes les connaissances : elle est à la fois érudition, littérature, connaissance des choses, du monde, de la nature.	Essentiellement la littérature classique.
Rôle du maître	L'érudition est une fin en soi. Le maître doit tout savoir afin de tout apprendre à l'élève.	L'érudition n'est pas une fin en soi ; elle est un moyen d'explication littéraire. Le maître doit tout savoir pour épargner à l'élève d'avoir à tout apprendre.

C'est pourquoi, pour développer le goût et la finesse, l'Antiquité gréco-romaine et ses écrivains apparaissent comme les éducateurs désignés des sociétés (Durkheim, 1969, p. 233).

Commentaire

Nous avons successivement présenté les deux grandes conceptions éducatives qui dominent le XVIᵉ siècle : l'une représentée par Rabelais, qui incarne l'idéal du savant, l'autre représentée par Érasme, qui incarne l'idéal du fin lettré. Il serait d'un grand intérêt de poursuivre l'analyse de ces courants, de comparer leurs finalités et leurs contenus de manière à mieux en comprendre les orientations et les besoins auxquels elles répondent[36]. Mais c'est un autre chapitre qu'il nous faudrait ajouter à cet ouvrage. Dans l'espace imparti, il nous faudra nous rabattre sur une brève comparaison en reprenant, sous forme de tableau, les principaux éléments de notre présentation (voir le tableau 3.1).

---

36. Nous suggérons fortement ici la lecture d'un ouvrage qui n'a pas cessé de nous servir de référence tout au long de ce travail : *L'évolution pédagogique en France* d'Émile Durkheim (1969), et en particulier les pages 234 à 260.

Conclusion

Le moment est venu de revoir le chemin parcouru, de résumer l'essentiel de notre propos. L'éducation humaniste a été le thème central de ce chapitre. Pour en améliorer notre compréhension, il nous a d'abord fallu nous replacer dans le contexte sociohistorique et idéologique de la Renaissance. Tour à tour, nous avons examiné les grands courants de pensée et quelques-unes des expériences de décentrement qui caractérisent la Renaissance. Nous avons vu comment, sous l'effet d'un renouvellement général de la culture, l'éducation est devenue une priorité pour les esprits les plus éclairés de l'époque. Nous avons vu comment, lors d'une grave crise de la culture, crise qui a profondément changé la représentation de l'homme et de l'univers, se posa le problème de l'éducation dans toute son ampleur. D'où la réflexion des grands penseurs du temps, d'où le renouvellement des idées sur l'éducation. Nous avons tenté de présenter les grandes conceptions, les grandes doctrines éducatives en nous limitant à deux d'entre elles : le courant encyclopédique de Rabelais et le courant humaniste (ou littéraire) d'Érasme.

Érasme et Rabelais, comme plusieurs autres humanistes des XVe et XVIe siècles, ont largement contribué à la fin de l'éducation scolastique en montrant que ses méthodes anciennes étaient contraires à l'esprit d'un mouvement nouveau qui visait, dans son aspiration la plus profonde, la libération de l'homme, la réalisation d'un idéal d'action combiné à un idéal de connaissance. Ces doctrines, note cependant Durkheim (1969, p. 261), demeurent « des systèmes d'idées, des conceptions toutes théoriques, des plans et des projets de reconstruction ». En ce qui concerne la scolarisation des masses et l'organisation des études, les pratiques pédagogiques et les façons concrètes de faire la classe, il faut bien admettre que ces doctrines ont peu à nous dire. Rabelais est un humaniste bien au fait des problèmes de son temps, un grand voyageur et un observateur attentif de ses contemporains, un lecteur assidu des Anciens et un savant médecin, mais c'est en érudit qu'il approche l'éducation, et qu'il en définit les contours. Érasme, quant à lui, a certes écrit le *De pueris* et le *De ratione studii* ; il s'est intéressé à la première enfance et a proposé, pour la jeunesse âgée entre dix et quinze ans, un plan d'études qui regorge d'intuitions fines et d'observations psychologiques pertinentes, mais c'est bien davantage en humaniste et en philologue qu'il approche l'éducation. Le programme d'études qu'il propose s'adresse d'abord et avant tout à une jeune élite qui consacrera la meilleure partie de son existence à l'étude. C'est l'homme qui intéresse Érasme, et si l'enfance sollicite son intérêt, c'est qu'une enfance bien éduquée prépare l'accès à la plus haute faculté de l'homme, la raison (Margolin, 1965, p. 130). Pour voir ces doctrines se réaliser à l'échelle concrète, pour les voir subir l'épreuve difficile de la réalité scolaire, et pour voir se mettre en place toute une série de conseils pratiques, de règles et de méthodes d'enseignement systématiques, en d'autres termes, pour voir apparaître la pédagogie, il nous faudra attendre le siècle qui sera l'objet du prochain chapitre, le XVIIe siècle.

Au cours de ce chapitre, nous avons tenté de réfléchir à la signification générale de la Renaissance, et nous croyons avoir montré toute l'importance de l'éducation humaniste dans l'évolution des idées et des

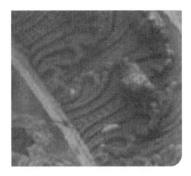

pratiques pédagogiques. Mais ces idées n'appartiennent pas qu'au passé. L'humanisme de la Renaissance et les humanistes eux-mêmes, à travers leurs œuvres, leurs rêves et leurs aspirations, nous parlent encore aujourd'hui ; ils sont un détour obligé sans lequel on risque fort de ne rien entendre au débat actuel sur l'école et la culture, aux questions relatives à la culture générale, à la formation fondamentale et à celles plus larges de la transmission d'un héritage culturel. Sans ce détour du côté des humanistes, sans cette fréquentation et ce dialogue avec les hommes de la Renaissance, on risque de parler de la culture comme les aveugles des couleurs.

Questions

1. Quels sont les rapports qui existent entre l'idéal éducatif de Rabelais et sa conception de la science ?

2. Pour Érasme, l'éducation doit former l'élève en le mettant en contact avec les meilleurs modèles de la littérature et de la culture. Pourquoi ?

3. Comparez les deux grandes conceptions éducatives à l'époque de la Renaissance : l'une représentée par Rabelais, l'autre par Érasme. Quels sont les points de ressemblance et de dissemblance ?

4. Quelle est la signification générale de la Renaissance ? Développez.

5. Suivant la doctrine éducative d'Érasme, quel est le rôle du maître et en quoi diffère-t-il du rôle que lui fait jouer Rabelais ?

6. Malgré l'impact des penseurs humanistes sur les idées et les pratiques éducatives, on ne peut encore parler de véritable pédagogie au XVIe siècle. Pourquoi ?

7. Ponocrates commence l'éducation de Gargantua en le purgeant avec de l'éllébore d'Anticyre. Pourquoi ? Qu'est-ce que Rabelais cherche à exprimer ?

8. Les humanistes ont été de grands réanimateurs de la culture antique et ont contribué à une plus large diffusion du savoir. Pouvez-vous soutenir cet énoncé en l'étayant d'exemples pertinents ?

9. En ce qui concerne les institutions éducatives, quelle est la grande nouveauté de la Renaissance, et quels sont les principes éducatifs qui l'animent ?

10. Quelle est, selon Margolin, la visée première de l'éducation humaniste à la Renaissance ? Développez.

Bibliographie

AIMOND, C. (1939). *Le Moyen Âge*. Paris : J. De Gigord.

AIMOND, C. (1940). *Les Temps Modernes*. Paris : J. De Gigord.

ARIÈS, P. (1973). *L'enfant et la vie familiale sous l'Ancien Régime*. Paris : Seuil.

BAILBÉ, J. (1986). « Les Renaissances à l'aube de la modernité », dans *Actes du XIVe Colloque de l'Institut de Recherches sur les Civilisations de l'Occident moderne*. Paris : Presses de l'Université de Paris-Sorbonne.

BRETON, P., RIEU, A.-M., et TINLAND, F. (1990). *La techno-science en question*. Seyssel : Champ Vallon.

BURCKHARDT, J. (1958). *La Civilisation de la Renaissance en Italie*. Paris : Gonthier.

COUTEAU, A. (1970). *La pédagogie de Rabelais.* Genève : Slatkine.

DEMERSON, G. (1991). *Rabelais.* Paris : Hachette.

DURKHEIM, É. (1969). *L'évolution pédagogique en France.* 2ᵉ éd. Paris : Fayard. (Publication originale en 1938.)

Encyclopédie thématique universelle (1973-1974), nᵒ 7, p. 117-125.

ÉRASME (1992). *Le plan des études.* Trad. : J.-C. Margolin. Paris : Robert Laffont.

FAURE, P. (1958). *La Renaissance.* Paris : Presses universitaires de France.

FRANCASTEL, P. (1970). *Études de sociologie de l'art.* Paris : Denoël.

FREUND, J. (1980). *La fin de la Renaissance.* Paris : Presses universitaires de France.

GARIN, E. (1968). *L'éducation de l'homme moderne 1400-1600.* Trad. : J. Humbert. Paris : Fayard.

GARIN, E. (sous la dir. de). (1990). *L'homme de la Renaissance.* Paris : Seuil.

HALKIN, L.-E. (1987). *Érasme parmi nous.* Paris : Fayard.

JAEGER, W. (1964). *Paideia. Vol. 1 : La formation de l'homme grec.* Paris : Gallimard.

JOLIBERT, B. (1987). *Raison et éducation.* Paris : Klincksieck.

LAZARD, M. (1979). *Rabelais et la Renaissance.* Paris : Presses universitaires de France.

LAZARD, M. (1993). *Rabelais l'humaniste.* Paris : Hachette.

LE GOFF, J. (1975). « Le monde à l'époque de Copernic », dans *Avant avec après Copernic. La représentation de l'Univers et ses conséquences épistémologiques.* Paris : Librairie scientifique et technique Albert Blanchard.

MARGOLIN, J.-C. (1965). *Érasme par lui-même.* Paris : Seuil.

MARGOLIN, J.-C. (1981a). *L'humanisme en Europe au temps de la Renaissance.* Paris : Presses universitaires de France.

MARGOLIN, J.-C. (1981b). « *L'éducation à l'époque des grands humanistes. Vol. 2 : de 1515 à 1815* », dans G. Mialaret et J. Vial (sous la dir. de), *Histoire mondiale de l'éducation.* Paris : Presses universitaires de France.

MARGOLIN, J.-C. (1989). « Humanisme », dans *Encyclopædia Universalis,* nᵒ 11, p. 727-729.

MENARD, P. (1986). « Introduction », dans *Actes du XIVᵉ Colloque de l'Institut de Recherches sur les Civilisations de l'Occident moderne.* Paris : Presses de l'Université de Paris-Sorbonne.

MOREAU, J. (1969). « Platon et l'éducation », dans J. Château (sous la dir. de), *Les grands pédagogues.* Paris : Presses universitaires de France. (Première édition en 1956.)

MOUSNIER, R. (1993). *Les XVIᵉ et XVIIᵉ siècles.* Paris : Quadrige/Presses universitaires de France.

PARSONS, T. (1973). *Le système des sociétés modernes.* Trad. : G. Melleray. Paris, Bruxelles, Montréal : Dunod, Bordas.

RABELAIS (1973). *Œuvres complètes.* Paris : Seuil.

SIMARD, J.-J. (1988). « La révolution pluraliste : une mutation du rapport de l'homme au Monde », dans F. Ouellet (sous la dir. de), *Pluralisme et École. Jalons pour une approche critique de la formation intellectuelle des éducateurs.* Québec : IQRC.

SPENLÉ, J.-E. (1967). *La pensée allemande de Luther à Nietzsche.* Paris : Librairie Armand Colin.

VALCKE, L., et GALIBOIS, R. (1994). *Le périple intellectuel de Jean Pic de La Mirandole.* Québec : Presses de l'Université Laval.

VÉDRINE, H. (1971). *Les philosophes de la Renaissance.* Paris : Presses universitaires de France.

WAELHENS, A. de (1989). « Homme », dans *Encyclopædia Universalis,* nᵒ 11.

Le XVIIᵉ siècle et le problème de la méthode dans l'enseignement ou la naissance de la pédagogie

Clermont Gauthier

Résumé

Le XVIIᵉ siècle donne naissance à la pédagogie. En effet, si l'éducation, durant les époques passées, se définit par la mise en place d'un certain nombre d'éléments éducatifs dont les contenus et la méthode forment l'essentiel, la dimension péda-gogique ne fait l'objet d'une prise en considération systématique qu'au XVIIᵉ siècle. Plusieurs facteurs y concourent : la réforme amorcée par Luther, la riposte catho-lique, un souci moral de l'enfance, ainsi qu'un questionnement de l'utilité de la scolarisation dans le maintien de l'ordre social. Ces facteurs ont pour effet une augmentation du nombre d'élèves, et donc d'écoles, augmentation entraînant la nécessité d'une réflexion consciente et ordonnée sur l'organisation complète de la classe pour régler de nouveaux problèmes d'enseignement.

Dès lors, il s'agit d'énoncer une méthode précise et des procédés détaillés et exacts d'éducation. Toutes les dimensions de la pratique éducative sont abordées en fonction du contrôle et de la gestion : groupe-classe, temps, espace, conduite et posture de l'élève, contenus de savoir, formation des maîtres, et soumises à une codification serrée et détaillée. On assiste à une division des savoirs en trois grands territoires, chacun étant l'objet de subdivisions. L'émulation devient une notion importante de l'éducation du XVIIᵉ siècle, et la classe un système fermé à la réalité extérieure. Les traités pédagogiques et la formation des maîtres appa-raissent. En somme, la pédagogie comme pratique d'ordre et de contrôle marque le début d'une tradition, non pas provisoire, mais qui se perpétuera dans le temps.

Récapitulation

Nous avons déjà parcouru un bon bout de chemin. Retraçons-en les principaux jalons pour mieux nous en imprégner.

Premièrement, dans les chapitres précédents nous avons vu que toute société **éduque**, au sens où elle transmet aux générations montantes une tradition, des coutumes, des façons de faire. En effet, pour J. Moreau, toute société, même celle dite traditionnelle, exerce une fonction éducative en ce qu'elle transmet, de manière plus ou moins consciente, « ses institutions et ses croyances, ses conceptions morales et religieuses, son savoir et ses techniques » (Moreau, 1966, p. 1). Cette transmission se fait de manière informelle, sans que personne n'ait été formellement assigné à cette tâche. Elle se réalise de manière anonyme par une sorte de pétrissage et de mélange des divers ingrédients que sont les valeurs, les coutumes, les mœurs, etc., dans le creuset social.

Deuxièmement, si toutes les sociétés éduquent, toutes n'enseignent pas nécessairement. L'**enseignement** commence plutôt avec les Grecs. Ce sont eux qui, les premiers, se sont séparés de la tradition et ont interrogé la nature, la société. Zone carrefour, la Grèce est un lieu de migration des hommes. Plusieurs étrangers y séjournent régulièrement, plusieurs Grecs voyagent un peu partout dans les contrées avoisinantes, tant et si bien qu'on ne sera pas étonné de voir que ce peuple a sans doute vécu le pluralisme de façon tragique. En effet, ce contact des Grecs avec les autres peuples, les autres cultures et les autres traditions, a eu pour conséquence de les inciter à réfléchir à leur propre tradition, et donc à leur vision de la vérité, de la justice et de la beauté. Les Grecs ont remis en question leurs propres coutumes (leurs propres manières de manger, de s'habiller, etc.), leurs propres manières de gouverner la cité et d'éduquer les enfants.

Les sophistes ont entrepris les premiers cette réflexion. Ces derniers, qu'on qualifie de premiers professeurs, exercent un nouveau métier qui ne se compare à aucun autre au sein des sociétés traditionnelles : celui d'enseignant. Le métier des sophistes, contrairement, par exemple, à ceux des artisans, ne prépare à aucun autre métier précis. On le sait, l'artisan, tel le forgeron, a appris son métier par imitation et répétition, et ce, au contact d'un autre artisan qui lui-même l'avait appris aussi sous l'autorité d'un autre maître et ainsi de suite. Ces métiers font en quelque sorte partie de la tradition. Au contraire, le métier de sophiste ne consiste pas à montrer aux autres un métier appris par imitation et répétition, mais consiste plutôt à aider l'autre à apprendre à penser. Or, penser est une activité qui ne s'applique pas exclusivement à une seule occupation, mais à tous les problèmes de la vie. Grands voyageurs, les sophistes ont trouvé matière à réflexion dans tout ce qui les entourait ; ils ont remis en cause la tradition, ils ont interrogé les fondements de la vérité, de la justice, de la beauté, de la politique et de l'éducation. Comme l'enfance n'était pas vraiment une préoccupation chez les Grecs, les idées éducatives se sont développées davantage à l'intention des jeunes hommes que des enfants. Ils ont réfléchi à ce que pouvait être un homme éduqué, c'est-à-dire celui qui aurait atteint le maximum de sa plénitude (*Paideia*).

Il faut remarquer, cependant, que même si les Grecs ont inventé le métier d'enseignant, même s'ils ont enseigné, ils n'ont pas réfléchi de

façon systématique à l'enseignement, aux manières d'organiser la classe et de transmettre les connaissances. En effet, on ne trouve pas chez eux de traités de pédagogie. *La République* de Platon (1966) est en effet plus un traité sur l'éducation en général qu'un ouvrage sur la manière précise d'enseigner et d'organiser sa classe. Si les Grecs n'ont pas écrit de traités de pédagogie, c'est sans doute qu'ils n'en ont pas senti la nécessité. Même si on parle d'écoles chez les Grecs, il n'en demeure pas moins qu'il faut se représenter autre chose que les vastes bâtiments encombrés d'élèves d'aujourd'hui. Par exemple, le nombre maximal d'élèves à l'école d'Isocrate, célèbre à l'époque, ne dépassait pas neuf, et s'établissait en moyenne autour de cinq ou six. Avec si peu d'élèves, surtout des jeunes hommes rassemblés autour d'un maître, il y a tout lieu de penser qu'il n'y avait pas de véritables problèmes de discipline qui apparaissaient, tellement le contact était étroit et personnel entre le maître et les élèves. Aussi, il n'était pas nécessaire de réfléchir de façon marquée à la pédagogie puisque enseigner, dans un contexte de « préceptorat collectif » comme celui-là, ne posait pas trop de problèmes d'organisation. On ne sera donc pas surpris d'entendre Marrou (1948, p. 221) affirmer que la pédagogie y était routinière et élémentaire. Enseigner se limitait alors à décomposer le contenu et à le transmettre ; cela ne nécessitait pas d'habiletés pédagogiques particulières. Celui qui savait lire pouvait s'improviser maître d'école. On verra que ce sera très différent au XVIIᵉ siècle.

Troisièmement, on a vu que si enseigner est une chose, l'école en est cependant une autre. Il peut donc y avoir de l'enseignement, même s'il n'y a pas d'école. En effet, il a fallu attendre au Moyen Âge pour qu'apparaisse l'école. Celle-ci se définit, selon Durkheim (1969), comme un milieu moral organisé, c'est-à-dire qu'elle rassemble sous un même toit plusieurs maîtres travaillant dans le même but : convertir l'élève au christianisme. Mais, tout comme durant l'Antiquité, la pédagogie n'était pas encore le souci premier de l'école au Moyen Âge. Les grands pédagogues du Moyen Âge tels Abélard et saint Thomas (comme ceux de l'Antiquité d'ailleurs) sont d'abord des penseurs qui professent ; plutôt que de se limiter à enseigner un savoir produit par d'autres, ils créent le savoir qu'ils enseignent. On pourrait même affirmer qu'ils sont des pédagogues par accident, parce qu'ils enseignent et qu'ils exercent leur « art pédagogique » avec beaucoup de talent. Mais on ne trouve pas au Moyen Âge de traités de pédagogie. Les traités qui pourraient s'en rapprocher, pensons au *De magistro* de saint Thomas d'Aquin (1983) ou à celui de saint Augustin (1988), sont écrits au singulier, c'est-à-dire qu'ils abordent la question de l'éducation dans une perspective de préceptorat (un maître avec son disciple) et non dans la visée de clarifier la façon pour un maître d'organiser son enseignement avec un groupe. On ne sera pas surpris de constater que « l'acte essentiel et le régime normal de la pédagogie médiévale sera la lecture (*lectio*) » (Paré, Brunet et Tremblay, 1933, p. 111). Plus encore, au Moyen Âge on ne trouve pas, semble-t-il, une réflexion systématique sur la façon d'enseigner.

Ainsi, entre la réforme carolingienne avec ses « capitulaires » d'ailleurs très primitifs, et les premiers règlements universitaires de Paris ou de Bologne après 1200, malgré une certaine uniformité de programme et

de méthode, nous nous trouvons dans une **période d'improvisation, d'initiative, de mobilité, où les influences souveraines et générales des papes, des conciles, des princes et des empereurs, sont d'ordre moral plus qu'institutionnel, et s'expriment dans des exhortations plus que dans des règlements, soit au point de vue administratif, soit au point de vue de la matière et des méthodes d'enseignement** [c'est nous qui soulignons]. (Paré, Brunet et Tremblay, 1933, p. 56.)

On peut donc affirmer que les procédés pédagogiques sont peu développés au Moyen Âge, car ils ne couvrent que quelques facettes de l'enseignement telles que lire, copier, apprendre par cœur, commenter les auteurs classiques. On ne trouve ni devoirs ni système d'émulation (Durkheim, 1969, p. 303). De plus, ces procédés pédagogiques se limitent d'abord et surtout au contenu et ils servent la logique de la discipline à enseigner. Enfin, ces procédés sont souvent improvisés, et ne font pas partie d'un régime uniforme et institutionnalisé. Ils sont liés aux initiatives de certains membres du clergé, et non le résultat d'un progrès institutionnel qui encadre et sédimente les façons de faire (Paré, Brunet et Tremblay, 1933, p. 56).

Quatrièmement, on a vu que la Renaissance a été un moment important, non seulement dans l'histoire de l'humanité, mais aussi en éducation. Plusieurs discours sur l'éducation ont été rédigés à cette époque. Mais ces derniers avaient le défaut de se limiter à la doctrine, aux grandes finalités ; ils visaient principalement à critiquer la scolastique. Ils se souciaient peu des moyens d'enseignement, des façons précises de faire la classe.

Certes les grands humanistes du XVIe siècle, Érasme, Budé, Rabelais, plus tard Montaigne, avaient lancé dans le domaine pédagogique, nombre d'idées nouvelles. Mais, s'ils avaient abouti à ruiner la philosophie scolastique, ils n'avaient pas exercé, sur les institutions d'enseignement elles-mêmes, une influence directe. (Hubert, 1949, p. 48.)

Qu'on pense un instant à Montaigne, qui écrivait dans la tour de son château de Bordeaux ; les historiens l'ont classé au rang des grands pédagogues, mais il faut bien reconnaître qu'il a très peu écrit sur l'éducation, et que ce qu'il a produit demeure une critique très générale. Il n'est donc pas surprenant de constater que les discours des grands pédagogues de la Renaissance tels Rabelais, Érasme et Montaigne n'ont pas de fonction utilitaire. Écrits par une élite qui n'enseigne pas, ils s'adressent d'abord à cette élite et ils répondent à ses préoccupations : les idées. Ces discours ne sont pas des discours d'enseignants qui ont à gérer des groupes d'élèves sur le terrain de la classe ; ce sont plutôt des réflexions générales sur l'éducation qui s'inscrivent, tout comme chez les Grecs et les intellectuels du Moyen Âge, dans une perspective de préceptorat[1].

---

1. F. Buisson (1968) mentionne plusieurs ouvrages pédagogiques qui auraient été édités au XVIe siècle. Mais de son propre aveu, son travail n'est pas systématique et il contient beaucoup d'ouvrages qui n'appartiennent pas nécessairement à la pédagogie. On voit par ordre alphabétique se succéder des abécédaires, des livrets de classe, des traités d'arithmétique, de grammaire et de toute discipline littéraire et scientifique qui pouvaient se retrouver d'une façon ou d'une autre dans la bibliothèque des écoles. On est loin d'un concept précis de pédagogie.

En somme, nous voulons faire remarquer que, même s'il y a eu plusieurs acquis en ce qui concerne l'éducation depuis les Grecs, en passant par le Moyen Âge et la Renaissance, il n'y a pas encore eu de pédagogie au sens strict du mot. En effet, les sociétés traditionnelles ont éduqué leurs peuples, mais n'ont mis en place ni réflexion pédagogique, ni enseignement, ni école. Même si les Grecs ont inventé l'enseignement, ils n'ont pas fait avancer la réflexion pédagogique. De la même façon, le Moyen Âge a donné naissance à l'école, mais il n'a pas fait progresser la réflexion sur la pédagogie. Les penseurs de la Renaissance ont permis de se débarrasser du Moyen Âge et de la scolastique, mais eux non plus n'avaient pas le souci pédagogique. Il a fallu attendre le XVIIᵉ siècle pour qu'apparaissent un discours et une pratique formalisés que l'on puisse qualifier de « pédagogie ».

Le but de ce chapitre est de montrer que le XVIIᵉ siècle apporte quelque chose de nouveau en ce qui concerne l'enseignement : la méthode, c'est-à-dire la pédagogie. Par **pédagogie**, on entend ici la codification de certains savoirs propres à l'enseignant, c'est-à-dire un ensemble de règles, de conseils méthodiques à ne pas confondre avec les contenus à enseigner, et qui sont formulés à l'intention du maître afin de l'aider à enseigner à l'élève pour que ce dernier apprenne plus, plus vite et mieux.

Introduction

Pour se donner une bonne idée du sujet que nous allons explorer dans ce chapitre, examinons, d'entrée de jeu, deux images[2]. On y trouve l'essentiel de ce que nous allons tenter de démontrer. Elles appartiennent toutes les deux au XVIIᵉ siècle et illustrent l'enseignement dans les classes de cette époque. La première s'intitule *Le maître d'école* et a été peinte par Van Ostade, alors que la seconde met en scène des frères des Écoles chrétiennes à l'œuvre dans une classe. Les deux œuvres présentent un contraste saisissant. Le tableau de Van Ostade montre un vieux maître, la férule à la main, interrogeant un élève à la fois, pendant qu'une quinzaine d'autres, d'âges variés, vaquent à toutes sortes d'occupations, jouent ou se chamaillent. Le local, une sorte de cave, est sale et tenu dans un impressionnant désordre. Par contre, l'autre illustration ne fait voir que partiellement une classe, dans laquelle des enfants du même âge et du même sexe sont en uniforme, assis à leur place, chacun tenant un livre à la main, et concentrés à exécuter une tâche que le maître commande simultanément. On aperçoit, au mur, une carte du monde entre deux images saintes placées symétriquement et, en face des élèves, Jean-Baptiste de La Salle en compagnie de deux autres maîtres. Malgré le nombre imposant d'enfants dans cette classe, probablement autour de 70 élèves, l'ordre, la propreté et le calme semblent régner. Le tableau 4.1 (p. 91) nous permet de mieux saisir la différence entre les deux images.

---

2. La première est de A. Van Ostade, *Le maître d'école*, Paris, musée du Louvre. La seconde, d'un auteur inconnu, est intitulée *Jean-Baptiste de La Salle et les Frères des Écoles chrétiennes*, XIXᵉ siècle, INRP, Musée de l'Éducation.

Figure 4.1   Le maître d'école

Source: Parias (1981, p. 242).

Figure 4.2   Jean-Baptiste de La Salle et les Frères des Écoles chrétiennes

Source: Parias (1981, p. 242).

Tableau 4.1

Une comparaison entre les deux images

Élément	Figure 4.1	Figure 4.2
La méthode	• Enseignement individuel et mode occupationnel • Sans méthode • Désordre	• Enseignement collectif (simultané) et mode fonctionnel • Méthodique • Ordre absolu
Le maître	• Le maître est pauvre (il doit faire autre chose pour gagner sa vie).	• Le maître ne fait qu'enseigner : c'est un professionnel.
Le savoir du maître	• Le savoir enseignant se définit par le contenu à enseigner. Celui qui sait lire peut enseigner à lire.	• Le savoir enseignant diffère du contenu à enseigner. • Enseigner c'est plus que dispenser un contenu, c'est aussi organiser l'environnement total de la classe.
La formation du maître	• Le maître est laissé à lui-même. Il enseigne comme il l'a vu faire, par imitation. • Enseignant « naturel », sans conscience de lui-même	• Maître supervisé. C'est le début de la formation des maîtres. • Enseignant formé à un véritable métier
Les élèves	• Enfants d'âge variable et de sexe différent • Peu d'enfants dans les classes • Enfants faisant plusieurs choses différentes individuellement • Costume de l'époque : diversifié	• Jeunes enfants (même âge et même sexe) • Beaucoup d'enfants • Enfants regroupés faisant ensemble la même chose en même temps • Costume des enfants : l'uniforme
La classe	• Le local sert à autre chose : sorte de boutique, de remise. • Il n'y a pas de tableau.	• Le local sert uniquement à l'enseignement : local spécialisé (exemples : cartes, pupitres). • Le tableau de lecture apparaît avec l'enseignement simultané.
Relation maître-élèves	• Relation du type cruauté/affection, frapper/embrasser ; correction physique : la férule • Relation « impulsive »	• Relation du type humiliation/récompenses ; le « pensum » • Relation rationnelle : échelle graduée des récompenses et des punitions ; distance affective ; exclusion du rapport affectif

Ce contraste entre deux illustrations de la même époque, le XVIIe siècle, à propos du même sujet, enseigner, est étrange et saisissant. Tout se passe comme si un bouleversement des mentalités avait eu lieu à propos de la façon de faire l'école. À l'enseignant « naturel » de la première image, qui a appris par l'imitation de ses maîtres d'autrefois, succède cet autre enseignant, méthodique et ordonné, qui a édifié empiriquement un nouveau « savoir-enseigner » que nous appellerons ici la pédagogie. Enseigner nécessite désormais plus que la maîtrise du seul contenu à transmettre, mais bien la mise en place de toute une série de dispositifs que nous allons explorer un peu plus loin dans la deuxième partie de ce chapitre. Ces procédés ne sont pas apparus du jour au lendemain ; ils sont le résultat de l'effet combiné de plusieurs facteurs qu'il convient d'abord d'examiner.

4.1 Quelques facteurs ayant influencé l'apparition de la pédagogie et leurs conséquences

4.1.1 Les facteurs

La Réforme protestante

En 1517, Martin Luther (1483-1546), théologien et religieux allemand, affiche ses 95 thèses sur les portes du château de Wittenberg, pour protester notamment contre la vente des indulgences. On le sait, les indulgences avaient pour fonction d'assurer la rémission des peines qu'encouraient les chrétiens ayant commis des péchés. Ainsi, la récitation de prières et l'assistance aux offices religieux, par exemple, donnaient des indulgences qui permettaient aux pécheurs d'écourter leur séjour potentiel au purgatoire. Or, un dominicain allemand du nom de Tetzel était devenu célèbre grâce au commerce des indulgences... qu'il vendait dans le but de poursuivre la construction de la basilique Saint-Pierre de Rome. Cela signifiait, en fin de compte, que les riches pouvaient acheter leur ciel, et Luther s'y opposa énergiquement. La protestation de Luther marqua le début d'un mouvement très important qu'on appela la Réforme, et qui s'est soldé par un schisme de l'Église.

En substance, Luther affirmait qu'en matière de foi seule l'Écriture sainte avait l'autorité, et non le pape. Selon cette doctrine, Dieu accorde à l'homme sa Parole (par la Bible) et sa Grâce (par la foi); l'homme vit sa foi et reçoit la Parole divine dans l'intimité de sa conscience, et non plus selon l'enseignement de l'Église. Pour le protestantisme, mouvement religieux issu de l'influence de Luther, chaque individu doit pouvoir interpréter les Écritures. Il faut donc supprimer les intermédiaires et ne pas laisser l'autorité papale les interpréter à sa place.

Si l'imprimerie n'avait pas été inventée, il est probable que les idées de Luther n'auraient pas connu autant d'écho en si peu de temps, et qu'au lieu de prendre l'allure d'un mouvement de réforme à l'échelle de l'Europe, ce n'aurait été qu'une révolte passagère.

Puisque chacun pouvait dorénavant interpréter les Écritures, il devenait donc essentiel de traduire la Bible dans les langues nationales. Luther traduisit donc la Bible en allemand. Aussi, même s'il existe une traduction de la Bible dans la langue du pays, il faut encore que les gens puissent la lire! Luther a donc mis l'accent également sur la nécessité d'éduquer le peuple, et a demandé la création d'écoles élémentaires pour tous les enfants:

> [...] Le droit pour chaque chrétien d'interpréter les Saintes Écritures ne peut aller sans l'obligation de l'enseignement pour tous. Il faut que chacun soit capable de lire les textes et de pénétrer la doctrine prise directement à sa source. (Hubert, 1949, p. 44.)

Le protestantisme a donc été un mouvement déterminant dans la création des écoles et la scolarisation des masses. Parias (1981, t. II, p. 252) indique que du moment où ils ont commencé à bâtir leurs églises, les protestants ont aussi construit des écoles de leur confession.

Il faut noter qu'à cette époque l'immense majorité de la population ne sait ni lire ni écrire. En fait, même si le christianisme est une religion savante, il reste néanmoins que ce sont surtout les rites qui ont été appris par la population, et non les Écritures, sauf pour l'élite et le clergé qui se chargeaient d'enseigner. L'Église était ouverte à tous (pauvres et riches) pour la connaissance des Écritures, mais pour cela il fallait se destiner à une vocation religieuse. Le pape, par le biais du clergé, enseignait à la population, mais celle-ci demeurait encore analphabète pour une large majorité.

La Contre-Réforme catholique

Au tout début, la Réforme protestante n'a pas eu trop d'effet sur l'organisation de l'enseignement dans les écoles catholiques. Les catholiques ont eu une attitude surtout défensive en s'assurant que les maîtres dans les paroisses étaient d'authentiques catholiques (Parias, 1981, t. II, p. 257). Cependant, par la suite, à la fin du XVI⁰ siècle, les catholiques ont adopté une attitude plus offensive, car ils se rendaient compte que ce n'était pas assez de prêcher et de confesser; il fallait mettre en place un instrument plus efficace encore pour dominer les âmes. En conséquence, ils ont fondé eux aussi des écoles.

> Entraînés par l'exemple des protestants et soucieux de vaincre ceux-ci sur leur propre terrain, les catholiques se trouvent amenés à utiliser la

lecture comme moyen d'évangélisation. (Parias, 1981, t. II, p. 21.)

L'exemple le plus éloquent est la formation de la communauté des Jésuites. Ceux-ci, soldats de Jésus-Christ, formant une milice religieuse et enseignante, une communauté ayant prononcé un vœu de fidélité au pape, avaient pour mission de combattre le protestantisme en dehors des monastères, c'est-à-dire dans le monde. Les Jésuites voulaient donner à la parole du Christ la place qu'elle avait avant l'avènement du protestantisme. Ils voulaient donner au christianisme un pouvoir offensif qui lui faisait défaut en ne limitant pas la religion à un rôle réactif aux différentes hérésies, mais en introduisant (et en enracinant) la religion dès le début dans le cœur des jeunes.

> Ce qui avait suscité l'ordre des Jésuites, c'est le besoin ressenti par la catholicité d'arrêter les progrès de plus en plus menaçants du protestantisme. Avec une extraordinaire rapidité, les doctrines de Luther et de Calvin avaient gagné l'Angleterre, l'Allemagne à peu près tout entière, la Suisse, les Pays-Bas, la Suède, une notable partie de la France. En dépit de toutes les rigueurs déployées, l'Église se sentait impuissante et commençait à craindre que l'empire du monde ne lui échappât définitivement. C'est alors que pour mieux endiguer l'hérésie et la refouler mieux, si c'était possible, Ignace de Loyola eut l'idée de lever une milice religieuse d'un genre tout à fait nouveau. Il comprit que les temps étaient passés où l'on pouvait gouverner les âmes du fond d'un cloître. [...] il fallait constituer une armée de troupes légères [...]. La Compagnie de Jésus fut cette armée. (Durkheim, 1969, p. 267.)

Les Jésuites ouvrirent de nombreux collèges qui eurent une grande renommée. Par exemple, on comptait en France près de 300 collèges de Jésuites en 1600 et, à la fin du XVIIIᵉ siècle, on en dénombrait au-delà de 1500. Plusieurs grands esprits, tel Descartes, ont été éduqués dans les collèges jésuites. En conséquence, le clivage entre catholiques et protestants a entraîné la création d'écoles.

Le nouveau sentiment de l'enfance

Parmi les facteurs qui ont influencé la naissance de la pédagogie, il faut mentionner également l'apparition d'un nouveau sentiment envers l'enfance au XVIIᵉ siècle. En effet, l'enfance devient alors un souci moral pour l'adulte.

Selon Ariès (1973), la vision de l'enfance, et partant le comportement des adultes à leur endroit, a varié au fil des époques. Selon cet auteur, dans la société médiévale, ce sentiment à l'égard de l'enfance n'existait pas. L'enfant, dès son plus jeune âge, une fois le risque de mortalité infantile passé, était mêlé aux adultes; il appartenait à la société des adultes. Il prenait part avec son père aux activités agricoles ou, avec sa mère, à la cueillette ou au jardinage. Les enfants étaient évidemment aimés, mais cette affection ne correspondait pas nécessairement à une conscience de la particularité enfantine faisant en sorte que l'enfant fut distingué de l'adulte (Ariès, 1973, p. 177). Ariès argumente en faveur de sa thèse par l'exemple des miniatures du XIIᵉ siècle, où les enfants étaient représentés nus et musclés comme des adultes, et aussi par le fait qu'on les habillait comme des adultes (Ariès, 1973, p. 53). Selon lui, cela est un signe qu'on les considérait comme des adultes à la taille réduite, et non comme des enfants ayant une psychologie et une identité propres.

Au XVIᵉ siècle, on commence à voir une particularité de l'enfance, mais on la considère comme une source d'amusement. Cette période serait celle du « mignotage »; l'enfant est considéré alors comme un jouet charmant dans la famille. On le cajole mais cela n'entraîne pas nécessairement des actions précises, orientées vers son éducation. Un peu plus tard, au XVIIᵉ siècle, l'enfance devient un véritable souci moral. Sa légèreté (son désordre, son vice, son péché) devait être rectifiée. L'enfance est vue durant cette époque comme une période négative qu'on doit guérir. Ce travail de guérison de l'enfance est pris en charge par des agents extérieurs à la famille, les religieux.

> Mais au XVIIᵉ siècle un nouveau sentiment de l'enfance apparaît qui vient de l'extérieur, des hommes d'Église, soucieux de policer les mœurs. Ils étaient aussi devenus sensibles au phénomène jadis négligé de l'enfance, mais ils répugnaient à considérer ces enfants comme des jouets charmants, car ils voyaient en eux de fragiles créatures de Dieu qu'il fallait à la fois préserver et assagir. (Ariès, 1973, p. 185.)

Il s'agissait donc là, dit Ariès, des débuts d'un sentiment sérieux et authentique à l'égard de l'enfance[3]. On ne pouvait plus désormais s'accommoder de la légèreté de l'enfance. Au contraire, cette enfance, il fallait la rectifier. D'où l'enfermement des enfants dans des institutions qui se substituaient alors à la famille. On sent donc la nécessité de créer des écoles pour répondre à ce nouveau sentiment moral envers l'enfance. Même si la thèse d'Ariès a été célèbre durant les années 1970, il reste qu'elle a été passablement nuancée par la suite. Elle a donné lieu à plusieurs études qui ont, par de multiples contre-exemples, fait ressortir notamment la réalité du sentiment à l'égard de l'enfance dès le Moyen Âge[4]. Cependant, un fait demeure, c'est l'importance morale accordée à l'éducation de l'enfance au XVIIᵉ siècle qui, conjuguée aux autres facteurs, a stimulé leur éducation et la création d'écoles.

Le problème urbain

Le nouveau regard moral sur l'enfance a sans doute incité les notables des villes à pointer du doigt la jeunesse turbulente, et à vouloir corriger une situation malsaine. En effet, à cette époque, les jeunes désœuvrés devenaient, pour les gens des bourgs, un tracas de plus en plus important. Ils étaient de plus en plus nombreux à vagabonder, à mendier, à voler dans les villes causant scandale ou crainte chez les habitants. C'est alors qu'une nouvelle idée fit son chemin. Démia (s.d.) déclara qu'ouvrir une école, c'était fermer une prison. Cette thèse de Charles Démia est fort importante parce que, pour la première fois, on argumentait sur l'utilité sociale de l'école. En effet, Démia avait observé que les jeunes de Lyon, particulièrement les enfants du peuple, « étaient dans le dernier libertinage faute d'instruction » (Démia, s.d., avis au lecteur) et qu'il fallait les éduquer « par l'établissement des catéchismes et de la discipline des écoles » (Chartier, Compère et Julia, 1976, p. 60), faute de quoi l'ordre social serait perturbé. Cette position était fort différente de celle de la Renaissance où l'école était surtout réservée à l'élite

et n'était pas véritablement utile sur le plan social. On se rappelle que pour Rabelais il était important de savoir et mauvais d'ignorer, mais chez lui c'était là une valorisation du savoir pour le savoir, et non du savoir en vue d'une utilité quelconque. De même, à la Renaissance, l'éducation du peuple n'était pas valorisée, alors qu'avec une opinion comme celle de Démia (s.d.), reprise par Jean-Baptiste de La Salle (1951), on se rend compte qu'elle peut être aussi l'affaire du peuple, et que toute la société gagne à être instruite. Cette nouvelle vision de l'utilité sociale de l'école a donc eu pour effet de favoriser l'éducation du peuple et, partant, la création d'écoles.

4.1.2 Les effets de ces facteurs

L'effet combiné des quatre facteurs mentionnés précédemment (la Réforme protestante, la Contre-Réforme catholique, le nouveau sentiment de l'enfance et le problème urbain causé par les jeunes) s'est traduit, d'une part, par une augmentation notable du nombre d'élèves avec l'arrivée à l'école des enfants du peuple, des enfants errants et des enfants plus jeunes et, d'autre part, par une augmentation du nombre d'écoles. En effet, Chartier, Compère et Julia (1976) soulignent que dans le nord de la France, au XVIIᵉ siècle, dans la région de l'Île-de-France, quatre paroisses sur cinq avaient une école. Plus encore, ce phénomène ne se limite pas à la France mais englobe toute l'Europe :

> Cette marche vers l'école devient une ruée dans le premier tiers du XVIIᵉ siècle. [...] Cet empressement aux études se vérifie dans l'espace européen. (Chartier, Compère et Julia, 1976, p. 294.)

À titre d'exemple, les auteurs mentionnent que c'est entre 1575 et 1625 qu'on trouve en Pologne la plus grande densité d'écoles paroissiales urbaines et rurales, et que se met en place un premier réseau de collèges et d'académies jésuites. De même, en Angleterre, les associations en faveur des écoles atteignent leur apogée et, en France, les collèges des Jésuites connaissent une popularité croissante et accueillent plus de 40 000 élèves (Chartier, Compère et Julia, 1976, p. 294).

Cependant — et là repose l'essentiel de notre thèse — s'il y a beaucoup plus d'enfants d'âges différents qui fréquentent l'école durant des périodes de

---

3. Il faut bien noter cependant qu'un souci de l'enfance n'est pas encore une théorie ; la première véritable grande théorie de l'enfance viendra avec Rousseau au XVIIIᵉ siècle.

4. Voir à ce sujet l'excellent article de Danièle-Alexandre Bidon (1991), « Grandeur et renaissance du sentiment de l'enfance au Moyen Âge ».

temps plus longues, cela ne va pas sans créer des problèmes pédagogiques, puisque la pédagogie utilisée jusqu'alors était encore une pédagogie au singulier, c'est-à-dire une pédagogie où le maître recevait à tour de rôle les élèves (qui étaient peu nombreux dans sa classe) et où le seul savoir pédagogique véritablement établi consistait à connaître la matière enseignée. Quiconque savait lire pouvait enseigner la lecture. Or, l'arrivée d'un plus grand nombre d'enfants à l'école, et leur fréquentation plus assidue, devient le révélateur de l'insuffisance des méthodes d'enseignement. Certains propos d'auteurs de l'époque en témoignent :

> La Barque de notre didactique dirigera sa proue et sa poupe à la recherche et à la découverte de la méthode qui permettra aux enseignants de moins enseigner et aux étudiants d'apprendre davantage, **aux écoles de connaître moins de bruit, moins de dégoût, moins de travail inutile et plus de loisirs, plus d'agrément et de solide profit** [c'est nous qui soulignons] [...]. (Comenius, 1952, p. 31.)

Ou encore :

> Afin donc de soulager en quelque façon ceux qui sont dans cet emploi, en leur donnant quelque sorte de facilité pour **enseigner avec moins de peine, et en moins de temps** [c'est nous qui soulignons] ce que la jeunesse doit savoir de ses premiers Principes. (De Batencour, 1669, préface.)

C'est donc dire qu'enseigner à des groupes d'enfants n'était pas facile et que le maître avait à faire face à bien des problèmes de discipline, de motivation, d'organisation de la classe, etc. Aussi cette tâche nécessitait bien plus que la maîtrise du contenu ; elle nécessitait la mise en place de tout un système de règles et de procédés, système qui devait englober la totalité de la vie de la classe.

C'est en vue de régler ces problèmes d'enseignement que des maîtres d'école ont entrepris la recherche de solutions. Cela a consisté en la mise en place de ce que nous appelons ici la **pédagogie**, c'est-à-dire l'établissement d'une **méthode et de procédés détaillés et précis pour faire la classe**. Ces procédés impliquent la prise en compte de l'organisation du temps, de l'espace, des contenus à voir, de la gestion disciplinaire ; bref, il s'agit d'une méthode régissant la totalité de la vie scolaire, des micro-événements

aux aspects plus généraux, de l'arrivée des élèves à leur sortie, du premier jour de l'année scolaire au dernier.

Qu'est-ce donc que la pédagogie ? C'est un discours et une pratique d'ordre qui visent à contrer toute forme de désordre dans la classe. La question pédagogique devient alors : comment enseigner à des **groupes d'enfants** (du peuple) pour une **période continue** dans un **local** donné et en faisant en sorte qu'ils apprennent **plus, plus vite et mieux** ?

> Nous avons l'audace, nous, de promettre une « Grande Didactique », je veux dire un traité de l'art complet d'enseigner tout à tous. Et de l'enseigner de telle sorte que le résultat soit infaillible. Et de l'enseigner vite, c'est-à-dire sans aucun dégoût et sans aucune peine pour les élèves et pour les maîtres, mais plutôt avec un extrême plaisir pour les uns et les autres. Et de l'enseigner solidement, et non superficiellement et en paroles, mais en promouvant les élèves à la vraie culture scientifique, littéraire et artistique, aux bonnes mœurs, à la piété. (Comenius, 1952, p. 33.)

La mise en place d'une méthode d'enseignement va de pair avec la formation des maîtres, puisque les plaintes dénonçant la mauvaise qualité des maîtres des petites écoles urbaines étaient nombreuses (Chartier, Compère et Julia, 1976, p. 67). Tant qu'enseigner n'était qu'une affaire de contenu, cela ne nécessitait que la maîtrise de sa matière et n'obligeait pas à une quelconque formation. L'enseignant apprenait auprès d'un confrère ou, le plus souvent, il était laissé seul à lui-même et apprenait sur le tas (Parias, 1981, t. II, p. 277). Ceux qui exerçaient le métier étaient bien souvent ceux qui n'avaient pas réussi à se trouver de place ailleurs :

> [...] de là un étrange mélange d'ouvriers, d'anciens soldats, de domestiques en mal de situation, d'invalides de guerre. Ou bien ce seront de tout jeunes gens qui s'improvisent maîtres d'école pour avoir le temps de chercher un métier véritable. (Snyders, 1971, p. 301.)

Mais, à partir du moment où des problèmes d'enseignement sont survenus et que certains enseignants se sont mis à réfléchir à leur métier, à le codifier, on s'est rendu compte que la seule maîtrise du contenu ne suffisait plus et que l'apprentissage du métier nécessitait une formation particulière. Au fond, on a compris que l'enseignement est un métier spécialisé qui demande la formalisation et l'apprentissage d'un code. On attribue à Charles Démia (s.d.) une des premières tentatives de formation des maîtres (Marc, dans Avanzini, 1981, p. 250). Démia, qui s'inspira abondamment de l'œuvre de De Batencour (1669), a créé le premier organisme français de formation des maîtres en 1678. Les Frères des Écoles chrétiennes, communauté exclusivement vouée à l'enseignement, ont aussi mis en place une formation rigoureuse de leurs novices. Les Jésuites se sont également rendus célèbres par l'excellente formation donnée aux membres de leur communauté qui se destinaient à l'enseignement. Dans ces deux cas, on a instauré un ordre véritable dans les classes : toutes les classes des Jésuites se ressemblaient, toutes les classes des Frères des Écoles chrétiennes également, peu importe qu'elles soient situées en France, en Nouvelle-France ou ailleurs.

4.2 La pédagogie comme nouveau savoir méthodique sur l'enseignement dans les écoles

4.2.1 Une méthode inspirée de la nature

Enseigner, c'est plus que simplement dispenser un contenu, le diviser en séquences et le transmettre ; c'est aussi se soucier d'autrui. L'enseignement implique un élan vers l'autre, l'élève, pour le saisir, le soutenir, lui donner ce dont il a besoin. Cela suppose donc une méthode qui dépasse les seules considérations au sujet de la matière, et qui s'intéresse à celui à qui on s'adresse. Tant que l'enseignement s'appliquait à quelques enfants à la fois et de façon épisodique, il n'y avait pas de problèmes à proprement parler puisque le maître était suffisamment près de ses élèves pour s'ajuster, au besoin, et gérer les problèmes qui pouvaient se poser. Mais à partir du moment où l'autre, l'élève, n'est plus au singulier et devient un groupe plus permanent, alors tout change et c'est là qu'il y a lieu de se donner une méthode pour gérer ce collectif. Le sous-titre de l'ouvrage de Comenius (1952) est révélateur à ce chapitre. En effet, « enseigner tout à tous » signifie de ne pas

seulement se limiter au contenu, ni de travailler selon le mode du préceptorat, mais de faire en sorte que « tous » aient accès au contenu, peu importe leurs différences individuelles. C'est déjà tout le programme de la pédagogie que trace Comenius, pédagogie qui ne se conjugue qu'au pluriel et qui nécessite une méthode, c'est-à-dire la mise en place d'un ordre soigneusement pensé, afin de s'assurer que les élèves apprennent plus, plus vite et mieux.

Pour les pédagogues du XVIIᵉ siècle, la nature nous livre la méthode. On voit là sans doute l'influence des idées de la Renaissance. Mais il faut bien comprendre que la nature dont il est question est une nature bien « surnaturelle ». En effet, pour Ratichius, il faut respecter l'œuvre de Dieu, la nature, et s'y conformer. Or, celle-ci est essentiellement harmonieuse. Par conséquent, la nature fournit une méthode :

> La nature, ennemie du désordre, s'efforce de tout ordonner pour que tout soit normalement enseigné et appris d'une manière rapide et précise. (Ratichius, cité par Rioux, 1963, p. 249.)

De même, pour Comenius (1952, p. 76), il faut suivre l'ordre de la nature :

> Si nous recherchons en vertu de quelle force l'Univers composé de parties si distinctes se maintient dans son être, nous constatons que c'est uniquement par l'ordre qui est la juste disposition des choses dans l'espace et dans le temps [...]. C'est pourquoi quelqu'un a dit que l'ordre est l'âme des choses.

Et un peu plus loin il indique ceci :

> [Il faudrait essayer de] donner aux écoles une organisation telle qu'elle soit, en tout point, aussi précise que celle d'une horloge. (Comenius, 1952, p. 79.)

Les catholiques, avec De Batencour (1669), Démia (s.d.) et les Jésuites, vont dans le même sens, à peu près à la même époque. Par exemple, on verra De Batencour (1669, p. 8) affirmer que « tout ce qui est de Dieu est selon l'ordre ». Bref, la méthode en pédagogie s'inspire alors de la nature et cette dernière, œuvre divine, est parfaite aux yeux des pédagogues du XVIIᵉ siècle : entièrement ordonnée, sans hasard. La pédagogie, comme méthode s'inspirant de la nature, s'efforce par conséquent de conjurer le désordre sous toutes ses formes. Et de la méthode vient le succès :

Nous avons l'audace, nous, de promettre une « Grande Didactique », je veux dire un traité de l'art complet d'enseigner tout à tous. Et de l'enseigner de telle sorte que le résultat soit infaillible. Et de l'enseigner vite, c'est-à-dire sans aucun dégoût et sans aucune peine pour les élèves et pour les maîtres, mais plutôt avec un extrême plaisir pour les uns et les autres. (Comenius, 1952, p. 33.)

Voilà donc le grand idéal pédagogique qui se met en place au XVIIᵉ siècle et qui a un succès certain. En effet, Snyders (1971, p. 289) attribue précisément à la méthode le succès de la pédagogie des Jésuites qui s'est élaborée au XVIIᵉ siècle :

Le caractère le plus évident des collèges du XVIIᵉ siècle, et une des causes du succès que connurent les Jésuites, apparaît comme l'effort pour faire vivre une jeunesse turbulente d'une façon méthodique.

4.2.2 Les caractéristiques de la méthode

Nous avons vu que la pédagogie est essentiellement méthode, c'est-à-dire ordre et contrôle minutieux de tous les éléments de la classe. Examinons maintenant par le détail la nature de ces mécanismes de contrôle. Il faut bien comprendre que certains de ces procédés de contrôle ont pu apparaître à des époques antérieures, mais ce qui nous semble particulièrement important c'est leur mise en place, en même temps et de façon systématique, et leur effet conjugué qui a donné naissance à ce qu'il a été convenu d'appeler la pédagogie.

La maîtrise du groupe : l'enseignement simultané

Premièrement, l'enseignement simultané implique que le maître puisse voir l'ensemble du groupe d'élèves d'un seul coup d'œil, afin de mieux le maîtriser. En se plaçant devant la classe, face aux élèves, souvent sur une petite marche appelée la tribune, le maître peut livrer sa leçon, donner ses consignes à tous ses élèves pour l'exécution d'un même travail et, d'un simple balayage des yeux, surveiller le fonctionnement du groupe. Même si cette forme d'enseignement était déjà présente, par exemple au Moyen Âge, dans les universités, elle ne se rencontrait pas vraiment dans les petites écoles, sans doute parce que le nombre d'élèves ne le justifiait pas. En effet, le maître d'école du XVᵉ ou du XVIᵉ siècle enseignait de manière individuelle en recevant les élèves à tour de rôle à sa table, alors que les quelques autres devaient s'occuper par eux-mêmes.

Le maître interroge l'un des enfants sous la menace de sa férule ; pendant ce temps les autres, de tous sexes et de tous âges, éparpillés aux quatre coins, jouent ou écrivent, lisent ou se chamaillent. (Chartier, Compère et Julia, 1976, p. 111.)

La pédagogie élémentaire était encore conçue au singulier avant le XVIIᵉ siècle.

L'enseignement simultané suppose plusieurs éléments qui n'étaient pas réunis auparavant, du moins en ce qui concerne l'enseignement élémentaire. D'abord il implique que les enfants ayant les mêmes capacités soient regroupés. Cela est maintenant davantage possible depuis que l'on se soucie de l'éducation de l'enfance et particulièrement des enfants du peuple ; les classes sont donc plus nombreuses. À en croire des commentaires de De Batencour (1669, p. 49), prêtre catholique enseignant à Paris, ses classes pouvaient regrouper environ cent élèves. Il y a donc plus d'enfants qui fréquentent les écoles et, partant, une plus grande possibilité de les regrouper selon leur niveau. Avec une classe de cent élèves, on imagine mal le maître recevoir chacun d'entre eux à tour de rôle pour l'interroger. Pressés par les exigences d'un nouveau contexte, les maîtres n'ont eu d'autre choix que d'innover. On rapporte que même les tableaux de lecture sur les murs de la classe sont en relation avec le développement de cette méthode simultanée (Chartier, Compère et Julia, 1976, p. 130). De plus, pour que l'enseignement simultané se concrétise, il fallait que les enfants aient chacun un exemplaire du même livre, et non plus seulement le maître, comme cela était le cas auparavant ; cela n'est devenu possible qu'avec l'invention de l'imprimerie. Les effets de cette invention du XVᵉ siècle (1455) se font sentir d'une manière assez évidente au XVIIᵉ siècle. On sait qu'Érasme (1989) a profité de cette invention pour écrire le premier best-seller au XVIᵉ siècle (*Éloge de la folie*), et on sait que les idées de Luther ne se seraient pas diffusées autant sans le support de l'imprimerie. Avec l'imprimerie, le livre devient de moins en moins un objet de luxe, comme c'était le cas au temps de Charlemagne, à l'époque où il était considéré comme un vase précieux serti de diamants. Le livre devient un objet de consommation courante. Un plus grand accès à l'écrit a ainsi modifié la façon d'enseigner. Avec l'enseignement simultané, voici que l'on a une alternative sérieuse pour mettre fin à l'école désordonnée et bruyante illustrée par le tableau de Van Ostade.

La gestion du temps

Deuxièmement, à l'école, le maître doit gérer le temps. L'horaire est soigneusement préparé de sorte que, de l'arrivée des élèves à leur sortie, il n'y a aucun temps mort dans la journée. Les activités se succèdent rapidement : entrée, prière, déjeuner, leçons, messe, catéchisme, etc. L'oisiveté, « mère de tous les vices », est perçue comme une source de désordre ; il convient donc d'occuper les enfants à tout moment (Chartier, Compère et Julia, 1976, p. 114). On assiste alors à une obsession de l'horaire. Le temps n'est pas laissé au hasard ; il est prévu, minuté, rempli. Chaque activité se déroule à heure fixe, à la fois pour éviter l'empiétement de l'une sur l'autre, pour éviter l'omission d'aspects importants et pour parer à l'imprévu (Jouvency, 1892, p. 93). Jean-Baptiste de La Salle (1951, p. 262) recommande à l'inspecteur des écoles de voir à ce « qu'il ne reste pas de temps aux maîtres après avoir fait lire tous les écoliers » et, s'il y a moins d'élèves dans la classe qu'il n'en faut pour remplir le temps, le maître devra faire « lire à chaque écolier à peu près autant de lignes qu'il sera nécessaire pour occuper tout le temps qui doit être employé à lire dans cette classe, n'y devant pas avoir de temps inutile dans aucune classe ».

Cette obsession de l'emploi du temps est, selon Durkheim (1969), ce qui explique, en partie du moins, l'énorme succès remporté par la pédagogie des Jésuites. En effet, les Jésuites tenaient à ce que les élèves soient sans cesse occupés. Pour ce faire, pour ne pas que les élèves restent inactifs, ils ont inventé les devoirs écrits :

Inconnus au temps de la scolastique, les devoirs écrits prirent avec les Jésuites une belle revanche. C'est chez les Jésuites qu'a pris naissance ce système pédagogique qui fait du devoir écrit le type du devoir scolaire. [...] Dès les classes inférieures, l'élève était tenu de faire par jour au moins deux devoirs

latins, sans préjudice des devoirs grecs. Mais le nombre et l'importance des devoirs allaient croissant à mesure qu'on s'élevait dans la hiérarchie des classes. (Durkheim, 1969, p. 285.)

La gestion de l'espace

Troisièmement, le maître doit aussi gérer l'espace : « les enfants n'ayant pas chacun leur place ne font que de la confusion et du bruit dans l'école. » (De Batencour, 1669, p. 138.) Là également les directives abondent. D'abord, plusieurs recommandations ont trait à l'école en général ; celle-ci doit être un lieu fermé au monde extérieur pour éviter toute distraction qui risquerait de causer le désordre. Selon De Batencour (1669), elle doit être située de préférence à l'écart du voisinage, ou encore, selon De La Salle (1951), l'école ne doit pas avoir de fenêtres à moins de deux mètres du sol (dans le texte original, on parle de sept pieds). On voit là l'envers de la pédagogie nouvelle du XXᵉ siècle qui s'efforce d'ouvrir l'école sur le monde.

D'autres directives ont trait à l'organisation de la classe, dont l'espace est soigneusement quadrillé :

Chacun des écoliers en particulier aura sa place réglée, et aucun d'eux ne quittera, ni ne changera la sienne, que par l'ordre et le consentement de l'inspecteur des écoles. (De La Salle, 1951, p. 251.)

Ce quadrillage de l'espace est réglé selon toute une série de critères précis. Par exemple, on assigne des places précises à chacun : les premières aux élèves les plus avancés, ceux qui étudient le latin ; ensuite, d'autres places sont prévues pour ceux qui apprennent à écrire ; finalement, de chaque côté on place ceux qui lisent sans écrire. À ces grandes catégories s'ajoutent des subdivisions, des places assignées selon les capacités, selon la richesse (pour des motifs hygiéniques !), ou encore des places particulières pour les nouveaux. Les élèves punis méritent le banc d'infamie (ou banc des ignorants) situé derrière la porte ou dans le lieu le plus sordide de l'école (Chartier, Compère et Julia, 1976, p. 119).

Enfin, des estimations sont également faites afin de déterminer le ratio idéal espace-nombre d'écoliers, les images à afficher, la dimension des bancs, etc. (Chartier, Compère et Julia, 1976, p. 119). Par exemple, De Batencour (1669, p. 138) fait les recommandations suivantes :

> Ces tables doivent être placées au lieu le plus clair de l'école, chaque bout de celles-ci posé sur la fenêtre, en sorte que les enfants aient le côté gauche vers ladite fenêtre. Chacun doit avoir quatorze pouces [environ 35 cm] pour sa place, s'il est de médiocre grandeur ; si c'est un petit, douze [environ 30 cm] ; si c'est un grand, seize [environ 40 cm]. Il est encore nécessaire que les tables ne soient pas toutes de pareille hauteur, mais qu'il y en ait partie de plus grandes ou de plus petites, afin de pouvoir placer commodément les enfants pour bien écrire.

Avec toutes ces recommandations concernant l'organisation des lieux, on voit que le local de classe devient un espace spécialisé dont l'arrangement sert à des fins précises. On est bien loin du fouillis illustré par Van Ostade.

La direction de l'enfant

Quatrièmement, le maître doit diriger l'enfant : sa posture, ses déplacements, sa conduite lui sont dictés.

La posture

Le XVIIᵉ siècle a institué un véritable code des postures. On dit qu'une mauvaise posture est un signe de relâchement (de désordre) ; l'extérieur est à l'image de l'intérieur. Un corps bien tenu est l'expression d'une âme forte, dit-on aussi. Les élèves adoptent telle posture pendant les leçons, telle autre pendant les prières, une troisième pour les exercices d'écriture, une autre pour la lecture (le doigt près du mot à lire), etc. Par exemple, en ce qui concerne l'écriture, on dit ceci :

> [Après avoir bien appris à tenir la plume,] il faut faire tenir le corps de celui qui écrit, de telle façon qu'il ne soit ni trop penché sur le papier, ni trop droit mais dans une agréable médiocrité : à cet effet, il observera, que le bras gauche soit posé à son aise sur la table, et que la pesanteur du corps y soit entièrement appuyée, afin de soulager le bras droit, qui par ce moyen demeurera plus libre pour bien écrire, et arrêté. Il faut tenir le corps droit devant le papier, n'inclinant ni à droite ni à gauche, mais seulement baissant médiocrement

la tête et les épaules vers l'écriture. Le bras droit doit porter sur la table jusqu'au milieu de l'intervalle qui est depuis le bout des doigts jusqu'au coude : que le reste du corps, notamment l'estomac ne soit appuyé sur la table, sinon légèrement, car outre que cela est mauvaise grâce, cette posture pourrait causer de grandes douleurs à l'estomac, à quoi il faut prendre garde [...]. (De Batencour, 1669, p. 199-200.)

Bref, il s'agit là de la mise en place d'un véritable mécanisme de contrôle des corps. Pour ceux qui ont connu l'école élémentaire avant la Révolution tranquille, au Québec, on se souviendra qu'il s'est transmis sans trop de modifications. Rappelons, par exemple, la position dans laquelle les écoliers devaient tenir la plume, et le transparent qui devait être glissé sous la feuille du cahier d'écriture.

Les déplacements

Non seulement la posture fait-elle l'objet d'un contrôle minutieux, mais également les déplacements. D'abord, les déplacements des élèves à l'extérieur de la classe (ou de l'école) s'exécutent dans l'ordre, en **rang**. Chaque élève a une place qui lui est assignée selon des critères précis (par exemple, selon la taille, du plus petit au plus grand). Le rang devient la méthode par excellence pour gérer les déplacements :

> Les écoliers des plus basses classes sortiront avant ceux des plus hautes ; ceux, par exemple, de la plus basse sortiront pendant qu'on chantera des cantiques. Les écoliers sortiront de leurs classes et de l'école deux à deux, chacun ayant son compagnon qui lui sera donné par le maître. Les écoliers sortiront de leur place avec ordre de cette manière : le maître ayant fait signe au premier d'un banc de se lever, cet écolier partira de sa place, le chapeau bas, les bras croisés, et, en même temps, celui qui lui aura été donné pour compagnon [...]. Les écoliers, étant hors de leur classe, cesseront de prier Dieu haut, et marcheront en silence et avec ordre, les uns après les autres. (De La Salle, 1951, p. 111.)

Même le retour à la maison se fait sous la responsabilité de « dizainiers », des officiers de la classe qui s'occupent de la conduite des élèves dans les rues.

À l'intérieur de la classe, les déplacements des élèves s'effectuent avec discrétion et en silence. On a même pris soin de préciser comment les élèves doivent procéder pour aller aux « nécessités » : l'élève prend une petite baguette accrochée au mur à sa sortie, et la remet en place à son retour (Démia, s.d.). Cela évite au maître de parler inutilement et de déranger la classe. Aucun élève ne peut aller aux toilettes s'il ne voit pas la petite baguette accrochée à sa place. Également, pour diminuer le va-et-vient dans la classe, on fait appel à des officiers distributeurs et collecteurs de papier qui se chargent, comme leur nom l'indique, de l'exécution de ces tâches (De La Salle, 1951, p. 223).

De plus, on instaure une série de **signes** qui permettent l'exécution de tâches tout en maintenant le silence. Ces signaux permettent un enchaînement ordonné entre les activités ou les déplacements. Un coup, deux coups avec le « signal »[5] signifie qu'il faut commencer à lire, cesser de lire, etc. La cloche, à l'extérieur et dans les corridors, ainsi que la clochette, dans la classe, ont cette même fonction. Ces instruments assurent l'ordre en maintenant le silence. Les activités se succèdent sans perte de temps. Le maître peut aussi faire les signes avec son corps :

> Pour faire réciter les prières, le maître joindra ses mains. Pour avertir de répéter les réponses de la Sainte Messe, il frappera sa poitrine. Pour avertir de répéter le catéchisme, il fera le signe de la Sainte Croix. (De La Salle, 1951, p. 126.)

La conduite

Au-delà de la posture et des déplacements de l'enfant, les écoles du XVIIe siècle mettent en place un véritable **système de surveillance**. La base de ce système consiste à ne jamais laisser l'élève seul et à faire en sorte qu'il soit toujours surveillé, même symboliquement. Ce système se compose d'abord de dispositifs de surveillance pouvant être utilisés par le maître.

De Batencour (1669) parle de prévoir, dans l'architecture scolaire, une petite fenêtre, appelée « jalousie », d'où il serait possible de surveiller les élèves de l'extérieur sans être vu. On pense aussi à la chaire surélevée, appelée « tribune », permettant de voir tous les enfants d'un seul regard. Ensuite, la surveillance peut être assurée aussi par les officiers de la classe, c'est-à-dire par des élèves spécialement désignés pour prendre note du nom des contrevenants et pour les dénoncer au maître. Ce sont les rapporteurs officiels, ceux qui prennent en quelque sorte le relais du maître en son absence.

Plus encore, le système de surveillance se raffine au point où on fait appel à Dieu lui-même. « L'œil de Dieu te regarde » ; « Dieu te surveille ». C'est ici qu'on voit apparaître ce que nous appelons la surveillance symbolique permanente, par le jeu des images saintes illustrant, entre autres, Jésus crucifié, le Jugement dernier et l'enfer. De Batencour (1669, p. 52) dit que l'image de l'enfer sert à faire peur aux enfants quand ils ont fait une faute, et celle du paradis les encourage quant à elle à la vertu. La surveillance va encore plus loin, entre autres, dans les collèges des Jésuites, où la confession permet de recevoir les aveux, de connaître les secrets des élèves. Bref, non seulement l'extérieur est vu, mais l'intérieur également ; l'âme est épiée, l'intimité profonde est scrutée. C'est là un formidable système d'intimidation dont l'efficacité a été largement reconnue.

Pour mieux diriger la conduite des élèves, en plus du système de surveillance, on a modifié la **structure des peines et des récompenses**. L'idée de base est d'introduire la rationalité dans ces pratiques :

> Le maître dispensera avec prudence et précaution la louange et le blâme. Il ne prodiguera pas les récompenses au hasard et sans mesure. [...] Et l'on se gardera surtout de montrer de la haine ou de l'aversion pour celui à qui l'on adresse un reproche ou un blâme [...]. (Jouvency, 1892, p. 89.)

On allait passer du rapport cruauté/affection au rapport humiliation/récompense. Dans cette perspective, Jouvency (1892, p. 87) a déclaré ceci :

> On a observé, dans nos règles, avec beaucoup de sagesse et de vérité, que l'on réussit beaucoup plus auprès des enfants par la crainte du déshonneur que par la crainte des châtiments [...]. C'est

---

5. « Le signal traditionnel se compose de deux tiges en bois dur : une grosse renflée vers le bout, et une mince appliquée sur ce renflement par une cordelette qui s'y enroule. En abaissant, puis en relâchant la tige mince, elle frappe sur le bout de la grosse en émettant un petit claquement » (De La Salle, 1951, p. 125). Parmi ceux qui sont nés avant la réforme de l'enseignement au Québec, plusieurs ont sans doute connu le « frappoir » ou « claquoir », petit instrument fait de deux morceaux de bois creusés légèrement à l'intérieur, et reliés entre eux par une penture ; cet instrument servait à gérer les déplacements et les activités de la classe.

pourquoi un maître sage doit se borner à l'emploi de ces deux moyens, la louange et le blâme.

En ce qui concerne les punitions, les fautifs sont punis mais les châtiments changent de forme. Les peines sont graduées selon la gravité du délit, et prennent un caractère d'humiliation. On a beaucoup fait état de la cruauté à l'école au Moyen Âge. Ici, il est recommandé au maître de ne pas se laisser emporter par ses émotions. S'il punit, il doit le faire sans colère ni passion, avec distance, avec une gravité de père, dit De La Salle (1951). Le châtiment corporel n'est pas aboli, mais c'est maintenant la dernière mesure d'une série de peines graduelle. Au XVIIᵉ siècle on préfère remplacer les châtiments corporels par des pénitences qui visent à humilier l'élève : bonnet d'âne, banc du déshonneur, latomies (prison dans l'Antiquité), banc des ignorants, ou encore pensums (copie).

> [La place de l'âne] où l'on mettra un petit ratelier avec du foin, un vieux morceau de bride à cheval où on mettra les paresseux ; et même il doit y avoir attaché au-dessus un vieux bonnet de carte avec des grandes oreilles de carte qui y seront attachées, qu'il faut mettre sur la tête des paresseux, un petit ais d'un pied en carré où sera peinte la figure d'un âne et une petite attache pour le pendre ; il y aura quelque vieux haillon de tapis de droguet pour servir de housse sur le dos de l'âne et celui qui sera mis en cette place sera revêtu de ces beaux habits d'âne et promené par l'école, avec un balai à la main et attaché par le bras au ratelier en la place de l'âne, tant que le maître le trouvera à propos et le fera huer de tous les écoliers. (Chartier, Compère et Julia, 1976, p. 119, citant De Batencour.)

De la même façon, les récompenses ne sont plus les mêmes. Au lieu de se livrer à des manifestations d'affection, à des gestes amicaux, plutôt que de se laisser dominer par sa passion du moment, le maître récompense avec rationalité. Il maintient une certaine réserve dans son enthousiasme pour souligner le bon comportement des élèves. Les récompenses sont graduées : par exemple, il y a un ordre de « dignité » dans les places des élèves qui sont attribuées tous les quinze jours aux élèves qui les ont méritées (De Batencour, 1669, p. 234). Le maître peut aussi attribuer des points de « diligence » dont il tient le compte dans un grand livre (De Batencour, 1669,

p. 35). Il peut ainsi distribuer des livres en récompense (récompense extraordinaire), des images de piété ou des figurines de plâtre et finalement, le plus souvent, des sentences imprimées en gros caractères (De La Salle, 1951, p. 145). En somme, aux pratiques largement répandues de récompense et de punition par des gestes amicaux et des châtiments corporels se substitue un système rationnel qui contrôle les débordements affectifs par la mise en place de gratifications et de sanctions graduelles.

Les pédagogues du XVIIᵉ siècle mettent également en place une série de **registres** (ou catalogues) « bien réglés » pour « maintenir l'ordre dans les écoles » et qui s'ajoute au système de surveillance. Jean-Baptiste de La Salle (1951, p. 132) en mentionne six. Première-ment, le catalogue de réception sur lequel sont écrits les noms de tous les élèves admis à l'école du début à la fin de l'année ; deuxièmement, le catalogue des changements de leçon qui permet de noter la leçon où en est rendu chaque élève en écriture, en arithmétique, etc. ; troisièmement, le catalogue des ordres de leçon qui permet de tenir à jour tous les noms des écoliers par ordre de leçon ; quatrièmement, le catalogue des bonnes et mauvaises qualités des écoliers qui permet de dresser le portrait personnel de chaque enfant, sa personnalité, son comportement ; cinquièmement, le catalogue du banc qui permet de consigner les retards et absences des écoliers qui sont assis sur le même banc ; sixièmement, le catalogue des visiteurs des absents rempli par les « officiers visiteurs » qui se rendent au foyer des élèves qui permet de s'enquérir des causes des absences des élèves.

Au-delà de l'établissement du système de surveillance et d'une nouvelle structuration des peines et des récompenses, les pédagogues du XVIIᵉ siècle ont mis en place tout un **système d'émulation**. Ce système s'exerce d'abord par l'établissement de responsabilités assumées par des officiers. De Batencour (1669, p. 69) en indique le sens de la façon suivante :

> Pour bien conduire un Royaume, une armée, une Ville, une famille, il faut qu'il y ait de l'ordre. Et celui qui est le Chef doit se servir de divers Officiers qui se rapportent l'un à l'autre par subordination. C'est ce qui se doit pratiquer exactement dans une école, où le maître qui en est le chef, doit se servir de ses écoliers qui lui aideront non seulement à conduire leurs compagnons,

mais encore à les porter eux-mêmes dans la perfection de la Vertu et de la science par émulation [...]. C'est le dessein que le Maître doit avoir avec les enfants, pour conserver un ordre dans l'école, d'établir des officiers : ce qui servira à les porter par émulation les uns des autres à bien faire, puisque ces offices ne seront donnés qu'à ceux qui les auront mérités par leur travail ou par leur Vertu et qui se changeront de temps en temps afin de donner courage à un chacun d'y aspirer, par leur piété et leur diligence.

La liste des officiers est assez longue et peut comprendre des intendants, des répétiteurs, des observateurs, des lecteurs, des récitants de prières, des officiers d'écriture, des receveurs pour l'encre et la poudre, des balayeurs, des porteurs d'eau, des portiers, des aumôniers, des visiteurs, des porte-chapelets, des porte-aspersoirs, des sonneurs, des inspecteurs, des surveillants, des distributeurs et des collecteurs de papier. Le système d'émulation s'exerce aussi par la compétition entre les élèves. La compétition peut se faire à l'intérieur d'un groupe assigné au même banc, où la première place est réservée au meilleur élève et ainsi de suite jusqu'au dernier. Mais elle a été portée à sa plus haute expression par les Jésuites, qui ont introduit systématiquement la compétition entre les élèves dans leurs classes. On écoutera avec profit les propos de Jouvency (1892, p. 87), qui plaide pour la nécessité d'établir des luttes entre les élèves :

> Qu'aucun d'eux [les élèves], par exemple, ne lise seul son devoir ; il lui faut un rival qui soit prêt à le reprendre, à le presser, à le combattre, à se réjouir de sa défaite. De même, on ne peut avec fruit interroger quelqu'un isolément ; il est nécessaire qu'il y ait un antagonisme qui le relève s'il trébuche dans ses réponses, qui le reprenne s'il hésite, et parle à sa place s'il est réduit à se taire. Mettez une classe supérieure aux prises avec une classe inférieure ; choisissez des combattants dans les deux camps ; établissez des juges ; invitez des spectateurs soit de la maison, soit du dehors, et pour ces derniers choisissez, s'il est possible, des personnes distinguées.

L'organisation des savoirs

Cette forme d'organisation est évidemment la plus ancienne et la plus répandue. Puisque l'école a toujours été organisée autour des savoirs à transmettre,

l'organisation de ces savoirs fait l'objet de spécifications depuis plusieurs siècles. D'abord, le territoire des savoirs à transmettre a été décortiqué. Pour les petites écoles, trois ordres de savoirs ont ainsi été délimités : en premier lieu la formation chrétienne ; en deuxième lieu la maîtrise des rudiments (lire, écrire, compter) ; et en troisième lieu l'affinement des mœurs, les civilités.

La formation chrétienne

Dès le Moyen Âge, l'école a une fonction de conversion religieuse. Il s'agit d'influencer en profondeur les élèves, d'élever leur âme, de les bien instruire dans les vérités de la religion. L'école du XVIIᵉ siècle ne modifie pas cette fonction originelle ; elle vise encore à façonner un bon chrétien, croyant et fidèle pratiquant. C'est la même idée tant pour les catholiques que pour les protestants. Les maîtres d'école, on l'a vu, sont un des instruments fondamentaux de la Réforme et de la Contre-Réforme. Les traités de pédagogie, pour la plupart écrits par des religieux, s'attardent longuement sur l'enseignement de la religion. En gros, l'accent est mis sur trois volets de la formation chrétienne : le catéchisme, la messe quotidienne et les prières.

La maîtrise des rudiments

Ensuite vient la lecture. Il est intéressant de voir apparaître de nouvelles idées sur l'enseignement de la lecture. Les élèves ont souvent appris à lire d'abord en latin, pour ensuite passer au français. De Batencour (1669) recommande que les élèves apprennent le latin avant le français. Dans les collèges des Jésuites tout se passe également en latin. Il faut dire que le latin est la langue de l'Église et qu'on n'y rencontre aucune syllabe muette, ce qui en facilite l'apprentissage. Par contre, au XVIIᵉ siècle on commence aussi à favoriser de plus en plus l'apprentissage de la lecture dans la langue maternelle. Jean-Baptiste de La Salle (1951) plaide qu'il est plus facile et plus utile d'apprendre d'abord le français, qui n'a pas le défaut d'être une langue morte.

> De quelle utilité peut être la lecture du latin à des gens qui n'en feront aucun usage dans leur vie ? Or, quel usage peut faire de la langue latine, la jeunesse de l'un et de l'autre sexe qui vient aux écoles chrétiennes et gratuites ? Les religieuses qui disent l'office divin en latin ont à la vérité

besoin de le savoir très bien lire, mais de cent filles qui viennent aux écoles gratuites, à peine y en a-t-il une qui puisse devenir fille de chœur dans un monastère? Pareillement, de cent garçons qui sont dans les écoles des Frères, combien y en a-t-il qui étudient ensuite la langue latine? [...] L'expérience apprend que ceux et celles qui viennent aux écoles chrétiennes ne persévèrent pas longtemps à y venir et n'y viennent pas un temps suffisant pour apprendre à bien lire le latin et le français. D'abord qu'ils sont en âge de travailler, on les retire; ou ils ne peuvent plus venir à cause de la nécessité de gagner leur vie. Cela étant, si on commence par leur apprendre à lire en latin, voici les inconvénients qui en arrivent: ils se retirent avant que d'avoir appris à lire en français, ou de savoir le bien lire. Quand ils se retirent, ils ne savent qu'imparfaitement lire le latin et ils oublient en peu de temps ce qu'ils savaient, d'où il arrive qu'ils ne savent jamais lire ni en latin ni en français. (De La Salle, cité par Chartier, Compère et Julia, 1976, p. 129.)

Puis, c'est l'écriture. En ces siècles où on ne peut compter ni sur le téléphone, ni sur la radio, ni sur la télévision, ni sur aucun procédé d'enregistrement, l'écriture revêt une importance capitale. Il faut donc savoir écrire et savoir bien écrire au sens de la maîtrise de la calligraphie. Les traités de pédagogie recèlent mille et une précisions sur la posture générale du corps, sur la tenue de la plume, sur les techniques d'aiguisage des plumes d'oie, etc. On a simplifié beaucoup malgré tout les techniques d'écriture des maîtres écrivains qui en faisaient non seulement un métier, mais aussi un pouvoir (la lettre M avait douze parties à maîtriser).

Compter est le dernier apprentissage scolaire. La plupart des enfants quittent l'école avant de l'avoir appris. Cependant, compter est toujours appris en rapport avec la vie quotidienne. On montre à compter avec des jetons ou d'autres objets familiers.

L'affinement des mœurs: les civilités

Depuis le succès qu'a connu le livre d'Érasme traitant de la civilité, ce thème a connu une vogue qui ne s'est pas démentie. Dès le XVIe siècle, la civilité est devenue un thème scolaire (Chartier, Compère et Julia, 1976, p. 137). Jean-Baptiste de La Salle (1951) en a écrit une version chrétienne. Pour lui, l'étude des civilités permet d'abord de parfaire

l'apprentissage de la lecture, mais aussi et surtout « d'enseigner les règles d'une morale chrétienne » (Chartier, Compère et Julia, 1976, p. 137). Alors qu'autrefois les règles de la civilité étaient réservées à l'élite, au monde de la cour, désormais, avec la Réforme catholique, l'apprentissage de la civilité devient accessible au plus grand nombre.

> À côté du catéchisme et du prône, son apprentissage est un des moyens pour déraciner les mauvaises mœurs, policer une société encore violente et contrôler les déportements dangereux de l'affectivité. (Chartier, Compère et Julia, 1976, p. 138.)

Il faut dire que, pour les chrétiens, le visible est à l'image de l'invisible, le corps reflète l'âme. Aussi, on trouve une foule de conseils et de préceptes quant à la tenue, aux vêtements, au rire, à la façon de manger, de se moucher, etc. Par exemple, se croiser les bras est un signe de paresse, fixer des yeux un signe d'effronterie, etc. Ce sont donc des dispositifs de contrôle de l'affectivité. Il s'agit de retenir son sentiment excessif et de dominer tout débordement.

Non seulement le territoire du savoir à transmettre a-t-il été divisé en trois grandes régions, mais chaque région a ensuite été divisée en de multiples parties étalées sur une échelle qui sera apprise, en commençant par la partie la plus simple pour passer à la plus complexe. Cette division du savoir va aussi de pair avec la division du temps. On distingue, par exemple, plusieurs étapes pour l'apprentissage de la lecture; De Batencour (1669) en énumère six, Démia (s.d.) sept et De La Salle (1951), neuf. À l'intérieur de ces grandes divisions, il y a toute une série de micro-étapes à franchir, si bien que la trajectoire du savoir scolaire à maîtriser se dessine comme un long escalier.

Jean-Baptiste de La Salle (1951) esquisse, par exemple, une idée de cet ordre général pour l'apprentissage de la lecture:

> Carte d'alphabet: 2 mois. Carte des syllabes: 1 mois. Syllabaire: 5 mois dont commençants, 2 mois; médiocres, 1 mois; avancés, 1 mois. Épellation dans le premier livre: 3 mois (1 mois dans chaque ordre). Épellation et lecture dans le 2e livre: 3 mois (1 mois dans chaque ordre). Lecture seule dans le 2e livre: 3 mois (1 mois dans chaque ordre). Lecture dans le 3e livre: 6 mois

(2 mois dans chaque ordre). Lecture en latin dans le Psautier : 6 mois (2 mois dans chaque ordre). Lecture dans la Civilité : 1ᵉʳ ordre, 2 mois ; 2ᵉ ordre, autant qu'ils continueront de venir à l'école. (De La Salle, cité par Chartier, Compère et Julia, 1976, p. 118.)

Conclusion

Le XVIIᵉ siècle marque l'apparition d'un nouvel ordre scolaire

Comme on vient de le voir, l'effet conjugué de plusieurs facteurs (Réforme protestante, Contre-Réforme catholique, nouveau sentiment à l'égard de l'enfance, problèmes de délinquance dans les villes) a amené à l'école un plus grand nombre d'enfants. Le maître a alors été obligé de régler de nouveaux problèmes, qui jusque-là ne se posaient pas avec autant d'acuité. Aussi, on a assisté, au XVIIᵉ siècle, à la publication de plusieurs traités de pédagogie. L'originalité de ces traités, leur importance et leur retentissement nous font dire que la pédagogie est l'œuvre du XVIIᵉ siècle. En effet, si on prend alors la peine de donner tant de directives aux maîtres, c'est que, sous l'effet conjugué de ces éléments nouveaux, l'enseignement devient un souci, un problème, et qu'il appelle un savoir méthodique particulier. L'importance de ce siècle sur le plan pédagogique est rarement soulignée, tant il semble terne lorsqu'il est comparé à la Renaissance (Rabelais, Érasme, Montaigne) ou au Siècle des lumières (Rousseau, Diderot, Voltaire). Pourtant, c'est bien dans ce XVIIᵉ siècle oublié que l'on rencontre le plus d'indications précises à l'intention des enseignants à propos de l'organisation de l'enseignement dans la classe. C'est au XVIIᵉ siècle que s'élaborent les premiers énoncés d'un savoir pédagogique, savoir qui se situe à un niveau différent de la doctrine.

> Mais, telles que nous les trouvons exposées dans les œuvres d'Érasme, de Rabelais, de Vives, de Ramus, ces doctrines ne sont encore que des systèmes d'idées, des conceptions toutes théoriques, des plans et des projets de reconstruction. (Durkheim, 1969, p. 261.)

Le XVIIᵉ siècle cherche plutôt à organiser la pratique scolaire. Ainsi les protestants, sous l'impulsion de Ratichius (Rioux, 1963), produisent une *Introduction générale à la didactique ou art d'enseigner*. Plus tard, Comenius (1952) écrit un livre pédagogique magnifique : *La grande didactique. Traité de l'art universel d'enseigner tout à tous*, qui, selon son auteur, sera « un des premiers, sinon le premier essai de systématisation de la pédagogie et de la didactique » (Comenius, 1952, p. 18). Les catholiques ne sont pas en reste. Jacques de Batencour (1669) rédige *L'école paroissiale ou la manière de bien enseigner dans les petites écoles* ; Charles Démia (s.d.) se fait connaître par ses *Règlements pour les écoles de la ville et diocèse de Lyon* ; Jean-Baptiste de La Salle (1951) publie la *Conduite des écoles chrétiennes* ; les Jésuites marquent l'époque avec leur *Ratio Studiorum* (*Programme et règlement des études de la Société de Jésus*).

Fait nouveau, ces traités de pédagogie ne sont pas l'œuvre d'une élite intellectuelle qui n'enseigne pas. Au contraire, pour écrire des traités de pédagogie aussi précis sur la façon d'enseigner, il fallait avoir été soi-même engagé dans la pratique du métier pendant plusieurs années. Les

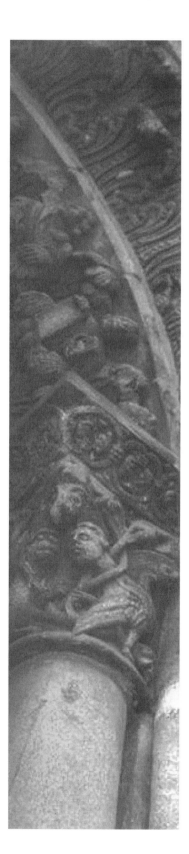

auteurs de ces traités ne sont pas issus de la noblesse. Ces ouvrages n'ont pas été écrits dans la tour d'un château ; ce sont des discours pédagogiques construits sur le terrain de la classe, par des enseignants et pour des enseignants. Les nouveaux discours pédagogiques du XVIIᵉ siècle sont donc l'œuvre de pédagogues aguerris. Ces enseignants explicitent leur savoir pédagogique, leur savoir dans l'action, fruit de nombreuses années d'expérience d'enseignement et non limité à d'abstraites spéculations philosophiques. Tous les traités mentionnent cet élément capital. Ce sera, par exemple, le cas de De Batencour (1669, préface), prêtre et enseignant de carrière :

> J'ai cru qu'il ne serait pas inutile de faire part au Public de ce que l'usage et l'expérience m'ont appris dans cet Exercice.

Ce le sera encore plus avec De La Salle, en 1706, dans la préface de sa *Conduite des écoles chrétiennes* :

> Cette Conduite n'a été rédigée en forme de règlement qu'après un très grand nombre de conférences avec des Frères de cet Institut les plus anciens et les plus capables de bien faire l'école ; et après une expérience de plusieurs années…

Ce le sera également avec les Jésuites qui, après trente années de pratique des instructions d'Ignace de Loyola, coordonnent et fixent les résultats de leur expérience en un document qui devient célèbre et qu'on appelle le plus souvent le *Ratio Studiorum* (Durkheim, 1969, p. 275).

Fondamentalement, on l'a vu, ce nouveau savoir pédagogique mis en place a pour objectif de conjurer le hasard, d'éliminer le désordre, source de péché, en régulant chaque aspect de l'enseignement. Tout est prévu, calculé, minuté. Cette pédagogie, tant du côté catholique que protestant, veut soumettre les corps et les âmes aux bonnes mœurs en faisant de chaque enfant un sujet policé, instruit et chrétien.

C'est en cela que les traités de pédagogie du XVIIᵉ siècle nous semblent fondateurs. Ils inaugurent la méthode d'enseignement dans les écoles et sont ainsi le signe manifeste d'une nouvelle préoccupation. Les traités sont conçus pour définir les actions du maître dans son enseignement à des groupes d'enfants du peuple. Ils ne se limitent pas à des conseils à l'usage d'un précepteur dans une perspective individuelle ; ils dépassent la logique du contenu comme cela avait toujours été, et vont plus loin qu'une critique théorique comme l'ont fait les humanistes de la Renaissance. Ces traités de pédagogie systématisent des procédés d'enseignement, et définissent complètement le rapport à l'autre (au groupe), et cela afin de mieux assurer sa conversion.

La méthode en pédagogie mise en place au XVIIᵉ siècle s'est répandue ensuite assez fidèlement selon les directives des fondateurs comme le rappelle, par exemple, De La Salle (1951, préface) dans la *Conduite des écoles chrétiennes* :

> Les Supérieurs des maisons de cet Institut et les Inspecteurs des écoles s'appliqueront à le bien apprendre (i.e. La conduite des Écoles) et à posséder parfaitement tout ce qui y est renfermé, et feront en sorte que les

maîtres ne manquent à rien et observent exactement toutes les pratiques qui y sont prescrites jusqu'aux moindres, afin de procurer par ce moyen un grand ordre dans les écoles, une conduite bien réglée et uniforme dans les Frères qui en seront chargés et un fruit très considérable à l'égard des enfants qui y seront instruits.

En conséquence, rien ne ressemble plus à un collège des Jésuites qu'un autre collège des Jésuites ou à une école des Frères des Écoles chrétiennes qu'une autre école des Frères des Écoles chrétiennes. La pédagogie ainsi instituée se constitue peu à peu en tradition. Les habiletés des maîtres sont ensuite transmises à leurs successeurs qui, à leur tour, les lèguent à ceux qui les remplacent. Ainsi se cristallise progressivement un code uniforme des savoir-faire, une tradition pédagogique ou ce qu'il convient d'appeler la « pédagogie traditionnelle », pédagogie composée d'un ensemble de réponses, de prescriptions, de rites quasi sacrés à reproduire.

Il ne faut pas oublier, enfin, que cette tradition pédagogique sera exportée, en Amérique. En effet, on rapporte que le livre de De Batencour (1669) était en usage en Nouvelle-France. On sait aussi que de nombreuses communautés religieuses enseignantes sont venues chez nous, qu'il suffise de mentionner les Frères des Écoles chrétiennes, les Jésuites et les Ursulines.

Questions

1. La pédagogie est pratique d'ordre. Commentez à partir des caractéristiques de la pédagogie au XVIIe siècle.

2. À partir des deux illustrations, indiquez en quoi consistent les transformations majeures dans la façon d'enseigner.

3. Peut-on associer la conception de la pédagogie du XVIIe siècle à la représentation du monde que les pédagogues se faisaient à l'époque ? Commentez.

4. À partir de ce qui a été vu jusqu'à présent, établissez des distinctions entre les concepts suivants : éducation, école, pédagogie.

5. Un certain nombre de facteurs ont favorisé l'apparition de la pédagogie. Expliquez le contexte historique.

6. L'attitude de l'enseignant, dans sa tâche d'enseigner autant que dans son rapport à l'élève, change-t-elle comparativement aux époques précédentes ? Choisissez quelques types d'éducation et commentez.

7. Vous semble-t-il que notre système actuel d'éducation a conservé la tradition pédagogique du XVIIe siècle ? Expliquez en systématisant vos arguments.

8. L'éducation existait avant la pédagogie. Que gagne la première avec l'avènement de la seconde ? Peut-on parler, avec la pédagogie, de gain pour l'éducation ? Décrivez brièvement les deux types d'éducation et définissez la notion de gain.

9. Que peut-on dire de la notion du temps dans l'école du XVIIe siècle ? Commentez, puis comparez cette vision avec la vôtre.

10. La pédagogie a-t-elle transformé les contenus à transmettre ? Dites en quoi consistent ces contenus d'enseignement à l'école du XVIIe siècle et en quoi, s'il en est, la pédagogie a eu une influence sur eux.

Bibliographie

ARIÈS, P. (1973). *L'enfant et la vie familiale sous l'Ancien Régime*. Paris : Seuil.

AVANZINI, G. (sous la dir. de) (1981). *Histoire de la pédagogie du XVIIᵉ siècle à nos jours*. Toulouse : Privat.

BATENCOUR, J. de (1669). *Instruction méthodique pour l'école paroissiale dressée en faveur des petites écoles (L'école paroissiale ou la manière de bien enseigner dans les petites écoles)*. Paris : Pierre Trichard.

BIDON, D.-A. (1991). « Grandeur et renaissance du sentiment de l'enfance au Moyen Âge ». *Histoire de l'éducation*, mai, n° 50, p. 39-65.

BUISSON, F. (1968). *Répertoire des ouvrages pédagogiques du XVIᵉ siècle*. 2ᵉ éd. Paris : Nieuwkoop et P. de Graff. (Publication originale en 1886.)

CHARTIER, R., COMPÈRE, M., et JULIA, D. (1976). *L'éducation en France du XVIᵉ au XVIIIᵉ siècle*. Paris : SEDES.

COMENIUS, J.A. (1952). *La grande didactique. Traité de l'art universel d'enseigner tout à tous*. Trad. : J.-B. Piobetta. Paris : Presses universitaires de France. (Publication originale en 1657.)

DÉMIA, C. (s.d.). *Règlements pour les écoles de la ville et diocèse de Lyon*. Paris : Bibliothèque nationale.

DURKHEIM, É. (1969). *L'évolution pédagogique en France*. Paris : Presses universitaires de France.

ÉRASME (1989). *Éloge de la folie*. Bordeaux : Le Castor Astral.

HUBERT, R. (1949). *Histoire de la pédagogie*. Paris : Presses universitaires de France.

JOUVENCY, J. (1892). *De ratione discendi et docendi (De la manière d'apprendre et d'enseigner)*. Trad. : H. Ferté. Paris : Hachette.

LA SALLE, J.-B. de (1951). *Conduite des écoles chrétiennes*. Manuscrit 11.759. Paris : Bibliothèque nationale de Paris. (Publication originale en 1706.)

MARROU, H.-I. (1948). *Histoire de l'éducation dans l'Antiquité. Tome 1 : Le monde grec*. Paris : Seuil.

MOREAU, J. (1966). « Platon et l'éducation », dans *Les grands pédagogues*. Paris : Presses universitaires de France.

PARÉ, G., BRUNET, A., et TREMBLAY, P. (1933). *La renaissance du XIIᵉ siècle. Les écoles et l'enseignement*. Ottawa : Institut d'études médiévales.

PARIAS, L. (1981). *Histoire générale de l'enseignement et de l'éducation en France*. Tomes I-II. Paris : G. V. Labat éditeur, Nouvelle Librairie de France.

PLATON (1966). *La République*. Trad. : R. Baccou. Paris : Flammarion.

PROGRAMME ET RÈGLEMENT DES ÉTUDES DE LA SOCIÉTÉ DE JÉSUS (1892). (*Ratio atque institutio studiorum societatis jesu*). Trad. : H. Ferté. Paris : Hachette.

RIOUX, G. (1963). *L'œuvre pédagogique de Wolfgangus Ratichius (1571-1635)*. Paris : Vrin.

SAINT AUGUSTIN (1988). *De magistro (Le maître)*. Trad : B. Jolibert. Paris : Klincksieck.

SAINT THOMAS D'AQUIN (1983). *Questions disputées sur la vérité. Question XI. Le maître (De magistro)*. Trad. : B. Jollès. Paris : Vrin. (Publication originale en latin de l'édition Léonine.)

SNYDERS, G. (1971). « Les XVIIᵉ et XVIIIᵉ siècles », dans M. Debesse et G. Mialaret (sous la dir. de), *Traité des sciences pédagogiques*. Tome 2. Paris : Presses universitaires de France.

Chapitre 5

Jean-Jacques Rousseau : le Copernic de la pédagogie

Stéphane Martineau

Résumé

Ce chapitre retrace la contribution de Jean-Jacques Rousseau au domaine de l'éducation. Outre l'introduction et la conclusion, le texte est divisé en trois grandes sections. Dans la première, nous brossons un rapide portrait du contexte historique dans lequel évoluait le philosophe d'origine suisse. À cette occasion, nous donnons un aperçu de la philosophie des Lumières, courant de pensée majeur du XVIIIe siècle. Dans la deuxième section, nous présentons le personnage qu'était Jean-Jacques Rousseau ainsi que certains éléments de son immense œuvre. Enfin, dans la troisième section, nous décrivons sa pensée éducative. Cette section a pour objectif de bien faire ressortir à la fois la rigueur et l'originalité des idées de Rousseau ; le lecteur y trouvera un tableau comparatif de la pédagogie utilisée dans les écoles du XVIIIe siècle et de celle que propose Rousseau.

Introduction

Les doctrines éducatives se sont considérablement modifiées depuis l'époque des Grecs. Tel est en effet le constat qui ressort sans équivoque des chapitres précédents. Ces modifications ont généralement pris naissance autour d'un événement majeur : dans l'Antiquité, l'apparition de l'enseignement avec les sophistes ; au Moyen Âge, la mise sur pied des premières écoles ; à la Renaissance, le triomphe de l'humanisme qui fait de l'être humain la mesure de toutes choses ; au XVIIe siècle, la naissance de la pédagogie.

En ce qui concerne plus particulièrement les deux dernières périodes, nous avons pu constater que, à la Renaissance, on tente de dégager l'enseignement de la scolastique et que, au XVIIe siècle, on essaie de répondre à des problèmes très concrets d'organisation de la matière et de la classe. Dans ce dernier siècle apparaît aussi une conception plus ou moins diffuse du caractère distinct de l'enfant qui dépasse la simple pratique du « mignotage » propre au XVIe siècle. Cette conception est essentiellement issue de la prise de conscience d'une certaine spécificité de l'enfance par rapport à l'âge adulte. Cependant, il faut se rappeler que dans ce même XVIIe siècle on se représente l'enfant d'une manière plutôt négative : c'est un être désordonné, incapable de se contrôler seul, un être dont il faut réguler les passions, limiter les désirs.

Or, ce qui saute aux yeux lorsqu'on examine les discours éducatifs de l'Antiquité au XVIIe siècle, c'est l'omniprésence du point de vue de l'adulte et l'absence de réflexion profonde et sérieuse sur l'enfant. En effet, l'enfant est défini non pas dans sa spécificité mais seulement en tant qu'adulte en devenir. Ce qui revient à dire que le projet éducatif se structure non pas en fonction de ce qui est bon pour l'enfant mais plutôt en fonction d'un modèle idéalisé de l'adulte. En somme, tout se passe comme si ces discours éducatifs étaient élaborés sans souci pour les réponses aux questions fondamentales suivantes : Qui est l'enfant ? A-t-il des besoins particuliers ? Si oui, lesquels ? A-t-il une nature qui lui est propre ? Si c'est le cas, qu'est-ce qui le différencie de l'adulte ? Et, surtout, s'il possède une nature particulière, comment s'effectue le processus de développement qui mène de l'enfance à la maturité ?

Voilà justement des questions auxquelles Rousseau apportera des réponses originales. En fait, l'aspect novateur introduit par Rousseau à partir du XVIIIe siècle est non seulement une vision positive de l'enfant mais également, et de manière plus fondamentale, une véritable théorie de l'enfance, c'est-à-dire une tentative articulée et logique de comprendre qui est réellement l'enfant. De plus, à cette réflexion théorique Rousseau joindra un programme éducatif très précis ; théoricien, il ne perdra toutefois jamais de vue l'importance de dégager des règles pratiques pour guider les éducateurs dans leur tâche auprès des élèves.

Jean-Jacques Rousseau sera appelé le Copernic[1] de la pédagogie. À partir de son œuvre se met en place un discours qui ne placera plus l'adulte

---

1. Nicolas Copernic (1473-1543) fut un astronome polonais. Il émit l'hypothèse du mouvement des planètes sur elles-mêmes et autour du Soleil, et publia quelques mois avant sa mort son traité *De revolutionibus orbium cælestium libri sex* (1543). Par sa découverte, il effectue un véritable décentrement du monde humain. En effet, jusque-là l'Église soutenait la thèse de la Terre comme centre de l'Univers. Or, Copernic démontra dans sa théorie que la Terre, loin d'être le centre de l'Univers, n'est en fait qu'un astre parmi tant d'autres.

mais l'enfant au centre de l'éducation. Rousseau décentre donc le monde de l'éducation de la même façon que Copernic avait décentré le monde des astres. Toutefois, ce décentrement ne se produit pas comme un coup de tonnerre dans un ciel bleu. Bien au contraire, comme nous allons le voir dans les pages suivantes, la pensée de Rousseau, quoiqu'elle s'y oppose en partie, est solidement enracinée dans son siècle, le Siècle des lumières.

Le présent chapitre est divisé en trois grandes sections. La première brosse un portrait du XVIIIᵉ siècle, plus communément appelé le Siècle des lumières. Nous y verrons, entre autres, le rôle capital qu'y jouent les philosophes et la place majeure faite à la raison, au progrès et à la science. La deuxième section dresse un rapide portrait de Rousseau et permet par le fait même de mieux saisir l'importance du personnage et l'ampleur de son œuvre. Finalement, la troisième section est entièrement consacrée à la présentation de la pensée éducative de Rousseau.

5.1 Le XVIIIᵉ siècle : le Siècle des lumières[2]

5.1.1 L'annonce du XVIIIᵉ siècle

Nous avons vu dans les chapitres antérieurs que ce qu'il est convenu d'appeler la modernité débute à l'époque de la Renaissance. Cette période charnière de l'histoire de l'Occident est marquée par l'émergence du discours humaniste. Ce discours est porteur des éléments fondamentaux de la culture moderne à savoir, notamment, la critique de la religion et la valorisation de la raison et de la culture. Le XVIᵉ siècle sera, en quelque sorte, le siècle de l'humanisme, courant de pensée qui jouera un rôle dominant dans le discours des idéologues et des philosophes.

Pour sa part, le XVIIᵉ siècle, l'âge des réformes et des contre-réformes, se veut plutôt un temps de réaction et de recherche de compromis face aux nombreux bouleversements issus de la Renaissance. C'est précisément à ce moment que se met en place la pédagogie — laquelle peut être définie sommairement comme un discours sur la manière d'organiser l'enseignement dans la classe — et, par le fait même, que se façonnent les bases d'une tradition pédagogique.

Par exemple, en France, que ce soit chez les Jésuites ou chez les Frères des Écoles chrétiennes, on cherche avant tout à codifier les pratiques des enseignants afin de répondre au nouveau défi posé par les écoles urbaines qui accueillent désormais un grand nombre d'élèves.

En ce qui concerne le XVIIIᵉ siècle, il convient dès le départ de préciser que celui-ci n'est pas que le prolongement de tout le mouvement de modernisation mis en place dès la Renaissance : il en est aussi, et surtout, la radicalisation. En effet, le Siècle des lumières poussera jusqu'à ses ultimes limites à la fois les possibilités critiques de l'être humain face aux idées reçues et aux pouvoirs établis, et la valorisation de la raison et de l'individualisme. En somme, si la culture moderne se constitue à la Renaissance à la faveur du discours humaniste, la société moderne, elle, naîtra au XVIIIᵉ siècle. Cette société moderne fournira à la culture issue de la Renaissance les bases matérielles, politiques et sociales nécessaires à son incarnation dans des institutions durables.

5.1.2 Qu'est-ce que le Siècle des lumières ?

En Europe, le XVIIIᵉ siècle a été traversé par un mouvement d'une ampleur considérable : la philosophie des Lumières (l'*Aufklärung* selon le terme allemand). Plusieurs noms célèbres lui sont associés : en France, Montesquieu et Voltaire ; en Angleterre, Newton et

---

2. Pour un excellent exposé sur la philosophie qui anime tout le XVIIIᵉ siècle, le lecteur se référera à l'ouvrage de Ernst Cassirer (1966), *La philosophie des Lumières*.

Locke ; en Allemagne, Wolff et Lessing. Même Kant[3] sera influencé par ce mouvement.

Mais, dans ce contexte, que représente donc ce terme « Lumières » ? Il signifie le triomphe de la raison, de la rationalité. Mais le triomphe de la raison dans quels domaines ? Trois champs de l'activité humaine seront particulièrement frappés par la philosophie des Lumières ; il s'agit de la science, des arts et de la technique. Chacun de ces domaines devra par conséquent se mettre au service du progrès et du bonheur de l'humanité. Fondamentalement optimistes, on croit alors que le progrès et le bonheur peuvent être littéralement construits grâce à la raison.

Toutefois, il faut immédiatement préciser que la raison dont il est question ici n'est pas la même que celle que l'on retrouvait chez les Grecs ou les chrétiens. En effet, chez ces derniers, la raison désignait une réalité objective indépendante de l'homme. Ainsi, de l'Antiquité au XVIIIᵉ siècle, le monde est rationnel en soi (les Idées platoniciennes) ou conçu et orchestré par un créateur rationnel (Dieu dans la religion catholique).

À partir du XVIIIᵉ siècle, l'axiome fondamental est à peu près le suivant : toute réalité, matérielle ou morale, est analysable. Pour connaître cette réalité, il suffit de la décomposer de telle façon qu'on puisse en apercevoir chacun des éléments, même les plus simples ; ensuite, on recompose ces éléments en suivant un plan logique ; ce qui donne comme résultat un système rationnel. La raison devient en somme une faculté subjective spécifiquement humaine. Désormais, ce n'est donc plus le monde qui est rationnel mais bien l'être humain. Par le fait même, l'être humain joue alors le rôle d'étalon de mesure de ce qui est ou n'est pas rationnel. La philosophie des Lumières marque à l'évidence une rupture avec les idéologies du passé.

Mais quelle idéologie anime le Siècle des lumières ? Les penseurs et philosophes de cette époque opposent la raison à la foi, à l'autorité et à l'ignorance. Contre la tradition et la tutelle du pouvoir héritées des siècles antérieurs, ils prétendent redonner à l'être humain sa liberté, une liberté qui se caractérise par le « libre examen » — lequel peut même aller jusqu'au scepticisme — et une attitude critique. Par exemple, inspirée de la méthode scientifique, l'exigence de rigueur intellectuelle se traduit, entre autres, dans le domaine de l'exégèse, par la substitution des sciences religieuses à la science sacrée traditionnelle. C'est donc dire qu'au XVIIIᵉ siècle la raison est devenue non seulement une faculté humaine mais représente aussi une valeur désirable, inséparable de la recherche de la liberté.

De ce qui précède ressort un certain nombre d'éléments qui caractérisent le Siècle des lumières. Nous allons les examiner un à un afin de bien saisir les différentes particularités de cette période. Cela nous permettra en outre de mieux situer la pensée de Rousseau vis-à-vis de son époque à la fois dans ce qu'elle doit au contexte et dans ce qu'elle offre comme radicale nouveauté.

5.1.3 La raison comme faculté critique

Comme nous l'avons mentionné plus haut, dans la philosophie des Lumières, la raison s'oppose à la foi, à l'autorité et à l'ignorance. Et qui dit opposition dit nécessairement critique ; la raison se veut donc une faculté critique. À travers ces différentes oppositions, la raison humaine affirme ainsi son droit de raisonner librement. Regardons l'un après l'autre les trois objets de la critique.

Les chapitres précédents l'ont clairement démontré, à partir de la fin de l'Empire romain, l'Église a joué un rôle primordial dans la préservation de la culture. Seule institution encore solide, elle a su, au Moyen Âge, conserver les acquis les plus précieux de la civilisation. Toutefois, comme cela arrive souvent dans le cas d'institutions qui exercent un vaste pouvoir, l'Église en est venue à être perçue comme une entrave à la liberté d'expression, un frein à la recherche et au questionnement scientifique, bref un frein à la raison. Ainsi, l'opposition à la foi se manifestera contre les vérités religieuses et, partant, contre l'Église elle-même. En effet, la philosophie des Lumières affirme bien haut que l'homme peut se faire une idée

---

3. Emmanuel Kant (1724-1804) est, encore aujourd'hui, considéré comme l'un des plus grands philosophes allemands. Il passa la majeure partie de son existence dans sa ville natale, Königsberg, où il enseigna à l'université. Il délimita le domaine de la philosophie à partir des questions suivantes : Que puis-je savoir ? Que dois-je faire ? Que m'est-il permis d'espérer ? Qu'est-ce que l'homme ? Il fut particulièrement influencé par Rousseau en ce qui concerne le problème de la conscience morale.

rationnelle du monde indépendamment de la religion. Par conséquent, l'athéisme, du moins chez les intellectuels, se répand peu à peu en Occident.

La raison s'oppose également aux pouvoirs politiques. Tout comme l'Église, ces pouvoirs sont vus comme l'expression d'un certain obscurantisme. Au XVIIIᵉ siècle, l'Europe est encore gouvernée par des rois ; les hommes et les femmes vivent pour la plupart sous un régime monarchique. Or, ces régimes « de droit divin » reposent sur l'arbitraire (généralement celui du roi). Par le fait même, ils ne peuvent garantir les libertés individuelles. Et ces libertés, comme on l'a vu, sont fondamentales pour les philosophes des Lumières ; d'où leur opposition à ces régimes, et leur désir de les voir remplacés par d'autres plus respectueux de la libre pensée.

Finalement, la raison s'oppose à l'ignorance. Marchant main dans la main, l'Église et le pouvoir monarchique ont longtemps réduit le peuple à un niveau de culture extrêmement bas. Face à cette ignorance, la raison élève le flambeau des Lumières. Ce n'est donc pas étonnant que les philosophes de cette époque valorisent l'éducation et l'instruction[4]. Chaque individu doit être, selon eux, en possession d'une certaine quantité de vérités afin d'être en mesure de se faire une idée personnelle des choses et des événements qui le concernent[5].

Le XVIIIᵉ siècle est pénétré de la foi en l'unité et l'immutabilité de la raison. La raison est une et identique pour tout sujet pensant, pour toute nation, toute époque, toute culture. (Cassirer, 1966, p. 41.)

Bien que tous possèdent la raison, tous ne possèdent pas les outils pour l'exercer adéquatement. Ce sera la tâche de l'instruction de fournir ces outils. À remarquer ici que l'instruction ne consiste plus, comme ce fut le cas très souvent dans le passé, à apprendre simplement à lire pour avoir accès directement aux Saintes Écritures. Il s'agit plutôt de s'instruire, d'une part, pour connaître le monde (en cela le XVIIIᵉ siècle prolonge la Renaissance : on pense immédiatement au programme encyclopédique de Rabelais) et, d'autre part, pour pouvoir le contrôler, le façonner à sa guise et, surtout, le dépasser par la critique (en cela le XVIIIᵉ siècle va plus loin que la Renaissance).

5.1.4 La raison comme réalité positive

Discours critique vis-à-vis de la foi, de l'autorité et de l'ignorance, la raison l'est assurément. D'ailleurs, elle se serait limitée à cette fonction critique que cela aurait représenté déjà un énorme apport à l'histoire de l'Occident. Mais ce ne fut pas le cas. Loin de se confiner à la seule critique des institutions existantes, la raison s'est également posée en réalité positive. Cet aspect positif de la raison s'est traduit de deux manières différentes : les droits de l'individu ; les droits collectifs et l'universalité du genre humain.

L'individualisme moderne prend réellement naissance au XVIIIᵉ siècle. L'affirmation des droits de l'individu en est l'expression la plus profonde. Ces droits reposent sur l'idée que tous les êtres humains possèdent la faculté de raisonner et que, par conséquent, tous sont égaux face à la raison.

Par ailleurs, dans leur discours sur la raison, les philosophes des Lumières ont dépassé les seuls droits de l'individu pour réfléchir systématiquement sur le droit des peuples à se gouverner eux-mêmes et à décider de leur destin. Si tous les êtres humains sont égaux, il s'ensuit que la volonté générale de tous les individus doit être le critère sociopolitique de base. Ainsi, les décisions portant sur la chose publique doivent nécessairement être prises par tous et non pas seulement par le roi, les nobles ou l'Église. On reconnaît là, bien sûr, le principe moteur de tout régime démocratique.

5.1.5 Le siècle du progrès et de la science

Le XVIIIᵉ siècle voit l'idéologie du progrès se répandre dans toutes les couches de la société. Ce progrès

---

4. Cette valorisation de l'éducation et de l'instruction ne se ramène pas à la mise sur pied de programmes scolaires. Par exemple, les penseurs de cette époque feront preuve d'une réelle préoccupation pour ce qu'on pourrait appeler aujourd'hui les ouvrages de vulgarisation scientifique. On pense, entre autres, aux *Entretiens sur la pluralité des mondes* de Fontenelle, œuvre destinée à instruire le public féminin si souvent négligé par l'école.

5. Il convient toutefois de préciser que les penseurs des Lumières éprouvent généralement du dédain pour l'instruction du peuple. Leur représentation de l'éducation peut être qualifiée d'élitiste. Par exemple, en France, il faudra attendre la révolution de 1789 pour que l'éducation nationale devienne une préoccupation centrale et qu'elle englobe aussi les couches les plus pauvres de la population (voir Jacquet-Francillon, 1995, p. 79-88).

s'appuie sur l'idée que la raison ne sert pas qu'à connaître le monde mais sert également à agir sur lui. Il n'est plus question de chercher à atteindre l'absolu des choses mais seulement d'en connaître la nature par l'expérience. En d'autres termes, la raison n'est pas un système clos mais ce qui émerge des faits à la suite de leur observation, de leur connaissance[6].

> La puissance de la raison n'est pas de **rompre** les limites du monde de l'expérience pour nous ménager une issue vers le monde de la transcendance mais de nous apprendre à **parcourir** en toute sûreté ce monde empirique, à l'habiter commodément. (Cassirer, 1966, p. 47.)

Il faut bien comprendre que le rationalisme du Siècle des lumières est orienté vers la *vita activa* — et non pas vers la *vita contemplativa* comme dans la scolastique du Moyen Âge —, c'est-à-dire vers les réalités terrestres, vers le monde réel, vers la vie active et pratique. De plus, contrairement au XVIIᵉ, le XVIIIᵉ siècle voit la raison non pas comme un contenu déterminé de connaissances, de principes, de vérités, mais plutôt comme une sorte d'énergie, une force que l'on perçoit complètement uniquement dans son action ou dans ses effets.

Le progrès signifie donc non seulement la possibilité d'action sur la nature mais aussi la possibilité de contrôle sur le monde de l'être humain. En cela, il ne se réduit plus à la pure connaissance sans visée pratique telle qu'on pouvait encore la retrouver à la Renaissance. Il ne s'agit plus que de connaître le monde ; il s'agit de le connaître en vue de le dominer et de le plier à la volonté humaine. En ce sens, le XVIIIᵉ siècle contient le germe de l'esprit technicien qui, à notre époque, connaît de grandes heures de gloire.

Malgré tout, cette idéologie du progrès ne repose pas sur une pure chimère. Bien au contraire, elle s'enracine dans un fait réel : les progrès des sciences de la nature qui sont le noyau dur du rationalisme. Il appert que, contrairement à la religion et à la philosophie, la science est capable d'effectuer de véritables progrès tant sur le plan des connaissances

théoriques que sur celui des techniques. Ce progrès serait par nature un apport positif pour l'être humain et la société. Cette vision optimiste se double d'une orientation normative qui assigne une direction particulière au progrès. En effet, tout comme au XVIIᵉ siècle, l'idée d'unité et l'idée de science sont encore, au XVIIIᵉ siècle, complètement interchangeables. En conséquence, le progrès issu de la science sera uniquement perçu comme une recherche d'unité.

> La mise en ordre rationnel, la domination rationnelle du donné n'est pas possible sans une rigoureuse unification. (Cassirer, 1966, p. 57.)

La méthode, l'observation et l'application technique caractérisent la science. Celle-ci devient le modèle général applicable directement non seulement à l'étude de la nature mais aussi à l'analyse, à la prévision et au contrôle des dimensions sociales et culturelles du monde humain. En fait, l'idéal méthodologique de la raison — donc de la science et du progrès — se trouve dans les sciences physiques (ou sciences de la nature) : partir des faits relevés par observation et montrer leurs liens, c'est-à-dire se faire une représentation « systémique » des faits en allant du particulier au général[7]. Il ne reste plus alors qu'à transposer ces éléments dans la conduite des choses politiques, économiques, éducatives, etc. De cette façon, il est possible pour toute société de vouloir, de préparer et de diriger son propre progrès.

5.1.6 Le siècle des philosophes

À l'époque de Rousseau, la philosophie a occupé une place tellement importante que son courant dit « des Lumières » en est venu à donner son nom à l'ensemble du siècle. Ainsi, à bon droit, on peut qualifier le XVIIIᵉ siècle de siècle des philosophes. On assiste en effet au règne incontesté des philosophes et, parmi eux, les Français occupent une place prépondérante. Cela n'a rien de véritablement étonnant quand on songe que, durant cette même période, la culture française s'affirme comme la culture dominante de l'Europe, celle qui sert de modèle aux autres.

---

6. Le XVIIIᵉ siècle se caractérise, entre autres, par son attitude newtonienne vis-à-vis de la recherche : ce n'est pas la déduction pure qui doit guider notre démarche, mais l'analyse des faits.

---

7. Méthode inductive par opposition à la méthode déductive par laquelle on « déduit » de principes généraux certains faits particuliers.

En fait, les philosophes français, bien qu'ils aient joué un rôle capital dans la propagation de la philosophie des Lumières, ne doivent en aucune manière en recevoir tout le crédit. Loin de construire à partir du vide, leurs œuvres se sont fortement inspirées de plusieurs grands savants et philosophes anglais. Des écrits de ces derniers, les Français ont conservé les idéaux rationalistes, sensualistes et critiques. Leurs principaux inspirateurs étaient John Locke (1632-1704), Isaac Newton (1642-1727) et David Hume (1711-1776).

Mais qui étaient donc ces philosophes français, contemporains de Rousseau ? Essentiellement, il s'agissait de voyageurs, d'essayistes et de critiques. Ils fréquentaient la noblesse, la bourgeoisie, bref, les puissants de ce monde. Toutefois, ils portaient en eux la prétention de parler au nom du peuple et des idéaux démocratiques. Dans un sens, on peut dire qu'ils représentaient l'équivalent de certains de nos journalistes, dans la mesure où ils étaient des « hommes médiatiques », des « hommes publics » qui se donnaient la tâche de répandre les principes de la philosophie des Lumières. Ces philosophes disposaient d'une arme redoutable : l'*Encyclopédie* ou le *Dictionnaire raisonné des sciences, des arts et des métiers*[8], ouvrage publié sous la direction de Diderot[9] et dont D'Alembert[10] rédigea le « discours préliminaire ».

Cette encyclopédie avait pour but de rassembler en une seule œuvre l'ensemble des connaissances et des idées acquises jusqu'à ce jour.

5.1.7 La consolidation de l'économie de marché[11]

À cette époque, on voit également s'étendre un mode de production reposant sur une économie de marché. En effet, à partir de la Renaissance, le capitalisme marchand — remplaçant l'ancienne organisation issue de la féodalité — s'était affirmé comme un système essentiel à la richesse des nations européennes (on pense immédiatement au commerce avec l'Afrique et l'Amérique[12]). Cependant, peu à peu, ce type de capitalisme se transforme sous l'impulsion décisive de nombreuses découvertes techniques permettant d'accroître la production (par exemple, les machines à tisser[13]). Nous assistons alors, en milieu urbain, à la naissance des premières manufactures, ancêtres des usines.

Ce mouvement se continue au XVIIIe siècle qui sert, en quelque sorte, d'introduction à l'ère de l'industrialisation, dont le triomphe viendra au siècle suivant. Par son idéologie de l'individualisme, de la

---

8. Publication dirigée par Diderot entre 1751 et 1772 et inspirée d'un ouvrage similaire de l'anglais Chambers (1729). Elle avait pour objectif de faire connaître les progrès de la science et de la pensée dans tous les domaines. On désigne sous le nom d'« encyclopédistes » les savants, les philosophes et les spécialistes de toutes les disciplines qui collaborèrent à sa rédaction (par exemple Voltaire, Montesquieu, Jaucourt et, bien sûr, Rousseau). Le « Discours préliminaire » écrit par D'Alembert est un tableau synthétique des connaissances à cette époque.

9. Denis Diderot (1713-1783) fut un écrivain et un philosophe français. Il était considéré par ses contemporains comme le « philosophe par excellence ». Il manifesta un génie multiple, créant la critique d'art (*Salons*, 1759-1781), une nouvelle forme romanesque (*Jacques le Fataliste et son maître*), clarifiant le rapport entre la science et la métaphysique (*Lettre sur les aveugles à l'usage de ceux qui voient*), définissant et illustrant une nouvelle esthétique dramatique (*Paradoxe sur le comédien, Le Fils naturel*) et, finalement, brossant le portrait tumultueux de sa vie et de son art (*Le Neveu de Rameau*). Toutefois, il doit sa gloire à l'entreprise qu'il mena pendant vingt ans : l'*Encyclopédie*.

10. Jean Le Rond d'Alembert (1717-1783) fut écrivain, philosophe et mathématicien. Sceptique en religion et en métaphysique, défenseur de la tolérance, il exposa dans son « Discours préliminaire » de l'*Encyclopédie* la philosophie naturelle et

l'esprit scientifique qui présidaient à l'œuvre entreprise. Membre de l'Académie des sciences, secrétaire perpétuel de l'Académie française, il a laissé des *Éloges académiques* et des travaux mathématiques sur les équations différentielles et la mécanique. Son œuvre capitale est le *Traité de la dynamique* (1743), où se trouve défini le théorème connu sous le nom de « principe de D'Alembert ».

11. Pour un exposé succinct de la situation tant économique que sociale, politique et culturelle de cette époque et les transformations que connaîtra l'Europe durant les XVIIIe et XIXe siècles, le lecteur se référera au manuel de Brunet (1990), *La civilisation occidentale*, p. 114-155.

12. Tout au long du XVIIIe siècle, un seul secteur économique sera vraiment prospère : le commerce outre-mer. Les activités commerciales se font sous forme de triangle : les bateaux partent d'Europe chargés de marchandises de toutes sortes (étoffes, armes, etc.), font escale en Afrique afin d'échanger leur chargement contre des esclaves noirs que l'on transporte ensuite en Amérique d'où l'on revient avec du sucre et du rhum.

13. Afin d'augmenter la production et de faire face à la demande croissante du commerce, l'industrie textile a recours de plus en plus à des machines. D'ailleurs, le coton remplace désormais la laine comme produit textile de première importance et supporte d'ailleurs beaucoup mieux le travail mécanique.

raison et du progrès, le XVIIIᵉ siècle met en place un discours capable de légitimer la montée de la classe bourgeoise dont les intérêts sont étroitement liés à l'essor du nouveau mode de production présent dans les grandes villes.

Et c'est l'Angleterre qui donne le ton. En effet, l'essor du capitalisme, la monopolisation du pouvoir économique par la bourgeoisie et l'industrialisation y seront plus rapides qu'ailleurs. Pour sa part, la France tardera à « prendre le train », notamment en raison d'une distribution de la population qui favorise grandement les milieux ruraux (économie principalement agricole), des choix de certains dirigeants (la monarchie et la noblesse ne voient pas immédiatement l'intérêt du système capitaliste) et des troubles politiques (la Révolution, l'Empire, la Restauration, etc.). Mais comment se présente donc le paysage économique du XVIIIᵉ siècle ?

À l'époque de Rousseau, les bases de l'économie sont encore essentiellement agricoles. En effet, ce secteur d'activité occupe environ 80 % de la population (Brunet, 1990, p. 119). Le niveau de vie est généralement très bas et une grande partie des paysans vivent constamment au bord de la disette. Cette situation s'explique en partie par le manque de transport terrestre, économique, rapide et puissant (au XIXᵉ siècle le chemin de fer viendra diminuer considérablement ce problème). Par exemple, il est extrêmement difficile de transporter rapidement le blé des régions productrices vers celles qui n'en produisent pas. En conséquence, pour la grande majorité de la population, l'activité économique ne se déroule que localement.

Bien entendu, cette insuffisance chronique de transport entraîne une paralysie de l'industrie. Si le textile occupe la première place dans les échanges de marchandises, ce n'est pas en fonction des besoins réels mais uniquement en fonction de la légèreté de cette matière qui rend plus aisés son transport et sa distribution. Par contre, les minerais et les combustibles continuent d'être à peu près intransportables par voie terrestre. En outre, les longues caravanes de chariots auxquelles on a recours pour le transport des denrées essentielles (comme le sel) demandent des investissements élevés.

Disons en terminant que, au XIXᵉ siècle, les conséquences de l'instauration du mode de production

capitaliste seront nombreuses et parfois dramatiques pour les couches les plus pauvres de la population. Citons-en quelques-unes : l'augmentation de la capacité de production ; la création lente mais inéluctable d'un marché de consommateurs ; l'exode massif des travailleurs des campagnes vers les grands centres urbains ; phénomène lié au précédent, l'accroissement de la mobilité géographique et sociale ; la généralisation du salariat qui se solde toutefois par une extrême pauvreté du peuple ; la montée irrésistible des valeurs matérialistes (lesquelles trouveront leur apogée dans la seconde moitié du XXᵉ siècle) ; la consolidation de la bourgeoisie en tant que classe dominante sur le plan économique.

5.1.8 Le siècle des bouleversements politiques et des révolutions

Le XVIIIᵉ siècle a connu de très nombreux bouleversements. Évidemment, on pense immédiatement à la guerre de Sept Ans qui opposera, entre autres, l'Angleterre et la France (1757-1763) et dont le Canada sera un des enjeux[14]. De plus, les guerres et les conflits feront rage sur tout le territoire du Vieux Continent : par exemple, la conquête des régions de la Baltique (1689-1726) et de la mer Noire (1762-1796) par les Russes qui en chassent les Turcs ; la guerre de succession de Pologne (1733-1738) ; la guerre de succession d'Autriche (1740-1748) ; les partages de la Pologne entre la Russie et l'Autriche (le premier en 1772, le deuxième et le troisième entre 1793-1795).

Le siècle dans lequel a vécu Jean-Jacques Rousseau est aussi marqué par deux révolutions majeures qui ont changé le cours de l'histoire de l'Occident : la Révolution américaine (1776-1783)[15] et la Révolution française (1789).

La révolution américaine prend la forme d'une guerre de libération coloniale contre l'Empire britannique.

---

14. Durant cette guerre, la Prusse était l'alliée de l'Angleterre contre l'Autriche, la Russie et la France.

15. On se souviendra que les troupes américaines étaient sous le commandement de Georges Washington (1732-1799). Celui-ci devint, en 1789, le premier président des États-Unis d'Amérique.

Afin de renflouer ses coffres vidés par la guerre de Sept Ans, l'Angleterre exige de ses treize colonies d'Amérique des impôts et des taxes, notamment sur le thé. Les colons refusent systématiquement de payer. Suit alors un long conflit juridique (1765-1773) qui entraînera une rupture entre la métropole et ses colonies. Après une première déclaration des droits par le Congrès de Philadelphie (1774), par laquelle ses signataires revendiquent l'indépendance des colonies américaines, la guerre éclate. Le Congrès américain vota, le 4 juillet 1776, la « Déclaration d'Indépendance des États-Unis d'Amérique », mais ce ne fut qu'à la signature du traité de Versailles, en 1783, que cette indépendance fut reconnue par l'Angleterre.

La Révolution française est réellement une révolution du peuple contre les privilèges de la noblesse et l'arbitraire de la monarchie absolue[16]. Elle a amené de vastes transformations dans la société française : ce n'est plus le roi mais la nation tout entière qui détient la souveraineté. Le régime monarchique n'existe plus, il fait place à la république ; les pouvoirs législatif, exécutif et judiciaire sont maintenant séparés.

Ces deux révolutions, survenues à quelques années d'intervalle, sont vraiment à l'origine des principales institutions de nos sociétés actuelles. Par exemple, elles mettent toutes deux l'accent, d'une part, sur le rôle indispensable de l'État dans l'affirmation et la protection des droits privés et publics et, d'autre part, sur l'importance du caractère laïc des institutions publiques.

qui exerçait le métier d'horloger ; sa mère meurt à sa naissance. Jusqu'à son décès, survenu à Ermenonville en France le 2 juin 1778, il mènera une vie essentiellement vagabonde et changera deux fois de religion : à seize ans, il abjure le protestantisme pour embrasser la foi catholique, mais en 1753 il reviendra à sa première confession. Il quitte très tôt sa famille et pratique plusieurs métiers. À l'âge de vingt ans, il fait la rencontre de Mme de Warens qui devient alors sa bienfaitrice. C'est en effet chez elle qu'il s'adonne à la lecture et qu'il s'initie au latin et à la musique. En 1741, alors âgé de 29 ans, il s'installe à Paris et y fait la rencontre de Diderot. Quelques années plus tard, en 1750, son ouvrage intitulé *Discours sur les sciences et les arts* lui apporte un succès fortement teinté de scandale. Cette première parution n'est que le début d'une longue controverse autour de son œuvre. Ainsi, parce que Rousseau dénonce la société de son époque, ses écrits ultérieurs lui attireront de nombreux ennemis (on pense, entre autres, à Voltaire) et lui vaudront plusieurs démêlés avec les pouvoirs publics.

En 1756, Rousseau séjourne chez Mme d'Épinay non loin de la forêt de Montmorency. Là, il peut travailler dans le calme. Ce calme sera cependant de courte durée puisque, dès 1762, la publication de l'*Émile* réveille la haine de ses ennemis. Rousseau doit alors s'enfuir de la France. Il gagne tout d'abord son pays d'origine, la Suisse, puis se réfugie en Angleterre chez le philosophe Hume avec qui il ne tardera pas à se brouiller. Une fois les esprits de ses ennemis apaisés, il revient à Paris où il compose ses dernières œuvres, notamment *Les Confessions*.

5.2 Jean-Jacques Rousseau : le personnage et son œuvre[17]

5.2.1 Quelques éléments biographiques

Jean-Jacques Rousseau est né le 28 juin 1712 en Suisse, dans la ville de Genève, d'un père protestant

Jean-Jacques Rousseau

---

16. En 1789, l'Assemblée nationale rédige une constitution pour la nation française. L'absolutisme royal est aboli ainsi que les pouvoirs féodaux et les droits nobiliaires. Le 26 août de la même année, une charte révolutionnaire est proclamée. Elle affirme les principes universels des droits de l'homme.

17. Pour une pénétrante analyse de l'œuvre de Rousseau, on consultera le très beau livre de Jean Starobinski (1971), *Jean-Jacques Rousseau, la transparence et l'obstacle*.

5.2.2 Les apports intellectuels de Rousseau à son siècle

Les éléments biographiques qui précèdent permettent au lecteur de se faire une certaine idée du personnage qu'a été Jean-Jacques Rousseau. Toutefois, afin de bien saisir l'importance de ce philosophe, il faut examiner la diversité de ses champs d'intérêt. Cet homme s'est penché aussi bien sur la politique, la littérature et la musique que sur l'éducation.

Comme nous le verrons un peu plus loin, Rousseau est l'un des fondateurs de la pensée politique moderne. Avec son ouvrage *Du Contrat social, ou Principes du droit politique*, il prône l'égalité de tous les êtres humains et fonde l'ordre politique sur l'idée de contrat passé entre les citoyens. Ce contrat social résulterait des volontés particulières unies en une volonté générale.

Rousseau est aussi un innovateur en matière de littérature doublé d'un compositeur et d'un théoricien de la musique. Dans le domaine de l'écriture, il crée lui-même un nouveau genre littéraire : l'auto-biographie. Celle-ci consiste en un récit où l'auteur se raconte lui-même. Dans ce genre, ses œuvres majeures seront *Les Rêveries d'un promeneur solitaire* et *Les Confessions*. En ce qui concerne la musique, il composera un opéra en 1752 intitulé *Le Devin du village* et rédigera un traité théorique, *Lettre sur la musique française* (1753).

Ses nombreuses œuvres le montrent également comme un individualiste, un théoricien de la liberté et un critique virulent des idées à la mode. Individualiste, Rousseau l'est sans aucun doute puisque pour lui l'individu est le fondement de l'ordre social. En tant que théoricien, il soutient que la liberté est une caractéristique propre à tout être humain : tous naissent libres et égaux. Cette liberté individuelle se prolonge en liberté collective et, par le fait même, s'étend à toute la société. Cela revient à dire que la souveraineté est inaliénable et indivisible et que, par conséquent, les pouvoirs doivent être l'émanation du corps social.

Rousseau est bien entendu un représentant de son siècle mais il en fera aussi la critique sous plusieurs aspects. Par exemple, il dénonce vivement les tares du modernisme, le côté sombre et moins reluisant du progrès. Selon lui, la raison, la science et le progrès sont de bonnes choses mais non en elles-mêmes.

En réalité, c'est la pureté du cœur, la conscience droite, qui importent vraiment. Si l'individu ne possède pas un cœur pur, alors le progrès, la science et la raison ne serviront pas au bonheur de l'humanité. Bien au contraire, ils peuvent même devenir des instruments au service des passions malsaines et des intérêts mesquins. Donc, Rousseau ne croit pas en une connaissance qui procurerait automatiquement la sagesse. Au lieu de s'en remettre à la raison pour guider la conduite humaine, il fait plutôt appel à la rectitude morale.

Ainsi, il s'oppose à la philosophie dominant en Occident depuis l'époque de la Grèce ancienne. Cette tradition reposait en effet sur l'idée que la connaissance améliore la nature de l'être humain ; ce qui revenait à dire que le savoir n'est pas seulement différent de l'ignorance, il lui est aussi supérieur (la connaissance étant bonne en elle-même, le « savant » est donc meilleur que l'ignorant). Or, pour Rousseau, la connaissance n'est bonne que dans la mesure où l'être humain est bon. En définitive, ce qu'il affirme, c'est l'inexistence d'un lien direct entre la science et l'éthique.

5.2.3 Des clés pour la compréhension de son œuvre

Jean-Jacques Rousseau est un homme de contradictions, de paradoxes, qui cherche la liberté et le bonheur pour l'individu, qui hésite toujours entre l'autonomie individuelle et la suprématie de la société. Il est aussi un homme de remords, sûr d'être la victime d'une persécution systématique, un homme qui cherche le paradis perdu fait de « la transparence réciproque des consciences, la communication totale et confiante » (Starobinski, 1971, p. 19).

La succession de plusieurs échecs confortera Rousseau dans sa conviction profonde que la société du XVIIIᵉ siècle est foncièrement mauvaise. Cette conviction explique en bonne partie son projet de découvrir l'origine du malheur de ses contemporains en élaborant une histoire de l'être humain (spéculative et non pas basée sur l'analyse de documents concrets) qui insistera sur sa bonté antérieure. À plusieurs égards, la pensée de Rousseau ira par le fait même à contre-courant du discours élaboré par les philosophes des Lumières.

Ayant souffert de la société, Rousseau la juge donc globalement nuisible pour l'être humain. Il se montre par conséquent particulièrement méfiant envers l'ensemble des caractéristiques propres à cette société et dont la philosophie des Lumières se fait en quelque sorte l'écho. Ainsi, afin de corriger les excès possibles de la froide logique issue du règne absolu de la raison, il oppose les voies du cœur et des sentiments. De plus, aux sournoises apparences mondaines il préférera la vérité intérieure des êtres.

À la suite des dénonciations des symptômes du mal social que l'on trouve dans le *Discours sur les sciences et les arts* et dans le *Discours sur l'origine et les fondements de l'inégalité parmi les hommes*, Rousseau élaborera ses solutions dans *Du Contrat social, ou Principes du droit politique* et l'*Émile.* Il est bien entendu complètement illusoire de prétendre que l'être humain puisse retourner à l'état de nature. C'est donc par une fuite en avant que l'on pourra recomposer artificiellement les qualités perdues. Cette fuite en avant passera par les instances politiques et éducatives qui devront répondre le plus possible à la nature profonde de l'individu en modelant leur action respective sur cette nature.

De son vivant, Rousseau a été la cible de violentes attaques en raison de son antirationalisme et de son apparente hostilité envers le progrès. Cela n'empêchera pas Kant d'admirer profondément ce penseur de la liberté individuelle. Par ailleurs, sa vision anthropologique anticipe celles de Hegel et Marx et, au XXe siècle, l'ethnologie se souviendra de lui comme de l'un de ses plus importants précurseurs. Ajoutons que son ouvrage *Du Contrat social, ou Principes du droit politique* constitue, encore aujourd'hui, un élément incontournable de la réflexion politique.

Afin de mieux saisir sa pensée, nous allons maintenant jeter un regard sur deux œuvres majeures de Rousseau, lesquelles sont étroitement liées à l'*Émile.*

5.2.4 *Discours sur l'origine et les fondements de l'inégalité parmi les hommes* (1755)

Cet ouvrage propose rien de moins qu'une histoire de l'humanité. Il ne s'agit toutefois pas d'une recherche scientifique. En fait, Rousseau propose une interprétation de l'histoire qui n'est que vraisemblable.

Cette interprétation est néanmoins en mesure de fournir une explication du malheur qui afflige les êtres humains. Cette histoire se divise en trois principales périodes.

La première est celle de l'homme de la nature que l'on peut définir comme « un animal présociable ». Il vit seul, ne possède aucun langage et est animé par le seul amour de soi. Cet homme satisfait ses besoins immédiatement à partir des ressources que lui fournit la nature. Doté de la capacité de changer en fonction des circonstances (la perfectibilité), il s'est adapté aux modifications de son environnement en se joignant à ses semblables pour créer les premières sociétés. Ce regroupement était nécessaire pour la survie de l'espèce.

La deuxième période se caractérise par l'acquisition de l'ensemble des différentes qualités propres aux humains : la pitié (premier sentiment acquis par l'homme de la nature), le langage, la pensée. Il vit en totale harmonie à la fois avec les membres de la société et avec la nature qui l'entoure. Il s'agit là, pour Rousseau, d'un véritable âge d'or de l'humanité, empreint de transparence.

Cependant, cet état de grâce n'a pas duré. En effet, l'inégalité physique entre les individus (phénomène naturel) entraîne une détérioration complète des relations et la perversion des qualités humaines. Commence alors la troisième période, celle de la société du paraître. Dans cette société, on ne peut plus parler de l'homme de la nature ; on est devant un nouveau type d'homme, l'homme social. Son apparition s'explique par l'incapacité des êtres humains à exercer un contrôle adéquat des effets négatifs de la nature elle-même. C'est ici que commence l'aliénation et que son cortège d'effets négatifs s'ensuit : le mensonge, la jalousie, l'amour-propre, etc. En politique, cette décadence se traduit par un régime tyrannique.

5.2.5 *Du Contrat social, ou Principes du droit politique* (1762)

Constatant que le fondement de la société repose la plupart du temps sur l'autorité paternelle, la volonté divine ou encore la force brute, Rousseau se donne ici comme objectif d'établir la légitimité d'un pouvoir politique dont le fondement prendrait racine dans un pacte d'association où chaque individu s'engagerait volontairement envers l'ensemble de ses semblables, renonçant en cela à sa liberté individuelle naturelle. En retour, la société lui assurerait le statut de citoyen. Ce statut se caractériserait par l'égalité juridique et morale et la liberté civile. De cette façon se produirait le passage de l'indépendance originelle à la liberté politique. Par la même occasion, il serait possible de développer une véritable morale répondant aux besoins et aux désirs de la volonté générale. Cette volonté générale ne correspondrait d'ailleurs pas à la somme des volontés individuelles et des intérêts particuliers mais plutôt à l'expression de la souveraineté du peuple (dont le législateur est l'interprète). Parce que cette souveraineté demeurerait à la fois inaliénable et indivisible, les pouvoirs ne devraient être que l'émanation du corps social.

5.3 La pensée éducative de Rousseau

Nous allons maintenant aborder la pensée de Rousseau sur l'éducation. L'œuvre de référence est ici l'*Émile* qui fut publiée en 1762 et qui provoqua de vives réactions chez les dirigeants de l'époque. Dans un premier temps, nous présenterons très brièvement cet ouvrage tout en le situant par rapport à l'ensemble de son œuvre. L'*Émile* forme en effet une sorte de triptyque avec le *Discours sur l'origine et les fondements de l'inégalité parmi les hommes* et *Du Contrat social, ou Principes du droit politique*. Dans un deuxième temps, nous indiquerons en quoi l'*Émile* peut être qualifié de discours politique. Ensuite, nous dégagerons les deux principes fondamentaux de la pédagogie rousseauiste ainsi que ses trois lois psychologiques et leurs corollaires pédagogiques. Par ailleurs, la sous-section suivante de cette troisième partie tirera quatre conséquences éducatives majeures de cette pensée. Finalement, nous terminerons en faisant ressortir, à l'aide d'un tableau, les éléments novateurs des idées de Rousseau.

5.3.1 *Émile ou De l'éducation* (1762)

L'*Émile* est la plupart du temps présenté comme une sorte de vaste traité de « pédagogie naturelle ». En réalité, Rousseau « y place l'enfant à éduquer dans des situations généralement artificielles, organisées ou contrôlées par le précepteur » (Durozoi et Roussel, 1990, p. 292). Ainsi, l'importance historique de cet

ouvrage tient beaucoup plus au fait que Rousseau y affirme la spécificité de l'enfance et de sa mentalité. Cette affirmation entraîne un certain nombre de conséquences non seulement pour l'enseignement des matières telles la géographie ou les mathématiques mais aussi pour l'enseignement de la religion. En effet, comme le disent Durozoi et Roussel (1990, p. 292) :

> [La pédagogie de Rousseau démontre] l'inutilité d'une éducation prématurée (l'enfant étant incapable de la comprendre) et l'accès à Dieu par les seules voies du cœur […] indépendamment des textes et intermédiaires consacrés — ce qui entraînera la condamnation de l'ouvrage par l'archevêque de Paris.

De la même façon que le *Discours sur l'origine et les fondements de l'inégalité parmi les hommes*, l'*Émile* relève d'une histoire conjecturale. Par ailleurs, l'ouvrage est étroitement associé au *Contrat social* (les deux sont d'ailleurs parus la même année) en ce qu'il propose un programme éducatif adapté à une véritable société politique.

> Rousseau a voulu énoncer une philosophie, formuler un discours continu sur l'homme, sur ses origines, son histoire, ses institutions ; l'*Émile* est une psychologie génétique sur laquelle prennent appui une pédagogie, une religion (ou une « religiosité »), et une politique. (Starobinski, 1971, p. 321-322.)

5.3.2 L'éducation comme politique : nature-culture

On a souvent reproché à Rousseau d'être un naïf, ayant conçu un utopique paradis perdu où l'homme au naturel serait totalement bon. En fait, il n'en est rien. Le sens de sa pensée est plutôt que le développement doit nécessairement faire un retour involutif sur quelque chose d'« archaïque », au sens propre de la racine grecque *arkhe*, c'est-à-dire revenir à un principe fondamental et premier[18]. Ce principe premier

---

18. « Jamais Rousseau n'a commis l'erreur de Diderot qui consiste à idéaliser l'homme naturel. Il ne risque pas de mêler l'état de nature et l'état de société ; il sait que ce dernier est inhérent à l'homme, mais il entraîne des maux : la seule question est de savoir si ces maux sont eux-mêmes inhérents à l'état. Derrière les abus et les crimes, on recherchera donc la base inébranlable de la société humaine. » (Lévi-Strauss, 1973, p. 468.)

auquel Rousseau fait allusion, c'est la nature. La tâche de l'éducation sera justement de réaliser ce retour « et de restaurer chez l'individu-enfant, en tant qu'il n'est pas encore modifié par son environnement social, la spontanéité du jugement et du sentiment » (Ottavi, 1995, p. 20).

On l'a vu précédemment, les valeurs véhiculées par Rousseau sont l'individualisme, la liberté et la bonté du cœur. L'éducation représente donc pour lui un moyen de sortir de l'histoire et de reprendre l'être humain à son état naturel (retour involutif). En ce sens, l'éducation pour Jean-Jacques Rousseau est un moyen politique. Cela signifie qu'à l'aide de l'éducation l'auteur de l'*Émile* veut amener une réforme profonde de l'individu en le prenant tel qu'il est à son état de nature original. Par conséquent, cette nature joue un double rôle : à la fois origine et modèle[19]. Rousseau veut réformer la société devenue mauvaise et pervertie car trop éloignée de la nature. Créer un être humain « naturel » par l'éducation, c'est en ce sens créer un individu libre qui pourra changer la société (une révolution sociale ne se fait pas sans une révolution éducative).

Il faut bien comprendre que, dans son optique, la nature humaine est par essence un état de perfection. C'est la société qui fait sortir l'individu de cet état de perfection : ce qui se traduit trop souvent selon Rousseau par une dégradation morale de la société et de ses membres. L'imperfection vient de l'inadéquation entre les désirs et la nature réelle du sujet. Or, justement, la société fait naître des désirs inappropriés à la nature des êtres humains. C'est pourquoi, si l'on souhaite éviter la corruption de l'individu, il faut modeler l'éducation sur la nature (la nature est un modèle parce qu'elle est état de perfection). Fait important à retenir, cet être naturel n'ayant pas été corrompu par la société est précisément **l'enfant**.

Cependant, Rousseau n'affirme pas que l'adulte doit se modeler sur l'enfant. Ce qu'il avance, c'est tout simplement que **l'enfant est un être humain à l'état de nature** ; c'est-à-dire non dénaturé par la société[20]. Par le fait même, il faut connaître la nature de l'enfant. Pour ce faire, Rousseau élaborera une véritable théorie de l'enfance, identifiant cinq stades de développement (nous y reviendrons plus loin).

Si la nature représente un état de perfection, il n'en demeure pas moins que l'individu vit en société (c'est un être social diront les sociologues) ; il ne peut par conséquent être laissé à l'état de nature. Il ne lui suffit pas de s'adapter à son environnement naturel, il doit aussi s'adapter à son environnement social. C'est pourquoi il faut l'éduquer. Mais cette éducation, si l'on souhaite qu'elle puisse réellement rendre l'homme et la femme heureux, doit concilier nature et culture.

Cette conciliation se fera en éduquant l'enfant selon sa nature d'enfant. En somme, **l'éducateur aura comme tâche de former un individu en harmonie avec son milieu.** Pourquoi ? Parce que l'idéal pour tout être humain, c'est d'être pleinement adapté à sa société (milieu). Cette adaptation se vérifie autant par l'équilibre étroit existant entre ses besoins et les moyens dont il dispose pour les réaliser, que dans l'équilibre entre ses différentes facultés et les désirs qui l'habitent. C'est là la condition du bonheur.

Rousseau constate que ses contemporains habitent un monde corrompu qui ne les rend pas heureux. Ayant des désirs illimités qu'ils n'ont pas appris à contrôler, ils se sentent misérables. Pour modifier cette décadence morale, Rousseau a imaginé une société (dans son *Contrat social*) et un individu (dans l'*Émile*) pleinement adaptés l'un à l'autre.

Pour rendre l'être humain heureux, il faut mettre un frein à ses désirs. Cet arrêt doit venir de la nature et non de la culture, car seules les contraintes de la nature peuvent être réellement ressenties comme une nécessité. Ainsi, par l'éducation, on fera sentir à l'enfant la nécessité des choses afin qu'il devienne plus tard un être totalement adapté à son milieu.

---

19. L'être humain « naturel » est non seulement celui du début de l'humanité, mais également l'être humain dans sa pureté, celui dont les vertus morales n'ont pas été altérées par les influences néfastes de la société. L'origine indique le modèle à suivre.

20. En d'autres termes, l'enfant représente l'être humain le moins modifié par l'action socialisatrice de la culture. En conséquence, il est plus proche de la nature que l'adulte. De plus, la nature étant perçue comme un état de perfection, l'enfant est donc plus parfait que l'adulte. Si l'on souhaite conserver cette pureté, il faut logiquement éduquer l'enfant selon sa nature d'enfant ; ce qui revient à dire prendre la nature comme guide.

Autrement dit, éduqué selon la nature, l'enfant apprend la nécessité des choses et non l'arbitraire des hommes. Devenu adulte, il sera heureux, car il aura fait l'expérience des bornes posées par la nature elle-même. Il aura donc appris à refréner ses désirs.

5.3.3　Les principes dans l'éducation rousseauiste

Une lecture attentive de l'*Émile* permet de dégager deux principes fondamentaux dans l'éducation : l'homme n'est pas un moyen mais une fin ; il faut redécouvrir l'homme naturel. Voyons plus en détail ces deux principes.

L'homme n'est pas un moyen mais une fin

Chez les pédagogues qui précédèrent Rousseau, tous les principes d'éducation avaient comme caractéristique de vouloir former l'homme en vue de quelque chose. Par exemple, on éduquait dans le but de rendre l'homme savant, croyant, pour en faire un citoyen, un érudit, un lettré, etc. L'éducation utilisait le petit homme (l'enfant) comme un moyen pour atteindre un but, réaliser un modèle.

Dans l'optique de Rousseau, la situation doit changer radicalement. Il ne traite pas l'homme et l'enfant comme des moyens mais plutôt comme des fins absolues. Pour lui, l'éducation ne doit pas chercher à former un type d'homme ou de femme en particulier mais bien l'homme et la femme dans leur essence même. C'est pourquoi, tout au long de l'œuvre, Rousseau cherche constamment à écarter l'accidentel, le variable, afin de trouver l'essentiel. L'éducation doit permettre et favoriser la formation de l'être humain lui-même, l'être humain tel qu'il est dans sa nature profonde. Cet individu libre et unique est à la fois désir, besoin, passion, raison, sens et intellect.

La réalisation de cet objectif passe par trois types d'éducation : l'éducation qui vient de la nature (développement des facultés et organes) ; l'éducation qui vient des hommes (usages de ce développement) ; l'éducation qui vient des choses (l'expérience personnelle sur les objets).

La pédagogie doit harmoniser ces trois types d'éducation. Pour ce faire, l'être humain doit savoir qu'il n'a aucun contrôle sur la nature et très peu sur les choses. **Seule l'éducation des hommes et des femmes est à sa portée.** L'action éducative doit par conséquent orienter l'éducation des choses et l'éducation des êtres humains vers celle de la nature, car elle est la seule sur laquelle on n'a aucune prise (en outre elle est la plus générale, et Rousseau cherche justement à former un être humain « entier » et non un individu pour tel type de société ou telle époque particulière). En ayant recours au modèle de la nature, la pédagogie peut échapper à l'arbitraire et avoir un objet de connaissance, un objet d'observation, matière d'une science sur laquelle elle pourra reposer.

Redécouvrir l'homme naturel

En somme, à la société et à la culture, Rousseau oppose l'état de nature : les deux premières sont corrompues, la seconde est pure[21]. Selon lui, l'attitude qu'il faut adopter c'est de laisser faire et de laisser être la nature (la nature est un modèle, un guide que le pédagogue doit suivre). **L'éducation ne doit pas superposer à l'enfant une culture comme seconde nature artificielle, mais laisser l'enfant se développer librement sans entraver son développement.** Comme on l'a laissé entendre auparavant, l'éducation doit imiter la nature et suivre le développement naturel de l'enfant à tous les points de vue : affectif, moral, intellectuel. De cette façon pourra naître un homme meilleur dans une société meilleure.

5.3.4　Les lois dans l'éducation rousseauiste

Après avoir exposé les deux principes fondamentaux de la pédagogie de Rousseau, il est temps de préciser sur quelles lois psychologiques repose ce système. Sans plus de commentaires, nous exposons ici de façon schématique les trois lois et leurs corollaires :

- **Première loi psychologique** : La nature a fixé les lois nécessaires au développement de l'enfant.
  - **Corollaire pédagogique de la première loi** : L'enseignant doit respecter la marche de l'évolution mentale de l'enfant.

---

21. « Toute notre sagesse consiste en préjugés serviles ; tous nos usages ne sont qu'assujettissement, gêne et contrainte. L'homme civil naît, vit et meurt dans l'esclavage : à sa naissance on le coud dans un maillot ; à sa mort on le cloue dans une bière ; tant qu'il garde la figure humaine, il est enchaîné par nos institutions. » (Rousseau, 1966, p. 43.)

- **Deuxième loi psychologique** : L'exercice de la fonction la développe et prépare l'éclosion de fonctions ultérieures.
  - **Corollaire pédagogique de la deuxième loi** : L'enseignant doit laisser la fonction agir selon son mode : qu'il la contrôle, qu'il la guide, mais qu'il ne l'écrase pas par des raisonnements autant livresques et théoriques que prématurés.
- **Troisième loi psychologique** : L'action naturelle est celle qui tend à satisfaire l'intérêt ou le besoin du moment.
  - **Corollaire pédagogique de la troisième loi** : L'enseignant doit inciter l'élève à apprendre.

5.3.5 Les conséquences éducatives des principes et des lois de la pédagogie rousseauiste

L'enfant modèle : sa connaissance et ses stades de développement

Les humanistes avaient pris l'homme pour modèle éducatif. Rousseau, quant à lui, prend l'enfant comme modèle de l'individu idéal, naturel. Il y a là un renversement des idées tout à fait capital.

Pour Rousseau, l'enfant a une nature qui lui est propre. Cette nature est différente de celle de l'adulte. C'est ainsi qu'aujourd'hui Rousseau reçoit légitimement le titre de découvreur de **l'enfance comme état fondamental de la vie, état distinct de l'existence adulte**. Avec cette thèse fondamentale, c'est toute la pédagogie moderne qui prend naissance, pédagogie qui repose non pas sur une connaissance de ce que l'enfant doit être lorsqu'il sera grand mais plutôt sur ce qu'il est (une connaissance de sa nature propre).

En fait, Rousseau pose la question suivante : qui est l'enfant ? Il dit d'ailleurs, dans son célèbre ouvrage *Émile*, « avant de l'éduquer, tâchez de connaître votre élève ». Cette idée implique une observation de l'enfant afin de le saisir tel qu'il est. C'est pourquoi Rousseau insiste tant sur l'importance de l'examen minutieux. En quelque sorte, il pourrait être qualifié de précurseur d'une pédagogie qui se veut scientifique parce qu'elle est appuyée sur une psychologie expérimentale.

Il y a ici un principe important. La pédagogie de Rousseau est innovatrice en ce qu'elle présente un caractère psychologique (connaître la psychologie de l'enfant). Mais, de cela dérive un caractère encore plus général. Cette psychologie ne repose pas sur des idées reçues, des idéologies, des préjugés traduisant les sentiments et les aspirations des pédagogues. Elle se fonde sur l'observation menée à partir de critères objectifs. Ainsi, Rousseau a le mérite de poser les principes de base d'une psychologie de l'enfant vraiment scientifique. Par exemple, il soutient que le développement de l'enfant passe par différents stades naturels :

- l'âge des besoins (le stade infantile) ;
- l'âge du développement des désirs et des sens (l'âge de la puérilité allant jusqu'à 12 ans) ;
- l'âge du sens commun ou l'âge de raison (le stade intermédiaire, c'est-à-dire de 12 à 15 ans) ;
- l'âge des sentiments (la période de l'adolescence, soit de 15 à 20 ans) ;
- l'âge du mariage, de la vie de travail, de la parentalité et de l'exercice des droits de citoyen (la maturité après 20 ans).

L'éducation doit respecter ces stades. En ce sens, Rousseau peut être vu comme l'un des précurseurs de la psychologie des stades du développement qui, au XXe siècle, sera considérablement approfondie, notamment par Piaget.

L'enfant actif et responsable de son éducation

Selon la thèse de Rousseau, l'enfant, tout autant que l'adulte, possède une liberté qui doit être respectée. Cela signifie que son rôle dans l'éducation ne doit pas se résumer à celui d'un être passif qui reçoit la connaissance de l'extérieur ; tout au contraire, l'éducateur doit en faire un être actif dont l'action contribue fondamentalement à sa propre formation.

Par le fait même, le rôle de l'éducation n'est pas de réduire l'enfant à une attitude passive mais plutôt de se servir de son activité naturelle — par exemple ses jeux, ses explorations sensorielles, ses intérêts, ses besoins — comme base de son processus éducatif (apprentissage). Donc, pour Rousseau, l'enfant doit être actif durant le processus d'apprentissage. Ce processus repose d'ailleurs essentiellement sur l'observation directe et l'expérimentation. Il s'agit en fait de fournir à l'enfant les outils nécessaires pour qu'il puisse connaître par lui-même (l'apprentissage par soi-même, à travers l'observation et l'expérimentation, est la condition indispensable pour que l'élève utilise pleinement sa raison). Les outils de connaissance sont en cela beaucoup plus importants que les connaissances elles-mêmes. Ce qui revient à dire qu'en éducation la qualité importe plus que la quantité[22]. En outre, la pédagogie rousseauiste adopte le principe que bien juger est plus important que bien connaître. L'observation et l'expérimentation viseront donc à développer la capacité de jugement de l'élève.

Le but de l'éducation : former un être humain libre

Il découle de ce qui précède que, pour Rousseau, le but de l'éducation n'est pas de remplir la tête des enfants de mille et une choses inventées et imaginées par les adultes. Il s'agit beaucoup plus de favoriser leur libre épanouissement naturel. **Ce qu'il faut former, ce n'est pas un type d'homme en particulier mais bien l'homme lui-même,** « l'entier unitaire », c'est-à-dire l'individu libre et responsable.

En somme, **le but ultime de l'éducation est de former un homme libre.** Or, l'homme peut devenir libre à condition d'être traité comme un être libre dès sa naissance. En ce sens, pour l'auteur de l'*Émile*, la liberté ne s'apprend pas, elle se déploie dans l'activité humaine. C'est pourquoi il faut la laisser être. **On ne peut pas apprendre à être libre, car la liberté est inscrite dans la nature même de l'être humain.**

Une manière d'éduquer : l'éducation négative

Qu'est-ce que l'éducation négative ? Pour répondre à cette question, laissons la parole à Rousseau (1966, p. 149) : « Jeune instituteur, je vous prêche un art difficile, c'est de gouverner sans préceptes, et de tout faire en ne faisant rien. » Toute l'idée de l'éducation négative se trouve là, résumée dans cette simple invitation du philosophe. Ainsi, lorsque l'on parle d'éducation négative, on fait référence à une éducation où l'individu et la société sont exclus au profit de la

nature ; une éducation qui refuse les opinions et la morale ; une éducation où le maître ne produit aucune action informative, car l'apprentissage doit venir de l'expérience des choses et non de la connaissance par les mots. Citons à nouveau l'auteur de l'*Émile* (Rousseau, 1966, p. 215) :

> Rendez votre élève attentif aux phénomènes de la nature, bientôt vous le rendrez curieux ; mais, pour nourrir sa curiosité, ne vous pressez jamais de la satisfaire. Mettez les questions à sa portée, et laissez-les lui résoudre. Qu'il ne sache rien parce que vous le lui avez dit, mais parce qu'il l'a compris lui-même ; qu'il n'apprenne pas la science, qu'il l'invente.

L'éducation négative à la façon de Rousseau laisse la nature agir. **L'enfant apprend par sa propre expérience face aux choses.** Donc, pas de discours théorique ni moral. Pour Rousseau, la meilleure morale c'est celle qui vient directement de la nature (il faut se souvenir que, pour lui, la nature est un état de perfection, donc bonne en elle-même). Dans l'état de nature, l'individu est moralement innocent (bon) ; par conséquent, il ne faut pas gâcher cette innocente bonté par une action arbitraire fondée sur des préjugés propres à une époque particulière. **L'enfant doit évoluer dans un monde purement physique, sans morale.**

Dans la perspective de Rousseau, **le rôle de l'éducateur consiste principalement à protéger son élève contre les méfaits de la société, contre les influences néfastes de la culture et son cortège de corruptions et de préjugés**[23]. Rappelons ici que, pour lui, la société est corruptrice de la nature humaine. C'est ce qu'il exprime lorsqu'au tout début de son *Émile* il déclare : « Tout est bien sortant des mains de l'Auteur des choses, tout dégénère entre les mains de l'homme. » (Rousseau, 1966, p. 35.)

Si le pédagogue laisse la nature agir, il n'est pas pour autant réduit à un rôle totalement passif. En réalité, tout en suivant scrupuleusement la nature, il choisit tout de même à la fois le contenu (expériences et observations) et le moment propice pour l'administrer :

---

22. « Souvenez-vous toujours que l'esprit de mon institution n'est pas d'enseigner à l'enfant beaucoup de choses, mais de ne laisser jamais entrer dans son cerveau que des idées justes et claires. » (Rousseau, 1966, p. 220.)

---

23. Par exemple, l'éducateur Rousseau amène son élève Émile à la campagne afin de le soustraire aux trop nombreuses distractions de la ville.

Puisque la contradictoire de chaque position fausse est une vérité, le nombre des vérités est inépuisable comme celui des erreurs. Il y a donc un choix dans les choses qu'on doit enseigner ainsi que dans le temps propre à les apprendre. (Rousseau, 1966, p. 213.)

Il n'en demeure pas moins que, comme on l'a dit précédemment, l'enfant doit faire ses propres expériences.

C'est pourquoi **l'enfance doit être une période où le jeune peut s'exprimer dans la plus totale liberté.** Par conséquent, Rousseau propose d'isoler l'enfant de la source négative que représente la société des adultes. **L'éducation idéale se ferait sous forme de préceptorat.** Qu'est-ce à dire ? L'éducateur et son élève seront en continuelle présence l'un de l'autre. L'enfant n'aura de maître que son éducateur, et l'éducateur n'aura qu'un seul élève. La relation maître-élève ne se réduira d'ailleurs pas à une simple interaction pédagogique, elle offrira également une forte dimension affective.

Rousseau a donc élaboré une **pédagogie active** (l'enfant participe entièrement au processus d'apprentissage), **concrète** (elle recourt à l'observation), **essentiellement utilitaire**[24] (elle prépare à la vie parmi les membres de la société), **axée sur l'expérimentation**[25] et non sur l'étude livresque ou les exposés magistraux (ce sont les choses et non les discours qui doivent parler parce que les premières, contrairement aux seconds, ont la force de la nécessité). À travers les différents stades de son développement, l'enfant apprend directement au contact des choses et non des mots ou des idées. C'est de cette manière que sa raison naturelle pourra se développer sainement, évitant ainsi la contamination par les préjugés.

En résumé, la pédagogie de Rousseau peut être dite négative dans la mesure où elle propose d'intervenir le moins possible auprès de l'enfant afin de le laisser faire ses propres expériences. Le défi que doit relever l'éducateur consiste non seulement à écarter la corruption venant de la société (afin que la nature puisse se réaliser dans toute sa beauté) mais également à créer chez son élève le goût de l'instruction. De ce fait, loin d'imposer ses désirs, l'éducateur doit amener l'élève à désirer apprendre par lui-même ; **il faut que l'enfant se plaise à s'instruire** : « Le talent d'instruire est de faire que le disciple se plaise à l'instruction. » (Rousseau, 1966, p. 323.) C'est à cette condition que le maître pourra dire « mission accomplie ».

5.3.6 Une comparaison entre la pédagogie du XVIIIᵉ siècle et la pensée éducative proposée par Rousseau

Avant de conclure ce chapitre, et dans le but de bien saisir la radicale nouveauté des idées de Rousseau, comparons maintenant, au tableau 5.1 (p. 126), la pédagogie du XVIIIᵉ siècle et la pensée éducative proposée par le philosophe d'origine suisse.

---

24. « Ne montrez jamais rien à l'enfant qu'il ne puisse voir. Tandis que l'humanité lui est presque étrangère, ne pouvant l'élever à l'état d'homme, rabaissez pour lui l'homme à l'état d'enfant. En songeant à ce qui lui peut être utile dans un autre âge, ne lui parlez que de ce dont il voit dès à présent l'utilité. » (Rousseau, 1966, p. 238.)

25. « Il s'agit moins de lui apprendre une vérité que de lui montrer comment il faut s'y prendre pour découvrir toujours la vérité. » (Rousseau, 1966, p. 267.) Également : « Maître, peu de discours ; mais apprenez à choisir les lieux, les temps, les personnes, puis donnez toutes vos leçons en exemples, et soyez sûr de leur effet. » (Rousseau, 1966, p. 301.) Ou encore, un peu plus loin : « Je ne me lasse point de le redire : mettez toutes les leçons des jeunes gens en action plutôt qu'en discours ; qu'ils n'apprennent rien dans les livres de ce que l'expérience peut leur enseigner. » (Rousseau, 1966, p. 328.)

Tableau 5.1		
Une comparaison entre la pédagogie du XVIIIᵉ siècle et la pensée éducative de Rousseau		
	La pédagogie établie au XVIIIᵉ siècle	**La formulation d'un nouvel idéal selon Rousseau**
La conception de l'enfant ou de l'apprenant	L'enfant doit imiter le plus possible l'adulte, qui est son modèle. Sur le plan éducatif, l'enfant n'est donc qu'un moyen dont la fin réside dans l'adulte.	L'enfant est son propre modèle. Il est naturellement bon et libre. Il est même meilleur que l'adulte, car ce dernier est corrompu par la civilisation.
La conception du maître ou de l'enseignant	Le maître constitue le pôle important et actif de la relation pédagogique. L'enfant doit essentiellement écouter. Le savoir coule du maître vers l'enfant.	Le maître constitue le pôle secondaire de la relation pédagogique. Il doit être au service de l'enfant. Le savoir naît de l'enfant.
	Comment s'y prendre : les moyens proposés dans les écoles	**Comment s'y prendre : les moyens proposés par Rousseau**
La conception de l'apprentissage	L'apprentissage se fait de façon traditionnelle : obéissance et imitation des modèles, sophistique, rhétorique.	L'apprentissage part du principe que l'être humain possède en lui-même la raison. L'éducation cherche à favoriser le développement de l'homme complet.

Conclusion

Le XVIIIᵉ siècle fut un moment d'intenses bouleversements sur les plans tant économique et politique que social et culturel. Tout est en mouvement : le commerce, l'industrie, les régimes politiques, les institutions sociales, les modes de vie, la science, les arts, les philosophies. L'Occident est traversé par un vaste courant de changements qui conduira à l'établissement des bases sur lesquelles s'élèveront nos sociétés. À partir de cette époque naît donc véritablement notre monde moderne.

Jean-Jacques Rousseau fut un des penseurs majeurs de ce siècle. Plus qu'un simple représentant des idées en vogue, il fut un critique sévère et original. C'est pourquoi sa pensée paraît encore aujourd'hui si féconde, notamment en pédagogie.

La pensée éducative de Rousseau, uniquement fonctionnelle[26], repose sur un certain nombre de notions fondamentales dont nous avons fait l'examen dans les pages qui précèdent. Résumons-les rapidement :

- La pédagogie doit être fondée sur l'observation de l'enfant et reliée à une théorie générale de la nature humaine.
- Il existe une nature propre à l'âme enfantine.
- Il faut distinguer les étapes successives du développement naturel.
- L'éducation par les choses doit primer sur celle par les mots et, par conséquent, les méthodes sensitives, intuitives et actives doivent être privilégiées.
- L'apprentissage n'est valable que dans la mesure où il mobilise l'intérêt de l'enfant.
- Il ne peut y avoir de révolution des institutions et des mœurs sans une révolution de l'éducation.

---

26. Cette conception implique une vision exclusivement utilitariste de la culture : l'enfant ne doit apprendre que ce qui lui sera directement utile durant son existence.

L'*Émile* était, pour son temps, une œuvre particulièrement révolutionnaire. Cet ouvrage effectuait un renversement sans précédent de la conception de l'enfant et de l'éducation qui devait lui être prodiguée. Cependant, la « pédagogie » de Rousseau, reposant sur une relation face à face entre un maître et un élève (le préceptorat), se prêtait fort mal à une adaptation dans les écoles urbaines. En effet, comment intégrer sa méthode à l'enseignement à un groupe d'élèves? Rousseau n'apportait pas de réponse à cette question, bien contraire, il s'en désintéressait totalement[27].

C'est pourquoi, au-delà des expériences de Pestalozzi et de quelques autres, la pensée de Rousseau eut finalement assez peu d'effets sur les pratiques éducatives des XVIIIe et XIXe siècles, lesquelles transmettront l'essentiel des principes pédagogiques hérités du XVIIe siècle. D'ailleurs, en matière d'éducation, on s'intéressera davantage au XIXe siècle aux questions législatives qu'aux questions pédagogiques. Dans un certain sens, il faudra donc attendre le début du XXe siècle pour voir réapparaître les idées de Rousseau, reprises cette fois par le courant de la pédagogie nouvelle.

---

27. En ce sens, il est permis d'affirmer qu'il a imaginé une méthode éducative « aristocratique », réservée à quelques membres privilégiés de la société.

Questions

1. Qu'est-ce que la philosophie des Lumières et quelles en sont les principales idées?

2. Rousseau n'est pas complètement d'accord avec certaines idées des Lumières. Quel est son plus grand désaccord et pourquoi?

3. En quoi la conception de la nature humaine de Rousseau influence-t-elle sa conception de l'éducation?

4. Rousseau a développé une pensée éducative dont la base est l'idée de liberté naturelle. Expliquez.

5. Décrivez la théorie du développement de l'enfant telle qu'elle est conçue par Rousseau.

6. Pourquoi peut-on dire que Rousseau assigne un rôle actif à l'élève dans l'apprentissage?

7. Pour Rousseau, l'éducation est un moyen politique. Expliquez.

8. Quel rôle joue l'éducateur dans la pédagogie rousseauiste?

9. Selon Rousseau, pourquoi l'éducation par les choses doit-elle primer sur l'éducation par les mots?

10. Qu'est-ce que la pédagogie négative?

Bibliographie

BRUNET, A. (1990). *La civilisation occidentale.* Paris : Hachette.

CASSIRER, E. (1966). *La philosophie des Lumières.* Paris : Fayard.

CHÂTEAU, J. (1969). « Jean-Jacques Rousseau ou la pédagogie de la vocation », dans J. Château (sous la dir. de), *Les grands pédagogues.* Paris : Presses universitaires de France.

DURKHEIM, É. (1919). « La "pédagogie" de Rousseau ». *Revue de métaphysique et de morale,* n° 26, p. 153-180.

DUROZOI, G., et ROUSSEL, A. (1990). *Dictionnaire de philosophie.* Paris : Éditions Nathan.

JACQUET-FRANCILLON, F. (1995). « Éduquer : des Lumières à la Révolution ». *(Le) Télémaque,* n° 1, p. 79-88.

LÉVI-STRAUSS, C. (1973). *Tristes tropiques.* Paris : Plon. (Publication originale en 1955.)

OTTAVI, D. (1995). « L'éducation naturelle : un retour aux origines ? ». *(Le) Télémaque,* n° 1, p. 19-31.

ROUSSEAU, J.-J. (1966). *Émile ou De l'éducation.* Paris : Flammarion.

ROUSSEAU, J.-J. (1968). *Discours sur l'origine et les fondements de l'inégalité parmi les hommes.* Paris : Éditions sociales (coll. « Les classiques du peuple »).

ROUSSEAU, J.-J. (1978). *Du Contrat social.* Précédé d'un essai sur la politique de Rousseau par Bertrand de Jouvenel. Paris : Le Livre de Poche (coll. « Pluriel »).

STAROBINSKI, J. (1971). *Jean-Jacques Rousseau, la transparence et l'obstacle.* Paris : Gallimard (coll. « Tel »).

VANDER ELST, P. (1986). « (Re)lire l'Émile avec Rousseau ». *Revue belge de psychologie et de pédagogie,* vol. 48, n° 193, p. 25-29.

Partie II

*P*édagogies et pédagogues au XXᵉ siècle

Chapitre 6

De la pédagogie traditionnelle à la pédagogie nouvelle

Clermont Gauthier

Résumé

La fin du XIXe siècle et le début du XXe sont marqués par le passage de la pédagogie traditionnelle à la pédagogie nouvelle. La pédagogie traditionnelle, porteuse des usages des siècles passés, se définit comme une pratique de savoir-faire conservatrice, prescriptive et ritualisée, et comme une formule qui respecte et perpétue la méthode d'enseignement du XVIIe siècle. Cette tradition, basée sur l'ordre, est poussée à l'extrême au XIXe siècle, dans la période dite d'« enseignement mutuel », qui correspond à la révolution industrielle. La pédagogie traditionnelle est caractérisée par un souci d'efficacité toujours plus grand, emprunté au modèle économique dominant, et par l'essor de l'éducation populaire, c'est-à-dire l'apparition d'énormes groupes-classes impliquant une organisation globale extrêmement détaillée.

Néanmoins, c'est au début du XXe siècle que la pédagogie traditionnelle est contestée par l'école nouvelle. Les facteurs qui sous-tendent cette révolution relèvent notamment de la science, qui prend désormais une place prépondérante, et du désir d'être davantage à l'écoute des besoins de l'enfant afin de créer un homme nouveau. La pédagogie est abordée comme un domaine de pratique devant relever de la science en général, et de la psychologie de l'enfant en particulier. On fait appel à l'observation et à l'expérimentation objectives afin de créer une science de l'éducation. La pédagogie nouvelle se forme dans une opposition étroite avec la tradition : concentration de l'attention sur l'enfant, sur ses besoins et ses champs d'intérêt ; définition de l'enseignant comme guide, etc. En somme, la pédagogie nouvelle place l'enfant au centre de ses préoccupations et s'oppose à une pédagogie traditionnellement centrée sur le maître et sur les contenus à transmettre. Ce mouvement est le point de départ de courants de pensée qui existent encore aujourd'hui et qui influent sur l'ensemble des pratiques pédagogiques actuelles.

Introduction

Entre une période éclatante comme le XVIIIᵉ siècle et les transformations colossales qui ont eu lieu durant le XXᵉ siècle, bien des événements se sont produits que nous aurions pu mentionner dans un ouvrage comme celui-ci. Cependant, nous avons choisi de limiter notre étude et de mettre en lumière un aspect qui nous semble majeur, quitte à laisser dans l'ombre certains auteurs de premier plan, certains événements éducatifs qui pourraient paraître importants ou certaines idées qui ont connu un quelconque succès. Nous avons décidé de concentrer nos efforts sur l'analyse de la transition entre deux manières de faire l'école : la pédagogie traditionnelle et la pédagogie nouvelle. Nous insisterons sur la signification de cette transformation profonde du discours et des pratiques pédagogiques.

Deux raisons motivent notre choix. D'abord, il faut reconnaître que, bien que le XVIIIᵉ siècle ait connu un penseur de génie comme Rousseau, il n'y a pas eu de changements importants et durables dans les pratiques pédagogiques entre le XVIIIᵉ et le XIXᵉ siècle. On pense immédiatement à Pestalozzi, fidèle continuateur de l'œuvre de Rousseau ; mais il nous semble que ses tentatives courageuses et ingénieuses sont peu de choses comparativement à la vague de fond qui a submergé le monde scolaire à partir du XVIIᵉ siècle. En effet, la pédagogie dont on a supposé la naissance au XVIIᵉ siècle s'est maintenue d'une manière relativement stable jusqu'au XIXᵉ siècle, tant dans son esprit que dans ses pratiques, pour constituer une sorte de tradition pédagogique en Europe. En France, notamment, les efforts ne sont pas dirigés vers la pédagogie mais vers les débats législatifs portant sur les grandes réformes de l'éducation qui vont rendre l'instruction laïque obligatoire et publique. Sans vouloir diminuer l'importance de ces changements du XIXᵉ siècle, nous pensons qu'ils ne concernent qu'indirectement notre sujet d'étude, l'évolution des idées et des pratiques pédagogiques, et qu'ils ne semblent pas influer directement sur la pédagogie, c'est-à-dire la manière d'enseigner dans les classes.

Ensuite, et c'est là notre seconde raison, on voit apparaître, à la fin du XIXᵉ siècle et au début du XXᵉ, un mouvement important qui vise à renverser cette tradition pédagogique. Sous l'influence de la science de l'éducation naissante et de l'idée de réforme par l'éducation de la société détruite par la guerre, un mouvement nouveau s'impose graduellement qui provoque des transformations majeures dans les idées et les pratiques pédagogiques. Ce mouvement, qui a marqué le XIXᵉ siècle, est celui de la pédagogie nouvelle.

Pour que le lecteur saisisse bien les idées élaborées par les auteurs représentatifs de ce mouvement, nous avons divisé le présent chapitre en trois parties. D'abord, nous examinons la tradition pédagogique qui se perpétue au XIXᵉ siècle. Ensuite, nous analysons le renversement qui s'opère à la fin du XIXᵉ siècle et nous voyons comment la science commence à critiquer la tradition pédagogique. Enfin, nous expliquons que la pédagogie nouvelle se définit de façon polémique, c'est-à-dire par la négation de la pédagogie traditionnelle.

6.1 Le XIXᵉ siècle et la tradition pédagogique

Nous avons émis l'hypothèse que la pédagogie est apparue au XVIIᵉ siècle. Une nouvelle manière de faire l'école s'est imposée qui différait considérablement des pratiques antérieures. En fait, il serait plus juste de dire qu'il y avait une tradition d'enseignement avant le XVIIᵉ siècle, qu'il y avait des pratiques diverses de l'art d'enseigner dans l'Antiquité, au Moyen Âge et à la Renaissance, pratiques transmises d'une génération d'enseignants à l'autre. Cependant, s'il y avait tradition d'enseignement, il n'y avait pas encore de tradition pédagogique. Les approches, même dans des classes aux effectifs restreints, étaient encore routinières, peu élaborées et réduites principalement à des considérations de contenus qu'il fallait organiser logiquement.

La pédagogie est plutôt l'affaire du XVIIᵉ siècle. Comme on l'a vu au chapitre 4, au XVIIᵉ siècle, le contexte scolaire change et les usages d'enseignement en vigueur se modifient. Les écoles sont alors plus nombreuses, elles accueillent plus d'enfants et ceux-ci les fréquentent de manière un peu plus assidue. Les maîtres créent un nouveau savoir-faire pour régler les problèmes quotidiens. Ce savoir-faire codifié touche non seulement aux contenus à enseigner mais aussi à tous les aspects de la vie de la classe (enseignement simultané ; code régissant la posture, les déplacements, les châtiments, la place de chaque élève dans la classe, etc.). Les enseignants transmettent ces habiletés à leurs successeurs qui, à leur tour, les lèguent à ceux qui les remplacent. Ainsi se constitue peu à peu un code d'enseignement uniforme, une **tradition pédagogique** qui se perpétue pendant des siècles. Toutefois, pour qu'il y ait une tradition pédagogique, il fallait au préalable que la pédagogie se révèle comme objet d'une préoccupation particulière. Cela ne fut pas possible avant le XVIIᵉ siècle. En outre, il fallait des conditions propices pour que ce code d'enseignement uniforme se perpétue.

6.1.1 Les caractéristiques de la tradition pédagogique

Pour les besoins de la présente analyse, nous mettons en valeur quatre caractéristiques d'une tradition pédagogique afin de bien rendre compte de la formation de cette dernière à compter du XVIIᵉ siècle. Premièrement, on reconnaît dans la tradition la sédimentation des gestes qui ont précédé, la conservation des usages antérieurs. Une tradition renferme certains comportements issus du passé, elle promeut des modèles de conduite. Deuxièmement, toute tradition adapte progressivement ses manières de faire à de nouveaux contextes. Une tradition ne se contente pas de reproduire simplement des comportements ; elle les transforme peu à peu. Troisièmement, il faut souligner l'aspect prescriptif de la tradition, au sens où elle est davantage un réservoir de réponses qu'un ensemble de questions nécessitant des explications. En effet, une tradition dit quoi faire ; elle n'a pas pour fonction de remettre les choses en question. Quatrièmement, les comportements deviennent graduellement des rituels et acquièrent un statut presque sacré.

Appliquons à la pédagogie ces caractéristiques de la tradition. Nous supposons que la pédagogie est apparue au XVIIᵉ siècle, dans le monde occidental chrétien, parce que nous pensons évidemment qu'il y a eu conservation de certains usages ancestraux quant à ce qu'il convenait de faire pour enseigner dans les écoles. Nous croyons aussi qu'on a modifié ces habitus afin de répondre aux exigences des nouveaux contextes. De Batencour, par exemple, dans la préface de son *Instruction méthodique pour l'école paroissiale dressée en faveur des petites écoles* (1669), illustre de manière intéressante ces deux caractéristiques de la tradition, la conservation et l'adaptation : « J'ai cru qu'il ne serait pas inutile de faire part au Public, de ce que l'**usage** et l'**expérience** [c'est nous qui soulignons] m'ont appris dans cet Exercice. » Par « usage », De Batencour entend la tradition qui l'entourait, qui l'habitait et lui dictait les façons de faire pour enseigner par l'imitation plus ou moins consciente des maîtres qu'il avait connus. Il reprend donc les façons de faire l'école qu'il a vues autour de lui, qu'il a probablement vécues dans son enfance et qui font que, généralement, chaque maître enseigne en partie comme on lui a enseigné.

Mais l'usage n'est pas tout, car une tradition transforme également les façons de faire. En effet, De Batencour (1669) parle aussi de l'expérience, autrement dit de ce qu'il a dû apporter personnellement comme adaptation, comme modification aux usages compte tenu des nouvelles contraintes liées au contexte de son époque, contraintes qui n'existaient pas avant lui ou étaient peu présentes : un enseignement primaire dispensé à des groupes d'enfants du peuple. Il a écrit son ouvrage pour bien montrer la nature des changements qu'il avait lui-même apportés à la façon de faire l'école dans son temps. De même, on remarque que la pédagogie des Frères des Écoles chrétiennes, telle qu'elle est consignée dans la *Conduite des écoles chrétiennes*, est le résultat des apports respectifs des usages et des expériences. Jean-Baptiste de La Salle (1951) le signale dans sa préface :

> Cette Conduite n'a été rédigée en forme de règlement qu'après un très grand nombre de conférences avec des Frères de cet Institut les plus anciens et les plus capables de bien faire l'école ; et après une expérience de plusieurs années ; on n'y a rien mis qui n'ait été bien concerté et bien éprouvé, dont on n'ait prévu autant qu'on a pu les bévues ou les mauvaises suites.

Les caractères prescriptifs et sacrés de la tradition trouvent leur illustration encore une fois dans la préface de la *Conduite des écoles chrétiennes* :

> Les Supérieurs des maisons de cet Institut et les Inspecteurs des écoles s'appliqueront à le bien apprendre (le livre de la Conduite) et à posséder parfaitement tout ce qui y est renfermé, et feront en sorte que les maîtres ne manquent à rien et observent exactement toutes les pratiques qui y sont prescrites jusqu'aux moindres, afin de procurer par ce moyen un grand ordre dans les écoles, une conduite bien réglée et uniforme dans les Frères qui en seront chargés et un fruit très considérable à l'égard des enfants qui y seront instruits. (De La Salle, 1951, p. 6.)

Le savoir-faire des Frères consigné dans la *Conduite des écoles chrétiennes*, véritable code de conduite au sens strict du mot, a donc été appliqué à leurs écoles. De plus, le code a été reproduit dans ses moindres détails sans être remis en question, comme s'il contenait la réponse définitive à toutes les ambiguïtés. Bref, la *Conduite des écoles chrétiennes* cristallise les réponses apportées par les Frères dans leur enseignement et en fait une tradition. Ainsi, toutes les écoles des Frères des Écoles chrétiennes se ressemblent, comme tous les collèges jésuites se ressemblent, qu'ils soient situés en Amérique, en Europe ou ailleurs.

Grâce au travail des communautés religieuses enseignantes, une tradition pédagogique se met en place, une sorte de dispositif de répétition de la façon de faire l'école qui se perpétue sans trop de modifications jusqu'au début du XXe siècle. Par exemple, il faut attendre jusqu'en 1837 pour voir dans la *Conduite des écoles chrétiennes* une justification de l'apprentissage de la lecture, de l'écriture et du calcul de manière successive et non simultanée ; cette pratique ancestrale n'avait donc pas été contestée jusque-là (Prost, 1968, p. 118). Cette tradition pédagogique atteint son apogée avec l'enseignement mutuel.

6.1.2 L'enseignement mutuel

Il vaut la peine d'examiner le système de l'enseignement mutuel parce qu'il constitue ce que nous pourrions appeler l'extrémité d'un continuum d'idées et de pratiques pédagogiques. Si on situait l'enseignement mutuel sur un axe ayant à l'un de ses pôles « l'ordre » et à l'autre « le hasard », il serait à l'extrême limite, du côté de « l'ordre », alors que, par exemple, Neill et sa pédagogie libertaire (voir le chapitre 8) serait tout à l'opposé. En effet, l'enseignement mutuel emploie un discours et une pratique de contrôle à peu près inégalés dans l'histoire de l'éducation. Il constitue à ce titre un formidable excès de contrôle pédagogique. L'ordre pédagogique naissant qui quadrillait toute la vie scolaire, au XVIIe siècle (voir le chapitre 4), semble presque mitigé lorsqu'on le compare à celui qui se met en place avec l'enseignement mutuel au XIXe siècle.

Quels sont la nature, les principes, les modalités d'organisation de cette nouvelle approche ? Le système d'enseignement mutuel apparaît dans les écoles primaires à la fin du XVIIIe siècle, en Angleterre. Il est destiné à alphabétiser le plus grand nombre d'élèves possible au meilleur coût et dans les meilleurs délais (Lesage, 1981, p. 241). Cette méthode a été systématisée par Bell et Lancaster. Elle a connu par la suite un succès important en France, vers 1820. L'enseignement mutuel fut en usage un peu partout dans le monde, au Canada anglais et même au Québec ; Joseph-François Perrault l'a notamment utilisé et a encouragé son implantation. On dénombrait, en France, entre 1815 et 1820, 1 000 écoles mutuelles qui rassemblaient environ 150 000 élèves, alors que les écoles des Frères des Écoles chrétiennes n'instruisaient que 50 000 enfants (Léon, 1971, p. 342). Contrairement au mode simultané, où le maître est l'agent d'enseignement, le principe de base de l'enseignement mutuel est que l'enfant lui-même se charge d'enseigner à ses pairs. Comme le mot « mutuel » l'indique en français (on a *monitorial system* en anglais), les enfants enseignent l'un à l'autre. Plus précisément, certains, les plus doués, deviennent les moniteurs de leurs camarades plus faibles.

À ce premier principe s'en greffe un second : l'économie. Il faut en effet instruire une multitude d'enfants aux mêmes coûts qu'un petit nombre (Bally, 1819, p. 277). Il faut dire qu'en France, tout comme en Angleterre, certains commencent à prendre conscience de la valeur économique (et non seulement sociale, comme au XVIIᵉ avec Démia) de l'éducation populaire.

> La moralité du peuple et le maintien de l'ordre social ne sont pas les seuls motifs qui réclament une éducation populaire. L'agriculture, les arts mécaniques, les fabriques et tous les genres d'industrie, en retireront des avantages, qui ne contribueront pas moins à l'aisance et à la fortune des particuliers, qu'à la force et à la prospérité de l'État. (De Lasteyrie, 1819, p. 47.)

Il y a une volonté d'éduquer le peuple, mais on sait bien que cette éducation coûte cher et, sans la gratuité scolaire, on a tout intérêt à stimuler l'enseignement mutuel, formule beaucoup plus économique que toute autre. Par exemple, on décide que, puisque les livres se détériorent rapidement et coûtent cher aux pauvres, il est préférable d'utiliser des tableaux d'affichage. De même, papier et plumes sont troqués pour des ardoises et des crayons de schiste beaucoup plus économiques. Dans cet esprit, De Lasteyrie (1819, p. 26) vante l'école de Lancaster (1811), qui n'utilise qu'un seul livre pour mille enfants!

Enfin, on adopte un principe d'efficacité qui découle des nécessités d'économie et qui vise à « tayloriser » l'instruction. Ce n'est sans doute pas par hasard que l'enseignement mutuel prend son essor en Angleterre, pays de la révolution industrielle. Les promoteurs de l'enseignement mutuel veulent appliquer à l'école les méthodes de division du travail en vigueur dans l'industrie naissante afin de réduire les coûts de l'instruction (Léon, 1971, p. 368). Concrètement, dans les écoles régies par le système d'enseignement mutuel, on trouve un seul maître pour enseigner à un groupe pouvant aller

jusqu'à mille élèves, et même au-delà dans les grandes villes ; cependant, le nombre se situe le plus souvent autour de 250 élèves. Un tel système ne peut exister et fonctionner efficacement que s'il est basé sur l'application d'un ordre absolu. C'est pourquoi nous soutenons qu'il participe du même souci de l'ordre qui était en vigueur 200 ans plus tôt, et qu'il est le prolongement de la tradition pédagogique du XVIIᵉ siècle.

Examinons cette hypothèse et voyons en quoi ce système est le perfectionnement des procédures de contrôle déjà établies deux siècles plus tôt. D'abord, d'un point de vue général, on remarque qu'un discours d'ordre émane de cette conception.

> Le maître doit donc porter son attention spéciale sur tous les objets de détail, et établir un règlement tellement fixe, que son exécution marche d'elle-même, et pour ainsi dire à son insu. Ici l'ordre règne partout, même dans les plus petits objets : le panier, les plumes, les livres, les tableaux ; tout a sa place, tout y a été classé, mis à son rang ; rien n'est arbitraire : c'est dans ce sens qu'on interprète le tableau qu'on voit dans nos institutions, avec ces mots : « Une place pour chaque chose et chaque chose à sa place. » (Bally, 1819, p. 195.)

En outre, De Lasteyrie (1819, p. 6), dans son manuel d'enseignement mutuel, va jusqu'à utiliser la métaphore de l'armée pour décrire le système. Il écrit : « Chaque classe est commandée, enseignée, inspectée et maintenue dans l'ordre par un commandant et par un inspecteur de classe, qui sont aidés par des sous-commandants. » Tous sont sous la juridiction d'un commandant général qui vérifie si les ordres donnés aux niveaux inférieurs s'exécutent.

Ainsi, non seulement l'enseignement mutuel reprend-il des procédés de contrôle déjà vus au XVIIᵉ siècle, mais il les raffine. Par exemple, à la suite d'un calcul précis de l'espace de la classe, il est établi qu'une salle de 45 mètres sur 9 doit contenir 1000 élèves et une salle de 9 mètres sur 5, quelque 70 élèves, ce qui donne 0,4 mètre par élève. Le manuel de Bally (1819) contient de multiples consignes à propos de l'espace nécessaire au maître, de l'élévation du plafond, des dimensions de l'estrade, etc. De même, le matériel et le mobilier y sont longuement décrits (pendant 40 pages) : la table du maître, la boîte à billets de récompense, les ardoises, les bancs des élèves (hauteur et longueur), etc. Tout y est précisé.

Le temps fait également l'objet d'une planification minutieuse. La journée de six heures de classe est divisée en de multiples moments de cinq minutes environ (voir le tableau 6.1). On comprend donc la nécessité de mettre en place un système codé de transmission des ordres par divers moyens (la voix, une sonnette, un sifflet ou un signe) et de voir à leur exécution dans un délai raisonnable (voir le tableau 6.2).

Tableau 6.1

L'organisation du temps dans une classe d'enseignement mutuel : la matinée

Heure/ minutes	Activités	Heure/ minutes	Activités
			Lecture (suite)
8 h 30	Entrée du maître et du moniteur général	10 h 22	*Deuxième lecture*
8 h 45	Entrée des moniteurs de service	10 h 37	*Troisième lecture*
8 h 50	Appel des moniteurs	10 h 52	Mouvements des élèves pour se ranger contre le mur ; sortie des moniteurs et premiers élèves ; distribution des billets
8 h 55	Entrée des enfants, placement des paniers		
9 h 00	Prière		
9 h 04	Appel et compte rendu	10 h 55	Formation des classes d'arithmétique dans les bancs
	Écriture		*Arithmétique*
9 h 09	*Première ardoise*	11 h 00	Il faut deux minutes pour faire déposer les baguettes aux moniteurs de lecture, faire descendre les moniteurs de dessus les bancs et pour que les élèves aient le temps de s'asseoir.
9 h 14	Fin de la dictée, correction		
9 h 18	*Deuxième ardoise*		
9 h 23	Correction		
9 h 27	*Troisième ardoise*	11 h 02	Nettoiement des ardoises ; distribution des crayons ; rentrée des moniteurs
9 h 32	Correction		
9 h 36	*Quatrième ardoise*	11 h 03	*Première dictée* — Dure 5 minutes.
9 h 41	Correction	11 h 08	Correction — Dure 2 minutes.
9 h 45	*Cinquième ardoise*	11 h 10	*Deuxième dictée*
9 h 51	Correction	11 h 15	Correction
9 h 55	Ordre de poser, d'enlever le crayon	11 h 17	*Troisième dictée*
	Lecture	11 h 22	Correction
9 h 56	Signal pour sortir des bancs et se former en classe de lecture	11 h 24	Nettoiement des ardoises
		11 h 25	Nomination des moniteurs ; prise des baguettes
10 h 00	Recensement des élèves ; nomination des moniteurs	11 h 28	« Toute la classe ». Coup de sonnette. La classe marche vers le demi-cercle.
10 h 03	Marche des moniteurs de lecture, pour prendre les baguettes ; dans le même moment le moniteur place les tableaux.	11 h 31	Premier exercice d'arithmétique
		11 h 45	Deuxième exercice
10 h 04	Le moniteur général dit : « Toute la classe… » et il donne un coup de sonnette : les enfants se mettent alors en marche vers les demi-cercles, ce qui dure trois minutes.	11 h 58	Ordre de revenir aux bancs pour faire la prière et sortir de la classe
10 h 07	*Première lecture*		

Source : Tiré de Bally (1819, p. 230).

	Tableau 6.2	
Les signes en usage au primaire dans l'enseignement mutuel		
	Exercices	**Signes**
Entrée en classe, appel et prière	1. Pour obtenir le silence :	• Un coup de sifflet
	2. — faire tourner les enfants vers les moniteurs généraux ;	• — coup de sonnette
	3. — les faire mettre à genoux pour la prière ;	• — coup de sonnette
	4. — les faire relever ;	• — coup de sonnette
	5. — les faire préparer à entrer dans les bancs ;	• Les bras étendus horizontalement, le droit en avant, le gauche en arrière
	6. — faire entrer dans les bancs et asseoir ;	• La main droite portée de bas en haut
	7. — faire mettre les mains derrière le dos ;	• Les deux mains horizontales ; et ensuite, portées derrière le dos
	8. — commander l'appel aux moniteurs et faire rendre compte.	• MONITEURS* — et un coup de sonnette
Écriture	9. Pour faire mettre les mains sur les genoux aux enfants de la table du sable :	• MAINS SUR LES GENOUX
	10. — les faire préparer à tracer une lettre sur le sable ;	• Un doigt étendu horizontalement
	11. — leur faire former la lettre indiquée ;	• FAITES LA LETTRE — N
	12. — faire préparer les enfants à nettoyer les ardoises ;	• Main droite à la bouche et la gauche à hauteur de ceinture
	13. — faire nettoyer les ardoises ;	• Main droite agitée horizontalement
	14. — faire cesser le nettoiement ;	• Coup de sonnette
	15. — faire saisir les ardoises par les extrémités, en croisant les bras ;	• Les deux bras croisés horizontalement
	16. — faire décroiser les bras sans quitter les ardoises ;	• Les deux bras décroisés et un peu relevés
	17. — faire poser les ardoises de champ ;	• Les deux mains baissées vivement
	18. — faire inspecter les ardoises par les moniteurs ;	• MONITEURS — et un mouvement de la main de gauche à droite
	19. — faire revenir les moniteurs à leur place ;	• Coup de sonnette
	20. — faire abaisser les ardoises près du pupitre ;	• Les mains étendues et baissées doucement
	21. — faire retirer les pouces vivement ;	• Les deux mains baissées vivement
	22. — faire mettre les mains sur les genoux ;	• Coup de sonnette
	23. — faire distribuer les crayons ;	• MONITEURS — et un coup de sonnette
	24. — faire commencer la dictée ;	• HUITIÈME CLASSE — COMMENCEZ
	25. — faire corriger ;	• Coup de sonnette et mouvement de main de gauche à droite
	26. — faire retourner les moniteurs à leur place ;	• Coup de sonnette
	27. — faire préparer à poser les crayons ;	• Main droite étendue
	28. — faire poser les crayons ;	• Mains baissées vivement
	29. — faire enlever les crayons ;	• MONITEURS — et un coup de sonnette
	30. — faire rendre compte des crayons (les moniteurs montés sur leurs bancs).	• Ire COMBIEN ? IIe COMBIEN ? etc.
Lecture	31. Pour faire préparer les enfants à sortir des bancs :	• Les bras écartés à la hauteur de la ceinture
	32. — les faire sortir des bancs ;	• Signe de la main droite portée de bas en haut
	33. — faire aller aux bancs pour former les classes de lecture ;	• TOUTE LA CLASSE — et un coup de sonnette
	34. — faire cesser la marche ;	• Un coup de sifflet

→

Tableau 6.2 (*suite*)

Les signes en usage au primaire dans l'enseignement mutuel

	Exercices	Signes
	35. — nommer les moniteurs de lecture, les envoyer prendre les baguettes pour se placer à la tête de leurs classes respectives ;	• MONITEURS DE LECTURE — et un coup de sonnette
	36. — faire aller tous les élèves aux demi-cercles ;	• TOUTE LA CLASSE — et un coup de sonnette
	37. — faire descendre les moniteurs des bancs ;	• MONITEURS — et un coup de sonnette
	38. — faire baisser les cercles de fer (s'il y en a) et commencer la lecture ;	• Deux coups de sifflet
	39. — faire répéter de mémoire ;	• Deux coups de sifflet
	40. — faire épeler par cœur ;	• Un coup de sonnette
	41. — faire cesser la lecture et suspendre les tableaux ;	• Un coup de sonnette
	42. — faire ranger les enfants contre le mur ;	• Un coup de sifflet
	43. — faire sortir des rangs les élèves ;	• Un coup de sifflet
	44. — faire distribuer les billets ;	• Un coup de sifflet
	45. — faire rentrer dans les rangs les moniteurs et premiers élèves ;	• Un coup de sonnette
	46. — faire reporter les baguettes à l'estrade ;	• Un coup de sonnette
	47. — faire monter les moniteurs sur les bancs ;	• MONITEURS DE CLASSE — et un coup de sonnette
	48. — faire tourner les enfants.	• Mouvement de la main de droite à gauche
Arithmétique	49. Pour faire rentrer dans les bancs et former les classes d'arithmétique :	• EN CLASSE D'ARITHMÉTIQUE — et un coup de sonnette
	50. — faire tourner les enfants vers le moniteur général ;	• Un coup de sonnette
	51. — faire préparer à entrer dans les bancs, y faire entrer ;	• Voyez les numéros 5, 6, 7, 13, 14, 18, 19, 22, 23, 24, 25 et 26.
	52. — nommer les moniteurs d'arithmétique, les faire sortir et marcher ;	• MONITEURS D'ARITHMÉTIQUE — et un coup de sonnette
	53. — faire sortir les élèves des bancs ;	• Voyez les numéros 31 et 32.
	54. — les faire tourner du côté du moniteur général ;	• Un coup de sonnette
	55. — faire poser les mains sur les ardoises ;	• Les deux mains étendues et baissées en avant
	56. — faire enlever les crayons ainsi que les ardoises, et les faire mettre derrière le dos ;	• Les deux mains portées de bas en haut, et jetées en arrière
	57. — envoyer vers les demi-cercles et faire les trois exercices d'arithmétique ;	• Voyez les numéros 36, 38, 39, 40, 41, 42, 43, 44, 45, 47, 48.
	58. — faire revenir des cercles aux bancs d'arithmétique ;	• Voyez les numéros 48, 49, 50.
	59. — faire déposer les ardoises, les crayons, etc.	• Voyez les numéros 17, 20, 21, 27, 28, 29, 30.
Prière et sortie	60. Pour faire la prière, et faire tourner les enfants avant le départ :	• Voyez les numéros 3, 4, 48.
	61. — les faire sortir en marchant au pas, et aller dans le préau.	• TOUTE LA CLASSE — et un coup de sonnette
	62. Pour faire continuer un exercice interrompu.	• CONTINUEZ
		Note : Tous les mots écrits en lettres capitales doivent être articulés.

Source : Tiré de Bally (1819, p. 236).

Le système des moniteurs reprend, en le poussant plus loin, celui des officiers du XVIIe siècle. On estime qu'une classe de 200 à 250 élèves nécessite une quarantaine de moniteurs. Ces derniers sont choisis parmi les enfants les plus avancés et ayant la meilleure conduite ; ils sont l'élément essentiel de la méthode (Lesage, 1981, p. 243). Un ordre hiérarchique détermine le niveau des moniteurs, qui sont classés selon leurs responsabilités et leurs tâches. Les plus haut placés, les moniteurs généraux, vérifient la discipline des élèves au moment des changements d'activité et des entrées et sorties de l'école ; ils dirigent les prières et interviennent également auprès des moniteurs ordinaires. Ces derniers, choisis parmi les plus avancés des différentes disciplines à enseigner, sont responsables d'un groupe d'une dizaine d'enfants de même niveau. On donne aussi d'autres responsabilités à différents enfants : par exemple, l'un est portier, l'autre est moniteur de quartier et veille à reconduire les élèves en bon ordre le matin et le soir.

Le contenu de chaque matière est également soigneusement précisé et hiérarchisé dans un programme comportant huit niveaux, dont est responsable chacun des moniteurs. Changement important par rapport au XVIIe siècle, on enseigne désormais les matières simultanément et non successivement. On apprend de front la lecture, l'écriture, le calcul, le dessin et la religion. De plus, comme les programmes sont évalués de façon très précise, un enfant peut être affecté à un sous-groupe pour la lecture, à un autre pour l'écriture ou le calcul, etc. Par souci d'économie, on utilise, pour la lecture, l'écriture, le dessin et le calcul, des tableaux (148 au total) imprimés d'un seul côté, montés sur des cartons et minutieusement gradués. Ces tableaux remplacent les livres. Bally (1819) critique la méthode simultanée, très onéreuse, qui nécessiterait 1 000 livres pour 1 000 élèves, et ce, dans une seule matière. Non seulement ces livres coûtent-ils fort cher, selon lui, mais ils sont aussi abîmés, salis et en plus on n'en utilise souvent qu'une seule partie, les autres devenant inutiles (Bally, 1819, p. 278).

La discipline est basée comme auparavant sur un système de récompenses et de sanctions. Comme tout est hiérarchisé en huit niveaux par matière, chaque enfant sait où il se situe et connaît le niveau supérieur qu'il peut atteindre ; l'émulation s'entretient donc aisément. Les récompenses sont souvent des billets qui s'échangent contre de l'argent ou un prix à la fin de la semaine. On écrit aux parents pour les informer des progrès de leur enfant ; ce dernier peut aussi apporter chez lui une médaille de mérite. Les présences, les absences, le progrès scolaire et la conduite sont minutieusement consignés dans des registres qui permettent de noter l'évolution du comportement des élèves. Quant aux punitions, elles sont soigneusement décrites en 18 catégories. Ces écoles mettent en place un jury par le biais duquel les enfants s'infligent eux-mêmes des sanctions pour leurs délits. L'humiliation est encore présente, mais les procédés sont plus sophistiqués. Par exemple, on trouve en première place : « L'enfant qui lit le moins bien cède sa place à celui qui lit mieux » et en quinzième place : « On les attache à un poteau lorsqu'ils sont trop indociles, ou qu'ils désobéissent formellement au maître. » (Bally, 1819, p. 189.) On signale qu'en Angleterre on attache au cou de l'enfant récalcitrant un morceau de bois de deux à trois kilogrammes. On peut aussi lui fixer une pièce de bois entre les jambes et l'obliger à faire le tour de la classe. Parfois on place même les délinquants dans un panier ou un grand sac que l'on suspend au plafond de l'école, à la vue de tous. Les enfants paresseux peuvent également être mis dans un berceau et balancés par un camarade (Bally, 1819, p. 193).

Pourquoi y a-t-il eu un tel engouement pour cette méthode d'enseignement ? Le fait que l'on enseigne les matières de base simultanément a été une cause du succès important de l'enseignement mutuel. On sait que les Frères des Écoles chrétiennes, encore en 1837, maintenaient la tradition de l'enseignement « en succession » où il fallait savoir lire avant d'écrire. Cette organisation vieillotte entraînait une perte de temps considérable, en plus de susciter ennui et dégoût chez l'élève (Prost, 1968, p. 118). L'enseignement mutuel était, selon ses partisans, plus efficace et plus économique. On supposait que l'apprentissage était plus rapide parce que les enfants étaient placés selon leur niveau, parce qu'ils apprenaient toutes les matières en même temps et parce qu'avec les moniteurs il n'y avait pas de perte de temps (Bally, 1819, p. 281). De plus, en remplaçant les livres par des tableaux, l'enseignement mutuel permettait des économies appréciables.

Pourquoi cette approche a-t-elle décliné ? En France, le clergé catholique, soutenu par les royalistes (les ultras), s'inquiétait de la propagation d'une méthode anglaise et protestante. Il lui préférait la méthode d'enseignement des Frères des Écoles chrétiennes. Après bien des conflits entre partisans des deux clans, les royalistes ont eu le dessus (1820-1828) et ont favorisé les écoles des congrégations, ce qui a entraîné une diminution de moitié des écoles mutuelles (Gontard, 1981, p. 256). Puis, à partir du moment où la loi Guizot (1833) est entrée en application, l'enseignement mutuel s'est éteint progressivement (Léon, 1971, p. 343). La loi Guizot obligeait chaque commune à mettre sur pied des écoles ; une telle multiplication de petites écoles a entraîné la fin des écoles mutuelles. D'autres griefs à l'endroit des écoles mutuelles faisaient valoir que les parents n'aimaient pas voir leurs enfants perdre leur temps à servir de moniteur au lieu d'apprendre eux-mêmes ; on reprochait aussi à ces écoles de former des automates ou des militaires (Léon, 1971, p. 342). Mais on ne se trompe guère en affirmant que les véritables causes du déclin des écoles mutuelles sont d'abord politiques.

Pour conclure, il faut indiquer que, bien que l'enseignement mutuel constitue une innovation pédagogique fort intéressante, notamment avec l'usage des tableaux et avec l'enseignement de toutes les matières simultanément, il n'en demeure pas moins qu'elle s'inscrit dans le prolongement de la pédagogie du XVIIᵉ siècle. En fait, le grand mérite de l'enseignement mutuel a peut-être été surtout de souligner l'importance de la fonction économique de l'école, dont on n'était pas conscient auparavant. « Or, refuser l'instruction, c'est étouffer le génie, et priver la société des *talens* qui forment son plus bel éclat. » (De Lasteyrie, 1819, p. 51.) On envisage désormais qu'il peut être payant pour un État d'instruire le peuple ; non seulement les coûts de l'éducation peuvent-ils ne pas être prohibitifs, mais l'État peut également prospérer grâce à des citoyens plus instruits. Cette fonction économique de l'école est portée à son apogée au XXᵉ siècle.

6.1.3 La législation et l'organisation scolaires au XIXᵉ siècle

Il semble que plusieurs historiens de l'éducation considèrent le XIXᵉ siècle comme une période mineure (Léon, 1971, p. 333). Nous partageons cet avis, qui

mérite cependant d'être nuancé. L'apport principal du XIXᵉ siècle se situe davantage sur le plan de l'organisation de l'éducation populaire que sur celui de l'innovation des méthodes pédagogiques. En effet, encore au début du XIXᵉ siècle, seuls le tiers ou le quart des enfants de France vont à l'école, et cette dernière demeure tributaire des initiatives locales (Gontard, 1981, p. 255). Cependant, à la fin du siècle, presque tous les enfants sont scolarisés ; c'est dire l'efficacité des mesures législatives adoptées et l'importance des efforts consentis à ce chapitre (Gontard, 1981, p. 261).

Comme le signale Prost (1968, p. 8), au XIXᵉ siècle, bien que l'on discute énormément de la question scolaire, on ne « discute pas de pédagogie ». De fait, selon lui, derrière la longue querelle idéologique à propos du contrôle de l'école par les laïcs ou par les religieux, il y a une sorte d'accord général sur les fins et les moyens. On ne semble pas, que l'on soit républicain ou conservateur, remettre en cause les principes d'ordre et d'autorité de l'école ; on se méfie encore de la spontanéité de l'enfant (Prost, 1968, p. 8). Les querelles quant aux méthodes pédagogiques surviennent vers la fin du siècle. Bien sûr, il y a de grands noms : Frœbel, Herbart, Itard, Pestalozzi, Tolstoï, Kergomard, etc. Mais, selon Prost (1968, p. 9), leur audience réelle reste toujours limitée et leur influence se fera sentir quelques décennies plus tard, à la fin du siècle, quand leurs idées et pratiques seront reprises par les partisans de la pédagogie nouvelle. De même, il y a des changements notables dans l'enseignement de certaines matières : on apprend la lecture à partir de méthodes phonétiques, on écrit avec la plume d'acier, qui remplace la plume d'oie, et on se sert souvent de l'ardoise plutôt que du papier. Mais on est loin d'une révolution pédagogique en profondeur ; il s'agit plutôt de l'évolution graduelle de certaines pratiques.

L'apport fondamental du XIXᵉ siècle à l'éducation est ailleurs. C'est à cette époque que l'on perçoit plus nettement le lien étroit unissant l'éducation à l'évolution politique et économique (Léon, 1971, p. 376) ; cela aura des conséquences importantes sur l'organisation scolaire. D'abord, sur le plan politique, on ne peut que constater les effets de la Révolution française : le monde se dirige progressivement vers la démocratie. Cette dernière ne peut se concevoir sans l'instruction du peuple, qui doit posséder les connaissances indispensables à l'exercice du pouvoir. On assiste ainsi à la mise en place de plusieurs législations pour rendre l'enseignement primaire obligatoire et gratuit. Il est évident, étant donné les écarts de fortune dans la population, que l'obligation scolaire nécessite la gratuité. Le fameux projet de loi de Condorcet, en 1792, illustre parfaitement la nature des débats scolaires qui ont lieu tout au long du XIXe siècle. Son plan d'éducation propose, d'une part, une école unique pour les deux sexes, l'instruction populaire obligatoire, laïque et gratuite ; et, d'autre part, un enseignement secondaire ouvert à tous et axé sur les sciences. Le plan de Condorcet est constamment présent à l'esprit des réformateurs de la fin du XIXe siècle. Plus d'une dizaine de mesures législatives s'en inspireront par la suite.

Sur le plan économique, avec le développement industriel, commercial et agricole que connaît l'Europe, la société a besoin pour son fonctionnement d'autres enseignants que des humanistes cultivés à la manière classique. Dorénavant, on cherche à associer l'école au système de production économique et à former un personnel rompu aux sciences et aux techniques. La révolution industrielle a non seulement pour effet d'accroître les exigences en ce qui concerne l'enseignement primaire, mais elle rend nécessaire la création de salles d'asile (écoles maternelles) pour occuper les enfants dont les mères travaillent dans les fabriques (Léon, 1971, p. 353).

Enfin, sur le plan social, on dispute à l'Église le monopole scolaire, ce qui a pour effet de séculariser l'école davantage. La distinction entre les sexes va aussi en s'atténuant. Le fossé entre les écoles primaire et secondaire se comble également. L'école primaire est de moins en moins réservée au peuple et l'école secondaire n'est plus exclusivement accessible à la bourgeoisie. On discute du passage harmonieux entre les deux écoles pour assurer l'égalité de tous quant à l'instruction (Gontard, 1981, p. 253).

En conclusion, on pourrait dire que, comme, au XVIIe siècle, une fois les enfants à l'école, on a senti le besoin de réformer les pratiques pédagogiques. À la fin du XIXe siècle, après avoir découvert que l'instruction populaire était nécessaire à la prospérité de l'État, et après avoir mis en place tout un menu législatif pour assurer la pérennité de celle-ci, on s'est aperçu qu'il fallait réformer les méthodes

pédagogiques. La pédagogie avait peu changé depuis presque trois siècles, mais c'est elle qui fera l'objet des bouleversements qui vont suivre.

6.2 La science critique la tradition pédagogique

Il est très important d'insister sur le fait que l'on pourrait qualifier le savoir pédagogique reproduit de génération en génération par les Frères des Écoles chrétiennes, les Jésuites et les maîtres de l'école mutuelle de traditionnel. C'est un savoir qui s'acquiert surtout par imitation, au contact de pédagogues expérimentés (Isambert-Jamati, 1990, p. 89). On a vu auparavant que la tradition implique un ensemble d'actions ritualisées, exécutées machinalement et qui font que le jésuite novice, par exemple, enseigne comme on lui a enseigné, « sans même y penser ». Encore au XIXe siècle, les Frères des Écoles chrétiennes enseignent à peu près de la même manière qu'au XVIIe siècle ; la méthode de l'enseignement mutuel, outre quelques adaptations nécessitées par le grand nombre d'élèves, participe, par bien des aspects, de la même idéologie d'ordre et de contrôle en vigueur deux siècles plus tôt. On l'a vu, la ressemblance est frappante.

C'est cette tradition pédagogique que dénoncent, dans la première moitié du XIXe siècle, les partisans de la pédagogie nouvelle. Ce savoir pédagogique sédimenté depuis trois siècles est acquis par imitation ; c'est une banque de préceptes à appliquer, qui sont issus de l'usage et modifiés par l'expérience. Cet ensemble de réponses toutes faites, ce répertoire d'actions pédagogiques à répéter comporte évidemment des erreurs. Il faut désormais remettre en question ce savoir, passer au peigne fin de la critique ces affirmations qui datent de trois siècles et, possiblement, transformer la tradition en une pédagogie mieux adaptée au nouveau contexte.

Une des fonctions fondamentales de la science est précisément de vérifier des hypothèses, de s'assurer de la véracité de certaines affirmations, de corriger les erreurs. La science, qui avait connu une forte impulsion durant le Siècle des lumières, commence à prendre une importance décisive à la fin du XIXe siècle. On connaît l'influence qu'aura la doctrine positiviste d'Auguste Comte (1798-1857). Ce dernier affirme que l'humanité passe par un certain nombre de stades dans son évolution. D'abord, un stade théologique caractérisé par l'explication surnaturelle des phénomènes ; puis un stade métaphysique où les entités surnaturelles comme Dieu sont remplacées par des concepts abstraits de même nature ; enfin un stade positif où les humains, renonçant aux anciennes explications, découvrent par l'observation et le raisonnement scientifique les lois qui régissent le réel. La science, selon Comte, est donc le stade le plus avancé de l'évolution de l'humanité. Dans la même veine, on connaît également l'influence énorme qu'a eue l'ouvrage du médecin Claude Bernard intitulé *Introduction à l'étude de la médecine expérimentale* et publié en 1865. En substance, cet auteur soutient que, si toute science commence par l'observation et l'expérience fortuite, ce ne doit être cependant que la première étape de son élaboration. Selon lui, on doit dépasser l'empirisme par l'expérimentation contrôlée. Bernard donne l'exemple de la croyance traditionnelle des médecins en l'efficacité du traitement de la pneumonie par la saignée. Cette pratique, largement répandue, était une erreur bien figée dans la tradition médicale, et seule une expérimentation scientifique contrôlée a permis de s'en rendre compte.

On ne sera donc pas surpris de voir apparaître, à la fin du XIXᵉ siècle et au début du XXᵉ, plusieurs auteurs prônant la nécessité de dépasser la tradition et de fonder la pédagogie sur la science. Plus précisément, Charbonnel (1988) situe aux alentours de 1880, en France, ce mouvement visant à faire de la pédagogie la science de l'éducation :

> Une discipline est née, intellectuellement et institutionnellement, la Science de l'éducation. Pour la première fois en France, à la Sorbonne, à Lyon, à Bordeaux, des hommes montent en chaire de Faculté pour professer des cours de Pédagogie[1]. (Charbonnel, 1988, p. 18.)

Dans le *Dictionnaire de pédagogie et d'instruction primaire*, publié en 1888 sous la direction de F. Buisson, H. Marion signe l'article « Pédagogie » et définit cette dernière comme la science de l'éducation. Cette précaution linguistique n'est pas simplement un jeu de mot superficiel ; elle marque un changement fondamental dans la façon de concevoir la pédagogie et son évolution à venir. Par la recherche de nouveaux fondements plus solides, ce qu'on appelle la modernité consacre précisément cette rupture avec une tradition formée de comportements sacralisés basés sur l'usage, l'expérience, le tâtonnement. L'article de Marion (1888, p. 2240) va dans ce sens :

> [Il est important de fonder la pédagogie comme science] ou du moins comme corps de doctrine si solide, si cohérent, si satisfaisant pour l'esprit, que tout bon vouloir y trouve un appui sûr et une direction, tout sophisme sa réfutation, toute erreur de bonne foi son remède.

Ailleurs, dans le même texte, il insiste encore :

> La différence entre l'éducateur soucieux d'obéir à une doctrine pédagogique et celui qui croit pouvoir s'en passer, c'est que sur tous ces points le premier tâche de se faire par la réflexion et l'étude une conviction rationnelle, tandis que l'autre s'abandonne à des opinions toutes faites, à des préférences irréfléchies, dont peut-être même la portée lui échappe. (Marion, 1888, p. 2240.)

En 1879, l'historien G. Compayré, dans la préface de son célèbre livre *Histoire critique des doctrines de l'éducation en France depuis le seizième siècle* (1883, p. 8), formulait également une critique de la tradition qui illustre bien le nouveau souci scientifique de cette époque :

> D'un autre côté, la pratique de l'éducation est encore moins avancée que les théories des philosophes : on y obéit le plus souvent à une routine irréfléchie ; on y hésite entre plusieurs inspirations contraires. Les méthodes en usage et que recommande une longue expérience contiennent des parties excellentes, mais elles ont le tort grave de n'être point coordonnées, de ne pas tendre au même but. Elles offrent un singulier mélange de vieilles traditions et de surcharges modernes. Elles témoignent enfin par leur incohérence qu'elles sont le produit composite de longs tâtonnements, non l'œuvre simple et forte d'une raison réfléchie, sérieusement éclairée sur les moyens à employer et sur le but à poursuivre.

Binet, le fondateur de la pédagogie expérimentale, s'exprimait dans le même sens en 1898 :

---

1. Il est intéressant de noter qu'à peu près à la même époque, l'Université du Michigan, aux États-Unis, instaurait une chaire de *science and art of teaching* (Hazlett, 1989, p. 11).

L'ancienne pédagogie, malgré de bonnes parties de détail, doit être complètement supprimée, car elle est affectée d'un vice radical, elle a été faite de chic, elle est le résultat d'idées préconçues ; elle procède par affirmations gratuites, elle confond les affirmations rigoureuses avec des citations littéraires ; elle tranche les plus graves problèmes en invoquant la pensée d'autorités comme Quintilien et Bossuet, elle remplace les faits par des exhortations et des sermons. (Binet, cité dans Cousinet, 1965, p. 64.)

Et il concluait que la pédagogie devait se fonder sur l'observation et l'expérience, qu'elle devait être avant tout expérimentale.

Un peu plus tard, Claparède (1958), dans son célèbre texte intitulé *Pourquoi les sciences de l'éducation ?*, publié pour la première fois en 1912, exprime aussi le double objectif d'éliminer ce qui existait auparavant en pédagogie et d'élaborer un nouvel esprit pédagogique scientifique : « Or ce qu'il fallait, c'était le raser [l'édifice pédagogique antérieur] et le reconstruire, car le plan même en est mauvais. Ce sera la tâche de demain. » (Claparède, 1958, p. 93.) Détruire l'édifice pédagogique ancien, c'est démolir tout ce qui, en pédagogie, se fonde sur le bon sens (la tradition) ; reconstruire un nouvel édifice, c'est faire de la pédagogie une discipline expérimentale (Claparède, 1958, p. 118). « Ce n'est que dans l'observation contrôlée et dans l'observation provoquée que gît le salut de la pédagogie » (p. 115) et cela permettra de faire plus, plus vite et mieux (p. 112).

Bref, on ne veut plus désormais que la pédagogie soit simplement l'expression naïve de la tradition éducative, comme elle le fut depuis trois siècles ; on souhaite qu'elle corresponde à un ensemble de savoirs positifs et à un savoir-faire issu de vérifications scientifiques. Ainsi, plutôt que de se fonder sur la tradition et de risquer la perpétuation d'erreurs graves, la pédagogie se base désormais sur la science pour éclairer sa pratique. On ne sera donc pas surpris de constater que, parmi les premiers grands noms de la pédagogie nouvelle, on trouve Montessori et Decroly, de même que leurs prédécesseurs Itard et Séguin, qui sont des médecins rompus aux méthodes d'observation scientifique.

Si la tradition ne constitue plus désormais la base de l'activité de l'éducateur, et que la science peut dorénavant prendre le relais, à quelle science en particulier fera-t-on appel ? Pour Claparède (1958), c'est la psychologie qui est la science toute désignée pour soutenir la pédagogie. Dans son texte de 1912, il se demande pourquoi la pédagogie, contrairement à d'autres disciplines appliquées telles que la médecine, la sociologie, la politique et le droit, n'a pas encore connu des bouleversements qui auraient eu pour effet de renouveler complètement sa façon de voir et de comprendre (Claparède, 1958, p. 92). C'est parce que, selon lui, la pédagogie est mal fondée. Elle n'a pas de base scientifique, estime Clarapède (1958, p. 102), et c'est la psychologie qui devrait lui en donner une. « Seul un fondement rigoureusement scientifique et psychologique donnera à la pédagogie l'autorité qui lui est indispensable pour conquérir l'opinion et forcer l'adhésion aux réformes désirables. » (Claparède, 1958, p. 104.) Pour Claparède, à l'image de l'horticulteur qui doit avoir une certaine connaissance de la botanique, le pédagogue doit connaître l'enfant. Cette analogie n'est pas banale, elle illustre l'idée que la pédagogie, dans l'esprit de ces auteurs du début du XXe siècle, est une psychologie appliquée. Les vérités reconnues en psychologie sont donc transposées en maximes pédagogiques (Compayré, dans Berthelot et coll., 1898, p. 216).

En tout cas, c'est aux progrès de cette science [la psychologie] qu'est suspendu l'avenir de l'éducation. Pédagogie et psychologie sont désormais deux termes inséparables, comme la conséquence et le principe. On finira par comprendre que, sans une connaissance précise des lois de l'organisation mentale, il est impossible de régler l'ordre des études, d'apprécier la valeur pédagogique des divers objets de l'enseignement, de faire un choix entre les sciences et les lettres, d'établir année par année, en les appropriant à l'âge et aux dispositions naturelles, les exercices qui conviennent le mieux pour élever les hommes. (Compayré, 1883, t. 1, p. 9.)

La pédagogie devient donc, pour ces auteurs de la fin du XIXe siècle et du début du XXe, non seulement une science mais une science appliquée dont le sort est lié à l'état d'avancement des connaissances fondamentales en psychologie. On comprend sans peine la forte influence de la psychologie sur les nouvelles approches pédagogiques qui surgiront par la suite.

6.3 La pédagogie nouvelle *versus* la pédagogie traditionnelle

6.3.1 Les débuts de la pédagogie nouvelle

Claparède fait de Rousseau le grand inspirateur de la pédagogie nouvelle[2] :

> Il est certainement le premier qu'ait préoccupé la question du pourquoi de l'enfance, et il a même donné une réponse si satisfaisante que celles que l'on propose aujourd'hui ne font guère que développer, préciser, grâce aux lumières nouvelles de la science contemporaine, l'esquisse que, dans une extraordinaire intuition de génie, il avait tracée d'une main si sûre. (Claparède, 1958, p. 80.)

Il est en effet difficile de nier le changement important et fondamental de la conception de l'enfance et de l'éducation que l'œuvre de Rousseau a inspiré. Il a ouvert un énorme chantier de réflexion sur l'éducation. Il faut toutefois attendre jusqu'à la fin du XIXᵉ siècle pour voir dans les classes l'application de certaines de ses intuitions. À part Rousseau comme lointain inspirateur, on ne peut assigner à l'éducation nouvelle un fondateur en particulier. On trouve plutôt, étalés entre la fin du XIXᵉ siècle et la première moitié du XXᵉ, toute une série d'auteurs dont les initiatives diverses, mais apparentées par l'esprit, ont contribué à l'émergence de ce mouvement[3].

---

2. D'autres, comme Kessler (1964) et Médici (1969), contestent cette affirmation pour des raisons différentes. En effet, Rousseau est encore, par certains côtés, assez loin de ce qui se fera concrètement au début du XXᵉ siècle. Par exemple, Rousseau a encore une approche individuelle modelée sur le préceptorat, alors que l'école exige que l'on mette en place une pédagogie qui convient à des collectifs d'enfants. De plus, en certains endroits de son *Émile*, Rousseau montre un rapport à l'enfant très manipulateur qui témoigne plus d'un manque de confiance dans l'enfance que d'une foi en elle. Également, son ouvrage est une fiction : Émile est un personnage inventé, et Rousseau, auteur de génie, n'a pas observé de façon systématique les enfants. Il n'est pas enseignant de métier ; on ne peut donc savoir ce que valent, sur le terrain de la classe, les idées qu'il avance pour l'instruction et l'éducation des enfants. Enfin, certains autres grands penseurs tels Montaigne et Condillac pourraient également revendiquer ce titre.

3. On consultera avec profit l'ouvrage de F. Chatelain et R. Cousinet (1966), *Initiation à l'éducation nouvelle*, pour obtenir une chronologie détaillée des événements et les titres des ouvrages des auteurs les plus importants associés à la pédagogie nouvelle entre 1870 et 1966.

Une première vague déferle à la fin du XIXᵉ siècle. Selon Ferrière, l'expression « école nouvelle » (*new school*) semble être apparue en Angleterre vers 1889, au moment où Cecil Reddie crée une école nouvelle à Abbotsholme. En 1894, John Dewey est nommé professeur de psychologie et de pédagogie à l'Université de Chicago et fonde sa fameuse école primaire rattachée à l'université. Kerschensteiner commence la même année ses premières expériences dans les écoles de Munich, en Allemagne (*arbeitsschule* : école active). En 1898, A. Binet publie son ouvrage *La fatigue intellectuelle*, dans lequel il « déclare la guerre » à la pédagogie traditionnelle. Le Bureau international des écoles nouvelles est fondé en 1899 par Ferrière. Montessori crée à Rome la première *Casa dei bambini* (maison des enfants) en 1900. Decroly fonde en 1907, à Bruxelles, l'école de l'Hermitage et présente une nouvelle méthode de lecture globale dite naturelle.

Une deuxième vague importante suit au lendemain de la Première Guerre mondiale. Selon Cousinet (1965), plusieurs Européens sentent alors la nécessité de réformer l'éducation pour assurer le salut de l'humanité. Ils souhaitent en effet, au moyen de l'éducation, créer un nouveau type d'humain afin de supprimer définitivement les causes de la guerre (Skidelsky, 1972, p. 147).

> Au lendemain d'un effroyable bouleversement qui avait découragé les hommes, et leur avait enlevé toute confiance en eux-mêmes, un grand espoir naissait qu'une éducation mieux comprise formerait des individus capables de mettre fin aux guerres et d'organiser, par la compréhension mutuelle, un monde meilleur. (Skidelsky, 1972, p. 83.)

On assiste donc à la mise en place de toute une série de tentatives pédagogiques. Par exemple, on inaugure la Fondation des Communautés libres de Hambourg, où les enfants doivent organiser seuls leur vie scolaire, choisir leurs responsables et rédiger leurs règlements (Médici, 1969, p. 33). La création de l'Association pour l'éducation nouvelle, en 1921, et l'organisation du premier Congrès international d'éducation nouvelle, la même année, sont d'autres exemples. Neill fonde sa célèbre école de Summerhill, en Angleterre, en 1921. Parkhurst fait connaître, en 1922, le plan Dalton, qui prône la méthode du travail individualisé et, la même année, Washburne dirige l'école de Winnetka, qui conçoit une méthode particulière d'éducation nouvelle en sciences et en arithmétique. La revue *Pour l'Ère nouvelle* est fondée en 1923. Piaget commence la même année à publier une série d'ouvrages sur la psychologie de l'enfant, ouvrages qui ont une influence considérable sur l'essor de l'éducation nouvelle. Cousinet publie sa méthode de travail libre par groupe en 1925, et Freinet invente l'imprimerie à l'école durant la même période. Des dizaines d'autres ouvrages sont publiés durant ces années d'intense activité de recherche pédagogique. On ne peut les nommer tous. Cependant, les exemples qui précèdent suffisent à montrer que la période allant de la fin du XIXe siècle au début du XXe est un moment fort qu'il est peut-être impossible de trouver ailleurs dans l'histoire de la pédagogie au sens large ou de la pédagogie nouvelle en particulier.

Les dizaines d'années qui suivent sont en quelque sorte le prolongement de ce mouvement dont on perçoit encore les effets de nos jours. Comme dans les débuts, on trouve tout au long du XXe siècle une préoccupation commune pour l'enfant mais aussi une foule de tendances diverses et hétéroclites. Plusieurs courants se rencontrent : certains ont un penchant un peu mystique ou sont plus scientifiques, d'autres sont centrés sur les problèmes de pouvoir et de coopération ou ont une orientation expérientielle, etc. Tous ont cependant en commun de s'opposer à l'éducation traditionnelle et de se concentrer sur l'enfant.

6.3.2 L'opposition à la pédagogie traditionnelle

L'opposition systématique à la pédagogie traditionnelle est vraiment un élément important dans les discours de l'époque. Cependant, Kessler (1964) fait judicieusement remarquer, à la suite d'une analyse approfondie des discours des pionniers de la pédagogie nouvelle, que la dénonciation de la pédagogie traditionnelle prend une forme curieuse. En effet, non seulement la pédagogie traditionnelle n'a pas la même origine historique selon les auteurs (certains la font remonter au Moyen Âge, d'autres à Aristote), mais ses caractéristiques peuvent varier (certains la définissent de manière partielle, d'autres en décrivent

plusieurs aspects). En outre, malgré la présence constante de critiques à l'endroit de la pédagogie traditionnelle dans les ouvrages des partisans de la pédagogie nouvelle, on ne trouve aucune étude historique et systématique au sujet de la pédagogie traditionnelle (Kessler, 1964, p. 32). Il semble que tous se soient entendus pour dénoncer cette dernière, mais que personne n'ait senti la nécessité de soumettre son analyse à l'épreuve des faits et de la vérification rigoureuse. Aussi Kessler (1964) conclut : « Il n'y a donc plus lieu de parler d'une école traditionnelle dans le sens d'une pédagogie transmise et fondée sur des principes scolastiques, médiévaux, philosophiques, dogmatiques ou empiriques. » (P. 176.)

Pourtant, les adeptes de la pédagogie nouvelle ne manquent pas de critiquer la pédagogie traditionnelle. En fait, ils la dénoncent comme si c'était une doctrine vivante, comportant des arguments précis, appartenant à un auteur particulier, située à une époque et dans un lieu déterminés. Mais, en réalité, ils ont affaire à un objet plus subtil, aux contours flous et aux composantes multiples. Tout se passe comme si, n'ayant pas pu (ou su) découvrir précisément, dans l'histoire, l'origine de la pédagogie traditionnelle ni les arguments de ses représentants, ils s'étaient résignés à pourfendre une tradition dont ils avaient eu l'expérience eux-mêmes comme élèves ; comme si cette tradition était l'incarnation d'une volonté encore active de représentants toujours réels et engagés dans la lutte. Or, comme on l'a vu, la tradition finit par s'insinuer dans nos vies à notre insu. La tradition est faite de prêt-à-penser et repose sur le fait que chacun agit par imitation sans réfléchir. La tradition que condamnent les partisans de la pédagogie nouvelle a eu, on l'a vu, une origine réelle et des partisans déclarés, mais, trois siècles plus tard, la locomotive avance encore sur ses rails sans conducteur, propulsée uniquement par la force de l'habitude. Les partisans de la pédagogie nouvelle ont vu un personnage là où il n'y avait qu'un spectre, ils ont pris les effets de la tradition pour une doctrine.

Comme ils critiquaient une tradition dont les auteurs étaient par définition absents, ils avaient beau jeu de lui composer le visage qu'ils voulaient. Ils ont ainsi créé une caricature à laquelle ils ont donné le nom de pédagogie traditionnelle.

C'est un tollé général contre les principes prêtés à l'école traditionnelle. À ce tribunal on n'admet pas de témoins, on les ignore même. Ou plutôt les juges eux-mêmes sont témoins pour autant que, ayant été eux-mêmes élèves de l'école traditionnelle, ils estiment avoir été lésés dans leur développement naturel. Ils sont donc partie plaignante, témoins et juges à la fois. (Kessler, 1964, p. 31.)

Et comme la tradition pédagogique comporte des dimensions qui touchent à la totalité de la vie de la classe, on la dénonce de la même manière, c'est-à-dire en s'opposant systématiquement à une organisation pédagogique composée d'éléments jugés mauvais. La pédagogie traditionnelle honnie, proscrite, porte en elle tous les péchés du monde : verbalisme, méconnaissance de la psychologie de l'enfant, confusion des buts et des moyens. Ce travers manichéen amène Kessler (1964, p. 30) à soutenir l'hypothèse que les partisans de l'école nouvelle ont créé, pour les besoins de leur cause, une sorte de caricature de la pédagogie traditionnelle dont ils se sont servis pour définir leur propre pédagogie. La tradition pédagogique que nous avons décrite précédemment devient donc, progressivement, dans la bouche de ses détracteurs, la « pédagogie traditionnelle », expression chargée négativement et péjorative à l'excès encore de nos jours.

Autrement dit, les opposants à la pédagogie traditionnelle critiquent non pas un objet réel mais une caricature, et ce, dans une visée polémique. Cette pédagogie traditionnelle dénoncée est en réalité une chose utile, inventée à des fins éristiques pour faciliter l'orientation de l'action pédagogique dans une autre direction. À titre d'exemple, pensons à la vieille métaphore de la cruche. Chacun n'a-t-il pas déjà entendu que, dans la pédagogie traditionnelle, on concevait l'esprit de l'enfant comme une simple cruche à remplir ? Or, si l'on se fie à l'exemple rapporté par Isambert-Jamati (1990, p. 88), la métaphore d'origine, tirée des textes du père Jouvency au XVIIe siècle, est en réalité beaucoup plus subtile : « Le maître n'oubliera pas que l'esprit des enfants est comme un petit vase d'étroite embouchure, qui rejette la liqueur qu'on y jette à flots et qui reçoit celle qu'on y introduit goutte à goutte. » Il y avait chez les Jésuites un souci de l'enfance que les partisans de la pédagogie nouvelle ont complètement occulté en utilisant la métaphore de façon caricaturale dans un but polémique.

Il faut noter cependant que les critiques contre la pédagogie traditionnelle n'étaient pas sans fondements. La tradition n'évolue pas assez vite pour faire face aux nouveaux contextes, et l'école traditionnelle mérite sa part du blâme. Toutefois, « prétendre qu'à toute innovation de l'École Nouvelle corresponde un défaut de l'école traditionnelle, c'est pousser la systématisation un peu loin » (Kessler, 1964, p. 33). En créant ainsi une sorte d'ennemi présentant tous les défauts, les partisans de la pédagogie nouvelle pouvaient faire valoir, dans une opposition presque terme à terme, les caractéristiques de leur propre pédagogie et en faire la promotion. C'est un jeu séduisant que d'opposer tous les défauts du monde au charme de ce que l'on se propose de créer (Snyders, 1975, p. 13), et les partisans de la pédagogie nouvelle ne s'en sont pas privés.

6.3.3 Les caractéristiques de l'opposition entre pédagogie traditionnelle et pédagogie nouvelle

Examinons, par le jeu de cette opposition entre pédagogie traditionnelle et pédagogie nouvelle, le portrait de l'une et de l'autre tel qu'il a été dessiné par les partisans de la pédagogie nouvelle. Pour faciliter la lecture de cette sous-section, nous avons repris les principaux éléments de description que nous présentons dans le tableau 6.3.

Il nous semble en premier lieu que Bloch (1973, p. 34) a raison de souligner que la pédagogie nouvelle est d'abord et avant tout un esprit plutôt qu'une méthode particulière. En effet, comme on l'a déjà vu, ce mouvement regroupe plusieurs acteurs qui, dans des contextes nationaux différents (France, Belgique, Allemagne, Angleterre, États-Unis, etc.), ont élaboré des façons de faire l'école assez différentes les unes des autres. On verra, par exemple, à quel point l'approche de Montessori peut être différente de celle de Neill, et combien celles-ci diffèrent des méthodes de Freinet ou de Freire. Toutefois, en dépit de ces différences, tous partagent l'idée de centrer l'éducation sur l'enfant et non pas sur les connaissances à transmettre.

Cette idée fondamentale, qui a des conséquences concrètes dans toutes les dimensions de la pédagogie, constitue une sorte de révolution copernicienne

Tableau 6.3

L'opposition entre la pédagogie traditionnelle et la pédagogie nouvelle (d'après les partisans de la pédagogie nouvelle)

Caractéristiques	Pédagogie traditionnelle	Pédagogie nouvelle
Terminologie[1]	– Pédagogie traditionnelle – Pédagogie fermée et formelle – Approche mécanique – Pédagogie encyclopédique – Enseignement dogmatique – Pédagogie centrée sur l'école	– Pédagogie nouvelle – École active – Éducation fonctionnelle – École rénovée – Approche organique – Pédagogie ouverte et informelle – École nouvelle (*new school*)[2] – Éducation puérocentrique (pédagogie centrée sur l'enfant)
Finalité de l'éducation	– Transmettre une culture « objective » aux générations montantes. – Former l'enfant, le mouler. – Valeurs objectives (le vrai, le beau, le bien)	– « Transmettre » la culture à partir des forces vives de l'enfant. – Permettre le développement des forces immanentes de l'enfant. – Valeurs subjectives, personnelles
Méthode	– Éduquer du « dehors » vers le « dedans ». – Point de départ : le système objectif de la culture que l'on découpe en parties devant être assimilées par l'enfant. – Pédagogie de l'effort – École passive (l'enfant suit un modèle). – Encyclopédisme	– Éduquer du « dedans » vers le « dehors ». – Point de départ : le côté subjectif, personnel de l'enfant – Pédagogie de l'intérêt – École active (*learning by doing*) – Éducation fonctionnelle
Conception de l'enfant	– L'enfant est comme de la cire molle. – L'enfance a peu de valeur par rapport à l'âge adulte. – Il faut agir sur l'enfant. – On vise surtout l'intelligence. – L'enfant tourne autour d'un programme défini en dehors de lui.	– L'enfant a des besoins, des intérêts, une énergie créatrice. – L'enfance a une valeur en elle-même. – L'enfant agit. – On prône le développement intégral de l'enfant. – Le programme gravite autour de l'enfant.
Conception du programme	Le contenu à enseigner aux enfants ne tient pas compte de leurs champs d'intérêt (culture objective). Idéalisme du programme (contenu désincarné)	Les champs d'intérêt des enfants déterminent le programme (structure et contenu). Réalisme du programme (contenu lié au milieu dans lequel vit l'enfant).
Auteurs représentatifs	C'est une tradition dont les origines se perdent.	Dewey, Kerschensteiner, Claparède, Decroly, Cousinet, Freinet, Montessori, Ferrière
Conception de l'école	L'école est un milieu artificiel. – Retenue des émotions (distance) – Là-bas, jadis – L'enfant résout des problèmes artificiels. – L'école prépare à l'avenir.	L'école est un milieu naturel et social dans lequel s'écoule la vie de l'enfant (l'école milieu de vie). – Spontanéité enfantine – Ici et maintenant – L'enfant résout des problèmes réels. – L'école aide l'enfant à régler ses problèmes du moment.

	Tableau 6.3 (*suite*)	
L'opposition entre la pédagogie traditionnelle et la pédagogie nouvelle (d'après les partisans de la pédagogie nouvelle)		
Caractéristiques	**Pédagogie traditionnelle**	**Pédagogie nouvelle**
Rôle du professeur	– Le maître dirige. – Le maître est au centre de l'action : il donne son savoir. – Le maître est actif : il fait l'exercice devant l'enfant, il est le modèle à imiter.	– Le maître guide, conseille, éveille l'enfant au savoir. C'est une personne-ressource. – L'enfant est au centre de l'action. – L'enfant s'exerce.
Discipline	Discipline autoritaire (motivation extrinsèque : récompenses et punitions) Discipline extérieure qui vise à contraindre.	Discipline personnelle (motivation intrinsèque) Discipline qui vient de l'intérieur.
Type de pédagogie	Pédagogie de l'objet : la culture à transmettre Pédagogie de l'ordre mécanique	Pédagogie du sujet : l'enfant à développer Pédagogie de l'ordre spontané (naturel)

1. Plusieurs de ces termes apparaissent entre 1917 et 1920.
2. Ce terme apparaît en 1889 en Angleterre, et en 1899 en France.

de l'enseignement, tout comme le roman *Émile* de Rousseau (voir le chapitre 5). Mais à ce moment de l'histoire s'opère un véritable bouleversement en ce qui a trait non seulement aux conceptions mais aussi aux pratiques. C'est un renversement qui fait penser à ce que Marx a pu faire avec Hegel en le « remettant à l'endroit ». La pédagogie nouvelle remet pour ainsi dire sur ses pieds une pédagogie traditionnelle qui fonctionnait à l'envers. Bloch, reprenant la célèbre expression de Claparède, écrit :

> Mais demander ainsi à l'éducateur de mettre le centre de gravité dans l'enfant lui-même, ce n'est rien lui demander de moins que d'accomplir une véritable révolution, s'il est vrai que jusqu'ici, comme nous l'avons vu, le centre de gravité ait toujours été situé en dehors de lui. C'est cette révolution — exigence fondamentale du mouvement d'éducation nouvelle — que Claparède compare à celle que Copernic a accomplie en astronomie, et qu'il définit avec tant de bonheur dans les lignes suivantes : « Les méthodes et les programmes gravitant autour de l'enfant, et non plus l'enfant tournant tant bien que mal autour d'un programme arrêté en dehors de lui, telle est la révolution "copernicienne" à laquelle la psychologie convie l'éducateur. » (Bloch, 1973, p. 33.)

Le **but** de l'éducation nouvelle est donc de faire fructifier tous les dons que l'enfant apporte avec lui

en naissant (Dewey, cité par Bloch, 1973, p. 31). L'école ne se limite plus désormais aux seules dimensions intellectuelles : elle s'occupe de la totalité des aspects de l'être humain. Par exemple, Kerschensteiner estimait que l'*arbeitsschule* devait concentrer ses efforts sur le développement des capacités manuelles, artistiques, morales et intellectuelles des enfants (Bloch, 1973, p. 49 et 62). De plus, développer l'enfant signifie que l'on met l'accent non pas sur la transmission de certains contenus culturels par un maître mais sur ce qui permet l'épanouissement des forces spirituelles de l'enfant (Bloch, 1973, p. 32).

Pour atteindre un tel but, il fallait considérablement modifier la **conception de l'enfant**. Dans la perspective de la pédagogie nouvelle, l'enfant n'est pas un *homunculus*, un humain réduit, mais un être à part entière, distinct de l'adulte, qui a ses manières de penser et d'agir (Cousinet, 1965, p. 67).

> L'enfant n'est pas une cire molle que nous puissions pétrir à notre gré, l'enfant a des dons, des besoins, des appétits intellectuels, des curiosités, « une énergie créatrice et assimilatrice ». (Bloch, 1973, p. 31.)

C'est sur cette valeur positive de l'enfance que toute l'éducation nouvelle reposera. Ainsi, Cousinet (1965) reprend le message de Rousseau, qui voulait apprendre le métier de la vie à son personnage, Émile. Pour Cousinet, l'éducation est l'œuvre de l'enfant (et non du maître), car l'enfant n'a qu'à vivre : « [...] La vie est pour l'enfant, simplement parce qu'il est un enfant, compréhension et apprentissage. Pour apprendre et comprendre, il n'a besoin que de vivre. Pour lui la vie par soi seule est éducation. » (Cousinet, 1965, p.89.)

Pourquoi faut-il laisser vivre l'enfant ?

[Parce que] sa nature le pousse à faire ce qui est nécessaire à sa croissance. Ces poussées vitales que les psychologues ont appelées les « intérêts profonds » de l'enfant sont, on le voit, des leviers naturels de son activité, à chaque étape de son développement. (Chatelain et Cousinet, 1966, p. 21.)

Dans cette perspective, l'enfant sait naturellement ce qui est bon pour lui. Il a une individualité propre qui oriente son développement, en quelque sorte, comme en témoigne la réflexion de Ferrière (cité par Mialaret, 1969, p. 13) :

L'enfant grandit comme une petite plante. Chaque enfant selon son espèce comme chaque plante selon son espèce, comme chaque petit animal selon son espèce. L'un sera un sensoriel toute sa vie : poursuite de la jouissance, poursuite de l'argent. L'autre, doué de mémoire, imitatif, ambitieux peut-être, sera un conventionnel, un adepte soumis du conformisme social ; puis, à son tour, un défenseur du conformisme, un conservateur de l'ordre admis et du comme il faut. Un autre encore sera un intuitif dont le regard et la pensée cherchent, par-delà la réalité sensible, d'autres réalités à son avis plus assurées, parce qu'elles sont la quintessence tour à tour de l'individuel et de l'universel. Un quatrième enfin sera un esprit rationnel pour qui l'action se fonde sur des arguments objectifs, pour qui les arguments sont hiérarchisés par ordre de valeur et pour qui la valeur obéit à une philosophie de l'esprit dont la science est la clef. Ainsi chaque enfant grandit selon son espèce, selon sa variété, selon la nuance particulière de son esprit.

Cette insistance quant à la nature de l'enfant a des répercussions importantes sur le rôle du professeur. En effet, si l'enfant doit s'épanouir du dedans vers le dehors, « il faut que l'adulte évite de multiplier les interventions intempestives s'exerçant du dehors au dedans » (Ferrière, cité par Bloch, 1973, p. 31). Tel est le choix décisif effectué par les partisans de la pédagogie nouvelle en ce qui concerne le rôle de l'enseignant. Ils nous invitent à situer le débat autour de deux options. La première, traditionnelle et néfaste : agir « du dehors au-dedans » ; la seconde, plus appropriée : agir « du dedans au-dehors » (Bloch, 1973, p. 32). Le maître cesse donc d'être celui qui donne constamment du savoir (Bloch, 1973, p. 48). Son rôle consiste plutôt à répondre aux besoins de l'enfant en mettant celui-ci au centre de ses préoccupations.

En premier lieu il crée l'ambiance, le milieu favorable. Et d'abord le cadre. Il y a une organisation du local scolaire, une disposition des pupitres, des tables, un soin, un souci de beauté et de renouvellement qui sont déjà une invitation au travail actif. (Chatelain et Cousinet, 1966, p. 33.)

Ensuite, le maître adopte une attitude inspirant le calme, la compréhension et la confiance ; les élèves ont envie de le côtoyer. On est loin de l'attitude grave et distante de la pédagogie traditionnelle. Dans les activités, le maître est avant tout un éveilleur, un guide ; il est présent mais effacé. En outre, et c'est sans doute la dimension la plus importante de son rôle, il veille à baser toute activité scolaire sur les champs d'intérêt réels de l'enfant et à lui permettre de s'épanouir. Pour Claparède (1958), l'éducation fonctionnelle est celle qui répond aux besoins de l'enfant. L'activité de tout individu est suscitée par un besoin. Il ne s'agit plus d'imposer des besoins d'adultes aux enfants, comme cela se faisait dans la pédagogie traditionnelle, où tout était décidé d'avance et en dehors de l'enfant : les programmes, les activités, les leçons, etc. Il faut plutôt que le maître soit à l'écoute de ce que vivent et ressentent les élèves. Il est l'observateur attentif de ce qu'ils font et peut ainsi faire la différence entre un caprice passager et un besoin profond. Comme on le disait si bien à l'époque, l'aide de l'enseignant peut être utile, mais sa direction n'est pas nécessaire.

L'ensemble des activités qui se déroulent dans la classe s'en trouvent modifiées. Dans la logique de ce qu'on a vu précédemment, toute activité doit répondre à un besoin (Claparède, cité par Bloch, 1973, p. 36). Par conséquent, aucune activité n'est imposée de l'extérieur. L'école active dont on parle n'est pas simplement une école où se dérouleront des activités ; au contraire, c'est un concept précis dont Kerschensteiner (cité par Bloch, 1973, p. 44) donne une définition complexe mais intéressante :

Il ne s'agit pas que l'enfant soit « actif », mais il faut qu'il soit « actif par lui-même » et qu'il soit « actif par lui-même » ne signifie pas seulement qu'il doit être « lui-même actif » mais que le principe de ce qui le contraint à l'activité doit être « en lui-même » et que cette contrainte doit émaner « de lui-même », de ses « propres intérêts », et traduire l'urgence avec laquelle ceux-ci réclament les moyens de leur satisfaction.

On insiste sur les activités d'expression. En effet, en favorisant l'expression enfantine, on peut mieux percevoir les besoins et les champs d'intérêt de l'enfant. C'est ainsi que sont abondamment exploitées des activités de dessin libre, de rédaction sur des sujets librement choisis par les élèves, de jeux libres, de causeries où les enfants discutent de ce qui les préoccupe vraiment. De plus, les activités doivent « prendre toujours pour point de départ le milieu naturel et social dans lequel s'écoule la vie de l'enfant » (Bloch, 1973, p. 34). L'école nouvelle est une école ouverte sur le monde et non pas coupée de la vie. Ainsi, l'enseignant ne s'acharne pas à faire réaliser aux enfants des activités qui ne seraient pas significatives pour eux et dont l'utilité ne serait estimée qu'à l'aune des critères des adultes. On fait plutôt entrer dans l'école le monde de l'enfant. Et son monde, c'est ce qui le préoccupe « ici et maintenant ». John Dewey disait que l'enfant cherche constamment à résoudre les problèmes auxquels il fait face. Il ne faut pas donner à l'enfant des problèmes fictifs et en dehors de son expérience vivante, tels ceux dont l'école traditionnelle s'est faite l'experte, mais des problèmes concrets, issus de son monde intérieur (Bloch, 1973, p. 36). C'est pour cette raison que la méthode des projets est si populaire à l'école nouvelle. Le fameux *learning by doing* de Dewey exprime bien cette idée que c'est en faisant des activités (qui correspondent à ses besoins) que l'enfant évolue et apprend. Mais il faut noter que, lorsque le maître prépare des activités attrayantes, il ne répond pas nécessairement aux besoins de l'enfant. Tant Dewey que Claparède dénoncent sévèrement les artifices inventés par les professeurs habiles pour susciter de l'intérêt par des activités amusantes mais non significatives pour les enfants (Chatelain et Cousinet, 1966, p. 38). Selon eux, un intérêt ne peut être stimulé de l'extérieur ; il ne peut que surgir du fond de l'individu lui-même.

Une telle approche a une incidence importante sur le **programme** à « transmettre » aux élèves. À l'école nouvelle, il n'y a pas de programme préétabli. Pour Dewey, les programmes sont étrangers à l'expérience de l'enfant ; ils sont une préparation pour plus tard et ne sauraient donc être véritablement éducatifs. Les besoins et champs d'intérêt des élèves doivent donc être à la base des programmes.

> Nous verrons comment aux yeux de Dewey aucune matière ne saurait prétendre figurer au programme d'études qui ne se justifie précisément de ce point de vue, et ne saurait y être introduite qu'au moment où elle intervient dans le cycle vivant des intérêts de l'enfant pour lui permettre de résoudre ses problèmes : cette règle vaut pour l'enseignement des sciences comme pour celui de l'histoire, de la géographie, de la langue maternelle. Elle implique la condamnation de tout enseignement dogmatique imposé aux élèves en vertu d'un programme préétabli, et proclame que toute « leçon doit être une réponse » [à un besoin]. (Bloch, 1973, p. 38.)

La pédagogie nouvelle se situe donc à l'opposé de l'encyclopédisme de la pédagogie traditionnelle.

La conception de la **discipline** est une caractéristique importante de l'approche centrée sur les champs d'intérêt des enfants. Dans l'école traditionnelle, on maintient la discipline de façon autoritaire, comme si l'élève était constamment en proie à l'agitation et au désordre, et qu'il fallait le surveiller. Tout autre est la conception de la discipline dans une perspective nouvelle. Quand il y a de l'intérêt en classe, quand l'élève peut travailler sur ce qui le motive vraiment, la question de la discipline se pose différemment et est aux trois quarts résolue.

> La vieille discipline autoritaire et policière, [...] la discipline d'hétéronomie et de contrainte avec toutes ses foudres peut s'effacer. « L'intérêt, l'intérêt profond pour la chose qu'il s'agit d'assimiler ou d'exécuter » remplace comme « ressort de l'éducation » la crainte du châtiment, et même le désir des récompenses. Il devient ainsi principe d'une discipline qui, en opposition à « la discipline purement extérieure des méthodes traditionnelles [...] vient de l'intérieur » ; la discipline intérieure doit remplacer la discipline extérieure. (Bloch, 1973, p. 52.)

Cette discipline intérieure se manifeste dans l'atmosphère générale d'une classe nouvelle. On n'y retrouve pas l'ordre mécanique et excessif de la classe traditionnelle, ce climat sérieux et triste ; la classe ressemble plutôt à une ruche où tous sont affairés à leurs tâches respectives dans une sorte d'ambiance sereine (Bloch, 1973, p. 43).

En conclusion, le portrait que font les partisans de la pédagogie nouvelle de la pédagogie traditionnelle est plutôt sombre. Cependant, cet artifice rhétorique leur a permis de définir le type de pédagogie qu'ils prônaient. Alors que la pédagogie traditionnelle est une pédagogie de l'objet, de la culture à transmettre par le professeur à l'élève, la pédagogie nouvelle s'inscrit dans une dynamique opposée ; elle substitue l'apprentissage de l'élève à l'enseignement du maître et se définit, par conséquent, comme une pédagogie du sujet. Cette vision de la pédagogie traverse la presque totalité du XXe siècle.

Conclusion

L'étude des transformations qui se sont produites dans l'éducation aux XIXe et au XXe siècles a permis de faire apparaître un certain nombre d'éléments importants. D'abord, nous avons pu prendre conscience de l'existence d'une tradition pédagogique qui trouve son origine au XVIIe siècle et qui s'est consolidée dans les siècles suivants. Ensuite, nous avons pu constater que l'apport du XIXe siècle à l'éducation réside surtout dans une série de mesures législatives (obligation scolaire, gratuité, laïcité). L'enseignement mutuel n'est pas à proprement parler une innovation, mais plutôt une consolidation de l'idéologie pédagogique du XIXe siècle. Nous avons analysé également le renversement des conceptions qui s'opère à la fin du XIXe siècle. Nous avons vu le rôle important que joue alors la science comme critique de la tradition, et les efforts déployés à ce moment pour fonder la pédagogie sur la science. Plus particulièrement, nous avons signalé l'importance de la psychologie dans la constitution des nouveaux discours pédagogiques ainsi que l'importance des efforts de cette discipline dans l'étude de l'enfant et de ses besoins. Enfin, nous avons insisté sur un mouvement pédagogique d'une grande ampleur qui s'est dessiné au début du XXe siècle, l'école nouvelle. Nous avons vu que la pédagogie nouvelle s'est définie de façon polémique, c'est-à-dire par opposition à la pédagogie traditionnelle. La pédagogie nouvelle représente une véritable révolution des idées et des pratiques qui s'étale sur tout le siècle.

Dans les chapitres qui vont suivre, nous allons aborder plusieurs auteurs qui, en dépit de leurs grandes différences, participent au courant de la pédagogie nouvelle. En effet, ils critiquent la pédagogie traditionnelle et font de l'enfant leur préoccupation première. Outre leur importance respective dans le champ éducatif, nous avons surtout choisi de les analyser pour la raison suivante : ils ont mis en place, pour la presque totalité d'entre eux, ce que l'on pourrait appeler un modèle pédagogique complet que des écoles ont suivi. Ces pédagogues ont donc trouvé des réponses concrètes à certaines des questions qui surgissent quand on met sur pied une école : gestion du temps et de l'espace, discipline, programme, récompenses, etc.

Certains parmi eux sont plus anciens et peuvent être considérés comme étant à l'origine du mouvement. Par exemple, Montessori a donné une énorme impulsion à la recherche et à la pratique pédagogique, et son œuvre est encore vivante de nos jours dans des écoles disséminées un peu

partout dans le monde. Freinet a été un extraordinaire inventeur en pédagogie ; on lui doit non seulement toute une série d'innovations telles que l'imprimerie à l'école, le texte libre et la correspondance scolaire, mais aussi un réseau d'écoles encore bien actif et solidement implanté en France et au Québec. Neill présente un intérêt certain parce qu'il a osé inventer une pédagogie qui fait une plus grande place à la liberté. Il a inspiré plusieurs tentatives un peu partout dans le monde, tentatives qui se sont avérées souvent infructueuses, mais il n'en demeure pas moins que l'école de Summerhill a duré suffisamment longtemps pour être considérée comme un succès. Freire représente une figure mythique pour les pédagogues latino-américains. Il a placé au premier plan la dimension politique de l'enseignement.

D'autres auteurs sont plus récents. On ne peut ignorer l'influence de Rogers et des autres psychologues humanistes sur l'école. On ne peut non plus passer sous silence toutes les approches plus scientifiques qui participent également de l'éducation nouvelle. Certains lecteurs seront peut-être surpris de voir le béhaviorisme associé à l'éducation nouvelle. Il ne faut pas oublier que ce courant de la psychologie a critiqué l'école traditionnelle, ce qui a obligé le maître à définir son action au regard de l'enfant. Le cognitivisme prolonge, d'une certaine manière, le béhaviorisme et propose un enseignement structuré et explicite. Quant aux approches constructivistes, elles doivent une bonne part de leur impulsion aux travaux des précurseurs que sont Vygotsky et Piaget.

Le présent chapitre joue donc un rôle charnière. D'un côté, il décrit la fin d'un long processus de structuration de la pédagogie qui a commencé avec les Grecs, traversé le Moyen Âge, la Renaissance, le XVIIe siècle, le Siècle des lumières, et abouti au XIXe siècle. De l'autre, il ouvre la porte sur le XXe siècle, qui fut incroyablement fécond sur le plan des idées et des pratiques pédagogiques.

Questions

1. L'enseignement mutuel peut-il être considéré comme le dernier stade de la pédagogie traditionnelle ? Expliquez en quoi il consiste et pourquoi il semble être le prolongement de la tradition.

2. Quelles sont les quatre caractéristiques majeures de la pédagogie traditionnelle ? Nommez-les et décrivez-les.

3. Si l'enseignement mutuel fait encore partie de la tradition pédagogique, il n'en comporte pas moins des innovations. Lesquelles ?

4. Au début du XXe siècle, on se met à parler de science de l'éducation. Que signifie cette expression ?

5. Quelles sont les deux caractéristiques majeures de la pédagogie nouvelle ? Commentez votre réponse.

6. Expliquez comment la pédagogie nouvelle se construit par opposition à la pédagogie traditionnelle. Donnez des exemples.

7. Pourquoi parle-t-on de la pédagogie nouvelle comme d'une « révolution » ? Commentez le sens de ce dernier terme.

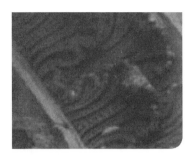

8. Quelle est la nature de l'enseignement mutuel ? Décrivez-le.

9. En quoi l'enfant est-il un centre d'intérêt nouveau dans la pédagogie nouvelle ? Commentez votre réponse.

10. La pédagogie nouvelle marque l'avènement d'une nouvelle façon de voir l'éducation. En quoi cette pédagogie reste-t-elle encore valable de nos jours ?

11. Le personnage d'Itard, dans le film de Truffaut *L'enfant sauvage*, incarne-t-il la pédagogie nouvelle ? Expliquez votre réponse.

Bibliographie

AVANZINI, G. (1969). *Alfred Binet et la pédagogie scientifique.* Paris : Vrin.

BALLY, C. (1819). *Guide de l'enseignement mutuel.* 3e éd. Paris : L. Colas.

BATENCOUR, J. de (1669). *Instruction méthodique pour l'école paroissiale dressée en faveur des petites écoles.* Paris : Pierre Trichard.

BERNARD, C. (1966). *Introduction à l'étude de la médecine expérimentale.* Paris : Garnier-Flammarion. (Publication originale en 1865.)

BERTHELOT, M., et coll. (sous la dir. de) (1898). *La Grande Encyclopédie : inventaire raisonné des sciences, des lettres et des arts par une société de savants et de gens de lettres.* Paris : Société anonyme de la Grande Encyclopédie.

BLOCH, M.A. (1973). *Philosophie de l'éducation nouvelle.* Paris : Presses universitaires de France.

CHARBONNEL, N. (1988). *Pour une critique de la raison éducative.* Berne : Peter Lang.

CHATELAIN, F., et COUSINET, R. (1966). *Initiation à l'éducation nouvelle.* Paris : Les Cahiers de l'enfance.

CLAPARÈDE, É. (1953). *L'école sur mesure.* Paris : Delachaux et Niestlé.

CLAPARÈDE, É. (1958). *L'éducation fonctionnelle.* 5e éd. Paris : Delachaux et Niestlé.

COMPAYRÉ, G. (1883). *Histoire critique des doctrines de l'éducation en France depuis le seizième siècle.* Tomes 1 et 2. Paris : Hachette.

COUSINET, R. (1965). *L'éducation nouvelle.* Paris : Delachaux et Niestlé.

DEBESSE, M., et MIALARET, G. (sous la dir. de) (1971). *Traité des sciences pédagogiques.* Tome 2. Paris : Presses universitaires de France.

DURAND, S.M. (1961). *Pour ou contre l'éducation nouvelle : essai de synthèse pédagogique.* Québec : Éditions du Pélican.

GAUTHIER, C. (1993). *Tranches de savoir : l'insoutenable légèreté de la pédagogie.* Montréal : Éditions Logiques.

GONTARD, M. (1981). « Les enseignements primaires et secondaires en France », dans G. Mialaret et J. Vial (sous la dir. de), *Histoire mondiale de l'éducation. Tome 3 : De 1815 à 1945.* Paris : Presses universitaires de France, p. 251-289.

HAZLETT, J.S. (1989). *Education Professors : The Centennial of an Identity Crisis,* dans R. Ducharme et E. Wisniewski (sous la dir. de), *The Professors of Teaching.* New York : State University of New York Press.

ISAMBERT-JAMATI, V. (1990). *Les savoirs scolaires : enjeux sociaux des contenus d'enseignement et de leurs réformes.* Paris : Éditions universitaires.

KESSLER, A. (1964). *La fonction éducative de l'école : école traditionnelle/ école nouvelle.* Fribourg : Éditions universitaires.

LANCASTER, J. (1811). *Hints and Direction for Building, Fitting Up and Arranging School-Rooms on the British System of Education.* Cité dans Comte de Lasteyrie, *Nouveau système d'éducation et d'enseignement ou l'enseignement mutuel appliqué aux langues, aux sciences et aux arts.* Paris : Colas, 1819, p. 5.

LA SALLE, J.-B. de (1951). *Conduite des écoles chrétiennes.* Manuscrit 11.759. Paris : Bibliothèque Nationale de Paris.

LASTEYRIE, Comte de (1819). *Nouveau système d'éducation et d'enseignement ou l'enseignement mutuel appliqué aux langues, aux sciences et aux arts.* Paris : Colas.

LÉON, A. (1971). « De la Révolution française aux débuts de la IIIe République », dans M. Debesse et G. Mialaret (sous la dir. de), *Traité des sciences pédagogiques.* Tome 2. Paris : Presses universitaires de France.

LESAGE, P. (1981). « L'enseignement mutuel » dans G. Mialaret et J. Vial (sous la dir. de), *Histoire mondiale de l'éducation. Tome 3 : De 1815 à 1945.* Paris : Presses universitaires de France, p. 241-250.

MARION, H. (1888). « Pédagogie », dans F. Buisson (sous la dir. de), *Dictionnaire de pédagogie et d'instruction primaire.* Paris : Hachette.

MÉDICI, A. (1969). *L'éducation nouvelle.* Paris : Presses universitaires de France.

MIALARET, G. (1969). *Éducation nouvelle et monde moderne.* Paris : Presses universitaires de France.

MIALARET, G., et VIAL, J. (sous la dir. de) (1981). *Histoire mondiale de l'éducation. Tome 3 : De 1815 à 1945.* Paris : Presses universitaires de France.

PELICIER, Y., et THUILLIER, G. (1980). *Édouard Séguin (1812-1880): l'instituteur des idiots*. Paris: Économica.

PROST, A. (1968). *L'enseignement en France: 1800-1967*. Paris: Armand Colin.

ROUSSEAU, J.-J. (1966). *Émile ou De l'éducation*. Paris: Garnier-Flammarion. (Publication originale en 1762.)

SKIDELSKY, R. (1972). *Le mouvement des écoles nouvelles anglaises: Abbotsholme, Summerhill, Dartington Hall, Gordonstown*. Paris: Maspero.

SNYDERS, G. (1975). *Pédagogie progressiste*. Paris: Presses universitaires de France.

ZULA, F. (1948). *Alfred Binet et la pédagogie expérimentale*. Paris: Vrin.

Chapitre 7

M aria Montessori : l'enfant et son éducation

Benoît Dubuc

Résumé

« L'éducation comme aide à la vie » : tout le programme éducatif des écoles Montessori est contenu dans cette expression. Maria Montessori a défini l'enfant comme la source de son développement, comme la première personne engagée activement dans la construction de sa personnalité ; à ce titre, l'adulte et l'enseignant sont des aides à sa croissance. C'est aussi en partant de ses observations réalisées sur les enfants et de la prise en compte des stades de son développement que Maria Montessori a pensé l'organisation de la classe et l'acte éducatif : la première est aménagée à la mesure de l'enfant pour ce qui est de son organisation physique et didactique, le second répond à une finalité d'éducation intellectuelle, affective, sociale et universelle, intégrant le double mode des activités individuelles et collectives. L'acte éducatif de Maria Montessori intègre ainsi l'accompagnement au développement de l'individualité enfantine à une œuvre plus grande, soit celle de la vie et celle de la vie humaine dans l'Univers.

Introduction

Si une approche éducative stimulait les enfants sans faire appel à leur esprit de compétition ; si elle permettait d'apprendre à écrire, à lire et à compter parfaitement en bas âge ; si elle ouvrait la porte à la découverte des lois qui régissent le monde ; si elle formait au respect, au travail, à la réflexion, à la discipline personnelle tout en soutenant les efforts de responsabilisation ; si cette approche atteignait ces objectifs dans un cadre essentiellement respectueux de l'enfant, ne serions-nous pas en présence d'une proposition enthousiasmante pour renouveler notre action éducative à l'aube du XXIᵉ siècle ? C'est ce que réalise l'approche Montessori depuis 1907 ; mais c'est seulement depuis une génération qu'on a entrevu tout son potentiel et qu'elle s'est mise à se développer partout sur la planète où la démocratie régnait.

L'éducation, c'est l'aide à la vie ! Voilà l'exclamation de Maria Montessori à propos de ce grand sujet. Mais la vie de qui ? Celle de l'enfant, bien sûr, dans ses différentes manifestations. Et pourquoi parler d'aide ? Parce que, comme tout mammifère, le petit de l'homme ne peut être laissé à lui-même à sa naissance ; il doit être accompagné tout au long de son développement. Par extension, l'enfant est le moteur principal de ce développement et c'est de soutien qu'il a besoin pour se construire lui-même.

L'enfant par qui s'exprime la vie cherche avidement et assidûment à se développer. Laissée au hasard, cette croissance risquerait fort d'être déviée très tôt sur les plans tant physique que psychologique. Les connaissances actuelles permettent de pourvoir convenablement au bien-être physique, mais en est-il de même lorsqu'il s'agit de la santé psychologique ? Voilà la question à laquelle Maria Montessori a consacré sa vie. Elle a cherché la manière optimale d'aider l'enfant à se développer positivement dans toutes ses dimensions. Elle l'a fait de façon scientifique, c'est-à-dire en observant l'enfant dans différentes situations et à différentes étapes de sa vie. Elle a fait de l'éducation une science non seulement parce qu'elle a procédé par observation, mais parce qu'elle a étudié divers milieux de développement dans lesquels elle a placé l'enfant. Ceux qui permettaient à l'enfant de se conduire au mieux de sa nature à un moment précis de son développement captaient l'attention et l'intérêt de cette chercheuse. Ses travaux ont ainsi abouti à une méthode systématique d'éducation, mais ils ont surtout projeté une vision de la nature même de l'enfant (Standing, 1972).

Maria Montessori est contemporaine de Freud qui, lui-même, définissait les étapes du processus inconscient du développement affectif de l'enfant. Dans l'approche Montessori, on retrouve cette dimension plus ou moins consciente du développement. Pour Maria Montessori, elle se manifeste dans l'effort que fait l'enfant pour assumer son potentiel véritable à chaque étape du développement. Toutefois, ce n'est pas sous l'angle de la libido qu'elle explique cet effort vital de l'enfant dans l'accomplissement de sa vraie nature. Elle appelle ce processus la « normalisation », concept sur lequel nous aurons l'occasion de revenir plus loin. Inspirée par Bergson, Maria Montessori (1991a) soulignera combien l'« élan vital » propulse le jeune enfant dans la vie, guidé par ce que les psychologues

de son temps nommaient *mneme*, cette trace du développement des générations antérieures laissée dans l'inconscient du jeune enfant.

Sur le plan intellectuel, Maria Montessori montrera comment l'action et la pensée de l'enfant peuvent s'organiser dans les conditions répondant aux tendances et aux besoins que la nature a donnés à l'enfant. Piaget, qui a été président de la société Montessori suisse, a repris le principe des périodes de développement. Il a toutefois réduit cette étude de l'enfant à l'observation d'un organisme en instance d'adaptation. Maria Montessori voit plutôt les efforts de l'enfant comme la manifestation d'une personnalité en train de se construire elle-même.

L'approche Montessori possède des liens avec la psychologie contemporaine. Toute l'importance que Maria Montessori accorde à la préparation de l'environnement n'est pas sans rappeler le béhaviorisme paradigmatique. Toutefois, elle ne façonne pas l'environnement pour que l'enfant fasse ce qu'on attend de lui, mais bien pour que lui-même trouve les racines de sa propre nature. Les volets culturel et moral sont si importants dans cette approche qu'il est difficile de pousser plus loin le parallèle avec le béhaviorisme. C'est beaucoup plus avec le développement de la personne qu'un lien filial peut être établi puisque le respect de l'enfant et de son potentiel, présent dans la pédagogie Montessori, demeure une dimension essentielle de la psychologie qui a été qualifiée d'humaniste.

S'il est possible de pousser plus loin les parallèles, rappelons que les travaux de Montessori ont subi l'épreuve du temps et de l'espace. Son approche s'est répandue dès 1907 dans tous les pays libres du monde et encore aujourd'hui, à la suite de l'enrichissement de cette pédagogie, le nombre d'écoles grandit sans cesse. Mais comment les premières découvertes ont-elles été faites ?

7.1 Historique : à la découverte de l'enfant

Maria Montessori est née en 1870 à Chiaravalle, près d'Ancône, en Italie. Elle acquiert son esprit scientifique par sa formation en médecine. Elle termine ses études avec la qualité de première femme médecin d'Italie. Elle travaillera ensuite avec des enfants que l'on dit « idiots ». S'inspirant des travaux des Français Itard et Seguin, travaux qu'elle traduira en italien, elle élaborera des méthodes basées sur l'observation. Elle obtiendra rapidement un tel succès qu'un bon nombre de ses enfants « idiots »

Maria Montessori

pourront se mesurer aux enfants des écoles ordinaires. Ce succès attire l'attention ; mais alors qu'on s'intéresse à ses enfants déficients, elle se demande comment les enfants normaux n'arrivent pas à faire beaucoup plus que les siens. Ainsi naît cette idée d'étendre ses méthodes à tous les enfants.

L'anecdote suivante, qui souligne son sens aigu de l'observation, dévoile sa confiance en la nature humaine et son intelligence. Alors qu'elle visitait l'asile pour enfants « idiots », on lui a montré de jeunes résidents réunis dans une salle dénudée de tout matériel ou mobilier en train de jouer avec des miettes de pain laissées après le repas. Alors que l'hôte signalait combien ces enfants se conduisaient comme des animaux, elle se dit qu'au contraire leur jeu révélait une intelligence débordante. À défaut d'autres stimulations, ces enfants s'inventaient des jeux avec ce qu'ils avaient à leur disposition.

Dans une banlieue ouvrière de Rome, San Lorenzo, on lui confiera la direction d'une école. C'est là qu'elle mettra en application ses réflexions et méthodes avec des enfants défavorisés mais non déficients. Elle y poursuivra là ses travaux, patiemment et assidûment. Les résultats qu'elle obtient, extraordinaires pour l'époque, attireront l'attention générale au moment où l'éducation de masse devient une réalité sociale. On la visitera mais, surtout, elle sera invitée partout à venir exposer les résultats de ses travaux. Alexander Graham Bell préparera sa visite aux États-Unis, où elle fera une démonstration de classe à l'exposition universelle de San Francisco. On commencera dès lors à lui demander de participer à l'implantation d'écoles Montessori. Elle se montre intéressée, mais à la condition d'être responsable de la formation des maîtres. On viendra l'entendre de tous les coins de la planète pour apprendre sa méthode.

En 1929, Maria Montessori fonde l'Association Montessori internationale (AMI), qui sera vouée à la promotion de l'enfance et de son développement. Il fallait qu'un organisme puisse défendre l'intégrité de cette approche, car il arrivait que seuls certains aspects étaient retenus au détriment de l'ensemble. C'était penser qu'il ne s'agissait là que de méthodes didactiques sans finalité globale, alors qu'il était question tout autant d'une nécessaire philosophie de l'enfant que de l'organisation de moyens pour répondre aux besoins de développement de cet enfant.

La fondatrice aura à esquiver des dictateurs qui voudront la prendre à partie. En Italie, elle échappera à Mussolini pour se retrouver en Espagne, d'où elle se sauvera pour arriver en Angleterre. Hitler fera brûler tous ses ouvrages. Comme citoyenne italienne, elle sera assignée à résidence en Inde au cours de la Seconde Guerre mondiale. Là, elle formera plusieurs milliers de professeurs qui établiront sa marque dans ce pays. L'approche Montessori, ou école de la liberté responsable, n'a jamais pris racine dans des lieux où la dictature, sous quelque forme que ce soit, régnait. Sous le régime nazi, on a fermé

les écoles Montessori en Allemagne ; de même en Argentine sous le régime des colonels. En Europe de l'Est, de nouveaux projets voient le jour depuis la chute du mur de Berlin.

Maria Montessori a réagi à l'horreur de la guerre en invitant les sociétés à travailler à la construction d'une personne nouvelle. Elle a fait l'apologie de l'enfant comme source d'espoir, particulièrement dans un de ses derniers ouvrages, *Education and Peace* (*Éducation et paix*) (1972). Ce message a été entendu partout dans le monde et continue de l'être. Elle a été en nomination pour le prix Nobel de la paix à plus d'une reprise avant de s'éteindre en Hollande en 1952.

Ses principes sont toujours appliqués dans de nombreuses écoles sur tous les continents. Si, à la fin des années 1950, il ne restait plus que quelques écoles aux États-Unis sous l'influence des idées du philosophe John Dewey et de ses disciples, aujourd'hui on en compte plus de 4500. Au Canada, la première école a été fondée dans les années 1910, par Alexander Graham Bell à sa résidence d'été en Nouvelle-Écosse ; elle était dirigée par Miss Fletcher. Il y a près de 200 écoles Montessori au Canada actuellement.

Tous ces établissements ne respectent pas l'ensemble des exigences inhérentes à la démarche de Maria Montessori, et on y trouve souvent beaucoup d'improvisation. Différentes organisations parallèles à l'Association Montessori internationale (AMI) ont vu le jour avec le temps. L'American Montessori Society, la St. Nicholas Society ou le London Montessori Center font la promotion de l'approche Montessori de façon intéressante, mais ils ne répondent pas à toutes ses exigences et ne sont dès lors pas reconnus par l'AMI. Décrivons les principes qui provoquent un tel engouement.

7.2 Le principe de base : suivre l'enfant

7.2.1 La construction de la personne

Essentiellement, Maria Montessori montre que l'être humain se construit lui-même. L'adulte, par son action éducative, aide l'enfant dans son effort de construction ; vu sous cet angle, l'adulte offre un service à l'enfant. Contrairement aux autres éléments du règne animal, l'être humain ne se développe pas par instinct mais en vertu de son potentiel. Comme être humain, nous possédons ainsi le privilège du choix, mais c'est par l'effort et le travail que nous pouvons devenir ce à quoi notre nature nous appelle. Même si ce travail de construction de la personne est intérieur, il est toutefois amorcé à partir de stimulations extérieures. Dans ce contexte, le rôle de l'adulte éducateur est important puisque celui-ci enlève les obstacles sur la voie du développement tout en assurant à l'enfant la liberté de se construire. Le leitmotiv de l'approche Montessori est : « Aide-moi à faire seul ! »

7.2.2 Les tendances humaines

Pour que l'adulte aide l'enfant dans son développement, il lui faut connaître les caractéristiques de celui-ci. Maria Montessori a pu déterminer autant des tendances propres à tout le genre humain que des particularités dans les périodes du développement. C'est de la façon dont l'être humain satisfait ses besoins fondamentaux dont les tendances peuvent être désignées. Par l'action, l'individu manifeste ces facteurs qui lui permettent de s'adapter à toutes les sociétés. Mario Montessori (1957), fils et collègue de Maria, soulignera qu'il faut connaître ces facteurs pour encourager l'effort du développement sans l'entraver.

Les tendances à l'orientation, à l'exploration et à l'ordre sont parmi les premières. Dans *The Secret of Childhood*, Maria Montessori (1986) raconte l'anecdote de la dame au parapluie. Un jeune enfant se fâche parce qu'une dame n'a pas posé son parapluie à l'endroit approprié ; il exige presque que la dame pose ce parapluie à sa place pour être satisfait. Dans ce cas, il ne s'agit pas d'un caprice, mais plutôt d'une indication que le jeune enfant a besoin de retrouver un ordre extérieur jusqu'à ce qu'il ait établi pour lui-même sa propre orientation dans le monde. Après avoir bien saisi où se situent les choses, l'enfant va commencer à explorer. S'il a appris à lire, il pourra explorer ce que les livres lui révéleront. Finalement, si l'on ne trouve pas une chose là où elle devrait être, on va chercher à la placer à l'endroit voulu ; par exemple, si à partir d'une recherche on a recueilli différents faits, il faudra rédiger un texte les mettant en relation de façon appropriée pour exprimer la connaissance.

Le travail, l'imagination, la précision ainsi que la répétition sont d'autres tendances humaines. Le travail permet de satisfaire ses besoins par le biais de l'action. Grâce à l'imagination, à l'action de l'esprit, ce qui est inexistant peut être conçu et prendre forme. C'est par le souci d'améliorer les choses qu'on peut voir à l'œuvre la tendance à la précision chez l'être humain. Pour atteindre un plus haut degré de précision, il faudra bien sûr répéter des gestes et des efforts.

Enfin, il y a la tendance à communiquer qui, dans sa forme générale, correspond à l'amour. Sans amour, la vie humaine n'est pas possible. Toutes ces tendances constituent la culture comme façon de vivre des individus. De plus, c'est parce que l'enfant veut ordonner, explorer, communiquer qu'on peut voir la voie de son développement. Dans la classe, le professeur doit donc se montrer attentif à la manifestation de ces tendances, pour ensuite les reconnaître sans délai. Ces tendances guident l'action pédagogique.

7.3 Les périodes de développement

Suffit-il de discerner une tendance pour savoir quelle action éducative entreprendre ? La multitude des possibilités rendrait impossible l'intervention efficace. Mais le développement humain passe par des périodes de sensibilité particulières sur lesquelles l'approche Montessori est fondée. D'aucuns ont pensé et pensent encore que le développement de l'enfant est linéaire ; selon cette perspective, le système éducatif a pour rôle d'exercer une pression de plus en plus forte sur le jeune pour qu'il s'adapte à son milieu. Par ailleurs, on sait que l'enfant apprend par lui-même à parler simplement au contact de gens qui parlent. Ainsi, la vision linéaire ne passe pas l'épreuve de l'expérience.

Maria Montessori a pu observer que la construction de soi ne se produisait pas de façon linéaire mais par étapes successives, comme la métamorphose de la chenille en papillon. Le développement s'étend sur quatre grandes étapes, de la naissance à 24 ans. Cette idée de périodes a été reprise plus tard par Piaget, bien au fait de l'apport de Montessori. La première phase s'étale de la naissance à six ans. La deuxième, qui consolide quelque peu la première, commence à l'âge de raison et se termine à 12 ans, au début de l'adolescence. La troisième phase, qui couvre l'adolescence, se termine à 18 ans. Finalement, de 18 à 24 ans, le jeune adulte termine son développement. Soulignons que les tendances humaines se manifestent tout au long du développement mais de façon différente selon la période. Quelles sont les caractéristiques de chacune des périodes? Nous exposerons dans les pages qui suivent les particularités des deux premières périodes.

7.4 La première période de développement: l'esprit absorbant

Durant la première période, le jeune enfant cherche à acquérir une personnalité individuelle. Pour ce faire, il a besoin d'un milieu protecteur et réduit parce qu'il ne peut se protéger lui-même. Tous les efforts de l'enfant tendent à atteindre l'indépendance physique et c'est pourquoi le rôle de l'éducateur est d'éliminer les obstacles à l'atteinte de ce but.

Il faudra garder le nourrisson près de soi pour favoriser l'attachement nécessaire à l'acquisition de la confiance primordiale, l'aider dans la transition du sevrage vers une nourriture plus solide et l'encourager dans l'apprentissage de la marche; il faudra utiliser tous les canaux de communication pour l'aider dans ses efforts à parler et le soutenir dans ses tentatives de participation aux activités pratiques de la maison.

La principale caractéristique de cette période est ce que Maria Montessori appelle l'«esprit absorbant», cette capacité que possède l'enfant d'assimiler tous les éléments de son milieu comme si son esprit était une éponge. Toute la recherche contemporaine en psychoneurologie met en évidence cette plasticité exceptionnelle du système nerveux de l'enfant. Celui-ci absorbera ainsi toute la culture environnante et, par le fait même, il deviendra chinois, américain, italien ou québécois.

Au cours de cette première période, l'exploration est principalement sensorielle alors qu'à la période suivante elle sera imaginative. L'enfant sera particulièrement sensible à l'ordre extérieur. Il a besoin de beaucoup de stabilité physique, de routines de vie.

On le verra répéter les mêmes gestes pour arriver à maîtriser ses actions aussi parfaitement que possible. Il manifestera une réaction particulièrement sensible au langage, qu'il parviendra à posséder complètement et à enrichir progressivement sans restriction. Il se montre très habile dans l'apprentissage d'une langue étrangère à cette période. Il affirmera sa volonté en fonction du milieu qu'il fréquentera; si son entourage s'assume et est responsable, il réagira de même; s'il est nonchalant, il le deviendra aussi. Souvent, on dira de l'enfant de cet âge qu'il est égocentrique; il faut voir là la manifestation de tous ses efforts à construire son individualité propre. Il aime la compagnie d'autres enfants, mais ses amitiés sont légères et il se mêle facilement à différents groupes; toutefois, il préfère travailler seul.

À partir de trois ans, l'enfant manifeste une intelligence plus intériorisée. Il s'intéresse à de multiples faits ainsi qu'au nom des choses. Il profitera d'un environnement élargi mais tout aussi prévisible et protecteur. Voici les qualités d'un environnement Montessori pour les trois à six ans:

1. Le milieu est très ordonné. Chaque chose possède une place et est à sa place.
2. Le milieu est beau, attirant et invitant.
3. Dans ce milieu, l'enfant reçoit de l'aide dans ses efforts de classification et d'acquisition du langage en nommant les choses qui l'entourent.
4. Le mobilier est fait à la mesure de l'enfant pour lui permettre d'atteindre l'indépendance.
5. L'enfant peut reprendre et répéter des activités.
6. Il est encouragé à raffiner ses gestes par l'expression de la politesse et de la courtoisie.
7. Tout dans l'environnement est imprégné de langage.
8. On encourage l'enfant à développer sa volonté et sa sociabilité en lui présentant un exemplaire unique de chaque activité, de façon à renforcer sa maîtrise de lui.

7.4.1 L'éducation du jeune enfant: l'aider à «faire» seul

Chez le nourrisson, Montanaro (1990) a mis en évidence les particularités de la période prénatale et les soins rattachés à une gestation bienveillante. Elle a souligné toute l'importance de l'attachement et de la symbiose maternels des deux premiers mois, le rôle du père dans le développement de l'indépendance ainsi que le sens des soins maternels et la portée de la communication. L'enfant coordonnera ses mouvements et apprendra à parler. Trois moments de crise surgiront : la naissance, le sevrage et l'opposition. Tous trois seront l'occasion de dépassement si l'on a aidé le nourrisson à les assumer.

Chez le jeune enfant âgé de trois à six ans, l'intervention éducative est déjà plus organisée pour mieux répondre aux besoins vitaux de cette période. Selon l'approche Montessori, on réunit dans un même groupe une trentaine d'enfants de trois, quatre et cinq ans répartis également. Les plus jeunes, curieux, s'inspirent des plus vieux et s'imprègnent de l'ambiance créée. Ils s'insèrent dans une minisociété qui a ses règles, ses us et coutumes. Ils assimilent ces règles et s'y adaptent parfaitement. C'est à l'enseignant, qui a un rôle de guide pour l'essentiel, que revient la responsabilité de préparer l'environnement et de créer l'ambiance initiale que les enfants reproduiront par imitation. Les enfants doivent pouvoir se mouvoir parce qu'ils en ont un urgent besoin à cette étape de leur vie. Alors l'enseignant leur montrera comment se mouvoir, comment replacer une chaise lorsqu'on quitte une table de travail, comment respecter le travail qu'un autre enfant a disposé sur un petit tapis au sol, comment se dire bonjour en arrivant le matin et au revoir en se laissant le soir. Toutes ces façons de faire forment les règles de base. Elles sont la manifestation concrète de règles de vie et du savoir-vivre.

Les longues et minutieuses observations que Maria Montessori a pu faire des jeunes enfants devant le matériel qu'on leur présente lui ont montré que les enfants préféraient le travail au jeu. En effet, ils avaient tendance à se désintéresser des jouets rutilants mais sans intérêt pour l'esprit et à se concentrer sur le matériel qui présentait une énigme quelconque à résoudre ou qui exigeait une adresse particulière pour être utilisé. Pour se guider, elle s'est intéressée aux possibilités du matériel d'Itard et de Seguin. Elle a abstrait les principes inhérents à ce matériel, par ailleurs fascinant pour les enfants, dans le but de concevoir en système tout un éventail d'objets didactiques. Les activités disponibles à partir de ce matériel sont regroupées en quatre champs imprégnés

chacun d'éléments culturels : la vie pratique, l'éducation sensorielle, le langage et la numération.

Comme l'enfant travaille de façon plutôt individuelle, l'enseignant lui présentera les activités une à une en jugeant de leur pertinence en fonction de l'état de son développement. De cette façon, la classe se transforme en véritable ruche. Chaque enfant est engagé dans une activité différente en général de celle du voisin. Cette personnalisation n'empêche pas les échanges, les activités de groupe comme les chansons, la lecture ou les activités psychomotrices. Mais il y aura un temps pour chaque chose dans la routine de la journée. Cette routine donne un caractère prévisible à l'environnement dans lequel est placé l'enfant et c'est elle qui lui permet d'assumer son indépendance.

7.4.2 La vie pratique

Lorsque l'enfant arrive au monde, sa première tâche est de s'adapter à son environnement pour devenir un membre du groupe humain auquel il appartient en propre. Les premiers éléments perçus et absorbés par l'enfant sont les nombreux niveaux d'ordre établis dans la maison. Les activités quotidiennes des adultes pour entretenir et embellir la vie de la maison, le soin des autres tout autant que de soi-même, les rituels d'accueil et d'hospitalité envers les invités sont tous plus fascinants les uns que les autres pour le jeune enfant parce qu'ils sont beaux, logiques et compréhensibles. Ils donnent à l'enfant la sécurité nécessaire à son développement. Dans les sociétés plus primitives, les jeunes enfants participent activement aux activités quotidiennes de la famille. Dans nos collectivités plus complexes et fragmentées, la richesse de l'expérience humaine accessible dans une petite communauté cohérente leur fait défaut. Évidemment, les mécanismes d'adaptation sont toujours présents et les exercices de la « vie pratique », à la base d'un environnement Montessori, offrent à l'enfant un éventail de possibilités pour acquérir le contrôle et la coordination des mouvements, la sensibilité à son milieu, des processus de pensée ordonnés, des habitudes pour un travail indépendant et plusieurs autres caractéristiques humaines atteintes seulement par une activité spontanée et déterminée.

Les exercices de la « vie pratique » se classent sous les rubriques suivantes : exercices préliminaires, soin de l'environnement, soin de sa personne, courtoisie et bonnes manières, et mouvement. Pour chacun de ces domaines, le matériel didactique est adapté aux capacités et aux dimensions de l'enfant. Essentiellement, ces exercices sont les mêmes partout dans le monde, mais dans la pratique ils diffèrent selon les sociétés puisqu'ils reflètent la culture du coin de pays où est établie chaque école Montessori.

7.4.3 L'éducation sensorielle

Plusieurs noms ont été donnés au matériel d'éducation sensorielle : « Abstractions matérialisées », « Clés de l'univers », « Voies vers la culture », etc. Ce matériel est d'apparence très simple et tout à fait satisfaisant pour l'enfant. La raison de sa popularité réside dans le fait que l'enfant, s'il en a la possibilité, avec ou sans matériel spécialisé, classera les éléments selon le format, la couleur, la forme, la sonorité, la température, le poids, etc. Ce matériel sensoriel Montessori permettra à l'enfant de classifier ses impressions sensorielles d'une façon organisée, ordonnée et scientifique. Il est présenté de telle façon qu'il permet d'isoler un aspect ou une qualité à la fois pendant que les autres aspects ou qualités demeurent constants. De plus, chaque composante de ce matériel didactique possède un contrôle de l'erreur intrinsèque, ce qui aide l'enfant à acquérir l'habitude d'un travail indépendant en sachant que l'erreur fait partie du processus d'apprentissage. Parallèlement, une attitude d'honnêteté intellectuelle pourra ainsi prendre racine. Le travail avec ce matériel donnera à l'enfant une meilleure perception du monde qui l'entoure. Grâce à la clarté de chacun des concepts illustrés par ce matériel didactique, l'enfant aura une base solide pour l'étude éventuelle des mathématiques, de la géométrie, de la géographie, de la botanique, des arts et de la musique.

7.4.4 Le langage

Des visiteurs du monde entier sont venus voir les « enfants miracles » de Maria Montessori. Ces enfants provenaient de familles illettrées et ils avaient commencé à écrire et à lire « spontanément » après avoir travaillé avec du matériel très simple : les encastrements métalliques servant au contrôle du mouvement de l'écriture, les lettres rugueuses utilisées pour l'apprentissage du son et de la forme des lettres et l'alphabet mobile permettant de placer les lettres dans l'ordre nécessaire pour former des mots.

Lorsque des enfants de trois ans arrivent dans l'environnement Montessori, ils savent correctement parler. Leur vocabulaire est assez riche et leur grammaire est bien structurée. Leur intérêt pour l'apprentissage de la langue écrite est tout à fait naturel. Tout éducateur sait que le langage est quelque chose que l'enfant construit lui-même, guidé par un milieu d'apprentissage riche et varié. Le matériel de langage Montessori a été conçu pour isoler certains éléments universels de tout langage. Par exemple, tout mot est fait de sons rendus visibles par des signes écrits. Dans chaque langue, les mots ont différentes fonctions et les phrases ont une structure centrée sur l'action. L'apprentissage de ces clés permet à l'enfant de mieux prendre conscience de sa langue maternelle.

Par ailleurs, il faut ajouter que tout l'environnement a été préparé pour enrichir non seulement le langage courant mais surtout le langage précis et nuancé. Les activités dans ce secteur sont graduées à partir d'une phase de préparation indirecte à la langue écrite avant que l'enfant aborde les différents éléments de sa mécanique. Il apprendra en parallèle l'alphabet cursif et script sans éprouver de difficultés particulières. Il écrira en cursif et lira en script, l'écriture précédant la lecture dans l'approche Montessori. Des sons, il passera aux diagrammes (ai), puis aux mots phonétiques (domino), aux mots plus complexes jusqu'à ce que Maria Montessori appelle la « lecture totale », c'est-à-dire la lecture pour le sens de ce qui est écrit. L'enfant apprendra généralement à lire très bien et très tôt, sans dressage, par la découverte, l'intérêt et le dépassement.

Maria Montessori a souvent été critiquée pour sa démarche qui semble préconiser le décodage au détriment du sens. Pour l'éducatrice, il n'est pas ici question de méthode mais plutôt d'observation de l'enfant : c'est lui qui dicte son intervention à trois ans comme à six ans. Il faudra rappeler qu'elle offre à l'enfant de trois ans la forme écrite des sons, ce qui a beaucoup de sens pour un enfant de cet âge. Vers cinq ans, l'intelligence est plus vive, le sens du mot ou de la phrase devient plus intéressant pour l'enfant qui sera alors rendu à l'étape de la lecture totale. Elle ne préconise pas une telle série d'étapes pour un enfant qui apprend à lire à six ans parce qu'il a déjà atteint une autre étape de son développement. Les approches mixtes sauront alors mieux répondre à ses besoins. Maria Montessori aura observé qu'avant six ans l'enfant possède une sensibilité particulière pour le langage, non seulement oral mais écrit.

7.4.5 Les mathématiques

C'est peut-être le matériel de mathématiques qui est le plus attrayant. Sa simplicité plaît tout autant que son élégance et son caractère démonstratif. Avant que l'enfant travaille avec ce matériel, son esprit mathématique aura été préparé de façon indirecte par tous les exercices de la vie pratique requérant l'acquisition des séquences de comportements logiques. De même, les exercices d'éducation sensorielle auront servi de complément de préparation en vertu de l'ordre inhérent au matériel. Dans l'approche Montessori, la préparation indirecte qui agit de manière inconsciente chez l'enfant et qui correspond à sa façon naturelle d'apprendre est importante. Avec le matériel de mathématiques, chaque élément attire l'attention sur un concept unique. Ces concepts sont ensuite intégrés dans des exercices permettant une compréhension mathématique plus avancée.

Comme pour le langage, l'enfant apprendra par une série d'activités graduées : la forme des chiffres, la quantité et l'ordre dans les chiffres, les nombres pairs et impairs, le système décimal de 10 à 20, puis de 20 à 100, la suite des nombres jusqu'à 1 000. De même, l'enfant apprendra chacune des opérations à l'aide d'objets qu'il pourra manipuler. Ainsi, lorsqu'il exécutera une opération, l'enfant empruntera, fera une retenue ou transformera littéralement les quantités. En regroupant les quantités ou en les séparant, l'enfant perçoit inconsciemment le jeu des nombres. Il fera de la sorte des acquisitions fondamentales à la connaissance mathématique, acquisitions qu'il pourra poursuivre plus abstraitement plus tard. Un enfant arrivera très bien à faire les quatre opérations à cinq ans et même avant dans une telle ambiance. Par la numération mathématique, c'est le sens de la rigueur qui est semé dans un esprit qui la recherche.

7.4.6 La culture

Lorsqu'il entre en classe préscolaire, l'enfant s'intéresse au langage tout autant qu'il explore sensoriellement. Mais il se montre aussi très curieux de l'univers qui l'entoure. Avec le matériel de géographie, l'enfant prend connaissance des éléments de son monde physique : la Terre est une sphère constituée de territoires et d'étendues d'eau ; ceux-ci ont des formes caractéristiques qui portent des noms précis ; la réunion des territoires représente les continents alors que les étendues d'eau s'appellent des océans ; finalement, les continents possèdent des noms que l'enfant apprendra pour parvenir à les distinguer. Il pourra ainsi apprendre le nom des pays et de leur capitale ainsi que reconnaître les drapeaux.

Parmi la multitude des expériences sensorielles que l'enfant aura faites avant trois ans, plusieurs l'auront mis en contact avec les plantes, les fleurs et les animaux. Dans l'environnement préparé d'une classe Montessori, l'enfant aura la chance d'explorer sensoriellement ces éléments et d'apprendre leur nom. Il pourra par exemple disposer d'un matériel qui lui permettra de distinguer la forme des feuilles, les parties de la fleur et de la plante. Il acquerra ainsi la base d'une éducation scientifique ultérieure.

Par des tableaux, des affiches et des objets, différents aspects de la culture humaine sont présentés à l'enfant pour l'inspirer. Il écoutera de la musique, on lui montrera la vie des compositeurs. Il en sera de même pour l'art et les artistes peintres. La classe Montessori se doit d'être un environnement culturel complet en miniature.

7.4.7 L'art d'éduquer et sa finalité : un « enfant normal »

Selon Maria Montessori, l'adulte qui guide l'enfant doit garder une position effacée dans ses interventions. Cet adulte sait observer l'enfant et comprendre ses besoins de base, qu'il distinguera de ses caprices. Il prend ses distances aussitôt que l'enfant participe à son développement et, à l'inverse, il ne fait preuve d'aucune tolérance pour les conduites de laisser-aller. Une grande part de jugement entre ici en ligne de compte et c'est pourquoi l'action éducative est un art. Maria Montessori (1958b, p. 41) souligne ceci :

> Quand les maîtresses furent fatiguées de mes observations [sur la liberté à accorder], elles laissèrent faire aux enfants tout ce qu'ils voulaient : j'en vis certains les pieds sur la table et les doigts dans le nez sans qu'elles intervinssent pour les corriger ; j'en vis d'autres donner des coups aux

compagnons et arborer des expressions de violence sans qu'elles leur firent la moindre observation. Alors je dus intervenir patiemment, et montrer avec quelle rigueur absolue on devait empêcher et, peu à peu, étouffer tous les gestes indésirables, afin que l'enfant eût un clair discernement du bien et du mal.

Quelques lignes plus loin, elle ajoute, pour rendre son propos plus clair :

[...] Le devoir de l'éducatrice [sera] d'empêcher l'enfant de confondre le bien avec l'immobilité, et le mal avec l'activité.

Que devrait-on observer chez l'enfant qui reçoit une éducation normale ? Pour Maria Montessori, la normalité est ce qu'on devrait pouvoir remarquer chez un enfant qui trouve un cadre approprié à ses efforts de développement. C'est en fonction de sa recherche d'individualisation que peut être établie la normalité de l'enfant de trois à six ans. Un enfant normal sera capable de travailler de façon indépendante en respectant l'occupation des autres, de se concentrer sur sa tâche, de démontrer sa maîtrise des bonnes manières ; il saura se montrer attentif aux présentations qui pourraient lui être faites. Il contrôlera les mouvements de son corps et fera preuve d'une certaine dextérité ; il pourra agir ainsi avec détermination et maîtrise. Mais qu'en est-il des déviations ? Un enfant laissé à lui-même ou vivant dans un cadre désordonné et imprévisible risquera d'être capricieux, confus et mal assuré.

7.5 La seconde période de développement : les caractéristiques psychologiques

Dans l'approche Montessori, l'enfant renaît lors de la deuxième période de développement. Si l'individualité prenait forme au cours de la première période, c'est la personnalité sociale qui se construit de 6 à 12 ans. De la naissance à 6 ans, l'enfant s'est adapté au monde qui l'entoure ; de 6 à 12 ans, il s'adaptera à la société et à ses règles. Comment se manifeste cette naissance sociale ?

L'enfant se sépare de sa famille dans un certain sens. Il adopte les us et coutumes de ses pairs. Physiquement, il est beaucoup plus fort ; il est moins

souvent malade puisque son système immunitaire s'est développé. Il aime être avec son groupe d'amis et on dira qu'à partir de cet âge il a l'esprit grégaire. Mais de façon plus importante, son sens moral s'affine. Comme d'autres psychologues l'ont confirmé, dont Piaget, l'enfant commence à vivre en fonction de règles objectives. Dans une première phase, il aura tendance à critiquer les uns et les autres ; après neuf ans, cette tendance disparaîtra.

Au cours de la première période, l'enfant explorait par ses sens et à partir de données concrètes ; après six ans, c'est par l'imagination que ce penchant à l'exploration se manifestera. Si l'imagination était simplement une faculté de l'esprit, elle devient maintenant un outil utilisé consciemment et diligemment par l'enfant du primaire. Pourquoi éprouve-t-il autant d'admiration pour son professeur ou pour d'autres personnages ? Il a le culte du héros et, selon lui, son enseignant sait tout, il l'inspire. Il aime tout ce qui est extraordinaire.

Intellectuellement, c'est la période au cours de laquelle l'enfant devient conscient des apprentissages qu'il fait. C'est l'âge de raison et il aime faire les efforts que le raisonnement exige. En vertu de ce besoin, le travail doit toujours être présenté comme un défi ; l'enfant s'attend à relever des défis et à s'appliquer avec zèle. C'est grâce à cette application que sa concentration se développera. Il fera preuve, dans des conditions adéquates, d'une capacité de travail soutenue et prolongée. C'est à cet âge que son sens des responsabilités prendra de l'ampleur.

L'enfant cherche à s'insérer dans la société en adoptant ses façons de faire ; encore faudra-t-il procurer l'environnement et les conditions favorables à ses efforts de construction. Essentiellement, il aura besoin de sentir que quelqu'un se préoccupe de lui. Il lui faut un espace qu'il peut lui-même dominer, une forme d'éducation où peut intervenir son imagination et des responsabilités relatives à son milieu de vie. Mais plus largement, ces enfants ont besoin d'un lien avec le monde, l'Univers et le cosmos. Voilà fondamentalement, selon Maria Montessori, le lieu de leur intérêt. Ils apprécieront dès lors les sorties dites éducatives au cours desquelles ils feront l'expérience directe des phénomènes du monde.

Quel est principalement le contenu d'un programme scolaire adapté aux besoins de l'enfant de cet âge et à ses caractéristiques psychologiques ? La compréhension du cosmos. Maria Montessori donnera le nom d'« éducation cosmique » à l'entreprise d'aide à la vie de l'enfant. Elle dira ceci :

> Le secret de la réussite réside dans des interventions opportunes et imaginatives servant à éveiller la curiosité et à stimuler l'intérêt déjà suscité par les textes et les images accessibles à l'enfant ; mais tout cela en étroite relation avec une idée centrale d'inspiration ennoblissante : le plan cosmique par lequel chacun, consciemment ou inconsciemment, participe à la finalité de la vie. (Montessori, 1991b, p. 1-2 ; traduction libre.)

Pour l'essentiel, il s'agit de diffuser un maximum d'idées intéressantes qui seront reçues superficiellement d'abord, mais qui pourront s'enraciner par la suite. Quel contenu satisfera les besoins de l'enfant avide de raisonnements, fera appel à son imagination et lui présentera suffisamment de faits extraordinaires et inspirants, posera un défi intellectuel enthousiasmant et exigera le dépassement personnel comme l'intégrité morale ? L'Univers, rien de moins !

Souvent, l'approche Montessori est confondue avec la pédagogie ouverte ou la pédagogie active. Si, avec la pédagogie Montessori, l'enfant est actif et l'enseignement ouvert, il existe toutefois un programme d'activités graduées qui répondra systématiquement aux besoins de l'enfant. L'Univers est ordonné et c'est cet ordre qu'on présente à l'enfant. Avec Maria Montessori, nous allons tenter de montrer les interrelations qui existent entre les choses et combien ces interrelations sont prévisibles. L'enfant qui réalise ce qu'il veut savoir et qui accepte une responsabilité personnelle comme membre d'une société possède les moyens nécessaires pour devenir un membre actif de la collectivité. Voilà l'enjeu de l'éducation cosmique.

Mais comment allons-nous ouvrir la porte à l'Univers ? L'enfant exécutera différentes activités en fonction de différentes matières, mais celles-ci seront introduites en début d'année par ce que Maria Montessori appelle les « grandes leçons ». Il y a cinq grandes leçons. La première porte sur l'origine de l'Univers. La deuxième concerne l'histoire de l'apparition de la vie. La troisième touche l'apparition des êtres humains. Ces trois premières leçons ont pour but de centrer l'enfant sur sa condition d'être

humain dans l'ordre de l'Univers. Cette question est particulièrement importante pour l'enfant à cette époque de sa vie.

Les quatrième et cinquième grandes leçons portent sur deux grandes inventions des êtres humains : l'écriture et les nombres. Elles ont pour fonction de susciter la gratitude envers nos ancêtres qui ont travaillé avant nous. Toutes ensemble, elles servent à susciter la motivation de l'enfant et à lui apporter un cadre de travail et de découverte.

Même quand elles ne sont pas expressément rattachées à une leçon en particulier, les activités demeurent reliées d'une façon quelconque à ces cinq grandes leçons. Dans la perspective Montessori, le programme ne doit pas primer sur la mise en considération des caractéristiques psychologiques de l'enfant. L'enfant doit demeurer dans le champ d'observation de l'enseignant et le programme doit répondre aux nécessités de son développement. Un enseignement centré sur la simple transmission des connaissances perdra éventuellement de vue la sensibilité de l'élève et toute l'entreprise éducative deviendra dès lors caduque.

Fondamentalement, l'enfant se pose des questions relatives à l'espace, au temps et à la vie. Les trois premières grandes leçons répondent à ces jeunes philosophes en herbe en transmettant un sentiment de gratitude envers les lois, l'ordre et l'harmonie de tout ce qui existe. Chaque activité ultérieure sera centrée sur une préoccupation plus pointue. Mais encore là, dans une discipline donnée, il existe un certain nombre d'étapes à suivre pour rendre l'apprentissage intelligible. Par exemple, si le concept de fraction est enseigné, il faudra d'abord présenter la dimension sensorielle et concrète d'une fraction, ensuite le symbole servant à représenter la fraction, etc. Les difficultés sont donc échelonnées et partent du concret pour se rendre à l'abstrait.

7.6 La perspective du programme au primaire : l'éducation au cosmos

Qualifiée de cosmique, l'approche Montessori au primaire fait-elle référence à quelque forme d'ésotérisme contemporain ? Au contraire ! Si Maria Montessori a choisi cet adjectif pour désigner sa pédagogie, c'est avant tout parce que l'enfant de cet âge cherche à comprendre le monde dans toutes ses manifestations. C'est ensuite pour transmettre à l'enfant qui se construit avec un sens moral en émergence la notion de finalité profonde qui anime l'Univers qui l'entoure. Le monde physique possède ses lois tout en évoluant de façon constante ; le monde vivant possède aussi ses lois, auxquelles participe l'être humain. Celui-ci est engagé dans une aventure de civilisation depuis la nuit des temps. Tout au long de ce long parcours, il a su par son intelligence et son humanité faire progresser la société des personnes. L'éducation primaire Montessori vise ainsi à aider l'enfant à s'inscrire dans l'avancement de la civilisation par cette téléologie. Maria Montessori (1991b, p. 9) dira ceci :

> Puisqu'on sait qu'il faut donner beaucoup à l'enfant, donnons-lui une vision de l'Univers dans son entier. L'Univers est une réalité imposante et une réponse à toutes les questions. Nous devrons tous marcher sur le chemin de la vie puisque toutes choses font partie de l'Univers et sont reliées les unes aux autres pour former une seule unité. Cette idée aide l'esprit de l'enfant à s'arrêter, à cesser de se perdre dans une quête de connaissances sans but. Il trouve satisfaction parce qu'il a trouvé le centre universel de lui-même en lien avec toutes choses. (Traduction libre.)

À l'école traditionnelle, le programme est établi en fonction du régime pédagogique et d'un horaire serré. L'orientation est disciplinaire. L'approche Montessori se distingue de cette perspective en partant du fait que l'enfant, au début de son primaire, ne connaît pas les disciplines mais s'intéresse à la nature fondamentale des choses. Par ses questions, les recherches qu'il effectuera, les activités et exercices qu'il fera, il apprendra progressivement à structurer sa pensée en fonction des ensembles de connaissances que ses prédécesseurs auront su cerner, soit les matières comme la géographie, l'histoire, la biologie, le français, les mathématiques et les arts. En pratique, il passera autant de temps à étudier chacune des matières qu'il l'aurait fait avec le régime pédagogique ; seulement, au lieu de travailler selon un horaire serré, il apprendra en fonction d'un plan de travail dont il sera responsable et à partir duquel il devra prendre et assumer des décisions. Évidemment, son travail ne s'effectue pas en vase clos ;

l'enseignant a la responsabilité d'observer les enfants et de déterminer les moments propices aux encouragements, aux nouvelles présentations ainsi qu'au passage en revue du travail déjà accompli. Toutes ces interventions sont accomplies au quotidien.

7.6.1 La géographie

Si l'on s'arrête aux différentes disciplines, soulignons, par exemple, que la géographie n'est pas enseignée en tant que matière avec ses différents secteurs de connaissances. L'intérêt des enfants porte sur l'Univers, c'est pourquoi l'enseignant commencera par raconter l'origine de l'Univers (première grande leçon). Ce domaine sera ensuite présenté comme un sac à surprises ; tous les éléments qu'on montrera auront un lien avec la Terre et ses phénomènes. Des sujets comme l'astronomie et la physique seront abordés parce qu'ils sont en relation avec la Terre. Au préscolaire, les rudiments de la géographie ont été enseignés avec une grande attention accordée à la précision du langage. Au primaire, le programme évoluera pour amener l'enfant à la compréhension de la dynamique des phénomènes. Lorsque la question des cultures et de leurs coutumes est abordée au primaire, il faut essentiellement viser à ce que l'enfant puisse comprendre que les gens vivent et s'habillent en fonction du climat, de la flore et de la richesse du pays. Par la géographie, l'enfant apprendra que le monde physique obéit à des lois. Il pourra aisément nourrir sa fascination pour l'extraordinaire, pour la grandeur et pour l'ordre des choses.

7.6.2 L'histoire

À travers l'étude des premiers hommes, des premières civilisations et de celles qui les ont suivies jusqu'à aujourd'hui, il devient possible de comprendre que l'humanité s'est tissée par les échanges et par la satisfaction des besoins vitaux. Les enfants peuvent très bien voir et comprendre qu'aucun pays ou aucune culture n'est véritablement meilleur qu'un autre ; aucun d'eux ne possède tout et, en conséquence, l'échange devient nécessaire. Maria Montessori (1991a, p. 77) dira ceci :

> Nous ne cultivons pas chez l'enfant l'admiration des aventuriers et explorateurs du passé pour leur

exprimer notre gratitude ; ils ne sont pas là pour la recevoir. Mais nous cherchons à aider l'enfant à réaliser combien l'humanité est responsable de l'état des choses et combien elle continue d'avoir ce rôle à jouer. C'est cette réalité qui inspire l'âme et la conscience. (Traduction libre.)

Avec l'histoire, on essaie de transmettre à l'enfant le bilan des progrès de l'humanité. Il faut transmettre l'héroïsme d'une multitude de personnes qui ont aidé à construire le présent. Ce n'est pas seulement les constructions des hommes sur lesquelles on s'arrête, mais également sur la transmission de la connaissance. Celle-ci s'est faite dans un geste essentiellement d'amour. Par l'histoire, on répond à une caractéristique psychologique fondamentale de l'enfant, son culte des héros. Mais on sensibilise également l'enfant à la contribution des personnes ordinaires, comme le travail des ouvriers des voies romaines ou des usines manufacturières du XIXe siècle. Tous ces récits alimentent le besoin de grandeur et de dépassement des enfants.

7.6.3 La biologie

Pour l'enfant, la biologie, c'est d'abord l'expérience des formes vivantes. S'il fait l'expérience de la vie dans son existence quotidienne, il est important qu'il trouve dans son environnement de classe les manifestations de la vie végétale et animale. Dans le plan « cosmique » que l'approche Montessori propose à l'enfant du primaire, dans « l'Univers et ses lois », c'est la manifestation de la vie qui retient son attention et suscite son intérêt. La leçon sur l'apparition de la vie exprimera cette grande vision vitale. Il demeure toutefois important de situer les détails en fonction du tout, en indiquant combien chaque détail contribue au dessin d'ensemble. Toutes les activités ou présentations sont situées par rapport à l'ensemble. Les détails ne sont pas présentés en vue de compartimenter le savoir mais pour donner différents aspects de l'ensemble. Maria Montessori nous donne plusieurs exemples de cet enseignement dans son livre intitulé *De l'enfant à l'adolescent* (1958).

Mais comment procéder ? On fera appel à l'imagination des enfants par des histoires et à leur penchant pour l'exploration par des sorties. Essentiellement, les besoins des animaux et des plantes constitueront le centre des activités. Ils feront l'expérience de différentes formes de vie et, puisque les enfants du primaire ont la propension à mettre en ordre en conceptualisant, ils seront amenés à classer. La classification étant un facteur clé dans l'étude de la biologie, ces enfants établiront par là les bases de leurs connaissances dans ce domaine.

7.6.4 Le langage (français)

L'enfant qui arrive au primaire possède déjà sa langue ; s'il vient du préscolaire Montessori, il sait même lire et écrire. Alors, il ne s'agit pas de lui montrer le langage, mais de l'aider à se développer dans sa vie et, avec un langage plus nuancé, il pourra devenir un meilleur être humain. Le langage sert à communiquer avec les autres. Par celui-ci, il est possible de penser à plus de choses : le langage est le support des concepts.

Dans cette perspective de communication, Maria Montessori nous rappellera qu'on ne l'enseigne pas pour passer des examens. Par exemple, l'enseignement de la ponctuation n'a pas pour fonction de mieux faire réussir aux évaluations mais bien d'aider l'enfant à mieux s'exprimer. Il y a lieu également, et Maria Montessori insiste là-dessus, de faire comprendre à l'enfant que la langue est un domaine dont la progression relève de sa responsabilité propre.

Au préscolaire, il aura appris à écrire et à lire non pas pour prouver au reste du monde qu'il maîtrise ces habiletés mais plutôt pour 1) découvrir qu'il existe beaucoup plus de mots que ce qu'il connaît déjà, 2) communiquer avec d'autres sans parler, 3) apprendre des choses des autres sans que ceux-ci lui parlent, 4) découvrir que les mots possèdent une fonction, et finalement 5) apprendre que des mots mis ensemble dans un certain ordre véhiculent une signification. L'adulte aide l'enfant non pas en enseignant mais en l'amenant à prendre conscience de ces aspects du langage.

Dans le projet d'« éducation cosmique », comment l'enfant sera-t-il mis en relation avec l'Univers ? Essentiellement par la langue. Puisque l'Univers n'est pas accessible directement dans la plupart des cas, il y aura lieu de faire appel à l'imagination par le véhicule que sera la langue. Il apprendra l'histoire du langage et plus particulièrement celle de la langue écrite, incluant la grammaire. La grammaire jouera un rôle important puisqu'elle répond au besoin de l'enfant de raisonner. Il ne s'agit pas seulement de susciter un intérêt pour le langage mais bien de transmettre toute la vie qui accompagne la langue orale comme la langue écrite.

L'enfant pourra acquérir un langage nuancé, notamment par les conversations, mais aussi par les chansons, qui visent cet objectif. Et que dire de la littérature, sinon qu'elle libère et ouvre l'esprit, qu'elle transmet de façon exceptionnelle tous les enjeux moraux ?

Plus précisément, l'enfant fera de la grammaire, de la morphologie, de la syntaxe, de la phonologie, de la compréhension de textes et de l'étymologie. Maria Montessori a conçu un matériel servant à l'étude des mots et de la fonction des mots et à l'analyse de phrases. Elle a rassemblé ses réflexions dans un ouvrage intitulé *Psycho-Grammar* (s.d.). Cette étude se penche plus particulièrement sur l'enfant âgé de cinq à huit ans. Après cet âge, le besoin de matériel concret est moins essentiel puisque l'enfant a atteint un niveau d'abstraction plus élevé. À la suite du premier cycle, le travail se fera sur le plan de la généralisation dans la rédaction de textes comme dans la lecture ou l'expression orale. À ce stade, les graines semées ont germé et l'enfant cherchera à perfectionner ses habiletés. La structure et les genres des textes constituent des avenues d'approfondissement nouvelles.

7.6.5 Les mathématiques

Maria Montessori (1971) a écrit abondamment pour montrer que les mathématiques et la géométrie ne représentent pas strictement des disciplines pour l'enfant mais qu'elles répondent à ses besoins psychologiques. Les mathématiques sont d'abord une activité de l'esprit humain qui sert à la généralisation. Par exemple, de trois pommes posées sur la table, on peut abstraire la notion « trois », qui ne se trouve nulle part, mais on peut trouver trois objets partout ; essentiellement, les mathématiques nous renvoient à l'abstraction. Maria Montessori décrit l'esprit mathématique comme une tendance humaine à faire des inférences, à généraliser, à abstraire, à conceptualiser et à vouloir aboutir à des théorèmes. Les

êtres humains accomplissent ces opérations depuis la nuit des temps.

Une personne qui abstrait une notion le fait à partir d'images mentales ; il existe donc un lien entre l'esprit mathématique et l'imagination. À partir d'abstractions, le raisonnement entre en jeu pour arriver à des conclusions logiques. La pensée mathématique met en mouvement toute l'activité intellectuelle.

Fondamentalement, on voudra **présenter** l'information relative aux mathématiques plutôt que l'**enseigner**. Pour que l'esprit mathématique se développe, il est essentiel que les procédés mathématiques soient abstraits et que l'enfant soit aidé dans cette activité. Si tous les procédés sont donnés, l'imagination n'est pas sollicitée et le développement devient impossible. Voilà pourquoi il est très utile de présenter un nouveau concept mathématique en commençant avec du matériel qui concrétise le concept. Le matériel montessorien en mathématiques stimule le développement de l'esprit mathématique de l'enfant.

7.6.6 La géométrie

La géométrie n'est pas à proprement parler une matière scolaire mais représente plutôt un aspect de la nature. Toutes sortes de formes géométriques font partie de la nature : les cristaux, les ronds dans l'eau, une bulle d'air, les polygones dans les toiles d'araignée, une étoile de mer. Dans les choses fabriquées de main d'homme, il se trouve encore plus de formes géométriques. Les êtres humains ont tendance à mathématiser le monde qui, par ailleurs, se présente de façon chaotique. Avec l'approche Montessori, l'enfant fera l'expérience de la géométrie par les sens d'abord, avant d'arriver à plus d'abstraction. C'est dans *Psycho-Geometrica* (s.d.) que Maria Montessori exposera ses idées sur l'importance de garder la présentation de la géométrie près du réel.

Au préscolaire, les graines de la géométrie sont semées. L'enfant apprendra à voir, à toucher et à nommer des formes géométriques. Le but principal à ce stade est de raffiner les sens. Dans plusieurs activités, l'enfant sera sensibilisé à la géométrie : les cubes d'une tour, les solides géométriques, etc.

Au primaire, alors que l'enfant a besoin de raisonner, il sera nécessaire d'enseigner la nomenclature.

En soi, il ne s'agit pas d'activités particulièrement intéressantes ; toutefois, il faut remarquer que les noms employés ont généralement une histoire intéressante. Par exemple, le nom « géométrie » nous vient des Égyptiens, qui mesuraient la terre après les crues du Nil : *gaea*, « terre », et *metra*, « mesure ». Voilà comment frapper l'imagination de l'enfant ! C'est par le raisonnement, stimulé par de telles activités, que l'enfant s'ouvrira à l'exploration. Il est également pertinent d'initier l'enfant aux origines historiques de la géométrie ; pour cela, Maria Montessori présentera une histoire intitulée « Comment la géométrie a acquis son nom ». On y apprendra que les *harpenodapta*, les tireurs de ligne égyptiens, l'ont inventée pour refaire les limites des terres effacées après les crues du Nil et que Thalès, Pythagore, Platon, Euclide, tous des Grecs de l'Antiquité, ont formulé la géométrie théorique.

Ce ne sont pas des théorèmes qu'on présente à l'enfant du primaire, c'est plutôt l'exploration sensorielle de ceux-ci qu'on lui propose. Voilà encore un principe majeur de la pédagogie Montessori, celui de répandre les semences de ce qui fera l'objet d'une étude approfondie ultérieurement. Au primaire, on sème la part sensorielle des théorèmes pour préparer leur étude proprement dite à l'adolescence. Évidemment, les activités seront présentées selon une séquence adaptée au degré de difficulté des concepts à apprendre : la forme peut difficilement être étudiée sans la connaissance de la ligne, la ligne sans la connaissance du point, etc. Il en est ainsi pour la géométrie comme pour les autres matières.

7.6.7 La liberté et la discipline : un enfant qui s'assume

Selon Maria Montessori, le travail demeure une tendance essentielle de l'espèce. À la suite de ses observations, elle a décrit l'activité des enfants dans l'environnement en parlant de leur **travail**, même s'ils ne faisaient que manipuler des blocs, des tablettes de couleur ou des cadres d'habillage. Ces activités peuvent ne paraître que ludiques aux yeux de l'adulte si celui-ci fait preuve d'anthropomorphisme ; mais l'enfant démontre par le sérieux de son comportement qu'il ne fait pas que jouer, qu'il travaille aussi. Cette façon de voir la conduite de l'enfant a fait l'objet de critiques (Polakow Suransky,

1981, 1982) auxquelles a répondu Jean Miller (1982). Renilde Montessori (1987, p. 7) dira ceci de ces critiques apologétiques du jeu :

> Une caractéristique humaine des plus remarquables est notre tendance à jouer. On reconnaît que les jeunes enfants « apprennent en jouant ». On admet cela à un point tel que plusieurs adultes affirment que les enfants ne devraient pas être forcés à travailler avant un certain âge, autrement on leur impose une chose à laquelle ils ne sont pas préparés par nature. Les enfants sont dès lors condamnés à fonctionner à vide dans des environnements meublés d'objets devenus ennuyeux jusqu'à ce qu'ils atteignent l'âge de pouvoir travailler. Tout cela suppose une dichotomie parfaitement irréaliste entre le travail et le jeu puisque ces deux activités sont en fait intimement liées, pas seulement chez l'enfant, mais chez toute personne au cours de sa vie. (Traduction libre.)

Mais encore faudrait-il définir le travail pour mieux saisir cette vision des choses. Tout enseignant qui applique aujourd'hui l'approche Montessori peut montrer concrètement combien le travail apporte le plus grand bonheur. C'est dans le travail qu'il y a accomplissement et dépassement de soi. Dans cette perspective où le travail procure la joie, Maria Montessori démontre qu'il constitue un cheminement « normalisant », dans le sens où il correspond au côté positif de la nature humaine. Comment ne pas penser ainsi lorsque 30 jeunes enfants de différents âges s'activent à leur tâche, chacun de leur côté, alors que l'enseignant circule dans la classe, présentant ici quelque chose, écoutant là autre chose, faisant en définitive partie intégrante de cette ruche d'enfants ? Voilà l'expérience quotidienne d'une classe Montessori.

Mais est-ce que le travail n'asservit pas ? Non, sauf s'il est forcé. Le travail dans la liberté rend capable de la plus grande autodiscipline. Il s'agit là de deux valeurs chères à Maria Montessori : la liberté et la discipline. La construction de soi ne peut s'effectuer sans la liberté ; alors, il faut l'accorder à l'enfant. Il ne faut pas craindre qu'il en abuse, sauf si elle est confondue avec l'anarchie.

Retenons que la liberté d'activité n'est pas synonyme d'impolitesse, d'agressivité et d'inconduite en général. En fait, il s'agit pour l'enseignant de préparer un environnement propice à l'exercice de la liberté. Particulièrement au primaire, il faudra inculquer aux enfants que la liberté de travailler ne veut pas dire faire ce que bon leur semble. À cette étape de leur vie, ils ont un fort esprit grégaire ; dès lors, il faudra leur accorder la liberté de travailler en équipe, à la condition toutefois qu'ils s'en montrent dignes. Dans une classe primaire Montessori, les enfants possèdent une certaine responsabilité quant à l'organisation de leur travail. Mais cette liberté n'est pas absolue. Ce qu'ils maîtrisent, ils peuvent l'assumer eux-mêmes ; mais de nouveaux exercices ou des travaux plus importants nécessitent un encadrement clair. Il faudra retenir, selon Maria Montessori, que la liberté représente une conquête progressive chez l'enfant et non pas une valeur innée, comme le prétendait Rousseau, qui s'effrite peu à peu avec l'approche de l'âge adulte.

L'enfant au seuil de l'adolescence aura le sentiment d'avoir complété quelque chose. Il aura construit sa personnalité sociale. Le « plan cosmique » que l'approche Montessori lui aura proposé l'amènera, à tout le moins inconsciemment, à prendre conscience de son appartenance à une longue tradition de civilisation humaine, de sa capacité à comprendre les phénomènes de l'Univers et du monde qui l'entourent, de sa responsabilité à poursuivre l'œuvre de construction humaine. Il sera prêt à la vie de l'adolescence.

Margaret E. Stephenson (1993, p. 17) note ceci au sujet de l'« éducation cosmique » :

> L'adulte travaillant auprès de l'enfant du primaire a la grave responsabilité de ne pas enseigner de matières scolaires mais de préparer l'enfant à reconnaître sa responsabilité d'être humain envers l'environnement et la société. On peut faire cela seulement si l'on comprend soi-même cette responsabilité ; si l'on peut apprécier la finalité grandiose du plan cosmique ; si l'on peut propager l'enthousiasme et le questionnement auprès des enfants et les stimuler par rapport à cet acte éloquent qu'est la création dans toutes ses manifestations. (Traduction libre.)

Maria Montessori croyait que l'enfant exposé aux idées du projet d'éducation cosmique en viendrait à se demander qui il était, quelle était la tâche de chaque individu dans cet Univers (Stephenson, 1993). Ce sont précisément ces questions auxquelles fera face l'enfant sain au seuil de l'adolescence.

L'approche Montessori est également mise en application au secondaire mais sans avoir pris toute l'expansion qu'on lui connaît au préscolaire et au primaire. Un bon nombre de principes éducatifs ont été énoncés jusqu'à présent ; ils sont tirés en particulier de l'ouvrage *De l'enfant à l'adolescent* (1958a). Plusieurs observations sont faites sur la vie de l'adolescent. Maria Montessori n'a pu elle-même élaborer tout le contenu des activités ni déterminer tous les principes de préparation de l'environnement ; toutefois, d'autres ont poursuivi ce travail et on trouve des écoles secondaires Montessori en Hollande et aux États-Unis par exemple. Il suffit de dire qu'elle observait dans l'adolescence une période de grandes transformations comme l'a été la première étape, celle de la naissance à six ans, alors que celle du primaire constituait une phase de relative consolidation.

7.7 La formation des maîtres Montessori : une formation généraliste éclairée

À partir de 1907, de tous les coins du monde on est venu étudier l'enfant auprès de Maria Montessori. Dès lors, elle a formé des maîtres qui ont répandu cette approche dans tout le monde libre. À la fin des années 1920, surtout pour faire la promotion de l'enfant comme source d'évolution de la société alors qu'on commençait à appliquer des aspects de son approche sans en préserver l'intégrité, elle a fondé l'Association Montessori internationale (AMI). Ses objectifs sont de défendre, de propager et de développer les idées et principes montessoriens pour le plein épanouissement de l'être humain. Elle en a été la présidente jusqu'à sa mort, en 1952.

En plus de regrouper différentes sociétés Montessori nationales, l'AMI a formé un comité pédagogique, un comité de commandite, un comité de matériel en plus de comités administratifs. Chacun de ces comités voit à l'application correcte et à l'avancement de l'approche Montessori. Le comité pédagogique veille aux programmes de formation des maîtres en s'occupant de leur contenu et de la qualité de la formation donnée. Cette formation est sous la responsabilité de professeurs qui possèdent au minimum cinq ans de pratique auprès des enfants et qui ont à leur actif au moins cinq ans d'apprentissage qui leur confèrent le titre de formateur qualifié. La formule est celle de l'apprenti formateur en exercice dans un centre de formation. Pour le préscolaire, ces centres de formation sont disséminés de par le monde ; pour le primaire, cinq centres existent, en Italie, en Irlande et aux États-Unis (qui en comptent trois). Le comité de commandite voit au suivi des apprentis formateurs pour s'assurer de la qualité de leur formation. Le comité du matériel s'occupe de la précision du matériel et s'assure du respect des normes établies auprès des manufacturiers.

Devant le succès d'une telle approche dans le monde depuis les premières années, il n'est pas surprenant d'apprendre qu'il existe certaines controverses qui entachent le message de Maria Montessori. Par exemple, des sociétés parallèles se sont formées pour offrir des programmes de formation de maîtres Montessori : l'American Montessori Society, le St. Nicolas Montessori Center ou encore le London Montessori Center. Les idées appartiennent à tous et la liberté d'entreprise demeure une valeur primordiale en démocratie. Il est toutefois nécessaire d'être bien informé quant à la véritable approche et l'Association Montessori internationale, vouée à la cause de l'enfant nouveau, diffuse cette information et le savoir-faire éducatif. L'excellence entraîne souvent ce risque d'une imitation, maladroite la plupart du temps, et d'un emprunt de certains aspects d'une philosophie qui, malheureusement, ne rendent pas justice à la valeur de l'ensemble de l'œuvre.

Une formation Montessori authentique, celle de l'AMI, exige 10 mois d'études intensives après un premier diplôme universitaire. L'étudiant suivra une formation théorique qui se concrétisera dans la rédaction d'albums de présentation d'activités. Chacune de ces présentations est située dans le programme d'ensemble, requiert un matériel particulier, est conçue pour un certain niveau de développement, suit et précède d'autres présentations. Maria Montessori préconisait le travail sensoriel même chez l'adulte puisque l'étudiant devra rédiger ses propres albums illustrant cette théorie et toutes ces présentations. Feront partie de cette formation plusieurs semaines de stages dans les classes, sous la supervision d'un maître reconnu.

En Amérique, une école peut également être reconnue par l'AMI. Pour obtenir cette reconnaissance, l'école doit être visitée tous les trois ans par un consultant. Celui-ci s'assure de la compétence de chaque enseignant responsable d'une classe, que les procédés et la philosophie appliqués dans chaque classe sont conformes à l'approche Montessori et que le matériel utilisé est approprié. Cette reconnaissance permet de distinguer les écoles véritablement engagées dans l'éducation Montessori de celles qui improvisent à partir d'éléments isolés.

On trouvera en annexe à ce chapitre quelques adresses utiles relativement à la formation des maîtres Montessori.

Conclusion

Suivre l'enfant

Ce qui a débuté dans une banlieue pauvre de Rome est devenu un mouvement international visant la reconnaissance de l'enfant en tant qu'avenir de la personne humaine. À l'heure du questionnement et des réformes en éducation, le message de Maria Montessori nous enjoignant de « suivre l'enfant comme notre guide » continue d'être très actuel. Le renouveau de l'éducation sans l'enfant comme moteur principal est voué à l'échec. Si nos sociétés veulent recentrer l'éducation dans sa nature véritable, elles devront redécouvrir le secret de l'enfance et bâtir à partir de l'enfant. C'est certainement le message que continue de nous communiquer cette grande dame. Il faudra s'approcher de la vie et puiser en notre âme de jardinier pour la cultiver à travers l'enfant. Ce ne seront pas nos systèmes, nos programmes ou nos institutions qui apporteront les solutions aux questions fondamentales de civilisation qui se posent, mais la vie et la personne de l'enfant, celui qui actuellement semble être le citoyen oublié.

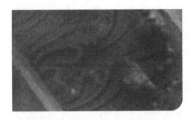

Maria Montessori nous invite, à travers toute son œuvre, à trouver dans les yeux mêmes de l'enfant la motivation et la détermination nécessaires à la tâche d'éducation :

> Une des plus belles choses qu'on trouve chez les enfants est la limpidité de leur vision et l'honnêteté de leur regard. (R. Montessori, 1987, p. 1. Traduction libre.)

Questions

1. Les objectifs et finalités de l'école Montessori sont en lien étroit avec les postulats de la théorie montessorienne. Développez quelques aspects de ces liens en en faisant ressortir le fil directeur.

2. Comment les matières scolaires sont-elles présentées à l'élève ? À quels besoins psychologiques vont-elles répondre ?

3. Développez les dimensions concourant à l'acte pédagogique des écoles Montessori (relation enseignant-élève, relation élève-matériel didactique, nature des contenus, etc.) ou expliquez comment s'organise la classe Montessori.

Bibliographie

MILLER, J. (1982). « La bureaucratisation de l'enfance par la méthode Montessori ». *Revue canadienne de psycho-éducation,* vol. 11, n° 1, p. 63-65.

MONTANARO, S.Q. (1990). *Understanding the Human Being.* Mountain View : Nienhuis Montessori U.S.A.

MONTESSORI, M. (s.d.). *Psycho-Geometrica.* Amsterdam : Association Montessori internationale.

MONTESSORI, M. (s.d.). *Psycho-Grammar.* Amsterdam : Association Montessori internationale.

MONTESSORI, M. (1957). *The Human Tendencies and Montessori Education.* Amsterdam : Association Montessori internationale.

MONTESSORI, M. (1958a). *De l'enfant à l'adolescent.* Paris : Desclée de Brouwer.

MONTESSORI, M. (1958b). *Pédagogie scientifique.* Paris : Desclée de Brouwer.

MONTESSORI, M. (1971). *Psycho-Arithmetica.* Milan : Garzanti.

MONTESSORI, M. (1972). *Education and Peace.* Madras : Kalakshetra Press.

MONTESSORI, M. (1986). *The Secret of Childhood.* Bombay : Orient Longman.

MONTESSORI, M. (1991a). *The Formation of Man.* Madras : Kalakshetra Press.

MONTESSORI, M. (1991b). *To Educate the Human Potential.* Madras : Kalakshetra Press.

MONTESSORI, R. (1987). *Reflections in Our Children's Eyes.* Toronto : Foundation for Montessori Education.

POLAKOW SURANSKY, V. (1981). « La bureaucratisation de l'enfance : Montessori et l'éthique du travail ». *Revue canadienne de psycho-éducation,* vol. 10, n° 2.

POLAKOW SURANSKY, V. (1982). « Réponse à Jean Miller : la question est toujours là ». *Revue canadienne de psycho-éducation,* vol 11, n° 1.

STANDING, E.M. (1972). *Maria Montessori : à la découverte de l'enfant.* Paris : Desclée de Brouwer.

STEPHENSON, M.E. (1993). « Cosmic Education ». *AMI Communications,* vol. 1. Amsterdam.

Annexe : Adresses utiles

Association Montessori internationale, Koninginneweg 161, 1075, CN Amsterdam, Pays-Bas ; tél. : 020-679 89 32.

Benoît Dubuc, 1265, av. du Buisson, Sillery (Québec), G1T 2C4 ; tél. : (418) 688-7646.

Centre de formation Montessori de Montréal, 7400, boul. Saint-Laurent, Montréal (Québec), H2R 2Y1 ; tél. : (514) 465-4860.

Renilde Montessori, Foundation for Montessori Education, 2444 Bloor Street West, Toronto (Ontario), M6S 1R2 ; tél. : (416) 769-7457.

North American Montessori Teacher Association (NAMTA), 2859 Scarborough Road, Cleveland Heights, Ohio, 44118, USA.

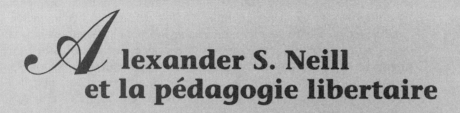lexander S. Neill et la pédagogie libertaire

Clermont Gauthier

Résumé

Laisser l'enfant épuiser son désir et ses intérêts : telle est la devise et la finalité de la pédagogie libertaire de Alexander S. Neill, qui a fondé Summerhill, l'école de la liberté, en 1921. Neill se distingue d'à peu près tous les pédagogues de l'école nouvelle. Sa méthode s'inscrit en opposition à la tradition, conformément au mouvement de l'école nouvelle, mais elle se démarque aussi de cette dernière, qui est critiquée pour ses caractères affichés de scientificité, de moralisation et de culture de l'esprit. Pour Neill, l'éducation est l'exploration affective du soi. Neill fonde sa méthode sur l'hypothèse que l'être humain est fondamentalement bon, que l'enfant possède un sens inné de la justice, et que c'est la société qui le pervertit par son action moralisatrice et castratrice. On voit ici l'inspiration psychanalytique du pédagogue : partisan de l'expression du désir et de la libre manifestation de la sexualité, son approche met en œuvre des méthodes alignées sur ses postulats : en ce qui concerne la conduite des enfants, elle ne fait l'objet d'aucune condamnation, tous les comportements sont acceptés inconditionnellement ; quant à la présence des enfants aux cours, elle n'est pas obligatoire, seuls les intérêts et la volonté des élèves font office de directives. Bref, ni censure ni punition, ni obligation ni moralisation.

Il s'agit, selon Neill, de créer un environnement libre mais non anarchique, de permettre la liberté individuelle dans le respect de la liberté des autres. La vie collective de l'école est régie par des règles élaborées par les enfants et par les enseignants ; la voix de chacun a le même poids décisionnel. Summerhill demeure la seule école à appliquer les méthodes de Neill : cette école mixte accueille une soixantaine d'enfants. On dit de Summerhill qu'elle s'est plus construite sur le charisme de son fondateur qu'en suivant une théorie solidement étayée. Dans ce sens, l'action éducative de Neill s'entend davantage comme une profession de foi que comme une méthode « objective ».

Introduction

Dans un chapitre précédent, nous avons suggéré de situer l'enseignement mutuel, caractérisé par le contrôle absolu de l'environnement pédagogique, à l'extrémité d'un axe « liberté-ordre ». La pédagogie libertaire se trouve à l'opposé, au pôle où le hasard est une composante essentielle. Il est intéressant d'examiner maintenant cette dernière, la pédagogie de Neill, parce qu'elle est non seulement une approche pédagogique qui a eu ses heures de gloire, mais aussi et surtout parce qu'elle constitue un formidable « excès » de liberté pédagogique. À Summerhill, l'école fondée par Alexander S. Neill, il n'y a pas de programme à voir à tout prix ; les élèves ne sont donc pas obligés d'étudier, ils peuvent occuper leur temps comme ils le veulent.

Ce modèle pédagogique mise sur la liberté des élèves à un point rarement égalé dans l'histoire de la pédagogie. Voilà une approche fort différente, en comparaison des modèles pédagogiques traditionnels qui sont par nature très contraignants. Elle est également révolutionnaire en regard des autres exemples de pédagogie nouvelle inventés au début du XXᵉ siècle. Encore de nos jours, une telle école conserve un caractère de surprenante étrangeté. Il y a eu, dans le passé, bien des tentatives pour créer des écoles libres ; la majorité de ces essais se sont cependant soldés par des échecs. Or, Summerhill est une école qui a duré. On a pu voir ses élèves devenir des adultes, exercer un métier, fonctionner normalement dans la société et avoir eux-mêmes des enfants. Cette école n'a pas produit, comme certains le croyaient, des pervers ou des désaxés[1]. Enfin, cette expérience s'est maintenue suffisamment longtemps, au-delà d'un demi-siècle, pour qu'on l'évalue, malgré des critiques de tous ordres, positivement.

Notre compte rendu de cette approche se fera en plusieurs étapes. Il convient, dans un premier temps, de connaître un peu mieux le fondateur de Summerhill, Alexander S. Neill, puisque sa personnalité et ses idées colorent fortement son école. Ensuite, nous ferons un détour par la psychanalyse afin d'isoler quelques concepts importants et de saisir les bases théoriques de la conception pédagogique de Neill. Partant de là, nous étudierons les liens entre ses idées et une approche psychanalytique particulière, celle de Wilhelm Reich. Nous examinerons ensuite la conception de l'éducation de Neill et la manière concrète dont elle se traduit dans l'organisation de son école. Enfin, nous terminerons notre étude par une réflexion sur les limites de cette approche.

---

1. Hemmings (1981, p. 115) rapporte une remarque intéressante de Neill : « Les enfants élevés dans la liberté ont de bonnes manières naturelles, mais ils ne connaissent pas les conventions sociales. Ils disent rarement "merci", mais ils n'imiteront jamais un bégayeur, pas plus qu'ils n'accrocheront une casserole à la queue d'un chien. »

8.1 Notes biographiques

Alexander Sutherland Neill est né en 1883 à Forfar, banlieue d'Édimbourg en Écosse. Il y avait dans ce village, indique Neill, une sorte d'ambiance négative qui se répandait partout. C'était sans doute, selon lui, l'effet de la religion protestante calviniste qui projetait l'image d'un Dieu menaçant et soutenait une pesante morale répressive selon laquelle la sexualité, par exemple, était considérée comme mauvaise. L'atmosphère était imprégnée d'une sorte de tristesse de l'âme, d'une sensation d'être pécheur, d'une culpabilité d'exister. Bref, la vie se déroulait dans un climat général de négation de la vie, et elle était ressentie comme un insoutenable fardeau.

Neill est issu d'un milieu familial sévère, religieux, modeste et ambitieux. À la maison, l'école est très valorisée. On le comprend aisément car son père, Georges, est instituteur et directeur d'école. Il souhaite que ses 13 enfants fassent de bonnes études. Sa mère, institutrice de métier, a cessé d'enseigner pour élever ses enfants. Fière, elle a de hautes ambitions pour sa famille ; Neill la qualifie même de snob (Saffange, 1985, p. 23). Il mentionne combien il lui était difficile d'arrêter ses jeux avec ses camarades pour aller étudier, tandis qu'eux n'avaient pas cette même pression familiale.

Alexander S. Neill

Neill a un cheminement scolaire peu orthodoxe. Il ne fait pas grand-chose à l'école alors qu'un de ses frères aînés, studieux, devient pasteur, et un autre médecin. De tous ses frères et sœurs il est le seul à ne pas entreprendre d'études secondaires. Il se décrit lui-même comme le raté de la famille. À 14 ans, il quitte la maison pour occuper un emploi de bureau à 160 kilomètres de chez lui en échange d'un maigre salaire. S'ennuyant énormément, il revient au domicile parental et se trouve un emploi chez un drapier où il livre des paquets chez les clients. Là non plus ce n'est pas un succès et il doit abandonner :

> Il n'y a rien à tirer de ce garçon, déclara sombrement mon père. Il pourrait peut-être devenir instituteur, suggéra ma mère. Effectivement, il n'est bon qu'à ça, répondit mon père d'un ton sinistre et sans l'ombre d'un sourire. (Saffange, 1985, p. 27.)

À 15 ans, il entre comme élève-instituteur (moniteur) à l'école de son père. Ce dernier enseigne à 130 élèves, selon le système d'enseignement mutuel de Bell, et est aidé uniquement d'un assistant et d'un

élève-maître. À 19 ans, Neill finit par réussir de justesse l'examen national pour enseigner ; il termine au 103e rang sur 104 et peut être engagé à titre d'« ex-élève-maître ». Il enseigne par la suite à plusieurs endroits. Il s'inscrit enfin à l'université d'Édimbourg à 25 ans. Il commence par des études en agriculture, puis il opte pour les lettres et obtient sa licence après quatre ans d'études. Son goût de l'écriture se développe et il devient rédacteur en chef de la revue de l'université. Il publie par la suite des articles dans différentes revues. Même s'il ne veut pas enseigner à cette époque, il se retrouve malgré tout, en 1915, directeur d'école dans un petit village perdu d'Écosse. Comme la loi oblige les directeurs à tenir un journal de tout ce qui se passe quotidiennement (présences, absences, retards, maladies, etc.), il écrit *A Dominie's Log* (*Journal d'un instituteur de campagne*), un écrit non conventionnel dans lequel il fait valoir sa conception de la pédagogie. Cet ouvrage lui vaut un succès considérable.

8.1.1 Les influences de Neill et l'émergence de sa pédagogie libertaire

Il faut souligner également les liens que Neill entretient avec le mouvement de l'éducation nouvelle qui se met en place après la Première Guerre mondiale. À la suite des traumatismes profonds laissés par la guerre, l'avènement d'un Homme nouveau est souhaité par plusieurs éducateurs. L'éducation a désormais pour mission, selon eux, d'empêcher les guerres à tout jamais. La guerre, pense-t-on, est causée par des méthodes d'éducation qui étouffent la personnalité et produisent chez l'individu des tensions qui s'expriment par la cruauté et la haine (Skidelsky, 1972, p. 148). Neill se rapproche de ce mouvement et, en 1920, il devient rédacteur de la revue *Ère nouvelle*. Cette revue est l'organe de l'Association de l'éducation nouvelle qui vient d'être fondée et qui regroupe les divers mouvements de réforme pédagogique visant à créer une nouvelle fraternité démocratique.

Mais les opinions de Neill sont loin de faire l'unanimité au sein de ce regroupement et, en 1923, il rompt avec l'*Ère nouvelle*. Il a du mal à supporter Montessori, monstre sacré à l'époque :

Cette révérence pour la méthode et l'appareil scientifiques, facteur essentiel de la doctrine Montessori, Neill ne pouvait la supporter. « Je la sens toujours scientifique et jamais artiste. Son système est hautement intellectuel mais il parle tellement peu aux émotions que c'en est affligeant. » Il déplorait l'attitude, à ses yeux désapprobatrice, de la pédagogie vis-à-vis des « fantasmes » qu'il considérait, quant à lui, comme une partie indispensable de la vie mentale de l'enfant. C'est « son moyen à lui de vaincre la réalité [...] ». On pourrait objecter que les fantasmes sont les premiers stades de la folie. « Oui, mais c'est le dernier stade de la poésie [...]. Je crains qu'un enfant élevé à la Montessori, une fois devenu grand, n'apporte un jour la preuve irréfutable que sous les pas de Maud, marchant dans la prairie, ne naissent pas les roses. Non, le monde de Montessori est trop scientifique pour moi ; il est trop ordonné, trop didactique. La seule expression "matériel didactique" m'effraie. » (Hemmings, 1981, p. 64.)

Il critique également la nouvelle méthode de suggestion prônée par Coué, laquelle consiste à suggérer aux enfants certains comportements, attitudes et valeurs morales. Il s'inscrit en faux contre ceux qu'il appelle les « fanatiques de la Vie Supérieure » et dont l'un des buts est endossé par l'association : « entraîner l'enfant à désirer la suprématie de l'esprit sur la matière » (Hemmings, 1981, p. 60). Cette vision spiritualiste théosophiste est alors prônée par plusieurs membres du mouvement. Neill critique leur conception naturaliste et idéaliste de la vie. Ils désirent changer le monde industriel et glorifient le retour à la terre. Ils proposent une conception de l'enfance interdisant de fumer, de boire, de danser, d'aller au cinéma. Tout cela est bien à l'opposé des idées que Neill véhicule, notamment celle que l'enfant doit suivre son désir. Former un enfant avec violence comme dans la pédagogie traditionnelle, ou le mouler avec ruse comme ces approches de la pédagogie nouvelle, tout cela participe, selon lui, de la même erreur fondamentale qui consiste à imposer un idéal à l'enfant et à ne pas faire confiance à ses instincts profonds.

Par ailleurs, Neill a plusieurs contacts avec la psychanalyse. On mentionne qu'il a été psychanalysé par Lane, par Sketel et par Reich. Lane l'a particulièrement influencé au début. Durant la guerre de 1914-1918, la garnison dont faisait partie Neill était campée juste à côté de l'école de Homer Lane. Ce dernier a fondé une école pour délinquants, The Little Commonwealth, école assez originale et gérée par un « gouvernement d'enfants ». Homer Lane soutient qu'un mauvais enfant est le résultat d'une mauvaise éducation parce qu'en réalité chaque enfant est né bon (Hemmings, 1981, p. 51). Pour lui, un enfant devient délinquant parce qu'il a été privé d'affection et de compréhension. En conséquence, sa guérison s'obtient par l'amour et l'approbation (Skidelsky, 1972, p. 134). L'école de Lane ferme après la Grande Guerre, et ce dernier devient psychothérapeute à Londres. Summerhill, l'école de Neill, sera plus tard fortement influencée par les idées de Lane sur la liberté, sur la foi en la bonté originelle des individus, sur la nécessité de faire du bonheur le but de l'éducation et d'accorder une place primordiale aux émotions (Hemmings, 1981, p. 170).

En 1937, Neill rencontre le grand psychanalyste Wilhelm Reich, qui a une forte influence sur lui. Il suit une courte thérapie et se lie d'amitié avec ce dernier. Leur correspondance (Placzek, 1982) témoigne de l'intensité de leur relation et du fait qu'ils s'encourageaient mutuellement. La fille de Neill, Zoé, a été élevée selon l'idée d'autorégulation de Reich, c'est-à-dire une éducation à la liberté même pendant la prime enfance (Hemmings, 1981, p. 186-193[2]).

Ce voisinage continu de Neill avec la psychanalyse a un effet direct sur sa conception de l'enseignement. L'enseignement est devenu pour lui l'exploration affective du soi, une sorte de psychanalyse (Skidelsky, 1972, p. 132). Il a même, à un moment donné, utilisé une technique d'inspiration psychanalytique pour travailler avec les enfants (technique appelée « leçons particulières »). Pour mieux saisir la pensée pédagogique de Neill, il faut donc passer par le chemin de la psychanalyse.

---

2. Zoé est née en 1947. Elle fut le seul enfant de Neill. Son éducation libre fut racontée dans l'ouvrage *The Free Child* que Neill écrivit quand Zoé eut cinq ans.

8.2 Le détour psychanalytique : Freud et Reich

Les propos de Neill nous obligent à faire ce détour par la psychanalyse car il s'inspire de Reich et ce dernier a fini par se marginaliser de l'orthodoxie freudienne. Aussi faut-il remonter la filiation par le début, et saisir le sens de la problématique psychanalytique freudienne, pour ensuite analyser les adaptations apportées par Reich afin de mieux comprendre la conception de l'éducation de Neill. Voyons d'abord sommairement les principales idées de la psychanalyse qui nous seront utiles dans l'analyse du discours de Neill.

8.2.1 Freud et la psychanalyse

Alors, qu'est-ce que la psychanalyse ? Pour en avoir un aperçu, il faut passer par les idées de son fondateur, Sigmund Freud. Comme la psychanalyse est une immense théorie fort complexe, nous nous limiterons aux seuls aspects nécessaires pour aborder la pensée de Neill.

Sigmund Freud (1856-1939) est un Autrichien de confession juive. Il a reçu sa formation médicale à Vienne où il a passé la majeure partie de sa vie et s'est spécialisé dans le traitement des troubles nerveux. Cette branche de la médecine en était encore à ses débuts à ce moment-là. Quelques pistes attiraient l'attention. Par exemple, Freud est allé en France étudier l'hypnose avec Charcot afin de comprendre et d'améliorer le traitement de l'hystérie. On émettait alors l'hypothèse que des maladies nerveuses comme l'hystérie, qui n'impliquent pas de lésions organiques, étaient liées à des problèmes psychiques. Cependant, Freud était peu satisfait de ce traitement par l'hypnose parce que les effets étaient trop passagers. Il a ensuite étudié la méthode de Breuer qui consiste à laisser le malade se raconter. Freud a progressivement élaboré sa propre méthode, la psychanalyse.

Qu'est-ce que la psychanalyse ?, demandions-nous plus haut. La psychanalyse est une méthode clinique qui cherche à supprimer les troubles psychiques par une analyse de l'inconscient dont la formation est expliquée à partir du développement sexuel.

Selon Freud, la sexualité est la base du développement psychique. La pulsion sexuelle n'apparaît pas à la puberté, mais dès les premiers instants de la vie. Cependant, une fois devenu adulte, chacun oublie son enfance comme s'il y avait des forces qui l'empêchaient de se souvenir. Ces forces « invisibles », ou inconscientes, n'en ont pas moins une grande influence sur la vie concrète des individus et peuvent, dans certains cas, provoquer des problèmes à divers degrés. C'est là la grande découverte de Freud : toute une partie de notre vie est dans l'inconscient, refoulée dans une zone secrète. Cet inconscient, il est possible de l'explorer par divers moyens.

Toujours selon Freud, le refoulement est causé principalement par une situation fort troublante que nous rencontrons tous dans notre développement personnel, la situation œdipienne. Pour Freud, le complexe d'Œdipe est le noyau central de toute névrose et, par conséquent, le dépassement de l'Œdipe est la condition indispensable pour aboutir à l'état adulte. Il est donc nécessaire d'examiner en quoi consiste le complexe d'Œdipe, pour ensuite comprendre comment il est possible de dépasser cette situation difficile.

Freud, homme fort cultivé, connaissait bien ses classiques ; il s'est aperçu que le conflit psychique dont il faisait l'hypothèse était très bien exprimé par le récit du mythe d'Œdipe. Sophocle (496-406 avant Jésus-Christ), poète grec, a écrit *Œdipe roi*. L'histoire de ce drame met en scène les deux souverains de Thèbes, Laïos et Jocaste, qui apprennent par un oracle que le destin de leur fils, Œdipe, est de tuer son père et d'épouser sa mère. Troublés, ils décident de l'abandonner dès sa naissance. Ce dernier est recueilli par les souverains de Corinthe qui, n'ayant pas d'enfant, en font leur propre fils et l'élèvent jusqu'à sa maturité. Or, Œdipe apprend un jour la triste prédiction qui le guette, et quitte ses parents adoptifs de Corinthe qu'il aime et prend pour ses vrais parents. Il s'enfuit, part en exil pour ne pas que l'oracle se réalise. Plus tard, à la tête d'une armée, il combat son véritable père, Laïos, et le tue ; puis, entrant à Thèbes, il épouse Jocaste, sa vraie mère. Apprenant finalement l'horrible vérité, il se punit en se crevant les yeux.

Œdipe est donc l'histoire d'un conflit intérieur et Freud, par analogie, s'est servi de cette histoire pour expliquer la dynamique psychique. Pour lui, on ne peut comprendre le fonctionnement psychique adulte sans connaître les principales étapes de son développement. Comme la sexualité joue un rôle central dans la genèse de ce conflit et qu'elle se manifeste dès la plus tendre enfance, il faut donc bien comprendre les transformations par lesquelles elle passe. Par sexualité, on entend tout ce qui entraîne la recherche du plaisir par l'individu. Le plaisir entraîne la jouissance et en vient à être recherché pour lui-même, à être reproduit. Cette énergie libidinale est présente dès les premiers instants de la vie, elle est liée à la vie même de chacun.

Plusieurs stades du développement de la sexualité ont été identifiés. Nous les présentons dans les paragraphes qui suivent.

Le stade oral

Le stade oral est cette première période au cours de laquelle le nourrisson, tétant le sein ou le biberon, apaise sa faim. La bouche de l'enfant a d'abord une fonction alimentaire. Cependant, l'activité dite sexuelle a lieu en même temps que l'ingestion d'aliments. L'enfant découvre ainsi un plaisir parallèle. Ce plaisir est ensuite recherché pour lui-même, par la succion de divers objets, du pouce, etc. C'est un plaisir autoérotique ; il est provoqué et recherché par l'enfant lui-même.

Le stade anal

Le deuxième stade, le stade anal, prend ensuite de l'importance à mesure que se consolide le contrôle volontaire de la musculature, vers la deuxième année de vie de l'enfant. Quand l'enfant finit par contrôler ses sphincters, il associe la défécation à un plaisir. Retenir, tout comme expulser les matières fécales, provoque chez lui une forme de jouissance qu'il est porté à rechercher pour elle-même. Durant cette période, la dissociation masculin-féminin ne joue encore aucun rôle. C'est plutôt le couple actif-passif, retenir-relâcher, tendre-détendre qui est en jeu.

Le stade phallique

Le troisième stade est appelé le stade phallique. Cette phase, qui se déroule approximativement entre trois ans et cinq ans, se caractérise par le complexe d'Œdipe. Durant ce stade, le pénis et son équivalent féminin le clitoris deviennent des zones d'intérêt

dominantes. L'enfant découvre son sexe, il l'explore, ce qui entraîne du plaisir. Il cherche à reproduire son plaisir en se masturbant. La découverte de ses organes génitaux amène l'enfant à se questionner sur son appartenance à un sexe ou à l'autre, et sur le rôle de chaque sexe dans la société :

> Le pénis constitue pour les deux sexes le seul attribut sexuel reconnu ; la différence entre le garçon et la fille n'est faite que de sa présence ou de sa non-présence apparente ; cette non-présence est considérée, soit comme le résultat d'une mutilation, soit comme le manque provisoire de quelque chose qui peut encore se développer. (Brabant, 1973, p. 44.)

C'est à cet âge (trois ans environ) qu'un nouveau personnage, un tiers, entre en scène : le père. Jusqu'alors, la relation de l'enfant à son entourage a été presque exclusivement avec la mère. Or, le complexe d'Œdipe se structure quand la mère est réellement distinguée du père. Situation nouvelle qui crée le triangle classique composé du père, de la mère et de l'enfant[3]. Le père ne joue plus un rôle de satellite de la mère, assurant lui aussi gratification et sécurité, mais devient un autre pôle significatif dans la relation. Cette différenciation du père et de la mère crée chez le garçon et chez la fille un double processus : une identification au parent du même sexe et un élan amoureux.

L'**identification** se fait donc avec le parent du même sexe. Le garçon cherche à s'identifier à son père, qui est pris comme modèle « viril ». La petite fille, de son côté, en s'identifiant à sa mère, forgera graduellement sa « féminité ».

Dans le processus de l'**élan amoureux**, c'est le contraire qui se produit. L'enfant fait l'expérience de l'amour avec le parent du sexe opposé. Il veut non pas être, non pas s'identifier, mais avoir, il veut posséder l'objet désiré. Le garçon ne change pas d'objet d'amour ; sa mère reste l'objet désiré qui donne chaleur et tendresse. La fille, pour sa part, éprouve en grandissant un élan vers le père.

Dans son élan amoureux vers la mère, le garçon découvre qu'il n'est pas tout pour elle. Elle en aime aussi

---

3. Même si de nos jours la notion de famille a débordé du cadre traditionnel, c'est le même mécanisme de triangulation œdipien qui joue.

un autre, le père. Ce dernier fait alors figure de rival. Aussi, à côté des sentiments d'admiration qu'il lui voue, cohabitent également des sentiments hostiles, des souhaits de mort à son endroit. Ces sentiments créent de la culpabilité chez l'enfant et lui font craindre le pire, la castration. N'oublions pas que la masculinité est à cette étape de sa vie la chose la plus importante pour l'enfant mâle, on comprend alors qu'il ait peur de perdre son pénis, ce bien le plus précieux pour lui. Cette crainte de la castration par le père n'a cependant rien à voir avec la castration réelle. C'est plutôt une castration symbolique (Hesnard, 1971, p. 73). Le phallus symbolise la différence sexuelle, la puissance masculine. C'est de cette perte de masculinité que le garçon a peur. S'il ne peut être comme son père — être phallus —, alors comment pourra-t-il séduire sa mère qui, elle, couche avec un homme ?

Chez la fille, le problème est différent puisque l'absence de pénis est un fait de nature. Cependant, tout comme le garçon, elle s'identifie au parent de son sexe. Cette identification à la mère en fait en même temps une rivale pour l'obtention de l'amour du père. Elle se sent coupable de vouloir posséder celui qui est la possession exclusive de la mère. Contrairement au garçon qui vit péniblement l'angoisse de la castration, elle, pour sa part, aura à subir l'angoisse du viol. Ce désir pour le père (désir du phallus) provoque chez elle la peur du phallus qu'elle voit énorme et menaçant.

Ces sentiments contradictoires, à la fois hostiles et tendres, sont, tant pour le garçon que pour la fille, extrêmement difficiles à supporter. Aussi les refouleront-ils dans leur inconscient :

> Ces intentions et ces pensées, si elles étaient conscientes, apparaîtraient en conflit avec celles que nous acceptons de regarder en face ou de considérer comme nôtres. Cette situation de conflit serait elle-même une situation pénible, imposant une tension difficile à supporter, et c'est une solution à coup sûr moins onéreuse d'ignorer aussi longtemps que possible l'un des termes du conflit. Dans tous les cas, c'est une tendance à éviter le déplaisir qui éloigne de la conscience certaines pensées et certaines représentations. (Brabant, 1973, p. 19.)

Le refoulement est donc le pilier sur lequel repose l'édifice de la psychanalyse (Freud, 1971, p. 81). Il faut remarquer que « refoulé » ne veut pas dire « sans effet » dans l'existence de chacun. Au contraire, les trous de mémoire, les lapsus, les actes manqués, sont pour les psychanalystes des indices significatifs de conflits psychiques. Ils manifestent une censure extrêmement efficace qui rejette dans l'inconscient ce qui est trop pénible à supporter pour la conscience. Par exemple, pour Freud, le contenu du rêve représente un désir symboliquement réalisé, mais l'obscurité de son contenu est l'œuvre de la censure qui modifie et travestit les matériaux refoulés (Freud, 1925, p. 100).

> La tâche de la psychanalyse sera dès lors de retracer l'histoire de ces lacunes et falsifications, et de découvrir par quels procédés, et quand, elles se sont formées ; de préciser le sort des éléments disparus ; d'inventer et d'utiliser une technique visant à combler les lacunes et à redresser les falsifications de sorte que puisse être reconstitué, dans la mesure du possible, un texte authentique et intégral, où chacun pourrait lire la vérité jusque-là méconnue de ses intentions et de ses désirs. (Brabant, 1973, p. 15.)

La période de latence

Finalement, au stade phallique succède une période de latence (entre 5 et 12 ans). Durant cette période, les pulsions sexuelles et agressives demeurent dans une sorte de demi-sommeil. Elles se réveillent à la puberté avec les changements physiques importants qui surviennent alors.

La résolution de la situation œdipienne

Après ce long détour on comprend mieux pourquoi Freud soutient que la sexualité, loin de commencer à la puberté, comme on le croit généralement, est déjà présente dès les premiers instants de la vie en tant que recherche permanente du plaisir. On saisit mieux, également, le fonctionnement psychique des individus d'après cette perspective.

Mais revenons un peu en arrière, car une question fort importante mérite examen. Comment sort-on de la situation œdipienne ?

Le garçon en vient progressivement à renoncer à sa mère comme objet de désir et sauve ainsi son pénis de la destruction. Il intériorise cet interdit de l'inceste. De même, la fille finit par renoncer à son père.

On donne le nom de surmoi à cette intériorisation de l'interdit. Tout se passe comme si le surmoi était la voix des parents intériorisée dans la conscience des enfants. C'est dans ce sens que Freud qualifie le surmoi d'héritier du complexe d'Œdipe.

Mais l'intégration de l'interdit n'enlève pas pour autant l'énergie libidinale. Il lui faudra trouver des voies de substitution où elle pourra s'engager sans éveiller de nouvelles culpabilités :

> Ainsi la compétition scolaire ou sportive pourra-t-elle se substituer à la rivalité œdipienne, le désir de savoir et de connaître, à la curiosité sexuelle, etc. Si l'enfant ne rencontre pas d'entraves extérieures ni d'interdits nouveaux dans ces voies de substitution, et si d'autre part il réussit, au niveau du surmoi, à méconnaître efficacement, ou à accepter, que les intérêts nouveaux prennent le relais d'intérêts sexuels antérieurs, il trouvera du plaisir à s'y engager, il y évoluera avec aisance, et avec le sentiment enrichissant d'y exercer librement sa créativité. (Brabant, 1973, p. 54.)

La sublimation du désir implique que l'enfant se satisfasse d'objets de remplacement, et que cette satisfaction symbolique puisse équivaloir à une satisfaction « réelle ».

La sublimation constitue, selon Freud (1962, p. 70), l'un des facteurs les plus importants de la création de la civilisation. En effet, selon lui, la civilisation sombrerait dans le chaos si les gens donnaient libre cours à leurs instincts ; mais, d'un autre côté, sacrifier sa libido n'est pas sans peine ni sans danger pour l'individu. C'est pourquoi il se pose la question : que faire ? Que devons-nous faire comme éducateurs en regard d'Œdipe ?

> Que devons-nous faire en présence de l'activité sexuelle de la première enfance ? Nous connaissons la responsabilité que nous encourons en l'étouffant, et cependant nous n'osons pas la laisser s'épanouir sans entraves. Les peuples de civilisation inférieure et les couches sociales les plus basses des peuples civilisés semblent laisser toute liberté à la sexualité de leurs enfants. Ainsi se réalise sans doute une protection efficace contre la névrose individuelle ultérieure, mais en même temps quelle perte en aptitudes pour la civilisation ? On a l'impression de se retrouver ici entre Charybde et Scylla. (Cattier, 1974, p. 59.)

Face à ce dilemme, Freud fait un choix et opte malgré tout pour la sublimation. Pour lui, l'individu doit sublimer sa sexualité ; un contrôle volontaire des pulsions doit se substituer au refoulement inconscient.

8.2.2   Reich

Tous n'envisagent pas la résolution du complexe d'Œdipe de la même manière. En effet, la sublimation est précisément un des éléments qui a causé la rupture entre Freud et Reich, en 1933. Wilhelm Reich, psychanalyste dans la tradition freudienne, était l'un des plus jeunes du cercle des intimes de Freud et, à un moment donné, un des favoris. Cependant, il ne tarda pas à se faire marginaliser par l'orthodoxie, notamment en raison de ses prises de position politiques et de sa conception de l'origine sexuelle des névroses. Pour lui, la prise de conscience des pulsions génitales ne suffit pas à entraîner la guérison. Il faut aller beaucoup plus loin : la sexualité génitale doit s'épanouir dans la vie concrète de l'individu :

> Autrement dit, Reich affirmait que la libération des besoins génitaux devait aller de pair avec leur satisfaction, et que si ces deux conditions n'étaient pas simultanément remplies, l'individu restait ou devenait névrosé. (Cattier, 1974, p. 55.)

On voit bien que les conclusions de Reich ne vont pas dans le sens de la sublimation. Pourquoi aboutit-il à une telle conclusion ? Pour deux raisons principales. D'abord, parce qu'il ajoute une dimension sociopolitique à l'analyse freudienne, dimension qui le conduit à prendre conscience de l'idéologie de classe présente dans le discours freudien. Ensuite, parce qu'il suppose l'homme doté d'une « bonté » originelle perdue et qu'il peut et doit la retrouver. Voyons cela.

Un cadre plus sociologique

Comme on le sait, on ne peut séparer les écrits de Freud du contexte qui a permis leur naissance : la bourgeoisie autrichienne de la fin du XIXᵉ siècle. Freud avait peu de préoccupations politiques et celles-ci étaient, somme toute, assez conformistes. Aussi, lorsqu'il accorde une primauté à la « civilisation » par la sublimation, il ne s'adresse, en réalité, qu'à une minorité d'individus de classe sociale aisée capables de mobiliser leur énergie sexuelle au service du travail culturel. Qui, à part le bourgeois (de Vienne) de cette époque, peut se permettre de sublimer son désir en jetant son dévolu sur la musique ou la création littéraire ? Reich reproche à Freud d'ignorer les conditions de travail et d'existence des classes laborieuses qui ne favorisent en rien la sublimation mais qui, au contraire, sont la source des plus grandes frustrations. Pour Reich, il faut une approche différente pour les classes laborieuses, car ces gens ont rarement une vie sexuelle épanouie ; leur énergie sexuelle est réprimée au profit du travail aliénant et du rendement. Cette répression sexuelle sert de fondement à la soumission des masses.

Reich tente d'assimiler la psychologie freudienne à l'analyse marxiste de la société. Pour Reich, la notion de sublimation est une notion qui ne tient pas compte du contexte social ou qui, si elle le fait, en rend compte à l'envers, comme si le social était analysé à partir de l'individu et non l'inverse. En effet, selon Freud, la civilisation émerge par l'individu qui sublime ses pulsions alors que, pour Reich, il n'y a d'issue que par une lutte politique afin que tous les individus puissent vivre dans des conditions matérielles telles que leurs besoins génitaux pourront se libérer. Pour lui, l'équilibre psychologique implique une vie sexuelle épanouie et un désir qui doit être assouvi. Cela nécessite un travail sur la « civilisation » elle-même, sur la structure sociale, et sur les conditions de vie qui ne facilitent pas cette libération. En d'autres termes, Reich situe la psychanalyse sur le terrain politique ; la libération sexuelle passe par une attaque de l'ordre social établi qui entrave l'expression de cette liberté (Cattier, 1974, p. 91). En conséquence, il ne peut être un partisan de la sublimation.

De plus, pour Reich, il ne suffit pas de prendre conscience de ses pulsions sexuelles pour guérir. Il faut être capable d'aller beaucoup plus loin et de satisfaire sa sexualité dans la vie concrète. L'équilibre psychologique implique une vie sexuelle épanouie et un désir assouvi. Cela parce que l'individu est fondamentalement sain et qu'il a été corrompu par la société. En chacun de nous il y a, selon Reich, une énergie vitale, l'orgone, laquelle au lieu de circuler librement serait bloquée par endroits, causant ainsi la névrose. La jouissance sexuelle permet de rompre les barrages et de faire circuler cette énergie vitale

positive. Il faut donc, toujours selon lui, restaurer la puissance sexuelle plutôt que la sublimer. On retrouverait ainsi l'homme à son état naturel, c'est-à-dire un être orgastiquement sain qui s'autorégule sans morale répressive :

Pour lui, l'homme ne naît pas pervers, il le devient lorsqu'on le prive des satisfactions élémentaires. Si l'inconscient de l'individu de notre temps contient des impulsions incompatibles avec la vie en société, la faute en incombe à l'éducation patriarcale et à la morale antisexuelle. La société engendre donc les penchants asociaux qu'elle condamne. Cela signifie qu'en changeant la société, on pourrait du même coup supprimer les conditions matérielles qui font de l'homme un animal pervers et cruel… Reich en arrive donc à la conclusion qu'un individu sain, c'est-à-dire orgastiquement puissant, n'a pas besoin d'être tenu en laisse par une morale répressive. En effet, les impulsions perverses proviennent de la fixation de la libido à des stades infantiles, et sont alimentées par la stase sexuelle (énergie sexuelle bloquée qu'on ne parvient pas à libérer). Comme la libido de l'individu sain est entièrement génitale et se décharge régulièrement dans l'acte sexuel, il n'a aucune tendance cruelle à refouler. L'organisme sain est donc capable d'une autorégulation, c'est-à-dire qu'il peut se passer d'une morale extérieure autoritaire, et se comporter spontanément d'une manière sociable. (Cattier, 1974, p. 145.)

Cet individu orgastiquement sain, Reich en parle aussi de la façon suivante :

Je fis des enquêtes sur le comportement des animaux sauvages et j'appris qu'ils sont inoffensifs lorsque leur faim et leurs besoins sexuels sont satisfaits. […] Ainsi on commence à comprendre les traits de caractère cruels chez les individus qui souffrent d'insatisfaction sexuelle chronique. […] Par contraste, la douceur et la gentillesse des individus capables de satisfaction génitale est frappante. Je n'ai jamais connu d'individus capables de satisfaction génitale qui eussent des traits de caractère sadiques : s'ils montraient quelque tendance sadique, on pouvait être sûr qu'ils avaient rencontré un obstacle soudain à leur satisfaction habituelle. (Dans Rycroft, 1972, p. 47.)

Reich révise donc certaines affirmations freudiennes et les replace dans un cadre plus sociologique. Pour Freud, l'enfant se socialise en apprenant à renoncer à ses plaisirs, à en différer la satisfaction ; c'est ce qu'il appelle le principe de réalité qui se substitue au principe de plaisir. Principe de réalité qui incarne les contraintes sociales. Reich n'est d'accord qu'en partie avec cela, et la nuance qu'il apporte est relative au contenu de ce principe de réalité. Selon lui, le contenu du principe de réalité n'est que l'expression des interdits d'une société de classes. C'est la morale sexuelle de la société bourgeoise qui exerce sa répression et finit par rendre l'individu névrosé. Non seulement faut-il prendre conscience de cette répression, mais il est également nécessaire de créer les conditions matérielles favorisant cette libération sexuelle. Aussi l'idée freudienne de la substitution du principe de réalité au principe du plaisir est critiquable parce qu'elle implique, en bout de ligne, une acceptation tacite des inégalités de classes. Or, sans travail sur ces inégalités, il n'y a pas de libération sexuelle possible puisque, selon Reich (1970b), l'individu exploité vivant dans des conditions de travail et d'existence aliénantes peut difficilement avoir une vie sexuelle heureuse.

Reich, contrairement à Freud, pose comme fondement de la personnalité un individu fondamentalement sain, qui a été perverti par un contexte social donné ; par conséquent, il suffit pour le guérir de modifier le contexte social pour lui permettre de se libérer sexuellement. Cette libération sexuelle va au-delà d'une simple prise de conscience ; elle cherche à s'investir concrètement dans la réalisation maximale de l'orgasme. La révolution politique sert de support à la libération sexuelle afin de permettre à l'individu de retrouver sa « bonté » originelle perdue, sa santé orgasmique.

8.3 Neill et l'éducation

8.3.1 La critique sociale et la psychanalyse

Neill s'est inspiré de Reich, à tout le moins partiellement, puisqu'il a déjà auparavant subi l'influence de la conception psychanalytique de l'éducation de Lane, qui soutient que chaque enfant est né bon et que s'il devient mauvais, la faute doit en être imputée

à l'autoritarisme (Hemmings, 1981, p. 51). Neill et Reich font connaissance et se lient d'amitié en 1937 (Neill, 1973, p. 146[4]). Sur le plan des idées, deux grandes zones conceptuelles leur permettent de se rejoindre. D'abord, une critique de la société, et ensuite un refus du concept de sublimation. Cependant, ils n'ont pas commencé leur démarche respective au même point de départ. Alors que Reich amorce son cheminement par la psychanalyse pour aboutir un peu plus tard à une critique sociale, Neill débute par une critique sociale pour arriver à une certaine forme de psychanalyse.

La critique sociale de Neill est surtout présente dans son premier livre, *Journal d'un instituteur de campagne* (1975a), dans lequel il lutte contre les préjugés bourgeois de son époque. Contrairement à Reich, pour qui il faut d'abord et avant tout travailler sur la structure sociale, le projet politique de Neill consiste à changer l'individu afin de changer la société. Neill est absolument sans pitié envers les préjugés de son temps. L'ordre, la discipline, la religion, les bonnes manières, etc., tout y passe :

> Je suis décidé à arracher toutes ces guenilles hypocrites qui recouvrent les simples vérités de l'existence ; j'apprendrai à mes gosses à douter de tout. (Neill, 1975a, p. 21.)

> Après tout ce n'est pas du socialisme que j'enseigne, c'est de l'hérésie. J'essaie de former des esprits qui questionneront, détruiront et rebâtiront. (Neill, 1975a, p. 61.)

La dimension psychanalytique de parenté reichienne vient plus tard et s'articule autour de l'idée qu'il est nécessaire à l'enfant d'épuiser son désir (donc de lutter contre le surmoi, cet interdit du désir qui entraîne le refoulement) s'il veut atteindre l'équilibre, le bonheur. Cette seconde dimension, présente

---

4. Voir aussi Rycroft (1972, p. 103), Hemmings (1981, p. 170) et Skidelsky (1972, p. 168). En 1937, Neill, ayant été invité à donner une conférence à Oslo, en Norvège, sut que Wilhelm Reich était dans l'assistance. Or, comme Neill venait de lire son ouvrage *The Mass Psychology of Fascism* et qu'il en était très impressionné, il téléphona à l'auteur ; ils se rencontrèrent et discutèrent ce jour-là jusqu'au petit matin. Pendant les deux années qui suivirent, Neill retourna en Norvège durant ses vacances, à la fois pour étudier les idées de Reich et pour suivre une thérapie avec lui.

notamment dans *Libres enfants de Summerhill* (Neill, 1973) et dans *La liberté, pas l'anarchie* (Neill, 1972a), implique au départ la reconnaissance du rôle important qui est joué par la sexualité dans le développement de l'individu :

> Freud voit la sexualité comme la grande force derrière la conduite humaine. Tout honnête observateur ne peut qu'être d'accord avec lui. Mais l'éducation morale a accentué la sexualité. La première correction que la mère apporte lorsque l'enfant se touche l'organe sexuel fait de la sexualité la chose la plus fascinante et la plus mystérieuse au monde. Défendre un fruit, c'est le rendre délectable et séduisant. Le tabou sexuel est la racine du mal qui cause le refoulement chez les enfants. Je ne confine pas le mot sexualité aux organes génitaux. Il est probable que l'enfant au sein se sent malheureux si sa mère désapprouve quelque partie de son propre corps ou met un obstacle au plaisir de son corps à lui. La sexualité est à la base de toutes les attitudes négatives envers la vie. Les enfants qui n'ont pas de culpabilité sexuelle ne demandent ni religion, ni mysticisme d'aucune sorte. Puisque la sexualité est considérée comme le grand péché, les enfants qui sont relativement libérés de la peur et de la honte sexuelle, ne cherchent pas de dieu auquel ils doivent demander pardon ou miséricorde, parce qu'ils ne se sentent pas coupables. (Neill, 1973, p. 186.)

Mais Neill va plus loin encore et c'est là où il se rapproche le plus de Reich : il déclare que « l'idée entière de Summerhill se résume par la libération : permettre à l'enfant d'épuiser ses intérêts naturels » (Neill, 1973, p. 111). En ce sens, pour Neill comme pour Reich, il faut accomplir le désir et non le sublimer.

> Summerhill (au moins du temps de sa prospérité) a offert tout l'éventail des « arts », travaux manuels et autres sublimations ; une de ses spécialités était le théâtre écrit, joué et créé de toutes pièces par les élèves eux-mêmes. Si Neill dans ses ouvrages n'insiste pas trop sur ces sublimations, c'est parce qu'il soupçonne que beaucoup d'éducateurs qui se veulent modernes les encouragent un peu trop et les substituent à la véritable liberté, comme ceux, par exemple, qui se croient éclairés et racontent aux jeunes garçons qu'il vaut mieux faire du sport que se masturber. Il se peut que ce soit vrai, pense Neill, mais à moins qu'on ait laissé

le garçon « épuiser » son intérêt pour la masturbation sans lui faire de reproches et sans éveiller chez lui de culpabilité, la sublimation ne se fera pas réellement, le symptôme sera tout simplement déplacé. (Skidelsky, 1972, p. 163.)

Neill se fonde sur la croyance que l'homme a une essence bonne au départ et que la société, par son attitude moralisatrice et castratrice, l'a rendu méchant :

> Je soutiens, personnellement, que la méchanceté n'est pas fondamentale dans la nature humaine, pas plus que dans la nature du lapin ou du lion. Enchaînez un chien et de bon chien il deviendra méchant. Disciplinez un enfant et cet enfant *a priori* sociable deviendra mauvais, menteur et haineux. (Neill, 1973, p. 147[5].)

Cet exemple n'est pas sans similitude avec celui de Reich, qui déclare qu'un animal au désir satisfait n'est pas méchant. Il n'est pas sans rappeler non plus la célèbre phrase de Rousseau (1966, p. 35) : « Tout est bien sortant des mains de l'Auteur des choses, tout dégénère entre les mains de l'homme. » Cette croyance dans l'essence bonne de l'homme amène également Neill à parler de l'autonomie comme étant la conduite inspirée par le moi et non par une force extérieure (Neill, 1972a, p. 23). Il va même jusqu'à affirmer l'idée d'un sens inné de la justice chez les enfants (Neill, 1973, p. 59).

Par la libération de l'enfant, Neill pense qu'il évitera ainsi les névroses qu'il définit comme étant un interdit s'opposant au vouloir d'un enfant :

> La névrose est le résultat d'un conflit entre ce qu'on vous a dit que vous ne pouviez pas avoir et ce que vous voulez vraiment. (Neill, 1973, p. 247.)

> S'il en est ainsi, alors dans mon école, nous ne censurerons, ni ne punirons, ni ne moraliserons. Nous permettrons à chaque enfant de vivre selon ses impulsions profondes. (Neill, 1973, p. 257.)

Aussi, même si Neill s'inspire de la psychanalyse, il ne s'embarrasse pas trop d'une vision freudienne

---

5. Voir aussi dans le même ouvrage, p. 217.

orthodoxe[6]. Déjà Lane, qu'il admirait, était un thérapeute très marginal[7]. De plus il semble avoir délaissé les leçons particulières qu'il pratiquait au début[8].

> De nos jours, je ne fais plus de thérapie. Avec la moyenne des enfants, une fois qu'on a éclairci la question de la naissance et celle de la masturbation, qu'on a expliqué que la situation familiale crée des haines et des jalousies, il ne reste plus grand-chose à ajouter. Pour guérir une névrose chez un enfant, il suffit de libérer l'émotion et la cure ne sera pas plus avancée parce qu'on exposera à l'enfant des théories psychiatriques et qu'on lui dira qu'il a un complexe. (Neill, 1973, p. 50.)

8.3.2 Summerhill

En quoi consiste Summerhill plus précisément? Cette école a été fondée par Neill en 1921. Elle a déménagé, en 1927, de Lyme Regis à Leiston dans le Suffolk, à 160 kilomètres de Londres, dans une grande propriété de plusieurs hectares, et elle était encore en opération en 1994[9].

L'organisation physique des lieux, à l'origine, ressemblait à ceci :

> Les bâtiments qui sont restés les mêmes pendant toutes ces décennies et que les arbres immenses du parc cachent aux yeux des visiteurs, frappent par leur modestie. Ils s'ordonnent autour d'un «cottage» fait de briques et de bois, semblable en cela à tous ceux du Suffolk. Le rez-de-chaussée est divisé en plusieurs grandes salles. La plus vaste sert pour les réunions, pour les fêtes et le théâtre. Outre une cheminée, elle ne comporte que peu de meubles, divers sièges, divans et fauteuils. Ici, en effet, et comme partout dans l'école, le mobilier est réduit à sa plus simple expression. «Le mobilier, pour l'enfant, n'existe pratiquement pas. Aussi, à Summerhill, nous achetons de vieux sièges d'automobiles ou d'autobus.» (Saffange, 1985, p. 56.)

On y trouve également une bibliothèque où les livres sont nombreux. Les dortoirs sont à l'étage et certains élèves, les plus grands, ont une chambre personnelle. À l'arrière du bâtiment principal, on trouve les réfectoires, les cuisines et, dans une autre bâtisse, un atelier où règne un désordre important. L'enseignement se donne dans «de petits baraquements, de conception très rustique, situés à l'arrière du bâtiment principal» (Saffange, 1985, p. 57). D'autres petites constructions ou roulottes sont disséminées çà et là sur le terrain; elles servent de logements à des enfants et à des professeurs. Enfin, il y a une grande serre, une piscine et des terrains de sport pour le tennis et le football qui ont été aménagés progressivement.

Summerhill est un pensionnat mixte accueillant environ 25 garçons et 20 filles âgés de 5 à 15 ans. Au début, durant les premières années à Lyme Regis, il y avait à peine 10 enfants à Summerhill. On comprendra les difficultés financières rencontrées. Puis Neill a publié son ouvrage *The Problem Child* qui a été réédité à de nombreuses reprises et qui lui a valu une grande renommée[10]. En 1927, il y avait 35 élèves et, vers 1934, on comptait environ 70 enfants et

---

6. «Ce n'était pas vraiment "en freudien" que Neill insistait ainsi sur le sexe. Il s'était éloigné de la théorie freudienne classique assez tôt — suggérant, par exemple, que la situation œdipienne était davantage un conflit de pouvoir que sexuel. Il critiquait plus encore chez les freudiens leur répugnance à rejoindre la lutte pour la libération sexuelle, la timidité dont ils faisaient preuve en évitant de prendre nettement position contre la répression de la sexualité infantile, ou pour la libération de la sexualité de l'adolescent, ou encore pour l'abolition du code moral anachronique réglementant le comportement sexuel de l'adulte. Il cessa réellement d'être freudien quand, pour emprunter les termes de Marcuse, il devint clair à quel point la psychanalyse continuait d'être étroitement liée à la société dont elle révélait les secrets. La croyance psychanalytique en l'inaltérabilité fondamentale de la nature humaine apparut comme "réactionnaire". La théorie freudienne "semblait impliquer que les idéaux humanitaires du socialisme étaient humainement inaccessibles"» (Hemmings, 1981, p. 166).

7. Hemmings (1981, p. 49) signale le côté spectaculaire des thérapies de Lane : «Il était prêt à accompagner ses patients dans des boîtes de nuit si c'était ce dont ils avaient besoin ou encore à les emmener dans sa voiture et rouler à un train d'enfer à travers la campagne.»

8. Les leçons particulières sont comme des psychanalyses en miniature. Elles servent à libérer l'émotion de l'enfant et non à faire en sorte de l'adapter afin qu'il apprenne les matières scolaires (Skidelsky, 1972, p. 163).

9. Aux dernières nouvelles, en date de février 1994, Summerhill était encore aux prises avec de nombreuses difficultés financières et sa survie était grandement menacée (voir l'épilogue à la fin de ce chapitre).

---

10. Il était déjà connu avec ses cinq ouvrages de la série *Dominie*, mais le succès de *The Problem Child* lui permit sans doute d'acheter sa propriété du Suffolk (Hemmings, 1981, p. 94).

14 membres du personnel. C'était d'ailleurs l'effectif maximal que l'établissement pouvait accueillir et la liste d'attente était longue. La population des élèves est assez cosmopolite : Allemands, Américains, Anglais, Français, Hollandais, Japonais, Scandinaves. Étant donné les incessantes difficultés financières de Summerhill, les enfants proviennent en général d'une classe moyenne assez fortunée pour payer une pension relativement élevée. On trouve davantage d'enfants issus des milieux culturels (écrivains, acteurs), et du milieu enseignant que de celui des affaires, lequel est quasiment absent. Au début, Summerhill recevait, à l'instar de l'école de Lane, des enfants difficiles, puis, par la suite, vers 1937, il y en a beaucoup moins. Les déficients mentaux ne sont pas acceptés.

Comme le mentionne Hemmings (1981, p. 194), Summerhill est une école réduite à sa plus simple expression ; une fois expliqués les principes fondamentaux de cette approche, on se rend compte que l'organisation pédagogique est minimale :

> Une école dotée d'une structure et d'un équipement élaborés passe pour offrir plus de liberté, parce qu'elle présente plus de possibilités, mais dans la pratique, les systèmes complexes agissent autant comme des contraintes que comme des libertés. Neill a débarrassé son école de tout ce qui n'était pas essentiel, il l'a délestée de tout raffinement oppressif pour n'en faire, pour ainsi dire, qu'un jouet rudimentaire qu'il mettait à la disposition des enfants pour que chacun l'utilise comme il l'entendait, à mesure qu'il se découvrait de nouveaux intérêts. (Hemmings, 1981, p. 195.)

Par exemple, l'organisation du temps n'est pas très compliquée. Pour les élèves qui en veulent, les cours ont lieu entre 9 h 30 et 12 h 30. L'après-midi, les enfants font ce qui leur plaît sur le terrain de l'école[11]. Les soirs de la semaine sont consacrés à des activités particulières. Plusieurs vont au cinéma le lundi ou le jeudi soir. Souvent, le mardi soir, Neill organise une causerie sur la psychologie. Le mercredi et le vendredi sont consacrés à des activités artistiques, aux danses ou aux répétitions de pièces de théâtre, et le samedi soir est réservé à l'assemblée générale.

Pour Neill, l'étude forcée est une perte de temps. En apparence l'élève obéit mais en réalité il pense à autre chose. Aussi, à Summerhill, il n'y a pas de programme à voir à tout prix et les cours ne sont pas obligatoires ; un élève peut ne pas les suivre aussi longtemps qu'il lui plaît et jouer aussi longtemps qu'il veut. Neill parle d'un enfant qui a passé 10 ans à Summerhill sans assister à un seul cours et d'un autre qui, à 17 ans, ne savait pas encore lire.

Il n'y a aucune méthode particulière d'enseignement parce que, selon Neill, les méthodes ne sont pas importantes en elles-mêmes ; c'est plutôt le vouloir de l'enfant qui importe (Neill, 1973, p. 2). Selon lui, un enfant qui a le goût d'apprendre à lire le fera beaucoup plus rapidement que cet autre que le professeur doit motiver constamment par toutes sortes d'artifices. Les élèves qui n'ont pas le goût d'aller en classe peuvent donc s'adonner aux activités qui les intéressent : peinture, mécanique, jouer aux gangsters, etc., et ce, aussi longtemps qu'ils le veulent.

Cette liberté ne signifie cependant pas l'anarchie. D'ailleurs, Neill a senti la nécessité d'écrire un ouvrage sur cette question parce que la confusion entre liberté et anarchie a donné lieu à bien des erreurs d'interprétation (voir Neill, 1972a). La liberté dont il est question à Summerhill ne signifie pas l'absence de règles. Il y a, par exemple, des assemblées générales au cours desquelles sont proposées diverses règles concernant la vie en commun[12]. Cependant, le vote d'un enfant de six ans a le même poids que

---

11. Les élèves ne pouvaient sortir de l'enceinte de l'école durant les heures de classe à cause de la loi anglaise sur la scolarité obligatoire (Hemmings, 1981, p. 197).

12. Sur l'un des murs du hall sont épinglées les règles discutées et adoptées lors des assemblées générales. Tucker (cité par Hemmings, 1981, p. 201) note ceci : « Les règles sont rédigées avec une candeur rafraîchissante, bien que parfois peu grammaticales, ce qui nous change agréablement du style constipé que l'on réserve généralement à ce genre de texte. "Ne vous cachez pas derrière la chaudière. Tous les trous d'homme sont interdits. Après dix heures du soir, personne n'a le droit de quitter sa chambre sauf pour aller aux chiottes. Il faut avoir la permission de Neill si on veut couper de grandes branches d'arbres." »

celui de Neill[13]. Les règles sont non seulement édictées par les enfants, mais ce sont également eux qui
doivent voir à leur application. Les manquements à
l'observance des règles sont examinés par un « tribunal » dont les membres sont nommés par l'assemblée générale. En règle générale, une assemblée dure
autour d'une heure et l'on y discute surtout des
centres d'intérêt de l'ensemble de la communauté[14].
À Summerhill, l'enfant est libre de faire ce qui lui
plaît mais dans la mesure où cela ne brime pas la
liberté des autres (Neill, 1972a, p. 15). Par exemple,
un enfant ne peut jouer de la trompette dans la salle
de lecture pendant que ses compagnons lisent. Voilà
donc des limites à l'exercice de la liberté. D'autres
limites tombent sous le sens. Par exemple, Neill
garde le contrôle des menus, de l'hygiène, du recrutement du personnel, des finances et de l'administration en général. De même les baignades sans
surveillance sont interdites. Officiellement, les relations sexuelles sont prohibées et, là-dessus, Neill
indique que c'est d'abord et avant tout à cause de
l'opinion publique et des dangers réels de fermeture
de l'école[15].

---

13. Un autre exemple intéressant est rapporté par Hemmings
(1981, p. 211): «On peut voir un exemple de rejet d'une
motion proposée par Neill dans un film télévisé en 1968. Une
équipe était venue tourner à l'école et la question s'était posée
de savoir si l'on devait permettre à l'équipe de filmer la piscine
de l'école où de nombreux élèves et certains des professeurs
se baignaient habituellement nus. Au cours de l'assemblée
où l'on débattit du problème, assemblée qui fut elle-même
filmée, Neill s'éleva avec force et une visible conviction contre
cette idée. Il soutint que le public avait une attitude pervertie
par rapport au sexe, que la vision d'adolescents nus sur le
petit écran serait mal interprétée et cause de scandale, et
que la baignade serait la seule chose que les téléspectateurs
se rappelleraient de l'école, quoi qu'on ait pu leur montrer.
Certains élèves firent valoir qu'il fallait présenter un document complet et véridique sur l'école, et qu'ils n'avaient rien
à cacher. Les arguments de Neill furent rejetés au cours du
vote, et la baignade fut filmée et diffusée dans l'émission
24 heures. (À la suite de laquelle, d'ailleurs, la BBC reçut une
multitude d'appels téléphoniques indignés. La BBC se refusa
à tout commentaire.) »

14. Pour un compte rendu des thèmes discutés lors de ces
assemblées, voir Hemmings (1981, p. 202).

15. Hemmings (1981, p. 174 et 176) mentionne que les enfants
à Summerhill partageaient les mêmes salles de bain, se baignaient nus à l'occasion, proféraient à l'occasion des jurons
à caractère sexuel et n'étaient pas censurés dans leurs lectures. De plus, il indique qu'il n'existait pas de surveillance
pour empêcher les élèves d'aller coucher dans le lit de leur
ami-e de cœur. Pourtant, aucune élève n'est tombée enceinte,
ce qui était la grande crainte de Neill, qui craignait que l'on
réclame la fermeture de l'école.

Le professeur à Summerhill joue le rôle d'un émancipateur[16]. D'une part, il n'agit pas comme un castra-
teur, il n'impose pas à l'enfant une morale autoritaire
et, d'autre part, il le laisse épuiser ses champs d'intérêt.

> Le travail d'un maître est simple : découvrir en
> quoi réside l'intérêt d'un enfant et l'aider à l'épuiser.
> C'est la seule façon de faire. (Neill, 1973,
> p. 158[17].)

> Ma longue expérience des enfants à Summerhill
> m'a convaincu qu'il est absolument inutile d'ensei-
> gner à l'enfant comment se conduire. Il apprend
> en temps voulu ce qui est bien et ce qui est mal,
> à condition qu'on n'exerce sur lui aucune pression.
> (Neill, 1973, p. 224.)

> Je crois que ma tâche première est d'approuver
> tout ce qu'un enfant désapprouve en lui-même
> — c'est-à-dire de briser la conscience qui lui est
> imposée par l'éducation et qui n'aboutit qu'à la
> haine de son moi. Un nouvel élève jure. Je souris
> et dis : « Ne te gêne pas, va, il n'y a pas de mal à
> jurer. » De même j'approuve quand il s'agit de
> masturbation, de mensonge, de vol ou de toute
> autre activité condamnée par la société. (Neill,
> 1973, p. 254.)

> Je crois que c'est l'instruction morale qui rend
> l'enfant mauvais. J'ai découvert que quand je
> démolissais l'instruction que l'enfant avait reçue,
> il devenait bon. (Neill, 1973, p. 222.)

Le rôle du professeur sera donc en harmonie avec
la vision de l'éducation proposée par Neill : aider
l'enfant à retrouver son essence positive perdue à
cause d'une éducation moralisante.

---

16. En apparence le rôle du professeur est plus simple que dans
une classe traditionnelle. En réalité on demande beaucoup à
un tel professeur. Non seulement il doit adhérer à la philosophie de l'école, mais en outre ses conditions matérielles sont
très difficiles. Il est moins bien payé qu'ailleurs, il doit également travailler plus d'heures parce que Summerhill est un
pensionnat. Pour le logement, il doit se contenter d'une cara-
vane installée dans le parc. On comprendra aisément que le
recrutement des professeurs a été un souci constant pour
Neill (Saffange, 1985, p. 63).

17. Voir aussi dans le même ouvrage des propos semblables aux
pages 67, 70 et 111.

Conclusion

Neill a cru profondément en son système.

> Mais comment, me dira-t-on, puis-je savoir que mon idéal est le bon ? Je ne pourrais l'expliquer ; je le sais, c'est tout. (Neill, 1975a, p. 40.)

C'est encore une forte croyance qui l'amène à déclarer que l'enfant est bon :

> Ce dont nous avions besoin, nous l'avions : une croyance absolue dans le fait que l'enfant n'est pas mauvais, mais bon. Depuis presque quarante ans maintenant cette croyance n'a pas changé, elle est devenue une profession de foi. (Neill, 1973, p. 23.)

Ou encore :

> Summerhill a débuté un peu comme une expérience. Mais elle n'en est plus là ; elle en est maintenant au stade de la démonstration, car elle a prouvé que l'éducation dans la liberté réussit. (Neill, 1973, p. 22.)

Toutefois, il faut bien reconnaître qu'une certitude n'est pas une explication, même si elle est affirmée avec force conviction. Même s'il y a eu de nombreux cas, répertoriés au fil des ans, d'enfants heureux et épanouis à Summerhill, il n'en demeure pas moins qu'il y a un écart entre constater le fait et en donner une explication pertinente. À ce chapitre, Bettelheim considère que, sur le plan théorique, la lecture de Neill est plutôt décevante :

> Quoique ses actes démontrent la profondeur de sa compréhension de la psyché de l'enfant, il a souvent beaucoup de mal à s'expliquer. C'est pourquoi il est plus convaincant dans l'action et c'est pourquoi dans *Libres enfants de Summerhill* il donne de nombreux exemples concrets. C'est aussi pourquoi, en dépit de la richesse de ses exemples et de sa sagesse psychologique, il s'exprime souvent maladroitement et naïvement. (Bettelheim, dans Ackerman, 1976, p. 87.)

C'est peut-être, en fin de compte, davantage cette croyance dans sa théorie de la libération du désir de l'enfant que la solidité de cette théorie elle-même qui pourrait expliquer un certain succès de Summerhill. Une croyance a un effet positif d'entraînement sur soi et sur les autres. Les enfants ont confiance, les autres professeurs aussi, les parents également. Tous ont la certitude que c'est la direction qu'il faut prendre en éducation. Comme le dit la parole biblique, la foi transporte les montagnes, de même la croyance dans l'idée de Neill déplace les énergies de tous les participants de l'école dans un grand élan d'enthousiasme.

Par ailleurs, quand la croyance sert d'explication en elle-même, tous les contre-exemples sont rejetés du revers de la main. Car, il faut bien le reconnaître, Summerhill n'a pas réussi avec tous les enfants. Or, dans ces cas d'échec, la réponse de Neill est assez constante : c'est la faute des parents qui avaient déjà trop injecté leur morale répressive dans le surmoi de l'enfant. Nous sommes donc en plein cercle vicieux : d'un côté, si l'éducation à Summerhill s'avère un succès avec tel enfant, c'est donc une confirmation de l'idée de non-interférence dans la croissance de l'enfant ; et si, de l'autre côté, elle échoue, c'est parce que l'éducation que cet enfant avait reçue avant son entrée à l'école avait déjà fait son travail destructeur.

Dans les deux cas, le système de Neill est sauf. On n'a donc pas affaire à une théorie scientifique qui questionne et construit des explications, mais à une doctrine irréfutable qui a réponse à tout et qui se valide constamment.

Si un système pédagogique a un certain succès mais que l'explication fournie pour en rendre compte est insuffisante, il faut alors rechercher ailleurs les causes de ce succès. Déjà la forte personnalité de Neill avait été remarquée par des inspecteurs qui avaient fait un rapport sur l'école en 1949 :

> Le directeur est un homme profondément convaincu et sincère. Sa foi et sa patience semblent inépuisables. Il a le rare pouvoir d'avoir une forte personnalité sans être dominateur. Il est impossible de le voir dans son école sans le respecter... (Neill, 1973, p. 86.)

Bettelheim soutient même que Summerhill peut être considérée comme une extension de la personnalité de Neill ; pour lui, cette expérience a eu du succès tout simplement parce que les enfants s'identifiaient, au sens psychanalytique du mot, à Neill.

> Il ne comprend pas que Summerhill ait un succès non pas parce que l'école est un lieu idéal pour éduquer les enfants, mais parce qu'elle est une extension de sa personnalité à lui. Tout à Summerhill est une expression de Neill. (Bettelheim, dans Ackerman, 1976, p. 104.)

Neill n'est pas d'accord avec cette affirmation. Ce n'est pas, selon lui, sa personnalité qui domine, mais l'idée fondamentale de non-interférence dans le processus de croissance de l'enfant.

> On me demande souvent : « Mais Summerhill n'est-elle pas l'école d'un seul homme ? Pourrait-elle continuer de fonctionner sans vous ? » Summerhill n'est absolument pas l'école d'un seul homme. Dans le travail quotidien, ma femme et les professeurs sont aussi importants que moi. C'est l'idée de la non-interférence avec la croissance de l'enfant et de la non-pression sur l'enfant qui fait de l'école ce qu'elle est. (Neill, 1973, p. 92.)

Pourtant, bien d'autres expériences de non-interférence ont été tentées et n'ont pas connu de succès. Qu'on se rappelle la tentative avortée, ici au Québec, d'une école libre près de Montréal[18]. Il y a donc probablement plus que cette seule idée de non-interférence qui a joué un rôle capital dans la réussite de Summerhill mais aussi la forte personnalité de Neill, le dévouement exemplaire des éducateurs, un certain type de parents, l'importance du pensionnat dans la formation, un petit nombre d'enfants, la renommée de l'école, etc.

Si l'aspect théorique déçoit, la dimension pratique, par contre, séduit énormément. Neill manifeste une sorte de sagacité dans les interventions

---

18. Consulter l'ouvrage de Frappier et Frappier (1978, p. 15) pour en connaître davantage à ce propos. Ce livre relate davantage, à notre avis, l'histoire d'un échec que d'une réussite : « Ce que l'école libre, telle que nous l'avions définie et réalisée, engendre ne va pas dans le sens de l'objectif visé, soit l'accession des enfants à la totalité de leur pouvoir d'être. »

qu'il relate. Ces dernières, décrites abondamment dans ses ouvrages, sont tout à fait étonnantes mais semblent néanmoins fort pertinentes. On ne peut demeurer indifférent à la lecture de ses ouvrages. Cependant, l'explication qu'il donne de ce qu'il fait, c'est-à-dire l'interprétation théorique de sa pratique, est d'une naïveté déconcertante, d'une « docte ignorance » comme dirait Bourdieu[19].

> En fait, derrière son apparence rationnelle et sa valorisation psychologique, la pensée de Neill reste charismatique. Le style polémique du livre, le découpage en parties qui sont autant de chapitres « coups de poing », sans lien théorique déductif mais réitérant le thème mobilisateur de la liberté, l'appel répété à la vie et à l'amour en font un ouvrage plus affectif que scientifique. (Jolibert, 1989, p. 27.)

Snyders (1973) a mis en évidence plusieurs dangers d'une approche pédagogique comme celle de Neill. D'abord, en laissant la place au désir de l'enfant, Neill ne se rend pas compte qu'il laisse en même temps, et peut-être surtout, tout l'espace à l'expression d'un désir qui n'est pas propre à l'enfant mais déjà socialisé, stéréotypé :

> Illusion typique du pédagogue « pur » qui, à force de vivre dans l'enceinte scolaire, en arrive à ignorer à quel point la famille, le milieu de vie, les perspectives d'avenir, bref, les structures sociales et les oppositions qu'elles entérinent ont influencé, modelé la personnalité de l'enfant — aussi bien que sa façon d'établir des rapports avec autrui, ou de s'y dérober. (Snyders, 1973, p. 52.)

Il poursuit plus loin :

> Et lorsque l'éducateur choisit de s'abstenir, de renoncer à tout guidage, la place demeure disponible non pas pour un mécanisme transcendantalement dirigé vers le Bien, mais pour un amas d'influences diffuses, cet inextricable mélange de préjugés, de stéréotypes et de vérités dans lequel il est inévitable que chaque enfant soit d'abord empêtré. (Snyders, 1973, p. 57.)

Par ailleurs, Neill condamne trop rapidement l'intervention de l'adulte. Pour lui, l'autorité de l'adulte conduit nécessairement à un échec névrotique de la personnalité de l'enfant ; au contraire, l'autorité adulte n'est pas mauvaise en soi, les interdits peuvent aussi servir à construire la personnalité de l'enfant (Jolibert, 1989, p. 25).

De plus, selon Snyders (1973), cette approche, loin d'être révolutionnaire, favorise plutôt le plus grand conservatisme social :

> L'enfant a, pour Neill, des « capacités naturelles », qui le définissent, qui constituent un donné irréfutable ; elles lui ont été attribuées par une

---

19. « L'explicitation que les agents peuvent fournir de leur pratique, au prix d'un retour quasi théorique sur leur pratique, dissimule, à leurs yeux mêmes, la vérité de leur maîtrise pratique comme "docte ignorance", c'est-à-dire comme mode de connaissance pratique n'enfermant pas la connaissance de ses propres principes... Il s'ensuit que cette docte ignorance ne peut donner lieu qu'à un discours de trompeur trompé, ignorant et la vérité objective de sa maîtrise pratique comme ignorance de sa propre vérité, et le véritable principe de la connaissance qu'elle enferme. » (Bourdieu, 1972, p. 202.)

Providence, pudiquement appelée Nature — et une fois pour toutes. On nous a bien répété qu'il suffit de les laisser croître et s'exprimer, sans prétendre interférer avec leur mouvement propre. La conséquence inéluctable c'est que le désir du fils d'ouvrier de devenir ouvrier, sa « capacité » moindre dans les études (« voyez, il réussit moins bien que les enfants de bourgeois ») sont admis tels quels, sont ratifiés sans même poser de problème ; et c'est ainsi toute la société établie qui se trouve justifiée. (Snyders, 1973, p. 49.)

[Ainsi,] fidèle à cette logique, Summerhill reste un lieu où ceux qui ont les capacités naturelles et la volonté nécessaire pour devenir savants le deviendront, alors que ceux qui n'ont que des capacités pour balayer les rues les balaieront. (Snyders, 1973, p. 22.)

Un peu ironiquement, Snyders fait le commentaire suivant : la « nature » fait bizarrement les choses puisque, statistiquement, c'est d'un côté de l'échelle sociale que jaillissent les vocations de savants et de l'autre les vocations de balayeurs (Snyders, 1973, p. 43).

En conclusion, malgré des critiques importantes adressées à cette approche par plusieurs auteurs, il n'en demeure pas moins que Summerhill a été une tentative unique et intéressante dans l'histoire de la pédagogie. Cependant, on ne doit pas oublier que la réussite de cette approche doit beaucoup à la personnalité charismatique de son fondateur, donc à quelque chose qui ne s'enseigne pas ; en conséquence, elle peut difficilement être imitée (Jolibert, 1989, p. 28).

Épilogue

Le journal *La Presse* du 10 février 1994 a publié un entrefilet intitulé « L'école de Summerhill menacée de fermeture ». Ce texte, qui se passe de commentaires, se lit comme suit :

L'école privée de Summerhill, bastion de l'enseignement progressiste, a été menacée hier de fermeture par l'inspection scolaire britannique. « L'école assure mal les besoins pédagogiques des élèves », peut-on lire dans un rapport publié mercredi. Le document ajoute que certaines salles de classe sont « inconfortables et lugubres » et ont « une apparence sordide ». Ses auteurs donnent à l'école deux mois pour répondre aux critiques sous peine de fermeture. L'école, fondée en 1921 dans le comté anglais de Suffolk, a acquis depuis lors une réputation internationale pour le caractère coopératif et libertaire de son enseignement. Elle ne compte que 66 élèves de 6 à 17 ans, dont beaucoup viennent d'Allemagne et du Japon. Les frais de scolarité y sont de 5 000 livres sterling (9 800 $ CAN) par an. La directrice, Zoé Readhead, fille du fondateur de l'école, A.S. Neill, a toutefois rétorqué que les inspecteurs n'avaient pas compris l'essence même de Summerhill. « Notre but n'est pas d'assurer une kyrielle de mentions très bien. On ne peut pas juger du bonheur, de la confiance et de la responsabilité avec une pièce de papier. C'est un peu comme si une église se faisait inspecter par des athées », a-t-elle dit.

Questions

1. En quoi l'éducation selon Neill s'inscrit-elle en opposition à la pédagogie traditionnelle et à la pédagogie nouvelle ?

2. La psychanalyse, en particulier reichienne, est source d'inspiration de l'action éducative chez Neill. Tentez de la situer dans l'ensemble de sa pratique.

3. Religion, mysticisme, morale : voilà trois sphères condamnées par Neill. Commentez cette condamnation en relation avec son approche éducative.

4. Parmi les fondements neilliens, celui d'« autonomie » semble important. Que signifie ce concept et qu'implique-t-il en référence à l'éducation ?

5. Quel est le rôle de l'enseignant dans la perspective de Neill ?

6. Dites en quoi Neill, dans son type d'approche psychanalytique de l'enfant, se distancie en particulier de la théorie freudienne.

7. Selon Neill, liberté n'égale pas anarchie. Expliquez les deux concepts et illustrez, par des exemples, comment la liberté ne signifie pas l'anarchie.

8. On dit que l'approche de Neill ne repose pas vraiment sur une théorie probante. Expliquez en ouvrant sur des implications possibles.

9. On peut dire que la pédagogie de Neill est à la fois révolutionnaire et conservatrice. Commentez les deux points de vue.

10. La vie collective de l'école est régie par deux instances. Nommez-les et décrivez en quoi elles consistent.

Bibliographie

ACKERMAN, N.W. (sous la dir. de) (1976). *Pour ou contre Summerhill.* Paris : Petite Bibliothèque Payot.

BOURDIEU, P. (1972). *Esquisse d'une théorie de la pratique. Précédé de trois études d'ethnologie kabyle.* Paris : Droz.

BRABANT, G.P. (1973). *Clefs pour la psychanalyse.* Paris : Seghers.

CATTIER, M. (1974). *Ce que Reich a vraiment dit.* Verviers (Belgique) : Marabout Université.

CROALL, J. (1983a). *All the Best, Neill. Letters from Summerhill.* Londres : Andre Deuch.

CROALL, J. (1983b). *Neill of Summerhill. The Permanent Rebel.* Philadelphie : Temple University Press.

FRAPPIER, M., et FRAPPIER, A. (1978). *L'enfant, le dernier des opprimés.* Montréal : Les éditions Quinze.

FREUD, S. (1925). *Le rêve et son interprétation.* Paris : Gallimard.

FREUD, S. (1962). *Trois essais sur la théorie de la sexualité.* Paris : Gallimard.

FREUD, S. (1971). *Cinq leçons sur la psychanalyse.* Paris : Payot.

HEMMINGS, R. (1981). *Cinquante ans de liberté avec Neill. Une étude du développement des idées de A.S. Neill.* Paris : Hachette.

HESNARD, A. (1971). *De Freud à Lacan.* Paris : ESF.

JOLIBERT, B. (1989). *L'éducation contemporaine.* Paris : Klincksieck.

NEILL, A.S. (1927). *The Problem Child.* New York : Robert M. McBride.

NEILL, A.S. (1944). *The Problem Teacher.* New York : International University Press.

NEILL, A.S. (1953). *The Free Child.* Londres : Herbert Jenkins.

NEILL, A.S. (1972a). *La liberté, pas l'anarchie.* Paris : Payot.

NEILL, A.S. (1972b). *Neill ! Neill ! Orange Peel ! An Autobiography by A.S. Neill.* New York : Hart.

NEILL, A.S. (1972c). *Talking of Summerhill.* Londres : Victor Gollancz.

NEILL, A.S. (1973). *Libres enfants de Summerhill.* Paris : Maspero.

NEILL, A.S. (1974). *Le nuage vert ou le dernier survivant.* Trad. : I. Lamblin. Paris : Gallimard (coll. « Folio Junior »).

NEILL, A.S. (1975a). *Journal d'un instituteur de campagne.* Paris : Payot.

NEILL, A.S. (1975b). *The Dominie Books. A Dominie's Log. A Dominie in Doubt. A Dominie Dismissed.* New York : Hart.

NIETZSCHE, F. (1976). *Fragments posthumes, Automne 1887-mars 1888.* Trad. : P. Klossowski et H.-A. Baatsch. Paris : Gallimard.

PLACZEK, B.R. (sous la dir. de) (1982). *Record of a Friendship. The Correspondence between Wilhelm Reich and A.S. Neill (1936-1957)*. Londres : Victor Gollancz.

REICH, W. (1970a). *La fonction de l'orgasme*. Paris : L'Arche.

REICH, W. (1970b). *La révolution sexuelle : pour une autonomie caractérielle de l'homme*. Paris : Union générale d'éditions.

REICH, W. (1970c). *The Mass Psychology of Fascism*. New York : Farrar, Straus & Giroux.

ROUSSEAU, J.-J. (1966). *Émile ou De l'éducation*. Paris : Garnier-Flammarion. (Publication originale en 1762.)

RYCROFT, C. (1972). *Wilhelm Reich*. Paris : Seghers.

SAFFANGE, J.-F. (1985). *Libres enfants de Summerhill*. Berne : Peter Lang.

SKIDELSKY, R. (1972). *Le mouvement des écoles nouvelles anglaises. Abbotsholme, Summerhill, Dartington Hall, Gordonstown*. Paris : Maspero.

SNYDERS, G. (1973). *Où vont les pédagogies non directives ?* Paris : Presses universitaires de France.

SOPHOCLE (1964). *Théâtre complet*. Paris : Garnier-Flammarion.

WALMSLEY, J. (1969). *Neill and Summerhill. A Man and His Work. A Pictorial Study by John Walmsley*. Baltimore : Penguin Books.

Chapitre 9

La pédagogie Freinet

Marc Audet

Résumé

L'école Freinet, créée en 1933 et caractérisée par l'engagement sociopolitique de son fondateur, Célestin Freinet, s'inscrit dans le mouvement de la pédagogie nouvelle. Les principes qui orientent son action sont le respect de l'individualité de l'élève et le respect de la communauté, l'individu étant partie intégrante de la communauté et les deux formant un tout solidaire. Freinet décrira son approche comme une pédagogie de la participation et de la coopération. Pour permettre à chaque enfant de faire épanouir son propre potentiel, il faudra, d'une part, harmoniser le programme d'enseignement, le contenu et les activités de façon à favoriser l'expression sous ses diverses formes, et faire participer l'enfant à l'organisation du plan de travail scolaire. Il faudra, d'autre part, développer la dimension communicative et sociale de l'enfant : l'apprentissage aboutit naturellement, dans les écoles Freinet, à un partage des savoirs, à une communication ouverte, soulignant ainsi l'importance attribuée à la contribution mutuelle de ses membres. Freinet est d'ailleurs l'instigateur de l'introduction de l'imprimerie dans les classes et de la création du journal scolaire. Les caractéristiques de sa pédagogie sont l'alternance de l'enseignement collectif et individuel, la participation de l'élève au conseil de classe (qui décide, avec l'enseignant et sous son autorité, des activités et des contenus scolaires ainsi que de la gestion de la vie dans la classe) et le partage des responsabilités. Les écoles issues de la pédagogie Freinet se sont constituées en un mouvement organisé et international, actif dans ses échanges.

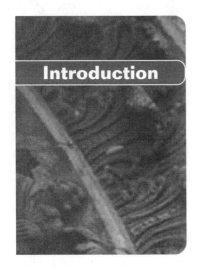

Introduction

Si l'on peut dire de la pédagogie nouvelle qu'elle manifeste un formidable renversement de la vision de l'éducation, il convient de saisir ce que cela signifie. La pédagogie Freinet, autant d'ailleurs que d'autres courants modernes, nous ouvre ainsi d'autres horizons. Le cheminement de Freinet dans l'édification d'une école nouvelle démontre la façon dont s'incarne, dans une action éducative concrète, la sensibilité sociale et politique d'un membre d'une communauté donnée ; la description de ce qu'on peut bien appeler la lutte de Freinet pour l'« école populaire » fait ressortir les obstacles sur lesquels une telle démarche a dû se buter. La pédagogie Freinet définit un nouveau rapport entre l'enseignant et son élève et entre les élèves eux-mêmes, et promeut un usage différent du matériel pédagogique. L'école Freinet incarne en ce sens, et de façon particulièrement vivante à travers les notions de respect de l'individualité, d'expression de l'enfant, de coopération, d'échange, de communication et de communauté, les nouvelles finalités de l'école.

9.1 Quelques éléments historiques et biographiques

La pédagogie Freinet est le fruit du travail de Célestin Freinet, éducateur praticien du début du siècle. Inscrit à l'école normale départementale, comme tous les instituteurs français de l'époque, il achevait sa formation lorsque se déclencha la Première Guerre mondiale. Rapidement enrôlé dans l'armée française, il participa aux combats et y fut grièvement blessé. Il dut passer un long moment en convalescence, et ce n'est qu'en 1921 qu'il put enfin obtenir son premier poste, à l'école communale de Bar-sur-Loup, dans les Alpes-Maritimes.

C'est ainsi dans une petite école de campagne que Freinet fit ses premières armes. Ses blessures très sérieuses l'avaient privé d'un poumon et lui avaient laissé une santé chancelante. C'est par conséquent d'abord par nécessité qu'il chercha des moyens pratiques de travailler avec ses élèves, sans devoir parler de trop longs moments ou être contraint à supporter la poussière de la craie des tableaux noirs : il organisa ainsi des séances de travail où chaque enfant participait activement. Par la suite, il s'ingénia à mettre en place des manières de travailler par lesquelles il lui était plus aisé d'intervenir auprès de chacun et grâce auxquelles il pouvait délaisser les leçons magistrales.

Freinet était par ailleurs imprégné des grandes idées des penseurs de l'« école nouvelle » et de l'« école active », tels Dottrens, Cousinet, Claparède

et Ferrière, tous acteurs très engagés dans les transformations que la pédagogie subissait à l'époque. Une certitude l'animait, celle qu'il y a en chaque enfant des ressources qui le poussent à agir et une curiosité qui l'incite à vouloir apprendre, tendances qu'il s'agit de réveiller. Il était persuadé que l'école avait une habitude manifeste d'ignorer ces ressources et de faire comme si l'enfant était une terre vierge où ceux qui savent doivent semer la connaissance et la culture. Il rêvait de trouver les moyens de repousser le pouvoir qu'exerçait l'école magistrale traditionnelle sur les enfants au profit d'une approche participative, coopérative, qui utilise les champs d'intérêt de ceux qui apprennent et les savoirs et savoir-faire qu'ils ont déjà comme point de départ.

Il fut aussi largement inspiré par les penseurs sociaux et politiques de son époque. L'entre-deux-guerres fut un moment fort agité de l'histoire contemporaine, période caractérisée par la naissance des grands mouvements de libération de la classe ouvrière et du socialisme politique. Les penseurs de gauche luttaient pour la valorisation du prolétariat, et Freinet s'en inspira largement. Toutefois, contrairement à ces penseurs politiques et à plusieurs des grands éducateurs du moment, il était un homme de terrain, un praticien qui avait à faire face au quotidien de la classe. Il ne pouvait se contenter de discours.

C'est ainsi sur le terrain que Freinet forgea et consolida ses idées d'une école coopérative, où chaque participant doit se développer dans son intégralité et son individualité, puisque la richesse et la force d'un groupe dépendent en définitive de celles des personnes qui le composent. C'est là qu'il acquit la certitude qu'il faut permettre à chacun d'aller jusqu'où le mènent ses capacités, plutôt que de laisser l'élite régner sur la masse.

De 1921 à 1928, Freinet crée diverses techniques de travail scolaire qui marqueront son itinéraire et celui du mouvement qui porte son nom. Il commence par permettre aux enfants d'exprimer leurs propres connaissances et sentiments dans des « textes libres », qu'il utilise ensuite en classe comme matériel de travail non seulement sur le plan de l'apprentissage de l'écriture, mais aussi pour ce qu'ils sont, c'est-à-dire l'expression d'une individualité, de la communication avec les autres et du partage de connaissances. Pour en valoriser l'importance et en faciliter la communication, il installe en classe l'imprimerie. Désormais, après qu'un texte a été mis au point, il est imprimé et diffusé. Les textes sont rassemblés : le journal scolaire est né.

Parallèlement à ces démarches, Freinet se met à utiliser de plus en plus le milieu environnant comme source de connaissances pour les enfants. Ce qu'ils observent, ce qu'ils y apprennent, est rapporté en classe et fait l'objet de mises au point, de recherche et de consignation, activités qui viennent enrichir encore l'expression et la communication. Déjà, il en parle abondamment dans des articles qu'il produit dans divers journaux ou revues. D'autres enseignants s'intéressent à ce qu'il fait, et des contacts s'établissent. Naturellement, des échanges s'installent entre eux, et les premières « correspondances scolaires » voient le jour. On y privilégie bien sûr les échanges entre classes, mais les maîtres échangent aussi entre eux : c'est ainsi que les idées font leur chemin et que les techniques naissantes s'installent ici et là.

En 1926, plusieurs adeptes de la pédagogie Freinet profitent d'un congrès d'enseignants pour se rencontrer et discuter. À l'été 1927, le mouvement « L'imprimerie à l'école » tient son premier congrès. Un

an plus tard, Freinet demande sa mutation à Saint-Paul-de-Vence. Entre-temps, Élise devient sa compagne, celle qui l'épaulera dans toutes ses luttes.

Saint-Paul-de-Vence est un milieu différent de celui de Bar-sur-Loup. On y trouve de grandes propriétés offrant du travail à plusieurs ouvriers agricoles. Freinet reçoit dans sa classe les enfants des propriétaires et des ouvriers. Son engagement dans la communauté et les réformes qu'il mène parallèlement dans sa classe le mettent peu à peu en conflit avec les personnalités éminentes. Il suscite des prises de position enflammées de part et d'autre. Les journaux locaux d'abord, puis ceux d'ailleurs, font écho de ces conflits, et suscitent bientôt ce qu'il a été convenu d'appeler « l'affaire de Saint-Paul ». Pour résoudre le conflit, les autorités scolaires décident d'imposer un congé à Freinet. Tous les sympathisants et les membres du nouveau mouvement pressent Freinet de ne pas abandonner le combat pour l'école populaire.

Célestin Freinet

Ainsi naît l'école de Vence, en 1933, construite par Freinet et financée par sa famille et ses amis. C'est un internat où il accueille d'abord les enfants d'amis et de sympathisants, puis des enfants espagnols réfugiés fuyant la guerre civile. Mais il n'a pas abandonné pour autant l'idée de faire tout ce qui était possible pour transformer l'école publique. Il multiplie les interventions et les conférences sur la scène publique et participe à l'action syndicale et sociale. À la suite de la mise sur pied, par les premiers militants du mouvement, de la Coopérative de l'enseignement laïc (CEL), société d'édition dont le but est de publier le matériel nécessaire à l'école moderne, on crée plusieurs documents qui deviendront des outils matériels de modernisation des classes : la collection BT (« Bibliothèque de travail », qui existe toujours), le *Fichier scolaire coopératif*, les fichiers de travail autocorrectifs, *La Gerbe* (un recueil de textes échangés de plusieurs classes du mouvement), du matériel d'imprimerie et la nouvelle revue du mouvement, *L'Éducateur prolétarien* (devenue depuis *L'Éducateur*).

Lors de la déclaration de la guerre, en 1939, Freinet devient suspect aux yeux des autorités militaires, puisqu'il a des contacts partout, y compris dans les pays ennemis. *L'Éducateur prolétarien* subit la censure — même si c'est une revue strictement pédagogique — et doit modifier son nom, considéré comme provocateur. La défaite de la France en 1940 n'améliore pas les choses. Freinet est interné par les autorités de Vichy parce qu'il est militant de gauche et soupçonné d'être sympathisant de la résistance qui s'organise et à laquelle il parvient effectivement à se joindre en 1944. Dans l'intervalle, il a réussi à mettre sur papier sa pensée, dans des livres désormais classiques : *Conseil aux parents*, *L'École moderne française*, *L'Éducation du travail* et *Essai de psychologie sensible*. Élise, de son côté, réunit les éléments dans son ouvrage *Naissance d'une pédagogie populaire*.

En automne 1945, la vie reprend et l'école de Vence rouvre ses portes. Les activités de la CEL aussi. Les militants du mouvement décident de créer en 1947 l'*Institut coopératif de l'école moderne* (ICÉM), qui affirme la vocation pédagogique du mouvement. En 1949, le film *L'École buissonnière*, du réalisateur Le Chanois, vient illustrer la naissance de la pédagogie Freinet. Dans ces années d'après-guerre, les mêmes combats reprennent ; même certains alliés d'hier s'en prennent au mouvement, en s'écartant de l'engagement tacite à militer, tout en se gardant d'être sectaires, pour le changement social et pédagogique. L'ICÉM demeure un mouvement strictement pédagogique.

Comme plusieurs pays ont alors leur propre « mouvement d'école moderne », les congrès amènent en France de plus en plus d'enseignants étrangers. On décide en 1957 de former la FIMÉM, la *Fédération internationale des mouvements d'école moderne*, consacrant ainsi le caractère universel des innovations apportées par la pédagogie Freinet.

Jusqu'à la fin de sa vie, Freinet luttera pour la propagation de ses idées, et suscitera le changement et l'engagement de milliers d'éducateurs. Il s'est éteint en octobre 1966, mais son œuvre lui a survécu et les mouvements d'école moderne continuent de promouvoir le changement.

9.2 Les finalités de l'approche

En pédagogie Freinet, la place de l'individu est particulière. Celui-ci est à la fois unique et participant actif du groupe. Il possède ses champs d'intérêt propres, ses besoins particuliers. Il est riche en potentiel, mais dépendant de l'éducation pour le développer. Il fait partie d'une société qui règne avec sa loi, mais qui tire sa richesse des individus qui la composent et de leur diversité. C'est pourquoi ni l'un ni l'autre n'a de primauté sur sa contrepartie ; ils sont étroitement solidaires et interdépendants.

La pédagogie Freinet prend appui sur des valeurs pédagogiques et sociales particulières ; elle fonde aussi son action sur une conception précise de l'homme et de l'apprentissage. C'est également une pédagogie matérialiste. On ne fait pas qu'y proposer des valeurs et un idéal ; on veille à s'assurer aussi qu'à chaque principe, à chaque affirmation, corresponde une pratique, un outil ou une technique permettant de concrétiser cette croyance.

Outre les besoins fondamentaux de conservation, de subsistance et de réalisation personnelle qui caractérisent tout individu, la pédagogie Freinet inclut dans sa philosophie les besoins de chacun de s'exprimer et de communiquer, de coopérer, d'apprendre et de s'organiser.

9.2.1 S'exprimer et communiquer

Chaque individu est unique et doit pouvoir trouver une manière d'exprimer ses particularités, parce que s'exprimer, c'est d'abord prendre conscience de ce que l'on est. Par ailleurs, chacun doit pouvoir explorer plusieurs modes d'expression. Tous les milieux éducatifs, y compris l'école, doivent ainsi fournir le plus de situations possible qui permettent à l'individu d'exprimer ce qu'il est, de développer pleinement ses capacités.

C'est pourquoi on dit de la pédagogie Freinet qu'elle est une pédagogie d'expression. Progressivement, par expérimentation, elle a mis en place et organisé toute une série d'outils et de techniques susceptibles de permettre à chaque individu de trouver sa propre porte d'entrée dans le groupe. C'est par l'expression qu'un individu se découvre lui-même, prend conscience de ce qu'il est et de ce qu'il veut : c'est sa première libération. Certains se sentiront à l'aise avec la parole, d'aucuns avec l'écrit. Mais il existe bien d'autres manières de s'exprimer. C'est pourquoi la pédagogie Freinet propose aussi des outils d'expression tels que les arts plastiques ou les arts dramatiques. Chaque enfant doit trouver en classe le moyen qui lui permet d'entrer en contact avec les autres.

Mais on ne s'exprime pas à vide, pour soi seulement ; car on vit en communauté. À toute expression, à peu d'exceptions près, correspond une communication. L'expression et la communication sont liées, jusqu'à être dépendantes l'une de l'autre. On affine son expression pour qu'elle soit comprise des autres, et on communique avec les autres pour s'affirmer et être reconnu. Ainsi, et logiquement, la pédagogie Freinet propose des outils de communication.

L'expression des enfants, tout d'abord orale, est prise en compte de plusieurs manières. En diverses occasions, chacun trouvera la manière de parler de ses champs d'intérêt, de poser ses questions, et aussi de s'intéresser aux autres. La causerie permettra aux uns de parler de leur famille, aux autres de présenter leur collection ou de s'intéresser à celle de leurs amis. Les nombreuses autres occasions de présentations orales permettront à chacun de s'exprimer « pour vrai », soit en s'adressant à de vraies personnes, à partir de vrais champs d'intérêt. Il s'agit là d'une pratique systématique. En effet, tout ce qui a mérité qu'on lui accorde du temps mérite également d'être communiqué : recherches, apprentissages, projets, réalisations personnelles ou en petites équipes, sont objets de communication et de débat. C'est là une bonne occasion de s'affirmer comme personne et de s'intéresser à ce que font les autres et à ce qu'ils peuvent nous apporter.

La communication écrite des enfants a donc pris beaucoup d'importance en pédagogie Freinet. L'apprentissage et l'utilisation de la langue écrite à l'école ne se justifient d'ailleurs pas autrement que par le fait de son utilité pour communiquer avec ses semblables. C'est bien plus qu'une matière scolaire, un élément de programme. Apprendre à lire, c'est comprendre et savoir utiliser le code d'accès aux autres ; avoir enfin accès à ce qu'ils disent, à ce qu'ils ont dit. Apprendre à écrire, c'est apprendre à utiliser un code commun pour communiquer ses propres réflexions, ses créations. Comme le dit si bien un militant de la pédagogie Freinet :

> Chez nous, nous lisons l'écriture des autres, et nous écrivons leur lecture. Il ne saurait donc être question, dans nos classes, d'une autre lecture et d'une autre écriture que celles que nous faisons et qui nous sont utiles. L'écriture-exercice pour elle-même, comme la lecture-exercice pour elle-même, n'ont pas de réalité significative chez nous.

Cela dit, il n'est pas exclu d'utiliser l'écriture d'autres auteurs ; au contraire. Elle peut être source d'inspiration et de connaissance, de modèle ou de plaisir. Mais elle n'est pas plus importante que celle de n'importe qui d'autre, parce qu'elle est plus éloignée que celle des personnes que l'on côtoie quotidiennement. Il est essentiel de souligner ici que la pédagogie Freinet accorde à la modélisation, qui est majeure et primordiale dans la pédagogie traditionnelle, une place plutôt secondaire dans son approche, et cela au profit d'une démarche de tâtonnement expérimental sur laquelle nous reviendrons.

On ne peut donc pas parler, en classe Freinet, d'écriture sans parler de sa diffusion. Favoriser l'écriture, c'est mettre en place des outils qui la rendent utilisable le plus rapidement possible pour les autres. Le mieux possible aussi, c'est évident ! C'est d'ailleurs là que se justifie tout le travail technique pouvant être fait autour de la lecture et de l'écriture. Connaître du vocabulaire, manipuler les règles de syntaxe et de grammaire facilement, ne sont utiles que si on lit et on écrit vraiment. Autrement, ce n'est, selon les adeptes de la pédagogie Freinet, qu'accumulation d'une connaissance décrochée de sa réalité et de sa nécessité ; les résultats de l'approche traditionnelle sont d'ailleurs, selon eux, éloquents à ce titre.

Nous avons évoqué plus haut l'imprimerie ; cet outil technique a eu son heure de gloire. Il est aujourd'hui pratiquement abandonné au profit d'outils de diffusion plus performants, notamment les photocopieurs, l'informatique et ses traitements de texte. Toutefois, ceux-ci ne peuvent assurer l'autre fonction que remplissait l'imprimerie : promouvoir l'organisation coopérative de la classe.

Quoi qu'il en soit, l'écriture reste encore une technique de communication fort répandue en classe Freinet, car, comme la parole orale, la parole écrite donne du pouvoir à celui qui l'a maîtrisée. C'est d'abord en ce qui a trait à la structure de la pensée que cette maîtrise prend forme ; et ensuite, dans la diversité des relations qu'elle permet avec un interlocuteur.

C'est pourquoi, en classe Freinet, on multiplie les occasions où les enfants peuvent utiliser avec profit l'écriture, mais aussi on diversifie les formes d'écriture qu'ils pourront perfectionner.

Le texte libre, les albums d'expression, les recueils divers, prennent beaucoup de place et de temps. Ils reçoivent de l'attention, le maître y investit beaucoup d'énergie et met en place différents moyens pour assister les enfants dans leurs expériences. L'horaire y est également assujetti dans une large mesure, et l'ensemble de ces activités justifie amplement les mesures plus pédagogiques qui sont prises pour perfectionner l'outil qu'est la langue, vraie raison d'être des apprentissages à faire (plutôt que la nécessité de suivre intégralement un programme). Les enfants ne font pas de la grammaire parce que le programme le prescrit, mais parce qu'il est nécessaire pour communiquer de développer un code commun à tous.

D'autres formes de communication peuvent être utilisées : l'art notamment. Plusieurs enfants y trouveront en effet un mode d'expression qui leur convient mieux. Des saynètes, des dramatiques, des marionnettes, ou bien de la peinture, du bricolage, du modelage, permettront à chacun de trouver une manière appropriée de s'extérioriser et d'affirmer l'unicité de sa personnalité, son originalité, en même temps qu'ils enrichiront le groupe en développant en son sein toutes sortes d'habiletés utiles.

Le désir d'expression et de communication, besoins communs à chaque individu, est bien sûr aussi celui des enseignants. C'est pourquoi chaque classe Freinet a sa personnalité. Elle a la couleur de celui ou celle qui l'anime. Un enseignant pourra avoir plus de facilité à organiser et à animer certaines activités d'expression et de communication qu'un autre. Aucune classe n'est identique à une autre. Ainsi, chaque classe valorisera l'écriture à sa manière ; mais partout elle sera présente.

9.2.2 Coopérer

L'expression et la communication, ainsi que toutes les structures qu'on met en place pour les développer, sont facilitées par une organisation coopérative de la classe. Il est plus facile de réaliser ce qu'on veut quand on peut compter sur l'aide de ceux qui sont plus avancés, de ceux qui ont déjà expérimenté, ou, tout au moins, quand on peut partager son expérience avec ceux qui sont en train de faire les mêmes tâtonnements que soi. Il est plus facile de se lancer, quand on voit les autres le faire aussi, et plus profitable de le faire en coopérant, en échangeant des manières d'agir, en profitant de la multiplicité des talents et des variétés d'approches. La coopération est en quelque sorte une nécessité, parce qu'elle fait reculer les limites. Ainsi, en pédagogie Freinet, la coopération est non seulement souhaitable, mais nécessaire, parce qu'elle facilite l'apprentissage de chacun et augmente la richesse du groupe ; plusieurs des outils ou des techniques de travail utilisés ne prennent d'ailleurs leur sens que par la coopération.

La coopération, c'est aussi un choix social. En ceci, la pédagogie Freinet est une pédagogie engagée : elle a choisi de valoriser la coopération au détriment de la compétition. Elle affirme la nocivité de mettre en opposition les personnes et, ainsi, de limiter leur développement. La compétition interdit de voir chez les autres des ressources pouvant être utiles à son propre développement, ressources qui peuvent prendre la forme d'un talent que l'on ne possède pas, d'une connaissance que l'on n'a pas. Chaque individu est complémentaire des autres dans un groupe coopératif ; si les autres sont ses ressources sur quelques plans, c'est lui qui l'est pour les autres sur d'autres plans. C'eût pu être une question de « bonté » ; c'est plutôt une affaire de bon sens.

Il en va de même des apprentissages. Il est plus facile et plus efficace d'apprendre grâce à la compétence de ceux qui savent déjà, et qui peuvent nous aider, que de se limiter à n'avoir l'ambition que de les égaler ou les dépasser. Et il devient tout à fait logique, dans cette perspective, de devenir à son tour la ressource des autres qui vont avoir à apprendre ce que l'on sait déjà. La coopération trouve là son couronnement, en quelque sorte.

Et la pédagogie Freinet offre là aussi des outils ou des techniques qui facilitent cette coopération : le conseil qui organise la classe et gère son fonctionnement ; le plan de travail qui répartit le temps, organise les besoins et les ressources ; les mises au point diverses qui permettent de réajuster ce qui a été planifié en fonction de nouvelles données ; les « lois » issues des expériences objectivées et qui deviennent des nécessités fonctionnelles, etc.

9.2.3 Apprendre

Dans toute situation naturelle d'apprentissage, en dehors de l'école, on apprend tous par l'expérience. On essaie, on tâtonne dans certains cas, on recommence plusieurs fois le même exercice. Un petit succès vient couronner les premiers efforts. On répète les démarches qui nous ont conduit à ce premier succès et, une bonne fois, l'expérience aidant, on innove : on introduit une variante de l'action qui se révèle une erreur ou une réussite. Une réussite amène d'autres tâtonnements, d'autres erreurs ou réussites… Peu à peu, on perfectionne sa manière de faire. Si on a la chance d'avoir un maître et d'être son apprenti, on peut imiter. Et il n'est pas rare que pareillement soutenu, l'apprenti dépasse finalement le maître.

Ce n'est généralement qu'une fois les tâtonnements amorcés que les enseignements théoriques ou pratiques du maître prennent un sens pour l'élève. Un enseignement préalable n'aurait probablement pas eu de sens. En effet, il ne prend son sens et sa portée que dans le cours de l'expérimentation en situation réelle. Des gens, par exemple, apprennent seuls à jouer de la guitare. Ils grattent longtemps avant d'accumuler suffisamment de découvertes pour commencer à maîtriser l'instrument. Parfois, des insuccès répétés ou un progrès jugé trop lent inciteront l'amateur à faire appel à un maître. Les enseignements tomberont à ce moment en terrain fertile, puisqu'ils sont attendus, désirés.

Mais il faut d'abord avoir envie de jouer de la guitare ! Il faut que l'amateur y ait intérêt, qu'il sente qu'apprendre à jouer représente pour lui une activité désirable. La situation est-elle trop peu exemplaire ? Regardons un enfant apprendre à marcher. L'effort est tellement considérable, les progrès peuvent sembler si aléatoires, qu'il lui faut une très grande motivation pour poursuivre les tâtonnements nécessaires. Pourtant, presque tous les enfants essaient et réussissent. L'effort et les difficultés ne les rebutent pas. L'encouragement et le soutien de l'entourage peuvent aider, mais l'essentiel de la tâche, c'est l'enfant qui le fait. Il en est de même de l'apprentissage de la parole. Chacun tentera de développer un niveau de langage qui rend ses tâtonnements utiles et féconds. La motivation découle de l'utilité de l'apprentissage.

En pédagogie Freinet, ce processus de « tâtonnement expérimental » est considéré comme universel.

Toute réelle motivation, tout apprentissage conçu comme une amélioration de sa condition, conduit le sujet à s'ouvrir à l'expérimentation, aux tâtonnements, pour finalement intégrer, par perfectionnements successifs, un nouveau savoir, un nouveau savoir-faire à sa personnalité. La tâche de l'école est alors de mettre en place des situations réelles de travail où le fait de développer son savoir ou son savoir-faire sera conçu comme un progrès souhaitable. Apprendre à lire, à écrire, à compter, quand savoir lire, écrire et compter ne servent qu'à obéir à quelqu'un ou, au mieux, à lui faire plaisir, ça ne peut être que peu motivant à la longue, car il s'agit là de tâches plutôt rebutantes en elles-mêmes.

Mais si le milieu environnant est ainsi structuré que le fait de savoir mieux lire est utile pour être en contact réel avec les autres, alors faire les efforts nécessaires pour perfectionner sa lecture devient un besoin de l'enfant. Si savoir mieux écrire peut l'aider à maintenir et à renforcer ce lien, apprendre ou perfectionner son écriture devient son objectif. Il faudra alors créer des situations réelles où la lecture et l'écriture sont utilisées comme elles doivent l'être, soit comme des manières de communiquer. Cela dépasse largement la conception qui fait d'elles de simples matières scolaires. L'idée maîtresse est que tant que l'énergie personnelle de l'enfant n'est pas à l'œuvre, l'objectif n'est pas atteint.

C'est pourquoi, dans les classes Freinet, les enfants ont l'occasion, par exemple, d'écrire librement sur ce qu'ils désirent exprimer, et avec le style qu'ils ont envie d'employer. C'est aussi pourquoi leurs travaux d'écriture sont utilisés pour ce qu'ils sont : des communications réelles. On s'en occupe ; on les publie et on les diffuse auprès d'autres lecteurs. Tout le travail technique qui permet à une écriture d'être plus efficace, la grammaire, la syntaxe, y est intégré au fur et à mesure des besoins de chaque écrivain ; c'est là seulement que l'écriture prend un sens de nécessité pour un enfant.

De toute façon, selon les adeptes de la pédagogie Freinet, même dans une approche qui établit rigoureusement ce qu'il faut enseigner aux enfants, chacun fait l'apprentissage de ce qu'il veut bien, à l'heure qu'il a choisie. Qui plus est, si la pédagogie ne mise pas sur le contrôle, beaucoup d'enfants n'auront pas « retenu la leçon ». Ainsi, avec ce type d'approche plus traditionnel, on devra, pour être efficace, mettre en route toute une série de mesures de stimulation, utiliser la récompense ou la punition. Pourtant, soulignent les adeptes de la pédagogie Freinet, la seule motivation qui met en œuvre les forces de celui qui apprend, c'est celle de l'individu lui-même.

9.2.4 Individualiser l'apprentissage

Les postulats présentés ci-dessus montrent bien dans quelle mesure chaque enfant est, en pédagogie Freinet, un être particulier. Individualiser les apprentissages, et par conséquent les interventions, est une nécessité. Tous les enfants n'ont pas en effet les mêmes besoins d'assistance et d'apprentissage ; et ils ne les ont pas non plus au même moment. Chacun doit avoir son menu. Pour l'un, il sera nécessaire d'investir beaucoup en lecture, pour un autre ce sera sur son approche logique des mathématiques qu'il faudra travailler. Encore là, il existe une nette distinction entre l'approche traditionnelle de l'apprentissage et celle préconisée en pédagogie Freinet.

Habituellement, quand on entend parler d'individualisation, il s'agit en pratique de distiller la même matière à des rythmes différents. Bien que les tenants de la pédagogie Freinet ne nient pas que chaque individu ait un rythme qui lui est propre, ils affirment que ce qui distingue encore davantage les individus, ce sont leurs différences de motivations, de besoins. Un enfant peut par exemple avoir une connaissance intuitive de certaines règles de grammaire : point n'est besoin qu'il y travaille avec des exercices pour la maîtriser dans son écriture ; il le fait sans difficulté et écrit sans erreur. Un autre doit plutôt exercer son habileté et mieux comprendre la logique d'une règle pour savoir l'appliquer. Dans les deux cas, l'objectif pédagogique est le même : savoir utiliser la grammaire pour s'exprimer clairement. Mais chacun n'aura pas le même besoin d'assistance de la part du maître. Une leçon de grammaire est en quelque sorte du temps perdu pour l'un, alors qu'elle est essentielle pour l'autre. Voilà le sens que l'on donne à l'expression « individualiser les apprentissages » en classe Freinet.

Ainsi, lorsque les leçons se font pour toute la classe, c'est qu'elles sont jugées utiles à une bonne majorité ; par ailleurs, dans toutes les situations où cela est possible, on privilégie des approches individualisées. Là encore, la pédagogie Freinet a créé une pratique et des outils qui rendent possible cette individualisation. Des fichiers individualisés de travail, et souvent autocorrectifs, ont été mis au point pour plusieurs matières scolaires et permettent aux enfants et au maître d'aménager le travail selon les besoins réels de chacun. Il est évident que l'organisation de la classe s'en trouve également modifiée, notamment en ce qui a trait à l'emploi du temps.

Revenons à l'idée de rythme, enfin, pour ajouter qu'il y a là bien des leurres. Il n'est pas question de nier l'existence des forces et des faiblesses ; les rythmes d'apprentissage sont une réalité indéniable. Il y a cependant une sorte de croyance, dans les différentes pratiques observées en classe, dans le fait que les rythmes deviennent effectivement différents chez les enfants à partir du moment où ils sont intégrés à une classe privilégiant la pédagogie Freinet, croyance qui véhicule également l'idée que, dans une classe où l'enseignement est collectif, les « rapides » sont freinés, alors que les « lents » sont remorqués et bousculés, quand ils ne sont pas laissés pour compte. Ces derniers sont justement bien la preuve, selon les tenants de la pédagogie Freinet, que les rythmes n'ont que faire de la prétendue efficacité d'un enseignement collectif généralisé. Et selon eux, de toute façon, à l'école comme ailleurs, les enfants apprennent chacun à leur vitesse, et, au grand désespoir de certains, ils n'apprennent que ce qu'ils veulent bien apprendre.

Comment concilier l'idée de programme scolaire avec une telle conception de l'apprentissage ? Disons d'abord qu'en pédagogie Freinet, comme dans les autres types d'enseignement, le contenu des programmes n'est pas l'affaire des enfants : c'est celle du maître. Il est important que ce dernier sache ce qu'il espère réussir avec les enfants. Généralement, les programmes sont ainsi faits qu'ils proposent des objectifs dont le temps et les générations ont prouvé la nécessité. Les enfants, pour leur part, ont des préoccupations d'apprendre, ce qui est différent. Ils ont envie d'apprendre, de savoir, de comprendre ; parce que ça leur paraît utile ! Nous avons déjà expliqué combien ce désir est essentiel ; nous n'y reviendrons pas. C'est donc l'affaire du maître de voir passer, dans les projets que vivent les enfants, les occasions d'acquérir ou d'améliorer une connaissance ou une habileté requise dans les programmes. Là aussi, la nécessité d'individualiser est évidente. Le maître doit savoir suivre chaque enfant, dans ses réalisations, et répondre à ses besoins d'apprentissage.

Organiser la vie dans une classe Freinet, c'est donc aménager le temps et les ressources en fonction des projets de recherche de connaissances et de développement d'habiletés que les enfants apportent. Le matériel de travail, ce sont leurs idées et ce qu'ils en feront. C'est là aussi une différence majeure avec une approche plus traditionnelle de l'école. Il ne s'agit pas de créer de toutes pièces des activités ayant pour but de faire apprendre. Même quand on les rend intéressantes, qu'on parvient à les colorer, ces activités demeurent décrochées des intérêts des enfants. Il s'agit plutôt d'accueillir les idées, les projets des enfants, de leur permettre de les développer et de leur apprendre ce qu'il faut pour que les résultats de leur travail soient une réussite. Si ces projets se multiplient, tous azimuts, ils ont toutes les chances de couvrir l'ensemble des objets d'apprentissage que les programmes prévoient. Il arrive même souvent qu'ils les dépassent.

Et comme toute réalisation est objet de présentation, tous les enfants finissent par couvrir, comme auteurs ou comme participants, tous les domaines de connaissances. Dans ces échanges multiples, l'enseignant s'attache à faire en sorte que non seulement le résultat du travail d'un enfant ou d'une équipe soit présenté, mais aussi que cet enfant ou cette équipe s'arrête à comprendre comment il en est arrivé à un tel résultat. Il y a là une sorte de transfert de connaissances d'abord, ce qui en soi est bien ; mais les enfants ont aussi accès aux apprentissages techniques qui ont rendu possible la connaissance. C'est de cette façon qu'ils ont accès au monde mathématique, à celui des sciences physiques ou des sciences humaines, lesquels constituent différents aspects de la réalité. Là également, les enfants peuvent perfectionner des connaissances avec du matériel pédagogique, si le besoin s'en fait sentir.

D'autre part, le maître étant un individu qui fait partie de l'ensemble-classe, rien ne l'empêche lui aussi d'apporter sa contribution aux présentations, d'enrichir le groupe des savoirs qu'il a ou des habiletés qu'il maîtrise. Si d'aventure il s'avérait qu'un aspect de connaissance a été négligé par toutes les autres occasions d'échanges dans la classe, il peut très bien le proposer lui-même.

En pédagogie Freinet, on ne nie donc pas la nécessité des programmes pédagogiques, quoiqu'on puisse parfois se questionner sur la pertinence de certains choix de contenu. Quand les technocrates et les administrateurs scolaires font, défont ou refont les contenus de programmes sous la poussée des pressions sociales ou politiques, comme c'est souvent le cas, les enseignants sont en droit de remettre en question la pertinence de certaines orientations. Ainsi, les enseignants suivant les principes de la pédagogie Freinet sont particulièrement sensibles aux réorientations qui touchent les domaines de l'expression et de la communication, ou à celles qui valorisent des conceptions de l'apprentissage en niant la nécessité de la motivation, du tâtonnement expérimental et du travail à la fois individuel et collectif.

9.2.5 S'organiser

Une telle approche exige évidemment une organisation particulière de la classe. D'une part, il ne faut plus penser exclusivement en fonction du groupe, puisque chaque enfant doit avoir du temps à lui pour ses projets, ses travaux. D'autre part, puisque le groupe vit des situations de communication multiples, il est également nécessaire de réserver à l'horaire des périodes collectives. En outre, comme chacun contribue d'une façon précise aux activités dans la classe, il va de soi que l'enseignant ne pourra plus être le seul organisateur.

Dans la mesure où l'individualisation se met en place en classe, que les enfants commencent à utiliser les moyens de s'exprimer et de communiquer qu'on a mis à leur disposition, qu'ils commencent à travailler sur leurs propres projets, qu'on commence à répondre à leurs propres besoins d'apprentissage ou de perfectionnement, les plages de temps individuel, appelées également périodes de travail individuel (TI) ou de travail personnel (TP), s'élargissent. On pourrait assimiler ces périodes à du travail d'atelier, où chacun est occupé à sa tâche, où les petites équipes travaillent sur un projet ; ces moments sont d'ailleurs souvent appelés des ateliers.

C'est d'ailleurs dans le cadre de ces ateliers que l'enseignant intervient auprès des enfants, selon leurs besoins. Avec l'un, il travaillera à corriger un texte qui doit paraître au journal ; il en profitera pour introduire une connaissance grammaticale par exemple, si cela s'avère nécessaire et approprié. Avec un autre, il suggérera une manière de présenter un travail que l'enfant vient de terminer. Il dépannera un enfant qui bûche sur sa lettre de correspondant. Il expliquera une situation mathématique à un autre qui ne l'a pas comprise. Il enseignera une technique de calcul que quelqu'un est en train d'essayer de comprendre. Il aidera une équipe à mettre au point le scénario du sketch qu'elle désire présenter…

Ainsi, ce sont ces moments de proximité du maître avec chaque enfant qui lui permettent de suivre de près l'évolution de chacun. On pourrait croire, *a priori*, que les occasions de voir chaque enfant sont moins fréquentes que dans une classe traditionnelle. En réalité, c'est l'inverse : l'intensité d'un contact à deux permet plus d'approfondissement et une meilleure compréhension des difficulté de chacun. Cela permet aussi de trouver un mode d'intervention plus efficace, car plus personnalisé.

Dans bien des classes, ces temps d'atelier prennent jusqu'à la moitié du temps de présence des enfants. Ces moments ont été prévus dans le plan de travail fait collectivement en début de semaine ou de quinzaine. Chez les plus petits, les plans de travail couvrent parfois des temps plus courts. Mais il s'agit toujours de moments de planification collective. On y discute de ce qu'il y a à faire ; les projets qui concernent tout le monde sont les premiers à être placés à l'horaire. On décide par la même occasion comment se fera le travail, qui prendra quelle tâche et quand elle devra être faite. La plupart des activités rattachées à ces projets se feront en atelier. On y décide aussi des ressources auxquelles il faudra faire appel. Ensuite, on planifie les projets de moindre envergure, ceux des petites équipes : les sketches, les recherches à plusieurs, les enquêtes qui nécessitent une répartition du travail. Et, enfin, on passe au travail plus individuel. On décide de combien de temps on dispose en atelier et, si cela s'avère nécessaire, des priorités à établir.

Le temps de travail collectif est constitué des travaux qui concernent tout le monde : une lettre collective aux correspondants, une activité à mettre en place, la contribution à un projet d'école, des présentations suivies de « retours », des périodes d'écriture ou de lecture, des mises au point de textes, parfois une leçon de grammaire qu'on a décidé de faire ensemble par souci d'économie, une discussion mathématique qu'on trouve pratique pour tout le monde, ou qu'on a tous envie de faire…

À la fin de la période prévue pour le plan de travail, un bilan est fait, sorte d'évaluation qui permet non seulement de faire le point et de savoir ce que le travail a donné, mais aussi d'enclencher la suite, le prochain plan de travail. Ce qui n'exclut pas qu'il puisse y avoir, à l'intérieur de la période sur laquelle le plan s'étend, de petits bilans ponctuels pour corriger une trajectoire ou pour tenir compte d'un fait nouveau comme l'arrivée d'un colis des correspondants.

9.2.6 S'autogérer

Très souvent, dans le cours du travail, ou au moment des bilans, la nécessité de déterminer des règles de fonctionnement se fait sentir. Nul groupe ne peut se passer d'établir des normes, des « lois », des règles de vie. Toute vie coopérative comporte des relations multiples entre ses participants. Il devient vite nécessaire de gérer ces relations et les conditions de travail communes. Et c'est au conseil de classe que se prennent les décisions de cet ordre. Le temps alloué au conseil est déterminé lors du plan de travail. Le conseil gère des demandes faites par les enfants sur tout sujet qui paraît de nature à toucher tout le monde. Dans certaines classes, un tableau en facilite la préparation. Chaque enfant est libre d'y inscrire ses félicitations, de demander la discussion sur une proposition, la résolution d'un problème dans le groupe, de proposer des activités, etc. Dans d'autres classes, l'ordre du jour est constitué des demandes acheminées à un responsable choisi dans le groupe. Chaque classe a sa manière. Généralement, le maître anime les débats, au moins au début, afin de générer l'habitude de procédés efficaces. Mais on voit souvent, surtout chez les plus grands, des enfants prendre eux-mêmes la relève, mener la discussion et s'habiliter ainsi à une autre forme de gestion.

Dans une telle classe coopérative, dans la mesure où les enfants travaillent sur des contenus qu'ils ont décidés avec le maître, dans la mesure également où ils ont accès aux décisions qui entourent les contenus, c'est-à-dire les procédés, les justifications des actions du groupe et leur évaluation, la motivation qu'ils manifestent est garante de la bonne marche des choses. La discipline est fonctionnelle : elle vient autant, et parfois plus, des enfants eux-mêmes que du maître. Le maître est celui qui se porte garant du groupe. Il a pour rôle de gérer ou, mieux, d'animer les décisions prises au conseil, dont il fait partie, soulignons-le.

Il est bien évident que tout ne fonctionne pas sans heurt ; tout groupe de personnes travaillant en commun, dans un lieu restreint, doit forcément se pencher sur ses règles de travail, et celles-ci ne s'établissent qu'après un certain tâtonnement. En pédagogie Freinet, on considère qu'il s'agit là de quelque chose de normal, et c'est à l'intérieur de la dynamique de la classe que l'on s'en occupe. Ainsi, tout le monde sait, parce que tout le monde partage la réflexion ; et, selon les tenants de cette approche, les conflits ont généralement de meilleures chances de trouver leur solution, parce qu'ils sont moins traités de façon souterraine, en dehors de la classe.

Par ailleurs, comme on travaille tous ensemble, sur des choses qui concernent toutes plus ou moins chacun, on partage aussi les tâches. Une décentralisation des responsabilités est un autre indice de la vigueur de la vie coopérative. Ainsi, le maître n'est plus le seul dépositaire de l'autorité. Le conseil en assume une large part d'abord, par les décisions qu'il prend et la gestion des activités et du temps qu'il fait. Ensuite, chaque enfant prend aussi une part des responsabilités, lorsqu'il y a une distribution des différentes tâches à faire. Chacun doit rendre compte de ce qu'on lui confie au conseil. Ainsi, chacun est non seulement engagé dans ses propres démarches d'apprentissage, mais aussi appelé à faire sa part dans la gestion du groupe et l'efficacité de l'organisation.

Comme le maître est le dépositaire de l'autorité que lui a confiée l'établissement scolaire, c'est à lui de déterminer quelle part il délègue au conseil. Car il ne s'agit pas, en pédagogie Freinet, de laisser les enfants à eux-mêmes. Les faire participer à la gestion de la classe ne signifie pas leur abandonner tout. Le maître reste responsable de l'autorité que lui a confiée l'école, et il en est redevable. Il doit donc s'assurer de rester à l'aise avec le fonctionnement de la classe. Il ne s'agit pas là d'une position de crainte,

mais d'un engagement face à sa responsabilité : celle de participer à l'instruction et à l'éducation des enfants qui lui sont confiés, mais aussi celle d'assumer pleinement les choix pédagogiques et sociaux qu'il a faits.

Il y a donc un partage à faire avec les enfants, c'est-à-dire qu'il faut délimiter avec eux les champs d'action respectifs de chacun. Mais une fois que ce partage est fait, il doit être définitif. Les enfants, comme n'importe qui, n'ont aucune confiance en quelqu'un qui donne d'une main ce qu'il reprend de l'autre. Le maître intervient donc en pédagogie Freinet : il gère vraiment ce qui lui appartient, et assure aussi auprès de chaque enfant la part de l'autorité du groupe qui lui revient.

9.2.7 Évaluer

Si plusieurs champs d'action sont partagés avec les enfants, le maître demeure responsable de l'évaluation. Ce qui ne veut pas dire que les enfants n'y participent pas, au contraire. Ils sont appelés régulièrement à donner leur point de vue, à évaluer leur production, à coter eux-mêmes leurs efforts. Les bilans de semaine ou de quinzaine sont notamment un moment intense d'évaluation. Pour chaque enfant d'abord, il s'agit de faire un retour sur lui-même. Les plans de travail comportent généralement une section pour l'évaluation personnelle ; elle sert souvent en même temps de communication aux parents, qui peuvent ainsi suivre le cheminement de leur enfant et y participer activement.

Le groupe aussi procède à ce moment à son évaluation : ses activités, ses réussites ou ses échecs, les relations des participants, tout est analysé en fonction de son désir de continuer en améliorant les choses. Là également, des enfants plus habitués aux procédés peuvent devenir responsables de cette évaluation, mais le maître en reste le dépositaire et peut intervenir pour pousser plus loin la recherche de solutions aux difficultés de tout ordre qui peuvent se présenter.

D'autre part, à travers les travaux multiples que font les enfants, le maître est capable de poser des jugements sur l'évolution des apprentissages, et de les consigner afin de répondre au besoin de l'école comme aux siens propres. D'ailleurs, plusieurs outils individualisés dont nous avons parlé précédemment comportent des travaux d'évaluation qui permettent à l'enfant comme au maître de juger de l'efficacité du travail. Si de tels outils manquent pour un domaine particulier de connaissances, le maître procédera autrement, quitte à utiliser des outils d'évaluation plus habituels.

Il lui sera nécessaire de pouvoir consigner ces évaluations et ces jugements, et plusieurs enseignants s'inventent à ce titre des outils de consignation personnalisés de collecte d'informations. Les uns ont l'habitude de noter tout ce qu'ils observent, d'autres constituent des dossiers d'enfants où toutes les productions sont ramassées, pour analyse ultérieure. Sur ce plan, la pédagogie Freinet a inventé des outils fondés sur sa pratique. Les uns sont à l'usage des enfants, les autres à celui du maître. Souvent, une série d'apprentissages successifs conduisent à des « brevets », sortes de déclarations de compétence, émanant du maître ou du conseil, qui endossent un apprentissage fait. Connus et publicisés, ils deviennent l'annonce pour les autres qu'une ressource vient d'éclore et de s'ajouter à toutes les autres du groupe. Ailleurs, on utilise les « ceintures » ou les « couleurs », outils de reconnaissance collective des habiletés et des savoirs de quelqu'un ; il s'agit d'un système analogue à celui des ceintures de judo, où la couleur indique le degré de maîtrise de quelqu'un. Là encore, il s'agit de faire savoir au groupe qu'un enfant peut être une ressource pour les autres dans un domaine.

On comprendra aisément que dans une classe décentralisée comme une classe Freinet il serait difficile de passer des batteries de tests à tous, au même moment et sur le même contenu. C'est pourquoi une grande partie de l'évaluation est individualisée, au même titre et pour les mêmes raisons que pour le reste. Cela n'empêche pas la tenue de ce genre d'évaluations à la fin d'une année ou d'un cycle. En effet, si les expérimentations ont été assez diversifiées, si les travaux faits en classe ont couvert une grande étendue de connaissances, la majorité des enfants devraient avoir vu ce que les programmes avaient prévu qu'ils voient.

9.3 La pédagogie Freinet d'aujourd'hui

La pédagogie Freinet a évolué depuis ses débuts. D'abord parce qu'elle est pratiquée depuis longtemps et par un grand nombre d'enseignants. Il existe une tradition de coopération entre les enseignants qui la pratiquent, parce qu'ils sont pour la plupart des pédagogues de terrain, aux prises avec des questions immédiates d'organisation et d'efficacité. La diversité joue en ce domaine comme ailleurs. Les talents individuels ont provoqué nombre d'innovations dans les manières de faire, les méthodes de travail et la mise au point d'outils efficients. Comme ces enseignants se rencontrent souvent dans des groupes organisés, le partage a permis aux bonnes idées de se diffuser, et aux expériences de se raffiner plus vite.

Les outils sont encore de nos jours adaptés aux situations qui les justifient. La correspondance scolaire, le journal, le conseil et les autres techniques ont évolué, mais servent toujours les valeurs de la pédagogie Freinet. Des outils ont disparu parce qu'ils ne rendaient plus le service qu'on en attendait. Mais les grands axes de la pédagogie Freinet définis au départ sont toujours les mêmes. Les enfants d'aujourd'hui ont toujours les besoins de ceux d'autrefois : s'exprimer, communiquer, apprendre, s'organiser. Leur environnement a changé cependant. L'école n'est plus la seule source d'information et de formation, hors la famille. Le développement des médias a forcément eu une influence sur l'école. Mais le matériel sur lequel on travaille en classe Freinet est apporté par les enfants : on a ainsi toujours les pieds dans le réel de la vie.

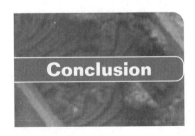

Conclusion

Quand la pédagogie Freinet s'est mise en place, il y a près de trois quarts de siècle, c'était vraiment une pédagogie de libération. La plupart des enfants, à cette époque, n'avaient droit à l'école ni à la parole ni au pouvoir. Leur ouvrir de telles voies, ne serait-ce que modestement, les aiderait à se libérer. Aujourd'hui, plusieurs éducateurs se plaignent au contraire de ce que les enfants ne connaissent plus de limites. L'éclatement des familles, l'envahissement des médias qui a brisé le monopole de l'école sur la

connaissance, la facilité de la vie que les enfants mènent parfois, l'individualisme forcené qui se développe dans la société actuelle, tout a effectivement comme résultat de réduire la présence et l'importance de l'école pour les enfants. Mais ils ont toujours le besoin de trouver un lieu où tout ce qui les environne prend un sens.

Dans une certaine mesure, de pédagogie de libération qu'elle était, la pédagogie Freinet est devenue un peu celle des contraintes. Il est vrai que des enfants trouvent difficile parfois, dans ces classes, de domestiquer leur énergie, de discipliner leur effort, d'organiser leurs démarches. Mais, selon ses adeptes, la pédagogie Freinet, avec ses outils et ses structures, est mieux à même de le faire que n'importe quelle autre. Il a toujours été difficile d'apprendre à faire face à soi-même et aux autres, à se regarder sans complaisance, à découvrir chez les autres autre chose que des adversaires. C'était difficile de le faire pour des enfants qui n'avaient pas grand pouvoir ; mais c'est aussi difficile de le faire pour des enfants qui en ont trop. La tâche d'aujourd'hui, quoique différente, est aussi difficile que celle d'hier. Les enfants ont peut-être plus besoin maintenant qu'avant de quelqu'un qui témoigne des principes qu'il annonce dans ses gestes quotidiens. L'éducateur Freinet est ainsi, selon les adeptes de ce type de pédagogie, un maître au vrai sens du terme.

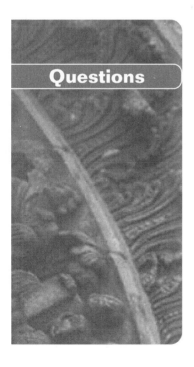

Questions

1. La pédagogie Freinet fait partie du mouvement des écoles nouvelles. Précisez.

2. Commentez les caractéristiques de la méthode éducative de Freinet.

3. Si Freinet et Montessori sont tous deux des pédagogues œuvrant dans une perspective sociale, leur engagement sociopolitique présente des différences. Situez-les et commentez.

4. Dans quel but Freinet a-t-il introduit l'imprimerie dans la classe et qu'en est-il aujourd'hui ? Commentez.

5. Quels sont les objectifs de la pédagogie Freinet ?

6. Décrivez le type de relation enseignant-élève dans une école Freinet.

7. L'approche Freinet se définit comme une pédagogie de la participation et de la coopération. Commentez.

8. La notion de communication est essentielle dans la méthode de Freinet. Expliquez la signification qui lui est attribuée.

9. À l'aide d'un ou de quelques qualificatifs, définissez le rôle de l'enseignant dans les écoles Freinet.

10. L'école Freinet se base sur des valeurs et des idéaux sociaux. Précisez, en vous servant des différences entre « auparavant » et « aujourd'hui ».

Bibliographie

FREINET, C. (1967). *Les dits de Mathieu*. Paris : Delachaux et Niestlé.

FREINET, C. (1975). *Les techniques Freinet de l'École moderne*. Paris : Armand Colin.

FREINET, C. (1978a). *Essai de psychologie sensible appliquée à l'éducation*. Paris : Delachaux et Niestlé.

FREINET, C. (1978b). *L'éducation du travail*. Paris : Delachaux et Niestlé.

FREINET, É. (1977). *L'itinéraire de Célestin Freinet*. Paris : Payot.

FREINET, É. (1978). *Naissance d'une pédagogie populaire*. Paris : Maspéro.

Chapitre 10

Carl Rogers et la pédagogie ouverte

Denis Simard

Résumé

Dans le domaine de l'enseignement et de l'apprentissage, la psychologie humaniste a joué un rôle non négligeable, particulièrement l'approche de Carl Rogers qui sera examinée dans ce chapitre. La première partie esquisse d'abord la vie de Rogers et quelques-unes des influences qu'il dit avoir subies, puis elle s'efforce de situer sa psychologie par rapport à la psychanalyse classique et au béhaviorisme. La deuxième partie aborde la conception de la personne qui constitue le fondement de sa psychothérapie et les conséquences qu'il en tire sur le plan de l'éducation. Cette section expose aussi brièvement ses principes éducatifs et présente les qualités dominantes de l'enseignant et son rôle comme « facilitateur ». Enfin, les idées de Rogers ont eu un certain retentissement sur quelques pédagogues québécois. Dans une troisième et dernière partie, le modèle organique de l'activité éducative et du Conseil supérieur de l'éducation, la péda-gogie ouverte d'André Paré puis celle de Claude Paquette seront tour à tour examinés sous l'angle des principes généraux, de la conception de l'apprentis-sage, de l'élève et de l'enseignant. Une brève conclusion termine ce chapitre et des questions d'appoint sont suggérées pour orienter l'étude et la révision.

Introduction

Tracer l'esquisse d'une vie, d'une œuvre ou d'une pensée relève toujours de l'entreprise périlleuse. En effet, comment saisir l'objet d'étude, lever le voile, repousser l'ombre et toucher la vérité ? Comment le dire et le rendre en si peu de mots sans desservir celui ou celle que nous cherchons ? En d'autres termes, comment dire l'essentiel sans l'affadir ? Cette inquiétude est d'autant plus vive qu'il s'agit de Carl Rogers. Ce n'est pas qu'il fût difficile et ardu, qu'il possédât un style confus et une pensée abstruse, mais il fut souvent controversé, adulé par les uns, décrié par les autres. Et puis, il y a cette loi qui veut que toute vie se dérobe à quiconque prétend l'étreindre. Pour nous résumer, il est difficile de rendre justice au célèbre psychologue américain dans le cadre d'un court texte à visée didactique.

À travers la voix cassante de ses détracteurs, les critiques prirent souvent la forme de condamnations sans appel et dénoncèrent en chœur le « simplisme », l'« angélisme » ou l'« optimisme » rogérien[1]. Mais le refrain des reproches sonne de nos jours comme une litanie usée. Le pari qui est le nôtre procède heureusement d'un autre dessein. Entre l'apologie futile et la moquerie facile, nous préférons la voie d'un regard tranquille et posé. Au demeurant, ce texte n'a qu'une seule ambition : introduire le lecteur dans la vie et dans la pensée de Carl Rogers. Modeste mais redoutable programme qui ne saurait, du reste, se substituer à des études plus approfondies.

Nous allons remplir la tâche qui nous incombe en donnant à notre propos la forme d'un triptyque. Premier tableau : les notes biographiques, les influences décisives et la situation de Rogers dans la psychologie américaine de son temps. Deuxième tableau : sa conception de la personne, sa psychothérapie dans ses grandes lignes, puis sa réflexion pédagogique et sa vision du rôle de l'enseignant. Troisième tableau : les démarches de quelques pédagogues québécois influencés par les idées de Rogers. Sur ce, et fidèles ici à ses propres recommandations, pour mieux comprendre sa pensée et davantage l'apprécier, découvrons d'abord le « sol culturel ou personnel où elle prend naissance » (De la Puente, 1970, p. 28).

---

1. Voir en particulier ce qu'en rapporte Marie-Louise Poeydomengue (1984) dans sa brève histoire du concept de non-directivité.

10.1 Notes biographiques

10.1.1 Sa famille

À deux années près, Carl Rogers naquit avec ce siècle. Et quel siècle ! Les grands créateurs de la seconde moitié du XIXe — Nietzsche, Marx et Freud — préparent les changements rapides qui marqueront le XXe. L'accélération de l'histoire n'épargne aucune certitude d'hier. Le temps bascule et l'homme avance désormais, comme un navire sans gouverne sur les eaux, vers l'inconnu. Les fondations anciennes s'effritent et les systèmes de pensée volent en éclats sous l'effet combiné des grands bouleversements humains, de l'explosion des sciences et des techniques, du soupçon philosophique et de la sensibilité esthétique. D'un point de vue chronologique, peu de temps sépare la naissance de Rogers de la Première Guerre mondiale et de la Révolution bolchevique. Sur les plans scientifique et artistique, Einstein ébranle les principes de la physique newtonienne alors que le cubisme en peinture, le surréalisme en littérature et le dodécaphonisme en musique témoignent d'une sensibilité renouvelée. Chicago, sa ville natale, est alors le foyer de l'architecture moderne. Tous les espoirs sont permis pour une Amérique jeune, confiante et pragmatique. Entre 1870 et 1910, sa population de 40 millions d'habitants fait plus que doubler et son produit national brut quadruple.

Le 8 janvier 1902, à Oak Park, dans la banlieue de Chicago, Carl Rogers devient le quatrième enfant d'une famille qui en comptera six, cinq garçons et une fille. De ses parents, Rogers dira qu'ils étaient disciplinés et exigeants, sévères sans être autoritaires. Ils recherchaient par-dessus tout l'unité familiale et déployaient une grande énergie pour assurer le bien-être de leurs enfants et, surtout, leur rectitude morale. « Aimants et dévoués », selon les mots de Rogers, ils étaient persuadés de la vertu du travail et du sens de l'effort dans les choses d'ici-bas. Pénétrée d'un profond sentiment religieux, comme son mari d'ailleurs, la mère du jeune Carl se plaisait à répéter quelques sentences bibliques dans lesquelles elle puisait l'essentiel de l'esprit qui la guidait : « Sortez du reste des nations et soyez séparés […] toute notre rectitude n'est que haillons souillés devant Toi, Seigneur » (dans Rogers, 1971, p. 8). Ingénieur agronome, le père de Carl fonde une entreprise de travaux publics. Prospère et florissante, elle assure à la famille l'aisance matérielle réservée d'ordinaire à la couche supérieure de la classe moyenne américaine. Ce détail a son importance pour les futures études de Rogers.

À la maison, l'enfant, studieux et rêveur, partage son temps entre le jeu et la lecture. Lecteur précoce, il connaît très tôt l'ivresse des mots. À la première occasion venue, il plonge dans les livres et s'en imprègne tout entier. Et les heures passent à la faveur d'un récit biblique, d'une histoire des pionniers ou d'une aventure indienne dont il est si friand. D'un plaisir à l'autre et d'une connivence à l'autre, il partage de nombreuses heures complices avec Walter et John, ses deux frères cadets, et découvre que la vie familiale, quand elle est simple et que la famille est unie, comble parfois de bonheur la vie sociale et ludique d'un enfant.

Élève doué, ses rêveries et ses distractions à l'école lui attirent le sobriquet de « professeur Nimbus ».

Conscient du tempérament rêveur de son fils, et plutôt hostile à la vie intellectuelle, le père entreprend bientôt d'initier lui-même le jeune Carl aux vertus du pragmatisme. Que faire alors, sinon l'instruire par l'exemple et l'expérience ? Avec l'autorisation de l'école, le maître et l'apprenti visitent pendant quelques semaines les chantiers de la Nouvelle-Orléans, de Norfolk en Virginie et de New York. Il en résulte… un enthousiasme délirant pour « les chants des dockers nègres de la Nouvelle-Orléans et […] une passion, acquise à Norfolk, pour des huîtres crues » (Rogers, 1971, p. 12). Pour le sens pratique, on repassera !

La famille du jeune Carl déménage dans un décor de rêve et de verdure lorsqu'il a 12 ans. La campagne, paisible et mystérieuse, sera le théâtre de ses ébats. Loin du fracas de la ville et de ses maléfices, il est comblé de bonheur par la rumeur grouillante des champs et des sous-bois. Dans ce lieu chéri de découvertes, premier laboratoire d'un scientifique en herbe, Rogers fait un apprentissage déterminant pour la suite de sa vie. Quelques papillons de nuit, attrapés non loin de la maison, sont la source de son premier ravissement. Dès lors, trêve de papillonnage, il se jette à corps perdu dans son premier projet de recherche. Rien ne lui échappe ! Bien documenté, il élève les chenilles, fait éclore les œufs et observe minutieusement les métamorphoses successives de la chenille en chrysalide puis en papillon. Ces expériences, jointes à l'agriculture scientifique que pratique son père, façonnent l'esprit de l'adolescent et donnent une direction à sa vie à venir. Son premier attachement à la science et l'ardeur qu'il déploie par la suite pour assurer à sa psychologie clinique un fondement scientifique sont issus de cette époque.

10.1.2 Ses études

Ses premières années à l'université sont précédées d'un séjour estival dans une petite localité du Dakota du Nord. Il travaille durement dans un commerce de bois que possèdent trois de ses oncles. La journée terminée, Carl passe ses heures de solitude avec Carlyle, Hugo, Scott, Poe, Emerson, Dickens, Ruskin, Stevenson et d'autres auteurs. Demain déjà, au sortir de l'adolescence, il écrira le prochain chapitre de sa vie. Nous sommes en 1919, Carl Rogers a 17 ans.

Fidèle à ses racines, Carl Rogers fait ses premiers pas à l'Université du Wisconsin cet automne-là. Le dessein d'en sortir agronome anime ses ambitions. Très tôt, dans ce nouveau milieu, il connaît les joies de la camaraderie au sein d'un mouvement religieux protestant fort répandu aux États-Unis et dans le monde : la Young Men Christian Association (YMCA). Rogers notera, rétrospectivement, que son directeur, le professeur Georges Humphrey, était un excellent exemple de leadership non directif. Au cours de sa deuxième année, à la faveur d'un congrès des étudiants bénévoles à Des Moines dont le slogan était « Notre génération évangélisera le monde », il décide d'abandonner ses études en agronomie au profit d'études en histoire afin de devenir pasteur. L'année suivante, Rogers a l'insigne honneur d'être choisi pour assister à un congrès de la Fédération mondiale des étudiants chrétiens à Pékin. Plongé six mois dans cette aventure, le jeune homme en sort bouleversé. Sur les flots des mers qui le portent vers la Chine, sur le sol oriental qu'il foule, Rogers dérive vers d'autres pensées et fortifie ses intuitions naissantes. Il quitte définitivement la chrysalide familiale et s'ouvre sur un monde qu'il ne soupçonnait pas. L'horizon s'élargit et les liens familiaux, intellectuels et religieux s'effritent au rythme des échanges et du choc des cultures. De ses pérégrinations orientales, Rogers (1971, p. 24) devait dire ceci :

Carl Rogers

> Depuis ce voyage, mes choix, mes valeurs, mes buts, ma philosophie m'ont été personnels et se sont considérablement éloignés du point de vue de mes parents et de mon point de vue premier. Psychologiquement, c'est la période capitale où j'ai déclaré mon indépendance par rapport à ma famille.

À son retour d'Extrême-Orient, il doit s'aliter pendant quelques semaines à cause d'un ulcère duodénal. Une fois rétabli, mais sous surveillance médicale et contraint à une diète sévère, Rogers se fait engager dans un magasin de bois pour remplacer le travail universitaire. Simultanément, un cours par correspondance de l'Université du Wisconsin l'initie à la psychologie de William James. Rogers (1971, p. 26) rapporte ceci : « Ce fut mon premier contact avec la psychologie. Je n'en fus pas autrement marqué. » Ses dernières années d'université se passent à la fraternité Alpha Kappa Lambda malgré le ferme désaccord de ses parents. En juin 1924, il obtient son grade de bachelier en histoire. En août de la même année, il convole en justes noces avec une amie d'enfance d'Oak Park, Helen Elliot, alors étudiante à la faculté des arts. Au volant de son coupé Ford modèle T, l'esprit gonflé d'idées et de projets, Rogers fait route vers New York, Helen à ses côtés.

C'est à New York que Rogers trouvera la voie de son orientation professionnelle, d'abord à l'Union Theological Seminary, puis au Teachers College of Columbia University, enfin à l'Institute for Child Guidance. Du séminaire, rappelons quelques souvenirs qu'il évoque dans son autobiographie. D'abord, il mentionne que les enseignements du professeur Harry Emerson Fesdick l'ont initié à des conceptions religieuses plus modernes et surtout plus conformes à des vues libérales. Ensuite, il évoque sa contribution à la mise en œuvre d'un projet d'enseignement non directif. C'est en ces termes qu'il se remémore l'épisode :

> Nous voulions explorer nos propres questions et nos propres doutes et suivre notre propre cheminement. Nous réclamâmes de l'administration l'autorisation d'organiser un séminaire d'études (qui compterait pour l'examen) dans lequel il n'y aurait pas d'enseignant et dont le programme serait composé par nos seules questions. On comprend la perplexité de l'administration devant cette requête que, finalement, elle accepta. Seule restriction, un jeune instructeur devait assister à nos débats, mais sans prendre part à la discussion, sauf demande expresse de notre part. (Rogers, 1971, p. 32.)

Pour Rogers, le bénéfice de l'expérience est double. D'une part, il en retire le germe d'une vision de l'éducation qu'il explicitera plus tard. D'autre part, et fidèle à sa paisible maturation d'ordre philosophique, il se détourne définitivement de sa vocation religieuse et porte dorénavant son regard vers le Teachers College of Columbia University. De la terre d'abord à l'Esprit saint ensuite, de l'agronomie à la religion, Rogers embrasse désormais les études sur l'homme... et ne les quittera plus.

À la célèbre école de pédagogie, Rogers fait la connaissance de William Kilpatrick et de Leta Hollingworth, rencontres-chocs qui laisseront sur lui des traces indélébiles. Kilpatrick l'initie le premier à l'œuvre monumentale de John Dewey et lui fait découvrir un large pan de la culture occidentale. Par l'entremise de Hollingworth, c'est tout le champ de la psychologie clinique qui se révèle à Rogers. Rogers veut dorénavant devenir psychopédagogue et psychothérapeute ; il a 24 ans.

En 1927, il devient titulaire d'une maîtrise ès arts. Sans avoir terminé son doctorat, il obtient une bourse d'études pour l'Institute for Child Guidance à New York. Affairé à l'élaboration d'un instrument sur « l'adaptation mesurée de la personnalité des enfants » de l'Institut, dans le cadre de sa thèse de doctorat, il prend alors douloureusement conscience du fossé qui sépare l'approche rigoureusement objective, expérimentale et statistique du Teachers College de l'éclectisme freudien qui prévaut à l'Institut. L'antagonisme l'aiguillonne et le pousse vers une possible troisième voie. En 1931, il publie sa thèse de doctorat défendue au Teachers College. Père d'un enfant, Rogers s'apprête à vivre ses premières années d'activités professionnelles.

10.1.3 Sa vie professionnelle

Successivement praticien, professeur et finalement chercheur, Rogers commence sa vie professionnelle à Rochester, dans l'État de New York. De 1928 à 1940, il est psychologue au Child Study Department of the Society of the Prevention of Cruelty to Children. Au cours de cette période, il s'initie à l'approche thérapeutique du psychanalyste américain d'origine autrichienne Otto Rank, dont il dira d'ailleurs que sa pratique l'impressionnait davantage que ses théories, et connaît une période d'intense activité à titre de psychologue clinicien auprès d'enfants difficiles et déshérités. Fruit de son labeur à

Rochester, *The Clinical Treatment of the Problem Child* paraît en 1939.

Selon Rogers, cet ouvrage lui ouvre les portes de l'Université de l'Ohio. Il y exerce les fonctions de professeur de 1940 à 1945. Son deuxième ouvrage, *Counseling and Psychotherapy* (1942), est un succès de librairie. Rogers y propose une approche véritablement novatrice que l'expression désormais célèbre d'« orientation non directive » caractérise sur le plan psychothérapique.

En 1945, Rogers foule à nouveau les rivages du lac Michigan à la suite de l'invitation qui lui est faite d'enseigner à l'Université de Chicago et de fonder un centre de consultation. De son propre aveu, ces douze années d'enseignement furent particulièrement riches et fructueuses sur le plan des recherches, des théories et des innovations en matière d'éducation et de psychothérapie. Sur ses activités de professeur, Miguel de la Puente (1970, p. 37) a écrit ce passage éloquent :

> En tant que professeur, Rogers se fait de plus en plus radical. Son hypothèse centrale est qu'« on ne peut directement enseigner à personne ; on ne peut que lui faciliter l'apprentissage ». Rogers applique les principes de la thérapie centrée sur le client à ses classes : il s'arrange pour travailler en petits groupes, pour enseigner dans un climat de liberté, suscitant l'intérêt des élèves.

En 1951 paraît l'ouvrage *Client-Centered Therapy*. C'est ici qu'il expose de façon systématique ses vues sur la psychothérapie et qu'il rapporte, sans négliger les détails, de nombreuses recherches expérimentales. Peu de temps après, au printemps 1952, il ébranle les murs de la prestigieuse Université Harvard à la suite de la conférence qu'il y prononce sur le thème de l'influence de l'enseignement en classe sur le comportement. Il la reprend intégralement dans son ouvrage *Freedom to Learn* (1969). Nous aurons l'occasion d'y revenir en détail sous peu. Enfin, et toujours dans cette tranche de vie professionnelle, Rogers publie l'ouvrage *Psychotherapy and Personality Change* en 1954. Ses collaborateurs et lui-même y présentent les résultats « de recherches expérimentales systématiques sur les effets de la psychothérapie centrée sur le client » (Pagès, 1986, p. 4).

Par l'entremise de Virgil Henick, ami personnel et professeur en éducation, Rogers renoue avec son *alma mater*, l'Université du Wisconsin, de 1957 à 1963. Il y occupe un poste sur mesure, répondant à ses exigences : enseignement aux facultés de psychiatrie et de psychologie, possibilité de contribuer à la formation de psychologues et de psychiatres, pratique thérapeutique et recherches sur des sujets psychotiques et normaux. C'est au cours de cette période que paraît l'ouvrage *On Becoming a Person* (1961).

C'est à partir de 1964 qu'on retrouve Rogers au Western Behavioral Science Institute, à La Jolla, en Californie, dont il dit avoir contribué à la fondation en 1958. Libéré enfin des tracasseries universitaires, Rogers se consacre en toute liberté à de nouvelles expériences et recherches, notamment à des expériences de groupe, à ce qu'il est convenu d'appeler le *T-Group* ou le *basic encounter group*. C'est en 1971 que paraît finalement son autobiographie[2]. Puis sont successivement publiés deux ouvrages en 1967 et 1968 : *Person to Person* et *Man and the Science of Man*.

Dans un ouvrage de référence consacré à l'orientation non directive de Rogers dans le champ de la psychologie sociale, Max Pagès (1986, p. 3) résume ainsi l'itinéraire professionnel de Rogers :

> Il alla de la pratique à l'enseignement et à la recherche. [...] Depuis son entrée à l'Université, la vie professionnelle de Rogers a été divisée en trois parts à peu près égales quantitativement : le travail clinique et pratique de psychothérapeute, quinze heures par semaine environ, qu'à notre connaissance il n'a jamais cessé, l'enseignement, les recherches expérimentales sur le processus thérapeutique, engagées avec des élèves ou des collègues. Il s'agit, en réalité, de trois aspects d'un même travail, qui se soutiennent et qui sont étroitement reliés non seulement pour Rogers mais pour ses étudiants et collaborateurs.

En 1987, Carl Rogers s'éteint à l'âge de 85 ans, laissant derrière lui une œuvre riche et diverse, tissée de mille fils autour du thème central de l'homme et de son développement.

10.2 Les influences de Rogers

Le moment est venu d'examiner quelques-unes des influences qui ont façonné, à des degrés divers, la pratique et la pensée de Carl Rogers. Qu'il nous soit ici impossible de prétendre à l'exhaustivité, le lecteur le comprendra aisément. De toutes les influences que Rogers dit avoir subies, nous retiendrons celles qui nous paraissent les plus pertinentes dans le cadre de notre propos[3].

En matière de philosophie de l'éducation, et Rogers le rappellera en de nombreuses occasions, William Kilpatrick occupe certainement une place de choix. Précieux collaborateur de John Dewey, il est de la race rarissime des pédagogues aux yeux de Rogers. Homme érudit, et partisan d'une école jeffersonienne qu'il oppose à l'école napoléonienne[4], Kilpatrick est l'ardent défenseur de la liberté et de la démocratie dans les établissements éducatifs. Rogers lui est redevable d'une triple manière, croyons-nous.

D'abord, Kilpatrick confirme le jeune Rogers dans son effort d'émancipation des liens intellectuels et religieux qui le rattachent encore à la cellule familiale. Dans son magnifique ouvrage *Pensée et vérité de Carl Rogers*, André de Peretti (1974, p. 45) rapporte ces propos de Kilpatrick :

> [...] à quelque moment vers la fin de l'adolescence, chacun devrait réexaminer pour lui-même ce qu'il a antérieurement reçu comme établi, soit dans la tradition ou la foi ou au moins avec une intuition enfantine (*childlike insight*). Ce réexamen (*rethinking*) sera accompli au mieux s'il est fait en connexion avec des discussions conduites par un adulte sympathique et critique, qui sache comment questionner et guider sans interposer sa manière de penser pour empêcher le jeune d'aborder de lui-même ses problèmes réels et d'aller vers ses propres conclusions à la lumière des vues diverses que les hommes ont tenues ou tiennent sur de tels problèmes.

---

2. Pour une bibliographie exhaustive des écrits de Rogers, nous renvoyons le lecteur à l'excellent ouvrage de Miguel de la Puente (1970).

3. Pour une vue d'ensemble de ces diverses influences, voir l'ouvrage de Miguel de la Puente (1970, p. 41-46).

4. Pour Kilpatrick, l'école jeffersonienne amène l'élève à l'apprentissage de l'autonomie et de la responsabilité d'une voie qui lui est propre. À l'inverse, l'école napoléonienne conduit à la dépendance par le dressage. Pour de plus amples détails, voir l'ouvrage d'André de Peretti (1974, p. 44-47).

Comme le notera judicieusement De Peretti (1974, p. 45), l'attitude de l'adulte envers le jeune que préconise Kilpatrick «[...] pourrait se réidentifier, chez Rogers, en forme de pratique à produire face aux adolescents montants (mais aussi dans toute psychothérapie)».

Ensuite, à travers les enseignements de Kilpatrick, Rogers découvre l'œuvre monumentale du célèbre professeur de philosophie, de psychologie et de pédagogie de l'Université de Chicago, John Dewey. Créateur d'une école expérimentale, par sa vision de l'apprentissage basée sur l'expérience personnelle de l'enfant — *learning by doing* —, il dirige de sévères critiques contre l'école traditionnelle qu'il juge anachronique, autoritaire et magistrale. Centrée sur l'enseignant et les programmes, elle entrave l'intelligence de l'élève et laisse en friche son imagination et son potentiel créateur.

Enfin, Kilpatrick apporte à Rogers de solides fondations philosophiques à sa formation. En effet, par son entremise bienveillante — son savoir ne connaît pas de frontières —, c'est tout un pan de la culture occidentale qui se révèle à Rogers.

Kilpatrick connaît et cite couramment Rabelais, Montaigne et Galilée; mais aussi Descartes et Pascal, Montesquieu, Condorcet et Adam Smith, Voltaire et Rousseau, Turgot et Napoléon, Kant et Hegel, Tocqueville et Schopenhauer, Darwin et Stuart Mill, Spencer et Nietzsche, mais encore Ortega y Gasset, Tagore, Bernard Shaw, Wells, Thorndike, Toynbee. (De Peretti, 1974, p. 47.)

Bref, à travers Kilpatrick, Rogers puise les sources d'une position éducative qui affirme la place centrale de l'expérience et de la réflexion personnelles dans la construction de soi-même et adhère à une vision de l'éducation fondée sur le développement intégral de l'enfant et sur la dynamique du changement comme source de progrès individuel et collectif.

Dans le domaine de la psychologie clinique, plusieurs approches participent à la formation de sa pensée. Au Teachers College, Rogers se familiarise avec une psychologie scientifique, objective, opérationnelle et statistique. L'influence du Teachers College se fera sentir dans sa thèse de doctorat sur le plan méthodologique et le confirme — encore qu'il marquera plus tard ses distances — dans son

effort de soumettre le processus thérapeutique à l'investigation scientifique. Peu de temps après, en 1927-1928, Rogers se forme à l'orientation freudienne de l'Institut de New York. Dans les propos que rapporte Miguel de la Puente (1970, p. 42), Rogers témoigne de sa dette envers «les notions freudiennes de répression et de relâche» et admet sans détour que «sans la contribution de Freud, son œuvre n'aurait pas été possible». Évidemment, son contact avec le freudisme déborde largement son court passage à l'Institut — pensons à ses échanges avec Karen Horney, H.S. Sullivan, Otto Fenichel, Alexander F. et T.M. French comme il l'écrit lui-même —, mais il provoque la prise de conscience du clivage très net entre ces deux grandes orientations thérapeutiques. Comment Rogers a-t-il ressenti le conflit et de quelle façon s'est-il employé à le dépasser? Questions pertinentes sur lesquelles nous reviendrons plus loin.

D'autres influences fécondent également son œuvre. Mentionnons, entre autres, l'approche thérapeutique du psychanalyste Otto Rank, qu'il rencontre à Rochester, et la pratique d'inspiration rankienne des psychologues de la clinique pour enfants de Philadelphie comme celle des travailleurs sociaux de l'école de Pennsylvanie. Durant cette période, Rogers s'initie à la *relationship therapy*; il y trouve les germes de sa vision thérapeutique naissante: le respect absolu de la personne, la foi en sa capacité de trouver en elle-même les ressources de sa libération, l'importance de la dimension émotionnelle, le rôle capital d'un climat d'accueil qui favorise l'expression de la personne et l'effort de compréhension du présent plutôt que l'interprétation du passé.

Sur un plan philosophique, les lectures de Kierkegaard et de Buber le confirment dans sa démarche et lui révèlent une parenté de vues qu'il ne soupçonnait pas jusqu'alors. «Par là, comme le précise De la Puente (1970, p. 44), il rejoint l'*existential psychology* de Rollo May, Abraham H. Maslow, et d'autres psychologues américains et européens.» Kierkegaard, c'est le philosophe qui oppose à la dialectique hégélienne le drame quotidien de l'existence humaine, à l'«hypersystématisation» l'angoisse et la mort qui troublent la tranquillité de son âme; Buber, c'est l'auteur de *Je et Tu* (1923), le philosophe de la relation humaine, l'homme de l'«entretien authentique » et de la « parole dialogique » (De Peretti, 1974, p. 92).

Il ne faudrait pas passer sous silence l'impact de F. Zimring sur Rogers et surtout la contribution d'Eugène Gentlin. De ce dernier, Rogers reprend le concept d'*experiencing* ou d'« expérience vécue » et procède à une formulation plus phénoménologique de son approche thérapeutique :

> En termes plus formels, l'« experiencing » est un processus de sentiments ressentis (*feelings*), qui a lieu dans le présent immédiat, qui est de nature organismique[5] préconceptuelle, qui contient des significations implicites, et auquel l'individu peut se référer pour former les concepts. Toute conceptualisation, toute signification est basée sur cette première donnée de l'« experiencing ». (De La Puente, 1970, p. 134.)

Enfin, Miguel de la Puente (1970, p. 45) rapporte ceci :

> Rogers se sent également débiteur de la culture américaine dans toute sa complexité. Il fait ici référence à la philosophie de la vie américaine, plus exactement au rapport qu'il voit entre sa thérapie centrée sur le client et les principes démocratiques de son pays.

La liberté et l'égalité sont fondatrices de l'Amérique. Rappelons-le brièvement : *Novus Ordo Saeclarum* est sa devise, comme le notait Hannah Arendt dans son ouvrage *La crise de la culture* (1972) ; un « nouvel ordre du monde » pour éliminer l'oppression et la pauvreté et permettre à chacun de réaliser sa dignité d'homme.

10.3 Rogers et la psychologie américaine

Dans un ouvrage récent, *De la phénoménologie à la psychanalyse* (1989), Marc-André Bouchard présente brièvement dans son premier chapitre les orientations diverses qui relèvent de l'approche phénoménologique-existentielle en psychothérapie. Pour les

besoins de notre propos, et pour situer davantage Carl Rogers parmi ses contemporains, il n'est pas inutile de reprendre l'essentiel de cette présentation. Pour ce faire, quatre orientations seront successivement commentées : l'approche des analystes existentiels, celle des psychanalystes humanistes, celle des psychologues humanistes et la gestalt-thérapie. Mais avant, un mot s'impose sur les fondateurs de l'approche phénoménologique-existentielle.

Les philosophes de l'existence — Kierkegaard, Heidegger, Sartre, Marcel, Jaspers — ont révélé à la conscience contemporaine le tragique de la condition humaine, le drame personnel et temporel de chaque individu confronté à sa possibilité, sa liberté et sa vérité subjective. S'inspirant de la phénoménologie — Husserl — , ils tentent de retrouver, par-delà les préjugés, les *a priori* et les apparences empiriques, la vérité de l'expérience, l'essence du phénomène tel qu'il apparaît à la conscience subjective. Sur le plan de la psychothérapie, « l'attitude phénoménologique consistera à tenter d'éliminer tout présupposé et à retourner aux choses elles-mêmes » (Bouchard, 1989, p. 22).

Biswanger, Minkowski et Boss sont les noms familiers de l'approche des analystes existentiels. Héritiers de Kierkegaard et de Husserl, de Heidegger et de Jaspers, ils sont également débiteurs de l'œuvre de Sigmund Freud. Ces analystes ont en commun un certain nombre de caractéristiques. Européens, ils sont de culture germanique ; phénoménologues, ils cherchent à pénétrer le cœur de l'expérience telle qu'elle est vécue par l'individu. Successeurs de Freud, ils lui reprochent toutefois son réductionnisme, son matérialisme et son déterminisme.

> Enfin, ils ont réagi à la fois de manière critique et admirative face à Freud ; ils considèrent que le modèle freudien est **réductionniste** en ce qu'il ramène la diversité de l'expérience humaine à un jeu de quelques forces, telles que l'instinct de vie et l'instinct de mort ; ils lui reprochent son **matérialisme** qui consiste, par exemple, à expliquer la créativité par la pulsion sexuelle ; tous expriment des réserves et des critiques sérieuses face au **déterminisme** absolu de l'inconscient dynamique. (Bouchard, 1989, p. 23.)

Parmi les psychanalystes humanistes, on retrouve les noms d'Erich Fromm, de Karen Horney et d'Otto

---

5. Terme que Rogers emploie souvent et qui désigne « une manière d'être et de percevoir une situation avec l'unité de tout l'organisme corporel et psychique » (De la Puente, 1970, p. 54).

Rank. Formés à la tradition psychanalytique euro-péenne, ils émigrent aux États-Unis, où ils pour-suivent des carrières indépendantes. Subtils critiques de Freud, ils élaborent une approche psychanaly-tique dite humaniste et développent une réflexion, entre autres thèmes, sur le rôle de la liberté et de l'angoisse dans la névrose (Fromm) ou sur l'influence de la conscience anticipatrice « sur l'expérience du présent » (Horney).

Viennent ensuite les psychologues humanistes ou les psychologues de la « troisième force », selon l'expression consacrée d'Abraham Maslow. Ils sont de culture nord-américaine et psychologues de forma-tion. On trouve dans ce groupe les noms de Allport, Murray, Murphy et, plus tard, ceux de Rogers, Kelly, Maslow, May et Bugental. Ces psychologues, malgré leurs divergences et la diversité de leurs approches, s'opposent au béhaviorisme et à la psychanalyse freu-dienne, qui dominent alors le champ de la psycholo-gie américaine. Ils partagent, outre le souci de l'homme concret, les thèmes de l'amour, de la liberté, des valeurs, de la conscience de soi et de la créativité. Et chacun sait que, dans les années soixante, la flo-raison des mouvements de contre-culture est asso-ciée à ces psychologies de l'autoréalisation.

Quant à la gestalt-thérapie, elle s'apparente aux deux orientations précédentes. Bouchard décèle d'ailleurs deux tendances au sein de la psychothéra-pie gestaltiste : celle de la côte Est, dite fondamenta-liste, qui s'inspire de Freud, Reich, Fromm, Rank, Goodman ; et celle de la côte Ouest, révisionniste, plus près de la psychologie humaniste. Forts de cet éclairage, examinons d'un peu plus près la position de Rogers et la manière tout à fait originale dont il entreprend de résoudre le conflit entre le béhavio-risme et la psychanalyse classique ou, selon ses ter-mes, entre les pôles « objectif » et « subjectif » de la psychothérapie.

Comme nous l'avons déjà signalé, à l'instant où Carl Rogers fait son entrée sur la scène de la psy-chologie clinique, deux grandes théories du com-portement humain occupent déjà les planches, le béhaviorisme et le freudisme. Dès son séjour à New York, Rogers prend douloureusement conscience du clivage qui les oppose. Rogers (1971, p. 37) té-moigne en ces termes :

L'année 1927-1928 à l'Institut de Guidance infan-tile fut une année très féconde. Je terminais mon doctorat au Teachers College, où des choses comme les émotions, ou la dynamique de la per-sonnalité étaient complètement méprisées par Percival Symonds et d'autres membres du corps enseignant ; Freud était un mot obscène. Tout était centré autour des mensurations et des statis-tiques. Au nouvel Institut de Guidance infantile, l'accent était au contraire mis sur un freudisme éclectique et contrastait de manière si aiguë avec l'approche du Teachers College qu'il ne semblait y avoir aucun terrain de rencontre possible. Je ressentais très vivement la tension entre ces deux points de vue.

Cet antagonisme l'entraîne sur les chemins d'une perspective nouvelle. Aboutissement de sa démarche, sa position échappe au piège d'une vision dualiste de la thérapie et propose une orientation épistémolo-gique où les pôles « objectif » et « subjectif », au lieu de s'exclure, s'engendrent et se fécondent.

Pour Rogers, les principes de ces tendances — béhavioriste et freudienne — conduisent à la réifica-tion de la personne : l'une par la seule méthode de l'étude du comportement extérieur, l'autre par l'in-terprétation de la conduite humaine sur la base d'une grille d'analyse prédéterminée. D'emblée, il esquive ce double déterminisme — déterminisme du milieu pour l'un, déterminisme des structures inconscientes pour l'autre — et se propose d'étudier la personne en évitant l'« introspectionisme vague » de l'un comme l'approche exclusivement statistique et objective de l'autre (De la Puente, 1970, p. 22).

Aux tenants de l'approche béhavioriste du com-portement, Rogers rappelle la réalité première de l'expérience subjective individuelle dans le processus thérapeutique. Par rapport à cette réalité fondamen-tale, l'explication scientifique, bien qu'importante, demeure secondaire. Mais, redisons-le, et comme l'indique De La Puente, Rogers s'est toujours inté-ressé à l'aspect opérationnel de la recherche. Aux autres, les chantres de la psychanalyse classique, Rogers rappelle l'exigence de l'investigation scien-tifique dans le processus thérapeutique. Il faut pou-voir vérifier les théories et définir les concepts en termes opérationnels. Miguel de la Puente (1970, p. 73) résume bien l'effort de Rogers :

[…] si Rogers lutte contre une façon d'aborder les phénomènes de la thérapie qui étouffe le pôle subjectif de la science (d'où ses critiques de l'objectivité scientifique), il s'oppose aussi à une façon de formuler les expériences thérapeutiques qui ne tiendraient pas compte du côté opérationnel de la recherche (le subjectif).

Mais c'est Max Pagès (1986, p. 10-11) qui a su le mieux dire la position de Rogers :

En fin de compte les deux exigences phénoménologique et expérimentale, au lieu de s'exclure, ou de se résoudre dans un compromis confus, se renforcent mutuellement. L'expérience authentique de soi et d'autrui dans la thérapie ne tend pas à se refermer sur elle-même, mais au contraire à s'ouvrir à d'autres formes d'expérience ; elle se formule en langage, d'abord le langage intime et privé qui assure la communication entre le thérapeute et le client, puis en langage théorique plus universel qui permet des communications plus étendues. […] La méthode expérimentale, d'autre part, se nourrit de l'expérience phénoménologique, à moins de se couper de ses sources ; elle est guidée par elle dans chacune de ses démarches et débouche aussi sur elle à son terme, lorsqu'il s'agit d'apprécier les résultats, d'en tester la validité ultime, de forger de nouvelles hypothèses.

Cette position épistémologique est la marque personnelle de Rogers dans le champ de la philosophie des sciences ; son activité professionnelle porte l'empreinte de cette démarche originale et novatrice. Toute sa vie durant, dans d'autres aspects de son travail, il a navigué sur les eaux de la recherche et de l'action. Chez lui, la théorie et la pratique, au lieu de s'opposer, se renforcent et se complètent.

10.4 Les fondements de la pensée rogérienne : psychothérapie et enseignement

Chez Rogers, la psychothérapie et l'enseignement présentent des rapports étroits. Différents sur certains aspects — par exemple la relation maître-élève n'est pas assimilable à la relation thérapeute-client —, ils se rejoignent toutefois quant à l'objectif

fondamental qu'ils poursuivent : permettre à l'individu de faire un apprentissage significatif. Nous reviendrons plus loin sur cet aspect essentiel. Pour l'heure, portons notre regard sur son approche thérapeutique et, au premier chef, sur la conception de la personne qui constitue le fondement de ses positions éducatives et psychothérapiques.

10.4.1 La conception de la personne

La conception rogérienne de la personne et de ses transformations repose sur l'hypothèse du développement[6] ou ce qu'il désigne par le terme *growth*. Selon Pagès (1986, p. 16), cette capacité d'autodétermination est double : « elle postule d'une part une **tendance actualisante** de l'organisme […], système motivationnel unifié », qui pousse la personne à se développer suivant des fins qui sont déterminées par elle, et d'autre part « une capacité de **régulation** » qui permet à la personne de réajuster ou de modifier son concept de soi (*self-concept*) en fonction d'une meilleure adaptation à « la totalité de son expérience ».

André de Peretti (1974) soulignait d'ailleurs finement l'incidence des origines rurales de Rogers sur sa conception du développement de la personne ; la métaphore agricole du *growth* est centrale dans sa théorie. Dans une perspective rogérienne, la personne porte en elle une aspiration vers la plénitude, l'autoréalisation et l'épanouissement. La « tendance actualisante » concerne aussi bien la satisfaction des besoins élémentaires de l'individu que la progression de son autonomie. « Quant à la régulation, comme le précise Pagès (1986, p. 16), c'est un système d'**évaluation** de l'expérience » qui permet la réorganisation par l'individu de certains aspects de sa personnalité. Notons également que le *growth* est inné et universel aussi bien chez la personne « normale » que chez l'individu « troublé ». Par conséquent, tout l'effort de l'intervenant, du psychothérapeute, consistera à libérer le flux de cette tendance, à faciliter l'émergence des potentialités qu'elle recèle.

---

6. Pour un exposé plus complet sur l'hypothèse du développement de Rogers et la théorie rogérienne de la personne, voir l'excellent ouvrage de Max Pagès (1986, p. 15-22).

Pour Rogers, faut-il le rappeler, la nature profonde et intime de la personne est positive. Dans *Le développement de la personne* (Rogers, 1966, p. 91), il s'exprime en ces termes :

Un des concepts révolutionnaires qui surgit de notre expérience clinique est l'intuition croissante que le noyau intime de la nature de l'homme, les couches les plus profondes de sa personnalité, la base de sa « nature animale » est de nature positive, est socialisée à sa base, progressive, rationnelle et réaliste.

À l'encontre des visions béhavioriste et freudienne, Rogers introduit la réalité de la conscience individuelle dans l'étude du comportement humain. Au déterminisme béhavioriste du milieu et au déterminisme psychanalytique des structures inconscientes, il oppose l'indéterminisme de l'autodétermination.

Suivant cette option, le phénomène de l'idiosyncrasie (St-Arnaud, 1987) fait dès lors son entrée dans l'enceinte de l'étude du comportement humain. Chaque personne est unique et interagit d'une manière qui lui est propre avec les autres et l'environnement. Conçue comme une totalité, une gestalt, elle n'est réductible ni aux automatismes de la machine, ni aux influences du milieu, ni aux forces obscures de l'inconscient. Pour Miguel de la Puente (1970, p. 77), Rogers aborde l'homme à travers le prisme d'une orientation existentielle, « à partir de son cadre de référence interne et phénoménologique ». En définitive, ce qui est primordial et central dans la conception rogérienne de la personne, plus que son hérédité, son milieu ou ses structures inconscientes, c'est la possibilité que possède chaque homme de se créer, de se dire et de se réaliser, de se comprendre et d'agir sur lui-même, sur les autres et sur le monde.

10.4.2 La psychothérapie

La psychologie américaine devait trouver dans le conflit opposant les orientations béhavioriste et psychanalytique — confirmant leur caractère relatif comme modèle unique d'explication du comportement (St-Arnaud, 1987) — la source d'une voie nouvelle en matière de psychothérapie. Les béhavioristes postulaient la non-liberté de l'homme et n'avaient que faire des mouvements de sa conscience. Ils soumettaient à l'investigation scientifique le comportement extérieur, observable et mesurable de l'individu

qu'ils cherchaient à modifier dans un sens jugé souhaitable. Quant aux psychanalystes, ils étudiaient et interprétaient le comportement de la personne à la lumière d'un appareil conceptuel prédéterminé. Dans les deux cas, selon Rogers, on avait une même dénégation de « l'expérience consciente », un même rejet de la liberté subjective, un même refus de reconnaître à l'individu une compétence dans sa démarche de compréhension de lui-même. Entre l'une — béhavioriste — qui vise la modification du comportement et l'autre — psychanalytique — qui l'interprète, Rogers propose une orientation que certains analystes qualifient d'existentielle et de phénoménologique (De la Puente, 1970 ; Pagès, 1986).

Par approche phénoménologique, il faut entendre que le thérapeute pénètre au cœur de l'expérience intime de la personne, au centre de son « cadre de référence interne », pour mieux comprendre ses sentiments et plus fidèlement refléter, par la technique du miroir, la substance de ce qui lui est transmis. La compréhension phénoménologique réside dans cette expérience unique d'une rencontre de soi-même et d'autrui, dans la vérité partagée entre des personnes réelles, dans l'intersubjectivité.

L'objectif de la thérapie centrée sur le client est de « faciliter à l'individu l'examen de ses propres pensées et sentiments et de l'aider à découvrir ses propres solutions » (Atkinson et coll., 1987, p. 579). Témoin privilégié et complice fidèle de la démarche de compréhension du client, le thérapeute de l'approche rogérienne postule que l'individu possède en lui-même toutes les ressources pour s'approprier, comprendre et organiser les éléments de son expérience intérieure. Vu sous cet angle, le rôle du thérapeute s'en trouve considérablement modifié. Rogers lui préfère d'ailleurs le terme de « facilitateur ». Qu'est-ce à dire ?

Le facilitateur n'interprète ni ne cherche à modifier le comportement de la personne. Patient, vigilant, il aide le client dans la clarification de ses sentiments, de ses émotions et de ses idées. Ouvert et disponible, il n'intervient que pour faciliter le processus de symbolisation par lequel la personne objective les tumultes de sa vie intérieure et parvient à une meilleure compréhension d'elle-même. L'empathie, la chaleur et la sincérité (la congruence) sont les qualités premières du facilitateur.

L'**empathie** se réfère à la capacité de comprendre les sentiments que le client tente d'exprimer et la capacité de communiquer cette compréhension au client. Le thérapeute doit adopter le cadre de référence du client et il doit s'efforcer de voir les problèmes comme le client les voit. Par **chaleur**, Rogers veut dire une acceptation entière de l'individu tel qu'il est, y compris la conviction que cette personne a la capacité d'agir de façon constructive par rapport à ses problèmes. Le thérapeute qui est **sincère**, est ouvert et honnête et ne joue pas un rôle, pas plus qu'il ne se dérobe sous une façade professionnelle pour agir. (Atkinson et coll., 1987, p. 580.)

Forts de cet éclairage, nous pouvons maintenant aborder les vues éducatives et pédagogiques de Rogers.

10.4.3 La pédagogie

En avril 1952, la vague rogérienne déferle sur une assemblée de professeurs de « collège », d'enseignants « d'avant-garde » réunis pour un séminaire à l'Université Harvard autour du thème « Influence des méthodes pédagogiques sur le comportement ». L'exposé de Rogers plonge soudainement l'auditoire dans une eau trouble et dangereuse. Il s'y distingue par la concision de son propos et l'originalité de son approche. Les vues qu'il propose, comme les horizons qu'elles dessinent, soulèvent alors des flots de critiques et lui attirent les foudres de l'assistance. Ses déclarations ébranlent les digues du conformisme et les soutènements de l'édifice pédagogique traditionnel. En gros, Rogers incite à mettre le cap sur un autre port, à tendre les voiles pour un vent nouveau.

C'est dans ce texte de Harvard[7] que Rogers présente pour la première fois « le suc essentiel » de ses positions éducatives. En déportant sur le pôle de l'apprentissage l'intérêt pédagogique, Rogers contribue à inverser l'ordre hiérarchique qui prévalait jusqu'alors et qui accordait la primauté, comme chacun le sait, à l'enseignement et à l'enseignant qui le pratique. Tiré de ses expériences, de sa pratique de

psychothérapeute et d'enseignant, que nous dévoile, en substance, ce texte de Harvard ?

Dans un style direct et dénué d'artifices, Rogers (1976, p. 152) soutient qu'on ne peut pas « enseigner à quelqu'un d'autre comment enseigner » ; que l'enseignement ou les connaissances qui résultent d'un enseignement sont peu utiles à la personne qui apprend ; que les seules connaissances qui importent sont celles qu'elle découvre par elle-même et ces connaissances ne sont pas directement communicables à autrui. Par conséquent, le métier d'enseignant lui semble de peu d'intérêt. C'est que Rogers affirme ne s'intéresser qu'à l'apprentissage qui transforme en profondeur la personne, au processus cognitif et émotionnel qui rend possible la découverte de connaissances significatives sur soi-même, les autres et l'environnement. Rogers, il faut le préciser, en tirera des conséquences pratiques : abolition de l'enseignement tel qu'on le pratique, des examens qui en mesurent l'effet, des diplômes et des sanctions qui l'accompagnent.

Toutefois, gardons-nous de conclure que Rogers en appelle à la fermeture des établissements d'enseignement et au sabordage de l'activité enseignante qui en assure la pérennité. Il nous invite plutôt à la rénovation de l'école, de la pédagogie et des méthodes, au renouvellement des objectifs et des pratiques sur la base d'une vision nouvelle de l'apprentissage.

Cette rénovation à laquelle il nous convie prend appui sur la distinction qu'il opère entre les verbes « enseigner » (*teaching*) et « apprendre » (*learning*). Enseigner au sens d'« instruire », de « communiquer des connaissances ou un savoir-faire », au sens de « faire connaître », de « montrer, guider, diriger », ne présente aucun intérêt pédagogique suivant le point de vue de Rogers. Cette pratique enseignante s'arroge le monopole de la connaissance et impose de l'extérieur les contenus à assimiler. Qui plus est, elle gêne l'autonomie de l'élève, l'exercice de sa liberté et ses capacités à s'autodéterminer.

Au sujet de l'apprentissage, Rogers formule l'hypothèse que « l'étudiant désire apprendre, créer, se développer » (Pagès, 1986, p. 108). L'apprentissage trouve donc tout naturellement son origine à l'intérieur de la personne elle-même et procède « de son mouvement intime et personnel » (*self-initiated*). Engagé tout entier dans un processus de transformation

---

7. Il est d'ailleurs repris dans ses ouvrages *Le développement de la personne* (1966) et *Liberté pour apprendre ?* (1976).

— intelligence et sensibilité —, l'individu désire faire des « apprentissages significatifs », c'est-à-dire un apprentissage qui le transforme en profondeur. « L'acte d'apprendre est "pénétrant" (*pervasive*), dira Marquet (1971, p. 82) dans un petit ouvrage sur Rogers ; il a pour effet de transformer l'élève — et pas seulement de lui apporter quelque chose de plus —, de modifier son comportement, ses attitudes et peut-être même sa personnalité. » Premier maître d'œuvre de son évolution, l'individu qui apprend est aussi le plus compétent pour juger du chemin parcouru, des connaissances acquises et de la route à choisir. Ce qui fait écrire ce qui suit à Pagès (1986, p. 108) :

C'est dire que cet apprentissage ne peut être dirigé que par l'étudiant lui-même ; l'information nouvelle sur soi et sur le monde ne sera intégrable d'une manière significative à la personnalité totale de l'étudiant que si elle est conquise par lui dans un mouvement autonome. Par conséquent, cet apprentissage ne peut, par définition, pas être transmis de l'extérieur.

Dans un effort de synthèse intellectuelle, l'auteur de *Liberté pour apprendre ?* (1976) expose un certain nombre de principes qu'il croit pouvoir tirer de sa longue expérience, de sa pratique assidue et de l'expertise de plusieurs collaborateurs. Reprenons dans l'ordre la dizaine de principes qui forment l'ossature de sa pensée.

Premier principe : « Les êtres humains ont en eux une capacité naturelle d'apprendre. » (Rogers, 1976, p. 156.) Tout être humain porte en lui-même le désir de croître, de se développer et d'élargir l'éventail de ses connaissances et le champ de son expérience. Pour Rogers, on peut faire confiance à cette « tendance naturelle ». Tout ce qu'il préconise, tout ce qu'il propose pour l'avenir se fonde sur « le désir naturel d'apprendre de l'élève ».

Deuxième principe : « Un apprentissage valable a lieu lorsque son objet est perçu par l'étudiant comme ayant un rapport avec ses projets personnels. » (Rogers, 1976, p. 156.) En d'autres termes, l'intérêt de l'élève ou son projet personnel est la source d'un apprentissage significatif. Ce type d'apprentissage suppose que l'élève perçoit la pertinence de l'information, des connaissances ou des habiletés à acquérir. Il en découle une amélioration de la vitesse d'apprentissage et du temps d'assimilation des contenus.

Troisième principe : « L'apprentissage qui implique un changement dans l'organisation du moi, ou dans la perception du moi, est ressenti comme menaçant, et on tend à y résister. » (Rogers, 1976, p. 157.) Principe explicite qui nous évite, croyons-nous, des gloses inutiles. Soyons brefs ! Tout apprentissage qui prend sa source dans une contradiction, une remise en question des valeurs ou des conduites peut être ressenti comme une menace et entraîner « un changement réel dans la structure du moi », selon Rogers.

Quatrième principe : « Ces apprentissages qui sont menaçants pour le moi sont plus facilement perçus et assimilés lorsque les menaces extérieures sont réduites au minimum. » (Rogers, 1976, p. 157.) Ce principe capital nous rappelle que la profondeur ou la qualité d'un apprentissage, la modification du comportement qu'il entraîne, dépendent également des conditions — favorables ou défavorables — dans lesquelles il se produit. C'est que l'environnement éducatif, l'attitude de l'enseignant et l'appréciation des autres élèves font maintes fois la différence entre la réussite, l'intérêt et le progrès ou le piétinement, l'échec et l'indifférence.

Cinquième principe (qui est une conséquence du précédent) : « Lorsque la menace contre le moi est faible, l'expérience vécue peut être perçue dans ses nuances, et l'apprentissage peut avoir lieu. » (Rogers, 1976, p. 159.) À ce sujet, Rogers (1976, p. 160) s'explique en ces termes :

[Dans la situation scolaire ordinaire,] l'humiliation, le ridicule, le rabaissement, la colère et le mépris constituent des menaces contre la personne elle-même, contre la perception que chacun a de soi et, comme telles, interfèrent fortement avec l'apprentissage. Par contre, lorsque la menace contre le moi est faible, chacun utilise les moyens d'apprendre qui se trouvent à sa disposition, de façon à renforcer son moi.

Sixième principe : « On apprend beaucoup et valablement dans l'action. » (Rogers, 1976, p. 160.) Héritage de Dewey qui montre l'attachement de Rogers à une démarche d'apprentissage où l'enfant est confronté à « des problèmes pratiques, des problèmes sociaux, moraux et philosophiques, des difficultés personnelles et des problèmes de recherche ».

L'élève est le premier responsable de son apprentissage, et la pédagogie s'organise autour de ses initiatives et de ses actions.

Septième principe : « L'apprentissage est facilité lorsque l'étudiant détient une part de responsabilité dans la méthode. » (Rogers, 1976, p. 160.) Contre un apprentissage passif où les objectifs et les moyens sont décidés de l'extérieur, l'orientation rogérienne se réalise à partir de l'activité de l'enfant, des questions qu'il se pose, des objectifs qu'il poursuit, des moyens qu'il se donne. Pour Rogers, dans l'industrie comme dans l'enseignement, ce principe a démontré sa nette supériorité.

Huitième principe : « Un enseignement autodéterminé qui engage la personne tout entière — avec les sentiments autant qu'avec son intelligence — est celui qui pénètre le plus profondément et qui est retenu le plus longtemps. » (Rogers, 1976, p. 161.) Un apprentissage devient authentique et efficace quand la personne s'engage d'elle-même et pour elle-même dans un processus qui la transforme en profondeur sur les plans de l'intelligence et de la sensibilité. « Il est profond et pénétrant », pour reprendre les mots de Rogers, et n'attend pas l'aval d'une autorité pour révéler son importance et sa valeur.

Neuvième principe : « L'indépendance d'esprit, la créativité, la confiance en soi sont facilitées lorsque l'autocritique et l'autoévaluation sont considérées comme fondamentales et que l'évaluation par autrui est vue comme secondaire. » (Rogers, 1976, p. 161.) Ces qualités s'acquièrent dans un climat qui les favorise, dans un contexte qui encourage pour chacun la prise en charge de son évaluation personnelle quant à ses attitudes, ses choix, ses idées et ses actions. Une saine ambiance de liberté relative est source d'autonomie et de créativité.

Dixième principe : « Dans le monde d'aujourd'hui, l'apprentissage le plus utile socialement, c'est l'apprentissage des processus d'apprentissage, c'est aussi d'apprendre à rester toujours ouvert à sa propre expérience et à intégrer en soi le processus même du changement. » (Rogers, 1976, p. 162.) « **Apprendre à apprendre** » est la pierre angulaire d'un renouveau pédagogique dans un monde de transformations rapides et qui fait du changement le sens même de son devenir. Il serait illusoire, selon Rogers, de se rabattre sur des contenus d'apprentissage issus d'un passé révolu, anachronique de poursuivre des finalités immuables et de soumettre l'élève à des processus et à des formules figés. L'avenir du monde passe par l'éducation au changement.

Évidemment, dans l'esprit de Rogers, cette renaissance pédagogique doit s'accompagner d'un renouvellement des ressources, des visées et des pratiques et d'une transformation en profondeur du rôle de l'enseignant et de ses responsabilités. Pour soutenir cette « liberté pour apprendre », Rogers propose en enfilade quelques-unes des qualités requises pour exercer le métier et libérer l'élève de la sujétion et de la contrainte. Quel est le rôle de l'enseignant comme facilitateur d'apprentissage et quelles sont ces qualités essentielles ?

D'abord, comme facilitateur, l'enseignant doit créer un environnement d'apprentissage riche et stimulant, axé sur la croissance personnelle, les besoins et les intérêts de l'élève (Tardif, 1992) ; un environnement libre et flexible qui permette à l'élève d'explorer des ressources et de faire des choix significatifs en fonction de ses besoins d'apprentissage. Il lui revient aussi, en tenant compte des conflits, de la diversité des caractères et des oppositions, de créer une atmosphère de sérénité, d'acceptation mutuelle et de confiance réciproque, et de s'y consacrer jour après jour par tous les moyens éducatifs possibles. Le facilitateur travaillera à la clarification des objectifs individuels d'apprentissage comme à la définition des projets collectifs de classe. Acceptant la diversité des intérêts et des projets — contradictoires ou complémentaires —, l'enseignant comme facilitateur considère d'abord le désir de l'élève de réaliser un projet significatif à ses yeux. Rogers (1976, p. 163) y voit « la force motivante qui soutient un apprentissage signifiant ».

En outre, le facilitateur veille à procurer « le plus grand éventail possible de ressources d'apprentissage ». Toutes s'équivalent si elles sont désirées par l'élève et susceptibles de le soutenir dans l'accomplissement de son projet : livres et textes, documents sonores ou audiovisuels, visites documentaires, aide d'une personne-ressource, d'un conseiller ou d'un expert, ou encore de l'enseignant lui-même si telle est la demande de l'élève et pour autant qu'il puisse convenablement y répondre.

3° Si l'empathie est une des qualités du psychothérapeute, elle est également primordiale chez l'enseignant comme facilitateur. Pour l'essentiel, elle représente une attitude d'ouverture inconditionnelle à la dynamique du groupe sur les plans intellectuel et émotionnel, une capacité de comprendre de l'intérieur les sentiments ou les réactions des élèves. « Dans la mesure où il peut être authentique en agissant ainsi, dira Rogers (1976, p. 163), le facilitateur

4° accepte les raisonnements et les conceptualisations aussi bien que les sentiments personnels et profonds. » Authentique autant que faire se peut, il partage ses vues et ses opinions, mais aussi ses craintes sans faux-fuyants. Dans le vocabulaire de Rogers, il est alors sincère, congruent. Peu à peu, suivant « le climat d'acceptation », le facilitateur devient lui-même un membre du groupe, une personne qui participe à chaque instant à l'effort d'apprentissage individuel ou collectif. Attentif et dévoué, il ne juge

5° ni ne condamne et se garde de paroles culpabilisantes qui entravent ou retardent la progression de l'élève.

Enfin, et ce sera notre dernier point, le facilitateur est conscient de ses limites et de ses faiblesses.

6° Il sait que l'exercice de la liberté est toujours difficile et qu'il ne peut donner de celle-ci à ses élèves que dans la mesure où lui-même peut l'assumer. Il sait aussi que son degré de compréhension est lié à son désir véritable d'entrer en communication sincère avec l'élève. Il ne se livre que pour autant qu'il en est capable et ne témoigne sa confiance que s'il l'éprouve. Au fond de lui-même, il sait que ses faiblesses, ses travers et ses manquements pavent quelquefois la voie de la méfiance. Alors il reprendra la tâche interminable de se connaître lui-même, de se dire et de s'exprimer pour ainsi, peut-être, « devenir un meilleur facilitateur d'apprentissage » (Rogers, 1976, p. 165).

10.5 Les pédagogies ouvertes au Québec

Septembre 1959 : les projecteurs s'éteignent et le rideau tombe sur les années du régime Duplessis. « Un homme passe, mais un peuple se renouvelle », disait Alfred de Vigny. Le Québec ne sera plus jamais le même. Après les durs moments de la crise de 1929 et les misères de la Seconde Guerre mondiale (1939-1945), le Québec connaît enfin les premières heures

de la prospérité socio-économique. En effet, aussi bien le marché du travail — le chômage est de 2,5 % en 1947 au Québec — que les services à la population, la production industrielle et l'exploitation des richesses naturelles progressent de façon notable. Sur le plan politique, le gouvernement de l'Union nationale (1944-1959) marque le Québec d'une forte empreinte nationaliste et traditionaliste. De connivence avec les dirigeants de l'Église, le régime Duplessis résiste à la modernisation de la société et tient les institutions sous l'emprise d'une vision conservatrice et dogmatique. « La grande noirceur » est l'expression consacrée pour désigner cette période d'immobilisme sociopolitique. À la mort de Duplessis, la tension monte et l'on sent bien le vent qui annonce de profonds changements. Cédons la parole au sociologue Guy Rocher, témoin privilégié de l'époque et intellectuel de premier plan. À la question que lui adresse Georges Khal : « Comment perceviez-vous le Québec à l'époque ? », Guy Rocher (1989, p. 41) répond :

> Comme un pays encore à faire. C'est-à-dire un pays qui sommeillait dans un passé dépassé. [...] Au point de vue social, c'était la grande noirceur du régime Duplessis. On était en pleine idéologie faussement traditionaliste, tandis qu'un nationalisme étriqué était au pouvoir. Et puis il y avait une telle connivence entre les pouvoirs religieux et politiques que tout paraissait bloqué.

Juin 1960 : les libéraux accèdent au pouvoir avec le slogan « C'est le temps que ça change ». Dès lors, une ère nouvelle commence ; le Québec entre de plain-pied dans la modernité[8]. Les changements, nombreux et rapides, touchent tous les aspects de la vie collective québécoise. Pour qualifier cette période de rattrapage et de transformations radicales, d'effervescence intellectuelle et de bouillonnement des idées, le Canada anglais propose l'expression devenue célèbre de « Révolution tranquille ». Avec une rapidité étonnante, le Québec met en place une administration publique et des services sociaux, et procède à une restructuration collective

---

8. Notre manière succincte de présenter les choses donne à penser que la mort de Duplessis a propulsé tout d'un coup le Québec dans la modernité. Évidemment, les choses sont plus nuancées. Le Québec amorce déjà sa modernisation à l'époque de la crise de 1929. Voir à ce sujet Claude Couture (1991).

de son économie. Sur le plan des mœurs également, de la culture et des représentations, le Québec devait connaître une prodigieuse mutation. L'ensemble des croyances et des pratiques qui cimentaient jadis l'édifice social est soudainement mis au rancart. Pour relever les défis de l'industrialisation et répondre aux exigences d'une société moderne, l'État procède à une vaste transformation de son système d'enseignement.

En 1961, la commission Parent voit le jour et elle remet son premier rapport en 1963. Dès 1964, à la suite de ses recommandations, le ministère de l'Éducation est créé. Quelques années plus tard, en 1966, la Commission royale d'enquête sur l'avenir de l'enseignement dans la province de Québec ajourne ses travaux après cinq années de réflexion soutenue, d'échanges intenses et de discussions serrées. Une profonde rénovation des structures administratives et pédagogiques sera dès lors à l'agenda des réformes qui attendent le Québec. La Commission propose la mise sur pied d'un véritable système public d'enseignement qui vise à rendre accessible à tous les enfants une éducation moderne, quels que soient leur langue, leur statut socio-économique ou leur lieu d'origine. En outre, pour faciliter l'accès du plus grand nombre à l'enseignement supérieur, le Québec se dote d'une structure collégiale d'enseignement général et professionnel et d'un vaste réseau d'établissements universitaires comprenant des constituantes, des écoles spécialisées et des instituts de recherche. Dès son premier rapport, la commission Parent (1963, p. 83) énonce clairement ses objectifs : « Donner à chacun la possibilité de s'instruire ; rendre accessibles à chacun les études les mieux adaptées à ses aptitudes et à ses goûts ; préparer l'individu à la vie en société. »

C'est également dans ce contexte de rénovation sociale que s'amorce une vaste réflexion philosophico-pédagogique sur le sens de l'activité éducative et les valeurs à transmettre. Déjà largement diffusées dans le monde anglo-saxon et la francophonie, les idées de Carl Rogers auront un certain retentissement sur la démarche de plusieurs pédagogues québécois. Dans la section qui suit, nous vous présentons leur réflexion. La pédagogie organique (Conseil supérieur de l'éducation, Pierre Angers), la pédagogie ouverte d'André Paré et la pédagogie de l'autodéveloppement de Claude Paquette seront successivement abordées.

10.5.1 Le modèle « organique » de l'activité éducative

Le modèle organique de l'activité éducative est proposé au moment où le Conseil supérieur de l'éducation (CSE) publie son rapport annuel intitulé *L'activité éducative* (1971). Simultanément, le ministère de l'Éducation rendait public le gigantesque rapport *L'Opération Départ* (1971). Quelques années plus tard, Pierre Angers présentait également sa conception organique de l'activité éducative dans *Les modèles de l'institution scolaire* (1976).

En même temps que le réaménagement des structures administratives et pédagogiques, le Québec poursuit une réflexion collective sur le sens, les valeurs et les finalités de l'activité éducative. Car c'est elle, en dernière instance, qui éclaire et achève les efforts consentis dans l'ordre des moyens. En d'autres termes, l'activité éducative est primordiale dans le système d'enseignement ; les instruments n'existent qu'en fonction de l'activité éducative, qui leur donne une portée réelle et véritable.

Réfléchir sur la nature de l'activité éducative, c'est réfléchir sur l'homme à façonner, l'homme d'aujourd'hui et de demain, auquel il reviendra de bâtir le monde à venir. Au cœur de l'activité éducative se trouve une question fondamentale : quelle image de l'homme avons-nous et suivant quelle idée voulons-nous le former ?

Dans leur rapport, les membres du Conseil supérieur de l'éducation (1971) proposent à la réflexion publique deux orientations différentes, deux conceptions de l'activité éducative : l'une s'inspirant d'une vue mécaniste des choses et l'autre, d'une vue organique. Cette polarisation des tendances mérite qu'on s'y attarde.

Suivant la conception mécaniste de l'activité éducative, l'enfant est un être passif qu'il faut éduquer par la contrainte, et son indolence, ou « sa résistance à l'apprentissage », s'explique par une sorte d'« inertie congénitale ». Éduquer consiste alors à soumettre, à dresser et à redresser l'enfant sous l'effet d'une « action coercitive constante et soutenue » (CSE, 1971, p. 33).

Sur le plan épistémologique, la vision mécaniste du développement et de l'apprentissage procède d'une séparation radicale entre le sujet et l'objet, conçus dès lors comme des entités autonomes, « des en-soi pleinement constitués », dirait Angers. Dans cette perspective, le monde de l'objet est donné comme absolu et l'apprentissage résulte de « l'investissement du sujet par l'objet » (Angers, 1976, p. 44). Savoir consiste alors à se représenter, de façon claire et distincte, la réalité du monde donnée comme immuable. Conception rationaliste de la connaissance s'il en est une où « certitude et vérité » coïncident dans la conscience envisagée comme pure transparence.

Si on transpose cette vision sur le plan scolaire, enseigner consiste alors à transmettre des connaissances, à communiquer des objets de savoir préalablement choisis de l'extérieur, et organisés ensuite sous la forme d'un programme, que l'élève ingurgite en respectant la rigueur d'un processus séquentiel d'apprentissage. Si enseigner consiste à transmettre, alors apprendre consiste à recevoir, à enregistrer, à reproduire le savoir en vue d'un contrôle. Soumis à la logique de la matière et à l'autorité du maître, l'élève n'a plus qu'à se soumettre et à prendre la place qu'on lui assigne dans l'ordre inaltérable de la société. Expulsé du processus de sa formation, il n'a plus qu'à consentir et à s'offrir en pâture à l'action du maître.

Pour les tenants de la conception organique de l'activité éducative, l'orientation mécaniste présente plusieurs lacunes. D'abord, elle n'atteint pas les régions profondes de la personnalité de celui qui apprend : sa vie émotionnelle, ses attitudes, sa perception de lui-même, ses motivations et ses désirs profonds. Ensuite, parce qu'elle demeure à la surface des choses et qu'elle effleure le frémissement de la vie réelle, la conception mécaniste de la pratique éducative débouche sur une « pédagogie de la contrainte ». Ce faisant, elle n'amène pas l'élève à la compréhension véritable, laquelle prend racine dans les questions qu'il se pose et qui l'incitent à trouver des solutions originales, significatives et personnelles. « Les connaissances qui marquent et qu'une personne retient sont celles qu'elle recherche et qu'elle est motivée à apprendre. » (CSE, 1971, p. 36.) Enfin, dernière critique, l'idée de l'homme qu'elle comporte s'inspire d'une vue mécaniste des choses.

Nous voulons dire par ce mot que l'étudiant n'est pas considéré comme véritablement doué d'un dynamisme de croissance, comme pourvu des ressources et des motivations qui sont capables de le conduire à apprendre et à comprendre par lui-même les disciplines qu'il étudie, c'est-à-dire par goût et par décision personnelle. (CSE, 1971, p. 36.)

Tout autre est la conception organique de l'activité éducative. Elle s'enracine dans une vision des choses qui fait de l'élève un être doué de ressources intérieures et animé d'un dynamisme profond. Le postulat fondamental qui la soutient s'énonce comme suit :

Le centre de la nature humaine, les régions les plus intérieures de la personne, le dynamisme vital de la personnalité sont quelque chose de positif, ce dynamisme tend naturellement à la croissance et au développement de tout l'être ; il est rationnel, réaliste et dirigé vers le progrès de la personne. (CSE, 1971, p. 38.)

De cette conception de la personne et de son développement, on notera surtout les affinités qu'elle présente avec la pensée de Rogers. Pour les défenseurs de ce second modèle, l'élève, en effet, est un être actif, doué d'un élan intérieur, et orienté par les motivations profondes de son organisme. Il possède en lui-même toutes les ressources nécessaires à sa croissance et à son épanouissement. Inventif — pour autant que le milieu ne s'avise pas de l'entraver —, il est capable d'autonomie, d'engagement, de prise de décisions personnelles, d'autocontrôle, d'adaptation au changement, bref, d'autoéducation. C'est ce qui en fait d'ailleurs l'expert, l'agent premier de son apprentissage et de son développement. L'apprentissage présente donc les caractéristiques d'une expérience éminemment active et trouve son origine et sa finalité dans le dynamisme intérieur de celui qu'on appelle le « s'éduquant ».

Mettre ainsi l'accent sur les ressources intérieures et le dynamisme de l'élève, c'est promouvoir une pratique éducative qui s'engage à éveiller ses facultés d'imagination et de création et à libérer ses « puissances de compréhension, d'intuition et d'interrogation » (CSE, 1971, p. 38). Une telle vision de l'intervention éducative adhère non seulement aux objectifs de formation intellectuelle, mais également aux objectifs de maturation affective et de développement social de l'élève.

Selon cette conception, le progrès interne de l'étudiant et le mouvement indéfini de sa croissance intérieure sont des objectifs infiniment plus importants que la somme de connaissances acquises, l'étendue du programme parcouru, le nombre des diplômes accumulés et le nombre d'années d'études poursuivies. Nous appelons ce modèle : organique, parce que l'activité éducative prend appui sur les ressources intérieures de l'étudiant. (CSE, 1971, p. 39.)

Suivant Angers (1976), cette conception de l'activité éducative met en scène une conception de la connaissance qui prend sa source dans la philosophie, notamment dans la démarche phénoménologique et dans la réflexion épistémologique, et dans les cercles des sciences physiques et biologiques depuis le début du XX⁰ siècle. En substance, il ressort de ce modèle que la connaissance résulte d'une démarche, d'un processus actif, d'un projet, d'une interaction entre le sujet et l'objet. Cette position amène Angers (1976, p. 65) à élaborer un modèle environnemental de l'activité éducative ; il écrit :

> Il n'est donc pas question de subordonner le dynamisme des démarches du s'éduquant à la logique de la matière, ni de subordonner la logique de la discipline à la logique du s'éduquant. Les deux termes doivent conserver, pour fonctionner pleinement, la plénitude de leur densité : le s'éduquant, l'usage complet de ses pouvoirs de connaissance et la discipline, l'intégrité de ses exigences.

Il s'agit donc d'instaurer dans l'enseignement un environnement conforme à cette orientation épistémologique, c'est-à-dire un environnement stimulant, qui amène à l'interrogation, qui développe les capacités de l'élève et qui favorise l'émergence d'un projet éducatif individuel. Située dans une perspective environnementale, la didactique se concentre alors sur l'étude de l'activité de connaître « déclenchée par l'environnement scolaire, sur les formes d'assistance qu'il est utile de lui apporter et sur les conditions de l'environnement qui favorisent ou non l'apprentissage » (Angers, 1976, p. 70).

Quant à l'enseignant, centré sur l'élève et sur son processus d'apprentissage, il subordonne son activité et son assistance à l'activité de l'élève. Observateur attentif et fin analyste, il organise l'environnement éducatif de manière à le rendre dynamique et n'intervient dans le déroulement de l'interaction que s'il la favorise et s'il répond au besoin et au désir de l'élève. Ouvert, disponible et à l'écoute de l'élève, il fait preuve de « sympathie affective et intellectuelle » à son égard et se montre sensible à ses problèmes comme à ses besoins. Agent coopérateur, il offre son concours, son expérience et son savoir sans exercer de pressions aussi maladroites qu'inutiles sur l'élève.

Débordant le cadre étroit du seul établissement scolaire, la conception organique de l'activité éducative rejaillit sur l'ensemble de la société, qu'elle cherche à transformer sous l'effet d'une action politique éclairée et constructive. Affirmant sa foi dans l'homme, dans sa capacité de vivre d'une manière créative, elle refuse de subordonner la société aux fins d'un individualisme sauvage et aveugle comme elle refuse de subordonner l'homme aux fins absolues et extérieures de la société. Elle propose plutôt de maintenir en interaction, dans un état d'équilibre précaire et constamment renouvelé, les fins de l'homme et celles de la société. Elle suscite de la part de chaque homme son engagement et l'incite à conjuguer ses forces aux efforts des autres hommes dans la construction du monde. Par les facultés de sa pensée, son action positive et sa capacité de distanciation critique, l'homme contribue au renouvellement de la société comme à celui des possibilités de création de l'homme par lui-même[9].

10.5.2 La pédagogie ouverte de Paré

En 1977, André Paré proposait aux éducateurs le fruit de ses années de recherche, de sa réflexion personnelle et d'expériences menées dans le monde de l'éducation. « C'est une des intentions de cet ouvrage d'exprimer une conception de la pédagogie issue de l'action menée sur le terrain, dans les écoles et à l'université », dira-t-il dans l'avant-propos de son ouvrage (Paré, 1977, p. 19). Trois volumes constituent la totalité de l'ouvrage *Créativité et pédagogie ouverte*.

---

9. La conception organique de l'activité éducative de Pierre Angers est exposée et développée dans un grand nombre d'ouvrages. Dans son dernier titre, *L'activité éducative. Une théorie, une pratique* (1993), il examine, en collaboration avec Colette Bouchard, différents aspects de l'activité éducative : la création d'une vie collective, l'aménagement de la classe et l'intervention pédagogique. Pour une vue plus concrète de l'activité éducative de type organique, nous recommandons la lecture de ce livre.

Paré consacre son premier volume, *Pédagogie encyclopédique et pédagogie ouverte*, à l'analyse critique de ce qu'il appelle l'école « encyclopédique » et s'applique à dégager les principes d'une pédagogie ouverte. L'étude de la créativité et de la résolution de problèmes constitue l'essentiel du deuxième volume, *Créativité et apprentissage*. C'est à partir de cet examen que Paré dégage les caractéristiques du fonctionnement optimal d'un individu. Le troisième volume, *Organisation de la classe et intervention pédagogique*, présente au lecteur des considérations sur l'organisation de la classe et aborde les problèmes que soulève la mise en place d'une pédagogie ouverte en milieu scolaire.

Il nous est impossible de présenter le détail de cet ouvrage dans le cadre d'un chapitre dont les développements ne dépassent guère l'esquisse. Par conséquent, nous passerons outre son analyse de l'école « encyclopédique ». Ce genre d'école, qui s'appuie sur les postulats de l'encyclopédisme, du dogmatisme et de l'autoritarisme, produit sur l'organisme des effets pervers que l'expression « pathologie affective et cognitive » traduit sur le plan conceptuel. Nous passerons également sur la description de la démarche de créativité, sur les aspects rationnels et irrationnels qui l'alimentent comme sur les techniques qui la favorisent. Enfin, nous laisserons à des études ultérieures les problèmes d'organisation que suscite la mise en place d'une pédagogie ouverte. Nous nous en tiendrons rigoureusement à la présentation des postulats philosophiques et pédagogiques qui soutiennent l'approche de Paré ainsi qu'à la description de son modèle pédagogique fondé sur les propriétés de l'organisme, les composantes de l'environnement et les axes de l'apprentissage.

Les postulats

Toute conception de l'éducation, de la connaissance et de l'apprentissage propose une certaine vision de l'homme et toute transformation des croyances pédagogiques suppose une modification des postulats qui la soutiennent. Une pédagogie ouverte, une pédagogie orientée vers la croissance optimale de l'individu et centrée sur sa relation avec l'environnement repose sur des principes, des postulats ou des croyances — Paré n'établit pas de distinction entre ces termes — différents de ceux qui appuient la conception encyclopédique de l'apprentissage. Voyons

en enfilade les principes énoncés par Kelly [10] et que Paré reprend dans un chapitre de son premier volume :

- « Les êtres humains sont ce qu'il y a de plus important au monde. » (Paré, 1977a, p. 158.) Le monde n'acquiert de signification que par l'action constante d'une conscience subjective. C'est dans cet échange permanent entre l'homme et le monde que résident la consistance de ce dernier et la source de toute connaissance.

- « Les enfants sont des humains. » (Paré, 1977a, p. 159.) En cela, ils ont droit à tous les égards que réclame la dignité humaine. Libres et égaux en droits, ils sont capables d'autonomie, de prise de responsabilités et de libre arbitre. Aussi, ils ont le droit d'exprimer ouvertement ce qu'ils pensent et ce qu'ils sont, et de progresser selon les tendances profondes qui les animent.

- « Chaque personne est unique. » (Paré, 1977a, p. 160.) Tout être humain est unique sur les plans biologique et psychologique, et son développement tend à renforcer sa singularité.

- « Si un être humain est diminué, toute la collectivité est diminuée. » (Paré, 1977a, p. 160.) Nous vivons tous en interaction et dans une relation d'étroite interdépendance. Si l'un de nous est diminué, l'ensemble de la collectivité est affecté. La croissance optimale de l'un est liée à la croissance optimale de l'autre.

- « Les enfants viennent au monde normaux. » (Paré, 1977a, p. 161.) À l'exclusion d'une infime proportion, tout être humain est normalement constitué à la naissance et possède en lui les ressources nécessaires à son plein épanouissement.

- « Tout au long de sa vie, l'être humain change et change pour le mieux. » (Paré, 1977a, p. 161.) Chacun trouve la voie qui lui est propre et les moyens appropriés pour se réaliser. Paré (1977a, p. 162) s'explique :

Le changement est inscrit dans la nature comme une propriété de tout organisme. [...] Dans une terminologie rogérienne, nous pourrions dire que tout humain, dès sa naissance et jusqu'à sa mort, a en lui la capacité de trouver ce qui lui est nécessaire, ce qui est le plus utile à sa croissance et

---

10. E.C. Kelly publia, en 1947, *Education for What Is Real*.

qu'il peut mieux que quiconque déterminer les voies et les directions qui lui conviennent.

- « Aucune croissance n'est possible sans engagement. » (Paré, 1977a, p. 162.) La croissance personnelle procède d'un engagement de la personne dans un projet qui lui paraît significatif.

- « Les sentiments sont aussi importants que le savoir. » (Paré, 1977a, p. 163.) L'homme est une gestalt et c'est la totalité de son être qui interagit avec l'environnement. Toutes les propriétés de l'organisme sont des dimensions essentielles de l'apprentissage, de la croissance et du changement.

- « La réalisation d'un être humain implique la liberté. » (Paré, 1977a, p. 163.) L'homme libre dispose de sa personne. C'est dans cette libre disposition de lui-même, dans sa connaissance des limites de l'environnement et de ses ressources que réside sa réalisation.

- « Toute forme de rejet et de ségrégation est une entrave à la croissance. » (Paré, 1977a, p. 163.) Pour s'engager librement dans un processus de croissance, l'homme doit être libre des pressions extérieures, des forces de servitude qui cherchent à le modeler ou à l'asservir.

- « Notre tâche d'éducateur consiste à optimiser la croissance. » (Paré, 1977a, p. 164.) Par tous les moyens possibles, l'éducateur doit libérer le flux de la croissance individuelle, en faciliter le jaillissement et mettre en place les conditions qui la favorisent.

Sur la base de ces postulats, l'école a pour mission essentielle de produire des êtres humains actualisés, car l'actualisation de soi, dans la perspective de Paré (1977a), importe bien davantage que l'acquisition de simples techniques.

Se définir, s'identifier, se différencier, devenir de plus en plus conscient, mieux outillé sensoriellement, affectivement et cognitivement, voilà le sens de l'actualisation de soi. (Paré, 1977a, p. 164.)

Paré puise d'ailleurs chez Rogers les caractéristiques d'une personne actualisée. D'abord, cette personne fait preuve d'**ouverture à l'expérience**, c'est-à-dire qu'elle est en contact avec ce qui se passe tant à l'intérieur qu'à l'extérieur d'elle-même. Ensuite, **la personne actualisée devient un processus**, elle

prend conscience de sa croissance permanente. Acteur principal et observateur privilégié de son cheminement, l'individu est toujours en route, jamais fixé, et connaît les joies de l'engagement dans un processus de changement indéfini. Enfin, la personne actualisée a **confiance en son propre organisme** (Paré, 1977a, p. 168).

Cette nouvelle conception de l'homme et cette mission renouvelée de l'école incitent Paré à énoncer de nouveaux principes pédagogiques. Dans son premier volume, *Créativité et pédagogie ouverte*, Paré (1977a) fait siens les principes pédagogiques proposés par l'État du Vermont à ses éducateurs : mettre l'accent sur l'apprentissage plutôt que sur l'enseignement ; accepter l'élève comme une personne à part entière ; miser sur le désir que chacun possède de donner un sens à son environnement et d'apprendre ; s'efforcer de développer l'imagination, l'originalité, la pensée créatrice individuelle ; permettre à chacun de se développer selon ses habiletés physiques, intellectuelles, sociales ou affectives ; concevoir l'éducateur comme un guide et un partenaire ; encourager chez l'élève le sens des responsabilités et stimuler ses capacités d'autoévaluation.

Comment se définit alors une pédagogie ouverte ? C'est une pédagogie intégrée qui tient compte à la fois des aspects individuels de l'apprentissage et des apports extérieurs, en d'autres termes, des exigences individuelles de croissance optimale comme des richesses de l'environnement. Paré soutient une pédagogie intégrative, c'est-à-dire une pédagogie qui prend en considération la totalité de l'être et la totalité de l'Univers. Toute connaissance résulte d'une interaction entre l'organisme humain et l'environnement. Cette relation constitue le pivot de l'apprentissage. L'individu et l'environnement forment donc les pôles indissociables de ce modèle pédagogique.

Le modèle pédagogique

Le modèle pédagogique de Paré est fondé sur les propriétés de l'organisme, soit les dimensions sensorielle, émotionnelle et intellectuelle de l'apprentissage. C'est d'abord par les sens que l'enfant prend contact avec l'Univers, par les sens aussi qu'il puise dans le monde de l'information de toute nature. Les sens représentent autant de fenêtres ouvertes sur la réalité du monde. Mais la sensation ne vient pas seule, elle s'accompagne de réactions affectives, positives ou négatives : c'est l'aspect émotionnel de l'apprentissage. L'organisation et le traitement de l'information renvoient à la dimension intellectuelle de l'apprentissage et produit des comportements plus ou moins adaptés à l'environnement.

Mais l'organisme ne saurait se développer, et la structure interne de l'individu se construire — ce que Paré appelle aussi le *self* pour désigner l'état actuel de cette structure — sans une relation soutenue avec l'environnement, lequel lui fournit ses données premières, ses stimulations et son information. C'est par cette relation que l'enfant élabore peu à peu ses schèmes d'action, ses représentations et ses concepts, et qu'il bâtit sa vision de l'homme et du monde. L'environnement est l'autre pôle de l'apprentissage.

> J'appelle « environnement » tout ce qui existe autour de nous, c'est-à-dire l'ensemble du champ dans lequel, à tout instant, nous baignons, entendu que chaque individu fait lui-même partie de ce champ. C'est tout ce qui nous atteint ou tout ce que nous pouvons atteindre et qui nous fournit un matériel ou des informations diverses que notre organisme peut traiter. (Paré, 1977a, p. 213.)

Paré distingue aussi trois types d'environnement : l'environnement physique, l'environnement social et l'environnement intérieur. Le premier concerne tout ce qui nous entoure, les éléments de la nature comme les objets qui la composent ou les phénomènes que nous essayons d'expliquer. L'ensemble des êtres avec lesquels nous vivons de même que l'ensemble de nos relations forment l'environnement social de l'individu. Enfin, l'environnement intérieur renvoie à nos modèles intérieurs, à notre manière propre de sentir les choses, à notre façon d'interpréter le monde. L'école, dit Paré, doit ménager une place à ces trois environnements dans l'organisation du milieu éducatif.

Le modèle de Paré, outre la place qu'il réserve à l'analyse des propriétés de l'organisme et aux composantes de l'environnement, fait également une large place à l'analyse des différentes directions suivant lesquelles l'organisme apprend et se développe : la recherche, l'expression et la gestion. Elles forment les axes autour desquels s'organise la pédagogie ouverte. Interdépendantes et « intimement

imbriquées les unes dans les autres », ce n'est que pour les besoins de l'analyse que Paré s'applique à séparer ces dimensions de l'apprentissage.

L'axe de la recherche renvoie à la dimension accommodatrice de l'organisme, c'est-à-dire à la dimension de l'organisme qui recherche une plus grande cohérence entre ses modèles d'explication de la réalité et l'information qui afflue de l'extérieur. C'est la partie où l'organisme procède à des réajustements par une démarche de résolution de problèmes. Plusieurs phases la caractérisent : la phase d'exploration, de manipulation et d'observation ; la phase de formulation du problème ; la phase de recherche de l'information ; la phase de formulation d'hypothèses et d'inférences ; la phase de vérification et d'application des principes ; enfin, la phase de communication des résultats. Évidemment, ces étapes ne sont pas toujours aussi distinctes et ne se présentent pas toujours dans cet ordre strict. C'est que la recherche comporte bien des surprises dont ne rend pas compte cette manière linéaire de présenter les choses.

S'il s'agit de faire entendre sa musique intérieure, ses harmoniques subjectives, ou d'expliquer de façon logique l'ordre du monde — les langages artistique et scientifique —, alors c'est l'axe de l'expression qui est privilégié.

> Peu importe la véracité ou l'objectivité de ce qui est produit, l'individu dit ce qu'il est et ce qu'il comprend du monde ambiant ; il projette ses modèles intérieurs, ce qui lui permet de mieux les percevoir et de les réajuster grâce à la confrontation au réel. (Paré, 1977a, p. 219.)

Enfin, simultanément à la recherche et à l'expression, il nous faut tenir compte de la gestion de l'apprentissage. L'axe de la gestion renvoie aux activités d'organisation et de planification des gestes et des actions qui permettent à des individus de répondre à leurs besoins individuels et collectifs.

> La gestion correspond à la nécessité et à la capacité qu'ont ces organismes de prendre en charge le déroulement de leurs activités et de les organiser conformément à leurs besoins personnels et collectifs. (Paré, 1977a, p. 259.)

En terminant, soulignons que le modèle pédagogique que propose Paré nous invite à concevoir un autre type de programme scolaire. Paré refuse le cloisonnement rigide des disciplines et s'oppose à une approche systématique et séquentielle des champs disciplinaires. Son orientation se fonde plutôt sur la transformation continuelle de la structure intérieure d'un individu en relation avec son environnement, sur la connaissance profonde de ses caractéristiques et sur « l'utilisation et la maîtrise des différents langages » (Paré, 1977a, p. 218).

10.5.3 La pédagogie ouverte de Paquette

On ne saurait terminer ce tour d'horizon rapide des pédagogies ouvertes au Québec sans réserver une place à l'approche de Claude Paquette. Chercheur et praticien, il intervient régulièrement sur la scène éducative québécoise depuis une vingtaine d'années. Comme le notait pertinemment Bertrand (1992, p. 62) dans un ouvrage récent sur les théories contemporaines en éducation, « la pensée de Paquette s'est précisée avec les années ; elle a atteint une grande maturité organisationnelle vers la fin des années quatre-vingt ». Il est évidemment exclu de reprendre ici le détail de son parcours ou d'insister longuement sur les postulats philosophiques et pédagogiques de son approche. Elle présente assez de points communs avec les approches des auteurs précédemment étudiés pour que nous vous renvoyions à ces auteurs. Aussi, pour éviter toute redite, nous prêterons plutôt attention à son effort d'analyse des courants pédagogiques au Québec et nous réserverons une certaine part de notre propos à sa description des composantes d'une pédagogie ouverte. Pour ce faire, un ouvrage de Paquette nous servira de phare. « Outil de travail », comme il le dira lui-même, *Vers une pratique de la pédagogie ouverte* (1979) posait les jalons d'une recherche pédagogique rigoureuse et cohérente. Mais surtout, Paquette fournissait aux éducateurs intéressés par la mise en place d'une pédagogie ouverte un outil d'accompagnement utile et intéressant. Abordons sur-le-champ le premier élément de notre présentation.

Les courants pédagogiques au Québec

Dans l'économie de son ouvrage, le premier chapitre occupe une place de choix. Partant des expériences pédagogiques menées au Québec, Paquette procède à une analyse des courants pédagogiques qui en

émanent et propose au lecteur une démarche de réflexion de manière à rendre conformes pratique et théorie.

La typologie de Paquette (1979) se présente sous la forme d'un plan cartésien formé de deux axes : la contribution de l'élève à son apprentissage (+ −) en ordonnée et la contribution de l'enseignant (+ −) en abscisse. La figure 10.1 illustre notre propos. Signalons que son analyse des courants pédagogiques s'articule autour des paramètres qui suivent : l'élève, les objectifs, les dominantes — ou le concept d'individualisation auquel le courant donne lieu —, la conception de l'apprentissage et les valeurs privilégiées. La typologie de Paquette détermine les quatre courants pédagogiques que voici :

- **Quadrant I : la pédagogie ouverte.**

  Dans une pédagogie ouverte et informelle, l'élève est considéré comme possédant un appareillage interne lui permettant d'entreprendre une démarche de croissance autonome et personnelle. Cette croissance se réalisera dans la mesure où il y aura une interaction entre lui et un environnement aménagé. Le professeur jouera un rôle

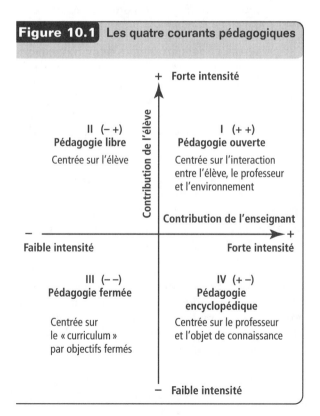

Figure 10.1   **Les quatre courants pédagogiques**

de premier plan dans l'aménagement conjoint (avec l'élève) de cet environnement. L'apprentissage est avant tout une prise de conscience des relations que l'enfant fera dans l'environnement éducatif. Les apprentissages seront variés et diversifiés. Les valeurs premières sont l'autonomie et la liberté (faire des choix et les assumer). (Paquette, 1979, p. 29.)

- **Quadrant II : la pédagogie libre.** Dans ce courant pédagogique, la contribution de l'élève à son apprentissage est forte alors que la contribution de l'enseignant est de faible intensité. L'élève est entièrement responsable de son apprentissage et c'est à partir de ses besoins et de ses champs d'intérêt que les objectifs d'apprentissage sont déterminés. Mais le déroulement de l'apprentissage est ici aléatoire et dépend de l'expérience de l'élève. Suivant cette orientation, c'est par son activité quotidienne que l'élève construit peu à peu ses valeurs et sa représentation du monde.

- **Quadrant III : la pédagogie fermée.** Courant pédagogique où dominent les valeurs de productivité, d'efficacité et de rationalité, la pédagogie fermée est tout orientée vers l'atteinte d'objectifs prédéterminés présentés dans un ordre logique. Ni l'élève ni l'enseignant ne sont ici les responsables de l'apprentissage. Assujettis aux impératifs des programmes, l'un et l'autre s'y conforment en observant une séquence stricte et rigoureuse.

- **Quadrant IV : la pédagogie encyclopédique.** Dans la pédagogie encyclopédique, la contribution de l'enseignant est de forte intensité alors que celle de l'élève est secondaire. Ici, le maître transmet et l'élève assimile, mémorise et reproduit en vue d'un contrôle. L'obéissance, la conformité au modèle, le sens de l'effort, la volonté et la mémoire sont les valeurs privilégiées. L'élève est un homme en devenir. L'éduquer consiste alors à le former selon un modèle légué par la tradition.

L'analyse que présente Paquette l'amène à faire un choix en faveur de la pédagogie ouverte en raison des principes sur lesquels elle se fonde : respect des différences individuelles, des talents de chacun et de son rythme d'apprentissage ; recherche d'une croissance organique individualisée, c'est-à-dire intégrée et harmonieuse ; respect d'un processus d'apprentissage issu des ressources de l'élève et de son dynamisme intérieur ; accent mis sur l'interaction entre l'individu et son environnement. Choisir une orientation pédagogique, c'est non seulement épouser des valeurs mais c'est également traduire cette sélection par une action quotidienne éclairée.

Les composantes de la pédagogie ouverte

La mise en place d'une pédagogie ouverte donne lieu, on s'en doute, à des transformations radicales sur les plans pédagogique et organisationnel. La pédagogie ouverte nécessite une certaine flexibilité dans l'usage du temps et de l'espace ; l'organisation du travail s'adapte à la conjoncture et se caractérise par la contribution de l'élève à son apprentissage. Corrélativement, l'accent est mis sur l'exploration autonome et sur l'interaction entre l'élève et son environnement, ce qui ne manque pas de modifier les relations d'autorité entre le maître et l'élève, de diversifier et d'enrichir les rôles de chacun. Sur le plan des programmes, l'intégration disciplinaire se substitue au cloisonnement étanche des disciplines.

Sur ces aspects de la pédagogie ouverte, l'ouvrage de Paquette fourmille de propositions originales et de conseils pratiques. Pour Paquette (1979, p. 58), « l'environnement se définit comme étant l'interaction entre l'aménagement physique d'une classe, les activités d'apprentissage qui s'y vivent et les interventions du professeur ». Quelques lignes plus loin, il ajoute : « Il s'agit d'un aménagement physique flexible, d'activités ouvertes d'apprentissage et d'une intervention informelle de la part du professeur. » Dans l'ordre, reprenons quelques-unes de ses propositions pour terminer :

- **Sur le plan de l'aménagement physique :**
  - L'organisation du temps et de l'espace doit être flexible ; elle est de la responsabilité conjointe de l'enseignant et de l'élève.
  - L'élève doit avoir la possibilité de travailler seul, en petites unités ou en grand groupe.
  - L'environnement doit être riche et stimulant pour l'élève, et susciter chez lui des interrogations.
  - L'aménagement spatial de la classe doit pouvoir être modifié en fonction des expériences multiples et variées des élèves.

- **Sur le plan des activités d'apprentissage :**
  - Les activités d'apprentissage doivent être ouvertes, c'est-à-dire qu'elles doivent partir de

l'expérience de l'élève et lui permettre d'aboutir à des résultats diversifiés par des moyens variés.

– Les activités d'apprentissage doivent permettre à l'élève de jouer un rôle actif dans l'acquisition des connaissances.

– Les activités d'apprentissage sont conçues de manière à décloisonner les champs disciplinaires et de façon à favoriser leur intégration.

– L'élève, comme l'éducateur, a la possibilité de proposer des activités d'apprentissage.

– Les activités d'apprentissage mettent l'accent sur le processus de la découverte autonome et sur la résolution de problèmes.

– De manière à répondre à ses besoins et à ses préoccupations, l'élève devrait pouvoir choisir parmi un ensemble d'activités d'apprentissage diversifiées.

• **Sur le plan de l'intervention de l'éducateur :**

– L'intervention de l'enseignant est souple, c'est-à-dire conjoncturelle et interactionnelle.

– L'intervention de l'enseignant est un acte volontaire et non directif, c'est-à-dire qu'elle ne cherche pas à modifier la démarche de l'élève.

– L'intervention de l'enseignant a pour but d'analyser, de soutenir et d'outiller l'élève dans sa démarche d'apprentissage.

– L'intervention de l'enseignant favorise un processus de gestion démocratique de la classe.

– L'enseignant se soucie davantage du processus d'apprentissage que du résultat.

– L'intervention de l'enseignant favorise l'auto-évaluation et l'autoanalyse.

– L'enseignant accepte l'élève tel qu'il est et lui-même se présente sans artifices, transparent et authentique.

Conclusion

Dans le contexte de renouvellement et de contestation des années 1960 et 1970, les théories personnalistes en éducation — l'expression est de Bertrand — auront connu un certain retentissement dans le monde anglo-saxon et la francophonie. En témoignent, entre autres, l'intérêt de Daniel Hameline et Marie-Joëlle Dardelin dès le début des années 1960 en France — *La liberté d'apprendre* paraît en 1967 —, l'ouvrage d'André de Peretti, *Pensée et vérité de Carl Rogers* (1974) ou encore l'« enchantement non directif » dont parle Max Pagès dans la première édition de son ouvrage *L'orientation non directive en psychothérapie et en psychologie sociale* (1965). Aussi, on a vu combien certains pédagogues au Québec n'étaient pas moins enthousiastes à l'égard de la non-directivité que leurs confrères d'outre-mer. Comme le rapporte Bertrand, dans les faits, ici, la non-directivité a donné naissance à des pédagogies interactives dont la conception organique de l'activité éducative constitue un excellent exemple. Dans les facultés des sciences de l'éducation au Québec, un grand nombre de maîtres des années 1970 ont été formés à ces nouvelles orientations pédagogiques.

Mais il semble, pour l'observateur attentif, que l'effervescence ait vite fait place au désenchantement comme si la source s'était tarie et que les pédagogues l'avaient désertée après avoir bu de son eau. Il faut dire que, dès le début des années 1970, Georges Snyders (1974) et Hubert Hannoun (1972) lui portent de durs coups. Jugée inappropriée pour l'éducation scolaire, la non-directivité est rejetée avec passion. Même Hameline et Dardelin (1977) tracent un bilan négatif de l'enseignement non directif et concluent que la non-directivité, comme méthode et comme concept, s'effondre sous le poids de ses contradictions. Plus récemment, en 1984, Poeydomengue notait que la non-directivité se portait mal. Même constat au Québec quand Bertrand (1992, p. 63) conclut dans son ouvrage :

Finalement, ce sont les contradictions de cette philosophie qui l'ont conduite au tombeau des idéologies. Dans toutes les pédagogies dites personnalistes, nous retrouvons cet étrange principe : il faut donner à l'étudiant des principes d'auto-organisation. Cela mène à un certain paradoxe : organiser pour l'étudiant un environnement éducatif alors que l'étudiant doit en être le principal organisateur.

Et nous pourrions, bien sûr, continuer la liste des récriminations, relever les contradictions internes, accentuer les tensions et contester les postulats, dont celui de la positivité naturelle de l'homme. Mais là ne réside pas l'essentiel de notre propos et nous raterions l'objectif de ce texte d'introduction en épousant le cours de cette dérive. Car au-delà des reproches, des alarmes ou des refus, la non-directivité et les pédagogies ouvertes auront permis et permettent encore aujourd'hui de penser et de faire l'éducation autrement. Bon nombre d'éducateurs sont de nos jours beaucoup plus conscients de l'importance du développement intégral de l'élève et de l'importance de la prise en compte de son vécu dans la progression et la planification des activités d'apprentissage. Entre l'éducation traditionnelle, « fondée sur l'ordre et la discipline », et l'éducation « libertaire » ou la pédagogie du laisser-faire, les théories personnalistes auront permis d'envisager et de mettre en place une autre pédagogie, d'ouvrir un nouvel espace de réflexion et de pratiques pédagogiques.

Au-delà de ses contradictions et des problèmes que pose son application, les questions que suscite la pédagogie ouverte demeurent d'une brûlante actualité : quelle éducation voulons-nous pour nos enfants ? Quelle éducation peut au mieux respecter les différences individuelles et le rythme d'apprentissage de chacun ? permettre le développement maximal des potentialités de chacun ? soutenir le désir d'apprendre de l'élève ? favoriser le maximum de conscience et de lucidité ? aider l'élève à se prendre en charge, à se construire, à comprendre le monde et à le transformer ?

À l'heure où dominent les discours sur l'économique et le techno-scientifique, à l'heure où les finalités éducatives sont subordonnées aux impératifs de la croissance économique et du développement technique, à l'heure où s'activent à l'école et autour d'elle les forces vives du conformisme, de l'utilitarisme et de l'uniformisation, les appels à la différence et à la pluralité des options semblent de peu de poids. Mais c'est précisément cette condition de précarité qui en détermine aussi l'urgence et la pertinence. Dans ce contexte, redonner la place à l'élève, le remettre au centre de l'école et de son apprentissage demeure encore de nos jours l'un des grands défis à relever à l'aube du XXIe siècle.

Questions

1. Montrez en quoi la conception éducative de Rogers est étroitement liée à sa conception du développement de la personne.

2. Suivant l'orientation pédagogique de Rogers, il faut centrer notre attention sur la facilitation de l'apprentissage. Dans cette optique, quel est le rôle de l'enseignant comme facilitateur et quelles doivent être ses qualités essentielles ? (Au moins cinq éléments.)

3. Illustrez en quoi les principaux concepts de la psychologie de Carl Rogers (non-directivité, acceptation inconditionnelle d'autrui, empathie, importance de la personne, liberté, etc.) sont applicables dans le cadre d'une pédagogie ouverte.

4. Carl Rogers est un psychologue humaniste. Situez son orientation en la comparant avec le béhaviorisme et la psychanalyse classique.

5. Rogers soutient que les êtres humains ont une capacité naturelle d'apprendre. Expliquez ce principe de Rogers.

6. Rogers soutient qu'« on ne peut directement enseigner à personne ; on ne peut que lui faciliter l'apprentissage ». Pourquoi ?

7. La conception de la personne de Rogers repose sur l'hypothèse du développement. En quoi consiste cette hypothèse ?

8. Expliquez, dans vos propres termes, la conception organique de l'activité éducative de Pierre Angers, en l'examinant sous l'angle de sa conception de la connaissance, de l'environnement éducatif et du rôle de l'enseignant.

9. Selon André Paré, toute connaissance résulte d'une interaction entre l'organisme humain et l'environnement. Expliquez cette proposition en vous référant à son modèle pédagogique.

10. La mise en place d'une pédagogie ouverte donne lieu à des transformations importantes sur le plan pédagogique. Énumérez quelques-unes de ces caractéristiques sur le plan des activités d'apprentissage et du rôle de l'éducateur.

Bibliographie

ANGERS, P. (1976). *Les modèles de l'institution scolaire.* Trois-Rivières : Centre de développement en environnement scolaire.

ARENDT, H. (1972). *La crise de la culture.* Trad. : P. Levy. Paris : Gallimard.

ATKINSON, R.L., ATKINSON, R.C., SMITH, E.E., et HILGARD, E.R. (1987). *Introduction à la psychologie.* 2e éd. Trad. : D. Bélanger. Montréal : Études vivantes.

BERTRAND, Y. (1992). *Théories contemporaines de l'éducation.* 2e éd. Montréal : Éditions Agence d'Arc.

BOUCHARD, M.-A. (1989). *De la phénoménologie à la psychanalyse.* Liège : Pierre Mardaga.

COMMISSION PARENT (1963). *Les structures supérieures du système scolaire.* Vol. 1. Québec : Éditeur officiel du Québec.

CONSEIL SUPÉRIEUR DE L'ÉDUCATION (1971). *L'activité éducative : rapport annuel 1969-1970.* Québec : Éditeur officiel du Québec.

COUTURE, C. (1991). *Le mythe de la modernisation du Québec.* Montréal : Éditions du Méridien.

FORQUIN, J.-C. (1989). *École et culture.* Bruxelles : De Boeck.

GOUVERNEMENT DU QUÉBEC (1971). *L'Opération Départ.* Montréal : Ministère de l'Éducation.

HAMELINE, D., et DARDELIN, M.-J. (1967). *La liberté d'apprendre. Justifications pour un enseignement non directif.* Paris : Éditions ouvrières.

HAMELINE, D., et DARDELIN, M.-J. (1977). *La liberté d'apprendre. Situation II.* Paris : Éditions ouvrières.

HANNOUN, H. (1972). *L'attitude non directive de C. Rogers.* Paris : ESF.

JANSON, J. (1981). *La connaissance.* Montréal : Fides.

MARQUET, P.B. (1971). *Rogers.* Paris : Éditions universitaires.

PAGÈS, M. (1986). *L'orientation non directive en psychothérapie et en psychologie sociale.* 3e éd. Paris : Dunod.

PAQUETTE, C. (1979). *Vers une pratique de la pédagogie ouverte.* 2e éd. Laval : Éditions NHP.

PARÉ, A. (1977a). *Créativité et pédagogie ouverte.* Vol. 1. *Pédagogie encyclopédique et pédagogie ouverte.* Laval : Éditions NHP.

PARÉ, A. (1977b). *Créativité et pédagogie ouverte.* Vol. 2. *Créativité et apprentissage.* Laval : Éditions NHP.

PARÉ, A. (1977c). *Créativité et pédagogie ouverte.* Vol. 3. *Organisation de la classe et intervention pédagogique.* Laval : Éditions NHP.

PERETTI, A. de (1974). *Pensée et vérité de Carl Rogers.* Toulouse : Privat.

POEYDOMENGUE, M.-L. (1984). *L'éducation selon Rogers. Les enjeux de la non-directivité.* Paris : Dunod.

PUENTE, M. de la (1970). *Carl R. Rogers : de la psychothérapie à l'enseignement.* Paris : Épi.

ROCHER, G. (1989). *Entre les rêves et l'histoire.* Montréal : VLB.

ROGERS, C. (1966). *Le développement de la personne.* Trad. : L. Herbert. Paris : Dunod.

ROGERS, C. (1971). *Autobiographie.* Trad. : J. Hochman et C. Dubernard. Paris : Épi.

ROGERS, C. (1976). *Liberté pour apprendre ?* Trad. : D. Le Bon. Paris : Dunod.

SNYDERS, G. (1974). *Où vont les pédagogies non directives ?* Paris : Presses universitaires de France.

ST-ARNAUD, Y. (1987). « Qu'est-ce que le béhaviorisme et la psychanalyse ont apporté à la psychologie humaniste ? », dans C. Lecomte et L.-G. Castonguay (sous la dir. de). *Rapprochement et intégration en psychothérapie. Psychanalyse, béhaviorisme et humanisme.* Boucherville : Gaëtan Morin.

TARDIF, J. (1992). *Pour un enseignement stratégique. L'apport de la psychologie cognitive.* Montréal : Éditions Logiques.

Chapitre 11

La pédagogie de Paulo Freire ou quand l'éducation devient un acte politique

Francisco A. Loiola
Cecília Borges

Résumé

Ce chapitre constitue une brève introduction à la vie et à l'œuvre de Paulo Freire, l'un des plus grands éducateurs brésiliens et le plus connu sur la scène internationale. Sa théorie de la connaissance, basée sur une approche qui rend la personne plus consciente et la libère, s'oppose aux pratiques éducatives élitistes et discriminatoires ; elle a coloré la pensée éducative dans la seconde moitié du XXe siècle et marqué toute une génération d'éducateurs dans plusieurs pays. Après une brève description de sa trajectoire personnelle, nous mettons en évidence les aspects centraux ainsi que les sources principales de sa pensée. Sont présentées par la suite les dimensions pratiques de son approche éducative et sa méthode d'alphabétisation, que nous illustrons de quelques exemples. En guise de conclusion, nous essayons de mettre en perspective l'ensemble de sa contribution à la pédagogie, en dégageant les éléments les plus controversés ainsi que les plus prometteurs de son œuvre.

Introduction

Paulo Freire est l'un des plus grands éducateurs du Brésil et sans aucun doute le plus connu sur la scène internationale. Il est également l'un des pédagogues qui ont le plus marqué la pensée éducative dans la seconde moitié du XXe siècle. Il a élaboré au fil des ans une théorie de la connaissance qui propose que l'on rompe avec les conceptions élitistes et fatalistes de la pratique éducative. Freire concevait l'éducation comme un processus de conscientisation et de libération et a consacré toute sa vie à diffuser cette idée. Mort en mai 1997, il a laissé un héritage vivace à tous ceux qui s'intéressent à l'enseignement et à l'apprentissage en tant que double processus politique d'émancipation des personnes et des peuples.

Les éducateurs à travers le monde reconnaissent l'importance de ses idées, bien que certaines d'entre elles puissent diverger de leurs propres conceptions politiques. Son ouvrage *Pédagogie des opprimés*, traduit et publié en anglais en 1971 et vendu à plus de 300 000 exemplaires dès sa parution, constitue une œuvre cruciale pour les personnes intéressées par les questions relatives à l'alphabétisation, à l'éducation des adultes et à l'analyse politique de l'éducation. Aujourd'hui, le nom de Paulo Freire est un symbole associé à nombre d'organismes qui se reconnaissent dans sa volonté d'émancipation, tant aux États-Unis, au Canada, au Danemark et en Suède que dans plusieurs pays d'Afrique et d'Amérique latine. De son vivant, Freire a reçu, entre autres, le prix Roi-Baudouin pour le développement (Belgique, 1980), le prix UNESCO de l'éducation pour la paix (1986) et le prix Andrès-Bello de l'Organisation des États américains comme éducateur du continent (1992).

Tout au long de sa vie, ce Brésilien du Pernambouc (l'un des 26 États du Brésil) a inspiré nombre d'éducateurs progressistes à travers le monde, aussi bien dans les écoles et les universités que dans les syndicats et les groupes de jeunes et d'adultes catholiques (surtout les catholiques de l'Église dite progressiste, liée à ce qu'on appelle la théologie de la libération en Amérique du Sud). Ses conceptions ont également influencé les programmes d'alphabétisation des adultes, les organisations de femmes et d'autres groupes. En fait, la plupart de ceux qui ont tenté d'organiser et de mettre en place des pratiques d'action collective dans une perspective politique de libération se sont inspirés des idées de Freire, de son charisme personnel et de ses positions fermes contre le pouvoir répressif.

Ce chapitre constitue une introduction à la vie et à l'œuvre de Paulo Freire. Il se divise en trois sections. Dans la première section, nous présentons un bref portrait de l'éducateur, de ses expériences sociales, familiales et scolaires ainsi que de sa trajectoire de vie. Nous décrivons le contexte brésilien dans lequel vécut et lutta Freire. Ce rappel est essentiel si l'on veut comprendre sa pensée et ses projets, puisque ceux-ci ont notamment pour toile de fond une lutte contre un régime dictatorial qui dura presque 20 ans au Brésil et qui força Freire à vivre plusieurs années en exil. Dans la deuxième section, nous abordons les aspects centraux, les fondements ainsi que les sources principales de la pensée de Freire, sur lesquels se base sa conception de l'éducation. Dans la troisième section, nous précisons les dimensions pratiques de son approche éducative et sa méthode

d'alphabétisation, que nous illustrons de quelques exemples. Finalement, en guise de conclusion, nous essayons de mettre en perspective l'ensemble de sa contribution à la pédagogie, aux méthodes d'alphabétisation, à l'éducation des adultes et, enfin, à l'éducation dans un sens plus large, en dégageant les éléments les plus controversés ainsi que les plus prometteurs de son œuvre.

11.1 Paulo Freire : sa vie, son œuvre

Personne n'éduque autrui, personne ne s'éduque seul,
les hommes s'éduquent ensemble par l'intermédiaire du monde.
P. FREIRE (1974, p. 62)

Malgré la pauvreté, l'emprisonnement et l'exil qu'il a pu connaître, la vie et le travail de Freire, un éducateur et en même temps un activiste, sont marqués par l'optimisme et l'engagement politique. Cet optimisme se caractérise par un parti pris sans faille pour la libération des plus pauvres : les classes marginalisées qui constituent les « cultures de silence » dans de nombreux pays. Dans un monde où plus de la moitié de la population souffre de la faim et où bon nombre de gens n'ont pas de logement ou d'emploi ni une bonne éducation, Paulo Freire décide de soutenir l'idée que les « opprimés » sont, malgré tout, capables de surmonter leur sentiment d'impuissance et d'agir eux-mêmes en vue de transformer socialement leur existence.

Paulo Freire

Freire est né le 19 septembre 1921 à Recife, une ville portuaire du nord-est du Brésil. Il a dit de ses parents qu'ils lui avaient appris très tôt l'importance du dialogue et du respect du choix des autres, des éléments clés dans sa compréhension de l'éducation des adultes. Ses parents faisaient partie de la bourgeoisie, mais ils ont souffert de revers financiers si importants, pendant la Crise des années 1930, que Freire a connu la faim. C'est ainsi durant son enfance qu'il a pris la décision de dédier sa vie à la lutte contre la faim. Après une amélioration de la situation de sa famille, il a pu entrer à l'Université de Recife, où il s'est inscrit à la Faculté de droit. Il y a étudié également la philosophie et la psychologie du langage

pendant qu'il travaillait à temps partiel comme professeur de portugais dans une école secondaire. Durant cette époque, il lisait les livres de Marx et de certains intellectuels catholiques tels Maritain, Bernanos et Mounier. Tous ces auteurs l'ont fortement influencé quant à sa philosophie pédagogique.

En 1944, il épousa Elza Maria Costa Oliveira, de la ville de Recife, une enseignante de l'école primaire avec laquelle il a eu trois filles et deux garçons. Dès lors, l'intérêt de Freire pour les théories éducatives a commencé à croître. Il était porté à lire davantage en pédagogie, en philosophie et en sociologie de l'éducation qu'en droit. En fait, après avoir réussi son entrée au barreau, il a vite abandonné cette profession comme moyen de gagner sa vie, afin de travailler d'abord comme agent d'aide sociale et plus tard comme directeur du Département d'éducation, de culture et de travail social de l'État du Pernambouc. Ses expériences pendant ces années-là l'ont mis directement en contact avec les plus pauvres des centres urbains. Les missions pédagogiques et organisationnelles qu'il a entreprises l'ont conduit à créer de nouveaux moyens de communication avec les défavorisés. Il a ainsi jeté les bases de ce qui deviendra plus tard sa méthode dialectique pour l'éducation des adultes. Il a aussi animé des séminaires et donné des cours d'histoire et de philosophie pédagogique à l'Université de Recife, où il a obtenu un doctorat en 1959.

Le Brésil des années 1960 était une nation agitée. De nombreux mouvements de réforme s'épanouissaient, en même temps que les socialistes, les communistes, les étudiants, les syndicalistes, les populistes et les militants chrétiens cherchaient à atteindre leurs buts sociopolitiques. Au milieu de cette efferves-cence et de cet enthousiasme, Freire devint le pre-mier directeur du Service d'extension culturelle de l'Université de Recife. Ce service élabora des pro-grammes d'alphabétisation destinés aux milliers de paysans du Nord-Est. Plus tard, de juin 1963 à mars 1964, les équipes d'alphabétisation de Freire ont tra-vaillé dans tout le pays. Leurs membres affirmaient qu'il fallait 30 heures pour susciter chez les anal-phabètes l'intérêt pour la lecture et l'écriture !

Au cours de ces années, l'engagement social et éducatif de Paulo Freire augmente de plus en plus. Ses rapports traitant de la situation des personnes exclues sur les plans économique, social et culturel, ainsi que ses projets pour promouvoir l'alphabétisa-tion ou, dans un sens plus large, l'éducation des adultes, sont bien accueillis par les gouvernements de l'État et fédéral. En 1958, son rapport *L'éducation des adultes et les populations marginales : le problème des Mocambos*, présenté au 2e Congrès national de l'édu-cation des adultes, innove dans la façon d'aborder l'éducation permanente. Selon Paulo Freire, l'édu-cation des adultes doit se fonder sur la réalité quo-tidienne vécue par ceux qui sont en train d'apprendre à lire et à écrire et non simplement sur le développe-ment de la capacité de reconnaître des lettres, des mots et des phrases. De plus, Freire affirme que, pour inscrire le travail éducatif dans une perspective démocratique, il faut abandonner la conception hiérarchique de l'éducation, qui est basée sur un rap-port de domination et dans laquelle un maître qui possède pouvoir et savoir enseigne aux élèves. Au contraire, selon Paulo Freire, dans une perspective démocratique, l'éducation doit se réaliser avec la per-sonne. Cela suppose l'engagement, la collaboration, la participation, la prise de décision et la respon-sabilité sociale et politique de ceux qui apprennent, comme de ceux qui enseignent, quant au processus d'apprentissage. Écrit dans un langage particulier, le rapport de Freire contient les bases de sa philoso-phie de l'éducation et de la formation humaine, et va le consacrer en tant qu'éducateur progressiste.

Le secret de ce succès se trouve dans la résistance de Freire et de ses collègues à l'enseignement de la lecture et de l'écriture selon la méthode tradition-nelle, c'est-à-dire selon une conception instrumentale et décontextualisée. Freire et ses collaborateurs pré-féraient plutôt présenter la vie politique quotidienne

à travers la lecture et l'écriture. Ils pensaient que chaque citoyen devait participer à la vie politique. Freire gagna l'attention des pauvres et éveilla leur espoir en leur montrant qu'ils pouvaient prendre part aux décisions quotidiennes qui touchaient la vie rurale brésilienne. L'indifférence paysanne et le fata-lisme commencèrent à disparaître au fur et à mesure que l'on répandait et valorisait l'alphabétisation. En revanche, les méthodes de Freire furent perçues par les militaires et les grands propriétaires fonciers, désireux de résister à la réforme agraire, comme extrêmement radicales.

En avril 1964, par un coup d'État, les forces armées renversèrent le régime réformiste du président João Goulart. À ce moment, tous les mouvements pro-gressistes furent supprimés et Freire fut emprisonné pour ses activités « subversives ». Il passa 70 jours en prison, où il dut constamment subir des interroga-toires. C'est là qu'il commença la rédaction de son premier ouvrage majeur, *L'éducation comme pratique de la liberté*. Ce livre, où Freire analyse l'échec de son projet de changement politique au Brésil grâce à l'éduca-tion, devait être complété par la suite au Chili, où l'auteur serait envoyé en exil. Après son expulsion du Brésil, Freire travailla au Chili pendant cinq ans dans les programmes d'éducation aux adultes du gou-vernement d'Eduardo Frei. Ces programmes étaient dirigés par Waldemar Cortès. Ils avaient attiré l'at-tention internationale et l'UNESCO avait reconnu que le Chili figurait parmi les cinq nations au monde qui étaient allées le plus loin dans leur combat contre l'analphabétisme.

Vers la fin des années 1970, le travail de Freire l'amena à entrer en contact avec une nouvelle culture qui devait changer sa pensée de façon importante. Il quitta l'Amérique latine pour venir enseigner aux États-Unis comme professeur invité au Centre d'études en éducation et développement de l'Univer-sité Harvard. Il fut aussi membre du Centre pour l'étude du développement et du changement social. Ces années-là furent aux États-Unis une période d'agitation violente dominée par les révoltes étu-diantes, la lutte pour l'intégration de la minorité noire et l'opposition à la participation américaine à la guerre au Viêtnam. Des conflits violents eurent lieu sur les campus universitaires américains. De plus, la violence raciale avait, depuis 1965, explosé dans nombre de villes américaines. Les porte-parole des minorités et les manifestants contre la guerre écrivaient et enseignaient, et leur influence sur Freire fut profonde. La découverte de ces événements fut une révélation pour lui, parce qu'il comprit que la répression et l'exclusion des défavorisés de la vie politique et économique n'étaient pas limitées aux pays du tiers-monde ni aux cultures de dépendance. Il élargit ainsi sa définition du tiers-monde, passant d'un concept géographique à un concept politique. En outre, à partir de ce moment-là, le thème de la violence devait occuper une plus grande place dans sa pensée.

Bien qu'il ne séjourne que peu de temps aux États-Unis, Freire voit croître l'intérêt suscité par ses travaux. Ces derniers inspirent toute une nouvelle génération d'intellectuels et d'éducateurs dits pédagogues critiques tels Michael Appel, Henry Giroux et Peter McLaren. C'est à la fin de cette période que Freire écrit son plus célèbre ouvrage, *Pédagogie des opprimés* (1974). Il y présente l'éducation comme un chemin vers une libération permanente qui se réalise en deux étapes. La première se produit lorsque les gens deviennent conscients de leur oppression et que, à travers leur *praxis* (notion marxiste servant à désigner la pratique orientée vers le changement social), ils transforment le *statu quo*. La seconde étape découle de la première et débouche sur un processus permanent d'action culturelle visant l'émancipation.

Après avoir quitté Harvard, au milieu des années 1970, Freire travaille en Suisse en tant que consultant et par la suite secrétaire adjoint à l'éducation pour le Conseil mondial des églises. Cette époque est notamment marquée par des voyages à travers le monde. Il a diffusé ses idées et soutenu des programmes pédagogiques dans des pays nouvellement indépendants d'Asie et d'Afrique, tels le Cap-Vert, l'Angola et la Guinée-Bissau (Freire, 1978b). À cette époque, il travaille aussi comme chef du comité exécutif de l'Institut d'action culturelle (IDAC) et enseigne à l'Université de Genève.

En 1979, le gouvernement brésilien l'invite à revenir de son exil et, en 1980, il rentre définitivement dans son pays. Cependant, il ne retourne pas à Recife, car la situation politique encore instable du pays impose certaines restrictions aux exilés. Ainsi, quelques universités, dont celle de Recife, se voient interdire la réintégration de leurs anciens

professeurs. Malgré cela, Freire obtient un poste à l'Université de Campinas et il est ensuite invité à enseigner à l'Université pontificale de São Paulo. Cette période inaugure une nouvelle phase dans sa carrière. D'abord, elle marque la consécration des idées de Paulo Freire à l'échelle nationale. Ensuite, c'est l'époque d'une intense intervention socio-éducative et d'une participation active à la vie politique.

En 1989, quand le Parti des travailleurs (l'actuel parti du président Luis Inácio Lula da Silva, qui gouverne le Brésil depuis 2003) obtient le gouvernement de la mairie de São Paulo, Freire est nommé secrétaire de l'éducation. Dans cette fonction, il a la responsabilité de diriger la réforme scolaire dans la plus grande ville du pays, où sont concentrés près des deux tiers des écoles du Brésil. Pendant deux ans et demi, comme secrétaire, Freire essaie de transformer profondément le système municipal d'enseignement. Avec son équipe, il cherche à améliorer les écoles et leur infrastructure scolaire et pédagogique ainsi que la formation des enseignants. Il tente aussi d'augmenter les salaires, de renouveler les programmes d'études, de reconstituer les conseils scolaires, de promouvoir les activités des associations d'étudiants et de parents, etc. Il travaille à tout cela dans une structure collégiale de gestion et d'administration appuyée sur des principes de responsabilisation réciproque et de participation démocratique. L'autonomie de l'école est l'un des points d'ancrage importants de son administration. Cette dernière investit beaucoup dans les projets des écoles de la municipalité, qu'elle espère doter d'un règlement commun. Par ailleurs, Freire fonde le Mouvement d'alphabétisation de la ville de São Paulo, le MOVA, en collaboration étroite avec les mouvements sociaux populaires. Le MOVA a eu de grandes répercussions à São Paulo, de même que dans plusieurs villes du Brésil, en tant que rare exemple de collaboration et de partenariat entre l'État et la société civile.

Après avoir laissé son poste à la mairie de São Paulo, Freire se concentre sur l'écriture et l'enseignement à l'Université pontificale tout en continuant à appuyer son équipe, même à distance. Il se consacre au travail de l'écriture qu'il aime tant. Les ouvrages de cette période s'inspirent particulièrement de ses expériences tout en offrant un regard rétrospectif sur ses réalisations et, en même temps, une réflexion prospective sur l'éducation, les rapports entre parents et enfants, la société en général et l'arrivée du nouveau millénaire.

En 1992, Paulo Freire fête son 70ᵉ anniversaire à New York. Plus de 200 amis, activistes communautaires, éducateurs et universitaires se présentent pour lui rendre hommage. Trois jours de rencontres et d'ateliers, financés par le *New School for Social Research*, soulignent la contribution importante du travail de Paulo Freire. Au printemps 1994, l'École de service social de l'Université Laval, qui fête son 50ᵉ anniversaire, invite Paulo Freire à prendre part à ces festivités, au cours desquelles on prévoit que le titre de docteur *honoris causa* lui sera décerné par le recteur de l'université. Cependant, Freire est obligé d'annuler son voyage à Québec pour des raisons indépendantes de sa volonté. En 1997, il décède quelques jours après le lancement de son dernier livre : *La pédagogie de l'autonomie*.

11.2 La pensée de Freire : entre Marx et Jésus

Avant de présenter les conceptions de Freire, il est bon de rappeler qu'il n'a jamais été un théoricien féru d'idées abstraites et se plaisant à écrire de gros ouvrages théoriques. Il n'a jamais été non plus un professeur d'université traditionnel qui travaille uniquement dans son bureau ou son laboratoire et qui écrit des articles spécialisés destinés à être lus seulement par ses collègues aussi spécialisés. Ce qui caractérise le style de l'œuvre écrite de Freire, c'est avant tout l'engagement et l'humanité de son propos. L'écriture de Freire est toujours très près de l'oralité. Ses livres sont avant tout des causeries. Il parle, puis il écrit. Et il écrit comme il parle. Ses mots sont marqués par l'oralité du dialogue. Il ne s'agit pas d'une simple question de style, mais plutôt d'une façon authentique d'engager le lecteur dans la narration. De plus, Freire écrit et parle en racontant des histoires, et les histoires qu'il raconte sont un important moyen de communication. Il croit que les humains ont été créés pour communiquer entre eux. C'est pourquoi ses livres, à l'exception de ses premiers ouvrages, plus techniques, ne veulent exclure personne.

Comme celle de Platon et de Rousseau, la pensée éducative de Freire est inséparable d'une réflexion sur la condition humaine et surtout la réalité politique. Elle se nourrit à deux sources idéologiques majeures : la pensée critique de la tradition marxiste et communiste, et la pensée sociale chrétienne d'inspiration égalitariste et humaniste que l'on trouve à la base de la théologie de libération qui a profondément marqué l'Église latino-américaine au cours des années 1960 à 1980. À cause de cette double influence, Paulo Freire est souvent perçu comme un marxiste humaniste d'inspiration chrétienne qui s'oppose, autant au nom de Marx que de Jésus, aux logiques de domination qui s'installent alors partout en Amérique du Sud. En effet, sa pensée s'élabore dans la foulée des mouvements populaires et socialistes latino-américains et de leurs différentes expressions et stratégies, qui varient bien sûr selon chaque pays. Ses premiers écrits apparaissent ainsi dans une période de conflits politiques intenses partout où, en Amérique latine, les mouvements populaires ont été capables d'organiser politiquement le peuple opposé à l'hégémonie de l'État capitaliste.

En fait, son premier travail d'alphabétisation au Brésil est issu de ses activités dans le Mouvement d'action catholique lié à l'Église progressiste, c'est-à-dire à cette partie de l'Église catholique qui, en Amérique du Sud, a pris ouvertement parti en faveur des plus pauvres et des opprimés. Freire a été profondément influencé par la philosophie catholique française, et surtout par le personnalisme d'Emmanuel Mounier. Dans son premier travail, un texte qui met en lumière le collectivisme catholique, il fait souvent référence à Mounier. Selon Weiler (1996, p. 362), on peut interpréter la présence constante de termes tels « espoir », « foi », « humilité », « amour », dans les discours et les textes de Paulo Freire, comme une manifestation claire de l'influence de la tradition chrétienne. Taylor (1993, p. 56) souligne que le langage de Freire à propos de la foi chrétienne est plus qu'un simple vêtement pour faciliter la présentation de ses idées : « [...] elle [la foi] est réellement le squelette ou le soutien de sa philosophie et de son analyse sociale ». Pour Elias (1994, p. 50), Freire est véritablement un penseur catholique. Elias soutient que Freire, comme les théologiens de la libération, se réfère aux Évangiles en tant que source d'action sociale.

Toutefois, en même temps qu'elle subit l'influence catholique, la pensée de Paulo Freire évolue et reflète le nouvel horizon intellectuel émergeant en Amérique du Sud dans les années 1950 et 1960. Cette vision, selon Torres (2003), est caractérisée par la renaissance de la pensée marxiste (après le stalinisme), due notamment aux travaux du philosophe français Louis Althusser puis de l'homme politique et philosophe italien Antonio Gramsci, dont on va beaucoup s'inspirer dans les milieux universitaires. Autre aspect intéressant de cette période, la révolution cubaine devient un modèle pour les mouvements sociaux. Cela entraîne l'adhésion de militants provenant de la bourgeoisie et de la classe moyenne, et déplace vers les centres urbains l'action stratégique et les luttes armées (*guerilhas*), auparavant limités au mouvement paysan des régions périphériques. On observe aussi que l'engagement progressif des militants catholiques dans le processus révolutionnaire est de plus en plus important. À cette époque, la réflexion politique et philosophique incorpore, de façon tout à fait sensible, des thèmes liés à la culture populaire, au processus de développement national, aux problèmes de la vie des Autochtones et des travailleurs ruraux, à l'exclusion sociale, économique et culturelle d'une bonne partie de la population, etc. Le contexte socioculturel de cette période est donc très propice à la participation sociale, politique et intellectuelle, et Paulo Freire devient alors une référence essentielle dans le champ pédagogique.

Cependant, la position de Freire n'est pas toujours facile à soutenir. On le critique à l'époque parce qu'il est marxiste, mais, en même temps, les marxistes le censurent considérant qu'il applique leur doctrine avec incohérence. Par ailleurs, les catholiques voient en lui un catholique dans l'erreur. Bref, Freire est en quelque sorte à cheval entre le marxisme et le catholicisme, et les partisans de l'une comme de l'autre doctrine ne le reconnaissent pas vraiment comme l'un des leurs.

Malgré ces critiques à son endroit, la pensée de Freire est claire sur un point central. Il croit que, à l'inverse de ce qui se passe dans un système social où quelques personnes s'enrichissent aux dépens des autres, on doit partager le pouvoir, car la libération réalisée au détriment des plus pauvres est un acte d'oppression. C'est d'une vision commune et collectiviste que naît le pouvoir des classes populaires, la force et la direction du processus de transformation. À l'encontre de ce que l'on pense actuellement dans nos sociétés individualistes et compétitives, Freire soutient qu'on ne peut atteindre la liberté personnelle et l'épanouissement des individus sans la collaboration et l'entraide de tous. Ainsi, pour Freire, la pédagogie de la libération se fonde sur l'apprentissage collectif, qui a pour finalité la participation sociale de l'individu.

11.2.1 Éducation et politique : une pédagogie de la libération par la conscientisation

Nous présentons dans cette sous-section les bases théoriques, philosophiques et politiques de la conception éducative de Freire (la section 11.3 sera consacrée à sa méthode pédagogique). Freire s'inscrit dans une perspective d'éducation critique. Pour lui, l'alphabétisme est une notion qui désigne bien plus que la capacité fondamentale de lire et d'écrire que l'on trouve dans l'alphabétisation « fonctionnaliste ». L'alphabétisme, certes, se définit par des niveaux de compétence en lecture, mais ces dernières ne reflètent pas uniquement l'aptitude des personnes à comprendre et à utiliser l'information écrite. L'alphabétisme renvoie plus profondément, selon Freire, à la capacité des personnes d'effectuer une lecture critique et politique du monde qui les entoure et, par conséquent, de transformer celui-ci.

Dans un monde où près d'un adulte sur quatre ne sait encore ni lire ni écrire, où les mythes contemporains — celui du progrès, de la primauté de la technologie de la communication par les médias et Internet — soumettent l'individu à une « inévitable » société de consommation par le biais de la publicité et de la culture de masse, la proposition de Freire semble un contrepoids pédagogique incontournable. Au fond, Freire propose aux gens non seulement une méthode pour apprendre à lire et à écrire, mais aussi une prise de position critique face aux idéologies de leur époque à partir de leur propre contexte sociopolitique. En ce sens, l'entreprise d'alphabétisation ne saurait être séparée de la situation sociopolitique dans laquelle s'enracine l'analphabétisme : que plus d'un milliard d'êtres humains ne sachent ni lire ni écrire n'est pas avant tout un problème de compétence linguistique, mais bien un problème politique.

Comme la richesse matérielle et le pouvoir politique, la connaissance est distribuée inégalement sur cette planète. Devant cette intolérable inégalité qui règne encore parmi les humains, Freire conçoit l'éducation à la fois comme le prolongement de l'activité politique et sa réalisation concrète dans les échanges quotidiens entre les gens. Essentiellement, il propose une éducation émancipatrice orientée vers la recherche de plus d'égalité et de liberté parmi les adultes et les enfants, les hommes et les femmes, qu'ils soient riches ou pauvres.

Le fondement philosophique de cette éducation émancipatrice provient de la pensée marxiste. En effet, l'éducation pour la libération s'oppose à l'idée selon laquelle la réalité est « donnée » comme une chose inerte et passive complètement indépendante de l'action humaine. Pour Freire, qui s'inspire ici de Marx, l'être humain agit, il est capable de transformer toute condition sociale, même la plus misérable. Dans cette optique, Freire propose une pédagogie dite de la libération, par laquelle les élèves réfléchissent sur leur expérience historique et leur situation sociale et personnelle, dans le dessein de questionner leur présent pour se rendre compte qu'ils peuvent espérer changer des choses — car le pouvoir, une fois éveillé, cherche son expression dans l'action sociale collective et transformatrice (Mackie, 1980). Freire a pour postulat de base l'idée que les conditions déshumanisantes actuelles ne sont pas une fatalité, mais plutôt le résultat de conditions historiques (Freire, 1974).

Pour transformer en action collective cette situation où le pouvoir est aux mains de quelques individus, il faut, cependant, une position révolutionnaire qui réclame un ordre social démocratique, égalitaire, et qui préconise la participation, tout en dénonçant les systèmes hiérarchiques, autoritaires et d'exclusion. La conception éducative préconisée par la pédagogie de la libération de Freire se met donc en œuvre par le moyen de la conscience critique et du développement des habiletés liées à la *praxis* libératrice, qui donne aux personnes et aux peuples le pouvoir sur leur propre vie.

En bref, pour Freire, quels que soient la structure formelle et le but précis, éduquer est un acte essentiellement politique. Dans cette perspective, éduquer signifie concrètement apprendre aux plus faibles à obtenir le pouvoir. Il est important d'observer qu'il ne s'agit pas ici d'un objectif individualiste (comme dans certaines thérapies où l'individu s'aide lui-même à changer sa vie). Chez les pauvres et les défavorisés, la force se trouve dans la collectivité, et le changement social se fait grâce à l'unité à laquelle ils parviennent. Dans le cadre d'une telle conception de l'éducation, on cherche à transformer l'ordre social existant, que l'on considère comme opprimant. Cette vision se base sur l'idée que l'individu faible et isolé a besoin des autres pour changer son sort et que c'est par le biais de l'unité des personnes que le changement positif peut survenir.

La conscience, enjeu central de l'éducation des opprimés

Freire adopte un présupposé essentiellement humaniste, car il soutient que « l'homme doit établir des relations avec le monde, et, par un jeu de création et de re-création à partir du monde de la nature, parvenir à effectuer un apport personnel, une œuvre culturelle » (Freire, 1974, p.108). Ainsi, qu'il soit alphabétisé ou non, l'être humain est capable de saisir le monde et de le connaître, quoique cette connaissance soit relative. Cependant, l'être humain ne perçoit pas les données, les problèmes, les phénomènes du monde d'une façon immédiate et pure. La relation de l'humain avec le réel, au sein du réel, donne lieu à un lien particulier d'où résulte la connaissance qui sera exprimée par le langage. Ce lien, c'est la **conscience humaine**. En effet, la façon d'exprimer le réel et d'établir des relations avec celui-ci passe toujours, chez l'être humain, par la conscience, c'est-à-dire par le degré d'appréhension de la réalité dans un environnement historico-culturel.

Dans cette perspective, selon Freire (1978a), l'éducation doit prendre en considération les différents degrés d'appréhension, c'est-à-dire les niveaux de conscience que les hommes ont devant la réalité. Pour Freire, la conscience est, selon son niveau, primaire, magique ou critique. Ces trois niveaux de la conscience humaine ne sont pas des abstractions ; ils correspondent à la situation des gens pauvres avec lesquels Freire a travaillé au Brésil et aux formes de conscience qui étaient les leurs.

La conscience primaire   La conscience primaire se caractérise par l'obscurantisme dans lequel était plongée la société brésilienne. C'est la conscience minimale des plus pauvres et des plus misérables, qui, à cause de leur situation de dénuement, ont une perception limitée du monde, de la réalité où ils vivent. Elle se définit par la polarisation des centres d'intérêt de l'être humain autour des aspects les plus végétatifs et primaires de la vie : cette dernière se résume à la survie, et la conscience n'existe qu'en fonction des impératifs biophysiques de cette survie. Ainsi, la perception du monde est limitée par des préoccupations élémentaires pour tout ce qui est vital dans le sens biologique du terme. La conscience primaire, n'a pas de consistance historique, et l'engagement de la personne à l'égard de sa vie est presque inexistant. En conséquence, « l'appréhension des problèmes qui se situent en dehors de sa sphère biologique échappe à l'homme dont la conscience est au stade primaire » (Freire, 1978a, p. 60). Bref, ce que Freire veut exprimer par l'idée de conscience primaire, c'est une limitation de l'humain appauvri dans le domaine de sa connaissance et de sa conscience, une sorte d'imperméabilité face « aux affrontements qui dépassent le cadre de son orbite végétatif » (Freire, 1978a, p. 60).

La conscience magique La conscience magique, qui découle de la précédente, est caractérisée par le fait que la personne va tout simplement attribuer à une force supérieure le pouvoir de dominer la réalité. Incapable de comprendre la réalité et de la transformer, l'humain croit que des puissances supérieures (le destin, la chance, la fatalité, etc.) ont le pouvoir de régenter sa vie. Telle est la définition de ce que Marx appelait l'aliénation : la soumission de l'être humain à des puissances qu'il a lui-même créées par sa pensée. Il est à noter que Marx était beaucoup plus radical que Freire sur ce point, car il voyait dans le Dieu chrétien (auquel croit Freire) le summum de l'aliénation humaine : pour lui, la religion était « l'opium du peuple » et Dieu, un produit de la pensée magique, de l'esprit humain aliéné et dominé par sa propre création fantasmatique. On comprend mieux ici pourquoi certains marxistes latino-américains critiquaient Freire, qui avait une conception beaucoup plus étroite et affadie de l'aliénation.

Pour Freire, de la pensée magique découlent une attitude de soumission et une forme passive d'appréhension et d'interprétation du réel. « L'homme se tourne vers la magie parce qu'il ne perçoit pas les vraies relations de cause à effet. » (Freire, 1978a, p. 60.) Toutefois, Freire observe que les personnes qui ont une conscience magique plutôt que primaire du monde augmentent leur pouvoir de compréhension et de réponse devant les sollicitations de leur environnement. Elles sont davantage capables de dialoguer non seulement avec d'autres personnes, mais également avec leur propre monde : elles s'éveillent alors et leur conscience devient « transitive ». Tandis que les personnes dotées d'une conscience primaire ne réagissent qu'aux problèmes de survie, aux nécessités vitales quotidiennes (manger, dormir, s'habiller, se protéger, etc.), les personnes qui ont une conscience magique possèdent une vision plus globale de leur situation : elles ne sont plus centrées sur la nécessité biologique immédiate et acquièrent une vision plus large de la réalité tout en cherchant des causes ou des principes. Bref, leur conscience s'élargit et elles entrent en rapport avec le monde auquel elles font face.

Toutefois, cette conscience éveillée ou « post primaire », dirait Freire (1978a), reste encore limitée à une interprétation simpliste de la réalité, marquée par une nostalgie du passé, par une fragilité du raisonnement, par une inaptitude à la recherche scientifique, par un goût excessif pour les explications fabuleuses, par une sous-estimation de l'homme du peuple quant à sa capacité d'intervenir dans le monde et de changer le cours des événements. Bref, ce stade de conscience, s'il s'avère plus avancé que le précédent, correspond aux explications de type magique : « [...] c'est encore la conscience de l'homme primaire chez qui le dialogue enfin largement commencé se détériore et se corrompt » (Freire, 1978a, p. 61).

La conscience critique Dans la conscience critique ou, plus précisément, dans une étape « précritique », « grâce à une éducation active et ouverte au dialogue, orientée vers la responsabilité sociale et politique » (Freire, 1978a, p. 62), on trouve davantage de profondeur dans l'interprétation des problèmes. Cette étape se caractérise ainsi par la substitution de réponses logiques aux explications magiques et par la vérification de ses propres conclusions. Elle comporte donc un effort pour contrôler les croyances, pour se débarrasser des idées préconçues tout en essayant d'éviter les fausses interprétations et les distorsions qui masquent les véritables problèmes. De plus, cette conscience rejette la passivité et se caractérise par une disposition à réviser ses positions, une permanente remise en question, une quête de la rigueur du raisonnement, la pratique du dialogue plutôt que la polémique vide, l'accueil du nouveau sans le rejet de l'ancien, et des formes de vie perméables, interrogatives, actives et authentiques.

D'après Freire (1978a), l'essor de cette conscience critique suppose un retour aux sources mêmes de la démocratie. C'est par un processus de conscientisation, dont l'école est autant responsable que l'État, que l'humain peut aboutir à une conscience critique et, finalement, contester le monde par une action transformatrice. Le tableau 11.1 résume ces trois niveaux de conscience.

Toute la pédagogie de la libération de Freire vise essentiellement à favoriser l'essor de la conscience critique et l'acquisition des habiletés liées à la *praxis* libératrice. Il faut apprendre avec sa propre pratique. Selon Freire :

> pour que l'alphabétisation des adultes ne soit pas une pure mécanique et un simple recours à la mémoire, il faut leur donner les moyens de se conscientiser pour s'alphabétiser [...], car, au fur et à mesure qu'une méthode active aide l'homme à prendre conscience de sa problématique, de sa condition de personne, donc de sujet, il acquerra les instruments qui lui permettront des choix [...] Alors, il se politisera lui-même. (Freire, 1978a.)

Mais comment les gens peuvent-ils dépasser les niveaux de conscience primaire et magique ?

L'éducation bancaire

Freire propose une approche visant la conscientisation par une méthode dialogique. Celle-ci s'oppose à l'éducation traditionnelle, qu'il appelle l'éducation bancaire. Qu'est-ce que l'éducation bancaire ? Il s'agit d'une éducation permettant de déposer, de transférer et de transmettre des connaissances. Les élèves vont à l'école comme les clients à la banque : ils viennent chercher leur dépôt de connaissances ou d'argent, ils viennent se faire remplir les poches ou la tête. Les élèves passifs reçoivent les dépôts de connaissances fabriqués et sélectionnés à l'avance par les maîtres. L'esprit de l'élève est vu comme une voûte vide où l'on met les richesses des connaissances scolaires, officielles et approuvées par tous les pouvoirs en place. Cette éducation est aussi désignée comme la pédagogie « digestive » et « narrative ». Dans l'éducation bancaire, selon Freire (1974, p. 52) :

– l'éducateur est celui qui éduque ; les élèves, ceux qui sont éduqués ;

– l'éducateur est celui qui sait ; les élèves, ceux qui ne savent pas ;

– l'éducateur est celui qui pense ; les élèves, ceux qui sont pensés ;

– l'éducateur est celui qui prononce la parole ; les élèves, ceux qui l'écoutent docilement ;

Tableau 11.1		
Le développement de la conscience critique		
Niveaux	**Caractéristiques**	**Attitudes des gens**
1. La conscience primaire	C'est une conscience qui ne conteste pas le monde ; elle est dominée par des problèmes primaires et végétatifs de l'ordre de la survie.	Les gens n'agissent pas sur le monde ; ils cherchent avant tout non à comprendre et à maîtriser la réalité mais à survivre.
2. La conscience magique	C'est une conscience marquée par la croyance en des pouvoirs supérieurs, le fatalisme et la soumission, les interprétations magiques et fantastiques de la réalité.	Les gens n'agissent pas (ou ils agissent peu) sur le monde et ils expliquent leurs propres problèmes d'une façon peu approfondie et marquée par des idées préconçues. Ils s'en remettent au destin, à la fatalité, etc.
3. La conscience critique	C'est une conscience qui tente d'aller au-delà de la surface des problèmes, d'approfondir l'analyse des situations, de se remettre en question et de réviser ses positions et contradictions.	Les gens cherchent à agir sur le monde ; ils prennent conscience de leur pouvoir d'action en saisissant les causes de leur propre situation.

– l'éducateur est celui qui discipline ; les élèves, ceux qui sont disciplinés ;

– l'éducateur est celui qui choisit et impose ses choix ; les élèves, ceux qui obéissent aux prescriptions ;

– l'éducateur est celui qui agit ; les élèves, ceux qui ont l'impression d'agir, à travers l'action de l'éducateur ;

– l'éducateur choisit le contenu du programme ; les élèves, jamais consultés sur ce choix, s'en accommodent ;

– l'éducateur identifie l'autorité du savoir avec son autorité fonctionnelle qu'il oppose de façon antagonique à la liberté des élèves ; ceux-ci doivent s'adapter aux déterminations de l'éducateur ;

– l'éducateur, finalement, est le sujet agissant du processus ; les élèves en sont simplement des objets.

En résumé, dans cette perspective bancaire, qui se confond en fait avec l'éducation la plus traditionnelle, l'enseignant est considéré comme le seul détenteur de la capacité de transmettre les savoirs, qui ne doivent pas être remis en question par les élèves. Ceux-ci doivent assumer la condition de récepteurs des savoirs. Cette pédagogie est donc strictement passive et soumise à une hiérarchisation des rapports entre l'enseignant et les élèves. De plus, si dans l'éducation bancaire, l'enseignant est celui qui connaît et l'élève, celui qui ne connaît rien, la tâche du premier consistera à apporter des connaissances au second, et ces connaissances, selon Freire, ne seront pas celles de l'« expérience vécue » mais celles de l'expérience racontée ou transmise (Freire, 1974).

Pour échapper à l'aliénation de l'éducation bancaire, Freire propose une pédagogie centrée sur l'idée de conscientisation, celle-ci étant un processus continu où un élève va de la conscience primaire et magique à la conscience critique. Ce processus est au cœur de la pédagogie de la libération. Il est différent de la prise de conscience parce que cette dernière implique plutôt la « pédagogie bancaire », c'est-à-dire la transmission de connaissances sélectionnées. La conscientisation constitue une rupture avec les mythes intériorisés ; elle permet à la personne d'atteindre de nouveaux niveaux de conscience, en particulier la conscience de l'oppression et celle d'être un « objet » dans un monde où seulement

quelques « sujets » ont le pouvoir. Le processus de conscientisation, grâce au dialogue avec les autres, invite à cerner les contradictions de l'expérience vécue ; il implique aussi que l'on devient un sujet avec d'autres sujets opprimés en participant volontairement à des activités capables de changer le monde. En effet, je puis devenir conscient uniquement en devenant le sujet de ma propre action, le maître de ma vie et de ma liberté. Si je me comporte comme un objet, un être passif, ma conscience sera toujours celle d'une chose plutôt qu'une véritable conscience humaine : elle sera, par exemple, un espace vide rempli par des connaissances bancaires qui n'ont rien à voir avec ma vie, ma subjectivité vivante.

La conscientisation vise à toucher « l'essence de la conscience qui est son intentionnalité » (Freire, 1974, p. 61). L'intentionnalité est la capacité fondamentale de la conscience humaine à donner un sens au monde et à elle-même. Elle s'identifie avec la conscience dans les deux sens du terme : d'une part, la conscience tournée vers le monde et appliquée aux objets, qui est connaissance de quelque chose (le fait d'être conscient de quelque chose), et, d'autre part, la conscience de soi-même (le fait d'avoir conscience de soi), la conscience vécue et subjective, qui est connaissance de soi. C'est pour cela qu'une pédagogie libératrice menant à la conscientisation doit dépasser le simple transfert de connaissances et de valeurs chez les élèves, et prendre plutôt l'activité éducative comme un « acte cognitif » où « l'objet connaissable, au lieu d'être le but de l'acte cognitif d'un sujet, sert d'intermédiaire entre plusieurs sujets connaissants, l'éducateur d'un côté, les élèves de l'autre » (Freire, 1974, p. 61-62). Ainsi, le seul moyen d'avoir une éducation aboutissant à la conscientisation est de dépasser la différence de pouvoir entre l'éducateur et les élèves, et d'abolir la hiérarchie de l'éducation bancaire. Pour Freire, cela est possible grâce au dialogue comme base de l'apprentissage.

L'approche dialogique de l'apprentissage se caractérise par la coopération et l'acceptation de l'interchangeabilité et de la mutualité des rôles de l'enseignant et de l'élève. Une pareille approche exige une ambiance d'acceptation mutuelle et de confiance. Dans cette méthode, tous enseignent et tous apprennent. Dans une éducation dialogique, « il n'y a plus d'éducateur d'élève ni d'élève de l'éducateur, mais un éducateur-élève avec un élève-éducateur » (Freire, 1974, p. 62). Cela contraste avec une approche anti-dialogique qui met l'accent sur l'enseignant et qui aboutit souvent à des monologues magistraux qui perpétuent la domination et l'oppression. Sans le dialogue, il n'y a pas de communication, et sans la communication, il n'y a pas de pédagogie de la libération. Par ailleurs, la pratique dialogique suppose l'« espérance », qui est au cœur même de l'existence humaine, puisqu'elle pousse l'humain à la quête de son vis-à-vis pour sortir de son incomplétude (Freire, 1974). Elle suppose aussi la rencontre des enseignants et des élèves dans une authenticité et un esprit critique qui refusent toute perspective statique et hiérarchique de la réalité et du rapport aux connaissances.

En définitive, la vision éducative de Freire s'inscrit dans une perspective dialogique où s'affirment les rôles égaux et réciproques des professeurs et des élèves. L'aspect collectif et égalitaire de la pédagogie de la libération reflète et anticipe l'ordre social annoncé par sa vision. Car Freire conçoit l'éducation comme une pratique de la liberté, qui est à la fois un « acte de connaissance » et une « approche critique de la réalité » (Le collectif d'alphabétisation, 1973, p. 11). Voyons maintenant comment ces diverses idées s'expriment concrètement dans la pratique pédagogique de Freire.

11.3 La méthode éducative de Freire

Avant de présenter la méthode de Freire, nous ferons une remarque essentielle à la compréhension de son approche. Selon Aronowitz (1993, cité dans Macedo et Freire, 2001), l'obsession nord-américaine pour les méthodes — obsession dominante en sciences sociales et en sciences de l'éducation — tend à écarter les idées philosophiques et politiques de Freire au profit de considérations strictement instrumentales et opérationnelles. Interrogé à ce propos, Freire rappelle qu'il est impossible d'exporter des pratiques pédagogiques sans les réinventer ; de plus, il plaide pour une réappropriation originale de ses idées (Macedo et Freire, 2001, p. 107). Bref, pour Freire, les méthodes pédagogiques ne sont pas des outils indépendants des contextes, des personnes et des intentions. Il n'existe pas de méthode idéale et

toute approche pédagogique doit répondre aux problèmes réels vécus par les personnes plutôt que d'être une application abstraite d'idées toutes faites venues d'ailleurs…

Ainsi, on ne peut pas séparer l'approche méthodologique de Freire de ses idées de transformation du monde et de libération des opprimés. Nous allons nous attarder dans les pages suivantes à des aspects techniques et méthodologiques, mais il ne faut jamais perdre de vue l'horizon politique et émancipateur de l'éducation et de l'activité enseignante selon Freire. Par ailleurs, la méthode d'alphabétisation de Freire comporte toujours une prise de position en faveur du potentiel de conscientisation sous-jacent à l'acte d'enseignement, car, partant de la « conscience dominée », le pédagogue veut atteindre la « conscience libérée ». À l'« éducation-domination », il oppose l'« éducation-libération ».

Toutefois, comment peut-on mettre en pratique cette éducation pour la liberté ? Répétons-le : la pédagogie de Freire a été historiquement forgée dans le cadre de l'éducation des adultes, et plus précisément au contact des gens les plus pauvres du Brésil. Dès lors, pour reprendre les interrogations de Freire lui-même (1978a), comment fournir à l'adulte analphabète les moyens de dépasser des attitudes primaires et magiques face à son environnement ? Comment faire en sorte qu'il soit capable de construire un ensemble de signes graphiques alors qu'il est encore analphabète ? De plus, comment ce processus peut-il contribuer à son insertion sociale ? Dans son ouvrage *L'éducation pratique de liberté* (1978a), Freire avance certains éléments de réponse à ces questions. Il propose trois idées aux éducateurs : l'emploi d'une méthode active, basée sur le dialogue, la critique et la formation du jugement ; il les invite également à modifier au besoin les contenus des programmes éducatifs et, enfin, à faire usage des techniques telles que la « réduction » et le « codage », dont nous parlerons plus loin. Cependant, ces idées s'inscrivent dans le contexte plus large de l'approche éducative de Freire. Elles synthétisent, d'une certaine façon, son propos concernant sa conception de l'éducation ainsi que le rôle qu'il attribue à celle-ci. Elles nous renvoient aux trois concepts discutés précédemment, à savoir l'éducation bancaire, la conscientisation et le dialogue. Voyons comment ces idées s'articulent dans la pratique éducative.

11.3.1 La pratique de l'alphabétisation

La méthode active de Freire basée sur le dialogue, la critique et la formation du jugement s'inspire surtout des idées du philosophe Jaspers, quand elle vise une relation horizontale entre deux personnes ouvertes et capables d'échanger, dans un rapport de réciprocité et de respect mutuel, qui « prend sa source dans la critique et engendre le jugement critique » (Freire, 1978a, p. 112). Le dialogue est donc un principe incontournable de l'approche pédagogique de Freire. C'est pour cela qu'il va dire que l'éducateur doit d'entrée de jeu considérer la personne analphabète comme un sujet actif capable de liberté et de conscience. Enseigner à lire n'est donc pas simplement suivre un procédé technique, mais vraiment plutôt un processus global qui reconnaît dans autrui un humain vivant présent dans le monde et participant à ce monde, une personne qui peut agir en sujet et non comme un simple objet. Dans le même sens, Freire invite les éducateurs à refuser une conception bancaire des programmes d'éducation, dans lesquels ils possèdent des ensembles de connaissances définis une fois pour toutes et qu'ils doivent transmettre à tout prix. L'éducateur doit dialoguer avec les programmes et les mettre en relation avec les besoins des élèves. La méthode proposée par Freire est illustrée dans le tableau 11.2.

Concrètement, dans la première étape de la méthode d'alphabétisation, on étudie le contexte dans lequel les analphabètes vivent afin de déterminer ce que Freire appelle l'« univers-vocabulaire » et les principaux problèmes à partir desquels on pourra concevoir des activités de réflexion. Bref, Freire part du langage quotidien des femmes et des hommes adultes avec lesquels il travaille.

La deuxième étape correspond à la sélection de thèmes ou de « mots génératifs » issus du vocabulaire quotidien. Ces thèmes proviennent de la codification d'expériences complexes qui sont pleines de signification pour les apprenants et qui vont probablement provoquer beaucoup de discussion et d'analyse parmi eux. Une codification est une représentation des situations quotidiennes vécues par les apprenants. Ce peut être une photo, un dessin ou même un mot. La codification est une abstraction symbolique (tel mot, telle image, etc.) qui permet le dialogue et qui, par la suite, mène à une analyse de la réalité concrète symbolisée. Les codifications font la médiation entre la réalité et son contexte symbolique ainsi qu'entre les éducateurs et les élèves qui cherchent ensemble à découvrir les significations de leur existence. On trouve les codifications à l'aide de l'étude de l'histoire particulière et concrète du milieu de vie des apprenants réalisée dans la phase précédente. Puis entre en jeu la procédure de « réduction » et de « codage », où l'on « réduira » les thèmes retenus pour en trouver les traits essentiels, que l'on présentera sous la forme de tableaux codés. Bref, dans un programme d'alphabétisation, les thèmes peuvent être codifiés dans des mots clés génératifs qui seront ensuite décomposés en parties syllabiques. Par exemple, les mots de trois syllabes peuvent se décomposer en parties syllabiques et être ensuite utilisés pour générer d'autres mots. Trois critères gouvernent le choix des thèmes :

— Les mots doivent être intéressants du point de vue de l'apprentissage syllabique ;

— Le vocabulaire devrait permettre aux élèves de construire, à partir de sons et de lettres simples, des mots plus complexes ;

Tableau 11.2	
La méthode de Paulo Freire	
Étapes	**Caractéristiques**
1. Étude du contexte	Les éducateurs procèdent à un relevé, par enquête, de l'« univers-vocabulaire » des gens auxquels ils s'adressent.
2. Sélection de mots	Les mots doivent être intéressants du point de vue de l'apprentissage syllabique ; on doit considérer les difficultés phonétiques et la richesse sémantique.
3. Création de situations existentielles typiques pour le groupe	On visualise (à l'aide de diapositives) des mots clés de façon à rendre possible la discussion de la réalité et l'enrichissement du vocabulaire.

– Les mots doivent être choisis pour leur potentiel d'utilisation au regard de la réalité politique, culturelle et sociale des apprenants (ils doivent donc avoir une richesse sémantique).

La troisième étape de la méthode est caractérisée par la création de situations existentielles typiques pour le groupe avec lequel on travaille. On doit créer un matériel d'enseignement comprenant deux types d'outils. Le premier type est un ensemble de cartes, de tableaux ou de diapositives où sont écrits des mots qui seront analysés d'une façon réflexive et prudente au moment des séances d'enseignement et d'apprentissage. Le deuxième type est un groupe de cartes illustrant des situations imaginées et toujours liées au vocabulaire appris. Ces images inspirées de mots sont conçues pour les apprenants. Elles vont servir à les stimuler afin qu'ils réfléchissent sur la situation que chaque mot désigne. Le groupe à qui l'on montre ces tableaux de situations décode avec l'aide d'un animateur les situations présentées. La décodification dissout une codification dans ses éléments constitutifs ; elle est l'opération qui permet aux élèves de commencer à voir les relations entre les éléments de la codification et d'autres expériences de leur vie quotidienne. La décodification est l'analyse que font les apprenants en dialoguant entre eux et avec l'éducateur ; elle révèle les significations, inaperçues dans le passé, de la réalité représentée. Précisons que c'est seulement après que le groupe d'apprenants a épuisé, avec la collaboration de l'animateur, l'analyse ou le décodage des situations présentées que les mots clés sont introduits et décomposés afin de permettre la création de mots nouveaux à partir des parties syllabiques (Freire, 1978a).

Bref, pour appliquer cette méthode de manière fructueuse, on doit promouvoir la découverte de soi chez les participants en explorant les dimensions des thèmes retenus. Nous allons essayer de montrer à l'aide d'un exemple concret, dans la sous-section suivante, comment tout cela fonctionne.

11.3.2 Une illustration de la méthode d'alphabétisation

Le tableau 11.3 présente un échantillon composé de deux listes de mots génératifs qui sont employés dans deux contextes différents. Les mots de gauche ont été sélectionnés dans le contexte d'une grande

Tableau 11.3	
Exemple de deux listes de mots génératifs	
Liste 1	**Liste 2**
Favela (bidonville)	Casa (maison)
Chuva (pluie)	Pele (pelle)
Arado (charrue)	Camino (chemin)
Terreno (terrain)	Vecino (voisin)
Comida (nourriture)	Zapato (chaussure)
Batuque (roulement des tambours)	Escola (école)
Poço (puits)	Ambulancia (ambulance)
Bicicleta (bicyclette)	Sindicato (syndicat)
Trabalho (travail)	Compañero (copain)
Salario (salaire)	Radio (radio)
Profissão (profession)	Harina (farine)
Governo (gouvernement)	Chiquillo (petit enfant)
Mangue (marécage)	Jugo (joug)
Engenho (moulin à canne à sucre)	Trabajo (travail)
Enxada (bêche)	Guitarra (guitare)
Tijolo (brique)	Fábrica (usine)
Riqueza (richesse)	Pueblo (peuple)
Sapato (soulier)	

Source : Adaptation d'un échantillon utilisé par Fletcher (1970).

ville du Brésil, à savoir Rio de Janeiro (les mots sont en portugais). Les mots de droite désignent des réalités d'une région rurale du Chili (les mots sont en espagnol).

Chaque séance en salle de classe est réalisée autour d'un mot et d'une image liée à ce mot. L'objectif est de conduire le groupe à apprendre qu'on peut symboliser une expérience réelle de la vie par le biais de la lecture et de l'écriture. Il faut démontrer graphiquement la relation entre le réel et un symbole abstrait. Selon Monteith (1977, p. 628), Freire souligne constamment que la compréhension de ce rapport est nécessaire si l'on veut instaurer une certaine distance émotionnelle, elle-même requise pour « admirer », ou « analyser » la situation représentée. Si l'on prend les exemples du tableau 11.3, le mot *casa* (maison) peut être associé à un dessin ou encore à une photo montrant un humble logement brésilien (ou chilien) ainsi qu'une famille dont les caractéristiques sont typiques de la classe la plus pauvre. Mais le même dessin peut aussi représenter une *casa* qu'on trouve dans un environnement prospère de classe moyenne.

Certains mots illustrent la dimension pratique de la méthode de Freire. Par exemple, dans une leçon d'alphabétisation le mot *favela* (bidonville) de la liste de gauche, en portugais, serait employé de la manière suivante : d'abord, on présenterait une image, un dessin ou même une photo d'une *favela* ou de l'une de ses rues (le dessin peut être exécuté par les participants) ; l'image serait ensuite décrite et analysée. La discussion sur la réalité d'une *favela* peut englober les problèmes de logement et d'alimentation, la santé, etc. Ensuite, on présente un second dessin ou une diapositive portant le mot *favela* imprimé. Dans un premier temps, les participants discutent des deux figures ou diapositives (l'image et le mot), car elles ont le même signifié. C'est le moment où ils vont essayer de découvrir leur contenu sémantique. Dans un second temps, les participants sont invités à adopter une méthode de découverte en brisant ou en divisant le mot *favela* phonétiquement et visuellement en diverses parties (lettres et syllabes). On montrera découpé en syllabes puis en « familles phonétiques » : *fa - ve - la.*

Ensuite, on demande aux participants de considérer individuellement chaque syllabe du mot et de se rappeler d'autres syllabes qu'ils ont déjà entendues et qui commencent avec le premier phonème de chaque syllabe.

fa fe fi fo fu

va ve vi vo vu

la le li lo lu

Puis, les participants sont invités à reconstruire le mot *favela*. C'est à ce moment qu'une transformation se produit : l'analphabète commence peu à peu à devenir un individu lettré, capable de manier des mots écrits, de les lire, de les travailler... Il se rend compte qu'il a lui-même recréé un mot. Le processus d'alphabétisation est ainsi déclenché. Les participants vont créer d'autres mots avec différentes syllabes ; ils vont recomposer de nouveaux mots. Comme le souligne Freire : l'« introduction de l'écriture se fait immédiatement sur la base des mots déjà étudiés en langage et lecture. L'emploi et l'analyse de mots clés permettent ainsi une prise de conscience à propos du vocabulaire, une discussion et une prise

de conscience à propos de la réalité suggérée par chacun de ces mots » (Collectif d'alphabétisation, 1974, p. 10).

Les mots dont se sert Freire sont ceux de tous les jours ; ils sont donc intimement liés à l'expérience vécue des participants. Freire veut partir de cette expérience significative et l'associer à un symbole abstrait (la représentation graphique du mot) en même temps qu'à des images (photos, dessins, etc.). Ainsi, le mot, par le biais de sa décomposition et de sa recomposition phonétiques et syllabiques, engendre d'autres mots et d'autres idées : il débouche sur une réflexion à propos de la situation des gens, laquelle fait appel à son tour à de nouveaux mots et ainsi de suite.

Cette illustration de la méthode de Freire permet de voir qu'elle se situe dans le courant plus vaste de l'éducation nouvelle et des pédagogies dites actives, que l'auteur reprend à son compte et applique à l'éducation des adultes. C'est pourquoi, malgré son originalité et la place fondamentale qu'elle accorde à la dimension politique, la pensée pédagogique de Freire peut être associée à celle de quelques éducateurs contemporains. Par exemple, on observe une grande affinité entre Paulo Freire et Célestin Freinet (1896-1966), l'éducateur révolutionnaire français. Les deux pédagogues ont cru à la capacité de l'élève d'organiser son propre apprentissage. Freinet, comme Freire, utilisait une méthode globale d'alphabétisation et associait la lecture des mots à celle du monde ; il était très préoccupé par l'éducation des gens ordinaires. Par ailleurs, il existe aussi des recoupements importants entre les idées de Paulo Freire et celles de Lev Vygotsky, notamment en ce qui concerne l'importance de l'approche interactionniste et socioculturelle dans le processus d'alphabétisation et le rôle de l'étayage dans l'apprentissage. Finalement, l'entreprise de Freire rejoint sur plusieurs points celle de John Dewey (1859-1952), ce grand éducateur américain qui insiste sur la nécessité de la connaissance de la vie communautaire, le *learning by doing* (c'est-à-dire l'apprentissage par l'action), le travail coopératif et surtout l'idée de commencer le travail éducatif en partant du langage des élèves. Bref, tout cela montre que Freire n'est pas un penseur isolé et que ses idées sont aussi porteuses de l'expérience éducative collective du XXe siècle.

Conclusion

D'après Antonio Nóvoa (1996, p. 115), professeur à l'Université de Lisbonne, la pensée de Freire a suscité jusqu'à maintenant trois types d'interprétation. Il y a d'abord une lecture figée et passéiste, assez présente en Europe, qui s'arrête à ses travaux des années 1960 pour dénoncer leurs caractéristiques « orthodoxes », « marxistes » et « révolutionnaires ». Le déclin actuel du marxisme et du communisme renforce cette première interprétation. Ensuite, on trouve une perspective stylisée, bien évidente en Amérique du Nord, qui insiste sur les aspects méthodologiques sans situer le débat au sein d'un référentiel idéologique et politique. Finalement, un regard naïf, très répandu dans plusieurs pays dits « en voie de développement », reproduit une vision utopique et idéaliste de sa pensée.

Ces différentes interprétations donnent une idée du caractère encore controversé de la pensée et de l'influence de Freire. Toutefois, nous avons la conviction que la pédagogie de la libération basée sur les idées de Freire s'avère encore aujourd'hui une pratique susceptible de résoudre concrètement le problème d'analphabétisme partout dans le monde. La force de cette pédagogie ne repose pas sur le fait qu'elle incorpore des méthodes d'instruction plus efficaces ou qu'elle ramène l'apprentissage aux expériences quotidiennes des gens. Cette force tient à ce que la pédagogie de Freire fournit une conception reliant l'analphabétisme aux problèmes sociaux et politiques globaux, et qu'elle ne propose pas seulement des solutions éducatives, mais aussi politiques. L'espoir et la promesse de cette pédagogie est que la compréhension critique va engendrer l'action sociale et le changement.

Toutefois, il faut dire que la plupart des programmes éducatifs basés sur les idées de Freire ont été condamnés ces dernières années à une existence marginale. Il n'y a pas beaucoup d'éducateurs parmi ceux qui travaillent dans les écoles ordinaires qui peuvent adopter les éléments pratiques de la pédagogie de la libération. Certes, on peut adapter à la réalité nord-américaine, dans une classe ordinaire, les pratiques pédagogiques et démocratiques de participation, mais la critique de l'oppression sociale et de son corollaire économique créerait sans aucun doute bien des réactions et des débats. D'ailleurs, de telles réactions n'existent pas que dans les nations nord-américaines. Quel que soit le pays où il évolue, tout mouvement pédagogique qui conteste la pseudo-neutralité des écoles et qui dénonce leur complicité dans le déséquilibre économique et politique est inévitablement forcé à se marginaliser.

Cependant, l'accroissement des inégalités à travers le monde, y compris dans les pays riches, va sans doute amener de plus en plus de gens à renouer avec les pédagogies de la libération et notamment celle de Freire. En même temps, ces pédagogies critiques doivent également aujourd'hui renouveler leur discours et leur horizon de réflexion et faire place à des nouvelles problématiques, telles que les questions environnementales, les enjeux multiculturels de nos sociétés et l'essor des nouvelles technologies. Si Freire était encore parmi nous, il verrait dans ces thèmes de nouvelles occasions d'enrichir sa propre pensée.

Questions

1. Pourquoi Freire subit-il les critiques autant des marxistes que des catholiques, bien qu'il se réclame personnellement de ces deux courants de pensée ?

2. D'après Paulo Freire, l'éducation n'est pas neutre sur le plan politique. La conscientisation, comme dimension politique, fait partie intégrante du processus éducatif. Définissez le concept de conscientisation selon Paulo Freire.

3. Quelles sont les principales différences entre la conception bancaire de l'éducation et la vision pédagogique critique de Paulo Freire ? Expliquez au moins trois de ces différences.

4. Quelles sont les principales étapes de l'élaboration et de la mise en pratique de la méthode d'alphabétisation de Paulo Freire ? Indiquez en quoi la méthode d'alphabétisation mise au point par Freire et ses collaborateurs s'appuie sur l'expérience quotidienne des opprimés pour les faire progresser.

5. Freire considère l'apprentissage et l'enseignement comme un processus de transformation de la conscience humaine. Expliquez ce processus et indiquez le rôle qu'il joue dans la vision éducative et pédagogique de Paulo Freire.

6. À la différence de la plupart des autres grands courants éducatifs contemporains, la pédagogie de Paulo Freire est d'abord orientée par une volonté d'émancipation politique en faveur des opprimés. Montrez en quoi cette volonté d'émancipation sert de fondement idéologique à l'éducation selon Freire.

7. Quelles sont les grandes influences théoriques et idéologiques qui ont marqué en profondeur l'évolution de la pensée pédagogique de Freire ? Montrez leurs principales conséquences sur cette dernière.

8. L'éducation de Freire s'enracine par bien des aspects dans son expérience militante au Brésil. Récapitulez brièvement cette expérience et montrez comment elle a orienté l'évolution des idées pédagogiques de Freire.

9. Pour Freire, apprendre à lire et à écrire ne se réduit pas à une technique ni même à une activité d'apprentissage, mais bien à un acte profondément politique. Expliquez ce qui conduit Freire à soutenir cette idée.

10. Par plusieurs aspects, la pédagogie de Freire se rattache à l'éducation active et nouvelle qui s'est développée depuis Rousseau. Montrez quelques-uns des principaux liens intellectuels qui unissent la pédagogie de Freire à la tradition des grands pédagogues du XXᵉ siècle.

Bibliographie

COLLECTIF D'ALPHABÉTISATION (Le) (1973). *Alphabétisation, pédagogie et luttes.* Paris : Maspero.

COLLECTIF D'ALPHABÉTISATION (Le) (1974). « Présentation », dans P. Freire. *Pédagogie des opprimés suivi de Conscientisation et révolution.* Paris : Maspero, p. 7-11.

COLLINS, D.E. (1977). *Paulo Freire, His Life, Works, and Thought.* New York : Paulist Press.

ELIAS, J. (1994). *Paulo Freire of Revolution.* Melbourne : Krieger Publishing Company.

FLETCHER, P.R. (1970). *Paulo Freire and Conscientization in Latin America.* Stanford, Calif. : Center for Latin American Studies, Université Stanford.

FREIRE, P. (1974). *Pédagogie des opprimés suivi de Conscientisation et révolution.* Paris : Maspero.

FREIRE, P. (1978a). *L'éducation : pratique de la liberté*, 4ᵉ éd. Préf. de F.C. Wefford. Traduit du brésilien *Educação como prática da liberdade*. Paris : Éditions du Cerf.

FREIRE, P. (1978b). *Lettres à la Guinée-Bissau sur l'alphabétisation : une expérience en cours de réalisation*. Préface de H. de Chaponay. Traduit du portugais par A. Hervé-Gruyer. Paris : Maspero (Cahiers libres, n° 343).

GADOTTI, M. (1986). Paulo Freire. Uma bibliografia. São Paulo : Cortez et Instituto Paulo Freire ; Brasília, DF : UNESCO.

HUMBERT, C. (1987). « La pensée et le cheminement de Paulo Freire », dans G. Amplemam, et coll. *Les Cahiers de la conscientisation*, n° 2. Québec : Collectif québécois d'éducation populaire.

JOHN-STEINER, V. (1977). « An interactionist approach to advancing literacy ». *Harvard Educational Review*, vol. 47, n° 5, p. 355-369.

LINDEMAN, E. (1961). *The Meaning of Adult Education*. Montréal : Harvest House.

MACEDO, D., et A.M.A. FREIRE (2001). « (Mis)Understanding Paulo Freire », dans V. Richardson, *Handbook Research of Education*, Washington (D.C.) : American Education Research Association (AERA), p. 106-110.

MACKIE, R. (1980). *Literacy and Revolution*. London : Pluto Press.

MONTEITH, M.K.(1977). « Paulo Freire's Literacy Method ». *Journal of Reading*, avril, Eric-RCS.

NÓVOA, A. (1996). « Paulo Freire », dans J. Houssaye (1996). *Pédagogues contemporains*. Paris : Armand Colin, p. 107-136.

TAYLOR, P.V. (1993). *The Texts of Paulo Freire*. Buckingham et Philadelphie : Open University Press.

TORRES, C.A. (2003). *A voz do biógrafo latino-americano*. São Paulo : Instituto Paulo Freire. <www.paulofreire.org/latino.htm>.

VYGOTSKY, L.S. (1985). *Pensée et langage*. Paris : Éditions Sociales.

WEILER, K. (1996). « Myths of Paulo Freire ». *Educational Theory*, vol. 46, n° 3, p. 353-371.

Chapitre 12

Les technologies de l'information et de la communication dans la pédagogie

Thierry Karsenti

Résumé

Les technologies de l'information et de la communication (TIC) ont-elles leur place dans un ouvrage portant sur l'histoire de la pédagogie ? Il ne fait nul doute que oui. Les TIC sont depuis nombre d'années ancrées dans l'histoire de la pédagogie. Remplaceront-elles un jour les enseignants ? Nous ne le pensons pas. L'échec retentissant de l'audiovisuel est toujours là pour nous le rappeler. Au contraire, les TIC doivent être arrimées à la pédagogie, et cela exige de nouvelles compétences chez les enseignants. Des compétences non seulement techniques mais aussi humaines et sociales. C'est le prix à payer pour pratiquer le métier de pédagogue dans ce que Marshall McLuhan appelait déjà, en 1965, un village planétaire.

Anciennement ancrée dans une logique de diffusion du savoir, la pédagogie doit maintenant affronter celle du nouveau paradigme de la **navigation du savoir**. De surcroît, en permettant l'accès à des ressources jusqu'alors difficilement accessibles, Internet facilite une mutualisation des connaissances : à l'école, on n'apprend plus uniquement par l'enseignant et le livre. Internet est maintenant pour beaucoup la première source d'accès à la connaissance. On remarque aussi que les interactions multiples facilitées par les TIC semblent faire voler en éclats les hiérarchies qui structuraient auparavant la vie scolaire.

Un jour, les gens apprendront à travers des circuits électroniques.
MARSHALL McLUHAN[1]

Introduction

Les technologies de l'information et de la communication (TIC) ont assurément leur place dans un ouvrage portant sur l'histoire de la pédagogie. Les TIC font depuis de nombreuses années partie de la pédagogie. En réalité, il n'existe pas de pédagogie sans support technique au sens large. Par exemple, en Grèce ancienne, l'invention et la diffusion de l'écriture transforment profondément les pratiques pédagogiques traditionnelles basées sur l'éducation orale (principalement la poésie homérique). Il en va de même lors de l'invention de l'imprimerie, laquelle influence grandement la naissance de l'école au XVIIᵉ siècle. Le XXᵉ siècle éducatif, de son côté, ne se borne pas à l'apparition somme toute récente des TIC. Il y a d'abord eu la promesse de révolutionner l'enseignement par le film, puis la radio, la télévision, la vidéo et l'enseignement programmé par ordinateur, qui représentent différentes technologies qui ont marqué d'une façon ou d'une autre la pédagogie.

En 1911, Thomas Edison a été le premier à réaliser un film destiné à la salle de classe : *The Minute Men.* Il dira, quelques années plus tard : «Les livres seront bientôt désuets. Les écoliers apprendront bientôt par l'intermédiaire de leurs yeux. Il est possible d'enseigner toutes les facettes du savoir humain par le film. Notre système scolaire sera complètement transformé d'ici 10 ans[2]. »

En 1920, l'Américain S.L. Pressey met en place un prototype de machine qui pose des questions et qui ne permet à l'apprenant de progresser que s'il a la bonne réponse. Il fonde ainsi les principes de l'enseignement programmé, repris plus tard en partie par B.F. Skinner en 1954. Avec sa machine à apprendre, Skinner tente d'appliquer aux élèves les principes du conditionnement mis en évidence dans les expériences de Pavlov. La machine de Skinner est raffinée, car elle favorise l'enseignement individualisé et permet aussi de transmettre des connaissances sans l'intervention directe d'un professeur. Selon Rivault et Melisson (2004), Skinner met en lumière cinq avantages de sa machine lorsqu'il la compare à un précepteur privé. D'abord, la machine induit une activité soutenue. Elle insiste ensuite pour que chaque point soit parfaitement compris avant d'aller plus loin. Puis elle ne présente que la matière que l'élève est préparé à aborder (ce qui diminue les risques d'erreurs). Elle aide aussi l'élève à produire la bonne réponse. Enfin, elle renforce la production d'une bonne réponse (conditionnement opérant). Les premières expériences avec l'ordinateur se sont inspirées des principes mis de l'avant par Skinner : individualiser l'enseignement, programmer l'enseignement, etc.

---

1. Extrait d'une entrevue réalisée en 1965 par Radio-Canada. <archives.cbc. ca/IDC-1-74-342-1817/people/mcluhan/clip3#> ; traduction libre.
2. Extraits d'un discours prononcé par Thomas Edison en 1913. *The National Digital Library*, <memory.loc.gov>, site consulté le 29 février 2004 ; traduction libre.

Seymour Papert est le premier à mettre en place une approche constructiviste de l'apprentissage par ordinateur lorsqu'il crée LOGO, un langage destiné spécialement aux élèves. Selon Grasset (2003), le point de départ de LOGO est une tentative pour mettre en place un modèle constructiviste de l'enseignement appliqué à l'ordinateur. La conception de LOGO relève du mariage entre l'intelligence artificielle (Papert travaillait pour le Massachusetts Institute of Technology) et le constructivisme génétique (Papert a étudié avec J. Piaget). L'idée originale est de proposer aux élèves un univers de commandes informatiques qui se laisseront organiser comme les schèmes piagétiens. Dans ce « micro-monde constructiviste », toute connaissance est conçue comme une composition plus ou moins complexe d'unités élémentaires de savoirs et de savoir-faire. Les unités les plus fondamentales font l'objet d'une programmation cachée plus contraignante. C'est donc l'élève qui, par son activité assimilatrice, est le seul bâtisseur de ses structures cognitives par le jeu des adaptations progressives de ses schèmes selon les buts qu'il se fixe. Pour Papert, qui a étudié à Genève avec Piaget, la machine ne doit pas être programmée d'avance, car c'est l'élève qui doit le faire. Papert ramène ainsi le grand débat entre les approches béhavioristes et constructivistes aux applications pédagogiques de l'ordinateur.

La terminologie de l'utilisation pédagogique des TIC reflète également ces deux positions épistémologiques. On parle d'abord d'EPO (enseignement programmé par ordinateur), puis d'EAO (enseignement assisté par ordinateur) et finalement d'APO (applications pédagogiques de l'ordinateur). De nos jours, les ordinateurs sont d'une puissance et d'une convivialité que ne pouvaient imaginer Edison ou Skinner. Ils combinent à la fois les textes, le son, l'image, l'interactivité, la programmation. Ils peuvent absorber et transmettre de l'information aux quatre coins du globe. Mais si l'ordinateur a un grand potentiel, il ne peut cependant rien faire tout seul. C'est peut-être ce qui a découragé, voire effrayé nombre d'enseignants lorsqu'il est arrivé sans logiciels dans les écoles en 1985. C'est peut-être aussi en partie la cause de l'échec du Plan de développement de la micro-informatique scolaire de 1983, duquel le Québec mit plus d'une décennie à se remettre. Et c'est peut-être aussi, finalement, pourquoi le plan Informatique pour tous de la France n'a jamais vraiment pris l'envol qu'on lui promettait.

Ce chapitre présente sommairement l'incursion des technologies de l'information et de la communication en éducation. Dans la première partie, nous effectuons un bref historique de l'évolution de l'ordinateur, des premières calculatrices mécaniques du XVIIe siècle aux micro-ordinateurs à interface graphique qu'on connaît aujourd'hui. Puis, dans la deuxième partie, nous présentons sommairement l'histoire d'Internet ainsi que les principaux événements qui ont marqué l'intégration des TIC à l'éducation. Dans la troisième partie, nous analysons l'arrimage des TIC à la pédagogie et nous nous attardons à l'invention du micro-ordinateur, en 1976, et d'Internet, car il s'agit des deux innovations qui marquent le plus la pédagogie actuelle. Nous omettons donc, volontairement, les événements — déjà largement documentés dans la littérature — qui ont amené

le divorce de l'audiovisuel et de la pédagogie. Nous tentons aussi de mieux comprendre pourquoi l'arrimage entre TIC et pédagogie est toujours si laborieux, quelque 27 ans après la commercialisation du premier micro-ordinateur d'Apple. Enfin, dans la quatrième partie, nous illustrons comment les TIC bouleversent la pédagogie, les façons d'apprendre et d'enseigner.

12.1 L'ordinateur : l'invention du millénaire pour la pédagogie ?

Contrairement à ce que l'on pourrait penser, l'arrivée de l'ordinateur dans les écoles remonte à bon nombre d'années. En effet, bien que les rapports diffèrent un peu sur la date exacte de l'apparition des ordinateurs dans les établissements d'enseignement, il est certain qu'ils étaient présents dans certaines écoles nord-américaines et canadiennes (notamment au Québec) à la fin des années 1970, et dans la plupart des écoles secondaires dès 1985, c'est-à-dire il y a près de 20 ans. En fait, l'incursion des ordinateurs dans les écoles (secondaires) coïncide avec l'invention d'un des premiers micro-ordinateurs commercialisés : l'Apple I (1976), qui est suivi par l'Apple II (1977) (voir la figure 12.1). Ces deux ordinateurs sont conçus par Steve Wozniak et Steve Jobs, ce dernier étant l'actuel PDG d'Apple.

Sans entrer dans les détails techniques de l'histoire de l'invention de l'Apple I (1976), de l'Apple II (1977), puis de l'Apple Macintosh (1984), le premier ordinateur à interface graphique couleur (c'est encore ce que l'on trouve sur nos machines plus modernes), soulignons simplement qu'il est difficile d'indiquer avec précision qui a inventé l'ordinateur. Plusieurs inventeurs ont contribué à l'essor de ce dernier et, souvent, c'est la juxtaposition de plusieurs inventions qui a permis le perfectionnement de cet outil, dont on tentera de démontrer l'apport pédagogique. Le tableau 12.1 brosse un bref historique de l'ordinateur.

L'ordinateur peut être considéré comme une machine complexe. À l'origine de l'ordinateur, on trouve les toutes premières « calculatrices », des machines capables d'effectuer automatiquement des calculs difficiles ou complexes pour l'humain. L'*Encyclopédie Universalis* indique que les premières « machines à faire des calculs » remontent au XVIIᵉ siècle. C'est d'abord le mathématicien allemand W. Schickard (1592-1635), ensuite l'écrivain français Pascal (1623-1662), que l'on considère comme le père de la calculatrice, puis l'Allemand Leibniz (1646-1716) qui ont construit ces premières machines. Elles pouvaient faire des opérations mathématiques de base : additions, soustractions, multiplications, etc. Celle de Pascal avait la particularité d'effectuer des conversions monétaires. Il faudra attendre près de deux siècles pour que le mathématicien britannique C. Babbage (1792-1871) crée sur papier une machine à calculer automatique (*analytical engine*). Il commencera à la construire en 1833 et ne pourra la terminer avant sa mort. Selon le site *Inventors*[3], la machine mise au point par Babbage fut le tout premier « appareil informatique ». Elle était munie de

Figure 12.1   L'Apple II

Source : Apple Computer. *The Apple Museum.* <applemuseum. bott.org/>, site consulté le 29 février 2004.

3. About.com. *Inventors*, <inventors.about.com/library/inventors/ blCharlesBabbage.htm>, site consulté le 29 février 2004.

cartes perforées pour l'entrée des données et pouvait imprimer les résultats de ses calculs.

Beaucoup croient que c'est l'armée (ou la guerre) qui est à l'origine des premiers ordinateurs électroniques. Néanmoins, une analyse minutieuse des événements montre que la guerre a plutôt permis des investissements financiers importants dans les projets de plusieurs chercheurs, lesquels avaient déjà imaginé leurs machines et dessiné leurs prototypes. Comme nous l'avons souligné, nombre d'inventeurs ont contribué à l'essor de l'ordinateur. Pour certains, c'est l'Ouest qui a inventé le premier ordinateur. Mais il s'agit plutôt d'un ingénieur allemand, Konrad Zuse,

Tableau 12.1		
Bref historique de l'évolution de l'ordinateur à interface graphique, modèle que l'on utilise encore aujourd'hui		
Année	**Inventeur(s)**	**Invention**
1833	Charles Babbage	« Machine analytique », première calculatrice mécanique fonctionnant avec des cartes perforées
1936	Konrad Zuse	Calculatrice mécanique Z1, qui est pour beaucoup le premier ordinateur binaire
1937	George Robert Stibitz	Calculatrice Model K
1939	Konrad Zuse	Z2, premier ordinateur électromécanique fonctionnel
1941	Konrad Zuse	Z3, premier ordinateur électromécanique programmable
1942	John Atanasoff et Clifford Berry	Ordinateur ABC
1943	Alan Turing et les Services secrets britanniques	Colossus
1944	Howard Aiken et Grace Hopper	Ordinateur Mark I de Harvard
1946	John Presper Eckert et John W. Mauchly	Ordinateur ENIAC 1
1947	International Business Machines (IBM)	Ordinateur SSEC, qui a 36 m de long
1948	Frederic Williams et Tom Kilburn	Ordinateur Manchester Baby
1951	John Presper Eckert et John W. Mauchly	Ordinateur UNIVAC
1953	International Business Machines (IBM)	Ordinateur IBM 701 EDPM
1962	Steve Russell et le Massachusetts Institute of Technology (MIT)	Spacewar, premier jeu sur ordinateur
1964	Douglas Engelbart	Souris et fenêtre d'ordinateur
1970	Intel 1103	Mémoire d'ordinateur
1971	Faggin, Hoff et Mazor	Microprocesseur d'ordinateur Intel 4004
1971	Alan Shugart et IBM	Disque flexible (*floppy disk*)
1972	Xerox	Xerox Alto, que beaucoup considèrent comme un prototype ayant marqué l'évolution des ordinateurs personnels
1973	Robert Metcalfe et Xerox	Mise en réseau d'ordinateurs
1974-1975	Scelbi et Mark-8	Ordinateurs Altair et IBM 5100
1976-1977	Steve Wozniak et Steve Jobs	Apple I et II, premiers micro-ordinateurs commercialisés
1976-1977	Radio Shack et Commodore	TRS-80 et Commodore Pet, deuxièmes micro-ordinateurs commercialisés
1981	IBM	Premier IBM PC, ordinateur pour la maison
1981	Microsoft	Première version du système d'exploitation Windows
1983	Apple	Apple Lisa, premier ordinateur avec une interface graphique pour les utilisateurs
1984	Apple Macintosh	Apple Macintosh, premier ordinateur avec une interface graphique couleur pour les utilisateurs

qui aurait mis en place la première machine présentant plusieurs caractéristiques de l'ordinateur moderne : la calculatrice mécanique Z1, qui est en fait un ordinateur binaire.

Selon le site *The History of Computing Project*[4], le premier « vrai » ordinateur était d'une taille fort importante et portait le nom d'une statue géante trouvée sur l'île de Rhodes, en Grèce : le Colosse (Colossus). Le Colossus, dont le poids approchait les 27 tonnes, a été construit par Alan Turing. Celui-ci était un étudiant brillant qui avait construit sur papier, faute de moyens, un ordinateur qu'on appela plus tard la machine Turing. Au cours de la Seconde Guerre mondiale, Turing travaillait comme cryptographe pour les Services secrets britanniques. Les Allemands avaient mis au point une machine — la *Geheimfernschreiber* (télégraphe secret) — qui rendait extrêmement difficile le décodage des messages envoyés. C'est en cherchant à construire une machine pouvant percer le code secret des Allemands que Turing, avec d'autres collègues des Services secrets britanniques, a mis au point Colossus, un des premiers ordinateurs, dont la seule fonction était de décoder les messages allemands. Colossus était le tout premier ordinateur numérique électrique[5]. De nos jours, la miniaturisation est de mise, mais à l'époque, cette variable comptait peu. Les premiers modèles d'ordinateurs étaient immenses et servaient surtout à des opérations de calcul. Ainsi, en 1947, l'ordinateur SSEC (*selective sequence electronic calculator*) d'IBM mesurait plus de 36 mètres de long[6], soit plus d'une fois et demie la longueur d'un terrain de tennis.

L'idée de rendre l'ordinateur plus accessible en le miniaturisant d'abord, puis en créant une interface plus conviviale découle de plusieurs facteurs. C'est en 1968 que le professeur Engelbart, du Stanford Research Institute, présente un environnement graphique avec des fenêtres à manipuler avec une souris. Cet environnement est l'ancêtre du tout premier traitement de texte ; il comprend un système hypertexte et un logiciel de travail collaboratif en groupe[7].

Toutefois, il semble que ce soit la station de travail Xerox Alto qui soit vraiment à l'origine du premier ordinateur commercialisé. Le prototype Alto a été créé en 1972 au Palo Alto Research Center (PARC) de Xerox et représente, après la démonstration d'Engelbart, le premier ordinateur à interface graphique muni d'une souris. Néanmoins, comme ce projet était contraire aux objectifs de Xerox, qui craignait la naissance d'une société sans papier, il ne sera pas suffisamment soutenu pour connaître un réel succès. Selon le site *Inventors*[8], des chercheurs de Xerox auraient assisté à la présentation d'Engelbart en 1968, à la Fall Joint Computer Conference, à San Francisco, et c'est ce qui leur aurait donné l'idée de créer ce prototype. Les dirigeants de Xerox, qui avaient investi dans la toute nouvelle compagnie Apple, ont invité Steve Jobs à assister à la démonstration de l'Alto, ce qui l'a probablement inspiré. Ce n'est qu'en 1977 que l'Apple II a été commercialisé. Il comportait une cassette audio pour la sauvegarde de l'information. L'ordinateur n'est plus l'affaire de spécialistes ou de bricoleurs passionnés ; il entre dans la vie de milliers de Nord-Américains. Moins encombrant et moins cher qu'à ses débuts (il se vend maintenant 1298 $US), il se répand dans un nombre croissant de foyers. Il devient parfois console de jeux vidéo. Sa puissance de calcul continue de croître et les logiciels se perfectionnent.

Ces ordinateurs sont également utilisés dans des cadres professionnels et commencent à entrer dans les écoles. L'Apple II est le premier ordinateur à être présent dans les salles de classe non seulement aux États-Unis mais aussi au Québec et en Europe. En effet, selon le site de la Computer Society[9], l'Apple II a immédiatement connu un grand succès, en particulier grâce à son prix, mais aussi à cause de certains logiciels d'une réelle utilité. Toujours selon la Computer Society, l'Apple II a « rapidement été acheté

4. *The History of Computing Project*, <www.thocp.net/>, site consulté le 29 février 2004.

5. *The History of Computing Project*, <www.thocp.net/>, site consulté le 29 février 2004.

6. D. Howe. *The Free On-line Dictionary of Computing*, <www.wombat.doc.ic.ac.wk/foldoc>, site consulté le 29 février 2004.

7. S. Rossi. *Histoire de l'informatique*, <histoire.info.online>, site consulté le 29 février 2004.

8. About.com. *Inventors*, <inventors.about.com/blCharlesBabbage.htm>, site consulté le 29 février 2004.

9. Institute of Electrical and Electronics Engineers Computer Society. *IEEE Site*, <www.ordinateur.org>, site consulté le 29 février 2004.

par les écoles et les collèges et servait d'outil de base pour les cours de programmation[10] ». En l'espace de quelques années seulement, les ordinateurs ont connu une popularité grandissante. En 1982, pour la seule fois de son histoire, *Time Magazine* reconnaissait l'importance de l'ordinateur en octroyant la palme de « personnalité de l'année » à une machine (voir la figure 12.2).

Depuis, les TIC n'ont cessé de se développer et de se diversifier. À titre d'exemple, les premiers baladeurs à cassette audio ont été commercialisés en 1979. Vingt-cinq ans plus tard, soit quatre ans après leur sortie sur le marché, c'est plus de 30 000 chansons que l'on peut trouver sur les lecteurs de musique MP3. On est passé de la cassette audio des premiers micro-ordinateurs d'Apple au disque souple, à la disquette, au lecteur zip et finalement à la nouvelle petite carte de mémoire, qui mesure environ 1 centimètre sur 1 centimètre et qui peut renfermer autant d'information que 4000 disquettes. En 2005, près d'un demi-siècle après l'invention du transistor par John Bardeen, William Shockley et Walter Brattain, des laboratoires Bell, et un peu plus de 30 ans après la création du premier microprocesseur, qui comptait quelque 2300 transistors, Intel présentera un microprocesseur contenant près d'un milliard de transistors. De surcroît, l'essor qu'a pris Internet au cours des dernières années a ouvert des possibilités qu'on était loin de soupçonner au moment où *Time Magazine* montrait l'importance du micro-ordinateur dans notre société.

12.2 Internet : la naissance d'un village global

Au cours des 50 dernières années, maints changements ont perturbé le monde de l'éducation : l'arrivée de la télévision, les nouveaux moyens de transport, les nouvelles technologies de l'information et de la communication (TIC). Ces technologies ont bouleversé plusieurs habitudes dans la société. Aujourd'hui, de son poste d'ordinateur, l'enseignant peut, virtuellement du moins, corriger les travaux de ses élèves, remplir un bulletin de notes, payer des factures à la banque, écrire à des amis, écouter de la musique, consulter l'horaire d'arrivée d'un train, réserver une chambre d'hôtel et même voir, en direct, les derniers mouvements d'un astronaute dans l'espace ou les images d'une sonde envoyée sur Mars. Selon Brown (1996), le plus important changement en éducation est la croissance phénoménale d'Internet, et en particulier de la version graphique d'Internet communément appelée le Web, qui a pour toujours changé nos habitudes sociales et nos modes de communication.

En effet, en l'espace de quelques années seulement, en Amérique du Nord et en Europe, Internet et le Web sont devenus des éléments du quotidien quasi incontournables pour l'ensemble des acteurs du milieu scolaire. On est passé, en très peu de temps, d'une société industrielle à une société informationnelle, la société du savoir, comme la nomment plusieurs visionnaires qui, selon de Rosnay (1995), sont responsables de l'émergence de ce concept.

Figure 12.2 La couverture du magazine *Time* de janvier 1983

Source : Time Magazine. *Time Magazine Site*, <www.timemagazine. com>, site consulté le 29 février 2004.

10. Institute of Electrical and Electronics Engineers Computer Society. *IEEE Site*, <www.computer.org/history/development/ 1976.htm>, site consulté le 29 février 2004 ; traduction libre.

Parmi eux, on trouve le professeur Marshall McLuhan, de l'Université de Toronto. Il est le premier à utiliser la métaphore du « village global ». Selon Cassé (1993, p. 3), c'est aussi lui qui est à l'origine de l'idée d'absence de limites géographiques dans la communication :

> Cet auteur décrivait la possibilité d'annuler le déplacement matériel des personnes, des objets, des marchandises (déplacement coûteux en énergie) en le remplaçant par la circulation instantanée des messages, ce qui permettait d'abolir les distances. Après la « Galaxie Gutenberg », survenait l'avènement de la « Galaxie Marconi » c'est-à-dire du support (ou médium électronique) qui allait permettre la transmission de messages simplifiés [...] à travers l'univers entier. Ainsi naît le « village planétaire » où tous échangent, d'un bout du monde à l'autre, des messages [certes simplifiés mais] instantanés.

Le premier « Internet » a été construit en 1968 par Ray Tomlinson, un ingénieur de la firme Bolt, Beranek et Newman, qui avait été mandaté par l'armée américaine pour construire un tel réseau. Ce premier « Internet » portait le nom d'ARPANET. Dans le contexte de la Guerre froide entre les États-Unis et l'URSS, il va sans dire que ce réseau n'a pas été construit à des fins pédagogiques. L'armée américaine voulait mettre sur pied un réseau qui permettrait à des ordinateurs de fonctionner dans l'éventualité d'une guerre nucléaire. En d'autres termes, si une partie du réseau venait à être endommagée ou détruite, le reste du système ne devait pas être perturbé.

Au cours des années 1970, 1980 et 1990, plusieurs réseaux comme ARPANET, BITNET, CSNET ET NSFNET ont évolué, fusionné ou disparu avant de se regrouper dans le réseau global que l'on connaît aujourd'hui sous le nom d'Internet. Les premiers liens entre la pédagogie et Internet ont été tissés en 1985. C'est alors que la National Science Foundation[11] a créé le NSFNET, un réseau de communication qui reliait des centres de recherche et d'éducation. Selon la Internet Society[12], c'est la société qui a mis sur pied le réseau NSFNET qui, en se basant sur les protocoles d'ARPANET, a construit le squelette d'Internet pour les écoles et les universités en Amérique du Nord. Plusieurs compagnies spécialisées dans la télécommunication (dont Sprint, MCI) ont également construit leurs propres réseaux, qui ont par la suite fusionné avec Internet. C'est entre 1989 et 1991 que le Britannique Tim Berners-Lee a inventé la version graphique du Web, plus précisément le réseau WWW (World Wide Web). Dans le but de faciliter la communication et le partage d'information, il a notamment mis en place un langage hypermédia, le HTML (*hypertext markup language*). Berners-Lee est aussi à l'origine du HTTP (*hyper text transfer protocol*) et des URL (*universal resource locators*).

Quand on constate l'évolution exponentielle d'Internet, la notion de changement se transforme du tout au tout. À titre d'exemple, la firme de sondage Nua[13] révélait récemment que le nombre d'internautes sur la Terre était passé de 16 millions en 1995 à quelque 606 millions en 2002. La dernière étude de la firme Ipsos-Reid[14], publiée en janvier 2004, montre quant à elle que le nombre d'utilisateurs d'Internet se rapproche plus des 700 millions. Cette estimation serait même appelée à doubler d'ici les prochaines années. Le réseau Internet, avec quelque 550 milliards de documents et plus de 7,5 millions de nouvelles pages Web créées chaque jour (Varian et Lyman, 2002), débordera d'ici peu, car il n'a de place que pour 4,7 milliards d'adresses différentes. C'est pourquoi un nouveau système sera bientôt mis en place, le IPv6, qui acceptera 350 milliards de milliards de milliards de milliards d'adresses.

Cette présence exponentielle des technologies annonce également une révolution (depuis longtemps prévue) non seulement en éducation mais tout particulièrement en pédagogie. Comme le souligne le gouvernement du Canada (2000, p. 1), la société mondiale du savoir « promise dans les années 1970, vantée dans les années 1980 et envisagée dans les années 1990 avec un respect mêlé de crainte et d'incrédulité » est devenue, au XXIᵉ siècle, une réalité incontournable.

11. National Science Foundation. *NSF Site*, <www.nsf.gov>, site consulté le 29 février 2004.

12. Internet Society. *ISOC Site*, <www.isoc.org>, site consulté le 29 février 2004.

13. NUA. *Nua Surveys*, <www.nua.com/surveys>, site consulté le 29 février 2004.

14. Ipsos-Reid. *Ipsos-Reid Site*, <www.ipsos-reid.com>, site consulté le 29 février 2004.

Rappelons toutefois que des milliards d'hommes et de femmes sur la Terre n'ont encore jamais utilisé un téléphone… et encore moins un ordinateur. C'est entre autres ce qui a amené plus de 170 États, le secteur privé et la société civile à participer au premier Sommet mondial sur la société de l'information[15] tenu en décembre 2003 à Genève. Le Sommet a été organisé sous le haut patronage des Nations unies, et l'un de ses grands axes était de trouver des moyens de réduire la différence numérique Nord-Sud.

Nous possédons les outils permettant d'accélérer la réalisation des objectifs de développement du millénaire, les instruments nécessaires pour faire progresser la cause de la liberté et de la démocratie, et les vecteurs voulus pour diffuser les connaissances et favoriser la compréhension mutuelle. La raison

d'être de ce Sommet est de trouver comment concrétiser un tel potentiel[16].

À titre indicatif, la figure 12.3 présente le pourcentage d'utilisateurs d'Internet adultes dans 13 pays. On remarque que l'écart est énorme entre certains pays: l'incursion d'Internet est très présente dans les pays industrialisés, en particulier en Amérique du Nord, mais dans d'autres pays, le taux de branchement est beaucoup plus faible. En Afrique de l'Ouest et du centre, c'est moins de 1 % de la population urbaine qui a déjà utilisé Internet.

12.3 La difficile pénétration des TIC dans les pratiques pédagogiques

Dans les années 1970, l'école vit un peu la crise de l'audiovisuel: des équipements fragiles et encombrants qui coûtent cher, des réparations qui prennent énormément de temps, de même que la compatibilité complexe des différents appareils. Mais ce qui semble être la raison fondamentale de l'échec scolaire de l'audiovisuel, c'est que cette percée a été réalisée en marge de la pédagogie. Tel que le souligne Michel (1981, p. 1), on n'a pas su quoi faire d'outils mal connus. De surcroît, les enseignants se demandaient:

> Quelle stratégie d'ensemble faut-il employer (intégration dans toutes les disciplines, travail indépendant, individuel ou collectif…)? L'audio-visuel a souffert tout à la fois des craintes qu'il a suscitées et des espoirs qu'il a fait naître.

C'est dans ce contexte que les premiers ordinateurs sont tranquillement entrés dans les écoles tout à la fin des années 1970. Les gouvernements de l'époque semblaient animés par une double volonté: celle d'initier les élèves à l'ordinateur et celle de leur enseigner l'utilisation de certains logiciels. Deux courants sont très présents: l'enseignement programmé de Skinner et le langage LOGO élaboré par Papert. Skinner est l'un des principaux fondateurs du béhaviorisme, courant fondé par Watson

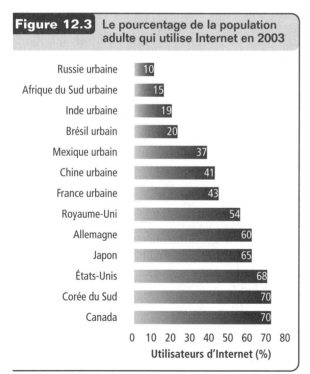

Figure 12.3 Le pourcentage de la population adulte qui utilise Internet en 2003

Pays	Utilisateurs d'Internet (%)
Russie urbaine	10
Afrique du Sud urbaine	15
Inde urbaine	19
Brésil urbain	20
Mexique urbain	37
Chine urbaine	41
France urbaine	43
Royaume-Uni	54
Allemagne	60
Japon	65
États-Unis	68
Corée du Sud	70
Canada	70

Source: Ipsos-Reid. *Ipsos-insight, The Face of the Web 2003,* étude réalisée avec 7109 adultes dans 13 marchés planétaires, janvier 2004. <www.ipsos-reid.com>, site consulté le 29 février 2004.

---

15. The World Summit on Information Society. *WSIS Site,* <www.wsis.org>, site consulté le 29 février 2004.

---

16. Extrait d'un discours prononcé en 2003 par Kofi Anan, secrétaire général des Nations unies. The World Summit on Information Society, *WSIS Site,* <www.itu.int/wsis/index-fr.html>, site consulté le 29 février 2004.

en 1913. Influencé également par les travaux de Pavlov sur le conditionnement des animaux, Skinner crée une technique — l'enseignement programmé — basée sur sa théorie du conditionnement opérant. S'apercevant rapidement que sa théorie est difficilement applicable dans une salle de classe, il décide d'élaborer une machine qui facilitera la mise en œuvre non seulement de l'enseignement programmé mais aussi de l'individualisation de l'enseignement (Skinner, 1958).

Dans l'enseignement programmé de Skinner, le passage d'un niveau de connaissance à un autre s'opère par le renforcement positif des réponses. Pour Skinner, les erreurs sont des manques et doivent être évitées ou corrigées, mais les bonnes réponses doivent être valorisées par des renforcements. La machine qu'il crée part du postulat que les renforcements positifs ou stimuli ont un effet positif sur les apprentissages. Skinner raffine la machine de Pressey, inventée dans les années 1920, en introduisant le concept de programmation linéaire : les connaissances sont présentées successivement à l'élève grâce à des paliers aussi petits que possible. Ainsi, Skinner espère augmenter la fréquence des renforcements tout en minimisant l'effet négatif de la production d'erreurs. Des versions plus modernes de sa machine, sous la forme d'exerciseurs, sont entrés dans les écoles dès la fin des années 1970. Trois décennies plus tard, plusieurs écoles les utilisent toujours.

LOGO, le premier langage d'ordinateur pour les enfants, a connu une immense popularité au Québec, en France et aux États-Unis. Seymour Papert, le créateur de LOGO, avait étudié avec Piaget à Genève et travaillait à l'époque au Massachusetts Institute of Technology (MIT). Son plus célèbre ouvrage, *Mindstorms — Children, Computers, and Powerful Ideas*, est cité partout. Le but premier de Papert était d'élaborer des outils et des logiciels éducatifs à potentiel constructiviste. Plus précisément, il souhaitait mettre au point un langage qui permettrait aux élèves de construire leur propre savoir. Le logiciel LOGO est d'abord créé pour les ordinateurs Apple II, puis pour ceux d'IBM.

Malgré les avancées des années 1970 (LOGO, Discoverer, etc.), on constate que trois décennies plus tard dans le monde de l'éducation, pourtant au centre de l'économie du savoir, l'introduction des technologies s'avère laborieuse et, selon certains chercheurs, beaucoup trop lente (Harvey et Lemire, 2001). Pour beaucoup, l'école a peu évolué depuis le temps où elle était réservée à l'élite ; ses structures rigides, trop souvent réfractaires au changement, en font une institution du passé. L'arrimage TIC-pédagogie est bien plus que laborieux : il est discret, épisodique et limité à certains enseignants atypiques.

Contrairement à ce que l'on pourrait penser, il semble encore y avoir un écart trop important entre le milieu scolaire et la société imprégnée de technologies dans laquelle baignent les jeunes. Ces derniers, nés à l'ère d'Internet, peuvent avec une facilité déconcertante naviguer dans le Web et tenir des conversations dans plusieurs cybersalons, tout en écoutant de la musique en format MP3. Pour les jeunes, la technologie n'est pas l'apanage des technologues, et certes pas celui des pédagogues : elle n'est qu'un outil au service de leurs besoins sociaux ou scolaires (Piette et coll., 2001). En fait, l'école ne semble pas avoir réussi à faire le pont entre les transformations technologiques et sociales qui se vivent au sein de la société, et la salle de classe où l'élève est « forcé » de travailler, obligé d'écouter, mis à l'écart des innovations, coincé dans un horaire relativement strict.

Bibeau (1999) prétend carrément qu'au Québec, les TIC sont présentes partout dans la société sauf à l'école. En Belgique, Depover et Strebelle (1996, p. 76) affirment :

> Les établissements où l'on [peut] réellement considérer que les NTI sont utilisées sur une base régulière pour transmettre des connaissances et faire acquérir des compétences par les élèves restent très peu nombreux.

Les nombreux travaux de Cuban (1997, 1999) montrent également que, malgré une augmentation du nombre d'ordinateurs dans les écoles, les enseignants du primaire et du secondaire utilisent peu les TIC dans leur pédagogie ou ne s'en servent pas du tout. Pour ce chercheur de l'Université de Stanford, l'intégration des technologies dans la pédagogie est inégale et souvent trop lente. D'autres comme Guédon (2000) craignent que, s'il a fallu près de 350 ans pour que l'imprimé se répande dans les écoles, l'intégration réelle des nouvelles technologies de l'information et de la communication dans les projets pédagogiques nécessitera au moins quelques décennies.

Le Belge Duchâteau (1996) est plus nuancé et soutient que l'échec des technologies à l'école et dans les pratiques pédagogiques s'explique par l'écart entre les promesses et la réalité. On introduit des technologies sans véritablement changer le reste de l'école ou la pédagogie qui s'y pratique : c'est là que résiderait le véritable défi de l'intégration des TIC à l'école. En outre, Duchâteau prétend que la structure actuelle de l'école, de même que la formation des futurs enseignants, seraient une entrave à l'intégration réussie des TIC. Pour lui, seule une profonde réforme pourrait permettre une véritable pénétration pédagogique des TIC à l'école. Devant la rapidité avec laquelle l'usage des nouvelles technologies se répand dans les sociétés occidentales, « l'école semble plutôt traîner les pieds », selon Fournier (2001, p. 54). Le problème de l'incursion des TIC dans la pédagogie dépasse les conditions matérielles et serait plutôt lié à la nécessité de changements radicaux dans la manière de faire la classe, qui, selon plusieurs, n'a que trop peu changé au cours du dernier siècle. Peraya (2001) souligne que, dans l'enseignement, nombre de choses se sont déroulées comme si les dimensions de diffusion et d'information du réseau Internet déterminaient les scénarios pédagogiques et les figeaient dans leur forme la moins novatrice : la pédagogie magistrale. Quant à Chenevez (2002), elle trouve que l'on enjoint les enseignants et les établissements scolaires d'intégrer les TIC en éducation à coups de textes comminatoires et de carottes budgétaires, ce qui est parfois lourd à assumer dans un contexte comme l'enseignement, où il y a déjà d'innombrables combats et défis.

Pouts-Lajus (1999), chercheur à l'Observatoire des technologies pour l'éducation, en Europe, soutient que l'échec de l'intégration des TIC en pédagogie, qui semble à première vue un problème technique, est en fait lié à « l'utopie fondatrice, celle de l'école républicaine » (p. 1). Selon cet auteur, il faut plutôt aller dans le sens d'une école de la réussite, qui exige du temps et qui devra notamment s'appuyer sur les méthodes pédagogiques actives, « potentiellement génératrices de davantage de plaisir que les méthodes traditionnelles » (ibid.). D'après Pouts-Lajus, pour que l'intégration pédagogique

des TIC soit un succès, il faut concevoir l'école comme une institution du « plaisir d'apprendre, et c'est dans la conquête ou la reconquête de ce plaisir qu'Internet et le multimédia sont appelés à jouer un rôle de premier plan » (ibid.).

Si l'école a pour mission de mieux préparer les futurs citoyens aux défis du troisième millénaire, elle se doit de favoriser l'arrimage entre les TIC et la pédagogie. Il serait donc de son devoir de profiter de l'engouement suscité par les nouvelles technologies de l'information et de la communication. Il lui faut également mettre à profit les possibilités nouvelles, invitantes, prometteuses et diversifiées que les TIC représentent pour la formation des jeunes, et aller bien au-delà de l'enseignement traditionnel. L'école ne peut ignorer les technologies sous peine de se voir discréditée, selon Perrenoud (1998). Pour cet auteur, l'école ne peut dorénavant plus « ignorer ce qui se passe dans le monde : les nouvelles technologies transforment les façons de communiquer, mais aussi de travailler, de décider, de penser » (p. 26).

L'intégration pédagogique des TIC est également essentielle à l'école si cette dernière veut contrer ce que de Rosnay (1995) appelle la rupture entre les « inforiches » et les « infopauvres ». Au Salon de l'éducation qui se déroulait à Paris en novembre 2000[17], le premier ministre d'alors, Lionel Jospin, a également souligné l'enjeu social d'égalité et de démocratie que représente l'intégration des TIC à l'école. Selon lui, il faut « réduire le fossé numérique, donner à tous la possibilité de maîtriser les outils de la société de l'information[18] ».

Pouts-Lajus et Riché-Magnier (1998) et Cuban (1997) rappellent quant à eux que la controverse inhérente à l'incursion des TIC en pédagogie est aussi liée aux principales missions de l'école : instruire, former et éduquer ; aider les élèves à se réaliser au mieux de leurs capacités. Pour certains, rien ne pourrait garantir que les technologies — historiquement instables et souvent conçues à d'autres fins que l'enseignement en salle de classe — vont aider efficacement l'école à mieux remplir sa mission

---

17. Salon de l'éducation. *Site du salon de l'éducation*, <www.salon-education.org>, site consulté le 29 février 2004.

18. Gouvernement français. *Site Web du premier ministre*, <www.premier-ministre.gouv.fr>, site consulté le 29 février 2004.

éducative. À l'inverse, de nombreux technophiles prétendent que la présence des technologies en éducation peut justement être défendue au nom de la mission que l'école a de :

> […] préparer l'élève à contribuer à l'essor d'une société voulue démocratique et équitable […] [l'école] se voit également confier le mandat de concourir à l'insertion harmonieuse des jeunes dans la société […] en les formant pour qu'ils soient en mesure de participer de façon constructive à son évolution. (Gouvernement du Québec, 2001, p. 2-3.)

Ainsi, ces technophiles de l'éducation prônent une école plus ouverte sur le monde, perméable aux influences extérieures dont « celles des technologies nouvelles auxquelles les enfants doivent être préparés car ils en seront certainement des utilisateurs dans leur vie d'adultes » (Pouts-Lajus et Riché-Magnier, 1998). Pour Perriault (2000), il est d'ailleurs de la responsabilité de l'école d'enseigner aux élèves les compétences nécessaires à la maîtrise des TIC. En renonçant à ce devoir, l'école risque de contribuer à accroître la différence numérique de plus en plus accentuée entre les élèves qui arrivent en classe avec des ordinateurs portables et ceux pour qui l'école est le seul lieu où il est possible de côtoyer les nouvelles technologies.

Enfin, concevoir l'école comme une institution en contact avec l'extérieur suppose une préférence pour une école ouverte au monde et à ses influences — comme dans la pédagogie Freinet —, mais il est tout de même important que cette ouverture, facilitée par la présence des nouvelles technologies, respecte la mission éducative de l'école et le développement de l'élève, et non des modes sociétales ou des enjeux économiques.

Pour Baron (2001), une question fondamentale demeure pour que l'incursion des TIC en pédagogie puisse un jour être qualifiée de succès : celle de l'aval de l'intégration pédagogique des TIC par les enseignants — non pas individuellement mais en tant que profession. Les TIC sont de puissants outils cognitifs qui offrent de multiples solutions pour contrer plusieurs problèmes actuels de l'éducation ; mais elles ne seront utiles que si l'enseignant accepte de transformer ses pratiques pédagogiques (Bibeau, 1999).

Malgré la faible intégration pédagogique des TIC à l'école, décriée par plusieurs, on dénombre une quantité impressionnante d'établissements scolaires, en Europe comme en Amérique du Nord, qui ont réussi cet arrimage. Par exemple, différentes expériences d'intégration des TIC ont été appuyées pendant plusieurs années par le programme ACOT (Apple Classrooms of Tomorrow[19]). Ce projet de recherche et de développement entre les écoles publiques, les universités et la société Apple a débuté en 1985 aux États-Unis et s'est étendu à plus d'une vingtaine de pays avant de prendre fin en 1998. Le but des classes ACOT était d'étudier comment l'intégration des TIC en éducation transformait les façons d'enseigner et d'apprendre. De nombreuses études et publications, dont l'ouvrage de Sandholtz, Ringstaff et Dwyer (1996), *Teaching with Technology : Creating Student Centered Classrooms*, abondamment cité et traduit dans plusieurs langues, font état des résultats de cette expérience d'intégration des TIC à l'école. Pour Sandholtz, Ringstaff et Dwyer (1996), les TIC catalysent le changement dans les méthodes pédagogiques et pourraient même faciliter le passage de la méthode traditionnelle à un ensemble plus éclectique d'activités d'apprentissage faisant place à des situations de construction des connaissances. Malgré la fin du projet ACOT, Apple continue de collaborer de façon marquée avec le monde de l'éducation pour favoriser l'intégration des TIC.

Les travaux de Baron (2001) montrent qu'il y a de nombreuses initiatives de journaux scolaires en ligne ou de romans virtuels interactifs écrits par plusieurs classes quelquefois séparées par des milliers de kilomètres. On peut trouver aux adresses < www.educnet. education.fr > et < freinet.org > plusieurs de ces projets, fruit d'une coopération entre des écoles françaises, belges, québécoises ou américaines.

Les sites les plus imaginatifs et les plus intéressants sur le plan pédagogique semblent être ceux des écoles Freinet. Pour Fournier (2001), elles ont souvent été les pionnières, en Europe, sur le plan de l'intégration des nouvelles technologies à l'enseignement et à l'apprentissage, et ce, depuis le début de leur apparition à l'école. Les écoles qui affichent leur site à l'adresse

---

19. Apple Computer. *Apple Classrooms of Tomorrow*, < www. apple.com/education/k12/leadership/acot >, site consulté le 29 février 2004.

<freinet.org> semblent réellement mettre à contribution les avantages d'Internet : une ouverture marquée au reste du monde, des liens avec les parents ou avec le milieu, plusieurs possibilités de communication pour les élèves, des projets de correspondance, un journal d'école, une multitude de renseignements sur la vie scolaire et les activités réalisées par les élèves, etc. En Amérique du Nord, et plus particulièrement au Québec, on trouve aussi plusieurs classes du primaire qui diffusent leur site Web à cette adresse.

Comme le fait remarquer Fournier (2001), les pratiques les plus créatives en matière d'intégration des TIC semblent réservées à l'école primaire. Selon cette auteure, au secondaire notamment, plus les élèves s'approchent de la fin de ce cycle, « plus les usages s'apparentent aux pratiques de l'enseignement traditionnel » (p. 55).

12.4 L'influence des TIC sur la pédagogie : la naissance d'un nouveau paradigme ?

En plus de permettre l'accès à des ressources jusqu'alors difficilement accessibles, Internet facilite une mutualisation des connaissances. Anciennement ancrée dans une logique de diffusion du savoir, la pédagogie doit maintenant s'adapter à un nouveau paradigme, celui de la **navigation du savoir**. Le modèle pédagogique traditionnel que nous connaissons, dénoncé par plusieurs dont Gauthier (voir le chapitre 6), porte la marque de la société qui l'a engendrée. Dans un univers où le « savoir savant » provient d'un ouvrage imprimé, le contact direct avec le vecteur de ce savoir est l'enseignant, et on doit l'écouter de vive voix. Cependant, la pédagogie d'aujourd'hui ne peut se contenter d'un rapport didactique à la connaissance et à ses vecteurs, issu du XIXe siècle, car la société dans laquelle vit sa clientèle a changé, évolué.

En outre, avec un nombre croissant d'apprenants plongés dans la culture de plus en plus universelle d'Internet, beaucoup s'attendent à trouver à l'école la commodité, la rapidité et la facilité d'accès à l'information que procure le Web. Loin d'attendre passivement que le savoir leur soit livré, les élèves sont en général fort habiles à naviguer pour trouver l'information qu'ils cherchent, de même que pour entrer en contact avec leurs pairs — par l'entremise des TIC — afin d'obtenir de l'aide et d'acquérir des connaissances ou des compétences.

On remarque aussi que les interactions multiples facilitées par les TIC semblent faire voler en éclats les hiérarchies qui structuraient auparavant la vie scolaire : à l'école, on n'apprend plus uniquement par l'enseignant et le livre (Baron, 2001). Internet est maintenant pour beaucoup la première source d'accès à la connaissance. Dans un monde où l'explosion des techniques numériques bouleverse les modes d'accès aux savoirs, l'intégration des TIC en pédagogie requiert une modification profonde de la tâche du pédagogue, de l'organisation de l'enseignement et de la conception de l'apprentissage, voire de la façon dont l'élève s'approprie la connaissance (Lefoe, 1998). C'est pourquoi il est possible d'affirmer que les technologies modifient profondément les formes traditionnelles de la pédagogie (de Rosnay, 1999). Les apprenants évoluent dans un contexte de mutation du rapport au savoir. Internet révolutionne de façon importante ce rapport en décuplant les sources d'information et en permettant aux élèves d'avoir accès à un savoir dynamique, voire vivant.

Les TIC transforment progressivement et de façon durable les façons de penser, d'enseigner et de communiquer avec les apprenants : cela donne une communication accrue et un apprentissage plus individualisé (Haughey et Anderson, 1999) ; une relation différente avec l'espace, le temps et le concept de salle de classe. Le recours aux technologies de réseau en enseignement peut aussi modifier le rôle du pédagogue. L'usage ce ces technologies remet en question l'acte pédagogique et la façon d'apprendre, voire la relation enseignement-apprentissage. En outre, selon Dolence et Norris (1998), dans la pédagogie, on doit réaliser un changement de paradigme et passer du « comment on enseigne » au « comment on apprend ». Cependant, contrairement à ce que plusieurs laissent entendre, le rôle du pédagogue n'en est pas effacé ; au contraire, il demeure très important. D'ailleurs, pour Meirieu (2000), dans les nouvelles fonctions que lui assigne la communication numérique, le pédagogue demeure un « acteur-relais » déterminant.

L'enseignant qui assumait jusqu'ici la responsabilité solitaire de procédures de transmission des savoirs doit devenir responsable, en collaboration avec les collègues de son établissement, du processus d'apprentissage de ses élèves. Il lui faut renoncer à être le seul médiateur entre l'élève et le monde, non pour abandonner son pouvoir éducatif, mais pour le retrouver, au contraire, dans la régulation de l'ensemble des médiations qu'il peut proposer. (Meirieu, 2000, p. 24.)

Pour Bourrel (2000), beaucoup croient que la machine supprime l'homme et que l'enseignement à distance (dont celui avec les TIC) va entraîner, avec la disparition des méthodes traditionnelles (ou « présidentielles »), celle des enseignants eux-mêmes. Pour cet auteur, cette opinion, qui découle sans doute de l'image quelque peu caricaturale d'une société moderne automatisée jusqu'à la robotisation, n'est pas sans conséquence dans la préparation des mentalités au « choc du futur ». Jacquinot (1993) précise d'ailleurs que, si l'enseignement avec les technologies fait en général appel à des infrastructures complexes et coûteuses, il ne supprime pas pour autant le facteur humain.

Pour être efficaces, les nouvelles technologies, loin de remplacer l'homme, exigent de lui de plus en plus de compétences non seulement techniques mais aussi humaines et sociales (comportement en groupe, capacité à coopérer et à communiquer, volonté d'assumer des responsabilités) [...] (Jacquinot, 1993, p. 65.)

Dans ce nouveau paradigme, les TIC peuvent s'avérer un outil puissant permettant à l'enseignant d'envisager la perspective d'une pédagogie différente. Le pédagogue a donc la possibilité de répondre — ou non — à l'invitation au changement des technologies de l'information et de réseau. Ainsi, le professeur peut être perçu comme un médiateur entre l'apprenant et les savoirs.

L'ampleur de la métamorphose de la pédagogie est difficilement perceptible, car la technologie évolue à un rythme tel que l'on peut difficilement imaginer l'avenir dans les salles de classe. Bien que de nombreux chercheurs aient des opinions sur les classes de demain, il n'en demeure pas moins difficile de saisir pleinement les conséquences globales du nombre sans cesse croissant d'élèves qui sont mieux informés que ceux des générations précédentes, uniquement grâce à Internet, et qui s'attendent donc à ce que leurs enseignants s'adaptent rapidement à

leurs nouveaux besoins. Comme le soulignait Perrenoud (1998), désormais, les enseignants sont appelés à adopter une attitude de veille culturelle, sociologique, pédagogique et didactique pour comprendre de quoi l'école, ses publics et ses programmes seront faits demain. Ils ne devraient donc jamais laisser aux TIC la place d'activités facultatives, superflues, à faire « quand on a le temps ».

Les TIC donnent l'occasion de repenser et de délocaliser, dans le temps et dans l'espace, les échanges entre les enseignants et les élèves et favorisent ainsi la création de nouvelles avenues pour des activités d'apprentissage ou de formation. Les TIC permettent surtout une nette évolution, voire une mutation du rapport au savoir pour les élèves. C'est d'ailleurs pourquoi plusieurs considèrent que le rôle encyclopédique de l'enseignant se trouve fortement ébranlé avec les TIC. En 2004, devrait-on encore montrer à des élèves comment tracer des cartes quand toutes sont disponibles dans Internet ? Ne devrait-on pas aussi leur montrer comment trouver la meilleure carte dans le Web ? Les élèves d'un cours d'histoire peuvent en outre en connaître davantage sur un sujet que leur enseignant simplement en consultant Internet, qui devient ainsi pour eux une ressource privilégiée répondant immédiatement aux questions, et que l'on ne craint pas d'interroger. Les TIC sont ainsi appelées à transformer la démarche pédagogique ou didactique. Il ne s'agira peut-être plus d'enseigner un fait historique aux élèves, mais plutôt de les aider à acquérir des compétences en recherche et à aiguiser leur esprit critique face à l'exactitude des renseignements trouvés dans Internet. Ainsi, les élèves seront aptes à obtenir de l'information avec un moteur de recherche et à juger de son authenticité.

Les TIC sont également une menace pour le pouvoir de l'enseignant dans sa classe : elles séduisent l'élève et pourraient amener le professeur, dans certains contextes, à sentir qu'il n'a plus de maîtrise sur les apprenants. Il s'agit effectivement d'un risque, surtout pour les enseignants aux pratiques traditionnelles et encyclopédistes. Toutefois, les TIC ne remplaceront pas l'enseignant aux pédagogies ouvertes ; elles l'assistent plutôt dans sa pratique en améliorant les activités qu'il crée et en facilitant l'apprentissage de ses élèves. Un enfant est rapidement séduit par une histoire racontée par un cédérom éducatif : les images, les animations, les effets sonores sont autant d'embellissements que l'enseignant ne peut produire tout seul. Néanmoins, l'élève aura vite fait de demander au maître de regarder l'histoire avec lui, de lui en expliquer certains éléments ou de lui dire pourquoi elle se termine ainsi.

Conclusion

Les technologies de l'information et de la communication (TIC), nous l'avons vu, ont bouleversé plusieurs habitudes dans la société : de son poste d'ordinateur, il est maintenant possible, virtuellement du moins, d'aller à la banque, de payer des factures, d'écrire à des amis, d'écouter de la musique, de consulter l'horaire d'un train, de réserver une chambre, de voir en direct les derniers mouvements d'un astronaute dans l'espace et même de diriger un véhicule sur Mars. Ces révolutions dans le quotidien se transposent progressivement dans la pédagogie.

Avec l'évolution des technologies et les nouvelles avenues promises par les formations ouvertes ou à distance (FOAD), les lois et les principes pédagogiques les plus incontournables mis de l'avant par Thorndike (la loi de l'effet et la loi de l'exercice), Dewey (l'apprentissage par l'action), Piaget (la construction du savoir), Vygotsky (l'apprentissage comme processus socio-interactif) et Bruner (l'apprentissage par la découverte) peuvent être intégrés aux pratiques pédagogiques des enseignants. L'utilisation adéquate des TIC représentent donc un immense enjeu de société que la pédagogie doit examiner. Sans quoi, il ne sera alors peut-être plus question de canaliser l'engouement des jeunes, mais plutôt de vider les coffres de l'État dans ceux d'entreprises privées qui n'ont aucun souci pédagogique. Quant on sait que les responsables administratifs des établissements scolaires disposent de budgets d'investissement et de fonctionnement limités, on préfère que cet argent profite réellement à l'éducation. De plus, le souvenir du coût élevé de l'échec de l'intégration de l'audiovisuel, dans les années 1970, contribue à rappeler la nécessité aux administrateurs d'une certaine prudence devant les innovations technologiques.

Les TIC facilitent l'accès à une culture générale riche et étendue. Elles permettent aussi l'acquisition d'un grand nombre de compétences, dont la capacité de synthèse et d'analyse. Les différentes sources d'information disponibles dans Internet aident les élèves à aiguiser leur rigueur intellectuelle et morale. Les TIC insufflent également une motivation, une détermination et un engouement sans précédent aux élèves. Marier les TIC à la pédagogie favorise aussi le développement d'habiletés de communication, tant sur le plan de l'oral que sur celui de l'écrit. L'usage des TIC accroît les contributions originales et significatives des élèves. Les TIC sont, enfin, d'un commerce agréable pour la pédagogie, ce qui ne gâte rien. Pour toutes ces raisons, nous sommes entièrement convaincus que l'arrimage des TIC à la pédagogie, ce n'est pas l'école sans livres ni cartables pour l'élève. Ce n'est pas non plus la machine à apprendre de Skinner qui remplace — de nouveau — l'enseignant. C'est l'épanouissement réel et virtuel des pédagogies humanistes et socioconstructivistes, de la pédagogie de projet, de l'apprentissage coopératif, de l'école du goût

d'apprendre et de l'école transfrontalière, ouverte sur le reste du monde. Comme au moment où Gutenberg redéfinissait l'accès à la connaissance avec l'imprimerie, l'éducation est aujourd'hui en mesure de faire un gigantesque bond en avant avec l'alliance des TIC et de la pédagogie.

Au début, cette alliance prendra possiblement la forme d'une surcharge, et les enseignants auront davantage l'impression de courir après le temps. Néanmoins, comme cela s'est produit pour les tâches journalières, les TIC devraient graduellement s'installer dans le quotidien pédagogique et même devenir un allié essentiel. Ainsi, il est possible d'affirmer que les TIC sont appelées à modifier profondément les formes traditionnelles de la pédagogie et ont déjà commencé à le faire. Certes, comme beaucoup l'ont souligné, l'arrimage des TIC et de la pédagogie accuse un grand retard. C'est pourquoi les défis qui accompagneront assurément cette incursion des TIC en éducation et son installation éventuelle dans le paysage de la pédagogie doivent être relevés à la fois avec dynamisme et conviction. Mais il faut aussi faire preuve d'esprit critique ; marier les TIC à la pédagogie sans se questionner sur les effets qu'elles peuvent avoir sur l'apprentissage ou l'enseignement pourrait être tout aussi néfaste que de s'opposer à leur incursion à l'école. Il faut rester conscient des enjeux pédagogiques importants qui sous-tendent cet arrimage, qui semble désormais pouvoir vraiment favoriser la réussite éducative des élèves, rehausser le professionnalisme du personnel enseignant, encourager le leadership des gestionnaires, voire stimuler la collaboration entre l'école, la famille et le milieu.

Il sera aussi important pour l'enseignant de veiller à améliorer l'esprit critique de ses élèves pour que ces derniers comprennent les effets — autant positifs que négatifs — des TIC dans la société. Les jeunes, pour maximiser leur potentiel et devenir des citoyens à part entière, devront aussi posséder un grand éventail de compétences dont celle de résoudre des problèmes plutôt que la connaissance ponctuelle et éphémère de quelques logiciels ou de certaines technologies. Il sera parfois même important de mettre un bémol à la ferveur technologique de certaines réformes de l'éducation ou de certains gestionnaires. Les technologies permettent non seulement de mettre en place un projet pédagogique mais aussi de l'élever à un certain niveau de qualité.

Les TIC peuvent faciliter et rendre plus efficace le travail enseignant, certes, mais leur rôle n'est pas nécessairement de modifier la substance de ce qu'est enseigner, instruire ou éduquer. Seule la façon de faire en classe changera. Aussi, alors que nous évoquons le charme infini des TIC pour la pédagogie, pour l'enseignement et l'apprentissage, il n'est pas inutile de rappeler que, bien que beaucoup croient qu'elles tracent notre futur, il n'en demeure pas moins que ce sont les êtres humains qui imaginent, créent et supervisent leurs usages. Cela, trop d'enseignants l'oublient. Pourtant, la célèbre phrase prononcée par Oppenheimer en 1944, il y a près d'un demi-siècle, devrait toujours nous le rappeler.

L'ouverture de la société, l'accès sans restriction au savoir et l'association spontanée et libre d'hommes soucieux de le faire progresser, c'est ce qui peut permettre à un monde technologique vaste, complexe, en expansion et en transformation constantes, toujours plus spécialisé et plus pointu, de garder son humanité[20].

20. Adamant Media Corporation. *Elibron Quotations*, <www.elibronquotations.com/author.phtml?a_id=5818>, site consulté le 29 février 2004.

Questions

1. Expliquez en quoi le langage LOGO créé par Seymour Papert est différent de l'enseignement programmé.

2. Expliquez comment la machine à apprendre de Burrhus Frederic Skinner se distingue de la pédagogie traditionnelle.

3. Expliquez les causes de l'échec partiel de l'audiovisuel des années 1960 et 1970.

4. Au Québec et en Europe, qu'est-ce qui semble le plus faire obstacle à l'arrimage TIC-pédagogie? Expliquez votre réponse.

5. Quelle est la principale raison avancée par les médias pour justifier le grand retard du Québec sur les autres provinces canadiennes en matière de micro-informatique, au milieu des années 1990? Expliquez votre réponse.

6. Expliquez en quoi, sur le plan de la pédagogie, les TIC constituent une menace pour l'enseignant.

7. À l'école et sur le plan de la pédagogie, qu'est-ce qui caractérise surtout les TIC au Québec au cours des 25 dernières années? Expliquez votre réponse.

8. Quel est le nouveau rôle que doit assumer l'enseignant pour que l'arrimage TIC-pédagogie connaisse de meilleures chances de succès? Expliquez ce rôle.

9. Quels peuvent être les quatre effets positifs des TIC sur la pédagogie? Expliquez votre réponse.

10. Expliquez la phrase suivante: Anciennement ancrée dans une logique de diffusion du savoir, la pédagogie doit maintenant s'accommoder d'un nouveau paradigme, celui de la **navigation du savoir**.

Bibliographie

ASTOLFI, J.P. (1997). « Médiation ». *Résonances*. Revue électronique : <www.ordp.vsnet.ch/Resjuin97/resjuin97.htm>.

BARON, G.-L. (2001). « L'institution scolaire confrontée aux TIC ». *Sciences humaines*, n° 32, p. 48-53.

BIBEAU, R. (1999). *L'élève rapaillé*. Montréal : Université de Montréal. <netia59.ac-lille.fr/Ref/pedagogie/Robert_Bibeau/rapail2.htm>.

BORDELEAU, P. (sous la dir. de) (1994). *Des outils pour apprendre avec l'ordinateur*. Montréal : Éditions Logiques.

BORDELEAU, P. (1999). *L'histoire des technologies informatiques et quelques-unes de leurs applications en éducation (v. 4.3)*. <www.scedu.umontreal.ca/sites/histoiredestec>.

BOURREL, J.-R. (2000). *Enseignement à distance et francophonie : bilan et perspectives*. Paris : Organisation Internationale de la Francophonie.

BROWN, S. (1996). « Organisational and Cultural Implications of Changes in Teaching and Learning ». *ASCILITE 1996 : Making New Connections*. Adelaide (Australie), 2-4 décembre. Revue électronique : <www.ascilite.org.au/conferences/adelaide96/papers/brown.html>.

CASSÉ, M.-C. (1993). « Réseaux de communication électronique et territoires », dans *La géographie face aux nouvelles technologies d'information et de communication. Études et travaux du GRICC*, nᵒ 1, p. 1-19.

CHENEVEZ, O. (2002). « L'enjeu des TIC en vaut-il la chandelle ? ». *Les dossiers de l'ingénierie éducative sur le Web.* <www.cndp.fr/tice/DossiersIE/texte_chenevez. htm>.

CONSEIL SUPÉRIEUR DE L'ÉDUCATION (2000). *Éducation et nouvelles technologies : pour une intégration réussie dans l'enseignement et l'apprentissage.* Québec : Gouvernement du Québec.

CUBAN, L. (1986). *Teachers and Machines. The Classroom Use of Technology Since 1920.* New York : Teachers College Press.

CUBAN, L. (1997). « High-Tech Schools and Low-Tech Teaching ». *Education Week on the Web*, nᵒ 21. <www.edweek.org>.

CUBAN, L. (1999). *Why Are Most Teachers Infrequent and Restrained Users of Computers ?* Publication présentée à la British Columbia Teachers' Federation Public Education Conference, Technology : Public Education in a Wired World, Vancouver, Canada, février.

DEPOVER, C., et STREBELLE, A. (1996). « Fondements d'un modèle d'intégration des activités liées aux nouvelles technologies de l'information dans les pratiques éducatives (75-98) », dans G.-L. Baron et É. Bruillard. *Informatique et éducation : regards cognitifs, pédagogiques et sociaux.* Paris : INRP.

DOLENCE, M.G., et NORRIS, D.M. (1998). *Transforming Higher Education : A Vision for Learning in the 21ˢᵗ Century.* Washington (D.C.) : Society for College and University Planning.

DUCHÂTEAU, C. (1996). *Pourquoi l'école ne peut intégrer les nouvelles technologies ?* Contribution au symposium « L'école de demain à l'heure des technologies de l'information et de la communication », colloque du Réseau d'éducation francophone, Montréal, septembre.

ENGELBART, D.C. (1963). « A Conceptual Framework for the Augmentation of Man's Intellect », dans P.D. Howerton et D.C. Weeks (sous la dir. de). *Vistas in Information Handling.* vol. 1. Washington (D.C.) : Spartan Books, p. 1-29.

FOURNIER, M. (2001). « Internet va-t-il bouleverser la pédagogie ? ». *Sciences humaines*, nᵒ 32, p. 54-57.

GOUVERNEMENT DU CANADA (2000). *Un Canada branché.* Ottawa : Presses du gouvernement du Canada.

GOUVERNEMENT DU QUÉBEC (1979). *Énoncé de politique et plan d'action (Livre orange).* Québec : Ministère de l'Éducation du Québec.

GOUVERNEMENT DU QUÉBEC (1985). *Micro-informatique : plan de développement.* Québec : Ministère de l'Éducation du Québec.

GOUVERNEMENT DU QUÉBEC (1994). *L'intégration des nouvelles technologies de l'information et des communications à l'éducation : document de sensibilisation et de réflexion.* Québec : Ministère de l'Éducation du Québec, Direction générale des ressources didactiques.

GOUVERNEMENT DU QUÉBEC (1996a). *Les États généraux sur l'éducation : rénover notre système d'éducation, dix chantiers prioritaires. Rapport de la Commission des États généraux sur l'éducation.* Québec : Ministère de l'Éducation du Québec.

GOUVERNEMENT DU QUÉBEC (1996b). *Conférence socio-économique sur les technologies de l'information et des communications en éducation au Québec : état de la situation.* Québec : Presses du gouvernement du Québec.

GOUVERNEMENT DU QUÉBEC (1996c). *Les technologies de l'information et de la communication en éducation : plan d'intervention, éducation préscolaire, enseignement primaire et secondaire, formation générale des jeunes et des adultes.* Québec : Ministère de l'Éducation du Québec.

GOUVERNEMENT DU QUÉBEC (1997). *Rapport d'activités du Comité d'orientation et de formation du personnel enseignant (COFPE).* Québec : Ministère de l'Éducation du Québec.

GOUVERNEMENT DU QUÉBEC (2001). *Programme de formation de l'école québécoise : éducation préscolaire et enseignement primaire.* Québec : Ministère de l'Éducation du Québec.

GRASSET, K. (2003). *Qu'est-ce que LOGO ?* Genève : Université de Genève.

GUÉDON, J.-C. (2000). *Dilemmes et défis d'un nouvel âge pédagogique.* Montréal : Radio-Canada. <radio-canada.ca/education/index2.asp?FROM=CONV&DocID=403>.

HARVEY, J.-L., et LEMIRE, G. (2001). *La nouvelle éducation : NTIC, transdisciplinarité et communautique.* Paris : L'Harmattan.

HAUGHEY, M., et ANDERSON, T. (1999). *Networked Learning : The Pedagogy of the Internet.* Toronto : McGraw-Hill.

HOFMEISTER, A. (1984). *Microcomputer Applications in the Classroom.* New York : Holt, Rinehart and Winston.

JACQUINOT, G. (1993). « Apprivoiser la distance et supprimer l'absence ? Ou les défis de la formation à distance ». *Revue Française de Pédagogie*, nᵒ 102, p. 28-43.

KARSENTI, T. (2003a). « Plus captivantes qu'un tableau noir : l'impact des nouvelles technologies sur la motivation à l'école ». *Revue de la fédération suisse des psychologues*, nᵒ 6, p. 24-29.

KARSENTI, T. (2003b). « Favoriser la motivation et la réussite en contexte scolaire : les TIC feront-elles mouche ? ». *Vie pédagogique*, nᵒ 127, p. 27-32.

KARSENTI, T., et LAROSE, F. (2001). *Les TIC… au cœur des pédagogies universitaires.* Québec : Presses de l'Université du Québec.

LEFOE, G. (1998). « Creating Constructivist Learning Environments on the Web : The Challenge in Higher Education ». *ASCILITE 1998 : Flexibility, the Next Wave*, Wollongong, Australie, 14-16 décembre. Revue électronique : <www.ascilite.org.au/conferences/wollongong98/asc98-pdf/ lefoe00162.pdf>.

LEMIEUX, P. (1992). « Réflexions libres sur l'État et la culture », dans F. Sauvageau. *Les politiques culturelles à l'épreuve : la culture entre l'État et le marché.* Québec : Institut québécois de recherche sur la culture, p. 151-169.

LIVERGOOD, N.D. (1991). « From Computer-Assisted Instruction to Intelligent Tutoring Systems ». *Journal of Artificial Intelligence in Education*, vol. 2, nᵒ 3, p. 39-50.

MCLUHAN, M. (1962). *The Gutenberg Galaxy : The Making of Typographic Man*. Toronto : University of Toronto Press ; London : Routledge. (Ouvrage paru en français en 1977 sous le titre *La galaxie Gutenberg : la genèse de l'homme typographique*. Paris : Gallimard.)

MCLUHAN, M. (1972). *Pour comprendre les médias, les prolongements technologiques de l'homme*. Montréal : Éditions Hurtubise HMH.

MEIRIEU, P. (2000). *L'éducation et le rôle des enseignants à l'horizon 2020 : quels défis et quelles conséquences pour les politiques de l'UNESCO ?* Paris : UNESCO (Horizon 2020).

MICHEL, J.-L. (1981). « Le Web de la distanciation : réflexions sur les nouvelles technologies d'enseignement ». *L'École libératrice*, n° 2, p. 1-6.

NORRIS, D.M., et DOLENCE, M.G. (1996). « IT Leadership Is Key to Transformation ». *Cause/Effect*, vol. 19, n° 1, p. 12-20.

ORGANISATION DE COOPÉRATION ET DE DÉVELOP-PEMENT ÉCONOMIQUE (OCDE) (1996). *Les technologies de l'information et l'avenir de l'enseignement post-secondaire*. Paris : Presses de l'OCDE.

ORGANISATION DE COOPÉRATION ET DE DÉVELOPPE-MENT ÉCONOMIQUE (OCDE) (1998). *Compte rendu du séminaire sur les NTIC (Comité de l'Éducation)*. Paris : Presses de l'OCDE.

ORGANISATION DE COOPÉRATION ET DE DÉVELOP-PEMENT ÉCONOMIQUE (OCDE) (2001). *L'école de demain. Les nouvelles technologies à l'école : apprendre à changer*. Paris, CERI : Presses de l'OCDE.

ORGANISATION DE COOPÉRATION ET DE DÉVELOP-PEMENT ÉCONOMIQUE (OCDE) (2002). *TIC : innovation à l'école et qualité de l'apprentissage ; développements et problèmes clés*. Centre pour la recherche et l'innovation dans l'enseignement, Paris : Presses de l'OCDE.

PAPERT, S. (1980). *Mindstorms : Children, Computers and Powerful Ideas*. New York : Basic Books.

PERAYA, D. (2001). « Communication et nouvelles technologies », dans P. Perrig-Chiello et F. Darbellay (sous la dir. de). *Qu'est-ce que l'interdisciplinarité ? Les nouveaux défis de l'enseignement*. Lausanne : Institut Universitaire Kurt Bösch, p. 117-143.

PERRIAULT, J. (2000). « Il faudra toujours une médiation humaine… ». *Axiales*, n° 37. <http://www.asts.asso.fr>.

PERRENOUD, P. (1998). *Se servir des technologies nouvelles*. Genève : Faculté de psychologie et de sciences de l'éducation, Université de Genève.

PIETTE, J., PONS, C.-M., GIROUX, L., et MILLERAND, F. (2001). *Les jeunes et Internet (représentation, utilisation et appropriation)*. Rapport final de l'enquête menée au Québec dans le cadre du projet de recherche international. Québec : Ministère de la Culture et des Communications du Québec.

POUTS-LAJUS, S. (1999). *Vers l'école de la réussite*. Paris : Observatoire des technologies pour l'éducation en Europe.

POUTS-LAJUS, S. (2000). *Du plan « Informatique pour tous » au plan Allègre : qu'est-ce qui a changé ?* Paris : Observatoire des technologies pour l'éducation en Europe.

POUTS-LAJUS, S., et RICHÉ-MAGNIER, M. (1998). *L'école, à l'heure d'Internet : Les enjeux du multimédia dans l'éducation*. Paris : Nathan.

PRESSEY, S.L. (1926). « A Simple Apparatus Which Gives Tests and Scores and Teaches ». *School and Society*, vol. 23, n° 586, p. 373-376.

PRESSEY, S.L. (1927). « A Machine for Automatic Teaching of Drill Material ». *School and Society*, n° 25, p. 549-552.

PRICE, R. (1989). « A Historical Perspective on the Design of Computer-Assisted Instruction : Lessons from the Past ». *Computers in the School*, vol. 6, n°s 1-2, p. 145-157.

RIVAULT, A.-S., et MELISSON, P. (2004). *L'enseignement programmé*. Lille : Université de Lille.

ROSNAY, J. de (1995). *L'homme symbiotique : regards sur le troisième millénaire*. Paris : Seuil.

ROSNAY, J. de (1999). *La société de l'information au XXIᵉ siècle : enjeux, promesses et défis*. Paris : Cité des Sciences et de l'Industrie.

SANDHOLTZ, J.H., RINGSTAFF, C., et DWYER, D.C. (1996). *Teaching with Technology : Creating Student Centered Classrooms*. New York : Teachers College Press.

SCULLEY, J. (1987). *Odyssey*. New York : Harper and Row.

SKINNER, B.F. (1954). « The Science of Learning and the Art of Teaching ». *Harvard Educational Review*, vol. 24, n° 2, p. 86-97.

SKINNER, B.F. (1958). « Teaching Machines ». *Science*, vol. 128, p. 969-977.

SOBEL, R. (1984). *IBM : Histoire d'un empire*. Montréal : Les Éditions de l'Homme.

THORNDIKE, E.L. (1913). *Educational Psychology*. Volume 2 : The Psychology of Learning. New York : Teachers College Press.

VARIAN, H., et LYMAN, P. (2002). *How Much Information ?* Berkeley (Calif.) : University of California in Berkeley.

Partie III

*P*sychologies scientifiques et pédagogie

Chapitre 13

*L*e projet de création d'une science de l'éducation au XXe siècle

Maurice Tardif

Résumé

Ce chapitre se veut une introduction à la troisième et dernière partie du présent ouvrage. Il présente l'un des projets intellectuels constitutifs de l'éducation au XXe siècle, à savoir la création d'une science de l'éducation, c'est-à-dire d'une approche scientifique de l'enseignement et de l'apprentissage. Il montre que ce projet scientifique est directement assumé par la psychologie, qui cherche à s'imposer depuis le début du XXe siècle et encore de nos jours comme la science qui constituerait le fondement de la pédagogie. Il brosse un tableau de l'évolution des idées qui ont conduit, à la fin du XIXe siècle et au début du XXe, à l'édification de ce projet d'une science de l'éducation. Nous avons dressé un parallèle, qui se veut éclairant, entre cette vision scientifique et la vision traditionnelle qui assimile l'éducation à un art.

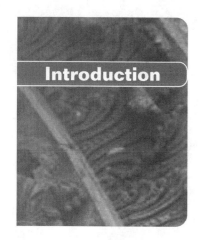

Introduction

Le but de ce chapitre est de présenter l'un des projets intellectuels constitutifs de l'éducation au XXᵉ siècle, à savoir la création d'une science de l'éducation, c'est-à-dire d'une approche scientifique de l'enseignement et de l'apprentissage. Nous utilisons l'expression **science de l'éducation** au singulier pour bien marquer qu'il s'agit d'une science de l'enseignement et de l'apprentissage, alors que l'expression **sciences de l'éducation** (au pluriel) englobe plusieurs autres champs d'étude : la société, la culture, le système éducatif, l'histoire des idées éducatives, etc. Nous verrons également que la science de l'éducation se rapporte *grosso modo* à la psychologie et à la psychopédagogie, alors que les sciences de l'éducation renvoient à l'ensemble des sciences sociales et humaines qui contribuent à l'étude de l'éducation, de même qu'à diverses autres disciplines plus ou moins scientifiques ou savantes : l'évaluation, la didactique, l'administration scolaire, etc.

13.1 L'éducation comme art et l'enseignant comme artisan

En Occident, ce n'est pas avant la fin du XIXᵉ siècle que l'on commence sérieusement à concevoir la possibilité d'une éducation fondée sur la science. Auparavant, aussi bien chez les Grecs, les Romains, les chrétiens que chez les penseurs plus « modernes » de la Renaissance et de la Réforme, l'éducation et l'enseignement avaient toujours été assimilés à un *art*, c'est-à-dire, dans la langue d'origine de ce mot, à une *technè*, terme qu'on peut traduire aussi bien par les équivalents français « technique » ou « art ». Les Grecs n'opposaient pas, comme nous le faisons aujourd'hui, l'art, les beaux-arts et la technique, les produits du beau et les produits de l'utile. Toutes ces activités étaient englobées dans le même genre d'action, qui comportait cependant différents champs[1].

Élaborée par les Grecs anciens[2], cette conception de l'éducation comme art est passée par la suite dans le monde romain, où elle a été reprise par le christianisme, qui l'a transmise aux temps modernes tout en lui faisant subir des transformations importantes, notamment en ce qui concerne la vision de l'enfant et de l'être humain en général. Cette conception est encore celle de Rousseau au XVIIᵉ siècle. Au cours du XIXᵉ et du XXᵉ siècle, elle tend à être progressivement évacuée au profit d'autres visions, notamment celle de l'éducation comme science. Soulignons que, depuis une quinzaine d'années, cette conception redevient un centre d'intérêt pour de nombreux chercheurs, grâce entre autres aux travaux du théoricien américain D.A. Schön sur l'activité professionnelle et sur la « réflexion dans l'action ». Il est impossible de décrire en détail cette conception et sa longue évolution historique, à travers laquelle elle a subi des transformations substantielles. Limitons-nous à quelques indications très sommaires, qui sont énumérées dans le tableau 13.1.

Dans la culture grecque antique, que nous prenons ici comme cadre de référence, l'art (*technè*) se distinguait d'une part de la science (*épistémè*), comme le contingent diffère du nécessaire et le particulier, de l'universel, et d'autre part de la pratique (*praxis*), c'est-à-dire des activités immanentes à l'agent, car il visait toujours un résultat extérieur à ce dernier. L'action pratique (*praxis*) est elle-même son propre but, tandis que l'art (*technè*) poursuit un but extérieur à l'action. De façon générale, les Anciens concevaient les arts à partir de la catégorie de production ou de fabrication et non pas de la catégorie de création : l'art (qui englobe, répétons-le, aussi bien les beaux-arts que les techniques) produit quelque chose à partir d'un matériau, d'une matière déterminée. Cette production n'est pas une création mais une imitation

---

1. C'est avec l'émergence du capitalisme moderne et de la grande industrie que la sphère des activités esthétiques et celle des activités utilitaires vont être distinguées et opposées de façon radicale. Historiquement, le développement des beaux-arts modernes fondés sur la subjectivité créatrice de l'artiste et sur la souveraineté et l'autonomie de l'imagination et de ses œuvres coïncide avec la fin de la production artisanale et le développement de la production en série des marchandises.

2. Cette conception n'est cependant pas l'œuvre d'un penseur particulier ; en définissant l'éducation comme art, les Grecs pensent à une catégorie fondamentale de leur propre civilisation et de son idéologie.

Tableau 13.1			
La conception de l'éducation comme art			
	Action (*praxis*)	Art (*technè*)	Science (*épistémè*)
Activité typique	Activité immanente à l'agent, action morale	Fabrication d'une œuvre et production de quelque chose (effet, résultat, etc.)	Contemplation et connaissance rigoureuse
Acteur typique	L'homme prudent, l'homme politique, le guerrier, le jouisseur	L'artisan, le sophiste, le médecin, l'éducateur	Le sage, le philosophe, le savant
Nature de l'activité	Activité orientée vers des fins immanentes ou naturelles pour l'agent	Activité orientée vers des résultats extérieurs à l'agent	Activité orientée vers un intérêt de pure connaissance
Objet typique de l'activité	L'humain et l'existence humaine	Les choses, les humains et les événements	Les réalités purement intellectuelles
Savoir typique	Anthropologie, éthique, politique	Techniques et arts, savoir-faire	Sciences pures, philosophie
Nature du savoir	Savoir savant mais non rigoureux et nécessaire	Savoir portant sur le contingent et le particulier	Savoir rigoureux et nécessaire
Objet du savoir	Les fins et les normes	Les êtres contingents et individuels	Les êtres nécessaires (les nombres, les astres, le divin)

(*mimésis*) ou une reproduction : les formes que l'artiste ou l'artisan imprime à la matière sont tirées de la Nature, conçue à son tour comme production (*poiésis*). Globalement, les Grecs anciens avaient une conception relativement fixe de la Nature (*Phusis*) ; ils pensaient que les êtres naturels, y compris les êtres humains, possédaient une « forme » (*eidos* ou *morphé* ; on dirait aujourd'hui sans doute une « structure ») immuable et déterminée pour l'éternité. La Nature n'engendrait pas des êtres nouveaux, comme le montrera Darwin au XIXᵉ siècle, mais reproduisait constamment les mêmes genres d'êtres à partir des mêmes formes. Les artistes et les artisans ne procédaient pas autrement : ils ne créaient pas du nouveau ou de l'original mais reproduisaient les formes naturelles ou fabriquaient, selon Aristote, des formes comme la Nature en auraient produites si elle l'avait fait (voir *Physique*, Livres 1 et 2 ; voir également, de Platon, *Timée* et *La République*, Livre 6).

En tant qu'activité humaine particulière, l'art se fonde sur des dispositions et des habiletés naturelles, sur des *habitus* précis, soit des dispositions acquises et confirmées par la pratique et l'expérience. N'est pas artiste ou artisan qui veut, il faut déjà avoir un certain talent. Mais le talent sans la pratique ne sert à rien : c'est la pratique qui permet de découvrir le talent et de l'actualiser dans des opérations concrètes et des œuvres singulières. L'artisan n'agit pas pour agir ; son action n'est pas sa propre finalité (ce qui est le cas de la *praxis*) ; au contraire, il vise à produire quelque chose (une œuvre ou un résultat quelconque) en se guidant sur une idée préalable du but à atteindre. Cette idée n'est pas scientifique puisque son objet est contingent et particulier. L'art agit sur des singuliers matériels, alors que la science s'applique au général et au formel. Or, ce qui caractérise les réalités singulières, c'est leur contingence, leur non-nécessité, qui découlent de leur matérialité. L'art humain existe parce que le monde qui nous entoure, de même que les gens qui y vivent, est lacunaire et imparfait, variable et changeant, bien qu'il soit ordonné dans ses grandes lignes. La fonction propre de l'art consiste à reproduire l'ordre naturel, en éliminant les imperfections autant que faire se peut dans les limites étroites de l'action humaine. Pour les Anciens, l'art ne veut pas défaire et refaire le monde au gré de l'imagination créatrice ; il cherche plutôt à l'achever et à le montrer dans son épiphanie.

Comme l'écrit Platon dans *La République* :

L'éducation est l'art (*technè*) du procédé propre à détourner […] l'âme avec le plus d'aisance et d'efficacité ; art (*technè*), non pas de réaliser la vue dans le regard, mais puisqu'il la possède (déjà par nature : *phusis*), mais de lui procurer méthodiquement le résultat dont il s'agit, lorsqu'il n'est pas tourné comme il faut.

L'art vise donc à compléter la Nature, à la suppléer et à la reproduire. On se souviendra que, pour Platon, tout art qui ne correspond pas à cette fonction doit être éliminé de la Cité idéale. On retrouve la même idée chez saint Thomas d'Aquin dans le *De Magistro*, ouvrage qui, rappelons-le, servira de base à la doctrine catholique de l'éducation et de la pédagogie :

L'art (*arte* : art ou technique) opère de la même façon et par les mêmes moyens que la nature [...] On constate le même processus dans l'acquisition de la science : le maître conduit à la science de l'inconnu par les mêmes voies qu'adopte l'individu qui découvre de lui-même cette science.

Vingt-deux siècles après Platon et cinq siècles après saint Thomas d'Aquin, voici ce qu'en dit celui qu'on a appelé le Copernic de la pédagogie, Jean-Jacques Rousseau, dans *L'Émile* : « L'éducation est un art. [Son but], c'est celui même de la nature. » Pour Rousseau, l'art éducatif doit lui aussi imiter la Nature. C'est pourquoi Rousseau veut que l'éducateur laisse se développer l'enfant librement et naturellement. On voit que la conception « révolutionnaire » de Rousseau s'enracine dans une longue tradition qu'elle ne remet pas en question sur ce point essentiel.

Quel est le modèle de la pratique éducative à la base de la conception de l'éducation comme art ? L'éducateur n'est pas un savant, puisque son but n'est pas de connaître l'humain mais d'agir et de former ici et maintenant, dans une situation contingente, des êtres de chair. Or, ces individus ne sont pas la simple expression de la définition scientifique de l'humain, de son **essence générique** ; ils représentent dans chaque cas des êtres particuliers, dotés de potentialités précises. L'éducateur n'est pas non plus un technicien ou un artiste au sens moderne de ces termes : son action n'est pas fondée sur un savoir rigoureux portant sur des phénomènes nécessaires qu'il s'agit d'organiser dans un système de causes et d'effets. Cette action n'est pas non plus une activité créatrice qui impose à une matière une forme arbitraire issue de l'imagination de l'artiste. Au contraire, le processus de formation vise ici le « développement »

d'une forme humaine de vie qui a en elle-même sa propre finalité.

Selon cette conception, on peut assimiler l'action de l'éducateur à l'activité de l'artisan, c'est-à-dire à quelqu'un qui : 1) a en tête une idée, une représentation générale du but qu'il veut atteindre ; 2) est doté d'une connaissance concrète du matériau avec lequel il œuvre ; 3) agit en se basant sur la coutume et des recettes éprouvées propres à son art ; 4) se fie aussi à son habileté personnelle ; 5) se guide sur son expérience, source des bonnes habitudes, des manières de faire, des tours de main, des façons de s'y prendre éprouvés par le temps et les réussites successives. Ce qui caractérise donc l'éducation comme art, c'est d'abord l'idée que l'action éducative s'adresse à des réalités contingentes et individuelles sur lesquelles il est impossible de porter des jugements scientifiques rigoureux. Cependant, l'éducateur artisan n'agit pas pour autant de façon arbitraire : il oriente son action vers la représentation d'une finalité qui était à la fois, pour les Anciens, le but de l'acte éducatif et le terme naturel du développement humain. Ce qui distingue l'art du sculpteur de l'art de l'éducateur, c'est que le premier agit **sur** un composé de matière et de forme qui n'a pas en lui le principe (la cause et l'origine) de sa genèse mais le tient de l'artiste, alors que le second agit **avec** *et* **sur** un être qui possède par nature un principe de croissance et de développement que l'activité éducative doit suivre et favoriser.

En ce sens, l'art d'éduquer correspond à une activité rationnelle mais sans fondement dans un savoir rigoureux. Pour l'éducateur, cela signifie qu'il doit posséder une idée générale du terme du processus de formation. Mais cette idée ne peut que l'orienter globalement ; il lui appartient de juger dans chaque circonstance si la situation est conforme ou non à cette orientation. Autrement dit, l'art d'éduquer implique une capacité de jugement dans une situation contingente d'action, capacité orientée vers une finalité qui résidait pour les Grecs dans l'idée que l'enfant est un être en devenir et donc inachevé, et que l'achèvement de ce devenir, c'est l'adulte. Bref, toujours selon les Anciens, le but de l'éducation n'est pas de former un enfant mais un adulte, tout comme le but d'un jardinier n'est pas de planter une graine mais de faire éclore une rose : c'est la rose complète et achevée qui est la vérité de la graine et donc le sens final de l'art du jardinier.

Appliquée à l'éducation actuelle, cette conception signifie que l'enseignant dans une classe ne possède pas une science de sa propre action, bien qu'il puisse nourrir son activité de certaines connaissances scientifiques. Essentiellement, cette conception de l'éducation comme art amène à considérer l'enseignant de la manière suivante :

- Comme artisan, l'enseignant possède une idée, une représentation générale du but qu'il s'est fixé. Alors que le savant s'intéresse à un objet qu'il veut connaître, l'artisan vise un objectif qu'il veut atteindre. De plus, ce but est général ; c'est dire que l'artisan ne suit pas, comme le technicien, un plan défini d'avance, dans lequel toutes les étapes et les opérations sont précisées selon un modèle rigoureux. Au contraire, l'artisan sait dans les grandes lignes où il s'en va et cela lui suffit. Il a un objectif général, et il crée pour ainsi dire le chemin y conduisant. C'est pourquoi les œuvres de l'artisan sont dans chaque cas uniques, bien qu'elles possèdent des traits communs.

- L'enseignant artisan possède aussi une connaissance acquise concrète du « matériau » avec lequel il travaille, en l'occurrence les enfants. Cette connaissance n'est pas abstraite, rigoureuse, apprise à l'école, à l'université. Elle est plutôt issue de la pratique du métier et validée par celle-ci. Comme le disent les enseignants de métier, on apprend à enseigner en enseignant.

- L'enseignant-artisan agit d'après des coutumes et des recettes éprouvées propres à son art. En effet, l'artisan travaille souvent seul (c'est d'ailleurs un des traits qui le distinguent de l'ouvrier d'usine) ; il appartient cependant à un métier, à une tradition de travail qui incorpore l'expérience collective de tous ses collègues et qui lui permet de profiter de ce savoir collectif, transmis par contact direct et apprentissage sur le tas. Les artisans apprennent au contact des artisans. On apprend à enseigner en regardant enseigner les bons maîtres, en les imitant. Ainsi, l'enseignement s'apparente à l'apprentissage d'activités traditionnelles, routinières, de groupe et formatrices.

- L'enseignant artisan se fie également à son talent. En effet, sans un don particulier, l'art véritable n'existerait pas. Les enseignants, outre leur expérience, doivent par conséquent posséder un certain nombre d'habiletés de base naturelles, qu'ils cultivent par la pratique du métier.

- Enfin, l'enseignant artisan agit en prenant pour guide son expérience, source des bonnes habitudes, c'est-à-dire des manières de faire, des façons de s'y prendre éprouvées par le temps et les réussites successives. En ce sens, l'expérience vécue est l'une des sources principales du « savoir-enseigner ». Cette expérience se cristallise en routines, en pratique régulière qui permettent aux enseignants d'affronter, dans l'action, les situations changeantes de l'enseignement.

Nous verrons à la page 285 comment le projet d'une science de l'éducation s'oppose point par point à cette conception artisanale de l'enseignement. Mais, avant d'aborder ce sujet, situons rapidement le contexte historique dans lequel naît ce projet scientifique.

13.2 L'idée d'une science de l'éducation : origines et fondements

Avec l'économie industrielle, la technologie, la culture de masse, l'individualisme (ou le subjectivisme) et l'instauration des sociétés totalitaires, la science représente l'un des phénomènes fondamentaux de la société moderne qui connaît son apogée au XXᵉ siècle. Historiquement, la science moderne naît à la fin du XVIᵉ siècle et au début du XVIIᵉ, lorsque Kepler, Copernic, Galilée, Descartes, etc., formulent pour la première fois les cadres intellectuels généraux de la pensée scientifique. Ces cadres intellectuels reposent sur un certain nombre d'idées de base (Koyré, 1988).

Parmi ces idées figure celle de l'unité de la nature. Selon cette notion, la nature est partout semblable et les phénomènes naturels sont partout les mêmes, quelle que soit la « région » du monde où ils ont lieu. Cette idée, qui rend possible l'universalité des lois scientifiques, la mathématisation et la quantification des phénomènes naturels, s'oppose aux anciennes visions qualitatives de la nature. Ces visions (grecques, romaines, chrétiennes, etc.) divisaient la nature en différentes régions (le Ciel, l'Enfer, le Haut, le Bas, etc.) qui étaient régies par des principes différents. Selon cette classification, il devait forcément exister plusieurs types de sciences : naturelles, humaines, théologiques, etc., qui s'appliquaient aux êtres de chacune de ces régions. Quelle est dès lors la conséquence de cette nouvelle conception scientifique sur l'humain ? Celui-ci devient une partie de la nature : il doit être étudié comme les animaux, les plantes et les autres composantes de cette nature. On assiste alors à l'élaboration d'une science naturelle de l'humain qui va apparaître au XIXᵉ siècle. L'humain devient un phénomène scientifique et peut être étudié avec les méthodes et les moyens que l'on emploie dans les sciences naturelles. On verra plus loin que cette idée est justement à la base des psychologies scientifiques, notamment du béhaviorisme.

Une autre idée à la base de la science moderne est la croyance dans le déterminisme, c'est-à-dire dans la conception selon laquelle le monde naturel est régi par des lois strictes, des causes et des effets précis. Selon cette conception, l'état du monde en un temps donné (T^2) s'explique par son état en un temps antérieur (T^1), l'état T^3 s'explique par l'état T^2, et ainsi de suite à l'infini. Par conséquent, si l'on connaît parfaitement l'état T^1, on peut prédire l'état T^2, etc. Enfin, à ses débuts, la science promeut une vision mécaniste de l'ordre naturel, où la nature est assimilée à une sorte de gigantesque horloge ; tout s'explique alors par des rouages précis, des poussées, des frottements, des forces sans intelligence mais qui agissent toujours de la même façon inéluctable. Appliquée à l'humain, cette vision signifie que les comportements des gens sont eux aussi régis par des forces aveugles, des mécanismes… Ainsi la conscience est-elle considérée comme un mythe auquel on oppose l'humain mécanique, l'être robot, l'automate, bref une vision déterministe de la personne.

D'abord limitée à un très petit groupe de savants, la vision scientifique du monde se répand lentement en Europe tout au long des XVIIᵉ et XVIIIᵉ siècles, parmi les couches instruites de la population. Au XVIIIᵉ siècle, cette vision est intégrée à une conception plus large, l'idéologie rationaliste des Lumières (Chaunu, 1982 ; Hazard, 1968). Cette idéologie s'appuie sur les triomphes de la pensée scientifique, qui devient dès lors à la fois symbole et modèle de la raison. Elle prône du même coup une extension de l'activité de la raison à tous les domaines de l'activité humaine. Pour les penseurs des Lumières (Rousseau, Voltaire, Diderot, etc.), la raison humaine doit

s'appliquer partout et non seulement à l'étude de la nature. L'histoire, la société, la politique, le droit, l'éducation, tout doit être analysé et réformé à l'aide de la raison humaine. La science devient ainsi la clé de voûte de la société moderne telle que la conçoit le nouveau rationalisme : société ouverte, égalitaire et mobile ; société en progrès, fondée sur la démocratie et l'instruction.

Au XIXᵉ siècle, le rationalisme des Lumières connaît un double destin. D'une part, il subit la réaction critique du romantisme et du traditionalisme, qui lui reprochent d'oublier le monde vécu, les sentiments constitutifs de toute action raisonnable et d'inventer un nouveau type d'humain, une véritable abstraction désincarnée, l'humain sans tradition, l'humain sans préjugé, l'humain sans histoire ni passé. Comme on l'a vu au chapitre 5, ces critiques sont déjà partiellement formulées par Rousseau, qui voit dans le rationalisme de son époque un processus de dénaturation de la personne. Au XIXᵉ siècle, les sciences humaines naissantes reprendront à leur compte, principalement dans les pays de culture germanique, ces critiques du rationalisme des Lumières. Les sciences humaines, en particulier l'histoire, l'anthropologie et la sociologie, tenteront de promouvoir elles aussi une vision scientifique de l'humain, mais en tenant compte des dimensions symbolique, subjective, langagière et intentionnelle qui accompagnent toujours les phénomènes humains.

D'autre part, ce rationalisme des Lumières vit une radicalisation dans ces mouvements d'idées, toujours actuels du reste, que sont le positivisme et le scientisme. Ces conceptions voient d'abord dans la science la seule connaissance possible, toutes les autres formes traditionnelles de celle-ci (philosophie, religion, savoir quotidien, etc.) étant du même coup définitivement déconsidérées. Désormais, science et connaissance forment une seule et même chose. Ensuite, ces conceptions soutiennent que tous les problèmes humains possèdent une solution scientifique, ce qui revient à considérer la science comme le remède universel de tous les maux humains. Enfin, ces visions proposent d'appliquer partout les méthodes et les moyens de la recherche scientifique : politique, gestion étatique, économie peuvent être soumises à l'approche scientifique. Nous verrons plus loin que ces idées ont exercé aussi une influence prépondérante en éducation. Mais, auparavant, examinons comment va prendre forme, à partir de ce contexte général que nous venons d'esquisser, l'idée particulière d'une science de l'éducation.

Le projet moderne de fonder une science de l'éducation germe lentement au XVIIIe siècle sous l'influence de Rousseau, du rationalisme des Lumières, de l'empirisme anglais et du progrès des sciences de la nature, d'abord de la physique mécanique et ensuite, vers le milieu du XIXe siècle, des sciences de la vie. Charles Darwin publie en 1859 son ouvrage *De l'origine des espèces par voie de sélection naturelle*, dans lequel les espèces vivantes, y compris l'espèce humaine, sont vues comme des produits de mécanismes naturels de sélection. Claude Bernard publie en 1865 sa célèbre *Introduction à l'étude de la médecine expérimentale*, où sont définies les règles de l'observation scientifique pour une médecine expérimentale, c'est-à-dire une science naturelle de l'humain. Dans ce nouveau cadre idéologique, l'humain est peu à peu considéré comme un animal parmi d'autres et non pas comme un être à part. Il devient un phénomène naturel dont l'étude relève des sciences de la nature et de leurs méthodes.

On propose alors des approches carrément matérialistes susceptibles de rendre compte de l'esprit, de la connaissance ou de l'apprentissage. Par exemple, l'esprit devient une production du cerveau, de la même façon que l'urine est produite par les reins. À la même époque, la statistique sociale commence également à prendre de l'importance et Galton, précurseur de la psychométrie et des tests scientifiques, publie en 1869 son ouvrage *Hereditary Genius*. Mais c'est le développement de la psychologie expérimentale, à la fin du XIXe siècle, qui fournit à l'éducation sa première base scientifique. La psychologie expérimentale s'inspire elle-même de travaux de psychophysique expérimentale consacrés à la perception, à la sensation et à l'influx nerveux et poursuivis entre autres par Weber, Helmholtz, Fechner et Wundt. Ces travaux ont tous pour but d'établir une corrélation entre les processus psychologiques et des mécanismes physiques, corporels, matériels, neurologiques ou autres. On verra que cette approche oriente aussi les sciences cognitives anglo-saxonnes.

En France, également au XIXe siècle, existe une même volonté d'élaborer une approche scientifique de l'éducation, bien que le scientisme que l'on y professe soit différent. On l'a vu au chapitre 6, Marion, responsable de la première chaire de pédagogie en France, définit la pédagogie comme la science de l'éducation[3]. De son côté, le célèbre psychologue Claparède (1953) considère, au début du XXe siècle, que la pédagogie deviendra un champ d'activité sérieux uniquement si elle se place sous l'autorité de la science. Ces idées s'appuient aussi sur une virulente critique de la tradition pédagogique élaborée par les ordres religieux, notamment les frères des Écoles chrétiennes. Cette critique est formulée par les partisans de l'éducation nouvelle, qui ne voient dans la pédagogie traditionnelle qu'une activité inconsciente, basée sur des préjugés, des opinions, des procédés sans valeur scientifique. Bref, la science est bonne, mais la tradition est mauvaise.

À côté du courant de la pensée scientifique s'élabore également une problématique sociale de la gestion de l'éducation et de sa planification. Aux États-Unis, la fin du XIXe siècle et le début du XXe voient naître les premières écoles publiques de masse, qui posent aux responsables politiques et de l'éducation des problèmes d'organisation et de contrôle ; ces problèmes deviendront courants par la suite dans les pays industriels, appelés à moderniser leur système scolaire. C'est dans le cadre de cette modernisation que les premières « sciences de l'éducation » sont intégrées à la pratique éducative institutionnalisée. Au début du siècle, on met au point les tests et les divers instruments de mesure quantitative (Binet, 1903), pendant que la didactique expérimentale acquiert de l'importance, notamment sous l'influence des théories du comportement, représentées en éducation par Thorndike[4]. Ces tests et ces instruments définiront un ensemble de critères quantitatifs permettant de décrire et de classer les enfants. Ils fourniront plus tard à la pédagogie une assise scientifique et technique. En l'espace d'une vingtaine d'années, on voit se constituer grâce aux travaux de Watson (1913), de Guthrie (1921) et de B.F. Skinner (1930), une science de l'apprentissage à fondement expérimental, doublée d'une technique de modification du comportement susceptible de

---

3. *Dictionnaire de pédagogie et d'instruction primaire*, 1888.
4. Il publie en 1904 *An Introduction to the Theory of Mental and Social Measurement*.

servir de base à une pédagogie « scientifique » applicable aux enfants normaux ou en difficulté d'apprentissage.

13.3 La psychologie scientifique : au singulier et au pluriel

Nous avons mis précédemment en évidence le contexte dans lequel est née cette approche scientifique. Or, celle-ci va surtout être défendue et illustrée par cette science particulière qu'on appelle la psychologie. Au XXᵉ siècle, c'est essentiellement la psychologie qui va chercher à s'imposer comme la science de l'éducation. En fait, durant de nombreuses années, la science de l'éducation et la psychologie de l'éducation formeront, du moins dans l'esprit des psychologues, une seule et même science basée sur le modèle des sciences naturelles.

Dressons un parallèle avec la médecine et l'ingénierie pour mieux faire comprendre notre propos. La médecine ne représente pas vraiment une science puisque son but premier n'est pas de connaître mais d'agir, c'est-à-dire de guérir. Néanmoins, la médecine actuelle se fonde manifestement sur une base de connaissances scientifiques. Elle puise dans la biologie, la chimie, la neurologie, la génétique, la pharmacologie, etc., les principes, les explications et les traitements appropriés. À ce titre, elle peut être considérée comme une science appliquée, son objectif principal n'étant pas de transmettre de nouvelles connaissances mais de mettre au service des patients les acquis les plus récents et les plus éprouvés des diverses sciences constitutives du savoir médical. De même, l'ingénieur travaille en se basant sur la physique, les mathématiques, la topologie, etc. Comme la médecine, l'ingénierie est donc une science appliquée : son but n'est pas la connaissance mais l'action ; cependant, cette action est appuyée et nourrie directement par diverses sciences qui forment le savoir du médecin ou de l'ingénieur. Bien sûr, la science appliquée fournit aux praticiens des règles d'action relativement générales qu'ils doivent adapter aux situations concrètes. C'est toujours un patient en particulier que soigne un médecin et non le patient en général. Il en va de même pour l'ingénieur. Néanmoins, même si la médecine et l'ingénierie s'occupent de cas singuliers, ces réalités sont en principe toujours abordées comme des cas relevant de lois générales.

Comme l'illustre le tableau 13.2, c'est ce modèle de relation entre les sciences fondamentales et les sciences appliquées que va essayer d'instaurer la psychologie par rapport à l'éducation. La psychologie va donc se considérer comme la science fondamentale, jouant ainsi le rôle de la biologie pour la médecine. La psychopédagogie sera alors la science

Tableau 13.2			
La relation entre les sciences fondamentales et les sciences appliquées			
Hiérarchie des savoirs	**Éducation**	**Nature du savoir**	**Exemple**
Science fondamentale	**Psychologie :** élaboration et validation des théories de l'apprentissage	Le savoir porte sur des faits justiciables de contrôle scientifique.	Théories relatives à la mémoire
Science appliquée	**Psychopédagogie :** étude des applications des théories de l'apprentissage à l'enseignement	Le savoir porte sur des théories à partir desquelles on peut inférer des procédés et des applications.	Conséquences de ces théories sur l'apprentissage en classe et l'organisation de l'enseignement
Situation concrète où agit l'enseignant	**Enseignement en classe :** application technique des théories de l'apprentissage à des cas particuliers	Le savoir porte sur des faits, des actes, des cas, mais dans une situation singulière et contingente qu'il s'agit de maîtriser à l'aide de certains procédés et en fonction de buts définis.	Mise en application d'une théorie dans l'apprentissage de la langue ou des mathématiques au primaire

appliquée, c'est-à-dire la médecine savante apprise à l'université et appliquée dans les classes. Enfin, les enseignants seront des experts qui utiliseront leurs connaissances pédagogiques dans les situations concrètes en appliquant aux cas singuliers les lois générales de la psychologie et de la psychopédagogie.

On constate, à l'aide de ce tableau, que la vision de la psychologie scientifique est profondément hiérarchique, car elle repose sur l'idée que l'enseignement est une connaissance appliquée qui se fonde sur des principes généraux et sur la résolution de problèmes concrets. Une science appliquée (la psychopédagogie) s'appuie sur une science fondamentale (la psychologie) et l'enseignement en classe s'appuie à son tour sur la science appliquée. Les chercheurs vont élaborer, selon cette vision, les connaissances qui seront utilisées ensuite par les praticiens. La seule formation appropriée des enseignants se donnera dans les universités, d'après les traditions des vieilles facultés professionnelles telles que la médecine, le droit, etc.

La science de l'éducation propose principalement des théories de l'apprentissage à partir desquelles l'enseignement sera conçu et planifié. En d'autres mots, il s'agit d'avoir une connaissance de façon scientifique de la façon dont les enfants se développent et apprennent afin de leur dispenser un enseignement rigoureusement scientifique, c'est-à-dire qui respecte les conditions de leur développement et de leur apprentissage. On voit que cette idée est apparentée aux principes de Rousseau, qui voulait que les maîtres connaissent leurs élèves et agissent en fonction de cette connaissance, respectant ainsi leur nature. Mais la vision scientifique va beaucoup plus loin que la conception philosophique de Rousseau : l'enseignement est conçu ici comme une sorte de science appliquée ou de technique scientifique reposant sur la psychologie de l'apprentissage. Pour mieux mettre en évidence certaines conséquences de ces idées, établissons un parallèle entre celles-ci et les points que nous avons abordés à la page 281, lorsque nous avons présenté l'éducation comme un art :

- Dans le cadre de la vision scientifique de l'enseignement, l'enseignant doit posséder non seulement un objectif général mais également des objectifs particuliers traduits en termes opératoires. En d'autres mots, son action doit être planifiée et contrôlée. Elle doit porter sur des phénomènes très précis (tel comportement, tel apprentissage, etc.) et susceptibles d'une observation empirique. L'enseignant est vu ici comme un expert dans l'organisation des conditions d'apprentissage.

- L'enseignant expert possède des connaissances dérivées des sciences de l'éducation. Ces connaissances sont acquises à l'université. Elles sont rigoureuses, abstraites, généralisables et soumises aux règles de la production scientifique. En ce sens, on apprend à enseigner en se basant sur la recherche scientifique.

- L'enseignant expert agit en prenant appui non sur des coutumes ou des recettes mais sur la connaissance scientifique. La tradition, les routines doivent être éliminées et remplacées par des actions réfléchies, rationnelles, calculées.

- L'enseignant expert se fie moins à son talent qu'à ses connaissances rigoureuses. Comme les médecins, les ingénieurs ou les architectes, les enseignants doivent se fonder sur des connaissances généralisables qui ne dépendent pas de la personnalité des individus ou de leur vécu mais de règles scientifiques générales.

- L'enseignant expert s'efforce, partout où il le peut, de remplacer l'expérience vécue par l'expérimentation contrôlée. L'expérience vécue est limitée ; il suffit que les faits et les situations changent pour que les anciennes stratégies cessent de fonctionner. Ainsi, l'expérience individuelle peut constituer une source potentielle d'erreurs. C'est notamment ce qui explique que des enseignants de métier peuvent fort bien verser dans des routines qui ne correspondent plus aux situations ou aux problèmes auxquels ils font face. Bref, l'expérience fondée sur le temps et sur la répétition nécessite une stabilité des situations qui, lorsqu'elle fait défaut, risque d'entraîner un manque d'efficacité[5].

Le tableau 13.3 offre une schématisation des différences entre deux conceptions de l'enseignement :

---

5. Il n'y a qu'à penser aux bouleversements majeurs qu'a connus le système scolaire au Québec depuis la réforme pour saisir le caractère limité de l'expérience des enseignants de métier des années 1940 et 1950. Dans le cadre d'un nouveau système, il n'est pas certain que cette expérience servait encore à quelque chose.

Tableau 13.3

Une comparaison entre deux conceptions de l'enseignement

	L'enseignement comme un art	L'enseignement comme une science
But de l'action	Objectif général dont l'atteinte n'est pas précisée	Objectif général traduit en sous-objectifs applicables et en comportements observables et mesurables
Nature et source des connaissances	Connaissances concrètes, quotidiennes, approximatives, issues de la pratique	Connaissances abstraites, scientifiques, rigoureuses, issues de la formation universitaire
Forme d'action	Activités traditionnelles, routinières, de groupe, formatrices	Activités rationnelles, réfléchies, systématisées, planifiées
Place de la personne	Part très importante accordée au talent, à la dimension de la subjectivité	Part importante accordée à des règles de conduite et à des pratiques généralisables, transpersonnelles
Nature de l'action	Basée sur l'expérience vécue, le temps, l'intériorisation des modèles d'action	Basée sur l'expérimentation contrôlée et généralisable

celles de l'art et de la science. Il faudrait allonger indûment ce chapitre si nous voulions discuter plus à fond des rapports complexes entre ces deux visions de l'éducation et de l'enseignement. Soulignons simplement que les orientations actuelles des sciences de l'éducation vont nettement vers la reconnaissance de leur complémentarité.

Par ailleurs, les choses ne sont pas si simples que le suggère cette vision bipolaire. En effet, celle-ci suppose qu'il existe vraiment une psychologie scientifique capable d'offrir, comme la biologie le fait pour la médecine, des connaissances réellement applicables et utiles à l'enseignement. Or, depuis un siècle, cette vision n'est guère conforme à la réalité pour la simple raison qu'il n'existe pas une psychologie mais plusieurs, parmi lesquelles certaines se prétendent scientifiques et capables de réfuter du même coup toutes les autres. Avant de poursuivre, il s'avère donc important de bien comprendre que la psychologie comme science unique n'existe pas. Il existe une mathématique, une biologie, une physique, mais on compte plusieurs psychologies. Voici d'ailleurs les plus importantes du XXe siècle :

- La psychanalyse issue des travaux de Sigmund Freud, qui s'intéresse plus particulièrement aux dimensions affective, émotionnelle et sexuelle ainsi qu'aux conflits intrapsychiques. La psychanalyse est avant tout un « art d'interprétation », une herméneutique des symboles et des signifiants inconscients qui déterminent l'humain à son insu.

- La psychologie du comportement, ou béhaviorisme, qui est représentative du courant empiriste nord-américain et dont les principaux théoriciens furent John Watson et Burrhus Skinner. Cette psychologie fut longtemps dominante en Amérique du Nord.

- La psychologie de la forme, ou *gestalt*, qui s'intéresse aux structures et aux fonctions intervenant dans la perception et les autres activités cognitives.

- La psychologie inspirée du constructivisme génétique de Jean Piaget, qui propose une théorie de l'origine et du développement des connaissances en se basant sur l'étude des différents stades de la construction de la pensée humaine à partir de la petite enfance jusqu'à la fin de l'adolescence. Lev Vygotsky se situe également dans ce courant et y intègre les dimensions intersubjectives, sociales et culturelles qui président à la construction de la pensée humaine.

- La psychologie cognitive, basée sur la théorie du traitement de l'information et qui élabore une approche innéiste et « computationnelle[6] » de l'apprentissage et des autres mécanismes cognitifs.

- La psychologie humaniste et personnaliste, défendue notamment par Carl Rogers, qui plaide en faveur des idées de liberté, de responsabilité et de dignité de la personne.

---

6. Cet adjectif est forgé à partir du mot anglais *computer*, qui veut dire « ordinateur » mais aussi « calculer ».

- La psychologie phénoménologique, qui provient notamment des travaux d'Edmund Husserl et de Maurice Merleau-Ponty et qui s'intéresse au monde vécu plutôt qu'aux faits, à la subjectivité de l'expérience humaine plutôt qu'à l'objectivité de la science.

- La psychologie transpersonnelle, qui s'efforce d'intégrer des valeurs spirituelles et des dimensions transcendantales (Dieu, l'esprit, la vie après la mort, les seuils de conscience, etc.).

Ces nombreuses psychologies, toujours actuelles, ne sont pas étanches, et leurs frontières sont perméables et mouvantes. En outre, elles influent les unes sur les autres, s'échangeant sans cesse des langages, des concepts, des idées, des théories. Par ailleurs, chacune de ces psychologies donne lieu à des écoles, à des conceptions différentes et parfois contradictoires. Par exemple, la psychanalyse a engendré les écoles freudienne, jungienne, lacanienne, etc. De son côté, le constructivisme a produit diverses variantes qui mettent l'accent tantôt sur le sujet, tantôt sur l'intersubjectivité, tantôt sur les dimensions sociales. Enfin, toutes ces psychologies sont également colorées par les autres grands courants d'idées issus aussi bien de la philosophie et des sciences naturelles et humaines que des grandes idéologies sociales. Ainsi, la psychologie cognitive doit son importance actuelle entre autres au phénomène informatique et aux recherches sur l'intelligence artificielle. Son approche de l'esprit humain est fortement colorée par l'idéologie américaine de l'expertise et du professionnalisme, selon laquelle il est possible de résoudre les problèmes humains à l'aide de démarches claires, précises, logiques et algorithmiques.

Cependant, si toutes ces psychologies se valent, trois d'entre elles sont habituellement considérées comme « plus scientifiques », ce terme faisant allusion aux principes et aux méthodes en usage dans les sciences naturelles : la psychologie du comportement, le constructivisme, qui comprend les approches inspirées de Piaget et de Vygotsky, et la psychologie cognitive anglo-saxonne, basée sur des modèles de traitement de l'information. De plus, ce sont ces trois psychologies qui ont sans doute exercé le plus d'influence en éducation, avec la psychologie humaniste. En Amérique du Nord, les programmes de l'enseignement primaire s'inspiraient encore tout récemment du béhaviorisme. La psychologie cognitive, quant à elle, est la plus récente, mais elle est à la base de la plupart des recherches menées actuellement dans le champ des théories de l'apprentissage. Ajoutons que les universitaires en sciences de l'éducation qui travaillent dans le champ de la psychopédagogie se fondent sur ces théories. Ces dernières sont donc incorporées aux programmes de formation des maîtres. La plupart des cours d'enseignement préscolaire, primaire et secondaire renvoient à ces théories dès qu'il est question d'enseignement et d'apprentissage. Au surplus, nous le verrons dans les chapitres suivants, ces psychologies ne sont pas seulement théoriques : elles débouchent concrètement sur des stratégies pédagogiques que les enseignants peuvent utiliser en classe. Elles sont donc pratiques et utiles à connaître. Ce sont elles que nous allons analyser dans la suite du présent ouvrage.

Questions

1. Quels sont les grands principes qui servent de base à la science moderne et de quelle manière ces principes se retrouvent-ils dans la psychologie scientifique ?

2. Distinguez l'art et la science, l'artiste et le savant au regard de leur rapport respectif avec le savoir, la connaissance.

3. Au XXe siècle, la pédagogie est largement conçue en fonction de la psychologie, qui prétend être en quelque sorte la base scientifique et théorique de l'enseignement et de l'apprentissage. Étayez cette affirmation en mentionnant les principes des psychologies béhavioriste, constructiviste et cognitiviste.

4. Quelles sont les caractérisques de l'éducation scientifique ?

Bibliographie

ANDLER, D. (sous la dir. de) (1992). *Introduction aux sciences cognitives*. Paris : Gallimard.

AUSUBEL, D.P. (1968). *Educational Psychology : A Cognitive View*. New York : Holt, Rinehart and Winston.

BINET, A. (1903). *L'étude expérimentale de l'intelligence*. Paris : Flammarion.

BRIEN, R. (1994). *Science cognitive et formation*. 2ᵉ éd., Sainte-Foy : Presses de l'Université du Québec.

CHANGEUX, J.P. (1983). *L'homme neuronal*. Paris : Fayard.

CHARLIER, E. (1989). *Planifier un cours c'est prendre des décisions*. Bruxelles : De Boeck-Wesmael.

CHAUNU, P. (1982). *La civilisation de l'Europe des Lumières*. Paris : Flammarion.

CLAPARÈDE, É. (1953). *L'école sur mesure*. Paris : Delachaux et Niestlé. (Ouvrage publié pour la première fois en 1912.)

CONSEIL SUPÉRIEUR DE L'ÉDUCATION (1991). *La profession enseignante : vers un renouvellement du contrat social, Rapport annuel 1990-1991*. Québec : Le Conseil.

EHRLICH, S. (1985). « La notion de représentation : diversité et convergences ». *Psychologie française*, vol. 30, nᵒˢ 3-4, p. 226-230.

FODOR, J.A. (1975). *The Language of Thought*. New York : Crowell.

HAZARD, P. (1968). *La crise de la conscience européenne, 1680-1715*. Paris : Gallimard.

HOLTON, G. (1981). *L'imagination scientifique*. Paris : Gallimard.

IOSIF, G. (1993). « Théories et méthodologies : quelques aspects des relations entre modèle mental, représentations et modèle cognitif ». *Le travail humain*, vol. 56, nᵒ 4, p. 281-297.

KOYRÉ, A. (1988). *Du monde clos à l'univers infini*. Paris : Gallimard.

LE NY, J.F. (1985). « Comment (se) représenter les représentations ». *Psychologie française*, vol. 30, nᵒˢ 3-4, p. 226-230.

LIEURY, A. (1995). « Mémoire et apprentissage ». *Éducations*, déc. 1994-janv. 1995, p. 42-45.

MINSKY, M.L. (1986). *The Society of Mind*. New York : Simon and Schuster.

MOSCOVICI, S. (1984). *Psychologie sociale*. Paris : Presses universitaires de France.

NORMAN, D.A., et RUMELHART, D.E. (1975). *Explorations in Cognition*. San Francisco : W.H. Freeman.

PLATON (1993). *La République*. Paris : Éditions de la Pléiade.

RATHUS, S.A. (1991). *Psychologie générale*. Montréal : Éditions HRW.

REUCHLIN, M. (1984). *Histoire de la psychologie*. Paris : Presses universitaires de France.

RICHARD, J.F. (1990). *Les activités mentales*. Paris : Armand Colin.

SAINT-THOMAS D'AQUIN (1960). *Le maître*. Montréal : Centre de psychologie et de pédagogie.

SCHÖN, D.A. (1983). *The Reflective Practitioner : How Professionals Think in Action*. New York : Basic Books.

SILLAMY, N. (sous la dir. de) (1980). *Dictionnaire encyclopédique de psychologie (L-Z)*. Paris : Bordas.

SPERBER, D. (1987). « Les sciences cognitives, les sciences sociales et le matérialisme ». *Le Débat*, nᵒ 47, p. 103-115.

TARDIF, J. (1992). *Pour un enseignement stratégique : l'apport de la psychologie cognitive*. Montréal : Éditions Logiques.

TARDIF, M., LESSARD, C., et LAHAYE, L. (1991). « Les enseignants des ordres d'enseignement primaire et secondaire face aux savoirs : esquisse d'une problématique du savoir enseignant ». *Sociologie et Sociétés*, vol. 23, nᵒ 1, p. 55-70.

VARELA, J.F. (1989). *Connaître les sciences cognitives : tendances et perspectives*. Paris : Seuil.

Chapitre 14

Le béhaviorisme et l'approche scientifique de l'enseignement

Jean-François Desbiens

Résumé

Fondé au début du XXe siècle par J.B. Watson, le béhaviorisme a dominé pendant 50 ans la psychologie scientifique en Amérique du Nord. En raison de ses positions sur les plans anthropologique, méthodologique et épistémologique, il a fortement marqué la conception de l'être humain et la manière de l'éduquer, notamment en contexte scolaire, de même qu'il a puissamment orienté la recherche en sciences humaines, y compris dans les sciences de l'éducation. Ce chapitre présente les principales idées qui ont animé le béhaviorisme depuis sa fondation et décrit la contribution des chercheurs qui l'ont marqué de manière significative. Il précise l'apport de cette psychologie au domaine de l'éducation en faisant état des critiques dirigées par ses figures de proue sur la pédagogie traditionnelle, de même qu'en mettant en évidence les idées, principes et stratégies qui constituent la technologie de l'enseignement issue des travaux réalisés dans la perspective de l'analyse expérimentale du comportement. Le béhaviorisme étant aujourd'hui tombé en disgrâce sous les attaques répétées de chercheurs appartenant à différents courants dont celui des sciences cognitives, le présent chapitre propose, pour terminer, une revue des principales critiques ayant participé à son affaiblissement et à sa marginalisation.

Introduction

Le présent chapitre est consacré au béhaviorisme. Comme on l'a vu dans les chapitres précédents, le champ de l'éducation a été investi par la psychologie dès la fin du XIXᵉ siècle. Le béhaviorisme, en tant que psychologie scientifique dominante en Amérique du Nord durant un demi-siècle (1920-1970), a largement et puissamment participé à cet investissement de l'enseignement et de l'apprentissage en contexte scolaire. S'imposant presque sans partage (Rondal, 1999), il a mis de l'avant des conceptions, des outils et des méthodes concrètes pour enseigner et faire apprendre. Mais quelles sont donc ces idées véhiculées par le béhaviorisme ? D'où vient-il ? Quelles en sont les sources ? Qui sont les principaux protagonistes de ce courant de pensée et que proposent leurs principales théories ? Qu'a proposé le béhaviorisme aux éducateurs ? Quelles critiques a-t-on formulées à son endroit et qu'en reste-t-il aujourd'hui ? Voilà autant de questions auxquelles ce chapitre se propose de répondre.

14.1 Un aperçu du béhaviorisme

Le terme « béhaviorisme » est tiré du mot anglais *behavior*, qui signifie comportement. Au sens strict, le béhaviorisme représente la psychologie du comportement. Cette notion renvoie à des manifestations visibles, observables et en principe mesurables d'un organisme vivant par opposition à des manifestations invisibles (l'esprit, l'âme, la conscience) ou à des mécanismes cachés (la rétention, la compréhension, etc.).

On peut considérer le projet béhavioriste sous deux angles. Le premier concerne l'élévation du statut scientifique de la psychologie. Cette quête se caractérise par la détermination d'un objet d'étude — le comportement d'organismes vivants dont celui des être humains —, de même que par l'adoption de méthodes et de contextes de recherche calqués sur les sciences naturelles. On ne peut comprendre ses options méthodologiques et ses fondements conceptuels sans connaître la situation dans laquelle se trouvait la psychologie au début du XXᵉ siècle. Le béhaviorisme veut faire de la psychologie une science naturelle, au même titre que la biologie, la physique ou la chimie.

Le second angle touche ce que Watson, le fondateur du béhaviorisme, propose comme but théorique de la psychologie béhavioriste : la prédiction et le contrôle des comportements humains (Watson, 1913). Il a l'ambition d'établir une connaissance appropriée des adaptations et des stimuli qui les provoquent. Son objectif est d'apprendre des méthodes générales et particulières grâce auxquelles il peut parvenir à contrôler le comportement. Il prétend d'ailleurs qu'avec le conditionnement approprié, il pourra parvenir à faire de n'importe quel enfant en santé un médecin, un juriste, un artiste, un commerçant ou même un mendiant ou un voleur, un peu comme si l'hérédité et les autres facteurs biologiques et sociaux ne faisaient pas le poids devant la manipulation du comportement.

Le courant béhavioriste qui domine toute la psychologie nord-américaine pendant à peu près 50 ans émerge au début de la deuxième décennie du XXᵉ siècle en réaction à l'approche introspectionniste qui prévaut à ce moment dans ce domaine. Le regard de Watson (1913, 1926) sur l'apport de l'introspectionnisme à la psychologie est pour le moins sévère. Il juge que la psychologie n'a pas su se faire une place en tant que science naturelle reconnue. Cette incapacité, Watson l'attribue à plusieurs facteurs qui ont essentiellement eu pour effet de retarder le développement de la psychologie en tant que science à part entière. Premièrement, il estime que les psychologues introspectionnistes ont perdu trop de temps à étudier l'esprit humain plutôt que le comportement humain et animal. Deuxièmement, il dénonce le caractère ésotérique des méthodes et des dispositifs expérimentaux employés, ceux-ci ne permettant pas véritablement de reproduire les résultats de recherche ni de les vérifier, un élément premier de toute science véritable. Troisièmement, Watson constate et déplore la centration des psychologues de l'époque sur la conscience, et critique l'apparent empêtrement conceptuel autour de questions relatives à la mémoire, à la nature du contenu de la conscience, à la sensation et à la perception.

Watson critique au fond le cul-de-sac dans lequel le courant introspectionniste dominant place la psychologie, mais aussi ce que l'on pourrait appeler, de son point de vue, l'aveuglement paradigmatique qui caractérisait les psychologues établis de la fin du XIXe siècle et du début du XXe siècle, et qui les empêchait d'envisager autrement les problèmes auxquels ils s'attaquaient.

> Il est sûr que seuls ceux qui ont épousé le système tel qu'il existe actuellement, ceux qui se sont battus et ont souffert pour lui, peuvent croire avec certitude qu'il y aura un jour dans les réponses à de telles questions une uniformité plus grande que celle que nous connaissons pour l'heure. Je suis personnellement convaincu que, à moins que la méthode introspectionniste ait été écartée, d'ici deux cents ans la psychologie sera encore divisée [...]. (Watson, 1913, p. 162, trad. libre.)

Watson (1913), de manière apparemment assez lucide si l'on en juge par l'évolution des psychologies scientifiques jusqu'à aujourd'hui, défend une sorte d'étapisme scientifique : un programme de recherche selon lequel il convient d'abord d'établir des méthodes pour étudier des formes simples de comportement pour ensuite, comme il le dit lui-même, regarder sous un angle nouveau, et avec des dispositifs plus concrets et mieux adaptés, les problèmes plus complexes mis initialement de côté et revenus au premier plan.

14.2 Les racines du béhaviorisme

Le béhaviorisme n'émerge pas de la seule pensée de Watson. Ses racines intellectuelles sont aussi ailleurs. On les trouve dans la philosophie empiriste, mais aussi dans les orientations de recherche de scientifiques importants qui ont marqué la fin du XIXe siècle et le début du XXe siècle. Cette sous-section débutera par une présentation succincte de l'empirisme et des rapports entre ce courant de pensée et le béhaviorisme. Ensuite, nous verrons comment les travaux

réalisés en neurophysiologie et en neuropsychologie par des chercheurs tels Pavlov et Thorndike ont contribué à l'établissement du béhaviorisme.

14.2.1 Les influences de l'empirisme et de l'associationnisme

L'empirisme est une vieille doctrine philosophique dont les origines se trouvent chez plusieurs penseurs tels Aristote, Hobbes, Locke et Hume. Comme toute philosophie, l'empirisme s'intéresse au problème de l'origine et de la nature des connaissances ainsi qu'à la question de l'esprit humain. Cette doctrine soutient que les idées émergent de l'expérience sensible ou, plus précisément, de sa répétition, voire de l'habitude de ces expériences (Puech, 1997 ; Tardif, 1996).

L'empirisme met de l'avant trois postulats qui seront embrassés par le béhaviorisme. Le premier est le postulat épistémologique d'unité de la science (Tardif, 1996). Selon ce postulat, tous les phénomènes sont fondés sur les mêmes lois de la nature. Ainsi, pour l'empirisme, l'humain est un être à la fois distinct de tous les autres et semblable à eux puisqu'il relève aussi de la nature. Hume dira d'ailleurs (cité dans Puech, 1997, p. 66) :

> En matière d'intelligence, et pour ce qui dépasse l'exécution automatique d'instincts étroitement canalisés, les animaux les plus doués ne font qu'acquérir des habitudes plus ou moins bien ancrées, c'est-à-dire apprendre par une forme de dressage, naturel ou artificiel. Mais nous les humains ne faisons rien de plus.

Ce postulat d'unité de la science est repris presque intégralement par les béhavioristes. Watson (1913), par exemple, affirme que le béhaviorisme (comme l'empirisme) ne reconnaît pas de frontière séparant l'humain de l'animal ; que le comportement de l'humain, avec tous ses raffinements et sa complexité, ne représente qu'une partie du schème global d'investigation du béhaviorisme. Pour sa part, Skinner (1979) reconnaît qu'il y a des différences appréciables de complexité entre l'humain et l'animal en ce qui a trait à leur répertoire de comportements respectif, mais il croit que les travaux réalisés amènent à penser que ce sont les mêmes principes fondamentaux qui jouent chez l'un et chez l'autre, et qu'on trouve chez eux le même type de système nerveux.

Le deuxième postulat est d'ordre méthodologique. Il propose que tout ce qui n'est pas observable soit éliminé de l'investigation scientifique : la mémoire, la motivation, la liberté, etc. Si, comme Tardif (1996) l'explique, l'humain est un produit de la nature soumis à ses lois, donc, en lui, tout doit s'expliquer à l'aide de mécanismes, de causes et d'effets observables. Cette centration sur l'observation des comportements extériorisés et la formulation de lois à leur sujet caractérisent le béhaviorisme, de même qu'elles illustrent bien son orientation positiviste. En science, une loi n'est pas une explication mais bien l'établissement et la formulation d'une observation qui a valeur générale (Rondal, 1999). Ce postulat conduit au rejet du mentalisme et de l'introspectionnisme, qui s'intéressent à la vie intérieure des personnes.

Tardif (1996) qualifie le troisième postulat d'anthropologique. Celui-ci définit la nature de l'être humain, de son développement et de son apprentissage. Zimbardo (1988) cite Locke (1690), selon qui l'expérience est une condition nécessaire à la croissance des facultés de l'esprit. L'esprit de l'enfant naissant est présenté comme une tablette vide sur laquelle l'expérience se charge de déposer, au gré du temps, tout le matériel de la raison et de la connaissance. Selon l'empirisme, l'être humain ne possède pas en soi une nature, un noyau de caractéristiques invariables, une personnalité, un soi, un je. À sa naissance, il possède seulement une infrastructure biologique très souple s'exprimant par un montage de comportements réflexes que l'environnement va modifier progressivement. Aux yeux de l'empirisme, la nature humaine est passive et plastique : elle se moule peu à peu aux contraintes que le milieu extérieur exerce sur elle. Elle est conditionnée par l'expérience, la répétition et l'habitude (Tardif, 1996).

L'empirisme propose une théorie associationniste de l'apprentissage, c'est-à-dire de l'origine et de l'accumulation des connaissances. Cette théorie s'applique sur deux plans (Tardif, 1996) :

– **Le rapport des idées aux choses** : Selon l'empirisme, nous apprenons et donnons sens au monde grâce aux impressions que nous dégageons des choses que nous percevons à l'aide de nos sens et que nous transformons en images mentales.

C'est le mécanisme de base de la croyance au monde réel, qui n'est que la réception d'une sensation tellement vive qu'elle impose à notre esprit la présence de l'objet que nous voyons, touchons ou entendons. (Puech, 1997, p. 58-59.)

Une idée élémentaire est donc par conséquent toujours associée à une chose, à un état de choses par l'intermédiaire d'une sensation, d'une perception.

– **Le rapport des idées entre elles** : La pensée et la mémoire sont constituées de sensations simples regroupées en chaînes d'idées complexes par le jeu de liens associatifs dont la formation est régie par quatre grands principes : la ressemblance, la causalité, la contiguïté et la répétition (Puech, 1997). La pensée est vue comme un processus mécanique régi par des lois d'association.

Il découle de ce qui précède que, dans ses efforts pour appréhender le comportement humain, le chercheur béhavioriste emploie les mêmes stratégies et dispositifs que pour comprendre les animaux. Il se centre sur des variables qu'il peut décrire, quantifier, analyser par l'observation directe et il fait abstraction d'éléments intervenant aussi dans l'agir humain tels que les valeurs, les croyances, les intentions. Il tient pour acquis que les capacités d'adaptation de l'organisme humain sont très grandes et qu'il suffit de le soumettre répétitivement à des expériences concrètes et variées mais de même nature, suivies immédiatement par les renforcements appropriés, pour qu'il intériorise par association les rapports entre comportements et conséquences, et qu'il adopte de nouveaux comportements.

14.2.2 Les influences de la neurophysiologie et de la neuropsychologie

Dans cette sous-section, nous allons nous intéresser plus particulièrement à l'apport de deux éminents chercheurs dont les travaux, réalisés à la fin du XIXe siècle et tout au début du XXe, ont puissamment influencé le béhaviorisme. Dans un premier temps, il sera question d'Ivan Pavlov (1849-1936), physiologiste russe qui a reçu le prix Nobel de physiologie en 1904 pour ses travaux sur le fonctionnement des glandes digestives, travaux qui ont conduit à la description du réflexe conditionné, aussi nommé conditionnement classique (Braunstein et Pewzner, 1999 ; Hilgard, Atkinson et Atkinson, 1980). Il sera question dans un second temps de la contribution du psychologue américain Edward Lee Thorndike (1874-1969), dont l'approche neuropsychologique a conduit à la définition du conditionnement instrumental.

Ivan Pavlov et le conditionnement classique

Après des études en Allemagne, Pavlov revient en Russie où il deviendra un peu plus tard directeur du laboratoire de physiologie de l'Académie militaire de Saint-Pétersbourg. À partir de 1879, il commence à s'intéresser aux mécanismes de contrôle de la sécrétion des glandes digestives (Braunstein et Pewzner, 1999). Pour étudier ce phénomène, Pavlov met au point des stratégies extrêmement sophistiquées de collecte de données faisant appel à des chirurgies réalisées à différents niveaux de l'appareil digestif du chien. Pour provoquer les sécrétions, les assistants de Pavlov insèrent de la nourriture dans la gueule des chiens. Après quelques répétitions de cette procédure, Pavlov constate une chose étrange qui changera considérablement l'orientation de ses recherches futures. La sécrétion débute avant même que la nourriture ne soit introduite dans la gueule des cobayes. Après quelques temps, elle commence à la seule vue des assistants et, plus tard, à la seule perception des bruits de leurs pas sur le sol alors qu'ils arrivent au laboratoire (Zimbardo, 1988). À quoi cette réaction, insensée sur le plan physiologique, peut-elle être attribuée ? L'hypothèse avancée par Pavlov met en jeu la notion de réflexe.

Un réflexe est une réponse non apprise suscitée automatiquement par des stimuli particuliers et présentant une pertinence sur le plan biologique pour un organisme donné (Zimbardo, 1988). Deux types de réflexes sont cernés : l'un est dit inconditionnel (RI), l'autre, conditionnel (RC). Le réflexe inconditionnel renvoie à la réaction suscitée automatiquement chez un organisme par un stimulus quelconque. Par exemple, à la vue d'un morceau de viande, un chien affamé salive. Ces manifestations sont des réponses physiologiques spontanées à des stimuli externes ou internes qualifiés d'inconditionnels (SI) et s'avérant importants sur le plan biologique.

Comme nous l'avons vu, les chiens de Pavlov ont appris à réagir à des stimuli ne satisfaisant pas *a priori* à ce critère d'importance sur le plan biologique. Ces réactions correspondent à des réflexes conditionnels, c'est-à-dire à des réponses à un stimulus habituellement neutre (SN) mais qui, à la suite d'un épisode de conditionnement, provoque une réponse (réponse conditionnée ou RC) de l'organisme identique à celle que produit le réflexe inconditionnel. Comme le décrivent Braunstein et Pewzner (1999), le conditionnement classique est un procédé au cours duquel on associe fréquemment un stimulus neutre à un stimulus inconditionnel jusqu'à ce que le premier, utilisé seul, provoque la même réaction. Les schémas de la figure 14.1 illustrent la façon dont fonctionnent ces deux types de réflexes.

Il est toutefois apparu qu'une réponse conditionnée non entretenue peut avec le temps s'amenuiser jusqu'à disparaître. Ce procédé correspond à l'extinction, un phénomène qui, si l'on reprend l'exemple de la figure 14.1, ferait en sorte que la lumière (SC) présentée au chien de Pavlov perdrait graduellement son effet stimulant sur la salivation de l'animal (RC) parce qu'elle (le SC) n'est plus associée à la présentation de la nourriture (SI).

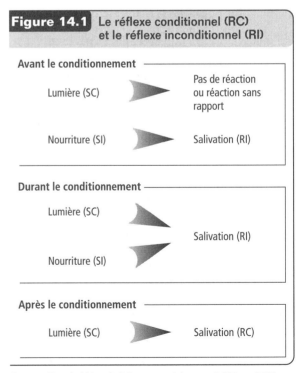

Figure 14.1   Le réflexe conditionnel (RC) et le réflexe inconditionnel (RI)

Avant le conditionnement

Lumière (SC) → Pas de réaction ou réaction sans rapport

Nourriture (SI) → Salivation (RI)

Durant le conditionnement

Lumière (SC)

Nourriture (SI) → Salivation (RI)

Après le conditionnement

Lumière (SC) → Salivation (RC)

Source : Tiré de Hilgard, Atkinson et Atkinson (1980, p. 223).

Figure 14.2 Le conditionnement classique d'ordre supérieur

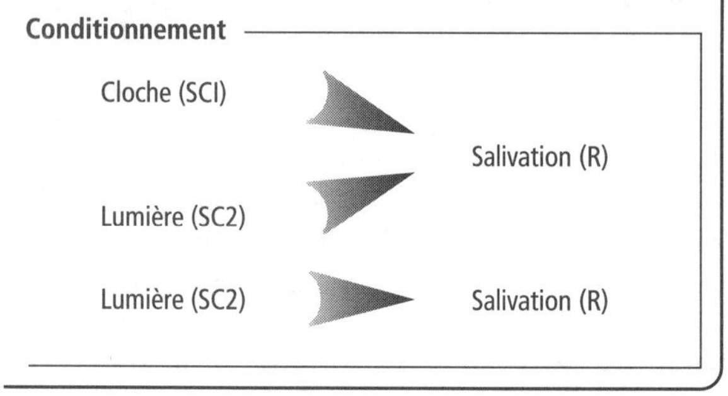

Conditionnement

Cloche (SC1)

Salivation (R)

Lumière (SC2)

Lumière (SC2)   Salivation (R)

Source: Adaptation de Leduc (1984, p. 17).

Pavlov a remarqué qu'une fois qu'un chien a appris à réagir avec régularité à un stimulus conditionné, ce stimulus peut servir à renforcer de nouveaux comportements. Prenons l'exemple d'un animal ayant appris à saliver à l'audition d'un son. Si une lumière est ensuite présentée avec le son seul, elle finira aussi par susciter la réponse conditionnée. La lumière est progressivement devenue un renforçateur conditionnel (Hilgard, Atkinson et Atkinson, 1980). Cette forme de conditionnement correspond au principe du conditionnement classique d'ordre supérieur (Leduc, 1984) (voir la figure 14.2). Selon ce principe, un stimulus neutre présenté un nombre suffisant de fois et de manière contiguë, avec un stimulus conditionné, en vient à déclencher une réponse semblable à celle que déclenche le stimulus conditionné. Pavlov a la conviction que les résultats obtenus avec les animaux peuvent se généraliser à l'être humain, les conduites supérieures de ce dernier n'étant selon lui que le prolongement des réflexes les plus simples.

Edward L. Thorndike et le conditionnement instrumental

À peu près au moment où Pavlov étudie la salivation de chiens à la suite de stimuli inconditionnés et conditionnés, aux États-Unis, Thorndike (1874-1969) observe des chats qui tentent de s'échapper d'une boîte problème qu'il a conçue. Les animaux sont placés dans ce dispositif pourvu d'un mécanisme qu'ils doivent actionner pour en ouvrir la porte. Juste à l'extérieur de la boîte, de la nourriture est disposée. Thorndike a observé qu'au cours d'une série d'essais, les animaux prennent de moins en moins de temps

pour sortir de la cage et accéder à la nourriture. Ces observations l'amènent à penser que les réponses suivies de manière répétée par des récompenses (SR+) génèrent de la satisfaction, ce qui a pour conséquence de les renforcer jusqu'au point où les récompenses ne sont plus systématiquement nécessaires pour produire le comportement attendu. Au contraire, les réponses suivies par des conséquences désagréables (SR-) s'affaiblissent, et le caractère stimulant de la situation expérimentale peut même se neutraliser (voir la figure 14.3).

Cette idée de satisfaction à laquelle nous avons fait allusion est très importante puisqu'elle se situe à la base de la loi de l'effet formulée par Thorndike. Selon cette loi, l'apprentissage progresse dans la mesure où une réponse donnée est couronnée de succès, c'est-à-dire satisfaisante. Le chercheur suppose que, lorsque la création d'une connexion nerveuse s'accompagne d'une satisfaction réduite ou nulle, le comportement appris tend à être abandonné au profit d'un autre mieux adapté et davantage susceptible d'apporter une satisfaction.

Nous qualifions l'approche de Thorndike de neuropsychologique en raison des hypothèses d'ordre neurologique qu'elle met de l'avant pour expliquer l'apprentissage et le comportement humain. Par exemple, Thorndike pense qu'une satisfaction s'enregistre sous la forme d'une décharge hormonale ou d'une sécrétion au niveau du neurone. Il présume que, lorsque ce dernier lance de l'énergie à travers les synapses en vue de l'atteinte d'un but, cette décharge a sur lui-même un effet nourricier (Thorpe et Schmuller, 1956).

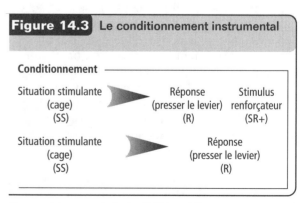

Figure 14.3 Le conditionnement instrumental

Conditionnement

Situation stimulante (cage) (SS) → Réponse (presser le levier) (R)   Stimulus renforçateur (SR+)

Situation stimulante (cage) (SS) → Réponse (presser le levier) (R)

Source: Adaptation de Leduc (1984, p. 20).

Thorndike en est venu à concevoir l'apprentissage comme le produit de l'association entre un stimulus (par exemple, la situation de captivité réversible dans la boîte problème) et une réponse apprise par un organisme animal ou humain (par exemple, le fait d'actionner un mécanisme d'ouverture). Son hypothèse classique stipule que la réponse du sujet qui apprend dépend de la force de la connexion nerveuse qui unit le stimulus et la réponse apprise (Crahay, 1999). Par «force de connexion», il entend le degré de probabilité qu'une réponse donnée se produise dans une situation particulière. Il croit donc que l'apprentissage dépend directement du nombre de fixations d'une connexion entre une situation et une réponse. Il pense que les exercices ou le nombre de répétitions rendent possible l'enregistrement d'effets satisfaisants ou fâcheux qui vont déterminer les comportements ultérieurs. Thorndike n'a jamais pu, malgré ses efforts, établir l'existence de telles connexions nerveuses. Les travaux de ce chercheur marquent l'avènement d'une psychologie stimulus-réponse (S-R) de l'apprentissage. Comme l'expliquent Hilgard, Atkinson et Atkinson (1980), cette psychologie étudie les stimuli qui suscitent des réponses comportementales, les récompenses et punitions qui contribuent à leur maintien, et les modifications du comportement que l'on obtient en changeant la manière de distribuer ces récompenses et ces punitions. La psychologie S-R ne se préoccupe pas de ce qui se passe à l'intérieur de l'organisme que l'on désigne aussi par l'expression «boîte noire».

14.2.3 Le béhaviorisme watsonien: héritage et rupture

Watson, nous l'avons vu, ambitionne de faire de la psychologie une science naturelle purement objective. Afin d'y parvenir, il préconise l'adoption de la méthode expérimentale. Il veut faire des expériences contrôlées en laboratoire pour étudier de manière particulière le comportement des organismes.

Pour le moment, je suis plus intéressé à essayer de démontrer la nécessité de maintenir une uniformité dans la procédure expérimentale et dans la méthode de traitement des résultats, aussi bien dans le travail humain qu'animal [...]. (Watson, 1913, p. 165, trad. libre.)

Le comportement des organismes peut être décrit à l'aide des notions de stimulus (S) et de réponse (R), que Watson a respectivement définies comme «tout objet du milieu général et toute modification de tissus susceptibles de provoquer une réponse de l'organisme» et comme «quoi que l'animal fasse, comme se détourner d'une source lumineuse ou sursauter à un son» (Braunstein et Pewzner, 1999, p. 142-143). Pour Watson, il y a toujours un stimulus ou un objet dans l'environnement qui peut susciter chez une personne une certaine réaction. Si on associe ce stimulus, dit fondamental, à un objet ne suscitant pas de réaction, cet objet peut acquérir une valeur réactive et devenir ce que Pavlov décrit comme un stimulus conditionné.

Dans un certain sens, Watson s'inscrit dans la tradition expérimentale de ses prédécesseurs, tels que Pavlov et surtout Thorndike. Cependant, il s'en démarque sur le plan intellectuel en soutenant, tout à fait à l'opposé de Pavlov, qu'il est possible et envisageable de constituer une psychologie indépendante de toute considération neurophysiologique. Watson pense, en effet:

[...] qu'il est parfaitement possible pour quelqu'un qui étudierait le comportement sans rien savoir du système nerveux sympathique et des glandes et des muscles lisses, et même du système nerveux central, d'écrire une étude tout à fait complète et exacte sur les émotions. (Watson, cité dans Braunstein et Pewzner, 1999, p. 140.)

Cette position «a-neurophysiologique» de nombreux tenants de la psychologie S-R est également soulignée par Hilgard, Atkinson et Atkinson (1980). Pour les psychologues d'une certaine époque dominée par le béhaviorisme, il est concevable de fonder la psychologie scientifique uniquement sur ce qui entre dans la «boîte noire» (le cerveau et le système nerveux) et sur ce qui en sort, sans que l'on s'inquiète de ce qui peut se passer à l'intérieur.

J.B. Watson

14.2.4 B.F. Skinner et le conditionnement opérant

De par ses positions radicales, B.F. Skinner (1904-1990) est sans aucun doute le représentant le plus médiatisé et le plus controversé du courant béhavioriste. On doit néanmoins à cet ancien professeur de psychologie de l'Université Harvard l'invention et la mise au point de dispositifs expérimentaux et d'appareils de mesure tel l'enregistreur cumulatif et la découverte du conditionnement opérant, de la modification du comportement, de la machine à enseigner et de l'enseignement programmé, entre autres choses (Hilgard, Atkinson et Atkinson, 1980 ; Slavin, 2002 ; Vargas, 2003 ; Zimbardo, 1988). Dans cette section, nous allons nous concentrer sur le conditionnement opérant de même que sur les concepts qui lui sont associés.

Le conditionnement opérant

L'analyse expérimentale du comportement désigne l'activité par laquelle le chercheur en vient à découvrir, par des variations systématiques des stimuli, toutes les manières dont des expériences diverses touchent la probabilité que des réponses soient produites (Zimbardo, 1988). Dans l'analyse expérimentale du comportement, le comportement opérant est celui qui est produit par un organisme et qui peut être caractérisé selon les effets observables qu'il peut avoir sur l'environnement. La plupart des comportements volontaires sont opérants (Hilgard, Atkinson et Atkinson, 1980). Le comportement opérant n'est pas suscité par des stimuli précis, comme le sont les réponses dans le conditionnement classique. En effet, Skinner suppose qu'il figure déjà dans le répertoire d'un organisme, qu'il est causé par des conditions internes et régulièrement exécuté de manière spontanée en l'absence de stimuli externes particuliers. Avec le conditionnement opérant, Skinner met en évidence le fait qu'un agent quelconque (chercheur, enseignant, entraîneur, parent, autres) peut organiser des contingences de renforcement de manière à accroître la probabilité d'apparition de réponses opérantes devant un ou plusieurs stimuli. Ceux-ci peuvent parfois agir en interaction avec d'autres facteurs mais pas nécessairement au moment où la réponse apparaît, ce qui constitue un rôle bien différent de celui du stimulus qui déclenche le réflexe (Skinner, 1979). Skinner conteste donc l'étiquette de psychologie stimulus-réponse qu'on a souvent accolée à ses travaux. Si cette expression correspond au béhaviorisme watsonien, elle ne s'accorde pas vraiment avec sa vision. Selon Skinner, les contingences les plus simples impliquent au moins trois termes (le stimulus, la réponse et le renforcement) et au moins une autre variable (la privation associée au renforcement) ; les termes doivent être liés par une relation dynamique (Rondal, 1999).

B.F. Skinner

Skinner représente le béhaviorisme dans sa forme la plus radicale. Il rejette le terme de conditionnement instrumental[1] pour caractériser ce qu'il étudie, parce que le mot « instrumental » implique qu'un organisme doit faire quelque chose pour réaliser un but et qu'il est animé d'intentions. Or, il estime que ce qu'un animal veut n'est pas important. Ce qui importe est ce qui peut être observé directement, grâce à une analyse expérimentale du comportement dans laquelle des relations prévisibles entre les comportements publics (*overt*) et les conditions environnementales sont empiriquement déterminées.

Skinner refuse de faire quelque inférence que ce soit à propos des états internes ou au sujet de toute base non observable des relations comportementales qu'il démontre dans son laboratoire. Toutefois,

---

1. Skinner admet les idées de Thorndike selon lesquelles les conséquences environnementales modifient les réponses qui les ont précédées. Il rejette en contrepartie toute supposition quant à la satisfaction ou toute autre interprétation relevant d'inférences à propos d'intentions, de raisons, de motifs ou de buts. « Pour la philosophie hédoniste, les gens agissent pour se procurer du plaisir ou échapper à la douleur, et les conséquences des actions décrites dans le célèbre loi de l'effet d'Edward L. Thorndike sont des sensations : "satisfaction" ou "gêne" » (Skinner, 1979, p. 55).

à ceux qui reprochent au béhaviorisme de ne pas pouvoir rendre compte du projet ou de l'intention des organismes, il rétorque que :

> [...] la théorie opérante a remplacé l'idée d'une intention ou d'un plan antérieurement fixé par celle d'une intention postérieure, opérée par les contingences de renforcement. L'individu qui se prépare à agir parce que cette action a déjà été renforcée peut éprouver, en même temps, une certaine impression et l'appeler projet mais ce que le béhaviorisme rejette c'est l'efficacité causale d'une telle impression. (Skinner, 1979, p. 227.)

L'un des principes les plus importants de l'apprentissage dans une perspective béhavioriste est le fait que le comportement peut être modifié en fonction des conséquences immédiates qui lui sont associées (Charles, 1997 ; Slavin, 2002). L'expression « modification du comportement » ne fait pas partie de la terminologie élaborée par Skinner, mais Charles (1997) signale qu'elle est employée couramment pour désigner la méthode globale qu'il a préconisée en vue de modeler le comportement des personnes. Comme nous l'avons vu précédemment, le conditionnement opérant n'échappe pas à ce principe de modification du comportement, qui, pour être mieux compris, doit être lié à toute une série de concepts.

L'un de ces concepts est celui de contingence comportementale. C'est un concept central du conditionnement opérant. Une contingence comportementale est une relation constante entre un stimulus (condition) et la réponse qui le suit (Zimbardo, 1988). Les béhavioristes, et notamment Skinner, s'efforcent de comprendre les comportements des organismes quant aux contingences comportementales éprouvées dans leur environnement. Ils supposent que les comportements complexes peuvent être compris comme le produit de patrons particuliers de contingences.

Les contingences sont organisées en patrons. Ce sont des patrons d'application de conséquences qui peuvent avoir un caractère renforçateur ou, au contraire, punitif. Pour Slavin (2002), un renforçateur est une conséquence qui accroît la fréquence d'un comportement. Un événement significatif peut renforcer la réponse d'un organisme, si ces deux éléments sont liés de manière contingente. Le renforcement peut être positif ou négatif. Il est positif si un stimulus reçu après une réponse accroît la probabilité que cette réponse survienne. Il est négatif si une réponse n'est pas suivie d'un stimulus déplaisant ou dérangeant et que le retrait ou l'évitement de ce dernier accroît la probabilité que cette réponse survienne de nouveau. L'effet des renforcements sur le comportement dépend de plusieurs facteurs, dont l'un des plus importants est sans doute les programmes de renforcement (Hilgard, Atkinson et Atkinson, 1980 ; Slavin, 2002 ; Zimbardo, 1988). Sans entrer dans les détails de ce type de programmes, disons qu'ils sont basés sur des variations de la fréquence à laquelle les renforçateurs sont administrés, de la période de temps (régulière ou non) qui s'écoule entre les renforcements ainsi que de la prédictibilité de ces derniers.

De la même manière que dans le conditionnement classique, on met en évidence qu'un stimulus neutre peut être conditionné lorsqu'il est associé à un renforçateur primaire. Ce stimulus neutre devient alors un renforçateur conditionné ou secondaire pour réponses opérantes (Slavin, 2002 ; Zimbardo, 1988). Il semble que le comportement humain est dans une moins large part façonné par des renforçateurs primaires importants sur le plan biologique (nourriture, eau, chaleur, sécurité, etc.) que par une grande variété de renforçateurs conditionnés ou secondaires (de l'argent, des notes, des privilèges, des éloges, etc.).

Le façonnement du comportement permet de conduire des personnes vers une réponse attendue tout en contribuant à l'extinction de réactions non désirées. On effectue ce façonnement en renforçant des comportements compatibles avec des buts visés par des personnes, par exemple des élèves. On peut modifier les comportements graduellement en vue d'un apprentissage global. Charles (1997) donne l'exemple d'élèves qui entrent dans la classe et s'assoient à leur pupitre tout en continuant de bavarder. L'enseignant accorde quand même un point à la classe parce que les élèves sont tous assis, ce qui représente une amélioration par rapport à la situation antérieure. Par la suite, les élèves devront être assis et rester silencieux pour obtenir un point. Ce façonnement des routines d'entrée en classe est un bel exemple d'utilisation du conditionnement opérant à des fins scolaires.

Les conséquences qui ont pour fonction d'affaiblir les comportements sont appelées des punitions. On peut punir quelqu'un en lui infligeant des conséquences déplaisantes ou en lui retirant des sources de renforcement positif. Comme c'est le cas pour les renforcements, les punitions ne sont pas efficaces *a priori*; il faut démontrer empiriquement leur efficacité (Slavin, 2002). Par exemple, les agents scolaires ont appris avec le temps que le fait d'expulser de la classe un élève perturbateur peut ne pas avoir d'effet punitif chez lui. Au contraire, le fait de le soustraire à une situation ou à un environnement qui lui apparaît déplaisant peut avoir pour résultat de lui procurer un renforcement négatif (Desbiens, 2001).

Selon Hilgard, Atkinson et Atkinson (1980), les résultats des expériences psychologiques sur la punition ont conduit à deux conclusions. Selon la première, la punition s'avère souvent moins efficace que la récompense, car bien qu'elle supprime temporairement une réaction, elle ne l'affaiblit pas. Selon la seconde, la punition est efficace lorsqu'elle force l'individu à choisir une autre réaction que l'on peut ensuite récompenser. La punition peut se révéler inefficace pour les raisons suivantes : 1) ses résultats, bien qu'ils puissent comporter des modifications de la conduite, ne sont pas aussi prévisibles que ceux de la récompense ; 2) dans certaines circonstances, la punition tend à figer le comportement plutôt qu'à l'éliminer ; 3) les effets secondaires de la punition peuvent s'avérer désastreux, car le châtiment conduit souvent à détester la personne qui l'administre (parent, maître ou employeur) et le lieu (la maison, l'école ou le bureau) où il est subi.

En résumé, retenons que le béhaviorisme naît durant la deuxième décennie du XXᵉ siècle sous l'impulsion de son fondateur, J.B. Watson. Celui-ci s'oppose aux objets et aux méthodes de l'introspectionnisme. Le béhaviorisme tire ses origines de la philosophie empiriste ainsi que des travaux de laboratoire réalisés notamment par Pavlov en neurophysiologie et par Thorndike en neuropsychologie. De l'empirisme, le béhaviorisme retient, entre autres choses, les positions relatives aux postulats épistémologique, méthodologique et anthropologique, de même que l'idée selon laquelle la pensée est un processus mécanique régi par des lois d'association. Des travaux effectués par Pavlov et Thorndike, le béhaviorisme hérite les découvertes concernant le conditionnement répondant et le conditionnement instrumental ainsi que la connaissance des procédés et principes grâce auxquels on peut agir sur ces formes d'apprentissage pour influer sur le comportement de certains organismes inférieurs et de l'être humain. B.F. Skinner, l'un des plus illustres successeurs de Watson, élabore quant à lui un courant de pensée plus radical. Ses travaux portent sur l'analyse expérimentale du comportement et, plus particulièrement, sur les concepts de contingence comportementale et de conditionnement opérant. Selon Skinner, le conditionnement des organismes est possible grâce à la manipulation soigneuse de contingences pouvant exercer un effet renforçateur ou affaiblissant sur les comportements. Les stratégies d'analyse expérimentale du comportement, de même que les techniques mises au point pour le conditionnement, ont été le fer de lance de la psychologie pendant de nombreuses années.

14.3 Les contributions du béhaviorisme à l'enseignement et à l'apprentissage en contexte scolaire

Watson manifeste très tôt, dans l'élaboration de la psychologie béhavioriste, son désir d'étudier le conditionnement de l'être humain afin que des travailleurs d'autres champs professionnels que le sien puissent en appliquer les principes dans leurs fonctions au quotidien. La psychologie doit pouvoir, selon Watson, influencer de manière très large la vie des gens, notamment par le biais de leur éducation.

> Si la psychologie suit le plan que je propose, l'éducateur, le médecin, le juriste et l'homme d'affaires pourront utiliser nos données de façon pratique dès que nous serons en mesure de les obtenir expérimentalement. (Watson, 1913, p. 164.)

Pour mieux mesurer l'influence du béhaviorisme en éducation, il convient toutefois de se tourner vers Skinner, qui a commencé à appliquer en pédagogie ses travaux de psychologie fondamentale vers 1953, à l'issue d'une visite dans la classe de quatrième année de sa benjamine. Cette visite fut tout à fait décisive, car elle a considérablement modifié son programme de recherche à partir de ce moment[2] (Vargas, 2003).

Assis au fond de la classe, Skinner a observé l'enseignante, qui, à ses yeux, violait de bonne foi à peu près tous les principes scientifiques qu'il connaissait à propos du processus d'apprentissage. Les tâches d'apprentissage présentaient un degré de difficulté mal adapté aux capacités des élèves, certains étant incapables d'aborder les problèmes posés, d'autres les ayant résolus en un rien de temps. Il a aussi remarqué des délais importants entre le moment où le problème était résolu et celui où les enfants recevaient un renforcement. Derrière ces constats préoccupants se profile une critique de la manière traditionnelle de faire la classe et une réflexion sur l'individualisation de l'enseignement.

14.3.1 La critique d'une pédagogie héritée de la tradition

La critique de l'école et de l'enseignement n'est pas qu'une réalité contemporaine. Déjà, durant les années 1950 et 1960, de nombreux chercheurs, dont Skinner (1969), constatent une certaine incapacité de l'école à enseigner facilement et rapidement des connaissances aussi fondamentales que l'arithmétique et l'orthographe. Skinner est d'avis que la pédagogie utilisée non seulement engendre l'incompétence mais suscite aussi, chez les élèves auxquels les méthodes d'enseignement traditionnelles semblent les moins bien adaptées, des sentiments d'anxiété, d'insécurité et d'agressivité nuisibles à l'expérience scolaire.

Skinner estime que les enseignants, généralement mal informés sur les processus psychologiques qui sous-tendent les quelques méthodes qu'ils utilisent et ignorants des lois de l'apprentissage, auraient avantage à savoir comment mieux gérer l'environnement des apprenants, de manière à instaurer et à appliquer avec rigueur des systèmes de contingences de renforcement permettant de conditionner l'enfant à certains comportements. Mais la pédagogie

traditionnelle autoritaire et répressive laisse l'élève dans l'incertitude et l'indétermination.

> Au milieu de cet amas de conséquences désastreuses, la découverte de la réponse correcte ne représente qu'un événement insignifiant, noyé dans l'anxiété, l'ennui et l'agressivité qui accompagnent inévitablement le contrôle du comportement par des procédés aversifs. (Skinner, 1969, p. 23.)

Des quelques observations réalisées dans la classe de sa fille, Skinner conclut également qu'un seul enseignant responsable d'une classe de 20 à 30 enfants n'est pas en mesure de respecter, dans ses interactions avec les élèves, les principes pédagogiques qu'il a déduits des lois béhavioristes de l'apprentissage. C'est pour remédier à cette impossibilité que Skinner met au point les machines à enseigner et l'enseignement programmé. Sans doute présume-t-il qu'en libérant les enseignants de certaines tâches désormais remplies par les machines, ceux-ci parviendront enfin à exercer leurs fonctions avec des contacts intellectuels, culturels et affectifs témoignant vraiment de leur qualité d'êtres humains (Crahay, 1999 ; Skinner, 1969).

14.3.2 L'individualisation de l'enseignement

Comme le remarque Skinner (1969), la majorité des renforcements que reçoit l'élève ne lui viennent que du maître. Étant donné que beaucoup d'élèves dépendent d'un même maître, le nombre total de renforcements que chacun peut raisonnablement attendre demeure relativement limité. Skinner note également que, même chez l'élève doué, une contingence donnée doit être répétée à maintes reprises avant que le comportement ne soit fermement installé dans le répertoire de l'enfant. Skinner a donc eu l'idée d'un enseignement davantage individualisé. Selon le principe d'individualisation de l'enseignement, chaque élève a droit à des tâches d'apprentissage sur mesure respectant ses capacités tout en lui assurant des rétroactions et des renforcements immédiats. L'enseignement programmé et la machine à enseigner constituent, en quelque sorte, les réponses de Skinner au défi que représente l'adaptation du processus d'enseignement-apprentissage aux caractéristiques de chaque élève.

---

2. Dans un ouvrage publié en 1969, Skinner attribue à l'analyse expérimentale du comportement la création d'une véritable technologie de l'enseignement permettant d'établir des programmes et des méthodes qu'il prétend directement applicables dans les classes.

L'enseignement programmé

L'enseignement programmé est né en laboratoire à la suite des avancées de la recherche sur la programmation des contingences de renforcement. La méthode vise à présenter à chaque élève une matière très progressivement, à susciter une réponse pour chaque segment de contenu et à faire suivre chaque réponse d'une rétroaction sur l'exactitude (Crahay, 1999 ; Vargas, 2003). Une séquence d'apprentissage correctement programmée ne permet pas un pourcentage d'erreurs supérieur à 5 %. Comme l'explique Crahay (1999), l'élève peut, dans ces conditions, s'approprier l'essentiel des compétences jugées nécessaires pour son insertion sociale en commettant un minimum d'erreurs et en progressant au rythme qui lui convient.

Skinner (1969) signale la mise au point d'au moins quatre types de programmation. Le premier type vise à établir des structures de comportement nouvelles et complexes, soit de nouvelles « topographies » du comportement. Il s'agit de renforcer tout comportement qui peut rapprocher, ne serait-ce qu'un peu, de la réponse souhaitée. Le deuxième type est employé pour modifier la distribution d'un comportement dans le temps ou son intensité. Le troisième type a pour but de placer un comportement sous le contrôle de certains stimuli que l'élève aurait appris à discerner avec un minimum d'erreurs parmi d'autres. Enfin, le quatrième type de programmation concerne l'entretien d'un comportement par des renforcements qui se raréfient progressivement selon les différentes phases de stabilisation du comportement.

Le bilan de l'enseignement programmé est plutôt mitigé (Slavin, 2002 ; Vargas, 2003), car il n'a pas permis une véritable amélioration de la réussite scolaire. Les raisons de cet échec relatif sont diverses. Premièrement, les principes mis de l'avant par Skinner ne sont pas rigoureusement respectés par les différents concepteurs. Deuxièmement, bien des produits mis sur le marché sont de piètre qualité. Troisièmement, des motifs commerciaux font en sorte que certains modules d'enseignement programmé sont publiés sous forme de livres plutôt que sous forme de documents informatiques. Cela a pour conséquence d'affaiblir considérablement les systèmes de contingences imaginés pour conditionner les élèves, car ceux-ci sont en mesure d'aller voir les réponses dans le corrigé avant de proposer les leurs. Vers la fin des années 1960, les maisons d'édition cessent de publier les modules d'enseignement programmé, aux États-Unis du moins. Par ailleurs, on reconnaît aujourd'hui que la décomposition méticuleuse des connaissances dans le cadre de l'enseignement programmé conduit au morcellement des contenus et, conséquemment, à celui des tâches d'apprentissage proposées (Tardif, 1996). L'atomisation des connaissances a pour effet d'en réduire la signification perçue par les élèves. Une autre critique qui témoigne des préoccupations éducatives actuelles concerne l'objet des interventions des enseignants. Dans l'enseignement programmé, l'enseignant analyse davantage la performance de l'élève que les stratégies ou processus qu'il met en œuvre en vue d'atteindre un niveau de performance donné. Cette préséance accordée aux produits plutôt qu'aux processus tient au fait que l'on peut observer les premiers mais non les seconds.

La machine à enseigner

Skinner a créé la première machine à enseigner en 1953, peu après sa visite décisive dans la classe de sa jeune fille. Ce premier prototype propose aux élèves des problèmes de mathématiques selon un ordre aléatoire et procure une rétroaction immédiatement après la résolution de chaque cas. Selon Vargas (2003), cette version de la machine à enseigner permet d'exercer des habiletés déjà acquises, mais elle ne conduit pas à l'apprentissage de nouvelles compétences. Les travaux réalisés par Skinner au cours des trois années suivantes l'amènent à mettre sur pied l'enseignement programmé, dont il sera question un peu plus loin.

Les machines à enseigner (il y en a eu plusieurs générations) sont, de l'avis de leur créateur, source de nombreux malentendus, car elles sont souvent perçues comme pouvant se substituer aux enseignants ou comme des appareils pour faire passer des examens. Ainsi, l'image d'un apprentissage mécanisé et déshumanisé est accolée à ces outils de formation. Or, cette image, peut-être juste, est loin de correspondre aux intentions poursuivies par Skinner (1969), qui cherche à donner de l'importance au rôle humain du maître en lui fournissant un équipement qui lui accorde le temps nécessaire pour exercer ce rôle auprès des élèves par le biais de l'observation attentive de leurs comportements d'apprentissage et de l'application des renforcements appropriés. En libérant l'enseignant d'un certain nombre de tâches et de contraintes, dont celles liées à l'entraînement (*drills*), à l'évaluation, à la rétroaction et au renforcement immédiat des performances des élèves, Skinner estime lui donner le loisir de s'intéresser vraiment à ces derniers pour les conseiller. Selon sa propre appréciation :

> Une machine à enseigner n'est en somme rien d'autre qu'un dispositif destiné à organiser les contingences de renforcement. Il existe [...] de nombreux types de machines, comme il existe une grande variété de programmes de renforcement. (Skinner, 1969, p. 79.)

On peut résumer les caractéristiques importantes des machines à enseigner en considérant cinq dimensions :

1. Elles facilitent la supervision des apprentissages des élèves d'une classe par le maître. L'enseignant peut superviser simultanément le travail de tous les élèves d'une même classe tout en laissant chacun d'eux progresser au rythme qui lui convient et résoudre autant de problèmes qu'il peut au cours de la période de travail impartie.

2. Elles permettent de respecter le rythme d'apprentissage de chaque élève de la classe. Le fonctionnement de la machine à enseigner est tel que l'enfant avance à son rythme à travers les différentes étapes du programme. L'enfant doué progressera rapidement. Il est néanmoins possible de limiter son avance sur les autres en lui donnant des séries de problèmes spéciaux qui l'initient à des ramifications ou des applications des mathématiques rarement enseignées mais passionnantes. Skinner donne également l'exemple de l'élève qui se voit forcé de manquer l'école pendant une certaine période. Dès son retour, il reprend son travail là où il l'avait laissé, sans que son retard par rapport à la classe n'ait d'effet néfaste sur son cheminement.

3. Elles fournissent des rétroactions et des renforcements immédiats à la suite des performances des élèves. Les machines (ou maintenant les ordinateurs) permettent à l'enfant de recevoir, de manière organisée et systématique, des rétroactions et des renforcements précis immédiatement après une performance. Ces contingences permettent d'inculquer et de maintenir certains comportements. L'arrivée de l'ordinateur a donné un nouvel essor aux dispositifs d'auto-apprentissage fondés notamment sur des exercices qui contribuent à consolider des comportements déjà acquis.

4. Elles permettent d'organiser hiérarchiquement et de sérier les contenus d'apprentissage. L'enseignant détermine les objectifs d'apprentissage et voit à l'organisation ainsi qu'à la sériation des contenus. La machine à enseigner est un dispositif technique qui permet au maître de présenter la matière à l'élève en passant du simple au complexe de telle sorte que la résolution de chaque problème dépend de la réussite du précédent. On croit que ce procédé est le plus efficace pour construire un répertoire d'habiletés. Avec l'avènement de l'ordinateur, il devient plus aisé d'adapter les sollicitations à l'élève. En clair, devant une série d'exercices trop difficiles, l'ordinateur lui en proposera une plus facile. À l'inverse, si le taux de réussite est trop élevé, le dispositif offrira des exercices plus difficiles. En définitive, grâce à l'ordinateur, il devient possible de mettre en pratique avec beaucoup de flexibilité deux principes de l'apprentissage soutenus par le béhaviorisme : l'immédiateté de la rétroaction (contiguïté) et l'adaptation constante du degré de difficulté des stimulations aux élèves.

5. Elles représentent un attrait pour l'élève. Skinner présume (de manière assez juste, si l'on se fie à l'expérience actuelle de l'introduction des technologies de l'information et de la communication en classe) que la simple manipulation de la machine renforce probablement assez tout élève ordinaire pour le garder au travail chaque jour pendant une période raisonnable, pour autant que toute trace des contrôles aversifs antérieurement préconisés ait été éliminée.

Une machine à enseigner, aussi sophistiquée soit-elle, n'est pas un enseignant. C'est, dans le meilleur des cas, un dispositif auxiliaire que l'enseignant utilise de manière à optimiser les conditions d'apprentissage. L'optimisation de ces conditions doit prendre en compte au moins trois aspects : 1) l'obligation pour l'élève de fournir une réponse pour chaque segment ; 2) la connaissance immédiate par l'élève de la validité de sa réponse donnée ; 3) la focalisation de son attention sur un segment de matière très précisément ciblé par la programmation de l'enseignement.

Le béhaviorisme a des applications scolaires concrètes dès le début des années 1950 avec l'invention par Skinner de la machine à enseigner. Parce que le béhaviorisme critique la pédagogie traditionnelle et à cause des outils et des conceptions de l'enseignement et de l'apprentissage qu'il met de l'avant, la technologie de l'enseignement qu'il propose s'inscrit dans la mouvance de la pédagogie nouvelle. Aux yeux des béhavioristes, l'efficacité du processus d'enseignement-apprentissage et la mise en place de conditions mieux adaptées aux capacités des élèves comme des enseignants sont des enjeux importants de l'éducation en contexte scolaire. Les principales caractéristiques de cette technologie de l'enseignement sont : 1) la participation active de l'élève grâce à son interaction constante avec les contenus d'apprentissage ; 2) la rétroaction rapide et systématique qui permet à l'apprenant de prendre conscience de ses réussites ou de ses erreurs et de corriger ces dernières ; 3) la segmentation des contenus en petites unités organisées hiérarchiquement et minutieusement sériées de manière à ce que l'apprentissage soit progressif. Le béhaviorisme ambitionne de faire de l'enseignant un spécialiste de la modification du comportement en contexte scolaire. L'enseignement devient une sorte de science appliquée issue de la psychologie fondamentale et la pédagogie, une technologie dérivée de la science expérimentale.

14.4 La critique et la réfutation du béhaviorisme

En Amérique du Nord, le béhaviorisme oriente le développement de la psychologie et définit notre conception de l'apprentissage chez les organismes inférieurs et l'humain durant toute la première moitié du XXe siècle. Des conceptions divergentes commencent toutefois à se manifester au sein même du béhaviorisme vers les années 1930 et 1940 sous l'influence d'un courant néobéhavioriste. Plus tard, des critiques virulentes provenant des psychologies

scientifiques rivales se réclamant notamment du cognitivisme, mais aussi d'autres domaines d'étude du vivant telle l'éthologie, attaquent les positions béhavioristes jusqu'au point de les affaiblir de façon considérable. Cette section a pour objectif de donner un bref aperçu de ces critiques.

14.4.1 Les critiques provenant de l'intérieur du béhaviorisme

Contrairement à ce que l'on est porté à croire lorsque l'on consulte des ouvrages généraux traitant du béhaviorisme, cette psychologie scientifique n'est pas monolithique. Cette perception erronée est sans doute attribuable au fait que l'on connaît davantage les réflexions et les travaux de recherche des penseurs influents tels Watson et Skinner, mais aussi que les plus féroces critiques de ce courant sont dirigées vers les écrits fort polémiques de ces deux scientifiques. Comme le suggère Amsel (1992), le béhaviorisme que les cognitivistes commencent à attaquer avec ardeur au début des années 1950 n'est en fait qu'une caricature englobant sans nuance toutes ses ramifications. Cela a notamment l'effet pervers d'occulter les distinctions essentielles entre les formes les plus radicales du béhaviorisme et le courant néobéhavioriste.

Pourtant, très tôt dans l'histoire du béhaviorisme, les premiers psychologues dits néobéhavioristes tels Tolman, Hull et Osgood commencent à adopter des positions qui dérogent à l'orthodoxie watsonienne. Cherchant à modéliser des comportements plus évolués, ils sentent le besoin d'invoquer des états mentaux et des processus cognitifs pour expliquer les phénomènes qu'ils observent (Bolton et Hill, 1996). Deux caractéristiques du comportement ressortent alors. D'abord, le comportement animal est perçu comme intentionnel ou orienté vers un but. Ensuite, on reconnaît que ce comportement intentionnel est plastique, c'est-à-dire qu'il peut s'adapter aux circonstances. Les observations en laboratoire suggèrent que les comportements orientés vers un but sont organisés par des invariants d'ordre supérieur. On suppose que la présence de ces invariants comportementaux est attribuable au fait que les caractéristiques des situations expérimentales sont représentées dans la mémoire des animaux. Les chercheurs en viennent à émettre l'hypothèse que l'on peut voir le comportement comme une réponse à l'interprétation d'un stimulus plutôt qu'au stimulus lui-même. Autrement dit, la relation entre stimulus et réponse est déterminée par des représentations. Avec cette hypothèse, les néobéhavioristes entrouvrent la fameuse « boîte noire » que Watson a mis tant d'énergie à garder fermée. L'introduction de l'idée de représentation dans la compréhension du comportement affaiblit du même coup la position béhavioriste au regard du postulat méthodologique énoncé au début de ce chapitre, lequel conduit au rejet du mentalisme et de toute forme d'examen de la vie intérieure des personnes.

Avec la notion de médiation, on a l'idée d'attribuer une ébauche de signification aux traces laissées par les stimuli conditionnés. On commence à considérer, chez l'humain, la médiation par le langage ou les représentations conceptuelles (Doron et Parot, 1991). Cette notion, qui a son origine dans l'associationnisme, a joué un rôle important dans les théories de l'apprentissage des années 1950 à 1970 (Sillamy, 1998). Elle semble refaire surface sous d'autres éclairages théoriques dans le langage des sciences de l'éducation en association avec la notion d'intervention éducative (Lenoir, 1996 ; Sorel, 1994).

14.4.2 Les critiques provenant des sciences cognitives

La psychologie vit sa révolution béhavioriste au début des années 1910. Une seconde révolution, cognitive cette fois, émerge vers le milieu des années 1950 avec la naissance des sciences cognitives, un champ multidisciplinaire qui regroupe des domaines tels que l'intelligence artificielle, la philosophie, la linguistique et la psychologie cognitive (Brien, 1994). L'avènement des sciences cognitives met fin à la domination qui est presque une hégémonie du béhaviorisme en psychologie. Comme le mentionnent Bolton et Hill (1996, p. 7, trad. libre) :

> Un changement paradigmatique à l'intérieur et autour de la science psychologique commençait. Le débat qui faisait rage à l'intérieur des théories de l'apprentissage animal s'est réglé décisivement en faveur des modèles cognitivistes sous l'influence de développements externes ayant démontré l'inadéquation des concepts de la théorie stimulus-réponse.

Les sciences cognitives s'intéressent au contenu de la boîte noire, de même qu'à son fonctionnement. Comme nous allons le voir, les critiques du béhaviorisme qui proviennent des sciences cognitives réintroduisent des concepts mentalistes pour construire une compréhension du comportement humain sur de nouvelles bases.

L'être humain appréhende le monde de manière active plutôt que passive en vue de s'y adapter

Aux yeux de l'empirisme dont se réclame le béhaviorisme, la nature humaine est passive et plastique : elle se moule sur les contraintes du milieu extérieur. L'expérience, l'habitude et la répétition constituent ses modes principaux de développement. Concevoir l'activité humaine uniquement selon l'entrée de stimuli et la sortie de réponses suffit peut-être pour étudier des formes très simples de comportement, mais cette façon de voir ne tient pas compte d'un grand nombre de dimensions intéressantes de la conduite humaine (Hilgard, Atkinson et Atkinson, 1980).

La perspective cognitiviste propose une tout autre vision de l'être humain. Celui-ci est perçu comme un organisme malléable doté d'un système cognitif dont la tâche est de le maintenir en équilibre avec son environnement. Pour Simon (1981, cité dans Brien, 1994, p. 5), « étant donné une situation désirée et une situation existante, la tâche d'un organisme adaptatif est d'évaluer l'écart qui existe entre ces deux situations et de rechercher un processus qui permette de combler cet écart ». La recherche de cet équilibre implique constamment l'intervention des sens, bien entendu, mais aussi celle de processus mentaux, de mémoires, de croyances et de désirs.

Le comportement humain est intentionnel et plastique

Vers la fin des années 1950, le linguiste N. Chomsky s'impose comme l'un des critiques les plus sévères du béhaviorisme, et particulièrement de la manière dont Skinner explique l'apprentissage et l'utilisation du langage en se basant sur la théorie S-R. Le débat entre Chomsky et Skinner n'est pas seulement celui d'un cognitiviste contre un béhavioriste ; c'est aussi celui d'un innéiste contre un empiriste (Amsel, 1992). Selon Chomsky, Skinner ne parvient pas à expliquer le langage, car il ne peut rendre compte de sa flexibilité et de sa créativité. Une fonction complexe comme le langage est caractérisée par la plasticité, c'est-à-dire par le fait qu'il puisse y avoir plusieurs manières de répondre à un même stimulus, même si ce dernier est de nature physique. Ainsi, Chomsky (cité dans Bolton et Hill, 1996) estime qu'il est faux de dire, comme le prétendent les béhavioristes, que le comportement est déterminé par le stimulus. À ses yeux, la plasticité de comportements complexes tel le langage conduit à caractériser le stimulus selon la représentation qu'en a un sujet donné, ce qui affaiblit considérablement la position des béhavioristes, qui croient à l'objectivité des rapports entre stimulus et réponse.

> Mais l'usage du mot stimulus a perdu toute objectivité. Les stimuli ne relèvent plus du monde extérieur ; ils sont reconduits à l'intérieur de l'organisme. Nous identifions le stimulus quand nous entendons la réponse. Il est clair partant de semblables exemples qui abondent, que le fait d'évoquer le contrôle par le stimulus n'a simplement pour effet que de masquer une retraite vers une psychologie mentaliste. (Bolton et Hill, 1996, p. 8, trad. libre.)

La plasticité des comportements complexes pose des problèmes importants aux béhavioristes. Dans la perspective des cognitivistes, c'est une caractéristique nécessaire à leur adaptation aux particularités des contextes et à l'atteinte de buts donnés. Chomsky note que la correspondance entre les gestes et les actions accomplies est plutôt faible et marquée par une assez grande variabilité (Bolton et Hill, 1996). De même, il insiste sur le fait qu'il n'y a pas de correspondance simple et univoque entre les stimuli physiques et ceux qui déterminent le comportement, ni entre les mouvements corporels effectués et le comportement. L'écart entre les événements observés et les phénomènes comportementaux est précisément ce qui incite à considérer l'intervention de processus cognitifs dans la régulation du comportement. Chomsky reproche en quelque sorte à Skinner de tenter de rendre plausible sa théorie du conditionnement opérant en s'appuyant implicitement sur des faits mentaux.

Les limites du conditionnement comme théorie explicative de l'apprentissage et de sa persistance

La théorie du conditionnement opérant affirme que le comportement est déterminé par ses conséquences immédiates. Selon le postulat d'automaticité évoqué brièvement dans les pages qui précèdent, les personnes agissent sans penser, ou bien leurs pensées sont simplement des événements internes déclenchés à distance par des forces environnementales et résultant d'un apprentissage naturel ou artificiel. Ce postulat a pour condition l'immédiateté du renforcement, c'est-à-dire que le rapport des idées entre elles est, comme nous l'avons vu, favorisé par la répétition des associations mais aussi par leur contiguïté. L'action et ses conséquences doivent survenir de manière contiguë. Toute réponse non pertinente, si elle apparaît juste avant la récompense, pourra être renforcée. Comment alors expliquer la persistance de comportements qui ne sont renforcés qu'une fois sur 50 ou 100 ? Comment expliquer que des comportements subsistent même s'il y a davantage de punitions que de renforcements ? Les théoriciens du conditionnement opérant postulent que les comportements persistants sont régis par des rétroactions intériorisées dont le mécanisme n'est pas encore compris. Comme le fait remarquer Bandura (1986), ce type d'analyse relie presque l'effet des conséquences à l'action par le biais de l'influence intégratrice de la pensée, car, pour extraire les règles des séquences d'événements dans le temps, les personnes doivent se souvenir à quels moments leurs comportements sont renforcés. Encore une fois, la théorie béhavioriste de l'apprentissage semble devoir de nouveau s'appuyer, ne serait-ce qu'implicitement, sur le mentalisme pour trouver une explication satisfaisante.

La critique de la conception béhavioriste de l'activité humaine

Les formes radicales du béhaviorisme poussent à l'extrême l'idée d'un déterminisme environnemental unidirectionnel. Selon cette conception, les agissements de l'individu sont régulés par les stimuli externes et les résidus des expériences passées. L'apprentissage est perçu comme un conditionnement de comportements s'opérant grâce à une combinaison de répétitions et de renforcements. La personne est écartée de la gestion de ses propres conduites et n'apparaît pas pouvoir d'elle-même, ou en observant les comportements d'autrui, produire des réponses nouvelles, inédites. Avec l'avènement du cognitivisme, la perspective est renversée par la réintroduction de l'idée d'autorégulation. Les personnes ne se comportent pas seulement de telle façon pour se conformer aux préférences des autres. La majorité de leurs comportements est motivée et réglée par des normes et des autoévaluations intériorisées. On reconnaît aux personnes la capacité d'agir sur leurs propres conduites et même de prévoir celles à venir.

L'approche sociocognitive de l'activité et de l'apprentissage humain préconisée par Bandura (1986) illustre bien ce changement de perspective. Les gens ne sont ni dirigés par des forces internes ni construits et déterminés par des stimuli externes. Bandura avance que le fonctionnement humain s'explique davantage par un modèle de triple réciprocité dans lequel les comportements, les facteurs cognitifs et personnels et les événements survenant dans l'environnement se déterminent de manière interactive. Les gens ne font pas que réagir à leur environnement immédiat et ne sont pas seulement guidés par des éléments de leur passé. La plupart de leurs comportements sont intentionnels et régulés par leur capacité à prévoir la suite des choses. Grâce à cette capacité, les gens trouvent la motivation d'agir dans le monde et basent leurs actions sur des projections dans l'avenir. La capacité d'agir de manière intentionnelle est enracinée dans l'activité symbolique. S'il est clair que les événements futurs ne peuvent déterminer causalement les comportements, Bandura (1986) soutient que le fait de se les représenter mentalement peut néanmoins exercer un effet sur l'action présente.

La cognition et la manipulation de symboles

L'être humain est capable d'utiliser des symboles. Le moment le plus significatif dans le cours du développement intellectuel de l'enfant, celui où naît une forme purement humaine d'intelligence pratique et abstraite, surviendrait d'ailleurs lorsque convergent le langage et l'activité pratique (Vygotsky, cité dans Cole et coll., 1978). Aussitôt que le langage et l'utilisation des signes sont incorporés dans les actions, celles-ci sont transformées et organisées selon des modalités nouvelles. L'utilisation des symboles permet à l'être humain de s'adapter à son environnement, de

le modifier. Grâce à la symbolisation, l'humain donne une forme, un sens et une continuité aux expériences qu'il vit par le traitement cognitif de l'information. Il se construit des croyances qui agissent de manière à moduler ses comportements (Bandura, 1986 ; Pinker, 2000). Les capacités cognitives associées à la flexibilité de la symbolisation permettent aux personnes d'avoir des idées qui transcendent leurs expériences sensorielles (Cole et coll., 1978). Cela constitue une démarcation très nette par rapport au postulat anthropologique épousé par le béhaviorisme.

14.4.3 Les critiques provenant de la psychologie génétique et de l'éthologie

L'enthousiasme (démesuré, s'il faut en croire Skinner) de certains béhavioristes tels Kantor et Watson face à la puissance du conditionnement et au caractère déterminant de l'environnement dans le développement des organismes les conduit à adopter des positions réduisant presque à néant la contribution de la génétique dans la production du comportement humain (Skinner, 1979). Watson (1913), par exemple, n'affirme-t-il pas qu'il peut faire de n'importe quel enfant bien portant un médecin, un juriste ou même un voleur ou un mendiant ?

Nombre de travaux réalisés par des psychologues du développement et des éthologistes conduisent à nuancer la conception des béhavioristes quant à l'importance respective de l'environnement et de l'hérédité dans l'apprentissage. Par exemple, des recherches effectuées en laboratoire sur des animaux montrent qu'avec le temps, les comportements conditionnés deviennent lentement de type instinctuel (Breland et Breland, 1961, cité dans Zimbardo, 1988). En clair, le conditionnement ne dépend pas seulement de l'association de stimuli et de réponses, comme les béhavioristes le soutiennent, mais aussi, en partie, de la manière dont un organisme est génétiquement prédisposé au regard des caractéristiques particulières de ces stimuli et de ces réponses (Zimbardo, 1988). Ces prédispositions génétiques constituent des contraintes biologiques pour l'apprentissage. Elles limitent la capacité d'un organisme à apprendre de manière durable certains comportements en raison d'un héritage sur les plans sensoriel, cognitif et moteur des membres d'une espèce donnée. L'existence de telles contraintes biologiques remet directement en question le postulat épistémologique d'unité de la science (voir la section 14.2) en contestant l'idée que les principes de conditionnement sont applicables de la même manière à toutes les espèces et dans toutes les situations. Ces contraintes mettent également en question le postulat anthropologique (si on désire en appliquer les résultats à l'humain!) et font douter de la transformation des contingences comportementales en apprentissages quand un stimulus, une réponse ou un renforçateur est arbitrairement désigné par un expérimentateur, un entraîneur ou un enseignant.

La contestation des conceptions soutenues par les béhavioristes sur la nature de l'être humain, sa manière d'entrer en relation avec le réel, d'apprendre, d'agir et d'autoréguler son action dans le monde en fonction

d'intentions prend une ampleur sans précédent vers la fin des années 1950, avec la fondation des sciences cognitives. Une brèche dans l'échafaudage théorique béhavioriste avait déjà été ouverte dès les années 1930 par certains néobéhavioristes qui formulaient une hypothèse supposant l'action médiatrice de représentations dans la production du comportement. Toutefois, les travaux menés sur le paradigme des sciences cognitives (prises au sens large) ont produit des résultats qui ont sérieusement ébranlé les postulats sur lesquels se fondait le béhaviorisme. On a ainsi remis en question la validité des théories du conditionnement comme systèmes permettant d'expliquer de manière complète et satisfaisante les comportements complexes d'organismes évolués et génétiquement prédisposés, que l'on voyait comme cherchant à établir et à maintenir une forme d'équilibre adaptatif par rapport à leur environnement.

Conclusion

Le béhaviorisme a marqué profondément le visage de la psychologie nord-américaine durant la première moitié du XXe siècle. Cette psychologie en quête d'un statut scientifique tel celui des sciences naturelles a calqué les méthodes d'investigation et l'épistémologie de base de ces dernières pour combattre l'introspectionnisme, que l'on jugeait trop subjectif et fragile au regard des standards scientifiques du positivisme.

Le béhaviorisme s'est imposé comme psychologie dominante jusqu'à la fin des années 1960, bien que son déclin se soit véritablement amorcé vers la fin des années 1950 sous les attaques incisives de chercheurs provenant de plusieurs disciplines, dont celles qui constituent aujourd'hui les sciences cognitives. Les adversaires du béhaviorisme sont parvenus à imposer l'idée que l'on ne peut comprendre l'être humain ainsi que la prédiction et le contrôle de ses activités, dont l'apprentissage figure assurément parmi les plus importantes, grâce à des théories fondées uniquement sur l'analyse expérimentale des comportements observables et des conditions qui ont conduit à leur production dans divers contextes.

Ainsi, l'éclosion du cognitivisme marque la réintroduction dans le champ d'investigation des psychologues de concepts tels que les représentations, les états et processus mentaux, les croyances, les intentions, l'autocontrôle, etc. On a associé ces concepts à la fameuse « boîte noire » des béhavioristes et à des formulations théoriques intégrant les comportements, les facteurs cognitifs et personnels, de même que l'environnement.

Dans le secteur de l'éducation, le béhaviorisme semble également être tombé en disgrâce. La technologie de l'enseignement mise au point sur la base des recherches empiriques conduites en laboratoire n'a pas eu toutes les retombées attendues. Récemment, au cours des États généraux sur l'éducation (1995-1996) tenus au Québec, on a tracé un portrait peu

satisfaisant de l'éducation obligatoire. Entre autres choses, la hausse inquiétante des taux de redoublement, d'échec et d'abandon scolaire a suscité un questionnement approfondi. En outre, des travaux ont mis en évidence le peu de portée des apprentissages scolaires hors de l'école comme à l'intérieur même de l'école, d'une discipline à l'autre et d'une année de scolarisation à l'autre. Comme l'indique Legendre (2002), il est devenu impératif de lutter contre le morcellement du savoir, contre l'apprentissage de connaissances et d'habiletés décontextualisées dont le réinvestissement n'est ni assuré ni soutenu par des démarches pédagogiques appropriées. On remplace les programmes d'inspiration béhavioriste par une approche de formation par compétences afin que les élèves s'approprient de façon durable et significative les connaissances. Cette approche est au centre de l'actuelle réforme des programmes de l'enseignement préscolaire, primaire et secondaire au Québec ainsi qu'ailleurs dans le monde.

Le béhaviorisme a régné. Est-il maintenant mort? Comme le souligne Crahay (1999), le béhaviorisme fait l'objet d'un rejet en bloc de nature idéologique. Ce rejet est attribuable au caractère mécaniste de ses théories, mais aussi à la conception du rôle de l'environnement dans la construction de l'être humain et la compréhension de ses actions dans le monde. N'y a-t-il rien d'utilisable dans la technologie de l'enseignement préconisée par le béhaviorisme dans le cadre de la nouvelle approche par compétences? Il faut en douter. Le montage des compétences requiert l'apprentissage de connaissances et, dans ce domaine, les méthodes d'enseignement inspirées du béhaviorisme ont clairement démontré leur efficacité. Pourquoi ne pourrait-on pas intégrer les méthodes béhavioristes aux nouvelles conceptions si cela facilite les formes de travail préconisées? Il ne faudrait pas, comme le suggère Crahay (1999), jeter le bébé avec l'eau du bain.

Questions

1. Quel sens faut-il donner au mot « béhaviorisme » ?

2. Au début du XXᵉ siècle, le béhaviorisme s'élève contre l'approche introspectionniste. Quels sont ses reproches à l'endroit de cette approche ?

3. Définissez les trois postulats empiristes embrassés par le béhaviorisme.

4. Que doit le béhaviorisme aux travaux de Pavlov et de Thorndike ?

5. Comment les principes de contiguïté et de fréquence interviennent-ils dans le conditionnement classique ou répondant ?

6. Les conditionnements classique et instrumental sont fonctionnellement interreliés. Expliquez cette affirmation.

7. En quoi le conditionnement opérant de Skinner se distingue-t-il du conditionnement instrumental de Thorndike ?

8. Quels rapports peut-on faire entre les concepts suivants : contingences, conséquences et renforçateurs ?

9. Comment, selon Skinner, la machine à enseigner et l'enseignement programmé pouvaient-ils contribuer à individualiser l'enseignement et l'apprentissage ?

10. Décrivez trois critiques du béhaviorisme et montrez comment chacune contribue à affaiblir, voire à invalider l'un ou l'autre des trois postulats empiristes sur lesquels il repose.

Bibliographie

AMSEL, A. (1992). « B.F. Skinner and the Cognitive Revolution ». *Journal of Behavior, Therapy and Experimental Psychiatry*, vol. 23, n° 2, p. 67-70.

BANDURA, A. (1986). *Social Foundations of Thought and Action : A Social Cognitive Theory*. Englewood Cliffs, N.J. : Prentice-Hall.

BOLTON, D., et HILL, J. (1996). *Mind, Meaning, and Mental Disorder*. New York : Oxford University Press.

BRAUNSTEIN, J.-F., et PEWZNER, É. (1999). *Histoire de la psychologie*. Paris : Armand Colin.

BRIEN, R. (1994). *Science cognitive et formation*. 2e éd. Sainte-Foy : Presses de l'Université du Québec.

CHARLES, C.M. (1997). *La discipline en classe : de la réflexion à la pratique*. Saint-Laurent : ERPI.

COLE, M., JOHN-STEINER, V., SCRIBNER, S., et SOUBERMAN, E. (1978). *L.S. Vygotsky. Mind in Society : The Development of Higher Psychological Processes*. Londres : Harvard University Press.

CRAHAY, M. (1999). *Psychologie de l'éducation*. Paris : Presses universitaires de France.

DESBIENS, J.-F. (2001). « Sévir devant l'inconduite des élèves : la punition sous examen », dans D. Jeffrey et C. Simard (sous la dir. de), *Enseigner et punir*. Sainte-Foy : Presses de l'Université Laval, p. 59-74.

DORON, R., et PAROT, F. (1991). *Dictionnaire de psychologie*. Paris : Presses universitaires de France.

FREINET, C., et SALENGROS, R. (1968). *Moderniser l'école*. Cannes : Coopérative de l'enseignement laïc.

HERRY, M. (1984). « Le conditionnement instrumental et les trois fonctions du stimulus : conception béhavioriste sociale de l'interrelation du conditionnement instrumental et du conditionnement classique », dans A. Leduc (sous la dir. de), *Recherches sur le béhaviorisme paradigmatique ou social*. Brossard : Behavioria, p. 43-60.

HERRY, M. (1984). « Le principe du conditionnement instrumental d'ordre supérieur dans la théorie de l'apprentissage de Arthur W. Staats », dans A. Leduc (sous la dir. de), *Recherches sur le béhaviorisme paradigmatique ou social*. Brossard : Behavioria, p. 31-42.

HILGARD, E.R., ATKINSON, R.L., et ATKINSON, R.C. (1980). *Introduction à la psychologie*. Montréal : Éditions Études Vivantes.

LEDUC, A. (1984). « Les principes fondamentaux », dans A. Leduc (sous la dir. de), *Recherches sur le béhaviorisme paradigmatique ou social*. Brossard : Behavioria, p. 13-30.

LEGENDRE, M.-F. (2002). « Le Programme des programmes : le défi des compétences transversales », dans C. Gauthier et

D. St-Jacques (sous la dir. de), *La réforme des programmes scolaires au Québec*. Sainte-Foy : Les Presses de l'Université Laval, p. 24-57.

LENOIR, Y. (1996). « Médiation cognitive et médiation didactique », dans C. Raisky et M. Caillot (sous la dir. de), dans *Le didactique au-delà des didactiques : débats autour de concepts fédérateurs*. Bruxelles : De Boeck Université, p. 223-251.

PINKER, S. (2000). *Comment fonctionne l'esprit*. Paris : Odile Jacob.

PUECH, M. (1997). *La philosophie en clair*. Paris : Éllipses.

RONDAL, J.-A. (1999). *Introduction à la psychologie scientifique*. Paris : Labor.

SILLAMY, N. (1998). *Dictionnaire de psychologie*. Paris : Larousse-Bordas.

SKINNER, B.F. (1968). *La révolution scientifique de l'enseignement*. Bruxelles : Dessart.

SKINNER, B.F. (1969). *La révolution scientifique de l'enseignement*. 5e éd. Bruxelles : P. Mardaga.

SKINNER, B.F. (1979). *Pour une science du comportement : le béhaviorisme*. Paris : B.F. Delachaux et Niestlé.

SKINNER FOUNDATION B.F. (2003). « A brief survey of operant behavior ». <www.bfskinner.org>.

SLAVIN, R. (2002). *Educational Psychology : Theory and Practice*. 6e éd. Boston : Allyn and Bacon.

SOREL, M. (1994). « Médiation et pédagogie », dans G. Chapaz et M. Lafont (sous la dir. de), *Comprendre et construire la médiation*. Actes de l'Université d'été 1994, Université de Provence. Marseille : CNDP, p. 13-25.

STAATS, A.W. (1975). *Social Behaviorism*. Homewood, Ill. : The Dorsey Press.

TARDIF, M. (1996). « Le projet de création d'une science de l'éducation au XXe siècle : analyse et comparaison de deux psychologies scientifiques », dans C. Gauthier et M. Tardif (sous la dir. de) *La pédagogie : théories et pratiques de l'Antiquité à nos jours*, 2e éd. Boucherville : Gaëtan Morin Éditeur.

THORPE, L.P., et SCHMULLER, A.M. (1956). *Les théories contemporaines de l'apprentissage*. Paris : Presses universitaires de France.

VARGAS, J. (2003). « Brief biography of B.F. Skinner ». B.F. Skinner Foundation. <www.bfskinner.org/bio.asp>

WATSON, J.B. (1913). « Psychology as the Behaviorist Views it ». *Psychological Review*, n° 20, p. 158-177.

WATSON, J.B. (1926). « What is behaviorism ? ». *Harper's Monthly Magazine*, n° 152, p. 725-729.

ZIMBARDO, P.G. (1988). *Psychology and Life*. 12e éd. Boston : Scott, Foresman and Company

Chapitre 15

Le cognitivisme et ses implications pédagogiques

Steve Bissonnette
Mario Richard

Résumé

Les découvertes réalisées par les sciences cognitives au cours des trois dernières décennies fournissent de précieux renseignements sur la façon dont l'être humain traite l'information. Les travaux comparant le fonctionnement du psychisme humain à celui de l'ordinateur, ainsi que les recherches plus récentes faites auprès d'experts et de novices, ont permis de comprendre comment l'humain interprète, encode et emmagasine l'information provenant de l'environnement, et comment il s'en sert pour prendre des décisions.

Les premières applications des études en sciences cognitives au domaine de l'éducation ont été réalisées par Robert Gagné au milieu des années 1970. Le modèle du traitement de l'information créé par Gagné a contribué à améliorer la compréhension du processus d'apprentissage. À partir de ce modèle, il est possible de voir que le processus d'apprentissage comporte trois phases distinctes mais complémentaires : l'acquisition, la rétention et le transfert. On peut ajouter à cela le développement de la métacognition.

La détermination et l'appropriation des éléments essentiels qui composent chacune des phases du processus d'apprentissage permettent de mettre en lumière différentes interventions pédagogiques pouvant être mises en place par l'enseignant afin d'aider les élèves à comprendre, à retenir et à transférer ce qu'ils ont appris. L'acquisition de l'apprentissage, c'est-à-dire sa compréhension, est favorisée par un enseignement explicite accompagné de supervision, de questionnement et de rétroactions constantes. De plus, la pratique répétée et variée de l'apprentissage, qui vise un niveau de maîtrise élevé et par la suite l'automatisation, contribue à l'obtention d'un haut degré de compréhension. La compréhension adéquate apparaît essentielle à l'encodage et au stockage d'un apprentissage dans la mémoire à long terme. L'accessibilité d'un apprentissage emmagasiné dans la mémoire à long terme, ou sa rétention, est tributaire de la quantité et de la fréquence des rappels de cet apprentissage. La rétention est meilleure lorsque l'enseignant procède à l'objectivation et qu'il prévoit des activités de consolidation et de réinvestissement à réaliser régulièrement en classe.

Le transfert d'un apprentissage dépend des interventions pédagogiques effectuées par l'enseignant au moment des phases d'acquisition et de rétention. La réutilisation des savoirs d'une tâche source dans une tâche cible est directement liée à la capacité des élèves à reconnaître les similitudes existant entre les deux tâches. L'enseignant facilitera cette reconnaissance en attirant l'attention des élèves sur les ressemblances entre les tâches sources et les tâches cibles. Finalement, le développement de la métacognition sera favorisé par un enseignement explicite des stratégies cognitives et par des interventions pédagogiques permettant aux élèves d'avoir une conception dynamique de leur intelligence.

Introduction

Tout professionnel, afin d'intervenir efficacement, a besoin d'un modèle de référence. L'enseignement ne fait pas exception à cette règle. Ainsi, de la même façon que le médecin s'appuie sur sa connaissance du fonctionnement du corps humain pour diagnostiquer et traiter ses patients, l'enseignant bénéficiera d'une meilleure compréhension des rouages de la cognition, qui englobe le processus d'apprentissage, pour planifier et adapter ses interventions pédagogiques.

Les découvertes en sciences cognitives, appliquées et validées en salle de classe, peuvent guider l'intervention éducative, comme le fait la biologie avec la pratique médicale, par exemple. L'enseignement ne se réduit pas au cognitivisme, mais les recherches des trois dernières décennies dans ce domaine fournissent des données inestimables sur le traitement de l'information ainsi que sur ses incidences sur le fonctionnement de la mémoire et de l'apprentissage. En nous permettant de mieux comprendre comment la pensée humaine se structure, les sciences cognitives peuvent contribuer grandement à améliorer l'acte d'enseigner et, par conséquent, l'apprentissage des élèves.

Afin de bien décrire le développement du cognitivisme de ses débuts jusqu'à nos jours, nous amorcerons le présent chapitre par un bref historique. Nous présenterons et expliciterons ensuite le modèle du traitement de l'information élaboré par Robert Gagné en 1975. Ce modèle, qui a fait date à l'époque de sa publication, continue d'être enseigné dans plusieurs facultés des sciences de l'éducation. Sa force réside dans le fait que, tout en étant relativement simple, il permet d'illustrer clairement les principaux processus mis en œuvre dans l'apprentissage et la mémorisation. À partir du modèle de Gagné, nous aborderons les trois principales

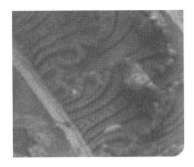

phases de l'acte d'apprendre : l'acquisition, la rétention et le transfert. Dans le but de décrire les éléments essentiels qui les composent, nous traiterons chacune de ces phases séparément. Nous aborderons ensuite le thème de la métacognition, pour mettre en lumière la façon dont ce processus peut faciliter le traitement de l'information dans son volet tant cognitif qu'affectif. Tout au long de cette démarche, nous nous proposons également de cerner les différentes implications pédagogiques de chacune de ces phases. Enfin, nous conclurons ce chapitre en dépeignant ce que les recherches en sciences cognitives ont apporté à l'éducation.

15.1 Un peu d'histoire

Durant les années 1950, le béhaviorisme constituait le courant psychologique dominant en Amérique du Nord. Skinner et d'autres éminents béhavioristes soutenaient que la crédibilité scientifique de la psychologie reposait sur l'étude des comportements observables. Pour eux, les seules explications valides que pouvait fournir la psychologie sur le fonctionnement de l'humain passaient par l'analyse des réponses observables émises par l'organisme en réaction aux stimuli provenant de l'environnement. Parler de mystérieux processus mentaux qui ne pouvaient être observés directement était pour eux totalement inadmissible scientifiquement. Les chercheurs béhavioristes ne se préoccupaient pas de la pensée humaine. Ils se contentaient de postuler l'existence de certains processus à partir desquels l'humain transforme l'information reçue de l'environnement en comportements, selon le modèle de la boîte noire. Bref, pour eux, il ne pouvait y avoir de « science de l'esprit ».

Quoique, de par sa simplicité et la précision de ses prémisses méthodologiques, le béhaviorisme ait représenté un modèle psychologique attrayant, il ne pouvait, à lui seul, expliquer toute la complexité de l'être humain. Or, c'est vers le milieu des années 1950 que ses limites devinrent de plus en plus apparentes. Le besoin de comprendre comment se déroulent les processus de perception, de mémorisation, de planification et de raisonnement, ainsi que leurs rôles dans le phénomène de l'apprentissage, allait contribuer à créer une nouvelle science de l'esprit. C'est en 1956, à l'occasion d'un symposium sur les sciences de l'information tenu au Massachusetts Institute of Technology (MIT) que la révolution des sciences cognitives a débuté. Ce symposium permit à des psychologues, à des linguistes et à des spécialistes de l'intelligence artificielle de se rencontrer et de discuter de leurs travaux respectifs. Cette rencontre amena les participants à s'apercevoir que, sans se concerter, ils avaient mis sur pied plusieurs programmes de recherche qui convergeaient vers la création d'un nouveau paradigme en psychologie (Bruer, 1993).

Au cours du symposium, Miller présenta ses travaux sur les propriétés de la mémoire à court terme, tandis que Chomsky décrivit ses analyses du langage en relation avec les propriétés des grammaires transformationnelles. Bruner, Goodnow et Austin, de leur côté, firent part de leur réflexion sur les stratégies cognitives utilisées par l'être humain dans l'acquisition des concepts. Enfin, Newell et Simon proposèrent le Logic Theorist (LT), la première application fonctionnelle en intelligence artificielle, un programme informatique qui imitait les processus utilisés par l'être humain en situation de résolution de problèmes (Brien, 1991 ; Bruer 1993).

C'est le Logic Theorist qui a fourni le lien théorique entre la psychologie et l'informatique. Bien que l'ordinateur et l'esprit humain comportent des différences, le fait qu'ils traitent tous deux de l'information sous une forme symbolique devint un point d'ancrage entre les différents scientifiques participant au congrès du MIT. Ils en arrivèrent à la conclusion que le fonctionnement du psychisme humain était suffisamment compatible avec celui de l'ordinateur pour qu'une seule théorie puisse dorénavant guider les recherches en psychologie et en intelligence artificielle : celle du traitement de l'information. Ces chercheurs allaient donc orienter leurs travaux pour tenter de mieux saisir comment la pensée s'exerce et de quelle façon l'être humain apprend et mémorise, questions qui échappaient totalement au paradigme béhavioriste.

Dans les années qui suivirent, la révolution cognitive prit de l'ampleur et s'établit graduellement en une discipline scientifique, baptisée officiellement du nom de **sciences cognitives** lors d'un colloque tenu en 1979 à l'Université de la Californie à San Diego. Les pionniers cognitivistes avaient travaillé particulièrement à exploiter les similarités existant entre la pensée humaine et le traitement de l'information. Ainsi, en 1972, Newell et Simon avaient publié un ouvrage intitulé *Human Problem Solving*, dans lequel ils établissaient une perspective de recherche et un protocole méthodologique qui allaient ouvrir la voie aux travaux réalisés ensuite en éducation. Ils soutenaient que si l'on voulait comprendre comment s'effectue l'apprentissage dans un domaine, il fallait commencer par faire une analyse détaillée de la démarche adoptée par les gens qui résolvent des problèmes dans ce domaine.

On devait d'abord essayer de découvrir les processus mentaux, ou les programmes, utilisés par les individus pour résoudre un problème. Newell et Simon étudièrent donc la résolution de problèmes dans plusieurs domaines tels les échecs, les mathématiques, le *tik-tak-tok*, etc. Ils observèrent les participants tout en leur demandant de verbaliser ce qui se passait dans leur tête quand ils réalisaient ces activités. Leur but était de déterminer les processus mis en œuvre par les individus pour pouvoir ensuite les reproduire dans des programmes informatiques et vérifier leurs hypothèses de travail avec un ordinateur. Pour s'assurer d'établir les distinctions fondamentales existant entre les processus utilisés par les individus, Newell et Simon s'efforcèrent de comparer le fonctionnement cognitif des experts avec celui des novices dans différents domaines. Cette comparaison leur permit d'établir précisément en quoi les experts diffèrent des novices sur le plan de la compréhension, de l'encodage, du rappel et de l'utilisation des connaissances en situation de résolution de problèmes. Le fait que Newell et Simon aient insisté de façon particulière sur les performances obtenues dans la résolution de problèmes, ainsi que sur les différences entre experts et novices, constituait le premier pas vers une nouvelle compréhension de l'apprentissage. D'autres chercheurs leur emboîtèrent le pas. À partir de ce moment, les recherches

en sciences cognitives se développèrent et prirent deux grandes orientations.

D'une part, les cognitivistes se mirent à étudier des problèmes et des tâches de plus en plus complexes. Bien que jouer aux échecs ou résoudre des puzzles nécessite la maîtrise de certaines règles, ces tâches font uniquement appel à une quantité restreinte de connaissances, qui demeurent bien définies. Plus les cognitivistes raffinaient leurs méthodes, plus ils s'attaquaient à l'étude de domaines de recherche riches en contenu. Ils se lancèrent dans l'analyse des situations de résolution de problèmes vécues par les physiciens et les mathématiciens, de même que, par exemple, par les médecins établissant un diagnostic. Ils commencèrent à étudier la lecture et l'écriture ainsi que le rôle de ces processus dans l'acquisition des connaissances générales. Le prolongement des recherches dans ces domaines permit de comparer les performances d'experts et de novices dans des matières scolaires.

D'autre part, la recherche en sciences cognitives passa des protocoles établissant de simples comparaisons entre novices et experts à l'analyse du processus par lequel les novices deviennent des experts. Ces études visaient à expliquer comment, avec le temps et la pratique, s'acquiert l'expertise dans un domaine particulier. Elles donnèrent lieu à la constitution de modèles permettant d'établir les étapes de progression des personnes qui passent de l'état de novice à celui d'expert. Si on considère l'acte d'apprendre comme la voie par laquelle les novices deviennent des experts, on peut dire que ces modèles traçaient la route du processus d'apprentissage dans différents domaines.

En cernant, au départ, les processus qu'un individu utilise en situation de résolution de problèmes dans un domaine donné, puis en comparant ces processus avec ceux que cet individu arrivera à construire en s'exerçant à résoudre de nouveaux problèmes, on peut mesurer et décrire l'apprentissage qui a été réalisé. De même, on peut étudier l'apprentissage en retraçant les changements survenus dans les processus mentaux des élèves lorsqu'ils progressent dans le développement de leurs compétences et passent de l'état de novices à celui d'experts. Grâce à une connaissance détaillée de ces processus, à laquelle on a accès au moyen des simulations par ordinateur réalisées dans les études en psychologie cognitive, on peut parvenir à mieux saisir l'acte d'apprendre.

Vers le milieu des années 1970, les cognitivistes étudièrent le développement des compétences dans les tâches scolaires à travers les différents niveaux, du préscolaire à l'université. Au début des années 1980, la révolution cognitive amorcée en 1956 généra une nouvelle théorie de l'apprentissage. Ainsi, les sciences cognitives postulent que l'on peut considérer l'homme et l'ordinateur comme des systèmes ouverts qui ont la possibilité de communiquer avec l'environnement. L'un et l'autre traitent l'information venant de l'extérieur et se régulent en fonction de ces données. Tous deux manipulent également des symboles en leur appliquant des algorithmes de calcul. Or, traiter de l'information, c'est manipuler des symboles. Le cerveau et l'ordinateur sont composés de modules qui assurent l'encodage (soit la transformation des données reçues en symboles) et le stockage de l'information, puis produisent une réponse. Pour le cognitivisme, tout système intelligent (humain ou artificiel) possède des représentations symboliques de l'état du monde sur la base desquelles s'opère le traitement, c'est-à-dire la pensée.

Les recherches en psychologie cognitive, s'appuyant sur le fonctionnement de l'ordinateur, étudient la façon dont l'être humain recueille, encode, interprète, modifie et emmagasine l'information provenant de l'environnement, et la façon dont il en tient compte pour prendre des décisions. L'une des figures de proue de l'application des sciences cognitives au domaine de l'éducation est Robert Gagné. Par la pertinence de ses travaux sur le traitement de l'information, ce dernier a grandement contribué à améliorer notre compréhension du processus d'apprentissage.

15.2 Le modèle de Robert Gagné

Selon Robert Gagné (1976, p. 2):

> Le mot enseignement peut être défini comme étant l'ensemble des événements planifiés pour initier, activer et supporter l'apprentissage. La tâche de l'enseignant consiste à sélectionner et à organiser les

Robert Gagné

différentes influences qui touchent l'élève dans le but de promouvoir l'apprentissage. Ainsi, la responsabilité de la planification et de la présentation de l'enseignement requiert une connaissance des processus d'apprentissage.

Gagné considère que l'apprentissage est un processus qui, au même titre que la digestion ou la respiration, peut être étudié scientifiquement. Les connaissances acquises sur l'apprentissage par des méthodes scientifiques peuvent être dûment vérifiées, ce qui permet d'en déduire des principes. On peut ensuite relier ces principes les uns aux autres de façon cohérente afin de produire un modèle du processus d'apprentissage. Ce modèle constitue ce que l'on nomme une théorie de l'apprentissage.

Quoique le modèle lui-même ne puisse être observé directement, il peut engendrer un certain nombre de conséquences observables. Dans la mesure où ces conséquences sont vérifiées et confirmées en classe, généralement sur une période de quelques années, la théorie de l'apprentissage devient de mieux en mieux établie et peut alors être utilisée comme une explication scientifiquement acceptable. Une telle théorie vise à guider les actions de l'enseignant, comme les sciences appliquées dérivées de la physique, des mathématiques ou de la chimie servent de point d'appui au chimiste ou à l'ingénieur. Le modèle de Robert Gagné (1976) donne un aperçu simple et concis de la façon dont l'esprit humain traite l'information en situation d'apprentissage. Il s'agit du modèle de base nécessaire pour comprendre l'apprentissage et la mémorisation. D'après ce modèle, en situation d'apprentissage, non seulement l'information traitée par le cerveau se transforme-t-elle à l'intérieur de chaque structure, selon les processus qui la caractérisent, mais elle se modifie également en passant d'une structure à l'autre. Ces transformations, qui constituent les phénomènes se produisant dans la tête de l'apprenant au moment de l'apprentissage, sont appelées processus (Noiseux, 1998).

Sommairement, le parcours est le suivant (voir la figure 15.1). L'information provenant de l'environnement est d'abord captée par les canaux sensoriels (les sens ou récepteurs) et transmise à la mémoire

Figure 15.1 Le modèle du traitement de l'information de Robert Gagné (1976)

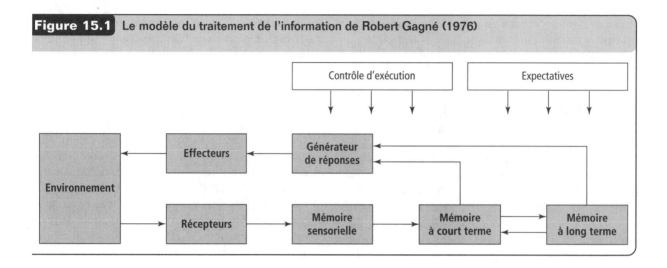

sensorielle, afin d'y être décodée et perçue ; la mémoire sensorielle renvoie directement le message à la mémoire à court terme (la mémoire de travail), qui constitue le centre névralgique de tout le processus du traitement de l'information. Ensuite, l'individu analyse et interprète l'information parvenue dans la mémoire à court terme en vue de lui donner un sens. Pour ce faire, il réactive les connaissances stockées dans la mémoire à long terme et il les ramène dans la mémoire à court terme. De cette activité d'interprétation (ou de recherche de compréhension) émerge une construction symbolique nommée représentation. Une série d'opérations sont ensuite réalisées pour traiter la représentation en vue de produire une réponse, qui est acheminée au générateur de réponses. Cette réponse est finalement transmise aux effecteurs, qui l'émettront dans l'environnement.

Tout le processus du traitement de l'information est sous la gouverne du contrôle d'exécution et des expectatives. Le contrôle d'exécution a pour fonction d'assurer la régulation du système. Il agit comme un chef d'orchestre qui voit au bon fonctionnement de chacune des différentes composantes du système et qui les coordonne en vue de réaliser une action efficace. Les expectatives correspondent aux buts recherchés, aux besoins à satisfaire et génèrent les motivations qui orientent le processus du traitement de l'information dans une direction précise. C'est dans cette partie du modèle de Gagné que se trouve

la dimension affective du traitement de l'information, qui joue au moment de la résolution de tout problème.

Il est à noter que le concept de problème occupe une place centrale dans les travaux des cognitivistes, y compris ceux de Gagné. Défini dans un sens large en sciences cognitives, un problème constitue l'écart existant entre un état initial et un état désiré. Toute situation-problème entraîne un déséquilibre dans le système cognitif et affectif de l'individu au moment où il constate qu'il y a un écart entre son état actuel et l'état désiré. L'onde d'expectative vise alors à résorber cet écart afin que l'individu retrouve un état d'équilibre, ce qui sera fait lorsque la situation problème sera résolue. Pour les cognitivistes, toute activité d'apprentissage constitue d'abord une situation de résolution de problèmes. L'apprentissage consiste à résoudre différents types de problèmes, ce qui génère de nouveaux savoirs. Apprendre revient à intégrer des connaissances nouvelles en mémoire, plus précisément dans la mémoire à long terme, connaissances qui serviront à la résolution de nouveaux problèmes.

Ainsi, selon Gagné, l'apprentissage s'effectue lorsqu'il y a un changement de comportement persistant chez l'individu, c'est-à-dire quand ce qu'a appris ce dernier s'est intégré à ses schèmes mémoriels. Les structures mémorielles à court terme et à long terme sont donc fortement sollicitées dans la phase d'acquisition de l'apprentissage. Cette phase constitue une quête de sens ou une recherche de compréhension. Elle implique la construction d'une représentation adéquate de la tâche à accomplir, suivie d'une série de traitements appliqués à cette représentation, lesquels produiront la tâche. Puisque cette phase représente le point de départ de tout le processus d'apprentissage, nous décrirons, dans un premier temps, le fonctionnement des différentes structures mémorielles qui y participent. Dans un deuxième temps, nous nous attarderons particulièrement à la construction de la représentation qui s'opère dans la mémoire à court terme et, dans un troisième temps, nous préciserons les implications pédagogiques qui découlent de cette représentation.

15.2.1 La mémoire à long terme

La mémoire à long terme est un réservoir illimité de savoirs se divisant en deux structures distinctes mais complémentaires : la mémoire épisodique et la mémoire sémantique. La mémoire épisodique contient des connaissances propres à chaque individu tels des souvenirs ; c'est une mémoire autobiographique. Parce qu'elle renferme de l'information liée aux situations, aux évènements, aux épisodes de vie de l'individu, elle est fortement contextualisée. C'est une voie mémorielle qui retient l'endroit où s'effectue un apprentissage, le moment où il se déroule et les personnes ou les circonstances l'entourant. Notre mémoire épisodique possède une capacité de rétention illimitée, est mise à jour régulièrement et ne demande aucun entraînement, car elle est directement liée à notre vécu.

Pour sa part, la mémoire sémantique est une mémoire conceptuelle. Elle comprend des connaissances (tels des concepts, des principes et des règles) ainsi que des images mentales et des plans d'action qui ont tous une portée générale. La mémoire sémantique gère l'information présentée sous forme de mots. Elle constitue notre mémoire linguistique et effectue la rétention de tous les concepts, faits et connaissances que nous possédons. La majorité des apprentissages scolaires sollicite cette mémoire. La mémoire sémantique possède une capacité de rétention illimitée, mais l'intégration des connaissances déclaratives s'effectue difficilement, car, comme elle se nourrit de mots, cette voie mémorielle est tributaire des associations, des comparaisons et des similitudes que l'on établit avec les acquis antérieurs. Cette mémoire contient des connaissances qui sont de type déclaratif ou procédural-conditionnel.

Les connaissances déclaratives se rapportent aux choses, aux faits, aux concepts, aux images mentales et nous servent pour décrire le monde qui nous entoure. Elles sont considérées comme des connaissances inertes parce qu'elles doivent être associées aux connaissances procédurales pour être utilisées lorsqu'on agit. De leur côté, les connaissances procédurales-conditionnelles sont liées à l'action ou aux séquences d'actions. Ces connaissances concernent les manières de faire, de même que les moments, les lieux et les buts de l'action. Lorsqu'un apprentissage nécessite une série d'actions ou de gestes consécutifs, une séquence de procédures se crée. Les connaissances procédurales se traduisent concrètement en actions et en comportements observables.

Les différents types de connaissances sont emmagasinés ou stockés dans la mémoire à long terme selon deux modes d'organisation : le réseau sémantique ou le schéma (Noiseux, 1997). Le réseau sémantique représente les liens, associations et relations qui peuvent exister entre les significations des mots ou des concepts. Ainsi, la simple évocation du mot bateau peut faire surgir de la mémoire à long terme une série de concepts qui lui sont associés : bâbord, tribord, proue, poupe, bateau à voile, à moteur, etc. Ces différents concepts sont interreliés à la manière des mailles d'un filet de pêche. Dans la mémoire à long terme, tout nouveau savoir vient se lier par maillage en association avec les connaissances antérieures.

Le schéma constitue le second mode d'organisation d'une multitude de données dans la mémoire à long terme. Il s'agit de représentations génériques de personnes, d'objets, d'événements, de situations et de comportements. Le mot McDonald's, par exemple, signifie restauration rapide, aucun service aux tables, payer immédiatement à la caisse, sièges peu confortables, etc. Le schéma peut être considéré comme une structure opératoire qui regroupe des connaissances particulières permettant de percevoir, de comprendre, de mémoriser et d'effectuer certaines activités intellectuelles et d'entreprendre des actions. Le schéma est donc une structure générale et abstraite qui regroupe des sous-schémas qui nous aident à organiser nos connaissances par rapport à une situation donnée, à des phénomènes, à des évènements, à des objets et même à des personnes.

Les différentes connaissances sont ainsi organisées dans la mémoire à long terme par des processus associatifs, et le rappel d'un élément quelconque active les autres éléments qui lui sont rattachés. Pour cette raison, un fait remémoré peut réactiver une foule d'autres éléments, et des pans complets de la mémoire peuvent alors resurgir dans le champ de la conscience. Quand on acquiert de nouvelles connaissances, ces dernières s'interconnectent avec les savoirs antérieurs afin d'être emmagasinées pour éventuellement faire l'objet d'un rappel dans la mémoire à long terme.

En terminant, on peut donc dire que les voies mémorielles sémantiques et épisodiques, de concert avec la mémoire de travail, sont directement impliquées dans la qualité de la compréhension, qui constitue un ingrédient clé pour qu'un apprentissage soit intégré dans la mémoire à long terme. Les mémoires sémantique et épisodique doivent travailler avec la mémoire à court terme, aussi appelée mémoire de travail, pour rappeler un apprentissage qu'elles ont stocké.

15.2.2 La mémoire de travail ou mémoire à court terme

L'étiquette « court terme » renvoie à la durée pendant laquelle nous pouvons retenir des informations dans notre tête (habituellement de 5 à 20 secondes) avant de les oublier ou de les transférer dans notre mémoire à long terme. Pour sa part, le terme mémoire de travail se rapporte au nombre d'unités d'information avec lequel nous pouvons travailler simultanément ; il est de sept pour l'adulte moyen, avec un écart variant de plus ou moins deux. On peut établir une analogie avec la fonction « sauvegarder », en informatique, qui permet de transférer les données apparaissant sur l'écran d'un ordinateur de la mémoire vive (la mémoire de travail) à la mémoire morte (la mémoire à long terme), située sur le disque dur, en vue de la conserver à long terme. Si l'utilisateur omet de la sauvegarder, l'information apparaissant à l'écran disparaîtra, au même titre que, dans une réunion mondaine, on oubliera le nom

d'une personne à qui on vient d'être présenté faute d'avoir eu le temps de placer cette information dans notre mémoire à long terme.

La mémoire à court terme (ou mémoire de travail) comporte ainsi deux limites importantes : d'une part, la durée de disponibilité de l'information et, d'autre part, le nombre d'unités d'information qu'elle peut contenir. Une unité d'information peut représenter une syllabe, un mot, un paragraphe, un concept ou un réseau de concepts. Cela dépend de la structuration des connaissances, c'est-à-dire de la façon dont elles sont organisées en mémoire. Ainsi, nous pouvons retenir un numéro de téléphone de 7 chiffres : 835-0386, mais nous pouvons également mémoriser 7 nombres : 24-32-46-58-60-72-84, donc 14 chiffres. L'information ainsi organisée représente sept unités d'information, que les cognitivistes appellent *chunks*. On peut dès lors constater l'utilité de disposer d'une bonne organisation des connaissances. La mémoire de travail constitue l'interface avec laquelle nous pouvons donner du sens aux stimuli provenant de l'environnement à partir du bagage de connaissances accumulées dans notre mémoire à long terme. Cela a amené les chercheurs en psychologie cognitive à affirmer que l'on apprend en faisant des liens avec ce que l'on connaît déjà.

15.2.3 La représentation

Tout ce que l'humain sait a nécessairement été appris. Tout résultat de quelque apprentissage que ce soit est consigné dans la mémoire à long terme, selon des degrés divers de disponibilité et d'accessibilité. C'est ce que les cognitivistes nomment les acquis antérieurs ou le bagage de connaissances. C'est en fonction de nos acquis antérieurs, consignés en mémoire à long terme, que nous appréhendons les données fournies par l'environnement, que nous en trouvons le sens. Comme les stimuli provenant de l'environnement ne peuvent être placés directement dans notre tête, nous nous les approprions symboliquement en les interprétant à partir de nos acquis. Cette construction symbolique générée dans la mémoire de travail se nomme représentation. Les représentations peuvent être conceptuelles ; ce sont par exemple le sens des mots ou les relations entre les concepts. Elles peuvent aussi être imagées et correspondre à un objet ou à une scène, ou être liées à

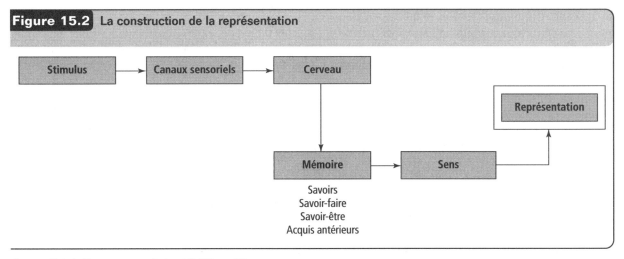

Figure 15.2 La construction de la représentation

Source : Tiré de Bissonnette et Richard (2001, p. 47).

l'action ; ce sont par exemple des procédures, des activités motrices, des règles de jeux. Nos représentations constituent l'interface entre l'environnement et nos acquis antérieurs.

Ainsi, nous appréhendons la vie, les événements, les situations, chaque tâche à réaliser par l'entremise de nos acquis antérieurs, qui déterminent le sens que nous allons attribuer à ce qui nous arrive. Ces acquis consignés en mémoire constituent la structure à partir de laquelle nous nous engageons dans toute activité d'apprentissage. Par conséquent, on peut affirmer que l'apprenant ne travaille jamais sur les tâches qu'on lui soumet en salle de classe, mais plutôt sur le sens qu'il leur donne, sur ce qu'il en comprend et sur la représentation qu'il en a élaborée.

La figure 15.2, qui est une simplification du modèle de Gagné, nous permet d'illustrer le processus de construction de la représentation. Lorsqu'on donne à l'élève une tâche à réaliser par le biais de consignes pédagogiques (le stimulus), l'information qui lui est transmise est captée par ses canaux sensoriels (les sens). Ces derniers ont pour mission d'acheminer les différents stimuli au cerveau afin qu'ils y soient perçus, identifiés et reconnus. Au moment où ces stimuli parviennent au cerveau, celui-ci va puiser dans sa mémoire, où sont stockés des savoirs, savoir-faire et savoir-être à partir desquels il pourra décoder l'information et lui donner un sens. Une fois le sens attribué à l'information reçue, l'élève se construit une représentation de la tâche à effectuer. Dès lors, il ne

travaille plus sur ce qui lui a été demandé, mais uniquement sur la représentation de la tâche qu'il s'est construite en fonction de ses acquis antérieurs.

15.3 La phase d'acquisition

La phase d'acquisition représente essentiellement le parcours qu'emprunte toute information, depuis sa perception par la mémoire sensorielle jusqu'à sa compréhension ou sa représentation en mémoire à court terme. L'élève appliquera une série de traitements à cette représentation en vue de produire une réponse ou de réaliser la tâche. Le travail de l'enseignant consistera à planifier, à structurer et à animer une séquence d'enseignement qui permettra à l'apprenant de percevoir l'information à saisir, de l'analyser en fonction de ses acquis antérieurs, en lui attribuant la signification nécessaire à sa compréhension et à son traitement. Cela autorisera par la suite le passage de cet apprentissage dans la mémoire à long terme.

Ainsi, comprendre la représentation de l'élève nous permet de saisir l'origine de plusieurs problèmes d'apprentissage vécus en salle de classe. En effet, il faut garder en tête que les élèves arrivent en classe avec des connaissances constituées en majeure partie selon un mode d'imprégnation fondé sur la sollicitation sensorielle, l'émotion, la sensibilité et le caractère fluide de l'information présentée par les médias. Or, l'école, avec son mode d'apprentissage s'appuyant sur l'approfondissement, la mise en ordre et la rigueur, surprendra l'élève et le mettra en déséquilibre en créant une rupture avec ses acquis antérieurs. Cela peut l'amener, pour se rééquilibrer, à se construire une représentation inadéquate menant à l'élaboration de connaissances erronées qui vont nuire à ses apprentissages ultérieurs.

De fait, les recherches en psychologie cognitive nous révèlent que les représentations ont un tel pouvoir explicatif spontané qu'elles deviennent durables et résistent très fortement au changement. Elles peuvent même constituer des obstacles majeurs à la compréhension d'une situation d'apprentissage. Il faut donc aborder la représentation comme un système explicatif à comprendre, cela dans le but de détecter l'erreur à éliminer ou l'obstacle à franchir, ou pour prendre appui sur cette base afin de favoriser la compréhension et l'apprentissage chez les élèves. Apprendre, c'est modifier ses représentations jusqu'à ce que l'on comprenne et retienne l'objet d'apprentissage[1].

Pour favoriser la compréhension des apprentissages proposés aux élèves, l'enseignement explicite et correctif s'est avéré supérieur à l'enseignement non explicite, ce qui en fait un outil à privilégier. Les recherches effectuées en sciences cognitives nous permettent maintenant de mieux comprendre pourquoi l'enseignement explicite est supérieur à l'enseignement traditionnel. Puisque apprendre implique faire des liens entre des connaissances nouvelles et des savoirs emmagasinés dans la mémoire à long terme des élèves, l'enseignant devra, au départ, vérifier si ceux-ci possèdent ces savoirs et, si cela est nécessaire, il devra procéder à leur enseignement préalable. Comme l'éducation vise à amener graduellement les élèves à faire face à des situations-problèmes de plus en plus complexes, l'enseignant devra s'efforcer de rendre explicites tous les concepts, liens, raisonnements, stratégies, procédures ou démarches nécessaires à l'accomplissement de la tâche. On a longtemps cru que, parce qu'il fait appel à l'abstraction, le processus de réflexion ne pouvait être démontré explicitement. Toutefois, l'enseignant qui explique oralement aux élèves les liens qu'il effectue

pour comprendre, les questions qu'il se pose face à une tâche et les stratégies qu'il sollicite pour la réaliser utilise une démarche que l'on peut qualifier d'explicite.

Dans l'enseignement explicite, l'enseignant modèlera au départ, devant les élèves, ce qu'il faut faire pour ensuite les accompagner en pratique dirigée afin qu'ils s'exercent à leur tour. Ils seront ainsi capables, en bout de course, d'accomplir la tâche seuls en pratique autonome. Le questionnement et la rétroaction devront être constants tout au long de la démarche pour veiller à ce que les actions effectuées par les élèves soient adéquates. Alors que l'enseignement magistral est axé sur la transmission du contenu, l'enseignement explicite porte principalement sur la compréhension de la matière et son maintien en mémoire. L'enseignement explicite, qui se situe dans le temps 2 de l'apprentissage, après la mise en situation (temps 1), se divise en trois étapes subséquentes : le modelage (modeling), la pratique guidée ou dirigée et la pratique autonome ou indépendante (voir la figure 15.3). C'est dans la deuxième étape de sa démarche, soit la pratique guidée, que l'enseignement explicite se distingue fondamentalement de l'enseignement traditionnel. Souvent, la pédagogie traditionnelle ne permettra aux élèves de vérifier s'ils ont compris la matière qu'au moment de la correction, à la fin des exercices. En contrepartie, l'enseignement explicite, dès sa deuxième étape, soit au cours de la pratique guidée, permet à l'enseignant de vérifier et de valider le degré de compréhension des élèves.

C'est d'ailleurs uniquement par une telle démarche de validation que l'enseignant peut s'assurer que les élèves ne mettront pas en application des apprentissages mal compris pouvant les conduire à acquérir des connaissances erronées. Au secondaire, les enseignants les plus efficaces (ceux qui permettent l'apprentissage) accordent en moyenne 23 minutes sur 50 au modelage et à la pratique guidée avant de proposer aux élèves l'étape de la pratique autonome, tandis que les moins efficaces y consacrent seulement 11 minutes (Gauthier et coll., 1999).

Dès la première étape, soit celle du modelage, l'enseignant doit s'efforcer de mettre en place les moyens nécessaires à l'obtention d'un degré élevé d'attention de la part des élèves. Il se préoccupera

---

1. Gilles Noiseux, dans les tomes 1 et 2 de son *Traité de formation à l'enseignement par médiation* (1997 et 1998), traite de façon exhaustive du concept de représentation et de ses implications pour le processus d'apprentissage.

Figure 15.3 La démarche d'enseignement explicite

Étape 1

Le modelage (env. 10 min)

Pendant ses représentations et ses démonstrations, l'enseignant s'efforce de rendre explicite tout raisonnement implicite, par exemple à l'aide du plan de questionnement. Il enseigne donc quoi faire et comment, quand, où et pourquoi le faire.

Étape 2

La pratique guidée

L'enseignant prend le temps de vérifier ce que les élèves ont compris de sa présentation ou de sa démonstration, en leur donnant des tâches à réaliser en équipe, semblables à celles effectuées au moment du modelage.

Étape 3

La pratique autonome

(rétroaction après deux ou trois problèmes ou questions)

L'élève réinvestit seul, à l'aide de son plan de questionnement, ce qu'il a compris du modelage et appliqué en équipe, pendant la pratique guidée, dans quelques problèmes ou questions.

Source : Tiré de Bissonnette et Richard (2001, p. 82).

ensuite de rendre visibles, au moyen du langage, tous les liens à faire entre les connaissances nouvelles et antérieures, ainsi que tout raisonnement, stratégie ou procédure susceptible de favoriser la compréhension du plus grand nombre. Au moment du modelage, l'information est présentée en petites unités dans une séquence allant généralement du simple au complexe, afin de respecter les limites de la mémoire de travail. La présentation d'une trop grande quantité d'informations complexifie la compréhension en surchargeant la mémoire de travail de l'élève, ce qui nuit à la construction d'une représentation adéquate des apprentissages à réaliser.

C'est au moment de la deuxième étape, soit celle de la pratique guidée, que l'enseignant vérifie la qualité de la compréhension des élèves en leur proposant des tâches semblables à celles qu'il a effectuées à l'étape du modelage, et à travers lesquelles il les questionnera de façon à promouvoir une rétroaction régulière. La deuxième étape est favorisée par le travail d'équipe, dans lequel les élèves peuvent valider leur compréhension en échangeant des idées entre eux. La pratique guidée permet donc aux élèves de valider, d'adapter, de consolider et d'approfondir

leur compréhension de l'apprentissage en cours, afin de faire l'arrimage de ces nouvelles connaissances avec celles qu'ils possèdent déjà dans la mémoire à long terme.

Finalement, l'enseignant ne délaissera la pratique guidée pour la pratique autonome, soit la troisième étape, que lorsqu'il se sera assuré que les élèves auront maîtrisé la matière à 80 % (Gauthier et coll., 1999). La pratique indépendante constitue l'étape finale qui permet à l'élève (généralement seul) de parfaire sa compréhension dans l'action jusqu'à l'obtention d'un niveau de maîtrise de l'apprentissage le plus élevé possible. Un niveau élevé de maîtrise des connaissances (*mastery learning*) obtenu grâce aux multiples occasions de pratique permet d'améliorer l'organisation de ces connaissances dans la mémoire à long terme et d'amener leur automatisation (surapprentissage), ce qui facilitera leur rétention et leur rappel éventuel.

Comme le soulignent Gauthier et ses collaborateurs (1999, p. 32) :

La pratique indépendante offre des occasions supplémentaires d'amener les élèves à acquérir une certaine aisance lorsqu'ils mettent en pratique des habiletés. De plus, les élèves doivent obtenir suffisamment de succès dans leur pratique pour en arriver à un surapprentissage puis à une automatisation. Rappelons-nous que tout ce que les élèves apprennent est susceptible d'être oublié s'ils n'ont pas l'occasion de pratiquer jusqu'au point de surapprentissage. Il s'avère particulièrement important d'atteindre ce point dans le cas de matériel hiérarchisé comme les mathématiques et la lecture à l'élémentaire. Sans surapprentissage jusqu'au point d'automatisation, il y a peu de chance que le matériel soit retenu.

L'enseignement explicite procure donc à l'élève, par le modelage, toute l'aide nécessaire à sa compréhension. La pratique guidée, pour sa part, lui permet ensuite de construire et de valider sa compréhension dans l'action en lui garantissant l'obtention d'un niveau de succès assez élevé pour qu'il réussisse à travailler seul et adéquatement. Enfin, la pratique indépendante fournit à l'élève suffisamment d'occasions de s'exercer pour consolider sa réussite dans un contexte de surapprentissage, ce qui favorise la rétention en mémoire et le développement de compétences.

De plus, puisque apprendre, pour l'élève, peut équivaloir à transformer son système de représentations, il apparaît essentiel que l'enseignant qui veut l'aider à effectuer ses apprentissages soit conscient de ces représentations. Quoiqu'un enseignement explicite favorise la compréhension des connaissances, la seule façon de savoir ce que l'élève a compris de l'objet d'apprentissage, et d'avoir accès à la représentation qu'il s'en est construite, est de suivre un processus de questionnement. L'enseignant pourra ensuite repérer et déconstruire les connaissances qui sont sources d'incompréhension et qui peuvent générer de l'incompétence, de façon à les remplacer par de nouveaux savoirs qui favoriseront le développement de compétences. Ce questionnement incite l'apprenant à aller voir dans sa tête quels processus il a utilisés pour élaborer sa représentation. L'élève est alors engagé dans une démarche métacognitive d'intériorisation et d'objectivation de sa représentation.

Ainsi, le questionnement s'impose comme l'intervention pédagogique à privilégier pour savoir ce que les élèves ont compris de l'apprentissage réalisé. En posant la question « **Dis-moi ce que tu comprends?** »

plutôt que « As-tu compris ? » (l'élève répond habituellement par l'affirmative même si ce n'est pas le cas!) ou « Dis-moi ce que tu ne comprends pas ? » (comment peut-on déterminer ce que l'on n'a pas compris ?!), l'enseignant peut s'assurer du niveau de compréhension atteint par l'élève et effectuer les correctifs nécessaires au moment opportun.

De fait, pour aider quelqu'un, il faut d'abord savoir ce qu'il comprend. Comme nous l'avons mentionné précédemment, en situation d'apprentissage, l'élève ne travaille jamais sur la tâche qu'on lui soumet mais sur la représentation qu'il s'en construit à partir de ses acquis antérieurs. Il importe de se rappeler que tous les stimuli que l'élève reçoit, y compris les consignes pédagogiques de l'enseignant, vont prendre le sens qu'il va leur attribuer à partir de ses acquis personnels consignés en mémoire. Alors que certains attribueront un sens adéquat à ce qu'ils recevront, d'autres n'y arriveront pas faute de posséder les acquis nécessaires dans leur mémoire. Pis encore, à partir d'une incompréhension de l'objet d'apprentissage, ils risquent de se construire des connaissances erronées.

En résumé, l'enseignement explicite vise, d'une part, à activer ou à présenter toute information permettant aux élèves de se construire une représentation adéquate de l'apprentissage, c'est-à-dire de faire preuve de compréhension. D'autre part, ce type d'enseignement fournit les stratégies, procédures ou démarches grâce auxquelles l'élève va traiter plus facilement la représentation en vue de produire une réponse de qualité. Le questionnement et la rétroaction sont essentiels tout au long de cette démarche; ils permettront de savoir si l'élève a besoin d'un enseignement correctif pour réaliser adéquatement les apprentissages visés. Il est à noter que l'enseignement explicite est également correctif, car il fournit à l'élève une rétroaction régulière, ce qui prévient le développement de connaissances erronées pouvant mener directement à l'échec.

15.4 La phase de rétention

Alors que la phase d'acquisition a pour but la compréhension de l'objet d'apprentissage grâce à la construction d'une représentation dans la mémoire de travail, la phase de rétention vise la création d'une trace mnésique de cet apprentissage dans la mémoire à long terme. Ainsi, les savoirs, savoir-être et savoir-faire devant être retenus seront identifiés formellement et mis en lien avec les connaissances antérieures emmagasinées dans la mémoire à long terme, sous forme de réseaux sémantiques et de schémas. L'identification formelle des connaissances essentielles à retenir permet à la mémoire à long terme de procéder à l'encodage et au stockage de cette information, qui pourra éventuellement faire l'objet d'un rappel. Trois procédés pédagogiques utilisés par l'enseignant facilitent la création et le maintien d'une trace mnésique prégnante chez l'élève : l'objectivation, la consolidation et le réinvestissement.

L'objectivation est une intervention qui permet à l'enseignant d'extraire de la situation d'apprentissage les concepts, les stratégies ou les attitudes qui sont essentiels à retenir. Elle constitue un temps pédagogique favorisant l'intégration des apprentissages dans la mémoire. L'objectivation s'effectue sur la base d'un questionnement de l'enseignant tel que : « Quel est l'essentiel à retenir ? » Cela incite les élèves à nommer les éléments essentiels à placer en mémoire à partir de l'activité d'apprentissage qui a été réalisée ; ces éléments essentiels pourront être organisés et consignés sous forme de tableaux, de schémas, de réseaux conceptuels, etc. Ce questionnement permet aux élèves de mettre en marche une activité métacognitive visant la prise de conscience de ce qui est important à mémoriser. C'est ce processus qui fait que l'élève active particulièrement la mémoire sémantique, ainsi que la mémoire de travail, pour enclencher consciemment et explicitement le processus de rétention d'un apprentissage.

À défaut de mettre en branle explicitement, par le biais du langage, une opération métacognitive qui permet l'obtention d'un niveau de compréhension adéquat, la mémoire épisodique de l'élève, qui est branchée sur le contexte d'apprentissage, retiendra en priorité des composantes secondaires telles la coloration affective ou les séquences d'action réalisées. Or, cela s'effectuera sans que l'élève puisse prendre conscience des éléments conceptuels essentiels à retenir, ce qui rendra le processus de rappel de la mémoire sémantique (celle qui gère les concepts) quasi impossible. En effet, comme, dans la mémoire, la prégnance des émotions ressenties et des actions faites est beaucoup plus élevée que celle des éléments conceptuels à apprendre, s'il n'y a pas objectivation,

ces aspects plus « concrets » de l'apprentissage viendront interférer avec les notions à retenir, ce qui rendra hasardeux le stockage en mémoire de ces dernières.

Lorsque l'élève sera questionné sur ce qu'il a appris à l'école, il lui sera extrêmement difficile de nommer explicitement le fruit de ses apprentissages s'il n'en a pas pris conscience. Dans une telle situation, il aura tendance à décrire uniquement ce qu'il a fait et aimé, ou ce qu'il n'a pas apprécié. L'élève à qui on ne donne pas la possibilité de prendre conscience de ce qu'il apprend conserve l'impression de n'avoir rien appris. C'est ce qui explique que bon nombre d'élèves finissent par dire qu'ils n'apprennent rien à l'école. Or, seule l'objectivation leur permet de savoir ce qu'ils ont réellement appris. Toutefois, comme le souligne Crahay (1999, p. 257) :

> Rien ne prouve, comme l'affirment les tenants de l'Éducation nouvelle [approches constructivistes], que toute connaissance d'ordre conceptuel doit être enracinée dans le vécu des élèves [mémoire épisodique] [...] Car les informations stockées dans cette mémoire sont attachées à des circonstances très particulières. Elles n'obtiendront une portée générale qu'au prix d'un travail d'abstraction débouchant sur la construction d'un concept, celui-ci devant ensuite être transféré dans la mémoire sémantique.

Voyons, par un exemple concret (tiré de Bissonette et Richard, 2001, p. 77-78), ce qu'il advient dans une situation d'apprentissage où on néglige l'objectivation. Une enseignante de première année demande à son groupe d'élèves, dans le cadre d'une activité de mathématiques, de découper dans du carton des figures géométriques définies tels le carré, le rectangle et le cercle, afin de leur enseigner ces concepts. À la suite de l'activité, qui s'est conclue sans objectivation, Pierrot termine sa journée scolaire et retourne chez lui. À son arrivée à la maison, sa maman lui demande : « Pierrot, qu'as-tu appris à l'école aujourd'hui ? » Pierrot répond : « En mathématiques, nous avons découpé des cartons et j'ai trouvé ça ennuyeux parce que j'aime pas découper ! » L'enfant est incapable de mettre des mots, c'est-à-dire une étiquette verbale, sur les concepts vus en classe. Il retient seulement ce qu'il a vécu et fait, soit les séquences d'action et les émotions. De plus, que se passera-t-il au cours suivant, lorsque l'enseignante demandera aux élèves : « Les amis, qu'est-ce qu'on a appris en mathématiques, hier ? » Pierrot répondra, comme à sa mère : « On a découpé des cartons. » Pour objectiver, l'enseignante aurait dû demander aux élèves : « Les amis, qu'est-ce qu'il est important de retenir de ce que vous avez appris ? » Pierrot aurait répondu qu'il a fait du découpage, mais elle aurait pu alors poser une autre question : « Oui Pierrot, mais qu'est-ce que l'on voulait apprendre en découpant ?

— Ah oui, des figures !

— Quelles sont exactement les figures avec lesquelles nous avons travaillé ?

— Le cercle, le carré et le rectangle, madame.

— Peux-tu me dessiner un cercle, un carré et un rectangle, et m'expliquer les différences et les ressemblances entre les trois figures, Pierrot ? »

Pierrot s'exécute et son enseignante reprend : « Maintenant que je sais que tu as compris, c'est cela que je veux que tu places dans ta tête, car nous en aurons besoin demain au prochain cours de mathématiques ! »

Si l'activité d'apprentissage des formes géométriques est objectivée de cette façon, Pierrot pourra répondre à sa mère, en arrivant à la maison, qu'aujourd'hui il a vu des figures géométriques en mathématiques à l'école ; il pourra aussi les nommer et les décrire. À défaut d'objectiver, les enseignants ne pourront savoir ce que les élèves ont retenu de ce qu'ils ont vu, entendu et fait pendant l'activité d'apprentissage. Les enseignants qui effectuent l'objectivation de façon régulière permettent aux élèves de mettre des mots sur ce qu'ils ont appris et de goûter au plaisir de savoir, qui engendre le désir d'en connaître davantage.

L'objectivation s'avère donc l'intervention pédagogique qui permet aux élèves de créer consciemment une trace mnésique des connaissances essentielles à retenir. Cependant, pour maintenir la vitalité des connaissances emmagasinées dans la mémoire à long terme, il faut en prévoir une utilisation fréquente ou, à défaut, une réactivation régulière. Les connaissances les plus facilement accessibles en mémoire, donc pouvant être mobilisées ou utilisables, sont celles dont on se sert le plus souvent. Bien que certaines connaissances puissent être comprises au moment de la phase d'acquisition, si elles ne sont

pas minimalement sollicitées, leur compréhension s'effrite et elles deviennent des souvenirs vagues, flous, imprécis, donc inutilisables sans une réactivation préalable.

L'accessibilité des connaissances inscrites dans la mémoire à long terme est largement tributaire des activités de consolidation et de réinvestissement que les enseignants prévoient. Les chercheurs en psychologie cognitive nous indiquent que la consolidation des connaissances devrait s'effectuer par l'entremise de révisions périodiques, de même que par une planification des apprentissages selon une séquence cumulative, pour assurer leur réinvestissement. Des recherches ont démontré que, pour un nombre d'heures équivalent, des périodes d'étude plus fréquentes réparties sur une plus longue durée permettent d'obtenir une meilleure rétention des apprentissages que des périodes d'étude plus longues mais moins fréquentes (Dempster, 1991).

Quoique le recours à une démarche d'enseignement explicite, dans la phase d'acquisition, favorise la compréhension des apprentissages, on peut améliorer grandement la phase de rétention en offrant aux élèves des occasions supplémentaires de mettre en pratique ce qu'ils ont appris. Une planification adéquate des apprentissages n'implique pas qu'ils soient réalisés par tous les élèves en même temps. L'acquisition d'une connaissance nouvelle devrait être répartie sur quelques leçons afin de permettre à tous les élèves de franchir, avec suffisamment de succès, l'étape de la pratique autonome. Cette dernière devrait se terminer par un réinvestissement des connaissances acquises pendant les devoirs et les leçons. De plus, une révision des nouvelles connaissances devrait être prévue en classe à une fréquence de une à deux fois par mois, dans le cadre d'activités de consolidation et d'évaluation. Ces différents moyens ne constituent pas simplement une répétition mécanique des apprentissages effectués antérieurement, mais ils représentent des occasions supplémentaires et variées d'appliquer les connaissances nouvelles afin d'augmenter leur niveau de rétention et d'accessibilité dans la mémoire à long terme.

Finalement, selon les découvertes de la psychologie cognitive, une planification rigoureuse de l'enseignement prévoit un réinvestissement régulier des apprentissages effectués en classe. Ainsi, les apprentissages réalisés par les élèves devraient s'enchâsser les uns dans les autres de façon successive et cumulative, par exemple à la manière dont on construit une pyramide (Engelmann et coll., 1988 ; Engelmann, 1999). Cette organisation de l'enseignement favorise la rétention dans la mémoire à long terme, car elle fournit aux élèves de multiples occasions de réinvestir les connaissances acquises antérieurement, puisque celles-ci sont nécessaires et doivent être mobilisées pour effectuer les nouveaux apprentissages.

15.5 La phase de transfert[2]

La notion de transfert se situe au cœur de l'acte d'enseignement-apprentissage. En effet, le but ultime de l'enseignement est d'amener les élèves à effectuer le transfert des apprentissages d'une tâche à l'autre, d'une année scolaire à l'autre, de l'école à la maison et du milieu scolaire à celui du travail. Il est donc essentiel de bien comprendre quel type d'expérience d'apprentissage conduit au transfert. On pourrait définir ce dernier simplement comme la capacité à utiliser ce qu'on a appris dans un contexte simple pour l'appliquer à un contexte plus complexe (transfert vertical), ou la capacité à généraliser ce qu'on a appris dans un contexte initial pour l'étendre à de nouveaux contextes (transfert horizontal).

Selon cette définition, nous devrions être en mesure de reconnaître le processus de transfert lorsqu'il se produit. Ainsi, si les connaissances se transfèrent de la tâche A à la tâche B, l'élève qui a effectué les apprentissages prévus dans la tâche A devrait être en mesure de réaliser la tâche B plus rapidement que celui qui n'a pas exécuté initialement la tâche A. Par exemple, un joueur de tennis devrait pouvoir apprendre à jouer au badminton plus rapidement qu'une personne qui ne possède aucune expérience dans les sports de raquette.

De fait, les premières recherches sur le transfert des apprentissages effectuées par Thorndike et ses collègues au début du XXe siècle étaient orientées par une théorie qui mettait l'accent sur les similarités existant entre les conditions de l'apprentissage

et celles du transfert. Thorndike avait émis l'hypothèse que le niveau de transfert entre l'apprentissage initial et l'apprentissage subséquent était tributaire du degré de similitude existant entre les éléments composant les deux contextes. Il considérait les connaissances particulières et les habiletés comme les éléments essentiels à la base du transfert. Cependant, pendant que Thorndike mettait l'accent sur les éléments similaires composant les tâches, il excluait complètement toute caractéristique de l'apprenant tels sa compréhension de la tâche initiale, sa capacité à reconnaître les similitudes entre les deux tâches, ses connaissances antérieures, son degré de motivation, etc. Thorndike insistait plutôt sur la répétition et la pratique. Les modèles actuels du transfert maintiennent l'accent sur la pratique. Toutefois, ils précisent les types de pratique essentiels au transfert et prennent en considération les acquis des apprenants.

Lorsqu'on consulte les plus récentes recherches publiées sur la problématique du transfert, on constate que les résultats présentent celui-ci comme un processus complexe qui, pour s'effectuer, nécessite des conditions particulières. Dans une synthèse publiée par la revue *Vie pédagogique* sous le titre « Quelques contributions de la recherche pour favoriser le transfert des apprentissages », Jacques Tardif et Annie Presseau (1998) relèvent trois sources principales de difficultés inhérentes au transfert des apprentissages. La première limite est liée à la nature des tâches ou des activités demandées, la deuxième prend en compte les acquis des apprenants et la troisième se situe dans le contexte même entourant la tâche.

La première limite du transfert réside dans le degré de similitude des tâches d'apprentissage, soit les tâches sources, avec les tâches où le transfert est attendu, soit les tâches cibles. Pour que le transfert s'effectue de l'un à l'autre, ces deux contextes doivent posséder de nombreux éléments communs. Ce qui revient à dire que plus la nature des tâches cibles diffère de celle des tâches sources, plus les possibilités de transfert se restreignent.

La deuxième limite du transfert se situe du côté des acquis de l'élève, c'est-à-dire dans la capacité de ce dernier à reconnaître les similitudes existant entre le contexte des tâches sources et celui des tâches cibles. Comme le mentionnent Tardif et Presseau (1998, p. 40) :

---

2. La présente section constitue une adaptation du texte « Le transfert est-il vraiment possible ? », publié dans Bissonnette et Richard, 2001, p. 93-98.

Quoique des situations puissent présenter de nombreuses similitudes, il ressort d'un bon nombre de ces recherches que fréquemment, les sujets ne les perçoivent pas forcément et que, par conséquent, le transfert n'est pas effectué.

On voit que si, dans la première limite, la problématique résidait dans les tâches elles-mêmes, dans la deuxième limite, elle se situe dans la représentation que l'élève s'en construit.

La troisième limite relève des contextes d'apprentissage eux-mêmes. En situation d'apprentissage, le contexte des tâches sources s'imprègne si fortement en mémoire qu'il vient compromettre le transfert dans les tâches cibles. Tardif et Presseau (1998) relatent que cette difficulté du transfert a été particulièrement mise au jour par des travaux menés en anthropologie ; en effet, on a constaté que de jeunes Sud-Américains d'âge scolaire n'arrivaient pas à faire en classe certaines opérations mathématiques qu'ils effectuaient pourtant aisément dans leurs transactions quotidiennes avec des passants. Les auteurs en arrivent ainsi à deux constats :

[Ces recherches] illustrent d'abord à quel point, pour plusieurs élèves, la lecture d'une même tâche peut être différente selon le contexte. [...] Enfin, il apparaît que les connaissances et les compétences acquises dans un certain contexte en portent fortement la marque. (Tardif et Presseau, 1998, p. 43.)

Pour résumer, on pourrait donc dire que le dénominateur commun des facteurs limitant le transfert des apprentissages réside, plus particulièrement, dans la reconnaissance de ce qui est nécessaire à ce transfert d'un contexte à l'autre. En effet, pour effectuer le transfert de ce qu'il a appris d'une tâche source à une tâche cible, l'élève doit être en mesure de reconnaître les similitudes existant entre les deux tâches. Par conséquent, le processus de reconnaissance, par lequel un apprenant peut cerner des ressemblances d'un contexte à l'autre, processus qui se révèle être le pivot du mécanisme du transfert, exige un travail de préparation important de la part de l'enseignant.

Comment expliquer, dans ce cas, que des experts arrivent à effectuer avec succès des tâches complexes en transférant leurs compétences d'un contexte à l'autre ? Pour acquérir des compétences de haut niveau, un expert doit investir en moyenne une dizaine d'années de travail dans son domaine, à une fréquence de trois à quatre heures par jour. Il se constitue ainsi en mémoire une banque d'une multitude de tâches sources sur lesquelles il peut s'appuyer pour faire face à des tâches cibles. Pour accomplir ces dernières, il sollicite des procédures qu'il a déjà employées dans des tâches similaires mais non identiques.

Il importe donc de demeurer réaliste en ce qui concerne la durée nécessaire à la maîtrise d'un domaine complexe. Dans toutes les disciplines, le développement de l'expertise ne se produit qu'au prix d'un investissement de temps important. Or, le temps consacré à apprendre quelque chose est approximativement proportionnel à la quantité de matière apprise. Par exemple, on estime que les champions internationaux d'échecs doivent investir entre 50 000 et 100 000 heures de pratique pour atteindre ce degré d'expertise. Ils s'appuient sur une base de connaissances contenant 50 000 patrons (*patterns*) de jeux qui viennent guider la sélection des coups qu'ils réalisent. La majeure partie de leur temps de pratique est dévolue à l'acquisition d'habiletés à reconnaître des patrons qui leur permettront d'organiser l'information en vue de prévoir les répercussions des coups qu'ils tenteront afin de battre leur adversaire.

Que font ressortir les recherches récentes sur le transfert des apprentissages ? Premièrement, elles indiquent que le degré de maîtrise de l'apprentissage à transférer constitue le principal facteur qui permet de réussir un transfert. Sans une compréhension adéquate de l'objet d'apprentissage initial, les élèves ne peuvent effectuer le transfert attendu. Cela nous ramène à la phase d'acquisition, dont nous avons traité précédemment, et au concept de représentation qui en constitue l'élément central. La compréhension, qui s'appuie sur la construction d'une représentation adéquate de l'apprentissage réalisé, se révèle être la base du processus de transfert.

Deuxièmement, comme le mentionnent Tardif et Presseau (1998), le transfert dépend également du contexte entourant l'apprentissage initial, contexte qui relève de la façon dont le savoir a été appris. Les recherches nous indiquent que le transfert entre des contextes devient particulièrement difficile quand un sujet est enseigné dans un seul contexte plutôt que dans plusieurs. Toutefois, quand on enseigne le même sujet dans de multiples contextes et qu'on prévoit le recours à des exemples qui montrent de larges possibilités de transposition, les élèves sont plus en mesure d'abstraire les caractéristiques essentielles des concepts à l'étude et de s'en construire une représentation plus flexible.

Dans la foulée des premières recherches de Thorndike, les travaux de Singley et Anderson (1989) sont venus préciser que l'efficacité du transfert entre les tâches est fonction du nombre d'éléments abstraits (cognitifs) que ces tâches ont en commun. Ainsi, nombreuses sont les études qui démontrent combien il est utile d'aider les élèves à se construire une représentation abstraite de leurs expériences, représentation qui transcende les particularités du contexte initial d'apprentissage. Une recherche réalisée par Biederman et Shiffrar (1987) permet d'illustrer cette conclusion de façon frappante. En analysant comment déterminer le sexe de poussins naissants, une tâche particulièrement longue à maîtriser pour des novices, ces deux chercheurs ont été en mesure de déterminer les principes abstraits qui la gouvernent. En enseignant explicitement ensuite ces principes aux novices dans une séance de formation d'une durée de 20 minutes à peine, ils ont réussi à améliorer considérablement leur performance dans la réalisation de cette tâche, qui demande habituellement plusieurs mois d'apprentissage par essais et erreurs.

On peut donc retenir, d'une part, que le transfert est lié à la reconnaissance de ce qui est nécessaire pour passer d'un contexte à l'autre et, d'autre part, que cette reconnaissance, qui ne se produit pas spontanément, est facilitée si les élèves s'y exercent par la réalisation de plusieurs expériences d'apprentissages semblables. Les recherches viennent donc infirmer la conception du transfert selon laquelle l'élève est en mesure de décontextualiser les apprentissages réalisés dans les tâches sources pour les transférer dans des tâches cibles sans aucun soutien de l'enseignant.

Pour obtenir le transfert attendu, il faut donc préparer les élèves. Cette responsabilité revient d'abord à l'enseignant, qui ne peut plus se contenter de dire aux élèves quoi faire et de s'attendre à ce qu'ils sachent, de façon autonome, comment, quand, où et pourquoi le faire dans des contextes différents. Puisque la reconnaissance joue un rôle central dans le processus de recontextualisation d'un apprentissage d'une tâche source à une tâche cible, l'enseignant doit aider les élèves à effectuer cette reconnaissance. Son rôle consiste à provoquer délibérément une réflexion métacognitive à l'aide de l'objectivation ; il favorise ainsi la reconnaissance de ce qui est semblable d'une situation à l'autre. Il préparera aussi les apprenants en leur permettant de réaliser plusieurs tâches similaires.

Parce qu'elle met l'accent sur les processus que l'élève utilise pour effectuer les tâches d'apprentissage, la démarche d'enseignement explicite favorise grandement le transfert.

> En effet, le modèle explicite rend compte à voix haute des questions qu'il [l'élève] se pose pendant l'accomplissement de la tâche. Les élèves ont alors accès non seulement aux questions, mais également au rationnel à la base de la prise de décisions.[…] En présence d'un modèle explicite, les élèves bénéficient donc de l'expertise d'une personne qui rend transparentes les bases de la réutilisation de ses connaissances et de ses compétences. (Tardif et Presseau, 1998, p. 41.)

Cependant, sur quoi au juste s'appuie la reconnaissance que les apprenants doivent effectuer pour réutiliser leurs apprentissages ? La reconnaissance s'effectue sur la base de la représentation que l'élève se construit à partir de ses acquis antérieurs stockés dans sa mémoire à long terme. Or, comme nous l'avons vu précédemment, pour se le rappeler, l'élève doit avoir compris l'apprentissage à effectuer et pour le maintenir en mémoire, il doit l'avoir utilisé au moins quelques fois. L'élève pourra réaliser le transfert attendu en comparant la tâche cible avec des tâches sources semblables à celles qu'il a déjà effectuées, à l'unique condition de se rappeler ces dernières. L'élève effectue le transfert en s'appuyant d'abord sur la reconnaissance, mais il ne pourra reconnaître une tâche qu'il ne se rappelle pas, à moins d'en avoir réalisé de semblables.

Les recherches en sciences cognitives, par le biais des découvertes sur le fonctionnement de la mémoire, nous permettent d'établir des balises indispensables à la compréhension de la dynamique du transfert. La figure 15.4 permet de saisir comment s'effectue le transfert d'un apprentissage. Pour accomplir ce transfert d'un contexte à l'autre, il faut d'abord

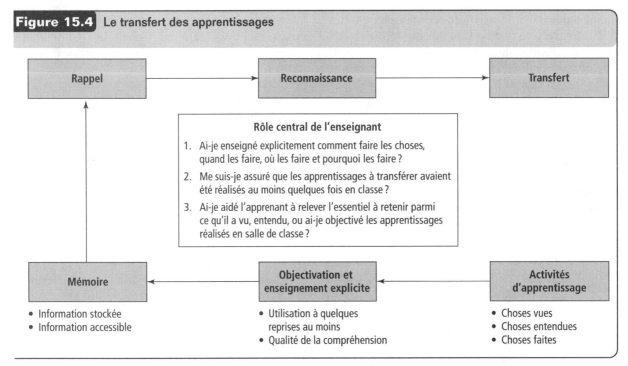

Figure 15.4 Le transfert des apprentissages

Source : Tiré de Bissonnette et Richard (2001, p. 96).

être en mesure de reconnaître l'apprentissage à transférer, c'est-à-dire les connaissances et les stratégies. Pour reconnaître un apprentissage, il faut effectuer le rappel d'un apprentissage semblable en mémoire. Le rappel se fera à partir de ce qui est stocké et accessible en mémoire. Ce qui est placé en mémoire dépend de ce que les apprenants ont compris au départ de ce qu'ils ont vu, entendu ou fait au moment des activités d'apprentissage. Cette compréhension sera maintenue et accessible en mémoire seulement si les apprenants l'utilisent de temps à autre à l'occasion d'apprentissages analogues.

Donc, si les élèves n'effectuent pas le transfert attendu, il faut se poser les trois questions suivantes :

1. Qu'est-ce que les apprenants ont compris de ce qu'ils ont vu, entendu ou fait ?

2. Les apprenants ont-il retenu l'essentiel ?

3. Les apprenants ont-il utilisé ce qu'ils ont appris de façon minimale dans plusieurs tâches semblables afin de le maintenir en mémoire ?

En tant que médiateur ou « facilitateur » du transfert, l'enseignant doit aussi se questionner sur ses interventions pédagogiques (voir au centre de la figure 15.4) :

- Ai-je objectivé les apprentissages réalisés en salle de classe ? Plus particulièrement, ai-je aidé les élèves à cerner l'essentiel à retenir parmi ce qu'ils ont vu, entendu ou fait ?

- Ai-je enseigné explicitement les « comment faire », « quand le faire », « où le faire » et « pourquoi le faire » ?

- Ai-je fait en sorte que les apprentissages à transférer ont été réalisés au moins à quelques reprises en classe ?

Nous avons vu qu'une des voies mémorielles les plus prégnantes est la mémoire épisodique, qui conserve en priorité ce qui a été fait et qui retient le contexte dans lequel l'apprentissage a été effectué. Comme l'indiquent Tardif et Presseau (1998, p. 43) : « Bien que [le contexte] constitue une forme de soutien à l'apprentissage, il représente paradoxalement un obstacle au transfert puisqu'il existe nécessairement des différences entre les contextes. » Étant donné que la reconnaissance d'une tâche à réaliser se fait toujours à partir de ce que les élèves se rappellent, et que ceux-ci retiennent en priorité ce qu'ils ont fait au moment des tâches précédentes, deux conclusions s'imposent sur le plan des interventions pédagogiques. D'une part, la possibilité que les élèves puissent effectuer un transfert dans une tâche cible sans s'être préalablement exercés à faire quelque chose de semblable dans plusieurs tâches sources semble très mince, puisque la reconnaissance s'enclenche d'abord à partir de ce qu'ils ont fait. D'autre part, comme la majeure partie des apprentissages scolaires est d'ordre conceptuel, ce qui sollicite la mémoire sémantique, beaucoup moins prégnante que la mémoire procédurale, les élèves ne pourront reconnaître la nécessité d'utiliser des concepts dans une tâche cible si on ne leur a pas permis d'en prendre conscience explicitement et de les nommer au moyen du langage.

Sans objectivation leur permettant de se construire une représentation adéquate de l'apprentissage et d'y donner un sens de façon à l'intégrer dans les réseaux sémantiques de leur mémoire, les élèves ne se rappelleront, ni ne reconnaîtront ce qu'ils ont fait. Il est donc du ressort de l'enseignant d'effectuer l'objectivation pour permettre à l'élève de circonscrire l'essentiel parmi ce qu'il a vu, entendu et fait à l'occasion des tâches sources afin de s'en servir dans les tâches cibles, où le transfert est attendu.

L'activité métacognitive enclenchée par l'objectivation permet aux élèves de conscientiser et d'extraire du contexte d'apprentissage les connaissances et les stratégies qu'ils ont utilisées. Ils pourront ainsi reconnaître la pertinence de les transférer ultérieurement dans une tâche où elles seront nécessaires. Pour que cela réussisse, l'enseignant doit prévoir, avec les élèves, les possibilités de réinvestissement par des transpositions des apprentissages réalisés dans les tâches sources vers des tâches cibles. C'est à cette seule condition que l'apprentissage sera durable et permanent, parce que, étant accessible, il pourra être l'objet d'un transfert dans des situations subséquentes.

Bref, nous pouvons dire que plusieurs caractéristiques déterminantes de l'apprentissage influencent la capacité des élèves à transférer ce qu'ils ont appris. La quantité, la qualité et le type des tâches sources réalisées pendant l'apprentissage initial représentent des ingrédients clés dans le processus du transfert des savoirs. Quoique le temps consacré à la tâche soit essentiel, il ne garantit pas un apprentissage de qualité. En situation d'apprentissage, le temps qu'on emploie à comprendre a des implications beaucoup plus importantes pour le transfert que celui qu'on utilise à apprendre par cœur des faits ou des procédures provenant de manuels ou de présentations magistrales. La rétroaction régulière permet aux élèves de construire leur compréhension et d'atteindre un degré de maîtrise élevé des apprentissages. Les élèves doivent apprendre à réguler leur processus d'apprentissage et à évaluer les stratégies qu'ils utilisent ainsi que leur degré de compréhension.

Le contexte entourant l'apprentissage est également crucial dans le processus du transfert. Les savoirs enseignés dans un seul contexte sont moins susceptibles de faire l'objet d'un transfert que ceux que l'on applique dans de multiples contextes. L'apprentissage dans des contextes variés, combiné à une objectivation des éléments essentiels à retenir faite par l'enseignant, permet aux élèves de cerner les caractéristiques fondamentales des concepts à apprendre et de se construire ainsi une représentation plus fluide des savoirs à transférer.

Tout nouvel apprentissage implique un transfert. Les connaissances des élèves sur un sujet donné peuvent autant favoriser que limiter les apprentissages ultérieurs. Lorsqu'il repère des connaissances erronées, l'enseignant peut aider les élèves à les corriger en réfléchissant à haute voix afin de rendre visibles les liens nécessaires à la construction d'une compréhension adéquate. De cette façon, on peut permettre aux élèves de se libérer d'une représentation inadéquate face à un problème donné et d'arriver à concevoir la tâche autrement. En outre, il apparaît essentiel d'éviter de limiter les apprentissages des élèves à un contexte unique. Enseigner explicitement aux élèves à choisir, à adapter et à générer des stratégies de résolution de problèmes dans des contextes variés représente une des meilleures façons de faciliter le transfert des apprentissages.

15.6 Le développement de la métacognition

En comparant la performance des novices et celle des experts dans différentes situations de résolution de problèmes, les études en psychologie cognitive ont mis en lumière la capacité particulière des experts à contrôler efficacement leur processus de réalisation des tâches, ce que l'on nomme la métacognition (Bruer, 1993). Celle-ci représente l'habileté à réfléchir sur sa propre pensée, à conscientiser, à contrôler et à superviser les différents processus mentaux utilisés dans le traitement de l'information afin d'assurer leur fonctionnement optimal. Une telle démarche permet à l'individu de prendre conscience de ce qu'il fait, de la façon dont il le fait et des raisons pour lesquelles il le fait. On acquiert une conscience métacognitive grâce à un entraînement à l'observation de son propre fonctionnement cognitif et affectif face à des problèmes divers ; on peut ensuite adopter une conduite réflexive favorisant la régulation des différents processus impliqués dans le traitement de l'information.

Ainsi, la métacognition est au processus d'apprentissage ce qu'un maestro est à un orchestre symphonique. La métacognition se veut le poste de pilotage de tout le processus du traitement de l'information. Pendant la phase d'acquisition, qui vise la compréhension de l'objet d'apprentissage, la phase de rétention, qui assure l'encodage, le stockage et le rappel de l'information dans la mémoire à long terme, et la phase du transfert, où l'on réutilise ce qu'on a appris originalement, la conscience métacognitive agit comme le gestionnaire du traitement de l'information.

On peut aider les élèves à gérer efficacement leur processus d'apprentissage en favorisant le développement de leur métacognition. Il s'agit d'une démarche pendant laquelle on amène l'apprenant à superviser consciemment ce qu'il est en train de faire en comparant les procédés qu'il utilise avec ceux qu'il néglige, et les attitudes qu'il adopte avec celles qu'il n'a pas. Un tel regard réflexif sur les savoir-faire et les savoir-être utilisés en situation d'apprentissage permet d'évaluer la pertinence de ce qu'on fait afin de tirer profit de l'apprentissage réalisé.

Dans le modèle du traitement de l'information de Gagné (1976), l'analyse des stratégies utilisées pour réaliser une tâche correspond au contrôle de l'exécution, tandis que les expectatives représentent les raisons qui guident l'action. Il importe de se rappeler que, selon Gagné, tout le processus du traitement de l'information est sous la gouverne du contrôle d'exécution et des expectatives. C'est par l'entremise de la mémoire à court terme qu'un individu peut, dans toute situation-problème, avoir accès à son langage intérieur pour arriver à la solution. C'est grâce à la conscientisation de son processus de réflexion, qui s'exprime par le langage, qu'un apprenant peut développer sa métacognition.

L'enseignement des stratégies métacognitives fait l'objet de recherches depuis le début des années 1980. Ces études ont démontré qu'il est possible d'améliorer le processus du traitement de l'information des élèves en situation d'apprentissage dans différentes disciplines : résolution de problème en mathématiques, compréhension de texte en lecture, processus de rédaction en situation d'écriture, etc. Si on présente aux élèves des démarches et si on les guide dans leur mise en application, ils peuvent développer leur conscience métacognitive, ce qui leur permettra de mieux gérer leur processus d'apprentissage. Pour ce faire, il faudra dispenser aux élèves un enseignement explicite des stratégies cognitives efficaces afin qu'ils améliorent leur contrôle d'exécution. On pourra aussi leur montrer les conduites à adopter sur le plan affectif pour qu'ils profitent pleinement de toute situation d'apprentissage proposée.

Les travaux de Pressley et de ses collaborateurs (1995) sur la compréhension en lecture ont par exemple permis de mettre en évidence la nécessité d'enseigner aux élèves une stratégie visant à résumer ce qu'ils viennent de lire. En leur apprenant à se poser la question « De qui ou de quoi parle-t-on ? » à la fin d'un texte, ce chercheur a pu démontrer les effets positifs d'un enseignement des stratégies à la base de la métacognition. Le recours à la stratégie cognitive consistant à résumer ce qu'on a lu améliore la compréhension des élèves, car cette stratégie augmente leur degré d'attention au texte et leur permet de réguler leur lecture.

L'enseignement de stratégies cognitives permet à l'élève de contrôler son processus d'apprentissage puisqu'il prend l'habitude, d'une part, de vérifier sa compréhension de l'objet d'apprentissage et, d'autre part, de superviser les différentes façons dont il traite sa compréhension en vue de produire une réponse adaptée à l'environnement. L'élève réfléchit donc sur sa pensée et améliore sa métacognition, car il contrôle l'exécution de ses différents processus mentaux.

La perception de l'élève par rapport aux tâches qu'il doit réaliser influe sur ses processus mentaux. La façon dont l'élève perçoit ce qu'il a à faire, ses capacités à le faire et pourquoi il doit le faire constitue, selon Gagné, le volet « expectatives » du processus de traitement de l'information. Les expectatives de l'élève déterminent les attitudes et les comportements qu'il adopte dans la situation d'apprentissage. Les travaux de Carol Dweck (2000) ont démontré qu'il y a des avantages indéniables à tenir compte de la perception qu'ont les élèves de leur capacité à réaliser des activités d'apprentissage, car cette perception influe directement sur leur degré de motivation, c'est-à-dire sur l'engagement et la persévérance qu'ils manifesteront quand ils exécuteront la tâche.

Dans le cadre de ses recherches, Dweck a constaté qu'en situation d'apprentissage, les élèves ont deux façons de concevoir leur intelligence : l'une statique et l'autre dynamique. D'un côté, les élèves qui tendent à attribuer leurs succès ou leurs échecs scolaires à leur potentiel ou à leur talent naturel acquièrent une conception statique de leur intelligence. Comme ils attribuent les résultats qu'ils obtiennent à des facteurs indépendants de leur volonté, ils considèrent n'avoir que peu de pouvoir (sinon aucun) sur leurs apprentissages. De l'autre côté, les élèves qui croient que leurs résultats scolaires sont tributaires des efforts qu'ils déploient et des stratégies dont ils se servent ont une conception dynamique de leur intelligence, puisqu'ils attribuent leurs réussites ou leurs difficultés à des facteurs qu'ils peuvent contrôler.

De fait, la conception que l'élève a de son intelligence influe directement sur son degré d'engagement dans la tâche. En effet, si l'élève pense qu'il ne dispose pas du talent nécessaire pour réaliser ce qui est demandé en classe et qu'il prévoit un échec, les probabilités qu'il réussisse la tâche sont très faibles. L'échec obtenu vient confirmer la perception qu'il a de lui-même. L'élève s'enferme donc dans un cercle vicieux : moins il considère avoir de talent, plus il échoue, et plus il échoue, moins il croit en son potentiel. Par contre, une conception dynamique de l'intelligence, qui permet à l'élève de croire que toute activité scolaire réussie ou non est tributaire des efforts déployés et des stratégies utilisées, augmente considérablement les probabilités de succès, puisqu'elle vient confirmer à la personne qu'elle a du pouvoir sur ce qu'elle entreprend.

Les expériences menées par Dweck ont également démontré que l'enseignant peut influencer considérablement la façon dont l'élève conçoit son intelligence, par l'entremise de la rétroaction fournie au moment de la réalisation des tâches. L'enseignant qui indique à l'élève performant en mathématiques qu'il réussit grâce à son talent, par exemple, renforce chez lui une conception statique de l'intelligence. Cependant, l'enseignant qui souligne à l'élève que sa réussite en mathématiques relève des efforts qu'il investit et des stratégies dont il se sert le porte à adopter une conception dynamique de son intelligence. Favoriser chez les élèves l'acquisition d'une telle conception de leurs capacités intellectuelles agit directement sur les expectatives qui les guident en situation d'apprentissage. Ce type d'interventions pédagogiques contribue grandement au développement de la métacognition.

Comment enseigner les processus métacognitifs ? L'acquisition d'une conscience métacognitive vise à transférer la prise en charge du processus d'apprentissage de l'enseignant à l'apprenant. Or, ce transfert doit s'effectuer par étapes. Initialement, lorsque l'enseignant rend explicite, par le biais du modelage, son propre langage intérieur pour réaliser une tâche, il amorce chez ses élèves le développement de la métacognition. Graduellement, les élèves deviennent conscients de leur propre langage métacognitif et prennent en charge la démarche proposée avec l'aide de l'enseignant, qui agit comme un entraîneur : c'est la pratique guidée. Au fur et à mesure que les élèves prennent conscience de leur langage intérieur et le raffinent, l'enseignant leur cède la maîtrise de la démarche : c'est la pratique autonome. Les recherches décrivent cette transition entre la situation où l'enseignant dirige la démarche métacognitive et celle où l'élève l'a intériorisée comme un processus d'étayage puis de désétayage (*scaffolding*). On aura reconnu la démarche d'enseignement explicite que nous avons présentée dans la section 15.3. Ce type d'enseignement, en créant un soutien à l'apprentissage puis en l'éliminant graduellement, quand les élèves l'intériorisent, favorise l'élaboration des processus métacognitifs.

Conclusion

Nombreuses sont les réformes actuelles en éducation qui proposent aux enseignants le recours à certaines pratiques pédagogiques s'inspirant indistinctement du cognitivisme et du constructivisme. Cette situation peut engendrer une confusion entre ces deux courants psychologiques qui, somme toute, ont bien peu de choses en commun. Ainsi, le seul point de convergence du cognitivisme et du constructivisme repose sur le fait que l'élève transforme l'information qui provient de l'environnement en l'interprétant et en s'en construisant une représentation symbolique. Cependant, comme les travaux des plus grands spécialistes des sciences cognitives le démontrent (Anderson, Reder et Simon, 1998, 2000 ; Anderson, Simon et Reder, 1996, 1997 ; Anderson et coll., 2000), le cognitivisme se dissocie complètement du constructivisme lorsqu'il propose aux enseignants de :

- jouer uniquement un rôle de facilitateur quand les élèves découvrent leurs apprentissages ;

- recourir massivement à la mise en place de situations d'apprentissage complexes par l'entremise de la pédagogie par projets réalisés en équipe ;

- vérifier les apprentissages des élèves seulement à l'aide d'évaluations formatives, dans des tâches dites authentiques.

À l'instar du béhaviorisme, le cognitivisme s'appuie sur une longue tradition de recherche scientifique, ce que le constructivisme n'est pas en mesure de revendiquer. Or, compte tenu de l'apport du cognitivisme en éducation dans les 30 dernières années, il apparaît souhaitable que se poursuive la validation des études en sciences cognitives en salle de classe, cela dans la perspective de l'élaboration d'un savoir professionnel en enseignement.

À chacune des trois phases du processus d'apprentissage correspondent différentes interventions pédagogiques que l'enseignant peut employer afin d'aider les élèves à comprendre, à retenir et à transférer ce qu'ils apprennent. La phase d'acquisition (phase 1), soit la compréhension de l'apprentissage, est favorisée par un enseignement explicite accompagné d'une supervision et d'un questionnement réguliers appuyés par une rétroaction constante. La pratique répétée et variée, qui vise l'atteinte d'un degré de maîtrise élevé de l'apprentissage puis son automatisation, contribue à l'obtention d'un haut degré de compréhension. La phase de rétention dans la mémoire à long terme (phase 2) s'appuie d'abord sur l'objectivation des apprentissages réalisés. Lorsque l'enseignant prévoit des activités de consolidation et de réinvestissement à réaliser régulièrement en classe, la rétention est améliorée par la fréquence du rappel des apprentissages. Dans la phase du transfert (phase 3), l'enseignant favorise le transfert vertical en établissant une structure où il propose les apprentissages de façon ordonnée, successive et cumulative. En créant des occasions supplémentaires d'enrichissement permettant aux élèves de réinvestir les apprentissages réalisés dans des situations variées, l'enseignant leur fera effectuer des transferts horizontaux. Tout au long des trois phases du processus d'apprentissage, l'enseignement de stratégies cognitives et la mise en place d'interventions pédagogiques soutenant une conception dynamique de l'intelligence permettent aux élèves de développer leurs processus métacognitifs (métacognition).

Tableau 15.1

Tableau récapitulatif: Interventions pédagogiques correspondant à chacune des trois phases du processus d'apprentissage

Phase 1
L'acquisition
Enseignement explicite, supervision et rétroaction.
Maîtrise de l'apprentissage (*mastery learning*).
Surapprentissage: pratique répétée et variée visant l'automatisation.

Phase 2
La rétention
Objectivation.
Consolidation: révision périodique.
Réinvestissement régulier.

Phase 3
Le transfert
Planification des apprentissages: ils doivent être structurés, ordonnés, successifs et cumulatifs (transfert vertical).
Enrichissement: occasions supplémentaires de réinvestir les apprentissages réalisés dans des situations variées (transfert horizontal).

Au cours des trois phases
Le développement de la métacognition
Enseignement de stratégies cognitives.
Interventions pédagogiques appuyant une conception dynamique de l'intelligence.

Questions

1. Quel est le postulat de base sur lequel s'appuient les sciences cognitives?

2. En vous appuyant sur le modèle de Robert Gagné, décrivez sommairement le parcours du traitement de l'information.

3. Définissez les mémoires sémantique et épisodique.

4. Comment les différents types de connaissances sont-ils organisés dans la mémoire à long terme?

5. Expliquez le concept de représentation et son rôle dans le processus d'apprentissage.

6. Pourquoi l'enseignement explicite favorise-t-il l'acquisition du processus d'apprentissage?

7. Décrivez les trois étapes de l'enseignement explicite.

8. Quel est le dénominateur commun des facteurs qui limitent le transfert des apprentissages?

9. Comment la façon dont l'élève conçoit l'intelligence influe-t-elle sur son degré de motivation face aux tâches scolaires?

10. Comment l'enseignement explicite peut-il favoriser le développement de la métacognition chez les élèves?

Bibliographie

ANDERSON, J.R., GREENO, J.G., REDER, L.M., et SIMON, H.A. (2000). « Perspectives on learning, thinking, and activity ». *Educational Researcher*, vol. 29, p. 11-13.

ANDERSON, J.R., REDER, L.M., et SIMON, H. (1998). « Radical constructivism and cognitive psychology », dans D. Ravitch (sous la dir. de). *Brookings Papers on Education Policy 1998*. Washington, D.C. : Brookings Institute Press.

ANDERSON, J.R., REDER, L.M., et SIMON, H.A. (2000). « Applications and misapplications of cognitive psychology to mathematics education ». *Texas Educational Review*, été. <act-r.psy.csmu.edu/papers/misapplied-abs-ja.html>

ANDERSON, J.R., SIMON, H.A., et REDER, L.M. (1996). « Situated learning and education ». *Educational Researcher*, vol. 25, p. 5-11.

ANDERSON, J.R., SIMON, H.A., et REDER, L.M. (1997). « Rejoiner : Situative versus cognitive perspectives : Form versus substance ». *Educational Researcher*, vol. 26, p. 18-21.

BIEDERMAN, I., et SHIFFRAR, M.M. (1987). « Sexing day-old chicks : A case study and expert systems analysis of difficult perceptual-learning task ». *Journal of Experimental Psychology : Learning, Memory and Cognition*, vol. 13, p. 640-645.

BISSONNETTE, S., et RICHARD, M. (2001). *Comment construire des compétences en classe. Des outils pour la réforme*. Montréal : Chenelière/McGraw-Hill.

BRIEN, R. (1991). *Science cognitive et formation*. Sillery, QC : Presses de l'Université du Québec.

BRUER, J.T. (1993). *Schools for Thought*. Cambridge, Mass. : MIT Press.

CRAHAY, M. (1999). *Psychologie de l'éducation*. Paris : Presses universitaires de France.

CRAHAY, M. (2000). *L'école peut-elle être juste et efficace ? De l'égalité des chances à l'égalité des acquis*. Bruxelles : De Boeck Université.

DEMPSTER, F.N. (1991). « Synthesis of research on reviews and tests ». *Educational Leadership*, vol. 48, p. 71-76.

DWECK, C.S. (2000). *Self-Theories. Their Role in Motivation, Personality and Development*. Levittown, Penn. : Psychology Press.

ENGELMANN, S. (1999). « Student-program alignment and teaching to mastery ». Travail présenté à la 25th National Direct Instruction Conference. Eugene, Oreg. : Association for Direct Instruction. <www.studentnet.edu.au/aispd/newsletters/newsletters/archive/term2-01/speced.pdf>

ENGELMANN, S., BECKER, W.C., CARNINE, D., et GERSTEN, R. (1988). « The direct instruction follow through model : Design and outcomes ». *Education and Treatment of Children*, vol. 11, n° 4, p. 303-317.

GAGNÉ, R.M. (1976). *Les principes fondamentaux de l'apprentissage. Application à l'enseignement*. Montréal : Les Éditions HRW.

GAUTHIER, C., DESBIENS, J.F., et MARTINEAU, S. (1999). *Mots de passe pour mieux enseigner*. Sainte-Foy : Presses de l'Université Laval.

GAUTHIER, C., MARTINEAU, S., DESBIENS, J.F., MALO, A., et SIMARD, D. (1997). *Pour une théorie de la pédagogie*. Sainte-Foy : Presses de l'Université Laval.

LEVY, B., et SERVAN-SCHREIBER, E. (1997). *Les secrets de l'intelligence*. Deux cédéroms. Paris : Ubi Soft.

NATIONAL RESEARCH COUNCIL (2000). *How People Learn : Brain, Mind, Experience and School*. Washington, D.C. : National Academy Press.

NEWELL, A., et SIMON, H. (1972). *Human Problem Solving*. Englewood Cliffs, N.J. : Prentice-Hall.

NOISEUX, G. (1997). *Traité de formation à l'enseignement par médiation. Tome 1 : Les compétences du médiateur pour réactualiser sa pratique professionnelle*. Sainte-Foy : MST Éditeur.

NOISEUX, G. (1998). *Traité de formation à l'enseignement par médiation. Tome 2 : Les compétences du médiateur comme expert de la cognition*. Sainte-Foy : MST Éditeur.

PRESSLEY, M., BURKELL, J., CARIGLIA-BULL, T., LYSYNCHUK, L., MCGOLDRICK, J.A., SCHNEIDER, B., SYMONS, S., et WOLOSHYN, V. (1995). *Cognitive Strategy Instruction*. 2e éd. Cambridge, Mass. : Brookline Books.

ROSENSHINE, B.V. (1986). « Synthesis of research on explicit teaching ». *Educational Leadership*, vol. 43, n° 7, p. 60-69.

ROSENSHINE, B.V. (1997). « Advances in research on instruction », dans J.W. Lloyd, E.J. Kameanui et D. Chard (sous la dir. de), *Issues in Educating Students with Disabilities*. Mahwah, N.J. : Lawrence Erlbaum, p. 197-221. <epaa.asu.edu/barak/barak.html>

ROSENSHINE, B.V. (1997). « The case for explicit, teacher-led, cognitive strategy instruction ». Travail présenté à la réunion annuelle de l'American Educational Research Association. Chicago, Ill. <epaa.asu.edu/barak/barak1.html>

ROSENSHINE, B.V. (2002). « Converging findings on classroom instruction », dans A. Molnar, *School Reform Proposals : The Research Evidence*. 22 janvier, Education Policy Studies Laboratory, Arizona State University. <www.asu.edu/educ/epsl/Archives/EPRU%20Archives/epru-rw.htm>

SINGLEY, M.K., et ANDERSON, J.R. (1989). *Transfer of Cognitive Skill*. Cambridge, Mass. : Harvard University Press.

TARDIF, J., et PRESSEAU, A. (1998). « Quelques contributions de la recherche pour favoriser le transfert des apprentissages ». *Vie pédagogique*, n° 108, septembre-octobre, p. 39-44.

THORNDIKE, E.L. (1924). « Mental discipline in high school studies ». *The Journal of Educational Psychology*, vol. 15, p. 1-98.

Chapitre 16

Jean Piaget et le constructivisme en éducation

Marie-Françoise Legendre

Résumé

Ce chapitre et le suivant forment un tout et présentent les perspectives théoriques de deux grands penseurs, Piaget et Vygotsky, qui sont à l'origine des courants constructiviste et socioconstructiviste, lesquels ont tout particulièrement marqué le champ de l'éducation au cours du dernier quart de siècle. La **première section** de chacun de ces deux chapitres rappelle quelques repères historiques et éléments biographiques qui permettent de situer la vision épistémologique de Piaget et la perspective historico-culturelle de Vygotsky dans le contexte socioculturel qui a vu naître ces deux auteurs. Par la suite, nous présentons les idées centrales du constructivisme piagétien. Sur le plan épistémologique, nous décrivons la conception du développement des connaissances de Piaget sous l'angle d'un processus prolongeant, tout en les dépassant, les fonctions adaptatives biologiques. Sur le plan psychologique, nous présentons la conception piagétienne de l'intelligence comme un ensemble d'outils qui s'élaborent graduellement et rendent possible l'acquisition de connaissances de plus en plus abstraites et objectives. Sur le plan éducatif, nous retraçons l'influence morale et humaniste de la pensée de Piaget. Enfin, nous dégageons de cette perspective, qui confère un rôle central aux connaissances et aux outils intellectuels dont dispose l'apprenant, un certain nombre d'implications pour la pédagogie et la didactique.

Les perspectives constructiviste et socioconstructiviste ont acquis une très grande popularité en éducation et elles sont fréquemment évoquées à titre de fondements de divers courants pédagogiques. Un certain nombre d'idées clés y sont généralement associées, dont celle qui donne à l'élève une place centrale dans l'édification de ses propres savoirs et celle qui attribue aux interactions sociales un rôle prépondérant dans l'acquisition de connaissances, notamment en contexte scolaire. Ces perspectives ne sont pourtant pas nouvelles, bien que leur influence en éducation ait été particulièrement importante au cours du dernier quart de siècle. Elles ont en effet marqué la pensée épistémologique, psychologique et pédagogique du XXᵉ siècle, et plusieurs grands noms y sont associés, dont entre autres ceux de Gaston Bachelard, de Thomas Kuhn, d'Edgar Morin et de Gregory Bateson. Bien que le constructivisme et le socioconstructivisme aient eu un effet relativement important sur la pédagogie et la didactique, ils ne sauraient être associés à un modèle d'enseignement particulier. Ces théories, qui concernent essentiellement la manière dont s'élaborent les connaissances et se construisent les instruments de la pensée, ont néanmoins influencé nos conceptions de l'apprentissage général et scolaire. Sans dicter de modèle d'enseignement particulier, elles invitent à porter un autre regard sur le rôle de l'enseignement dans la démarche d'acquisition de nouveaux savoirs par l'élève.

Deux grands noms, Piaget et Vygotsky, respectivement associés au constructivisme et au socioconstructivisme, ont exercé une influence prépondérante sur la recherche en éducation. Cette influence s'est fait sentir dans l'élaboration même de nouveaux programmes scolaires qui s'inscrivent supposément dans une vision socioconstructiviste de l'apprentissage. Aussi est-ce à travers ces deux grands penseurs que nous aborderons, dans ce chapitre et le suivant, les perspectives constructiviste et socioconstructiviste de l'élaboration des connaissances. Pour chacun de ces deux penseurs, nous situerons d'abord leurs théories dans le contexte socioculturel où ils ont évolué. Puis nous aborderons successivement chacune de ces deux grandes perspectives théoriques afin d'en cerner les principales idées et d'en dégager la portée pédagogique ou didactique. Nous relierons également ces deux grandes visions à certaines approches contemporaines, afin de décrire le socioconstructivisme aujourd'hui et sa portée générale en éducation.

Rappelons que **Piaget** et **Vygotsky** sont contemporains puisqu'ils sont nés exactement la même année, soit en 1896. Mais tandis que la carrière de Vygotsky est brusquement interrompue par une mort prématurée, celle de Piaget s'étend sur plus d'un demi-siècle. En outre, si les travaux de Piaget ont pu être portés à la connaissance de Vygotsky, qui a d'ailleurs émis certaines critiques à leur endroit, ceux de Vygotsky n'ont été accessibles en Occident que très tardivement en raison de l'interdit dont il ont été l'objet pendant le régime stalinien et, de nombreuses années plus tard, durant la guerre froide. Enfin, bien que Vygotsky ait eu accès aux travaux de Piaget, sa mort prématurée ne lui a permis de connaître que les tout premiers. Le Piaget lu et commenté par Vygotsky n'est donc pas celui que nous connaissons aujourd'hui, les écrits les plus significatifs de cet auteur

lui étant postérieurs. Quant à Piaget, c'est plusieurs années après leur parution qu'il a pu prendre connaissance aussi bien des travaux de Vygotsky que de la lecture critique que celui-ci avait faite de ses propres travaux. Dans **les lignes qui suivent**, nous tracerons quelques repères historiques et éléments biographiques permettant de mieux comprendre les aspects centraux autour desquels s'articule la perspective épistémologique de Piaget. Nous reprendrons la même tâche dans **le chapitre suivant** à propos de l'approche historico-culturelle de Vygotsky. Nous verrons que les contextes socioculturels dans lesquels ces deux grands penseurs ont élaboré leurs idées sont certes différents, ce qui a eu un effet sur leurs théories respectives. Mais, en dépit d'un certain nombre de divergences, ils demeurent épistémologiquement apparentés, leurs théories développementalistes et résolument cognitivistes présentant de nombreuses convergences.

16.1 Jean Piaget (1896-1980)

Piaget naît le 9 août 1896 à Neuchâtel, petite ville suisse et capitale du canton de Neuchâtel. Aîné de trois enfants (un garçon et deux filles), il appartient à une famille de tradition morale, intellectuelle et sociale propre à une certaine éthique protestante française de la fin du XIXe siècle. Sa mère Rebbeca est une ardente protestante qui ne craint pas d'afficher ses opinions politiques et religieuses. C'est une femme intelligente et dotée d'un fort caractère à laquelle Piaget attribue, dans son autobiographie, un tempérament quelque peu névrotique. Le père de Jean, Arthur Piaget, est agnostique. Intellectuel brillant, large d'esprit et non conformiste, il fut un savant de renommée internationale. Premier recteur de l'Université de Neuchâtel, il est nommé directeur des Archives de l'État en 1899 et devient historien du canton de Neuchâtel. Sa pensée libérale et son indépendance d'esprit exerceront une grande influence sur son fils.

Jean Piaget

Dès l'école primaire, le jeune Piaget se montre un excellent élève. Lorsqu'il entre au Collège latin à l'âge de 11 ans pour y poursuivre ses études secondaires, il manifeste déjà un goût prononcé pour l'histoire naturelle. Paul Godet, spécialiste de la taxinomie malacologique et directeur du Musée d'histoire naturelle de Neuchâtel, l'initiera au monde des sciences naturelles et aura sur lui une profonde influence. Après ses études secondaires, Piaget fréquente le gymnase cantonal où il obtient son baccalauréat ès lettres en 1915. Plusieurs de ses maîtres furent des personnalités importantes de la vie scientifique d'alors qui marquèrent le jeune Piaget. Naturaliste précoce, il est déjà reconnu comme spécialiste de la classification des mollusques lorsqu'il adhère, à l'âge de 15 ans, au club « Les Amis de la Nature ». Au cours de son adolescence, il a également des préoccupations d'ordre moral et philosophique et découvre, grâce à la lecture de *L'évolution créatrice* de Bergson, la philosophie et le principe même de toute son œuvre : l'idée qu'une théorie de la connaissance est inséparable d'une théorie de la vie.

En 1915, Piaget s'inscrit à la Faculté des sciences de l'Université de Neuchâtel, qu'il ne fréquentera que pendant cinq semestres. Il obtient, en 1917, le prix Léon-Du Pasquier décerné par la Société académique, organisme indépendant de l'université fondé en 1889, qui organise un concours récompensant les meilleurs travaux d'étudiants. Son travail, intitulé « Réalisme et nominalisme d'après les sciences de la vie », englobe des connaissances aussi bien malacologiques que philosophiques et psychologiques. En 1918, il fait une demande de reconnaissance de son titre en sciences au conseil de la Faculté des lettres afin de pouvoir se présenter au doctorat en philosophie et obtient l'équivalence un an plus tard. Bien que le sujet de sa thèse, intitulée *Essai sur le jugement de valeur et la méthode biologique dans les sciences de l'esprit*, soit accepté, Piaget n'ira pas au bout de son projet de philosophie. Cet épisode imprimera toutefois une direction à sa carrière. À l'automne 1919, il se rend à Paris pour suivre un enseignement en psychologie, en logique et en philosophie des sciences, notamment avec Émile Meyerson et Léon Brunschvicg. Il participe également à des recherches réalisées au laboratoire de psychologie de l'enfant créé par Binet. C'est en 1921 qu'il obtient le grade de docteur ès sciences avec une thèse sur les mollusques intitulée *Introduction à la malacologie valaisanne*. Au cours de cette même année, il s'installe à Genève, ayant accepté d'occuper le poste de chef de travaux de l'Institut Jean-Jacques Rousseau que lui offre Claparède, alors directeur de cet institut. Quatre grandes étapes vont marquer sa longue carrière, riche et diversifiée.

La première période (1920-1935) se caractérise par un ensemble de travaux sur la pensée enfantine qui donneront lieu à la publication de plusieurs ouvrages portant notamment sur le langage, les échanges sociaux entre enfants et leurs relations avec l'intelligence logique et représentative. Piaget met en évidence, chez l'enfant, le caractère égocentrique de la pensée et une socialisation progressive qui conduit à la pensée logique et objective. C'est essentiellement à ces travaux qu'aura accès Vygotsky. Tout en effectuant ses recherches en psychologie de l'enfant, Piaget va enseigner la psychologie et la philosophie des sciences à l'Université de Neuchâtel ainsi que la sociologie à l'Institut de sciences sociales. Il est nommé directeur du Bureau international d'éducation (BIE) en 1929, et il devient codirecteur de l'Institut Jean-Jacques Rousseau en 1932, aux côtés de Bovet et de Claparède.

Au cours de la deuxième période (1935-1955), Piaget concentre ses travaux sur la psychologie et l'épistémologie génétiques, de même que sur la logique, conçue comme un instrument permettant de modéliser les structures de la pensée. À partir de ses nombreux travaux sur le développement des structures de la pensée naturelle, il met en évidence les grandes étapes du développement de l'intelligence.

Parallèlement à ses études en psychologie génétique, il poursuit ses réflexions épistémologiques et élabore son épistémologie constructiviste. En 1950, il publie les trois volumes de son *Introduction à l'épistémologie génétique*, consacrés respectivement à la pensée mathématique, physique et biologique, psychologique et sociologique.

L'année 1955 marque, avec la création du Centre international d'épistémologie génétique (CIEG), le début d'une troisième période (1955-1965) dans laquelle l'épistémologie génétique est au cœur des recherches menées par Piaget en collaboration avec des scientifiques de tous horizons. Ce Centre regroupe en effet non seulement des psychologues, mais également des philosophes, des logiciens, des biologistes, des mathématiciens et des cybernéticiens. C'est d'ailleurs au cours de cette période que Piaget prend connaissance des travaux sur l'intelligence artificielle.

Les 15 années de la quatrième période (1965-1980) ne seront pas moins prolifiques que les précédentes. Piaget crée son modèle constructiviste, établissant des similarités fonctionnelles entre les mécanismes d'adaptation biologique en jeu dans l'évolution des formes vivantes et les processus intervenant dans l'acquisition des connaissances. Ce modèle, qu'il expose dans son ouvrage intitulé *L'équilibration des structures cognitives*, paru en 1975, constitue une synthèse intégratrice de l'ensemble de son œuvre. À cet ouvrage clé succéderont d'autres écrits sur les processus impliqués dans la construction des connaissances, de même qu'un livre sur les mécanismes communs à la psychogenèse et à l'histoire des sciences, rédigé en collaboration avec le physicien Rolando Garcia et qui paraît trois ans après sa mort. Piaget décède en 1980, à l'âge de 84 ans.

Considéré par beaucoup comme le plus grand psychologue du XXe siècle, Piaget fut d'abord et avant tout un épistémologue, biologiste de formation, qui s'est tourné vers l'étude de la connaissance dans le but de fournir une explication biologique des formes de cette dernière. Bien que ses travaux sur le développement de l'enfant occupent une part considérable de son œuvre, la psychologie génétique ne représentait pour lui que l'une des méthodes privilégiées d'une épistémologie qui se voulait scientifique. Par ailleurs, s'il s'est peu préoccupé de pédagogie et n'a pas élaboré de théorie de l'enseignement, sa pensée éducative, qui concerne tout particulièrement l'éducation morale, internationale et à la citoyenneté, représente une partie non négligeable de ses écrits. Directeur pendant près de 40 ans (de 1929 à 1968) du Bureau international d'éducation (BIE), il s'est intéressé au rôle de l'école dans la formation morale et intellectuelle de la personne. Son œuvre demeure encore aujourd'hui une référence incontournable tant pour la pédagogie que pour la didactique.

16.2 La perspective épistémologique de Piaget

Piaget est d'abord connu comme psychologue dont les travaux ont mis en évidence les grandes étapes du développement de l'intelligence. Mais il convient de rappeler qu'il n'est psychologue que par méthode et que ses nombreuses études sur l'élaboration de la pensée s'enracinent dans une réflexion épistémologique sur la nature même de la connaissance. Il se préoccupe fondamentalement de comprendre comment s'accroissent les connaissances et par quels processus ces dernières passent d'un niveau de complexité à l'autre. Considérant la connaissance non comme un état mais comme un processus d'adaptation en constant changement, il se propose de l'aborder sous l'angle de son développement, c'est-à-dire comme un « processus dont on ne saurait atteindre ni le commencement absolu, ni la fin » (1950a, p. 18). Piaget va donc chercher à retracer, dans la formation graduelle de la pensée chez l'enfant, les grands processus qui président à l'évolution des savoirs. Aussi est-ce dans la problématique générale du devenir de la connaissance que s'inscrit l'étude du développement de l'intelligence. Ainsi, on ne peut saisir la véritable portée des travaux piagétiens dans le domaine de la psychologie du développement qu'en les resituant dans le contexte plus large de son épistémologie constructiviste, dont ils ne représentent qu'une composante.

16.2.1 Piaget, héritier de Descartes et de Kant

L'épistémologie constructiviste de Piaget se situe dans le prolongement du rationalisme cartésien, que

l'on considère comme le point de départ de l'épistémologie moderne, mais surtout du rationalisme kantien. En effet, pour Piaget comme pour Kant, il existe des structures de connaissances (ou catégories de la pensée), grâce auxquelles nous organisons les données de l'expérience. Causalité, espace, temps représentent ainsi des catégories universelles de l'entendement que nous imposons à l'expérience et à l'aide desquelles nous organisons nos connaissances. Mais tandis que ces structures sont, pour Kant, à la fois universelles et intemporelles, Piaget les envisage sous l'angle de leur genèse. Il considère qu'elles n'existent pas d'emblée sous une forme entièrement constituée, mais sont le résultat d'un processus de construction graduel, lui-même lié à l'adaptation continuelle du sujet à la réalité à connaître. Les structures de connaissances à l'aide desquelles nous appréhendons les objets ne sont donc pas innées et immuables, mais en évolution et toujours ouvertes à de nouvelles constructions. Ainsi, pour Piaget, la logique rationnelle et déductive qui caractérise la pensée scientifique et mathématique n'est pas innée. Elle résulte d'une construction qui prend sa source dans les coordinations générales de l'action caractérisant l'intelligence à ses débuts. C'est précisément à cette genèse progressive de la pensée logico-mathématique que va s'attarder Piaget en étudiant l'élaboration des structures de l'intelligence chez l'enfant.

Cette perspective épistémologique implique un dépassement de l'opposition traditionnelle entre le rationalisme et l'empirisme, l'inné et l'acquis, le sujet et l'objet, au profit d'une interaction constructive entre ces deux pôles. En effet, la position aprioriste ou rationaliste situe l'origine de la connaissance dans les structures *a priori* du sujet, qui organisent le réel en l'appréhendant. Cette position néglige ainsi l'apport de l'objet et postule une sorte d'harmonie préétablie entre les structures de la connaissance et cet objet à connaître. À l'inverse, la position empiriste fait dériver toute connaissance de l'expérience, qu'elle réduit à l'enregistrement passif de propriétés déjà organisées dans l'objet, négligeant de ce fait le rôle du sujet. Héritier du rationalisme kantien, Piaget adopte une position intermédiaire entre apriorisme et empirisme, et entre rationalisme et réalisme, puisqu'il considère que les connaissances ne sont issues ni du sujet seul (position aprioriste) ni de l'objet seul (position empiriste) mais résultent de leur interaction constructive. Celle-ci implique à la fois l'action du sujet sur le réel, ce qui se traduit par l'**assimilation** des objets aux schèmes et aux structures de l'action et de la pensée, et l'action du réel sur le sujet, ce qui se traduit par l'**accommodation** des schèmes aux objets. Piaget reconnaît, comme Kant, le rôle actif que joue la pensée dans la structuration de l'expérience et l'impossibilité que cette dernière soit « pure », c'est-à-dire qu'il y ait un contact direct et immédiat avec l'objet. Cependant, il n'envisage pas les structures de la connaissance sous une forme statique et achevée mais sous l'angle d'un processus dynamique et évolutif. D'où cette idée que le sujet construit activement ses connaissances plutôt que de les recevoir passivement du dehors. Voici la façon dont Piaget lui-même définit cette perspective épistémologique :

> La position constructiviste ou dialectique consiste [...] en son principe même, à considérer la connaissance comme liée à une action qui modifie l'objet et qui ne l'atteint donc qu'à travers les transformations introduites par cette action. (1967b, p. 1244.)

16.2.2 La connaissance : un processus adaptatif et évolutif

Dans la perspective constructiviste de Piaget, l'accroissement des connaissances ne saurait se réduire à un processus purement additif ou cumulatif puisqu'il implique toujours, à des degrés divers, une restructuration de ce que la personne sait déjà, qui implique elle-même une réorganisation de la pensée. Comme Piaget est biologiste de formation, c'est sous l'angle d'une transformation cognitive, prolongeant l'adaptation de l'organisme à son milieu, qu'il aborde la problématique épistémologique de l'évolution des connaissances. Postulant l'existence d'une certaine continuité entre la vie et la pensée, il va chercher à élaborer une théorie de l'évolution des formes de l'intelligence qui soit en conformité avec une théorie biologique de l'évolution des formes du vivant. Il ne s'agit pas de réduire le cognitif au biologique mais d'établir un certain nombre d'analogies entre les processus adaptatifs qui président à l'évolution des structures de la pensée et les mécanismes d'adaptation en jeu dans l'évolution des organismes vivants. Considérant l'organisme biologique comme le point de départ du sujet connaissant, il envisage l'élaboration des connaissances sous l'angle d'un processus d'adaptation cognitive qui prolonge, tout en la dépassant, l'adaptation biologique de l'organisme à son milieu. C'est à des notions issues de la biologie, telles que l'**adaptation**, l'**organisation**, l'**assimilation**, l'**accommodation**, l'**équilibre** et l'**équilibration**, qu'il fera appel pour expliquer la transformation graduelle des structures de l'action et de la pensée au cours de leur développement. Cette transformation lui apparaît en effet analogue à l'évolution des formes du vivant puisqu'il s'agit, dans un cas comme dans l'autre, d'une modification graduelle de formes ou de structures permettant d'accroître les échanges adaptatifs avec le milieu.

Ainsi, tout comme l'évolution biologique des formes du vivant conduit à leur adaptabilité croissante à l'environnement, l'évolution des structures de la pensée se traduit par une augmentation de la capacité d'adaptation à la réalité à connaître. Or, ces progrès dans l'adaptation sont toujours solidaires de transformations dans l'organisation. Piaget fait donc correspondre à différentes formes d'adaptation divers modes d'organisation. À l'accroissement de l'adaptation-survie, inhérente aux fonctions mêmes de l'organisme biologique, correspond l'évolution des structures des organismes biologiques. À l'accroissement de l'adaptation praxique ou cognitive, caractérisée par le passage d'activités élémentaires à des conduites intellectuelles de plus en plus élaborées, correspond une transformation des structures de l'action et de la pensée. Tout en se situant dans le prolongement de l'adaptation biologique dont elle dérive, l'adaptation cognitive s'avère néanmoins qualitativement différente de celle-ci, dans la mesure où elle permet à la personne d'atteindre des niveaux adaptatifs inaccessibles à l'échelle strictement biologique. Les processus cognitifs apparaissent ainsi à la fois comme « la résultante des processus autorégulateurs généraux de l'organisation vivante » (Piaget, 1967a, p. 170) et comme « les organes spécialisés de la régulation dans les échanges avec le milieu » (*ibid.*), puisqu'ils rendent possible, non pas simplement l'adaptation de l'organisme à son environnement, mais l'adaptation des structures de la pensée à la réalité à connaître, autrement dit ce que Piaget appelle « l'adéquation des structures logico-mathématiques de la pensée au réel » (*ibid.*).

16.2.3 L'évolution des connaissances : deux grands niveaux

Pour comprendre la nature des processus en jeu dans l'évolution des connaissances, Piaget considère essentiel d'en étudier le développement aux niveaux individuel et collectif. Le premier niveau est celui de la psychogenèse des connaissances, qui retrace la genèse des notions ou catégories essentielles de la pensée en étudiant le développement intellectuel de l'individu, de la naissance à l'âge adulte. Cette étude fait appel à la méthode psychogénétique, qui consiste à utiliser la psychologie de l'enfant pour répondre à des questions d'ordre épistémologique concernant, notamment, le rôle des activités du sujet dans le processus d'élaboration des connaissances. Le second niveau est celui de la sociogenèse des connaissances, qui correspond à l'étude du développement sociohistorique des connaissances scientifiques et de leur transmission culturelle. Cette étude fait appel à la méthode historico-critique, qui s'intéresse à la formation, au cours de l'histoire, des notions progressivement élaborées par la pensée scientifique. Ces deux niveaux d'étude sont susceptibles de s'éclairer mutuellement, car le premier permet de comprendre les conditions psychologiques de formation des connaissances élémentaires, tandis que le second aide à connaître les paliers supérieurs de la pensée, c'est-à-dire les notions construites et utilisées par une pensée déjà élaborée, celle des savants eux-mêmes. Piaget insiste sur la complémentarité des méthodes psychogénétique et historico-critique. Il croit que la psychologie génétique (ou étude de la formation des connaissances chez l'enfant) est une méthode clé de l'épistémologie scientifique, au même titre que l'étude historico-critique.

Le parallélisme avec la biologie se poursuit donc. Tout comme il y a lieu de distinguer à l'échelle biologique deux grands niveaux d'évolution, celui de l'ontogenèse (formation graduelle de l'organisme) et celui de la phylogenèse (ou évolution des organismes vivants), il convient de distinguer les grands niveaux ontogénétique et phylogénétique dans le développement des connaissances. Piaget va chercher à établir des liens de parenté et de continuité entre ces deux niveaux, qui correspondent respectivement au développement de l'intelligence (ou formation graduelle des structures de la pensée) et à l'évolution des connaissances scientifiques. Ainsi, de même que l'adaptation cognitive prolonge l'adaptation biologique tout en la dépassant, le développement sociohistorique prolonge, tout en allant plus loin qu'elles, les formes de connaissance élaborées à l'échelle psychogénétique. Si les connaissances construites par la pensée scientifique au cours de son évolution sont certes plus riches et plus complexes que celles que l'individu élabore au cours de son développement, elles n'en constituent pas moins le prolongement. Elles les prolongent d'abord dans la mesure où elles procèdent des mêmes mécanismes généraux de formation. Ces mécanismes permettent au sujet, pour l'essentiel, de passer d'un état d'équilibre à l'autre, chaque niveau étant supérieur au précédent, en surmontant les déséquilibres qu'engendrent ses interactions avec les objets sur lesquels porte son activité. Les connaissances de la pensée scientifique prolongent aussi celles que l'individu acquiert de sa croissance du fait que l'on trouve, dans l'évolution phylogénétique ou sociohistorique de la connaissance, les deux grandes directions du développement déjà amorcées au cours de l'ontogenèse. Ces deux directions sont la conquête de l'objectivité, liée à l'adaptabilité croissante des processus cognitifs à la réalité à connaître, et l'évolution de la raison, que reflète la cohérence toujours plus grande des structures de la pensée.

16.3 La psychologie piagétienne

Piaget désire comprendre comment l'enfant construit ses connaissances en interagissant avec son environnement ; il va donc aborder l'étude de l'intelligence dans une perspective très différente de celle de ses contemporains. Il considère l'intelligence non comme une faculté innée mais comme un processus adaptatif en constante évolution ; il va ainsi chercher à comprendre comment elle se développe progressivement dans l'effort du sujet pour connaître. Piaget ne s'intéresse donc ni à la mesure de l'intelligence ni aux différences individuelles, mais il s'efforce plutôt de mettre en évidence ce qu'il y a de commun à tous les sujets d'un même niveau de développement, autrement dit au « sujet épistémique » ou sujet qui connaît. Ces éléments communs, ce sont les outils dont dispose l'enfant à différentes étapes de son développement pour appréhender les objets et interagir avec son environnement. Quels sont ces outils, par quels processus sont-ils appelés à se développer et qu'est-ce qui caractérise leur évolution ? Telles sont les principales questions auxquelles Piaget va tenter de répondre en étudiant le développement de l'intelligence chez l'enfant, c'est-à-dire en cherchant à retracer la genèse progressive de la pensée logico-mathématique à partir du capital de coordination générale des actions dont dispose l'enfant à sa naissance.

16.3.1 L'intelligence : des outils en construction et non une faculté innée

L'intelligence représente pour Piaget l'ensemble des outils dont nous nous servons pour connaître et pour apprendre. Ces outils de connaissance ne sont autres que les actions, initialement pratiques puis graduellement intériorisées sous forme d'opérations, par lesquelles nous sommes en relation avec les objets et que Piaget appelle **schèmes d'assimilation**. Leur développement va se traduire par la construction des structures opératoires de l'intelligence, d'abord sensorimotrices (intelligence pratique), puis représentatives. L'évolution de ces structures va s'effectuer en trois grandes étapes respectivement associées à : 1) la pensée préopératoire, d'abord symbolique puis intuitive, qui marque l'avènement de la représentation, le développement du langage et l'intériorisation graduelle de l'action ; 2) la pensée opératoire concrète, caractérisée par l'élaboration d'opérations logiques et déductives ; 3) la pensée opératoire formelle, qui fait appel à une logique propositionnelle et hypothético-déductive. Ces structures de l'intelligence s'élaborent graduellement en un certain nombre de stades et de périodes de développement. C'est ainsi que la pensée logique et rationnelle grâce à laquelle nous parvenons à élaborer des connaissances objectives repose sur des structures logico-mathématiques de la pensée. De telles structures ne sont pas préformées chez le sujet (position apriroriste), elles ne sont pas davantage abstraites des objets (position empiriste). Elles sont graduellement construites à partir des actions du sujet et de leurs résultats sur l'objet. Ces structures ont leur source dans les coordinations générales de l'action (ou schèmes d'action), qui, en s'intériorisant, vont se transformer en opérations logiques et déductives. Il s'agit donc d'en retracer la genèse au cours du développement individuel, à partir des premières actions que l'enfant parvient à effectuer sur les objets.

Les nombreuses observations réalisées par Piaget sur ses propres enfants entre l'âge de zéro et deux ans, de même que les entretiens cliniques menés par ses nombreux collaborateurs auprès d'enfants de différents âges à l'aide d'ingénieux dispositifs, ont amené le chercheur à mettre en évidence les grandes étapes du développement de l'intelligence que sont : l'intelligence sensorimotrice, la pensée symbolique puis intuitive, la pensée opératoire concrète et la pensée opératoire formelle. Chacune de ces étapes est caractérisée par un certain nombre d'opérations interreliées et interdépendantes qui sont constitutives pour Piaget des structures de connaissance à l'aide desquelles nous appréhendons le monde qui nous entoure. Le passage de l'intelligence sensorimotrice à la pensée symbolique et intuitive, puis à la pensée opératoire d'abord concrète et enfin formelle, marque une transformation graduelle des structures de l'action et de la pensée, qui modifie la nature des interactions du sujet avec l'objet et rend possibles des connaissances de plus en plus riches, complexes et diversifiées. C'est dire que toute connaissance relative au monde extérieur est fonction des opérations que nous sommes en mesure d'effectuer, mais également de notre capacité à prendre conscience de nos propres actions à partir de leurs résultats sur l'objet. D'où cette idée centrale du rôle éminemment actif que joue le sujet dans l'élaboration de ses connaissances, puisque nous ne pouvons connaître les objets et le monde qui nous entoure que par les opérations, réelles ou symboliques, que nous effectuons sur eux. Ainsi, être actif ne se limite pas à manipuler concrètement des objets. On peut aussi être intellectuellement actif, autrement dit manipuler les objets en pensée à l'aide d'opérations mentales et établir de multiples relations tant entre les objets qu'entre les opérations elles-mêmes.

16.3.2 Les principaux facteurs et processus en jeu dans le développement de l'intelligence

Piaget reconnaît l'influence qu'exercent sur le développement divers facteurs tels que : la maturation organique ; l'exercice des schèmes et l'expérience que le sujet acquiert en interagissant avec la réalité physique ; la transmission sociale et éducative. Il accorde toutefois un rôle central au facteur d'**équilibration** en tant que processus de construction interne, mais non héréditaire, auquel sont subordonnés tous les autres facteurs. Certes, le développement est sous l'influence des facteurs d'hérédité et d'adaptation biologique propres à l'espèce telle la **maturation physiologique** et **neuropsychique**. Mais il ne se réduit pas pour autant à un processus purement endogène, imperméable à toute influence externe. Il est également lié à l'impact de l'environnement physique et social, source d'**expériences variées**. Piaget prend soin, toutefois, de distinguer l'**expérience physique** et l'**expérience logico-mathématique**, subordonnant la première à la seconde. L'**expérience physique** consiste à abstraire des connaissances à partir des objets (par exemple ses propriétés physiques). Elle est constamment sous la dépendance des actions, c'est-à-dire des outils dont dispose le sujet pour connaître. L'**expérience logico-mathématique** renvoie aux connaissances que le sujet tire de sa propre activité en prenant conscience de celle-ci et des modifications qu'elle impose aux objets. Par conséquent, si l'expérience physique ou empirique et les apprentissages qui en résultent jouent un rôle important dans le développement, puisque les structures de la pensée ne se construisent pas à vide mais grâce à leur activité sur les objets, ce type d'expériences demeure toujours dépendant des outils de connaissances logico-mathématiques dont dispose le sujet, autrement dit des actions et structures de connaissance à l'aide desquelles il appréhende son environnement. Quant à la **transmission sociale et éducative**, elle joue un rôle nécessaire mais non suffisant puisque son influence est elle-même soumise au processus de développement spontané de l'intelligence, qui n'est autre qu'une **équilibration progressive**.

C'est en effet le **processus de l'équilibration** qui constitue pour Piaget le facteur clé du développement. Ce processus repose sur l'alternance continuelle de l'assimilation et de l'accommodation, des interactions et des constructions qui engendrent une modification graduelle des structures de l'action et de la pensée, ce qui permet d'accroître les pouvoirs adaptatifs du sujet, donc sa capacité d'échange avec l'environnement. L'équilibration consiste essentiellement dans le passage d'un état d'équilibre à l'autre, ce dernier étant supérieur au précédent (notion d'**équilibration majorante**). Le sujet passe ainsi par de multiples étapes d'équilibre et de déséquilibre.

Les déséquilibres sont provoqués par l'exercice plus ou moins approprié des schèmes qui tendent à être adoptés au-delà des limites à l'intérieur desquelles ils s'avèrent fonctionnels. Il y a rééquilibration quand le sujet effectue des changements actifs qui ont pour effet de modifier ses schèmes initiaux et de remédier aux lacunes et aux insuffisances de leur pouvoir d'adaptation. Bref, le développement ne se réduit pas à un simple phénomène de maturation, puisqu'il implique de continuels échanges avec le milieu. Il obéit néanmoins à certains processus qui imposent des limites à l'influence des facteurs externes, en ce sens que l'on ne peut apprendre n'importe quoi à tout moment. Il existe donc des processus de développement naturels soumis à une équilibration progressive et qui ne peuvent être modifiés ou indûment accélérés par des facteurs de transmission sociale ou éducative. Nous verrons que cette vision du processus de l'équilibration comme facteur clé du développement comporte des incidences sur la manière dont l'intervention éducative peut influer sur les processus d'apprentissage, notamment en contexte scolaire.

16.3.3 L'acquisition des connaissances et la formation de la pensée

Les distinctions et relations établies par Piaget entre deux grands types de connaissances, soit les **connaissances physiques**, relatives au monde extérieur, et les **connaissances logico-mathématiques**, relatives à nos propres opérations sur le réel, peuvent aider à comprendre les rapports d'interdépendance qui existent entre l'acquisition des connaissances et la formation de la pensée. Si cette dernière détermine en partie ce que l'enfant est capable d'apprendre aux différentes étapes de son développement, les nombreux apprentissages qui découlent de l'utilisation même des schèmes d'assimilation contribuent en retour au développement de la pensée. En d'autres termes, les connaissances logico-mathématiques, qui procèdent d'une démarche d'abstraction réflexive, et les connaissances physiques, qui relèvent d'une démarche d'abstraction simple ou empirique, vont s'élaborer en fonction les unes des autres. Les premières correspondent aux structures de l'intelligence et de la connaissance, autrement dit aux outils dont nous nous servons pour connaître le réel. Ces outils se constituent graduellement quand nous prenons conscience de la façon dont nous agissons sur le réel. Les secondes renvoient plutôt aux savoirs acquis à l'aide de ces outils, soit aux connaissances que nous parvenons à abstraire de notre environnement. Or, il existe entre ces types de connaissances des liens d'interdépendance puisque, d'une part, l'intelligence ne se développe pas à vide mais dans l'effort du sujet pour comprendre et que, d'autre part, toute connaissance est sous la dépendance des outils intellectuels dont dispose le sujet pour appréhender son environnement. Aussi est-ce dans l'effort du sujet pour assimiler sans cesse de nouvelles connaissances que l'intelligence se développe et, réciproquement, c'est parce que l'intelligence se développe qu'elle permet l'acquisition de connaissances qui n'étaient pas accessibles aux étapes antérieures.

Dans cette perspective, on ne saurait dissocier l'acquisition des connaissances et la mobilisation des démarches de pensée. En effet, on ne peut apprendre, construire de nouveaux savoirs qu'en prenant appui sur les connaissances déjà acquises et sur les outils intellectuels dont on dispose pour assimiler de nouveaux objets d'apprentissage. C'est pourquoi il importe de solliciter l'activité cognitive de l'apprenant en l'amenant à mobiliser ses ressources intellectuelles. Mais, en retour, l'apprenant ne peut développer ses outils cognitifs et élaborer de nouvelles structures de connaissances que dans la mesure où il fait face, à travers leur usage, aux limites qu'ils présentent. Aussi est-ce dans son effort pour apprendre, pour assimiler de nouvelles connaissances que l'apprenant sera amené à prendre conscience de ses démarches de pensée, à en évaluer la portée et les limites, et à se créer de nouveaux outils. D'où l'intérêt de lui donner des défis à sa mesure et de l'amener à remettre en question ses propres connaissances. Il existe ainsi d'étroites relations entre l'acquisition des connaissances et le développement de la pensée, entre l'apprentissage de nouveaux savoirs et l'élaboration de nouveaux outils de raisonnement. L'acquisition des connaissances et le développement de la pensée participent tous deux d'un même processus d'équilibration en vertu duquel les connaissances, qu'elles soient de nature physique ou logico-mathématique, se construisent lorsque le sujet surmonte graduellement les déséquilibres qui naissent de ses interactions avec l'environnement aussi bien social que physique ainsi que de l'alternance continuelle des processus d'assimilation

(incorporation des objets aux schèmes) et d'accommodation (adaptation des schèmes aux objets).

16.4 La pensée éducative de Piaget

Piaget ne s'est jamais défini comme un pédagogue et a toujours prétendu ne pas vouloir intervenir en ce domaine. Cela ne l'a toutefois pas empêché d'avoir une opinion en matière de pédagogie, comme en témoignent les nombreux textes qu'il rédigea sur le sujet entre 1930 et 1977. À titre de directeur du Bureau international d'éducation (BIE), un centre d'éducation comparée, il s'est en effet trouvé au cœur de la réflexion éducative et des réformes de l'enseignement marquées par le courant de l'éducation nouvelle et l'essor des méthodes actives. Si la réflexion pédagogique n'est certes pas centrale dans son œuvre, elle a néanmoins accompagné sa démarche épistémologique. C'est pourquoi, en plus de considérer le projet épistémologique de Piaget, qu'il a nourri de ses recherches en psychologie, il convient de faire une place, comme nous y invite Constantin Xypas (1997), à sa visée morale et humaniste, que révèlent plus particulièrement ses écrits sur l'éducation. Ces derniers s'articulent essentiellement autour de deux grands thèmes : les relations entre psychologie et pédagogie, et les méthodes d'éducation. Sur le plan théorique, Piaget prétend à plusieurs reprises que la pédagogie dépend de la psychologie, considérant qu'il est nécessaire que tout éducateur connaisse les mécanismes sous-jacents aux opérations de l'intelligence et jugeant important de lier la recherche pédagogique et psychologique, autrement dit de faire de la psychopédagogie. En ce qui a trait aux méthodes éducatives, il se montre très critique à l'endroit de l'école traditionnelle et des méthodes basées sur la transmission orale et la soumission de l'élève à l'autorité du maître, adhérant plutôt aux principes pédagogiques de l'école active.

16.4.1 L'influence de l'éducation sur le développement intellectuel et moral

L'éducation représente pour Piaget l'un des facteurs fondamentaux de la formation intellectuelle et morale de la personne. Si elle ne peut assurer à elle seule le développement, puisque celui-ci relève d'une combinaison de facteurs d'ordre interne et externe, elle n'en constitue pas moins une condition formatrice strictement nécessaire. L'individu ne saurait en effet acquérir ses structures mentales les plus essentielles sans l'apport du milieu social. Mais encore faut-il que le projet éducatif prenne appui sur les processus de développement de l'enfant. Cela amène Piaget à subordonner la démarche éducative ou pédagogique à la connaissance que nous fournissent les données de la psychologie génétique sur les processus de développement naturels. Car l'éducation, ambiguë par essence, peut être responsable du meilleur comme du pire. Bénéfique lorsqu'elle permet à l'individu de s'écarter de son point de vue propre et de s'ouvrir à l'objectivité et à l'expérimentation, elle s'avère néfaste lorsqu'elle a pour effet de l'enfermer dans son égocentrisme. Elle doit avoir pour finalité première de libérer l'humain de son égocentrisme spontané pour lui permettre de se hausser au niveau de l'universel. Par ailleurs, puisque l'éducation est un tout, on ne peut former des personnalités autonomes dans le domaine moral si on soumet l'individu à une contrainte intellectuelle qui l'amène à apprendre sur commande des vérités toutes faites. C'est pourquoi une éducation fondée sur l'autorité ou sur le respect unilatéral présente les mêmes inconvénients aux points de vue moral et intellectuel : au lieu de conduire l'individu à élaborer des règles et une discipline fondées sur des rapports de réciprocité, elle lui impose un système d'impératifs tout faits.

Piaget prône donc une **éducation humaniste** qui privilégie la liberté de jugement et de conscience, et s'efforce de promouvoir une société plus juste et plus solidaire en formant des personnes libres, responsables et autonomes sur les plans intellectuel, moral et civique. La principale fonction de l'éducation est de permettre l'épanouissement de la personnalité dans ses aspects intellectuel, affectif, social et moral, en amenant l'individu à abandonner ses attitudes subjectives ou égocentriques spontanées au profit de la réciprocité et de l'objectivité. Un tel objectif va bien sûr à l'encontre des fins habituelles d'une éducation conformiste et s'écarte du modèle classique de l'école traditionnelle où les élèves sont soumis à l'autorité morale et intellectuelle du maître. Un des buts essentiels de l'enseignement doit être

de former une intelligence active, apte au discernement critique et à la recherche constructive. Aussi l'école a-t-elle une fonction éminemment éducative, sa responsabilité ne se limitant pas à transmettre des connaissances de base mais à garantir à l'enfant le développement complet de ses fonctions mentales et l'acquisition des connaissances et des valeurs morales lui permettant de bien utiliser ces fonctions. Contribuer à l'éducation intellectuelle de l'enfant, ce n'est pas meubler sa mémoire mais favoriser le développement de sa pensée. Participer à son éducation morale, ce n'est pas transmettre des règles mais favoriser la coopération et la réciprocité dans un esprit de solidarité où l'enfant ne cherche pas à abolir les points de vue particuliers et tâche de réaliser l'unité dans la diversité.

16.4.2 Le rôle des interactions sociales dans le développement

On a souvent reproché à Piaget de ne s'être intéressé qu'au « sujet épistémique », c'est-à-dire aux structures de connaissances communes aux sujets d'un même niveau de développement, négligeant de ce fait l'influence particulière de l'environnement social de l'enfant sur son développement. Certes, la vision piagétienne diffère à cet égard de la perspective vygostkienne, comme **nous le verrons par la suite**, mais il serait erroné de croire que la dimension sociale est totalement absente chez Piaget. En effet, l'enfant développe son intelligence dans ses multiples interactions avec son environnement. Or, cet environnement n'est pas seulement physique mais également social, et il ne saurait y avoir de développement intellectuel sans croissance morale et socialisation progressive de la pensée. Logique et morale sont en effet interdépendantes, la logique étant une morale de la pensée, tout comme la morale est une logique de l'action (Piaget, 1931). Les développements intellectuel et moral allant de pair, à la formation d'opérations logiques et déductives fondées sur la réversibilité opératoire correspond, sur le plan des échanges interindividuels, la coopération fondée sur la coordination et la réciprocité des points de vue. Ainsi, Piaget oppose à une morale de l'hétéronomie, basée sur des rapports de soumission à l'autorité et de respect unilatéral, une morale de la coopération reposant sur l'autonomie, le respect mutuel et la responsabilité. Or, cette morale ne saurait se développer indépendamment d'un ensemble de rapports sociaux propices à l'échange, à la discussion et à la négociation de points de vue, et favorisant la coopération et la solidarité.

Les interactions sociales jouent donc, pour Piaget, un rôle très important dans le développement de l'enfant, car celui-ci se construit tout autant dans ses contacts avec les personnes que dans ses relations avec les objets physiques. Aussi Piaget va-t-il accorder une place importante au travail en commun, au choc des idées, à la pratique de la discussion et à la critique mutuelle dans le développement tant intellectuel que moral, allant même jusqu'à dire que la réflexion n'est pas autre chose qu'une discussion intérieure que l'on soutient avec soi-même. Piaget (1935) précise clairement que la raison dépend étroitement des facteurs sociaux et que l'apport héréditaire ou acquis ne suffit pas à conduire les intelligences individuelles au niveau rationnel. Comme le souligne Constantin Xypas (1997), le modèle piagétien n'est pas, contrairement aux idées reçues, un modèle bipolaire (sujet-objet) mais bien tripolaire, puisqu'il ne se limite pas aux opérations intellectuelles du sujet sur les objets et intègre la coopération, au sens d'opérations conjointes du sujet avec autrui à propos d'un objet, lesquelles sont impensables sans l'intervention de rapports verbaux. Le langage et les rapports sociaux jouent donc un rôle central dans le développement de la pensée, particulièrement à l'occasion du passage de la pensée opératoire concrète à la pensée opératoire formelle. C'est d'ailleurs l'une des caractéristiques essentielles de cette dernière que de faire intervenir une logique propositionnelle qui repose sur l'utilisation du langage et des symboles abstraits. Certes, les travaux empiriques de Piaget ne se sont pas attardés à l'étude des effets précis des interactions sociales sur l'apprentissage et le développement. Il appartiendra à ses continuateurs, en particulier aux tenants du courant de la psychologie sociale génétique (Doise et Mugny, 1981 ; Doise, Deschamps et Mugny, 1991 ; Perret-Clermont, 1986), de s'intéresser davantage à l'analyse des conditions sociales propices à la construction des connaissances. Ces chercheurs s'attarderont à étudier l'influence que peuvent avoir sur les processus d'équilibration les conflits sociocognitifs résultant des échanges interindividuels ou des significations sociales dont sont porteuses certaines situations-problèmes. Il n'en demeure pas moins que le langage et les interactions verbales occupent une place importante dans les travaux piagétiens.

16.4.3 Les relations entre apprentissage et développement

En ce qui a trait aux relations entre apprentissage et développement, la position de Piaget, telle qu'elle est comprise et critiquée par Vygotsky, semble aller à l'encontre de celle que ce dernier privilégie, comme nous le verrons dans le chapitre suivant. Selon Vygotsky, Piaget concevrait l'apprentissage et le développement comme deux processus parallèles et indépendants. L'apprentissage serait un processus extérieur au développement de la pensée. Ce dernier aurait lieu indépendamment des apprentissages effectués par l'enfant. Vygotsky considère qu'en proposant aux enfants des tâches étrangères aux activités qu'ils réalisent à l'école, Piaget écarte délibérément la possibilité qu'ils puissent recourir aux connaissances qu'ils ont acquises. Pour étudier la « pensée naturelle », Piaget force l'esprit à résoudre des problèmes nouveaux, excluant de ce fait l'apport de l'expérience, de la culture et des connaissances acquises au contact de l'environnement social, en particulier scolaire. Ainsi, Piaget subordonne l'apprentissage au développement et l'enseignement à la maturation, et il postule que le processus éducatif doit suivre la formation des processus psychiques. Cette interprétation reflète néanmoins une vision essentiellement maturationniste (et partiellement erronée), de la conception piagétienne du développement des connaissances qui n'est sans doute pas si éloignée de celle que privilégie Vygotsky. Il nous paraît donc pertinent de revenir sur les rapports entre apprentissage et développement tels qu'ils se dégagent des nombreux écrits de Piaget.

Certes, il est vrai que pour Piaget, on ne peut accélérer le développement au-delà de certaines limites. Par ailleurs, il existe effectivement une séquence développementale en vertu de laquelle on ne peut atteindre les structures de niveau supérieur sans d'abord avoir élaboré celles, de niveau inférieur, qui en constituent le substrat. Piaget prend soin toutefois de distinguer : l'**apprentissage au sens large**, qui s'identifie ni plus ni moins au développement de la pensée, autrement dit à l'élaboration de nouveaux outils de connaissance, et l'**apprentissage au sens strict**, qui correspond à l'acquisition de connaissances nouvelles en fonction de l'expérience. La question des rapports entre apprentissage et développement chez Piaget se ramène donc à celle de l'interdépendance entre connaissances physiques et connaissances logico-mathématiques. Si les premières sont en partie dépendantes des secondes, celles-ci ne sauraient se développer sans un continuel effort d'assimilation de la nouveauté et donc sans apprentissage. Par conséquent, si Piaget ne s'est pas penché sur l'acquisition de connaissances précises, s'intéressant plutôt à la construction des grandes catégories de la pensée que sont la causalité, l'espace et le temps, sa perspective interactionniste et constructiviste n'en considère pas moins que les nombreux apprentissages effectués dans divers contextes tant scolaires qu'extrascolaires apportent beaucoup au développement de la pensée. À cet égard, sa perspective n'est pas incompatible avec celle de Vygotsky dont nous ferons état au chapitre 17.

16.5 Les répercussions du constructivisme piagétien sur la pédagogie et la didactique

Remettant en question les fondements épistémologiques de nombreux courants pédagogiques, le constructivisme piagétien aborde d'une façon originale la question des relations entre apprentissage et enseignement. Enseigner ne se limite pas à transmettre des connaissances, et apprendre ne se réduit pas davantage à mémoriser des vérités déjà élaborées. Piaget insiste sur les limites de la pédagogie de la transmission, qui privilégie essentiellement le discours au détriment de l'activité du sujet apprenant, et met en évidence le rôle central de l'enfant dans l'élaboration de ses propres connaissances. Il contribue ainsi à l'idée, aujourd'hui largement répandue, que l'élève doit être au centre de ses apprentissages. L'acquisition des connaissances étant indissociable d'une démarche active d'élaboration de la pensée, il ne saurait y avoir de réel apprentissage sans que soit sollicitée l'activité cognitive de l'élève. Mais une telle perspective ne conduit pas pour autant Piaget à

minimiser le rôle de l'enseignant, qui s'avère essentiel pour présenter à l'élève des situations nouvelles, stimuler ses démarches de pensée et susciter les déséquilibres et rééquilibrages qui lui permettront d'accéder à de nouveaux savoirs. Il ne suffit donc pas de placer l'élève dans de bonnes conditions pour qu'il puisse construire, de façon autonome et sans aucun soutien, des savoirs relativement complexes. Ainsi, sur le plan éducatif, le constructivisme ne saurait être assimilé à une pédagogie de la découverte. Les pratiques pédagogiques et didactiques qui s'en inspirent sont aujourd'hui nombreuses et diversifiées, et plusieurs autres, comme le souligne à juste titre Crahay (1999), sont sans doute encore à inventer. Elles supposent néanmoins une bonne compréhension des processus de construction des connaissances afin que l'on puisse les orienter et les guider. Nous passerons brièvement en revue quelques idées clés à la base de pratiques fondées sur le constructivisme.

16.5.1 L'apprentissage : une activité d'élaboration de sens

Le constructivisme met au centre de sa réflexion le rôle de l'activité structurante du sujet dans le processus d'élaboration des connaissances. Nous apprenons à connaître le monde qui nous entoure par les opérations que nous exerçons sur notre environnement. Ces dernières constituent en effet les outils dont nous disposons pour donner du sens à la réalité extérieure et l'interpréter. Or, ces opérations ne sont pas seulement pratiques, c'est-à-dire réelles et effectives ; elles sont aussi conceptualisées, c'est-à-dire organisées en pensées à l'aide de systèmes. En outre, elles ne se déroulent pas à sens unique, mais se caractérisent par l'alternance continuelle des processus d'assimilation (incorporation des objets aux schèmes) et d'accommodation (modifications des schèmes en fonction des objets). L'une des idées clés du constructivisme est que l'élaboration de connaissances nouvelles est un processus adaptatif qui résulte, pour une large part, des limites mêmes de nos schèmes d'assimilation dans leurs interactions avec le réel. Ces limites sont des sources de déséquilibre nécessitant des accommodations variées qui vont donner lieu à une équilibration progressive ayant pour effet de modifier, de façon plus ou moins

considérable, les structures des connaissances antérieures. Bref, l'apprentissage est une activité de
recherche de sens, et c'est grâce aux obstacles,
sources de déséquilibre, que le sujet va construire
des connaissances nouvelles. Mais encore faut-il que
ces obstacles soient « adaptés » au niveau de développement cognitif du sujet et à ses connaissances
antérieures. Si l'apprenant ne rencontre aucune résistance, il y a peu de chances pour qu'il soit incité à
modifier ses connaissances antérieures. De même,
réciproquement, si le déséquilibre est trop grand,
autrement dit si l'apprenant ne dispose pas des ressources nécessaires et d'un soutien approprié ou s'il
n'a pas suffisamment consolidé ses acquis, il ne
parviendra pas davantage à progresser. Cette idée
de « déséquilibre approprié au niveau de compétence du sujet » n'est pas sans lien avec la notion
vygotskienne de « zone proximale de développement », que nous aborderons dans le chapitre 17.
Ces conceptions suggèrent l'une et l'autre qu'un
apprentissage significatif doit prendre appui sur les
acquis de l'apprenant tout en conduisant celui-ci à
les dépasser ou à les enrichir.

Dans cette perspective, il va de soi que si on utilise
les pratiques d'inspiration constructiviste, on ne
saurait se satisfaire de donner à l'élève des solutions
déjà tout élaborées ou de lui fournir des réponses
toutes faites à des questions qu'il ne s'est même pas
posées. Un apprentissage ne peut être significatif
que dans la mesure où il revêt un sens pour l'élève,
lui permettant de trouver des réponses aux questions
qu'il se pose. Cela ne signifie nullement qu'il faille
adopter une attitude attentiste ou se limiter aux
intérêts immédiats de l'élève. On s'efforcera plutôt
de stimuler la recherche et le besoin de vérifier en
proposant à ce dernier des situations susceptibles de
l'amener à s'interroger. On lui proposera des défis à sa
mesure, qui l'encourageront à mobiliser ses connaissances antérieures et à recourir aux outils intellectuels
dont il dispose. Il ne s'agit donc pas de laisser à l'apprenant le soin de tout découvrir par lui-même, mais
de guider la reconstruction de notions en lui donnant l'occasion d'expérimenter activement et de
chercher par lui-même des solutions aux problèmes
auxquels il fait face. L'élève doit avoir de multiples
occasions de faire appel aux connaissances qu'il a
acquises pour en éprouver la validité et la généralité.
Il appartient à l'enseignant de lui fournir de telles

occasions. Pour ce faire, le maître devra encourager
l'élève à expliquer son raisonnement en l'amenant à
justifier ses réponses à l'aide d'arguments, organiser
des contre-exemples en vue de stimuler sa réflexion,
mettre en évidence des contradictions ou des inco-
hérences et l'aider à les surmonter en lui donnant
accès aux ressources nécessaires. C'est notamment
par l'expérimentation, la discussion, l'échange de
points de vue et le choc des idées que l'élève sera
amené à prendre conscience de ce qu'il sait mais
aussi des limites de ses connaissances antérieures et
de la pertinence d'intégrer de nouveaux savoirs.

16.5.2 Le statut de l'erreur et le rôle des connaissances antérieures

Le constructivisme a redonné à l'erreur un statut
« noble » puisque, loin de refléter sans plus l'ignorance, elle apparaît au contraire comme l'expression
même de l'intelligence, autrement dit des processus
de raisonnement et des connaissances antérieures
dont use l'apprenant pour donner du sens à une situation. Certes, les erreurs ne sont pas toutes de même
type et n'ont pas toutes la même origine, certaines
pouvant bien sûr être le fait de l'inattention ou de la
distraction. C'est pourquoi il importe d'en déterminer la nature, d'en reconnaître les causes éven-
tuelles et de cerner les mécanismes dont elles
procèdent. Les travaux effectués par Piaget et ses
collaborateurs sur le développement de l'intelligence
ont ainsi permis de mettre en évidence les divers
types de raisonnement dont use l'enfant, à différentes
étapes de son développement, et qui sont à l'origine
de jugements variés à propos d'une même situation
ou d'un même phénomène. À titre d'exemple, l'enfant
qui n'admet pas la conservation d'un liquide que l'on
a tout simplement transvasé d'un récipient à un autre
effectue bel et bien un raisonnement, mais ce dernier
diffère qualitativement de celui de l'adulte, car
l'enfant ne dispose pas des mêmes outils intellectuels.
D'autres erreurs tiennent à la nature même des
savoirs à acquérir qui peuvent être source d'obstacles, comme en témoignent les nombreuses difficultés éprouvées dans l'élaboration, au cours de
l'histoire, des savoirs scientifiques. À cet égard, le
fait de disposer d'outils pour le raisonnement formel
n'implique pas que l'on ait recours à ce mode de
raisonnement dans toutes les situations. Cela ne suffit

pas non plus à garantir la compréhension de phénomènes relativement complexes dont l'explication scientifique va souvent à l'encontre de celle du commun des mortels. C'est d'ailleurs ce qu'ont montré un grand nombre de travaux en didactique portant sur les conceptions ou représentations des élèves à l'égard des notions faisant l'objet d'un enseignement.

S'inscrivant dans la perspective du « changement conceptuel », c'est-à-dire d'une transformation des représentations initialement construites par l'apprenant, ces travaux ont contribué à mettre en évidence les répercussions des connaissances antérieures sur l'apprentissage et la nécessité d'en tenir compte dans l'enseignement. La notion de représentation suggère en effet que tout nouvel apprentissage repose sur un concept déjà présent qui tient lieu simultanément de point d'ancrage et d'obstacle potentiel à l'acquisition de nouveaux savoirs. En d'autres termes, l'élève apprend à la fois « avec » et « malgré » les connaissances fonctionnelles qu'il a élaborées avant même d'être soumis à un enseignement formel et systématique. Dans cette perspective, qui prend largement appui sur une vision constructiviste du développement des connaissances inspirée des travaux de Bachelard et de Piaget, l'apprentissage dépend des conceptions que mobilise l'apprenant et à l'aide desquelles il s'efforce de donner un sens aux problèmes ou aux situations auxquels il fait face. On ne peut donc se limiter à ajouter de l'information à celle que l'on possède déjà ou à substituer des savoirs jugés valides à des représentations considérées comme erronées. L'acquisition de notions ou de concepts, dans quelque domaine que ce soit, nécessite une démarche de transformation des conceptions ou des représentations antérieures de l'élève. Les travaux menés plus particulièrement dans le domaine de la didactique des mathématiques et des sciences ont conduit à concevoir différents modèles du changement conceptuel axés sur le diagnostic et le traitement des conceptions des élèves, que l'on désire modifier ou faire évoluer. On ne cherche pas tant alors à éliminer les erreurs, conçues comme expressions des représentations préalables des élèves, qu'à les comprendre et à les exploiter afin d'enrichir la compréhension des apprenants. Les modèles de changement conceptuel ont été à l'origine de diverses stratégies d'enseignement ayant pour but de mettre à jour les représentations initiales

des élèves et de les amener à en prendre conscience et à en évaluer la validité relative.

16.5.3 L'adaptation des démarches d'enseignement à la nature des connaissances

Le constructivisme piagétien s'est davantage intéressé au processus d'élaboration des outils logico-mathématiques de la pensée et à la structuration, à l'aide de ces outils, de notions relatives à l'objet, à l'espace, au temps et à la causalité qu'à l'acquisition de contenus de connaissances particuliers comme ceux qui font l'objet d'un enseignement scolaire. Ce n'est donc pas sous l'angle des contenus d'apprentissage que Piaget a abordé le problème de la construction de nouvelles connaissances, mais plutôt en fonction de catégories générales de savoirs. Le chercheur distingue à cet égard trois grands types de connaissances dont les modes de constitution diffèrent : les **connaissances conventionnelles ou sociales**, les **connaissances physiques** et les **connaissances logico-mathématiques**. Les premières renvoient à des savoirs sociaux et arbitraires qui peuvent faire l'objet d'une transmission éducative par le langage. À titre d'exemple, le vocabulaire d'une discipline relève de conventions sociales et non d'une nécessité logique. Il en est de même de certaines coutumes ou habitudes de vie. Les deuxièmes procèdent d'une abstraction empirique, elle-même liée à l'expérience physique. Elles ne peuvent être transmises uniquement par le langage, car leur acquisition suppose une démarche d'expérimentation active consistant à organiser les données de l'expérience puis à élaborer, par abstraction et coordination, des représentations d'objets, de situations ou de phénomènes. Cette élaboration est indissociable des outils logico-mathématiques à l'aide desquels nous manipulons, concrètement ou en pensée, les données de l'expérience. Les troisièmes se construisent grâce à une abstraction effectuée à partir non pas des objets mais des opérations elles-mêmes. Les connaissances logico-mathématiques impliquent une prise de conscience et une conceptualisation graduelle de l'opération en fonction de ses résultats sur l'objet, d'où l'importance pour l'apprenant d'analyser dans diverses situations ses façons de procéder et d'établir des relations entre ces dernières.

Dans un contexte scolaire, les apprentissages effectués par l'élève font nécessairement appel à ces trois types de connaissances, qui sont souvent étroitement imbriqués. Il est important pour le maître de savoir les reconnaître afin de pouvoir adapter ses démarches à la nature des connaissances enseignées. Toutes les connaissances ne nécessitent pas une démarche de reconstruction par l'élève et certaines peuvent faire l'objet d'une transmission, mais celle-ci conserve néanmoins une portée limitée. Ainsi, on ne peut apprendre aux élèves à raisonner, à abstraire, à faire des liens en leur transmettant sans plus une démarche ou une procédure qu'ils se contenteront de reproduire. De même, on ne peut enseigner la signification d'un concept ou d'une notion en se limitant à en faire mémoriser la définition aux élèves. Il convient donc de distinguer ce qui peut faire l'objet d'une transmission sociale ou éducative par le langage et ce qui ne s'enseigne pas, c'est-à-dire ce qui doit être reconstruit par l'élève en fonction de sa propre activité. Par ailleurs, les savoirs de nature logique et mathématique ne s'acquièrent pas de la même façon que les savoirs scientifiques. C'est ainsi que l'apprentissage de sciences expérimentales ne saurait se faire sans une activité d'exploration propice au questionnement et sans une démarche d'investigation faisant appel à une abstraction empirique à partir des données de l'expérience. De son côté, l'apprentissage des mathématiques ne peut se faire que dans la mesure où l'on sollicite les processus de raisonnement spontané de l'enfant et où on lui donne de nombreuses occasions de réfléchir sur ses propres opérations. Par conséquent, il convient d'aborder les contenus de l'enseignement en tenant compte de la nature des connaissances que l'on veut inculquer et des processus de construction en jeu dans leur acquisition, et en choisissant les méthodes les plus appropriées pour soutenir cette démarche de construction.

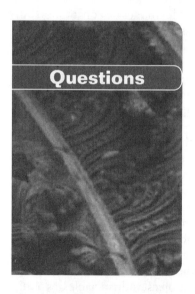

Questions

1. L'épistémologie piagétienne considère que les connaissances ne sont ni préformées chez le sujet ni abstraites à partir des objets, mais qu'elles sont construites par l'apprenant grâce à son activité. Expliquez dans quel sens.

2. Expliquez en quoi l'adaptation cognitive représente, pour Piaget, un prolongement de l'adaptation biologique.

3. Quels liens peut-on établir, dans la perspective constructiviste de Piaget, entre l'acquisition des connaissances et le développement de la pensée ?

4. Pour Piaget, l'intelligence n'est pas un état ou une faculté stable mais un processus adaptatif. Expliquez cette affirmation.

5. Quel rôle Piaget accorde-t-il aux connaissances antérieures dans l'apprentissage et en quoi ces connaissances peuvent-elles être sources d'erreurs constructives ?

6. Quels sont, pour Piaget, les principaux buts de l'éducation ?

Bibliographie

ASTOLFI, J.-P. (1999). *L'erreur, un outil pour apprendre.* 3e éd. Paris : ESF éditeur (coll. « Pratique et enjeux pédagogiques »).

CRAHAY, M. (1999). *Psychologie de l'éducation.* Paris : PUF, p. 173-248.

DOISE, W., et MUGNY, G. (1981). *Le développement social de l'intelligence.* Paris : Inter Éditions.

DOISE, W., DESCHAMPS, J.-C., et MUGNY, G. (1991). *Psychologie sociale expérimentale.* Paris : Armand Colin.

DUCRET, J.-J. (1990). *Jean Piaget : biographie et parcours intellectuel.* Neuchâtel et Paris : Delachaux et Niestlé.

GLASERFELD, E. (1978). « Radical Constructivism and Piaget's Concept of Knowledge », dans F.B. Murray (sous la dir. de), *The Impact of Piagetian Theory.* Baltimore, Md. : University Park Press, p. 109-122.

LEGENDRE-BERGERON, M.-F. (1980). *Lexique de la psychologie du développement de Jean Piaget.* Boucherville : Gaëtan Morin.

LE MOIGNE, J.-L. (1994). *Le constructivisme. Tome I : Des fondements.* Paris : ESF éditeur.

LE MOIGNE, J.-L. (1995). *Les épistémologies constructivistes.* Paris : Presses universitaires de France (coll. « Que sais-je ? », n° 2969).

PERRET-CLERMONT, A.-N. (1986). *La construction sociale de l'intelligence dans l'interaction sociale.* 3e éd. Berne : Peter Lang.

PIAGET, J. (1931). *L'esprit de solidarité chez l'enfant et la collaboration internationale. Recueil pédagogique,* vol. 2, n° 1, p. 11-27.

PIAGET, J. (1935). « Remarques psychologiques sur le travail par équipes », dans *Le travail par équipes.* Genève : Bureau international d'éducation.

PIAGET, J. (1950a). *Introduction à l'épistémologie génétique. Tome I : La pensée mathématique.* Paris : Presses universitaires de France.

PIAGET, J. (1950b). *Introduction à l'épistémologie génétique. Tome II : La pensée physique.* Paris : Presses universitaires de France.

PIAGET, J. (1950c). *Introduction à l'épistémologie génétique. Tome III : La pensée biologique, la pensée psychologique et la pensée sociologique.* Paris : Presses universitaires de France.

PIAGET, J. (1965). *Études sociologiques.* Genève : Librairie Droz.

PIAGET, J. (1967a). *Biologie et connaissance.* Paris : Éditions de La Pléiade.

PIAGET, J. (1967b). « Logique et connaissance scientifique », *Encyclopédie de La Pléiade.* Paris : NRF.

PIAGET, J. (1969). *Psychologie et pédagogie.* Paris : Gonthiers Denoël (coll. « Médiations »).

PIAGET, J. (1970). *Psychologie et épistémologie.* Paris : Gonthiers Denoël (coll. « Médiations »).

PIAGET, J. (1972). *Où va l'éducation ?* Paris : Gonthiers Denoël (coll. « Médiations »).

PIAGET, J. (1975). « L'équilibration des structures cognitives, problème central du développement », dans *Études d'épistémologie génétique,* volume XXXIII. Paris : Presses universitaires de France.

PIAGET, J. (1998). *De la pédagogogie.* Paris : Éditions Odile Jacob.

XYPAS, C. (1997). *Piaget et l'éducation.* Paris : Presses universitaires de France.

XYPAS, C. (2001). *L'autre Piaget.* Paris : Éditions de l'Harmattan.

Chapitre 17

Lev Vygotsky et le socioconstructivisme en éducation

Marie-Françoise Legendre

Résumé

Le présent chapitre, qui forme, rappelons-le, un tout avec le précédent, est consacré à Lev Vygotsky. Il expose les idées majeures qui caractérisent la perspective historico-culturelle de cet auteur dans le cadre plus général des conceptions constructiviste et socioconstructiviste. Sur le plan épistémologique, nous situons la préoccupation centrale de Vygotsky, qui est de comprendre l'origine sociale de la pensée, au regard des principaux courants philosophiques qui l'ont inspirée, en particulier le marxisme. Sur le plan psychologique, nous présentons la façon dont Vygotsky voit la pensée, son développement et le rôle déterminant qu'y joue le langage en tant qu'outil culturel dont l'appropriation est indissociable de la médiation sociale. Sur le plan éducatif, nous mettons en évidence le rôle central de l'éducation formelle dans l'appropriation des outils de la culture et l'influence déterminante de l'apprentissage sur le développement. Enfin, nous dégageons, de la conception éminemment sociale de la pensée de Vygotsky, certaines implications pédagogiques et didactiques relatives au rôle déterminant de l'environnement socioculturel dans la réalisation d'apprentissages significatifs. Dans la dernière partie du chapitre, nous mettons en évidence à la fois les différences et les complémentarités des perspectives piagétienne et vygotskienne. Nous situons également le constructivisme aujourd'hui et la nécessité d'en adapter les idées aux contextes et aux contraintes de la pratique. Nous montrons certains liens qu'ont ces idées avec les orientations que prennent de nos jours les réformes curriculaires qui mettent l'accent sur le développement des compétences.

17.1 Lev Vygotsky (1896-1934)

Issu d'une famille juive, Lev Vygotsky naît le 5 novembre 1896 à Orsha, petite ville de province située aux environs de Minsk, capitale de la Biélorussie. L'année suivante, la famille s'installe à Gomel, localité plus importante de la Biélorussie où avaient été installés les Juifs dans la Russie tsariste. C'est là que Vygotsky passe son enfance et son adolescence, et qu'il commence sa carrière. Deuxième d'une famille de huit enfants, il appartient à un milieu aisé et instruit où règne une vie intellectuelle riche et stimulante. Son père, chef de département à la Banque Centrale et représentant d'une compagnie d'assurances, est un homme intelligent, à l'esprit ouvert, préoccupé de culture et soucieux de donner à ses enfants une excellente éducation. Sa mère est une femme cultivée qui connaît plusieurs langues dont l'allemand qu'elle enseignera à son fils. Elle est également très intéressée par la poésie, comme le sera d'ailleurs Vygotsky, qui fut très tôt épris de littérature et de théâtre, intérêt qu'il maintiendra tout au long de ses études universitaires. Les champs d'intérêt de Vygotsky vont graduellement s'élargir à la psychologie, à l'éducation et à la pédagogie, domaines dans lesquels il acquerra par ses nombreuses lectures une vaste culture. Il se montrera très intéressé par les aspects internes et psychologiques du langage, en particulier par le rapport entre celui-ci et la pensée.

C'est par un précepteur que le jeune Vygotsky reçoit à domicile son instruction primaire avant d'entrer au lycée réservé aux enfants juifs. Élève brillant, il excelle dans toutes les matières. Il achève ses études secondaires en 1913, à l'âge de 16 ans, au Gymnasium juif de Gomel, où il obtient son diplôme avec la médaille d'or. Bien qu'il soit considéré comme un élève remarquable, il aura de la difficulté, étant Juif, à entrer à l'université de son choix. Il finit néanmoins des études de droit à l'Université de Moscou tout en fréquentant l'Université Chaniavski, institution non officielle créée en 1911, où il étudie l'histoire, la philosophie, la psychologie, la littérature et publie plusieurs critiques littéraires. Après avoir terminé ses études universitaires en 1917, Vygotsky retourne dans sa ville natale de Gomel. L'abolition, par le gouvernement russe issu de la révolution d'Octobre, des mesures de discrimination à l'égard des Juifs, lui donne accès à l'enseignement. Il va donc occuper un poste d'enseignant dans une école d'État, tout en donnant des cours dans plusieurs autres institutions. Il y demeurera jusqu'en 1924, année de son mariage avec Rosa N. Sméjova, dont il aura deux filles. Deux grandes périodes caractérisent sa brève mais riche carrière.

La période allant de 1917 à 1924, qui marque le début de sa carrière, est la moins connue de ses biographes en raison d'un manque important d'écrits datant de cette époque. Selon Van der Veer et Valsiner (1993), les atrocités de la guerre civile et l'occupation allemande expliquent peut-être ce manque, et il est possible que plusieurs archives aient été détruites au cours de cette période. On sait toutefois que Vygotsky fut une personnalité active et importante de la vie culturelle de Gomel. Il fut notamment co-organisateur des lundis littéraires, où étaient présentées et discutées les œuvres d'écrivains et de poètes aussi bien modernes que classiques. Il rédigea plusieurs critiques littéraires et théâtrales, et fit la connaissance de nombreux artistes et intellectuels de l'époque. Au cours de cette première période, qui suit la révolution, Vygotsky enseigne dans une école d'État mais donne aussi des cours dans divers établissements dont l'Institut de formation des maîtres de Gomel. C'est d'ailleurs dans cet institut qu'il établit un petit laboratoire de psychologie où il effectue ses premières expériences. C'est également là qu'il prépare son premier ouvrage majeur. Il va enseigner dans plusieurs autres instituts, abordant des sujets très variés tels que la littérature et la langue russe, la logique, la psychologie et la pédagogie. Il donne également nombre de conférences sur l'esthétique et l'histoire de l'art au conservatoire. La période de Gomel marque le début de la pensée psychologique de Vygotsky puisque c'est là qu'il y réalise ses premières expériences en psychologie, donne ses premières conférences sur des sujets liés à la psychologie et à la pédagogie, et prépare de larges parts de l'ouvrage *Psychologie pédagogique*. Ce sera toutefois pour Vygotsky une période difficile en raison notamment des conditions économiques qui se sont dégradées avec la guerre civile, la guerre contre les Alliés de l'Ouest et les premières réformes du pays. C'est aussi au cours de cette période, en 1920, qu'il subit sa première attaque de tuberculose, maladie qui va le tourmenter le reste de son existence.

En janvier 1924, Vygotsky présente une communication intitulée « Les méthodes de recherche en réflexologie et en psychologie » au 2ᵉ Congrès panrusse de psychoneurologie. Il y critique la réflexologie de Pavlov et de Bekhterev, qu'il considère réductionniste parce qu'elle exclut de son objet d'étude les phénomènes de conscience et ne permet pas de rendre compte de ce qui est propre au comportement humain. En octobre de la même année, il reprend en l'approfondissant sa critique de la réflexologie dans le cadre d'une conférence donnée à l'Institut de psychologie de Moscou, dont le titre est « La conscience comme problème de la psychologie du comportement ». Ces deux conférences vont constituer en quelque sorte la base de l'édifice à la fois métathéorique et méthodologique qu'il va élaborer au cours de sa brève carrière. Vers la fin de l'année 1924, Vygotsky quitte Gomel avec sa famille. On l'invite à venir travailler à l'Institut de psychologie expérimentale de Moscou, alors dirigé par Kornilov et auquel se sont également joints plusieurs jeunes psychologues tels Luria et Leontiev. Cet institut va jouer un rôle important dans le développement de la pensée scientifique de Vygotsky, entre autres parce qu'il lui permet de rencontrer d'éminents psychologues et lui donne accès à une vaste documentation. Son propre travail sera nourri de l'appropriation et de la discussion critique des travaux de ses contemporains, psychologues et sociologues, que sa maîtrise des langues étrangères lui permettra le plus souvent de lire dans le texte.

Lev Vygotsky

À son arrivée à Moscou, Vygotsky consacre une partie importante de son travail à l'éducation des enfants handicapés, particulièrement ceux qui sont sourds et aveugles. Il participe d'ailleurs à la fondation de l'Institut de défectologie, où il exercera d'importantes responsabilités scientifiques. En 1925, il présente une communication au 25ᵉ Congrès international sur l'éducation des sourds-muets, à Londres, ce qui lui donne l'occasion de visiter divers laboratoires de psychologie. À son retour, il est de nouveau frappé par la tuberculose, qui le contraint à un séjour en sanatorium, où il rédige son manuscrit sur la signification historique de la crise de la psychologie. Les 10 dernières années de sa vie (1924-1934) seront particulièrement prolifiques. Il rédige de nombreux textes théoriques et scientifiques touchant des domaines et sujets aussi variés que la psychologie de l'art, la défectologie, la pédagogie, la formation des concepts, les rapports entre pensée et langage, et entre développement et apprentissage. À la fin de 1933, il réunit, dans son ouvrage intitulé *Pensée et langage*, les textes qu'il a consacrés depuis 1929 au langage et au développement des concepts. C'est d'ailleurs sur son lit de mort qu'il en dictera le dernier chapitre. Il décède de la tuberculose le 11 juin 1934, à l'âge de 38 ans. Malgré une carrière brève, il est aujourd'hui considéré comme l'un des plus brillants représentants de la psychologie scientifique du XXᵉ siècle et les références à ses travaux se sont multipliées dans un grand nombre de domaines. Mais comme le précise Wertsch (1985), c'est précisément parce qu'il n'était pas seulement un psychologue, mais d'abord et avant tout un grand humaniste, qu'il a pu aborder la psychologie avec un regard neuf et faire de cette discipline une partie d'une science sociale unifiée.

Comme en témoignent ces quelques repères historiques et éléments biographiques, si Piaget et Vygotsky ont certes évolué dans des environnements culturels bien différents, il existe pourtant de nombreuses analogies entre ces deux grands penseurs. Tous deux précoces, d'une grande culture, s'intéressant à des sujets très divers, très au fait des courants de pensée marquant leur époque et éminemment critiques à l'égard de toute forme de réductionnisme, ils se sont montrés particulièrement novateurs dans leur domaine. Leurs idées ont fortement marqué la psychologie du XXᵉ siècle. Bien sûr, la brève carrière de Vygotsky ne lui aura pas permis d'élaborer une théorie aussi unifiée que celle de Piaget. Mais ses travaux, tardivement connus dans le monde occidental, n'en auront pas moins inspiré de nombreux courants de recherche en psychologie.

17.2 La perspective historico-culturelle de Vygotsky

Vygotsky fut d'abord attiré par la linguistique, de même que par l'analyse et la critique littéraires. C'est d'ailleurs à partir de ses travaux sur le théâtre et la littérature, qu'il considérait parmi les manifestations les plus élaborées de l'activité humaine, qu'il est amené à se tourner vers la psychologie dans le but de comprendre les mécanismes de la création littéraire. Intéressé tout particulièrement par les questions sémiologiques relatives à la structure et aux fonctions des signes, des symboles et des images, il cherche à retracer l'origine de l'être humain et de sa culture à travers l'origine des signes. Les travaux théoriques et les recherches empiriques qu'il va mener par la suite participeront d'un même dessein : élaborer une conception historico-culturelle du développement humain fondée sur l'étude de la conscience et du psychisme considérés comme le produit d'une genèse sociale et culturelle. Deux idées maîtresses vont constituer la base de son édifice théorique : la genèse sociale de la conscience et du psychisme grâce à des activités réalisées avec autrui, et la nécessaire médiation, technique mais aussi sémiotique, de ces activités. La préoccupation centrale de Vygotsky sera donc de comprendre la genèse de la culture et, par là même, celle des fonctions psychiques supérieures propres aux humains.

17.2.1 Vygotsky, héritier de Spinoza, de Hegel et de Marx et Engels

La perspective historico-culturelle de Vygotsky s'inscrit dans la lignée des positions de Spinoza, de Hegel ainsi que de Marx et Engels. Comme eux, Vygotsky adopte le point de vue moniste, selon lequel l'être humain constitue un aspect particulier de la nature, par opposition au dualisme cartésien. Vygotsky s'inscrit également dans une perspective dialectique, car il envisage le développement comme un processus

historique, produit d'une dynamique interne complexe où les rapports sociaux se transforment en de nouvelles fonctions psychiques grâce à leur intériorisation. Enfin, dans la continuité des travaux de Marx et Engels, auxquels Vygotsky emprunte le concept de médiation instrumentale, qu'il élargira à l'idée de médiation symbolique, c'est dans le monde social qu'il situe l'origine de la conscience et des fonctions psychiques supérieures tels la mémoire, l'attention volontaire, le langage, etc. Sa thèse d'une origine à la fois biologique et sociosémiotique de la pensée consciente, à laquelle il va s'efforcer de donner des fondements scientifiques, représente en quelque sorte l'équivalent, sur le plan ontogénétique, de la théorie de l'hominisation formulée par Engels dans *La dialectique de la Nature*. Toutefois, si la pensée vygotskienne s'est largement inspirée du matérialisme dialectique pour rendre compte de l'origine sociale et culturelle de la pensée, Vygotsky ne se montra jamais soumis au marxisme comme idéologie.

Vygotsky cherche à dépasser les approches dualistes et réductionnistes en définissant la conscience comme un objet d'étude scientifique. Il retient du marxisme sa critique à l'égard du matérialisme mécaniste autant que de l'idéalisme subjectif. On ne peut en effet expliquer les fonctions psychiques supérieures en les réduisant à des processus élémentaires, car il existe divers niveaux de fonctionnement psychologique qui s'avèrent irréductibles les uns aux autres. De même, pensée et conscience ne constituent pas des caractéristiques purement internes, puisqu'elles sont élaborées à partir d'activités externes et objectives se réalisant dans un environnement social déterminé. Elles procèdent de l'activité humaine, qui représente pour Vygotsky le principe explicatif fondamental. La notion d'activité, considérée comme l'unité d'analyse de la psychologie, intègre les dimensions à la fois sociale et individuelle, interactive et cognitive, des conduites. Lien entre le monde externe et la personne, l'activité n'est pas une simple adaptation au milieu, mais une véritable transformation du milieu par l'être humain, grâce à laquelle il se transforme lui-même. L'activité s'accomplit par la médiation d'instruments. De même que l'action de l'humain sur la nature est médiatisée par l'outil matériel, intermédiaire entre l'organisme et le milieu physique, l'action de l'humain sur sa conduite et sur celle d'autrui passe par des systèmes de signes, en particulier le langage, mais également d'autres formes de symboles que Vygotsky appelle des instruments psychologiques. Ces derniers feront l'objet d'une appropriation, d'une intériorisation qui aura pour effet de restructurer le développement du psychisme, le faisant échapper à un déterminisme purement biologique au profit de facteurs sociohistoriques plus contingents. D'où cette idée, centrale chez Vygotsky, de la nature doublement sociale de la pensée : non seulement celle-ci se constitue par le biais d'outils sémiotiques dont l'origine se situe dans l'histoire sociale et culturelle de l'humanité, mais c'est par des activités réalisées en interaction avec autrui que ces outils pourront s'intérioriser, modifiant de ce fait leur fonction initiale et transformant l'organisation et le fonctionnement même de la pensée.

17.2.2 La méthode génétique et instrumentale

Dans la perspective sociohistorique de Vygotsky, les phénomènes mentaux propres à l'humain doivent nécessairement être abordés d'un point de vue génétique, c'est-à-dire en tant que processus et non seulement en tant que produit. En effet, pour comprendre n'importe quel phénomène humain complexe, il importe d'en reconstruire les formes les plus simples et les plus primitives, et d'en suivre le développement. Or, ce dernier implique des transformations de nature qualitative, elles-mêmes liées à l'intervention de nouvelles formes de médiation dans l'activité. Le développement ne se traduit pas seulement par des évolutions mais par des révolutions résultant de la présence de conflits, de contradictions entre différentes forces en présence, en particulier entre des facteurs d'origine interne et externe. Reconnaissant la nécessité de s'attacher à l'étude des processus plutôt qu'à celle des états, Vygotsky adopte, tout comme Piaget, une approche développementale. Mais les deux penseurs diffèrent l'un de l'autre dans la manière dont ils conceptualisent la nature et l'origine de ce développement. Piaget, établissant une continuité fonctionnelle entre l'adaptation cognitive et l'adaptation biologique, s'efforce de cerner des processus de développement généraux (assimilation, accommodation, adaptation, organisation) communs à différentes échelles d'évolution (ontogénétique et phylogénétique, biologique et cognitive).

Vygotsky, cherchant à mettre en évidence ce qui est propre à l'humain, postule la nécessité de recourir à plusieurs ensembles de facteurs explicatifs (en particulier de nature biologique et historico-culturelle) pour rendre compte du développement à ces différentes échelles et de la dynamique des relations en jeu entre les forces multiples qui le régissent. À cet égard, il établit des liens de rupture plutôt que de continuité entre deux grandes lignes : celle du développement naturel, où dominent les forces de nature biologique, et celle du développement culturel, où dominent les forces de nature sociohistorique.

Abordant les phénomènes psychologiques dans leur historicité, Vygotsky fonde leur explication sur l'analyse de différentes lignes de développement ou domaines génétiques. Il considère en particulier quatre grandes lignes de développement : phylogénétique, historique, ontogénétique et microgénétique. Sur le plan phylogénétique, l'habileté à inventer et à utiliser des outils, qui apparaît déjà à la période zoologique du développement de nos ancêtres, représente certes une condition nécessaire à l'émergence des fonctions mentales propres à l'humain, mais cela ne suffit pas. Car, pour expliquer comment ce qui existe chez une espèce sous une forme embryonnaire (l'utilisation d'outils par les primates) peut devenir la caractéristique déterminante d'une autre espèce (l'utilisation d'outils par l'humain), il faut faire intervenir un ensemble de facteurs explicatifs de nature historico-culturelle. Sur le plan historique, le développement humain est étroitement lié à l'utilisation d'outils techniques qui vont constituer les fondements mêmes de l'organisation sociale du travail. Avec l'apparition des formes sociales du travail, le développement des fonctions mentales va prendre appui sur des principes qualitativement nouveaux, car l'histoire socioculturelle a ses lois propres, irréductibles à celles qui gouvernent l'évolution phylogénétique des espèces. L'analyse génétique consistera alors dans l'examen des instruments sémiotiques qui médiatisent les rapports humains. Sur le plan ontogénétique, à savoir celui du développement de l'individu dans la société, les forces naturelle (ou biologique) et culturelle (ou sociohistorique) en jeu dans ces deux grandes lignes de développement vont apparaître simultanément et non successivement, comme c'est le cas dans la phylogenèse. C'est sur l'interaction et la transformation mutuelle de ces forces que reposera la dynamique de l'ontogenèse. Enfin, sur le plan microgénétique, il y a acquisition de connaissances et la formation de nouveaux systèmes et processus psychologiques, cette fois par la réalisation de tâches ou d'activités précises. La perspective génétique de Vygotsky ne se limite donc pas à l'étude du développement de l'enfant ; elle englobe plusieurs échelles d'évolution. Néanmoins, c'est surtout sur les plans ontogénétique et microgénétique que vont se situer les recherches empiriques de Vygotsky à propos des fonctions mentales élémentaires et supérieures. Sans nier le rôle des facteurs d'ordre biologique, le penseur essaiera tout particulièrement de comprendre l'influence du développement culturel sur le développement naturel en envisageant le rapport entre ces deux lignes de développement sous l'angle d'une interaction dialectique.

17.2.3 L'origine et la nature sociales des fonctions psychiques supérieures

Pour comprendre l'émergence, au cours de l'ontogenèse, des fonctions psychiques supérieures, Vygotsky établit une distinction entre les fonctions élémentaires communes à l'humain et à l'animal, et celles dites supérieures, propres à l'être humain. Alors que les premières sont davantage sous l'influence des forces en jeu dans le développement naturel ou biologique, les secondes sont dominées par les caractéristiques du milieu socioculturel dans lequel s'effectue ce développement. Au cours de l'ontogenèse, seules les fonctions élémentaires arrivent à maturation ; les fonctions supérieures se trouvent encore à l'état embryonnaire. C'est à travers le développement culturel de l'enfant, autrement dit son insertion dans un milieu socioculturel caractérisé par l'usage d'outils de médiation symbolique, que ces fonctions supérieures parviendront à maturité. Vygotsky recourt essentiellement à quatre critères pour distinguer les fonctions mentales élémentaires des fonctions supérieures. Le premier constitue la régulation volontaire de l'activité : alors que les fonctions élémentaires caractérisées par l'absence de contrôle volontaire, sont largement régulées par l'environnement, les fonctions supérieures, de nature consciente et volontaire, font l'objet d'une autorégulation. Le deuxième critère est la prise de conscience de ses

propres processus mentaux : en intellectualisant ces derniers, l'être humain en devient conscient, ce qui lui permet d'en assurer une plus grande maîtrise. Le troisième critère concerne l'origine et la nature sociales des fonctions mentales supérieures : ce n'est pas la nature mais la culture qui représente le facteur déterminant du comportement humain. Enfin, le quatrième critère, dont dépendent les trois autres, réside dans l'utilisation de signes servant à médiatiser les fonctions mentales supérieures. Ainsi, le contrôle volontaire, la conscience et la nature sociale de ces fonctions supposent tous l'existence d'outils psychologiques, de signes servant à dominer tout autant sa propre activité que celle des autres. D'abord expérimentés dans un contexte d'interaction sociale, les processus de médiation sémiotiques externes à l'individu vont engendrer, par intériorisation, la formation de processus psychologiques nouveaux.

Ce sont les processus de médiation sémiotique, d'origine sociale et propres au développement historico-culturel, qui constituent pour Vygotsky la source du développement des fonctions psychiques supérieures. Celles-ci sont d'origine sociale essentiellement parce qu'elles sont d'abord expérimentées dans le cadre d'une interaction avec autrui avant de pouvoir être exécutées sur un plan interne. C'est donc la régulation sociale de la conduite qui rend possible son autorégulation, les fonctions supérieures apparaissant comme des transformations intériorisées de modèles d'interaction sociale. Cette interaction a lieu par le biais d'instruments sémiotiques, d'outils de médiation symbolique qui deviendront ultérieurement partie intégrante du fonctionnement psychologique interne. Ce passage de l'externe à l'interne résulte d'un processus d'intériorisation qui ne se limite pas à la simple imitation d'une conduite externe mais donne lieu à une véritable reconstruction, sur le plan interne, de ce qui a été initialement réalisé sur le plan externe. En somme, la dimension sociale de la conscience précède la dimension individuelle, qui est dérivée et secondaire. C'est ce qui amène Vygotsky à dégager cette loi générale du développement culturel de l'enfant selon laquelle chaque fonction psychique supérieure apparaît deux fois : d'abord sur le plan social ou interpsychologique, puis sur le plan individuel ou intrapsychologique.

17.3 La psychologie vygotskienne

Vygotsky s'intéresse, tout comme Piaget, à la compréhension du fonctionnement de la pensée et de son évolution. Il reconnaît d'ailleurs à celui-ci le mérite d'avoir proposé une définition positive de l'intelligence et découvert l'originalité qualitative de cette dernière en mettant en évidence ses particularités et propriétés distinctives. L'idée d'une pensée en développement est donc tout aussi fondamentale pour Vygotsky que pour Piaget. Le premier se montre également critique à l'endroit des tests d'intelligence, qui ne permettent pas de saisir la pensée dans son dynamisme et dont il conteste les procédures diagnostiques, qui reposent sur une approche purement quantitative. Désirant comprendre le développement de la pensée par la transformation des différentes fonctions du psychisme et l'émergence des diverses formes d'activités de la conscience, Vygotsky va mener plusieurs recherches empiriques, notamment auprès d'enfants présentant des déficiences telles la surdité et la cécité. Ses écrits dans le domaine de la défectologie sont d'ailleurs partie intégrante de son approche théorique et méthodologique de l'étude du fonctionnement et du développement de la pensée. Les questions fondamentales qui l'habitent sont les suivantes : comment l'enfant parvient-il à maîtriser les outils de sa culture et quelles sont les conséquences de cette maîtrise sur la genèse des fonctions psychiques supérieures ? Vygotsky va s'intéresser tout particulièrement au langage considéré comme l'outil culturel le plus important ainsi qu'à son influence sur le développement de la pensée.

17.3.1 La pensée : à l'intersection des domaines individuel et social

Vygotsky considère que la pensée est indissociable de l'ensemble des outils sémiotiques à l'aide desquels nous exerçons un certain contrôle sur notre propre activité. Or, ces outils, avant de devenir partie intégrante du fonctionnement psychique interne, ont d'abord été socialement construits au cours du développement historico-culturel de l'humain. C'est dans le cadre d'activités se déroulant dans un contexte social et culturel que ces outils, initialement fournis par la culture, seront peu à peu remodelés de

l'intérieur, transformant les fonctions psychiques élémentaires telles que la perception, l'attention, l'activité pratique et la mémoire en fonctions psychiques supérieures caractérisées par le contrôle et l'intentionnalité. Très tôt, dans le développement de l'enfant, l'activité pratique devient inséparable des formes de pensée symbolique par lesquelles elle se trouve remodelée. Il en est de même de la perception et de la mémoire, qui sont elles aussi transformées par les outils symboliques auxquels l'on recourt. Pensée et activité sont donc étroitement liées. Car si la pensée a pour fonction centrale d'exercer un contrôle sur le déroulement de l'activité en elle-même, c'est par le biais d'activités sociales qu'elle se constitue, en intériorisant et en transformant les outils sémiotiques que ces diverses activités font intervenir. À l'image de l'outil matériel, l'outil psychologique apparaît comme une construction artificielle, de nature sociale. Mais tandis que les outils matériels sont orientés vers l'extérieur et visent à dominer les processus de la nature, les outils psychologiques sont tournés vers l'intérieur et visent à transformer les habiletés et aptitudes naturelles en fonctions mentales supérieures, assurant la maîtrise du comportement et des processus cognitifs individuels. La pensée et la conduite humaines sont donc de nature à la fois individuelle et sociale. Elles ne constituent pas de simples réactions adaptatives de nature biologique mais des actions intentionnelles et culturellement signifiantes dont l'élaboration est indissociable du contexte dans lequel elles émergent et des outils qu'elles intègrent.

Bien que Vygotsky ne détermine pas à proprement parler de stades de développement, il envisage néanmoins quatre grandes étapes dans le cycle de développement culturel des fonctions psychologiques, autrement dit dans la psychogenèse des formes culturelles du comportement. Celles-ci procèdent essentiellement de la transformation d'outils externes en processus cognitifs internes. La première étape correspond au stade de la « conduite primitive », qui est essentiellement sous la dépendance des fonctions psychiques élémentaires. La deuxième étape est liée à la découverte par l'enfant de nouveaux outils avec lesquels il est mis en contact. C'est le cas de l'enfant qui apprend à réciter une suite de nombres sans nécessairement les associer à des objets ou qui apprend à mémoriser des mots en les associant à des images sans en saisir la signification symbolique. La troisième étape consiste en l'appropriation par l'enfant du fonctionnement de ces outils dans le cadre d'une activité qui leur donne sens. L'étayage effectué par l'adulte dans l'activité de l'enfant revêt une importance particulière. L'enfant apprend à utiliser ces outils dans un contexte déterminé qui leur confère une signification particulière. La quatrième étape est celle de l'intériorisation graduelle de ces outils, qui se transforment en de nouveaux instruments psychologiques donnant lieu à une restructuration des formes de pensée primitive. L'enfant, après avoir maîtrisé la structure externe d'une activité effectuée à l'aide d'outils, construit des processus psychologiques internes de même type. Ces phases ont lieu aussi bien à l'échelle microgénétique, par exemple quand l'enfant résout des problèmes avec l'aide de l'adulte, qu'à l'échelle ontogénétique, où les fonctions psychiques supérieures parviennent à maturité sous l'effet des expériences socioculturelles de l'enfant. Ces expériences représentent en quelque sorte les divers moments du processus d'intériorisation par lequel l'enfant, mis en contact avec des signes ou un système de symboles, les intègre à ses opérations mentales initiales. Il remodèle ainsi ces dernières, et leur structure est désormais indissociable de ces nouveaux outils de pensée.

17.3.2　Le rôle central de la médiation sémiotique dans le développement de la pensée

Vygotsky s'intéresse à ce qui est propre à l'humain dans le développement psychologique de l'enfant par opposition à l'élaboration de fonctions en apparence similaires chez l'animal. S'il reconnaît l'influence de facteurs d'ordre biologique, d'origine phylogénétique, il considère toutefois que la maturation ne peut expliquer à elle seule l'émergence des fonctions psychiques supérieures caractérisées par l'emploi de signes et de symboles. L'appropriation de ces outils sémiotiques, qui représentent au départ des instruments d'interaction, exige en effet le concours et la présence d'autrui. C'est pourquoi Vygotsky attribue un rôle central à l'expérience socioculturelle de l'enfant dans la formation de la pensée. Or, cette

expérience n'est pas simplement cumulative, puisqu'elle va entraîner une série de changements internes engendrés par la maîtrise progressive d'outils culturels fournis par l'environnement. Au seuil de l'âge scolaire, certaines fonctions psychiques, telles la perception et la mémoire, ont déjà acquis une grande maturité et constituent même des prémisses du développement psychique ultérieur. Mais d'autres fonctions psychiques demeurent encore à l'état embryonnaire et auront besoin pour se développer de l'intervention de nouveaux outils. Ainsi, l'enfant a déjà construit, sur la base de ses expériences et à l'aide de sa pensée, des concepts spontanés (ou préconcepts) qu'il utilise dans divers contextes, mais il n'est toutefois pas conscient des relations formelles qui relient entre eux ces divers concepts. On pourrait dire qu'il en a une connaissance usuelle mais non pas intellectuelle ou conceptuelle. À l'adolescence, l'élément central du processus de formation des concepts constituera l'emploi significatif du mot. Autrement dit, le mot acquiert la fonction d'outil servant à former des concepts. Ce type d'activité complexe et fondamentalement nouveau est caractérisé par le fait que les opérations intellectuelles sont désormais médiatisées par les signes, ce qui permet une mise en forme de la pensée qui la rend intelligible pour autrui.

La notion de **médiation par l'outil** représente ainsi un aspect fondateur unique des thèses vygotskiennes, lequel sous-tend toute sa conception du développement humain. L'action humaine, pour Vygotsky, qu'elle se déroule sur le plan intrapsychologique ou interpsychologique, est nécessairement médiatisée par une série d'outils et de signes dont la caractéristique est d'être de nature culturelle. La pensée n'est pas une propriété strictement individuelle puisqu'elle est indissociablement liée à l'histoire des outils culturels qui ont contribué à la façonner. Pour comprendre les processus de développement, il faut étudier l'émergence de différentes formes de médiation socialement construites et leur appropriation graduelle par l'humain au cours de l'ontogenèse. Si les interactions entre personnes constituent un facteur important dans le développement, le plan social a chez Vygotsky une portée beaucoup plus large puisqu'il intègre l'ensemble des outils sémiotiques auxquels recourt la pensée. Certes, ces derniers sont historiquement liés à l'interaction sociale dans la mesure où ils sont le produit d'une évolution socio-culturelle, mais leur usage ne s'effectue pas uniquement dans ce contexte. Ainsi, même en l'absence physique d'autres êtres humains, l'individu a toujours recours aux outils culturels socialement élaborés qu'il s'est graduellement appropriés et à l'aide desquels il construit du sens. Schémas, cartes, langage, représentations symboliques, livres, œuvres d'art, etc., sont autant d'exemples de tels outils qui, loin de représenter de simples appendices de la pensée, ont sur celle-ci un effet profondément structurant du fait même de leur appropriation et des nouvelles façons dont ils sont employés. Le plan individuel est donc inextricablement lié au plan social. Et si Vygotsky affirme que le développement social précède l'individuel, dans la mesure où la personne ne construit rien indépendamment de son immersion sociale, il n'établit pas pour autant de dichotomie entre ces deux plans, s'efforçant au contraire d'en montrer l'intégration et l'unité.

17.3.3 L'acquisition du langage et le développement de la pensée

Considérant le langage comme un outil culturel socialement élaboré que l'enfant s'approprie graduellement au cours de son développement, Vygotsky cherche à comprendre les rapports complexes qui s'établissent entre cet outil et la pensée à travers l'analyse des liens interfonctionnels qui les unissent. Il constate que ces rapports internes, loin d'exister dès le départ, sont le produit de l'évolution de l'être humain et n'apparaissent que dans le processus de développement historique de la conscience humaine. Pour Vygotsky, pensée et langage ne sont donc pas réductibles l'un à l'autre : ils ont des racines génétiques différentes et ne suivent pas la même ligne de développement, tant dans la phylogenèse que dans l'ontogenèse. La pensée peut en effet fonctionner sans le langage, comme c'est le cas dans l'intelligence pratique. De même, le langage ne se rapporte pas exclusivement à l'activité intellectuelle puisqu'il sert aussi à exprimer des émotions ou à les désigner. Au cours de l'évolution de la pensée et du langage, des relations s'établissent entre eux, se modifient et prennent graduellement de l'importance. Dans le développement ontogénétique, ces deux lignes initialement disjointes vont se réunir, ce qui donnera

lieu à l'émergence d'une nouvelle forme de pensée : la pensée verbale. On observe ainsi chez l'enfant une maturation préintellectuelle du langage et une maturation préverbale de l'intellect. À un certain point du développement, ces lignes se recoupent, le langage devenant intellectuel et la pensée devenant verbale. Il n'y a donc pas d'identification complète entre pensée et langage, mais il n'y a pas non plus de dissociation puisque des liens fonctionnels nouveaux se créent très tôt au cours du développement. Certes, la pensée verbale n'épuise pas toutes les fonctions de l'intellect ni toutes les formes de langage, mais son émergence va marquer un pas décisif dans le développement intellectuel de l'enfant.

Vygotsky accorde en effet une importance considérable au processus d'intériorisation graduelle du langage dans le développement de la pensée verbale. Plusieurs des expériences qu'il va mener auprès des enfants auront pour but d'élucider la façon dont s'opère la transformation du langage extérieur en propos intérieurs. Vygotsky va se pencher sur l'étude du langage égocentrique de l'enfant sous l'angle de sa fonction et de sa structure. Tout en reconnaissant à Piaget le mérite d'avoir minutieusement décrit cette forme de langage et d'en avoir observé l'évolution, il en propose une interprétation très différente. Alors que Piaget voit dans le langage égocentrique l'une des manifestations de la pensée enfantine caractérisée par la centration sur l'activité propre et l'absence de coordination des points de vue, Vygotsky y trouve au contraire l'expression d'un transfert des formes sociales du comportement dans la sphère des fonctions psychiques individuelles. La première fonction du langage est celle de la communication, de l'action sur l'entourage. Aussi le langage initial de l'enfant est-il purement social. Ce n'est que plus tard, au cours de la croissance, qu'il va se différencier et devenir langage intérieur (ou langage pour soi) et langage communicatif. Le recours au langage égocentrique constitue ainsi une étape intermédiaire dans le processus de transformation graduelle où le langage extérieur devient intérieur. Le langage égocentrique présente une parenté de fonction et de structure avec le discours intérieur : l'un et l'autre sont un langage pour soi, typique du processus de la pensée et distinct du langage social qui vise la communication et la liaison avec l'entourage. Tout en demeurant extériorisé par sa nature physiologique, le langage égocentrique serait donc un discours intérieur dont la fonction est de contrôler l'activité propre. Vygotsky observe, par exemple, que le fait d'introduire une série de difficultés dans l'activité de l'enfant a pour effet d'accroître la proportion de langage égocentrique. Celui-ci apparaît ainsi en réponse aux difficultés de l'enfant essayant de saisir une situation par les mots et de trouver une solution. Ce passage graduel du langage extérieur ou social au langage égocentrique puis au langage intérieur témoigne, pour Vygotsky, du processus de développement de la pensée enfantine, qui s'effectue non pas du plan individuel au plan social mais du plan social au plan individuel, les structures verbales assimilées par l'enfant devenant progressivement des structures fondamentales de sa pensée. C'est cette intériorisation du langage, source de la pensée verbale, qui va rendre ultérieurement possible l'émergence d'une pensée conceptuelle liée à la prise de conscience de la signification symbolique des mots.

17.4 La pensée éducative de Vygotsky

L'intérêt de Vygotsky pour la psychologie est intimement lié à l'attention qu'il prête à l'éducation. Puisqu'on ne peut étudier le développement de l'enfant indépendamment de son immersion dans la culture, de sa mise en contact avec des formes de comportements « culturellement matures », l'éducation ne se surajoute pas au processus de développement psychologique mais en constitue une partie intégrante. Développement et éducation forment un tout indissociable. Par conséquent, il ne saurait y avoir de coupure entre la psychologie fondamentale et ses applications pédagogiques, pas plus qu'il n'y a de rupture entre les processus du développement naturel et ceux du développement culturel chez l'enfant. Bref, on ne doit pas envisager d'un côté les acquisitions naturelles relevant de mécanismes universels et de l'autre des situations d'apprentissage artificielles liées à des institutions humaines. Tout apprentissage humain est à la fois naturel et artificiel puisqu'il dépend des institutions humaines qui président à sa réalisation. Dans le contexte de l'éducation informelle, les interactions de l'adulte avec l'enfant vont jouer un rôle central notamment dans

l'acquisition du langage, qui va donner naissance aux propos intérieurs et à la réflexion. De même, les situations de jeu vont fournir à l'enfant un support lui permettant d'accomplir à l'aide d'objets symboliques certaines activités qu'il n'aurait pu réaliser seul. Dans le contexte de l'éducation formelle, l'école apparaît comme le lieu par excellence de la genèse des fonctions psychiques supérieures, assurant notamment le passage des concepts spontanés aux notions scientifiques. Enfin, dans le domaine de la défectologie, Vygotsky, misant sur les aspects positifs du comportement de l'enfant, va s'intéresser aux effets des processus de compensation fournis par le milieu sur le développement.

17.4.1 Les effets de l'éducation sur la formation de la pensée : la notion de zone de développement proximal

L'éducation ne représente pas, pour Vygotsky, un facteur de développement parmi d'autres puisqu'elle n'influe pas seulement sur les processus évolutifs naturels. Elle restructure de manière fondamentale toutes les fonctions du comportement, contribuant de façon privilégiée à l'émergence des fonctions psychiques supérieures. La construction de ces nouvelles capacités humaines s'effectue d'abord sur le plan interpsychique ; l'éducation est donc appelée à jouer dans ce domaine un rôle de premier plan. Elle correspond en quelque sorte au développement artificiel de l'enfant ou, si l'on préfère, au contrôle artificiel des processus de développement naturel. Par « artificiel », nous entendons construit par l'humain et fourni par la culture ; c'est grâce à un ensemble d'outils artificiels que les fonctions psychiques parviennent à maturité. Puisque c'est avec l'aide et la participation de l'adulte que l'enfant accède à ces outils, la collaboration adulte-enfant va constituer, de pair avec la transmission des connaissances, l'élément central du processus éducatif. Pour comprendre les répercussions majeures de l'éducation sur la formation de la pensée, Vygotsky étudie la manière dont on peut structurer le fonctionnement interpsychique pour maximiser le développement du fonctionnement intrapsychique. Deux problèmes pratiques de la psychologie éducationnelle lui semblent déterminants : l'évaluation des habiletés intellectuelles de l'enfant et celle des pratiques d'instruction. Pour mettre en place des pratiques propres à activer le développement des fonctions psychiques supérieures, il importe de pouvoir évaluer l'état du développement. Or, les tests classiques ne permettent pas de prédire le développement puisqu'ils ne font que déterminer ce qui est déjà parvenu à maturité chez l'enfant et non ce qui est au stade de la maturation. C'est précisément pour comprendre ce que l'enfant est appelé à devenir, et non pas seulement ce qu'il est, que Vygotsky introduit la notion de « zone de développement proximal ». Car, selon lui, « la pédagogie doit s'orienter non sur l'hier mais sur le demain du développement enfantin » (1997, p. 358).

Concept clé de la perspective éducative de Vygotsky, la notion de « zone de développement proximal » désigne la distance entre le niveau de développement de l'enfant tel qu'il est déterminé par les problèmes qu'il est capable de résoudre seul et un niveau de développement potentiel correspondant aux problèmes qu'il parvient à résoudre sous la guidance de l'adulte ou en collaboration avec des pairs plus compétents. Cette zone représente en quelque sorte une région sensible dynamique dans laquelle pourra s'effectuer le passage de l'interpsychique à l'intrapsychique. Vygotsky constate qu'avec l'aide d'une personne, l'enfant parvient à résoudre des problèmes plus complexes que lorsqu'il agit seul. De même, l'enfant apprend beaucoup par l'imitation et le jeu conçus comme des activités intelligentes pourvues de sens. Il ne peut toutefois y parvenir que dans certaines limites définies par l'état de son développement et de ses possibilités intellectuelles, autrement dit à l'intérieur de sa zone de développement proximal. Cette dernière va s'avérer essentielle pour comprendre les répercussions de l'éducation, formelle ou informelle, sur le développement cognitif de l'enfant. Car il est tout aussi stérile, selon Vygotsky, d'enseigner à l'enfant ce qu'il n'est pas capable d'apprendre que de lui enseigner ce qu'il est capable de faire tout seul. La possibilité de faire passer l'enfant d'un niveau de développement à un autre lui apparaît déterminante pour la psychologie de l'apprentissage, d'où l'importance qu'il accorde à l'étayage effectué par l'adulte dans le processus éducatif de l'enfant. Mais c'est plus largement en ce qui a trait aux activités socialement médiatisées par des outils que sur le plan des interactions avec autrui que Vygotsky envisage le processus d'actualisation du niveau de développement potentiel. Dans cette perspective, le rôle fondamental de l'éducation est de favoriser l'appropriation d'outils culturels qui auront pour effet d'activer le développement de l'enfant et de créer, ce faisant, de nouvelles zones de développement proximal. C'est précisément à l'intérieur de ces zones que pourront s'établir des rapports dynamiques entre apprentissage et développement.

17.4.2 Les relations entre apprentissage et développement

Vygotsky précise sa vision des rapports entre apprentissage et développement en la situant vis-à-vis d'autres conceptions qu'il juge inadéquates. La première de ces conceptions, qu'il qualifie de maturationniste, soumet l'apprentissage aux lois naturelles du développement. L'apprentissage scolaire se trouve ainsi à la remorque du développement, ne faisant qu'actualiser les possibilités que crée celui-ci sans influer sur son cours normal. La deuxième conception, de nature associationniste, considère les deux processus comme identiques. Le développement mental se limitant à l'accumulation progressive et continue de réflexes conditionnés, l'enseignement n'exerce aucune influence particulière sur les lois qui le régissent. La troisième conception reconnaît que l'apprentissage diffère du développement, mais elle établit entre eux une certaine dualité en distinguant deux types de développement, l'un lié à la maturation et l'autre à l'apprentissage. Cette vision marque toutefois un progrès par rapport aux précédentes, car si elle n'étudie pas la nature des rapports entre apprentissage et développement, elle suggère néanmoins qu'il existe entre eux une dépendance mutuelle. Pour sa part, Vygotsky postule non pas l'identité mais l'unité des processus d'apprentissage et de développement, entre lesquels s'établissent des rapports dynamiques d'interdépendance. Il reconnaît volontiers que certaines prémisses sont nécessaires pour que l'apprentissage scolaire devienne possible, l'enfant ne pouvant apprendre que si certains cycles de son développement sont achevés. Mais, en retour, l'apprentissage peut activer le développement dans la mesure précisément où il s'appuie sur des processus psychiques qui ne sont pas encore parvenus à maturité. Il a alors pour effet de devancer le développement et de le faire progresser en suscitant de nouvelles formations.

Vygotsky affirme à plusieurs reprises que le seul enseignement valable est celui qui précède le développement. Il accorde ainsi à l'instruction un rôle de premier plan dans le développement de la pensée. Toutefois, le type d'instruction qu'il envisage ne concerne pas l'acquisition de savoir-faire techniques spécialisés mais l'enseignement et l'apprentissage des disciplines formelles. Prenant appui sur la notion de discipline formelle, Vygotsky introduit une distinction entre les apprentissages qui n'ont pas de véritable effet sur le développement et ceux qui suscitent au contraire de nouvelles formations. La notion de discipline formelle suggère qu'il existe des matières qui non seulement apportent des connaissances et habiletés propres à cette discipline mais ont aussi pour effet de développer les capacités générales de l'enfant. Celui-ci acquiert dans la discipline des connaissances et habiletés qu'il parviendra ultérieurement à utiliser de façon consciente et volontaire. Cette prise de conscience et cette systématisation sont précisément l'une des caractéristiques distinctives des fonctions psychiques supérieures. L'influence déterminante de l'apprentissage scolaire sur le développement de la pensée ne signifie pas que ces deux processus coïncident entièrement, car cette influence s'étend bien au-delà des limites du contenu propre à une discipline donnée. Entre ces processus s'instaurent des rapports dynamiques d'interdépendance, et le développement de l'enfant ne suit pas sans plus l'activité didactique réalisée à l'école. Par exemple, au moment où l'enfant assimile une opération arithmétique ou un concept scientifique, l'élaboration de ces derniers, loin d'être achevée, ne fait que débuter. De sorte que si l'apprentissage scolaire a pour effet d'activer le développement, il existe certaines disparités entre cet apprentissage, qui a son enchaînement, sa logique et sa temporalité propres, et le développement des fonctions psychiques correspondantes, qui obéit à une autre dynamique et s'inscrit dans une autre temporalité. Ainsi, la pensée abstraite de l'enfant ne se décompose pas en processus séparés correspondant aux disciplines scolaires. Elle se forme à travers de multiples apprentissages, et son développement se poursuit bien au-delà des activités réalisées dans le cadre d'une intervention éducative formelle, qu'elle

soit scolaire ou extrascolaire. Le développement de la pensée, quoique largement suscité par l'instruction, n'est donc pas subordonné aux programmes scolaires et a sa propre logique interne.

17.4.3 Le passage des concepts spontanés aux notions scientifiques

L'analyse que propose Vygotsky du passage des concepts spontanés aux notions scientifiques illustre bien le rôle de l'éducation formelle dans le développement de la pensée. Le rapport entre ces deux types de concepts apparaît en effet comme un cas particulier des relations entre apprentissage et développement à l'âge scolaire. Ce rapport permet de mettre en évidence l'effet de l'enseignement formel sur le développement des fonctions psychiques non encore parvenues à maturité. Dans le processus d'apprentissage scolaire, l'enfant ne se contente pas d'assimiler les concepts scientifiques sous une forme déjà tout élaborée. Vygotsky estime d'ailleurs que l'enseignement direct de ces concepts est pratiquement impossible et pédagogiquement sans profit. Cela risque en effet de se réduire à une simple assimilation par l'enfant de mots dépourvus de signification. Vygotsky se montre très critique à l'endroit des méthodes d'enseignement direct, purement verbales et scolastiques. Il préconise plutôt des méthodes indirectes, plus fines et plus complexes, qui permettent de faire progresser l'élaboration des concepts enfantins. Il ne s'agit donc pas de remplacer les concepts spontanés par des notions scientifiques. On doit favoriser une interaction dialectique constructive entre les représentations spontanées de l'enfant et les concepts socialement construits, faisant l'objet d'une transmission éducative. Aussi Vygotsky désire-t-il comprendre le parcours menant de la rencontre d'un nouveau concept jusqu'à son appropriation par l'enfant. Or, il s'agit là d'un processus psychique complexe exigeant le développement de tout un ensemble de fonctions, car, au moment où l'enfant apprend pour la première fois la signification d'un mot, la formation des concepts, scientifiques aussi bien que spontanés ou quotidiens, ne fait que commencer. Pour comprendre ce processus, Vygotsky s'efforce d'élucider les rapports entre ces deux types de concepts et leur influence réciproque sur le développement de la pensée conceptuelle.

Le rapport entre concepts spontanés et notions scientifiques correspond en quelque sorte aux relations qui s'établissent entre les représentations de la réalité que l'enfant crée à l'aide de sa pensée et celles qui prennent naissance sous l'influence des connaissances transmises par son entourage et qu'il s'efforce d'assimiler. Vygotsky cherche à montrer ce qui distingue ces deux types de concepts en même temps que l'influence constante qu'ils exercent l'un sur l'autre. Ainsi, les notions scientifiques n'ont pas le même rapport avec l'expérience de l'enfant que les concepts spontanés. Alors que ces derniers sont riches de son expérience personnelle mais demeurent non conscients et non systématiques, les premières ont au contraire un caractère conscient et systématique, mais elles sont davantage épurées de leur contenu concret. Ce qui fait la faiblesse des concepts spontanés est précisément, pour Vygotsky, ce qui fait la force des notions scientifiques et réciproquement. La faiblesse des concepts spontanés réside dans une incapacité d'abstraction et une inaptitude au maniement volontaire. L'enfant y recourt sans toutefois en être conscient. La faiblesse des notions scientifiques réside pour sa part dans leur degré de généralité et d'abstraction et leur insuffisance concrète. La mise en relation de ces deux types de concepts, dans le cadre d'un enseignement formel, va entraîner leur transformation réciproque. C'est en effet à cause des notions scientifiques que les concepts enfantins deviennent conscients et volontaires, cette prise de conscience et cette systématisation allant de pair avec l'élaboration d'un système conceptuel. Mais, réciproquement, l'assimilation des notions scientifiques suppose l'existence de concepts enfantins suffisamment riches et élaborés. Sans ces derniers, l'enfant ne disposerait pas de ce dont il doit précisément prendre conscience. Il y a donc un double phénomène de dépendance et d'influence entre les notions scientifiques et les concepts spontanés. C'est grâce aux notions scientifiques que les concepts spontanés s'intellectualisent, et c'est grâce à ces derniers que les notions scientifiques se concrétisent. Ce phénomène constitue, pour Vygotsky, une illustration du rôle déterminant de l'apprentissage scolaire dans le développement de la pensée.

Les concepts scientifiques ne sont pas assimilés ni appris par l'enfant, ils ne sont pas enregistrés par la mémoire, mais naissent et se forment grâce

à une très grande tension de toute l'activité propre de sa pensée. (Vygotsky, 1997, p. 289.)

17.5 L'influence du socio-constructivisme vygotskien sur la pédagogie et la didactique

Vygotsky, dans sa perspective socioconstructiviste du développement de la pensée, accorde un rôle central à l'appropriation des outils sémiotiques fournis par la culture. Cela le conduit à aborder les processus d'apprentissage et d'enseignement dans leurs dimensions sociale et culturelle. Bien que cette perspective mette l'accent sur l'influence déterminante de l'éducation formelle sur le développement de la pensée, l'enseignement ne se limite pas à fournir à l'élève des outils sous une forme déjà tout élaborée. Si l'école représente un lieu privilégié de transmission de la culture, cela n'implique nullement le recours à une pédagogie transmissive. Le rôle du maître s'apparente bien davantage à celui d'un guide, d'un modèle, d'un accompagnateur. L'acquisition de connaissances est indissociable d'une démarche collective d'élaboration et de négociation de sens, et elle suppose la construction de significations socialement partagées reposant sur des bases culturelles communes. Dans cette perspective, l'apprentissage va de pair avec l'immersion de la personne dans la culture et ne saurait, par conséquent, constituer une démarche purement individuelle. Le rôle de l'apprenant ne s'en trouve pas minimisé pour autant, car, pour élaborer une compréhension commune, il faut comprendre à la fois sa propre pensée et celle des autres, il faut parvenir à prendre pour objet de réflexion le contenu même de sa pensée. Sur le plan éducatif, le socioconstructivisme conduit à accorder un rôle prépondérant aux interactions sociales dans le processus d'élaboration de nouveaux savoirs. Mais ses implications pédagogiques ou didactiques ne sauraient être assimilées sans plus au travail d'équipe ou aux modèles d'apprentissage coopératif. D'une part, toute interaction ne produit pas en elle-même de nouveaux savoirs, si bien qu'il ne suffit pas d'échanger ou de partager pour apprendre. D'autre part, la dimension sociale de l'apprentissage ne se réduit pas aux seules interactions des personnes. Elle renvoie également à l'idée que toute connaissance est socialement située et qu'elle ne peut être dissociée de la culture dans laquelle elle s'insère et des outils auxquels celle-ci recourt.

17.5.1 L'apprentissage, une immersion dans la culture

Le socioconstructivisme met au centre de sa réflexion le rôle déterminant de la culture dans la formation de la pensée. La culture ne fait pas qu'exercer une influence sur nos connaissances, nos valeurs, nos représentations du monde ; elle façonne littéralement nos manières de penser, car le développement mental résulte précisément de la maîtrise des structures symboliques qu'elle incarne. Aussi est-ce par leur immersion dans la culture et leurs interactions avec autrui que les enfants accèdent à des outils dont l'appropriation est indissociable du contexte dans lequel s'insère leur usage et des échanges qu'ils rendent possibles. Dans cette perspective, on ne peut isoler les connaissances des divers contextes dans lesquels elles s'élaborent, puisque ces contextes participent à la construction des significations que revêtent les connaissances. En d'autres termes, la cognition est socialement située, l'activité mentale ne pouvant être dissociée de l'environnement culturel et social dans lequel elle se réalise et des ressources que celui-ci met à sa disposition. L'école et la classe représentent de ce point de vue des micro-cultures socialement situées qui, loin de se réduire aux programmes et aux disciplines scolaires, sont porteuses d'un contexte particulier qui va jouer un rôle important dans l'élaboration et la négociation des significations. Les connaissances conceptuelles dont l'école vise l'appropriation sont en effet analogues à un langage ou à des outils symboliques qui se créent parce qu'ils sont utilisés dans un certain contexte. Le recours approprié à ces outils ne peut donc se faire sans une connaissance de la communauté et de la culture dans lesquelles ils s'inscrivent. Car celles-ci sont porteuses de codes implicites qui régissent la manière dont les activités s'y déroulent et les significations qu'elles revêtent pour ceux qui y participent. C'est ainsi qu'apprendre les mathématiques, par exemple, ce n'est pas simplement acquérir un certain nombre de concepts abstraits ;

c'est aussi s'intégrer dans une certaine culture où les savoirs prennent un sens en lien étroit avec la manière dont on les utilise selon les contextes. Et comme l'usage de ces savoirs n'est pas seulement individuel mais collectif, il suppose la construction de significations socialement partagées. L'apprentissage apparaît dès lors comme un processus d'acculturation, car l'élève qui apprend doit, tout comme l'apprenti d'un métier, entrer dans une communauté de pratique.

Les pratiques pédagogiques qui s'inscrivent dans cette perspective accordent une très grande importance à l'instauration, dans la classe, d'un contexte socioculturel pouvant contribuer à donner du sens aux activités d'apprentissage qui s'y déroulent. L'apprentissage doit être socialement et non seulement individuellement significatif. Il doit prendre appui sur des activités « authentiques », c'est-à-dire intégrées à un contexte social et culturel qui les rend signifiantes. On prêtera donc une attention particulière à l'environnement où ont lieu ces activités et aux valeurs qui y sont privilégiées, puisqu'ils contribuent largement au sens que les élèves donnent à leurs apprentissages et aux représentations qu'ils élaborent. Par ailleurs, au lieu d'exposer les savoirs de manière statique et décontextualisée, on les abordera de façon dynamique en les situant dans un contexte vivant et évolutif. L'école et la classe sont conçues comme une communauté d'apprenants où l'apprentissage se déroule dans un climat d'entraide grâce à la coopération, au dialogue et à la mise en commun des compétences diverses de chacun. On y respecte les différences et on valorise les apports respectifs des partenaires (élèves comme enseignant) à la collectivité. La classe est à la fois un centre de ressources et un lieu de partage des savoirs où l'ampleur des apprentissages dépend pour une large part de la richesse des interactions entre les membres, certains échanges étant plus susceptibles que d'autres d'induire de réelles constructions cognitives. Dans ce contexte, le rôle de l'enseignant est déterminant puisqu'il lui appartient de créer dans sa classe une culture de participation, de mettre en place des activités conjointes, de favoriser le partage des connaissances et de développer les habiletés nécessaires à la collaboration et au travail en groupe. Il encouragera ainsi le discours critique, le débat constructif, la discussion et la négociation de points de vue. Cela n'implique pas que les élèves réalisent constamment des travaux d'équipe mais qu'il règne dans la classe un climat de collaboration et d'entraide. Les ressources sociales que représentent l'enseignant ou les pairs, dont les compétences sont diverses, de même que le matériel servant de soutien au développement des connaissances, sont considérés comme autant de sources possibles de zone de développement proximal, autrement dit d'outils permettant de faire progresser l'apprenant.

17.5.2 Le statut des outils de la culture : la notion d'individu-plus

La notion d'outils au service de la pensée, tout comme celle de médiation de la pensée grâce à l'outil, représente un élément clé de la perspective socioconstructiviste. Mais les outils en question ne se limitent pas aux processus psychiques internes de l'individu ou aux connaissances qu'il a emmagasinées en mémoire. On parle tout autant d'outils socialement construits et transmis par la culture. Ainsi, l'individu recourt constamment à divers outils, matériels ou symboliques, tout comme il fait appel à autrui pour comprendre, apprendre, réaliser une tâche, résoudre un problème. Or, ces outils ne sont pas de simples fonctions auxiliaires qui ne feraient qu'amplifier les capacités cognitives de l'individu. Ils transforment le fonctionnement mental dont ils deviennent partie intégrante. Dans cette perspective, la cognition ne se limite pas à ce qui se trouve dans la tête de la personne. Les ressources matérielles ou sociales de l'environnement, tout comme les outils techniques auxquels recourt la pensée, sont partie intégrante de celle-ci. La pensée s'extériorise en quelque sorte, car les traces qu'elle laisse ne se trouvent pas seulement dans la mémoire de l'individu mais dans les outils qu'il élabore ou qu'il s'approprie, et dans la manière dont il organise son environnement pour rendre ces outils plus aisément accessibles. La prise de notes, la classification de données, la production de textes, le recours à des ouvrages de référence, l'élaboration de schémas ou de croquis, la conception assistée par ordinateur, etc., ne sont que quelques exemples d'outils qui représentent à la fois des véhicules de la pensée et des ressources pour celle-ci. Cette distribution de la cognition suggère que la pensée ne réside pas seulement dans l'individu mais dans l'« individu-plus », autrement dit dans le système individu-environnement. Ce qui importe donc, ce n'est pas tant le lieu où sont conservées ces différentes ressources que le fait d'y avoir accès. Ainsi, l'individu doit disposer de processus psychiques de niveau supérieur, de savoirs relatifs à son propre fonctionnement mental qui lui permettent de gérer l'accès à ces ressources et de les exploiter de façon pertinente. Ce sont ces métaconnaissances qui rendent précisément possible l'utilisation consciente et volontaire de ces outils, dont on doit connaître l'existence, la manière d'y accéder et la façon de déterminer quand, comment et pourquoi on peut y avoir recours, selon le contexte ou les buts poursuivis.

L'idée d'une pensée distribuée suggère que l'apprentissage et la connaissance dépendent tout autant des ressources de l'environnement que des processus de pensée qui en permettent l'appropriation et l'utilisation. Ces ressources, de diverses natures, intègrent tout particulièrement les connaissances socialement et culturellement construites sur lesquelles nous prenons appui pour élaborer nos propres savoirs. C'est parce que la culture se conserve dans des œuvres partagées que nous pouvons construire des connaissances, créer des liens et élaborer de nouvelles significations sur la base des savoirs antérieurement établis et des divers produits de l'activité humaine. En contexte scolaire, la richesse et la diversité des ressources mises à la disposition de l'apprenant, de même que la capacité de l'enseignant à mettre les élèves en contact avec ces ressources et à en soutenir l'exploitation, représentent un aspect important du processus éducatif. Car c'est précisément à travers l'appropriation des outils symboliques fournis par la culture que l'élève est amené à étendre les pouvoirs de sa pensée et à dépasser les limites inhérentes au fonctionnement de celle-ci. Le but de l'enseignement n'est donc pas de meubler la mémoire mais de favoriser l'accès à des ressources et l'exploitation d'outils prolongeant la pensée. Dans cette perspective, la culture n'est pas objet de transmission mais outil d'appropriation et d'extériorisation de la pensée, participant à la construction de l'identité tout autant qu'à celle des connaissances. Sur le plan pédagogique, cette conception de la pensée distribuée conduit à accorder de l'importance à ce que les élèves produisent à l'aide des outils sémiotiques les plus pertinents, par exemple dans des projets culturellement signifiants dont la réalisation nécessite le recours à une diversité de ressources. Les traces laissées par l'activité cognitive ne constituent pas seulement des repères pour évaluer les apprentissages réalisés, mais elles représentent de véritables ressources pour l'apprenant. Elles permettent de rendre explicite, et par conséquent plus accessible à la réflexion, au partage et à la négociation, ce qui est souvent implicite. Par ailleurs, c'est précisément grâce à des réalisations communes que se crée une véritable communauté d'apprentissage et que s'instaure une culture de pratique. Aussi doit-on offrir à l'élève de multiples occasions d'apprendre à utiliser efficacement et à bon escient les ressources les mieux adaptées à la diversité des tâches à accomplir. L'enfant doit également apprendre à gérer sa propre cognition en tirant le meilleur parti de ses ressources personnelles et de celles de son environnement tant social et culturel que physique.

17.5.3 La médiation sociale et le développement de la conscience : la notion de métacognition

La perspective socioconstructiviste souligne le rôle central de la médiation sociale dans la prise de conscience et la régulation de ses propres processus psychiques. En effet, Vygotsky insiste tout particulièrement sur l'origine sociale des fonctions psychiques supérieures. Il considère ces dernières comme la résultante de l'intériorisation d'activités initialement réalisées dans un contexte d'interaction sociale à l'aide d'outils sémiotiques rendant possible la communication. Autrement dit, toute conduite, qu'elle soit de nature pratique ou cognitive, est soumise à des régulations sociales avant de pouvoir être gérée par le sujet lui-même. C'est donc grâce à des interactions avec autrui médiatisées par le recours à des outils symboliques que nous prenons conscience de nos propres actions et processus de pensée, et c'est précisément parce que nous en devenons conscients que nous parvenons à les contrôler, autrement dit à y recourir de manière volontaire et intentionnelle, et à les adapter aux buts que nous poursuivons. Cette prise de conscience détermine notre aptitude à agir, c'est-à-dire notre capacité à prendre des initiatives et à mener à bien certaines activités. La réflexion sur

nos propres opérations cognitives et la capacité à en gérer l'utilisation sont également chez Piaget des processus d'abstraction réflexive grâce auxquels nous élaborons des connaissances sur nos propres actions et processus de pensée. Cette réflexion et cette capacité ont donné lieu, au début des années 1970, à l'émergence d'un vaste courant de recherche sur la métacognition, c'est-à-dire sur l'aptitude de l'être humain à mieux contrôler sa propre activité mentale en prenant pour objet de réflexion ses états et processus mentaux. Les recherches effectuées dans le cadre de ce courant ont clairement montré que c'est dans la mesure où nous disposons de connaissances sur nos propres connaissances et sur la manière dont fonctionne notre pensée que nous pouvons en gérer efficacement l'utilisation. Ces recherches ont également mis en évidence le rôle déterminant, dans le développement des compétences métacognitives, d'une médiation sociale appropriée. Bref, l'apprenant est d'autant plus efficace qu'il est conscient de ses connaissances et démarches de pensée, et c'est en grande partie au cours d'interactions sociales qu'il acquiert cette compétence métacognitive.

Dès lors, comme le souligne Bruner (1996, p. 36), « toute pratique éducative qui se propose d'accroître la puissance de l'esprit doit mettre au centre de son activité l'action de "penser l'acte de penser" ». Autrement dit, il s'agit d'amener l'apprenant à élaborer, à partir d'une réflexion distanciée sur ses façons de comprendre et d'apprendre, des métaconnaissances relatives à la manière dont il construit ses propres savoirs. Celles-ci sont en effet garantes d'une certaine autonomie cognitive, car elles permettent à l'élève de gérer ses propres démarches d'apprentissage et d'en améliorer graduellement l'efficacité. Mais encore faut-il que l'apprenant dispose pour ce faire d'outils appropriés. Les chercheurs en éducation se sont donc intéressés aux pratiques pédagogiques susceptibles de favoriser le développement des compétences métacognitives chez l'élève. Ils ont mis en évidence l'importance de la médiation sociale exercée par l'enseignant mais également par les pairs. C'est en intériorisant les régulations initialement élaborées dans un contexte d'interaction sociale que l'élève apprend à contrôler lui-même ses processus de pensée. L'enseignant joue un rôle de guide, de modèle et de tuteur. Il lui faut en effet accorder ses interventions aux capacités des élèves en leur proposant des situations d'apprentissage qui, tout en étant adaptées à leur niveau de compétence et de connaissances, représentent des défis et les invitent à réfléchir sur les démarches ou procédures qu'ils utilisent. À titre de médiateur, l'enseignant peut aider de façon systématique l'élève à se questionner à propos de ce qu'il sait faire seul ou du type d'assistance dont il a besoin pour réussir. L'élève, pour sa part, ne peut progresser sans une réflexion sur ses propres démarches, sans une certaine forme d'auto-évaluation. Celle-ci n'est pas le point de départ mais l'aboutissement d'un processus de formation. L'auto-évaluation nécessite des instruments, notamment dans le cadre d'interactions sociales, sources de régulations interactives qui fournissent à l'élève des critères. Le travail en commun présente à cet égard un intérêt particulier puisque c'est notamment à travers des conflits sociocognitifs, engendrés par le choc de points de vue différents, que l'élève prend conscience de ses propres conceptions ou modes de pensée et de ceux des autres. La communication, l'argumentation, la justification d'une réponse sont autant de façons de l'amener à réfléchir sur ses démarches d'apprentissage et à les analyser. Dans cette perspective, l'évaluation n'est pas seulement formative mais formatrice ; elle n'est pas seulement un outil mais un objet d'apprentissage.

17.6 Synthèse et comparaison : le constructivisme et le socioconstructivisme en éducation

17.6.1 Piaget et Vygotsky : complémentarité plutôt qu'opposition

Si on associe communément la perspective de Piaget au constructivisme et celle de Vygotsky au socio-constructivisme, ces deux visions s'inscrivent aussi dans ce que l'on peut qualifier de « paradigme constructiviste », qui conduit à ne pas dissocier les « objets » sur lesquels portent nos activités des représentations que nous nous en construisons individuellement ou collectivement. Pour Piaget comme pour Vygotsky, notre rapport au monde et à l'expérience individuelle est médiatisé par la pensée. Dans

cette perspective, comprendre, c'est nécessairement interpréter, puisque le propre de la pensée est d'élaborer des explications ou significations à l'aide d'outils, qu'ils soient de nature logico-mathématique (pour Piaget) ou historico-culturelle (pour Vygotsky). Constructivisme et socioconstructivisme ne sont donc pas fondamentalement différents : ils s'intéressent l'un et l'autre aux processus grâce auxquels nous élaborons des représentations du monde. Si le socio-constructivisme affiche par son nom une insistance particulière sur les dimensions sociale et culturelle en jeu dans la construction des nouveaux savoirs, ces dimensions ne sont pas pour autant absentes du constructivisme au sens large. À cet égard, on ne saurait établir d'opposition radicale entre constructivisme et socioconstructivisme en réduisant le premier à une construction purement individuelle des connaissances, et le second à une construction essentiellement sociale des savoirs. Certes, les perspectives piagétienne et vygotskienne présentent des différences non négligeables puisqu'elles n'abordent pas le développement mental sous un même angle, mais elles comportent aussi plusieurs points de convergence ou de complémentarité.

17.6.2 Des différences de point de vue

Piaget s'intéresse particulièrement aux processus de raisonnement logique à l'aide desquels nous façonnons notre connaissance du monde ; il met l'accent sur le caractère universel et invariant de cette logique. S'il s'intéresse au développement psychologique de l'enfant, c'est dans le but de mieux comprendre la genèse des connaissances scientifiques et logico-mathématiques. Il étudie donc la construction chez l'enfant de connaissances nomothétiques obéissant à des règles et décrit la pensée sous l'angle d'un ensemble organisé d'opérations logiques qui médiatisent notre rapport au monde. Sa théorie concerne la direction dans laquelle s'effectue le développement, direction qui correspond à la conquête d'une objectivité croissante dans la compréhension du réel, solidaire d'une socialisation de la pensée. Chez Piaget, la notion de subjectivité, loin de s'opposer à celle d'objectivité, correspond à l'activité du sujet qui organise le monde à partir de ses opérations mentales et structure sa pensée dans son effort pour l'expliquer. C'est l'activité du « sujet épistémique » ou sujet qui connaît et non celle du sujet individuel, marqué par une histoire, une culture, un contexte.

Vygotsky s'intéresse à la manière dont la personne donne un sens au monde en s'appropriant, grâce aux interactions sociales, les outils symboliques fournis par la culture. Il met plutôt l'accent sur le caractère local et culturel des significations que l'être humain élabore. S'il s'intéresse au développement de l'enfant, c'est notamment dans le but de comprendre comment les formes et significations générées au cours de l'échange verbal deviennent progressivement des caractéristiques internes du fonctionnement psychique. Vygotsky étudie donc l'appropriation par l'enfant des structures symboliques exprimées dans sa culture. Il décrit la pensée sous l'angle d'une intériorisation et d'une recréation des modèles initialement construits par la culture. Sa théorie concerne moins la direction du développement que ses causes historico-culturelles. La pensée n'est pas envisagée dans ses dimensions logique et explicative, mais plutôt dans ses aspects herméneutiques et interprétatifs. La notion d'objectivité correspond à celle d'intersubjectivité puisque le sens est socialement négocié à travers la confrontation d'interprétations qui sont plus ou moins subjectives parce qu'elles sont nécessairement particulières et dépendantes d'un contexte.

Piaget s'inspire des processus en jeu dans l'évolution biologique et Vygotsky prend appui sur les processus ayant présidé à l'évolution historico-culturelle de l'humain. Par ailleurs, s'ils accordent tous deux un rôle important aux interactions avec l'environnement dans le développement de la pensée, ils confèrent néanmoins un statut différent aux objets. Piaget met au centre de son analyse la notion d'opération du sujet sur les objets. Il considère l'objet au sens large en fonction de ses propriétés intrinsèques et des contraintes accommodatrices qu'il impose à l'action assimilatrice du sujet. Vygotsky fait de la notion d'activité l'unité d'analyse de la psychologie et envisage toute activité comme socialement située. Il considère ainsi les objets, physiques ou symboliques, comme des constructions sociales et culturelles porteuses de significations variées. Le rapport à l'objet s'en trouve donc profondément modifié puisque ce dernier n'est pas seulement logiquement construit par le sujet mais socialement

constitué par le réseau des significations dans lesquelles il s'insère.

17.6.3 Des éléments de convergence ou de complémentarité

Tout en adoptant des points de vue différents, Piaget et Vygotsky ont tous deux une approche génétique des phénomènes, car ils les envisagent dans leur dynamique évolutive et constructive. Ils cherchent également à dépasser les approches dualistes et réductionnistes en soulignant soit l'association du sujet et de l'objet dans la connaissance (Piaget), soit l'unité des lignes de développement naturelle et culturelle chez l'être humain. L'idée d'intériorisation, centrale chez Vygotsky, est aussi présente chez Piaget, pour qui l'individu intériorise des actions sous la forme d'opérations mentales. Mais, tandis que pour Vygotsky, le processus d'intériorisation ne s'applique qu'à l'élaboration des fonctions psychiques supérieures, c'est-à-dire au développement social et culturel lié à l'appropriation d'outils sémiotiques comme le langage, il procède chez Piaget d'une prise de conscience de l'action propre en fonction de ses résultats dans l'environnement. Ce processus n'est donc pas particulièrement lié à l'apparition du langage puisqu'il intervient à toutes les étapes du développement. On trouve par ailleurs, dans le modèle de l'équilibration de Piaget, l'idée selon laquelle l'évolution de la pensée se manifeste par le passage des régulations externes de l'activité par l'environnement à une autorégulation interne contrôlée par les mécanismes de la structure. C'est d'ailleurs cette idée de prise de conscience, source de conceptualisation et de contrôle volontaire de l'activité psychique, commune à Piaget et à Vygotsky, qui va donner naissance au concept de « métacognition », autrement dit à la reconnaissance de cette capacité propre à la pensée de se prendre elle-même pour objet de réflexion et de régulation.

Deux autres notions s'avèrent aussi très apparentées chez les deux penseurs : celle de zone de développement proximal chez Vygotsky et celle de déséquilibre adapté au niveau de développement chez Piaget. Ces notions correspondent l'une et l'autre à l'idée d'un potentiel d'adaptation et de développement de la conduite à l'intérieur de certaines limites. Elles suggèrent également l'intérêt de proposer à l'enfant des défis à sa mesure et de le soutenir dans sa démarche pour lui permettre de surmonter les obstacles auxquels il fait face. Pour les deux chercheurs, il existe d'étroites relations d'interdépendance entre apprentissage et développement. Ce qui les différencie essentiellement, c'est le rôle central qu'accorde Vygotsky à la dimension sociale dans le processus d'actualisation de cette zone proximale, qui a lieu au moment où le niveau de développement s'élève. Mais Vygotsky et Piaget reconnaissent tous deux l'influence des apprentissages sur le développement et la nécessité que l'enfant reconstitue activement, à l'aide des outils dont il dispose, ce qui lui est apporté de l'extérieur. Aussi les deux penseurs sont-ils amenés à réfuter l'efficacité d'approches pédagogiques purement transmissives qui ne tiennent pas compte du niveau de développement de l'enfant et des démarches actives que requiert l'appropriation de nouveaux savoirs ou d'outils inconnus. Ils accordent également un rôle important à la création d'un environnement éducatif propre à stimuler le développement cognitif, social et affectif de l'enfant.

17.6.4 Le constructivisme aujourd'hui

Piaget et Vygotsky représentent sans contredit des figures clés du constructivisme et du socioconstructivisme dont les perspectives ont été particulièrement influentes en éducation. Leurs visions ont inspiré de nombreuses approches éducatives dont certaines s'en réclament à tort. Plusieurs idées courantes sont d'ailleurs associées à ces visions. Par exemple, on attribue au constructivisme l'idée que l'élève doit être actif dans ses apprentissages, qu'on ne peut pas lui transmettre de connaissances puisqu'il est le constructeur de ses propres savoirs, qu'il faut mettre l'élève devant des obstacles pour l'amener à s'interroger sur ses représentations personnelles, etc. Au socioconstructivisme est liée l'idée que les élèves apprennent mieux dans l'interaction sociale et qu'il faut faire davantage de place au travail d'équipe et aux projets communs. Parce qu'elles font l'objet d'un consensus implicite assez large, ces idées ne sont pas souvent discutées et peuvent refléter des visions très variées. Elles peuvent aussi donner lieu à des pratiques très diversifiées dont on omet parfois d'évaluer les buts visés et le contexte dans lequel elles s'inscrivent, tenant pour acquis que certaines

pratiques sont « bonnes en soi » parce qu'elles sont prétendument en accord avec les principes du constructivisme. Or, il convient de rappeler que ce dernier n'est pas aujourd'hui un construit unitaire et qu'il n'est pas non plus directement applicable au domaine de l'éducation.

Le constructivisme aujourd'hui a plus d'un visage, et on peut l'aborder dans une perspective épistémologique, psychologique, sociale, historique, pédagogique ou didactique, et selon plusieurs points de vue. Sur le seul plan épistémologique, il existe plusieurs formes de constructivisme (Le Moigne, 1995) : le socioconstructivisme (Vygotsky), le constructivisme dialectique ou génétique (Piaget, 1970), le constructivisme empirique et ingéniériel (Simon, 2004), le constructivisme dialogique et récursif (Morin, 1990), le constructivisme radical (Glaserfeld, 1978), etc. Certains établissent une distinction entre constructivisme trivial et constructivisme radical, entre constructivisme social et socioconstructivisme, etc. Si ces perspectives variées partagent sans doute un certain nombre de postulats épistémologiques concernant, notamment, le caractère construit et non pas dévoilé ou découvert de la connaissance, elles n'en présentent pas moins des différences qui, sur le plan éducatif, ne sont pas négligeables. Les idées, concepts, notions et modèles élaborés dans le cadre de ces approches théoriques ne sont pas tous également pertinents dans l'éducation et sont très diversement transposables à la pratique et à l'intervention éducatives, leur objectif premier étant de comprendre et d'expliquer. Ainsi, non seulement y a-t-il plusieurs perspectives constructivistes, mais il y a de nombreuses façons d'envisager leur contribution. C'est pourquoi, lorsqu'on se réclame du constructivisme ou du socioconstructivisme, on peut difficilement se passer de préciser les perspectives théoriques et les idées sur lesquelles on prend appui pour fonder une intervention éducative. On doit préciser en quoi des idées nous permettent d'enrichir notre compréhension des processus d'enseignement et d'apprentissage en contexte scolaire. Il importe que l'on voie clairement quelles représentations de l'apprentissage guident nos pratiques d'enseignement.

Il convient de rappeler que le constructivisme et le socioconstructivisme ne constituent pas des modèles d'enseignement et ne sauraient dicter des pratiques particulières. Ils correspondent plus largement à des conceptions générales relatives à la manière dont le sujet construit ses connaissances en interaction avec son environnement physique et social. Ainsi, les idées empruntées à ces perspectives ne peuvent faire l'objet d'une application simple et directe. Elles doivent d'abord être décontextualisées, c'est-à-dire abstraites du contexte épistémologique, sociologique ou psychologique dans lequel elles ont été élaborées et du projet dans lequel elles s'inscrivent. Il faut ensuite les recontextualiser selon les contraintes et caractéristiques du domaine de la pratique pédagogique et selon ses visées particulières. Car le but de l'intervention pédagogique n'est pas de créer des modèles de compréhension et d'interprétation des processus à l'aide desquels nous élaborons nos connaissances, mais de soutenir ces processus de manière à favoriser l'apprentissage. De ce point de vue, aucune pratique ne peut être considérée, en elle-même, comme constructiviste ou socioconstructiviste indépendamment des représentations de l'apprentissage qui la fondent et des intentions pédagogiques qui lui sont sous-jacentes. À titre d'exemple, on ne saurait écarter sans plus l'enseignement magistral sous prétexte qu'une telle pratique n'est pas constructiviste. Sa pertinence dépend de ce qu'elle vise et du contexte dans lequel s'inscrit son usage. De la même façon, faire travailler les élèves en équipe ne constitue pas en soi une pratique socioconstructiviste, car on peut adopter cette pratique sans se soucier pour autant des conditions requises pour que les interactions entre apprenants puissent être porteuses de nouveaux apprentissages. À cet égard, les perspectives constructiviste et socioconstructiviste représentent certes des grilles d'analyse pertinentes pour mieux comprendre certaines facettes de l'apprentissage scolaire et guider l'intervention pédagogique ou didactique, mais elles ne permettent pas nécessairement d'en éclairer toutes les dimensions et elles ne disent pas comment s'y prendre dans une situation particulière.

17.6.5 Constructivisme et réforme des programmes : les idées-forces et les dérives possibles

Plusieurs pays ont entrepris d'importantes réformes éducatives et ont rénové leurs programmes d'études en prenant notamment appui sur les perspectives constructiviste et socioconstructiviste du développement des connaissances. Le recours à ces perspectives dénote essentiellement le souci de prendre en considération leur apport à notre compréhension des processus d'apprentissage, laquelle est jugée déterminante pour orienter les pratiques pédagogiques de l'enseignant. Ainsi, on reconnaît assez unanimement que l'appropriation des connaissances requiert de la part de l'apprenant une activité cognitive qui va de pair avec une certaine forme de reconstruction, dans laquelle il relie ce qui est nouveau à ce qui est connu. Il est donc utile de se donner des représentations adéquates de cette activité afin de pouvoir mieux la soutenir. On admet également le caractère culturel des savoirs, que l'on ne peut totalement dissocier des contextes dans lesquels ils s'élaborent et des situations dans lesquelles leur usage s'avère significatif. Il apparaît donc pertinent de ne pas envisager l'apprentissage comme une démarche purement individuelle et décontextualisée, mais de tenir compte du contexte dans lequel il s'inscrit et des aspects de l'environnement, tant social que physique, qui peuvent le soutenir. L'introduction, dans les programmes d'études, de la notion de compétence est sans doute liée à la conception générale de l'apprentissage qui émerge de cette notion et qui s'efforce d'intégrer les dimensions à la fois sociale et cognitive de la pensée. Toutefois, cette notion ne provient pas du constructivisme et a donné lieu à diverses interprétations. C'est pourquoi le sens qu'elle revêt dans le cadre des réformes éducatives peut bénéficier de l'éclairage de ces perspectives, qui sont porteuses d'idées-forces. Mais on ne doit pas pour autant minimiser les dérives possibles.

Un certain nombre d'idées-forces liées aux perspectives constructiviste et socioconstructiviste permettent de jeter un éclairage intéressant sur la notion de compétence définie comme la capacité à mobiliser et à orchestrer un ensemble de ressources tant externes qu'internes. Quels que soient les domaines dans lesquels ce concept est utilisé, on reconnaît aujourd'hui que l'action compétente ne repose pas sans plus sur l'accumulation de savoirs par l'individu et qu'elle n'est pas indépendante du contexte et des ressources accessibles dans l'environnement. D'une part, l'action compétente ne réside pas dans la somme des éléments qui la composent mais dans leur organisation dynamique, autrement dit dans les interrelations entre les différentes ressources qu'elle mobilise. D'où l'importance d'amener l'apprenant à relier ses connaissances entre elles et avec les situations dans lesquelles elles peuvent être utilisées. Dans l'action compétente, on comprend également comment on s'y prend pour agir et on sait pourquoi nos actions, aussi bien cognitives que pratiques, sont efficaces. L'action compétente comporte donc une dimension métacognitive permettant de la distinguer de l'action automatique ou de l'application mécanique d'une procédure rigide, ce qui n'exclut pas par ailleurs qu'elle puisse intégrer des composantes progressivement automatisées. D'autre part, la compétence ne dépend pas exclusivement de la personne mais du réseau de relations sociales et de phénomènes humains qui définissent le contexte de l'action. Cela rejoint la notion d'« individu-plus », puisque la compétence n'est pas envisagée uniquement sous l'angle des connaissances que possède la personne dans sa mémoire, mais aussi sur le plan du contexte social dans lequel s'intègre son activité et des ressources, humaines et matérielles, auxquelles elle a accès. La notion de « compétence transversale » correspond pour sa part à l'idée selon laquelle l'acquisition de nouveaux savoirs va de pair avec l'élaboration d'outils de nature sociale et cognitive qui médiatisent notre rapport au monde et à l'aide desquels nous construisons des significations. Cette notion n'est pas sans rapport avec l'idée d'interdépendance entre apprentissage et développement, et entre acquisition de nouveaux savoirs et formation de la pensée. C'est pourquoi il importe de se préoccuper non seulement des savoirs à inculquer, mais des outils cognitifs et sociaux qui en permettent à la fois l'appropriation, la gestion et le réinvestissement.

La notion de compétence n'est pas en elle-même porteuse d'une vision particulière de l'apprentissage, indépendamment de la grille de lecture à l'aide de laquelle on l'interprète. Il ne suffit donc pas d'introduire des compétences dans les programmes d'études pour amener les enseignants à modifier leurs représentations des savoirs et de l'apprentissage. Par ailleurs, si cette grille de lecture peut tirer parti d'un certain nombre d'idées intéressantes issues des perspectives constructiviste et socioconstructiviste, il faut cependant prendre garde de transformer ces visions théoriques en de nouveaux dogmes pédagogiques conduisant à rejeter ou à adopter certaines pratiques par décret, sans s'interroger sur leur pertinence en ce qui a trait aux buts qu'elles visent et à la démarche globale dans laquelle elles s'inscrivent. Dans un contexte scolaire, il s'avère souvent approprié d'emprunter à plus d'un modèle théorique, de se baser sur plusieurs cadres de référence susceptibles d'apporter des éclairages complémentaires sur divers aspects de la réalité complexe de l'enseignement et de l'apprentissage. De plus, l'éducation est une entreprise éminemment complexe qui ne peut se réduire à l'application d'une théorie particulière de l'apprentissage. Enfin, quels que soient les modèles sur lesquels on prend appui, on doit s'approprier, transposer et adapter au contexte de la pratique les idées issues de ces perspectives pour ne pas tomber dans l'application rigide de modèles préétablis. Un tel travail d'adaptation et de transformation graduelle des pratiques est exigeant et nécessite du temps. Il suppose en outre une évolution du contexte même de la pratique et une certaine transformation de la culture de pratique, elle-même solidaire de la construction par les acteurs de représentations socialement négociées et partagées.

Questions

1. Quels liens peut-on établir entre les conceptions piagétienne et vygotskienne des rapports entre apprentissage et développement ?

2. Quelle est, pour Vygotsky, la principale source de développement des fonctions psychiques supérieures ?

3. Comparez les conceptions piagétienne et vygotskienne de l'intelligence ou de la pensée.

4. Expliquez en quoi le plan social, dans la perspective socioconstructiviste de Vygotsky, ne se limite pas aux interactions entre personnes.

5. Expliquez le concept de « zone de développement proximal » chez Vygotsky et précisez en quoi il s'apparente à la notion de déséquilibre chez Piaget.

6. Vygotsky affirme que « le seul bon enseignement est celui qui précède le développement ». Que veut-il dire par là ?

7. La perspective socioconstructiviste conduit à accorder un rôle central, dans l'apprentissage, aux outils construits par la culture. De quelle nature sont ces outils et pourquoi sont-ils si importants pour l'apprentissage ?

8. Que signifie le concept de métacognition et quel lien présente-t-il avec les perspectives constructiviste et socioconstructiviste du développement des connaissances ?

9. Formulez quelques grandes idées que l'on peut tirer des perspectives constructiviste et socioconstructiviste pour orienter la pratique pédagogique.

Bibliographie

BROWN, A., et CAMPIONE, J.C. (1995). « Concevoir une communauté de jeunes élèves ». *Revue française de pédagogie*, n° 11 (avril-mai 1995), p. 11-33.

BRUNER, J. (1996). *L'éducation, entrée dans la culture*. Paris : Éditions Retz.

BRUNER, J. (1997). « Celebrating Divergence : Piaget and Vygotsky ». *Human Development*, vol. 40, n° 2, p. 63-73.

CARBONNEAU, M.N., et LEGENDRE, M.-F. (2002). « Piste pour une relecture du programme de formation et de ses référents conceptuels ». *Vie pédagogique*, n° 123, avril-mai, p. 12-17.

CLOT, Y. (sous la dir. de) (1999). *Avec Vygotsky*. Paris : Éditions La Dispute.

CRAHAY, M. (1999). « La révolution constructiviste », dans *Psychologie de l'éducation*. Paris : Presses universitaires de France, chapitre IV, p. 173-248.

DANIELS, H. (sous la dir. de) (1996). *An Introduction to Vygotsky*. New York : Routledge.

DOISE, W., et MUGNY, G. (1981). *Le développement social de l'intelligence*. Paris : Inter Éditions.

DOISE, W., DESCHAMPS, J.-C., et MUGNY, G. (1991). *Psychologie sociale expérimentale*. Paris : Armand Colin.

DROZ, J., et OLLAGNIER, E. (sous la dir. de) (2002). *L'énigme de la compétence en éducation*. Bruxelles : De Boeck Université.

FOUREZ, G. (1992). *La construction des sciences*. 2e éd. Montréal : Éditions ERPI.

GLASERFELD, E. (1978). « Radical Constructivism and Piaget's Concept of Knowledge », dans F.B. Murray (sous la dir. de), *The Impact of Piagetian Theory*. Baltimore, Md. : University Park Press, p. 109-122.

GRANGEAT, M., et MEIRIEU, PH. (sous la dir. de) (1997). *La métacognition, une aide au travail des élèves*. Paris : ESF éditeur.

HINDE, R.A, PERRET-CLERMONT, A.-N., et STEVENSON-HINDE, J. (sous la dir. de) (1988). *Relations interpersonnelles et développement des savoirs*. Fribourg, Suisse : Delval.

KIRSHNER, D., et WHITSON, J.A. (sous la dir. de) (1997). *Situated Cognition : Social, Semiotic, and Psychological Perspectives*. Mahwah, N.J. et Londres : Lawrence Erlbaum Associates.

KOZULIN, A. (1990). *Vygotsky's Psychology*. Cambridge, Mass. : Harvard University Press.

LEGENDRE-BERGERON, M.-F. (1980). *Lexique de la psychologie du développement de Jean Piaget*. Boucherville : Gaëtan Morin.

LEGENDRE, M.-F. (2001a). « Sens et portée de la notion de compétence dans le nouveau programme de formation de l'école québécoise ». *Revue de l'AQFSL*, vol. 23, n° 1, p. 12-30.

LEGENDRE, M.-F. (2001b). « Le programme des programmes : le défi des compétences transversales », dans. C. Gauthier et D. Saint-Jacques. *La réforme des programmes scolaires au Québec*. Québec : Presses de l'Université Laval, p. 24-57.

LE MOIGNE, J.-L. (1995). *Les épistémologies constructivistes*. Paris : Presses universitaires de France (Coll. « Que sais-je ? »).

MATTHEWS, M. (2002). « Constructivism and Science Education : A Further Appraisal ». *Journal of Science Education and Technology*, vol. 11, n° 2.

MINISTÈRE DE L'ÉDUCATION (2001). *Programme de formation de l'école québécoise, version approuvée*. Québec : Gouvernement du Québec.

MOLL, L.C. (1990). *Vygotsky and Education*. Cambridge, Mass. : Cambridge University Press.

MORIN, E. (1990). *Introduction à la pensée complexe*. Paris : ESF éditeur.

PERKINS, D. (1995). « L'individu-plus : une vision distribuée de la pensée et de l'apprentissage ». *Revue française de pédagogie*, nº 111 (avril, mai, juin), p. 57-71.

PERRET-CLERMONT, A.-N. (1986). *La construction de l'intelligence dans l'interaction sociale*. New York et Berne : P. Lang.

PIAGET, J. (1970). *Psychologie et épistémologie*. Paris : Gonthiers et Denoël.

RATNER, C. (1991). *Vygotsky's Sociohistorical Psychology and Its Contemporary Applications*. New York et Londres : Plenum Press.

RIVIÈRE, A. (1990). *La psychologie de Vygotsky*. Liège : Pierre Mardaga éditeur.

ROCHEX, J.-Y. (1997). « L'œuvre de Vygotsky : fondements pour une psychologie historico-culturelle ». *Revue française de pédagogie*, nº 120 (juillet, août, septembre), p. 105-147.

SCHNEUWLY, B., et BRONCKART, J.-P (sous la dir. de) (1985). *Vygotsky aujourd'hui*. Neuchâtel et Paris : Delachaux et Niestlé.

SIMON, H.A. (2004). *Les sciences de l'artificiel*. Trad. de J.-L. Le Moigne. Paris : Gallimard (Coll. « Folio essais »).

STEFFE, L., et GALE, J. (sous la dir. de) (1995). *Constructivism in Education*. Hillsdale, N.J. : Lawrence Erlbaum Associates.

TRYPHON, A., et VONÈCHE, J. (sous la dir. de) (1996). *Piaget-Vygotsky : The Social Genesis of Thought*. Hove, East Sussex : Psychology Press.

VAN DER VEER, R., et VALSINER, J. (1993). *Understanding Vygotsky : A Quest for Synthesis*. Cambridge, Mass. : Blackwell Publishers.

VAN DER VEER, R., et VALSINER, J. (1994). *The Vygotsky Reader*. Cambridge, Mass. : Blackwell Publishers.

VYGOTSKY, L. (1978). *Mind in Society : The Development of Higher Psychological Process*. Cambridge, Mass. : Harvard University Press.

VYGOTSKY, L. (1997). *Pensée et langage*. Paris : Éditions La Dispute. (Publication originale en 1933.)

VYGOTSKY, L.S., et LURIA, A.R. (1993). *Studies on the History of Behavior : Ape, Primitive and Child*. Dir. et trad. de Victor I. Gold et Jane E. Knox. Hillsdale, N.J. : Lawrence Erlbaum.

WERTSCH, J.V. (1985). *Vygotsky and the Social Formation of Mind*. Cambridge, Mass. : Harvard University Press.

Conclusion : La pédagogie de demain

Clermont Gauthier
Maurice Tardif

Au terme de cet ouvrage sur l'évolution des idées et des pratiques pédagogiques et sur les conceptions contemporaines de la pédagogie, il convient d'examiner le chemin parcouru et de prendre du recul afin de mieux saisir la portée des questions qui touchent actuellement le métier d'enseignant et les pistes de réflexion qui s'offrent aux pédagogues de demain.

Rétrospectivement, nous pouvons dégager dans l'évolution de la pédagogie quatre grands moments qui correspondent à autant de périodes fondamentales. Chacune de ces périodes est dominée (ou du moins marquée) par une crise profonde des idées et des pratiques établies. Dans chacune d'elles, on voit des penseurs — philosophes ou maîtres de métier, savants ou praticiens — s'efforçant de thématiser et de rationaliser leur propre pratique, de la mettre en mots et en formules afin de fixer, pour leurs contemporains et pour eux-mêmes, ses grands axes d'intelligibilité. Plus concrètement, dans les trois premiers chapitres, nous avons mis en évidence l'émergence successive de la fonction enseignante, avec les sophistes, de l'école au Moyen Âge et des doctrines humanistes modernes de la Renaissance. Ainsi, on a vu se constituer, peu à peu, un champ autonome de pratiques et d'idées éducatives. Puis, nous avons fait l'hypothèse, au quatrième chapitre, de la naissance de la pédagogie au XVIIe siècle en tant que discours portant surtout sur l'organisation de l'ordre dans la classe. Cette pédagogie, mise en place par des enseignants de métier, s'est constituée en tradition dans les siècles suivants pour devenir ce que l'on a appelé la « pédagogie traditionnelle ». Nous avons montré, au sixième chapitre, que la pédagogie nouvelle, déjà amorcée par Rousseau au XVIIIe siècle (cinquième chapitre), a été une véritable révolution dans la conception de l'enseignement. La pédagogie nouvelle était une réaction contre la pédagogie traditionnelle et a donné lieu, au XXe siècle, à toute une série d'approches novatrices, fort différentes les unes des autres mais qui participaient néanmoins d'un même idéal puérocentrique.

Enfin, à l'aube d'un millénaire, en pleine réforme internationale de l'enseignement et de la formation des enseignants, il semble que nous assistions actuellement, dans un grand nombre de pays, à un changement déterminant en ce qui concerne la pédagogie. Tout se passe comme si nous étions en train de réévaluer et de soupeser la pédagogie nouvelle, héritage d'un siècle d'expériences et de tâtonnements très divers, tout en refusant de retourner à une pédagogie traditionnelle. Ainsi, des interrogations originales apparaissent sur le rôle et les savoirs du pédagogue, et le désir de professionnaliser le métier d'enseignant devient plus prégnant. Cela conduit bon nombre de personnes à se demander : que faut-il désormais savoir pour enseigner ? Comment concevoir ce métier ? Sur quelles bases repose-t-il ? Bref, quels sont les fondements mêmes de l'enseignement ?

Les antécédents de la pédagogie

Au premier chapitre, nous avons vu que toute société éduque, au sens où elle transmet aux générations montantes une tradition, des coutumes, des façons de voir et de faire. Cette transmission se fait de manière plus ou moins consciente, d'une façon informelle et anonyme, sans que personne n'ait été officiellement assigné à cette tâche. Mais, si toutes les sociétés éduquent, elles n'enseignent pas toutes nécessairement. En Occident, les Grecs ont probablement été les premiers à se séparer de la tradition. En réfléchissant à leurs coutumes, à leurs manières de gouverner la cité, à leurs façons d'éduquer les enfants, à leur vision de la justice et de la beauté, ils ont créé dans leur société une occupation nouvelle, qui n'avait eu aucun équivalent jusque-là : le métier d'enseignant. Les sophistes ont, les premiers, pratiqué ce nouveau métier. Au sein de leur mouvement, Socrate a constitué un cas à part, car il a proposé une tout autre approche de la formation basée sur le langage raisonnable et le dialogue. Enfin, Platon a établi une formation dominée par l'intellectualisme et la recherche scientifique, philosophique.

Cependant, si les Grecs ont inventé l'enseignement, ils n'ont toutefois pas réfléchi de façon systématique aux manières d'enseigner. Comme la connaissance, le discours et l'argumentation (dialectique) demeurent leurs principales préoccupations, on ne trouve pas chez eux de traités de pédagogie. Ils n'en ont probablement pas senti la nécessité puisqu'ils avaient peu d'élèves, que ces derniers étaient de jeunes hommes et que, par conséquent, le contact avec eux était très étroit, voire intime. Pour eux, il n'était pas nécessaire de réfléchir de façon approfondie à la pédagogie puisque le problème ne se posait pas avec suffisamment d'acuité. On ne sera donc pas surpris d'apprendre que la pédagogie était routinière et élémentaire et qu'enseigner ne nécessitait pas l'apprentissage d'habiletés particulières durant toute l'Antiquité. Au surplus, rappelons que l'éducation des sophistes et des philosophes commençait lorsque l'enfant était devenu un jeune homme capable de penser et de s'exprimer. Ainsi, la formation sophiste ignore la plupart des aspects particuliers liés à l'éducation des enfants.

On a vu également, aux chapitres 2, 3 et 4, que l'enseignement et l'école sont des concepts fort différents, et que l'enseignement peut se donner en l'absence d'écoles. Il a fallu attendre jusqu'au Moyen Âge pour qu'apparaisse finalement l'école, du moins celle que définit Durkheim (1938), c'est-à-dire un lieu rassemblant plusieurs maîtres travaillant dans un même but, celui de convertir l'élève. Mais l'école peut bien exister, on ne se soucie pas automatiquement de pédagogie. On ne trouve pas encore au Moyen Âge de traités de pédagogie ni de réflexion systématique sur la façon d'enseigner. Il y a plutôt des ouvrages généraux sur l'éducation rédigés par de grands penseurs qui professent, tels saint Augustin ou saint Thomas. Tout comme dans l'Antiquité grecque et romaine, les procédés pédagogiques sont peu élaborés ; ils sont subordonnés à la lecture et au commentaire des auteurs classiques, et s'inscrivent dans la logique habituelle du découpage en séquences du contenu à enseigner.

La Renaissance marque la fin du Moyen Âge. On a rédigé à cette époque nombre de discours sur l'éducation dans le but de faire la critique de la scolastique. Mais, pas plus que ceux des époques précédentes, les auteurs de la Renaissance ne se souciaient des moyens concrets d'enseignement. Leur critique portait plutôt sur le plan plus abstrait de la doctrine et des grandes finalités de l'éducation. Montaigne, Rabelais et Érasme faisaient partie de l'élite cultivée ; leur occupation quotidienne n'était pas d'enseigner. On comprendra donc que leur discours ne pouvait porter sur les préoccupations concrètes des enseignants qui ont aujourd'hui à superviser des groupes d'élèves dans leurs classes.

Ainsi, bien que tous ces siècles passés aient donné lieu à des créations essentielles tels l'enseignement, l'école et une solide tradition humaniste, on ne constate pas encore de souci pédagogique entraînant une réflexion poussée visant à rendre explicites des savoirs pédagogiques précis.

La pédagogie traditionnelle

Il a fallu attendre jusqu'au XVIIᵉ siècle pour qu'apparaisse enfin la pédagogie au sens particulier où nous l'entendons dans le présent ouvrage, c'est-à-dire une méthode pour enseigner, un discours qui ordonne et organise la façon de faire la classe sous tous ses aspects. La pédagogie est donc un discours qui codifie les savoirs propres à l'enseignant dans l'exercice de son métier et qui en structure la pratique quotidienne. Ces savoirs consistent en un ensemble de règles, de conseils méthodiques, de légitimations d'actions d'enseignement (qu'il ne faut pas confondre avec les contenus à enseigner, sans les exclure cependant) qui sont formulés à l'intention du maître dans le but de l'aider à enseigner à l'élève de manière que ce dernier apprenne davantage, plus vite et mieux.

Nous avons émis l'hypothèse que la pédagogie est née au XVIIᵉ siècle, et nous avons mis en évidence plusieurs facteurs ayant pu favoriser l'avènement de cette science. Par exemple, la Réforme protestante a entraîné le développement de l'éducation populaire ; un nouveau sentiment à l'égard des enfants a obligé la société à s'occuper davantage de leur instruction ; la Contre-Réforme catholique a été suivie par un souci plus marqué d'instruire le peuple ; des problèmes urbains engendrés par les jeunes oisifs ont incité les municipalités à intervenir ; n'oublions pas l'imprimerie nouvellement créée dont l'arrivée a complètement modifié le rapport à l'écrit.

L'effet conjugué de ces éléments amène davantage d'enfants à l'école et suscite la création d'établissements scolaires. Cependant, cela engendre d'abord toute une série de problèmes d'enseignement dont il faut trouver la solution. Jusqu'à cette époque, il n'y avait pas vraiment de difficultés pédagogiques, ou du moins ces dernières n'étaient pas éprouvées avec suffisamment de force pour justifier une réflexion approfondie et systématique menant à des solutions. Lorsque les petites écoles commencent à être fréquentées par un grand nombre d'enfants, il devient impossible d'enseigner selon l'approche individuelle, comme on le faisait auparavant. Il faut donc inventer une nouvelle manière de faire l'école. Il ne s'agit plus désormais d'enseigner « tout », comme le désirait Rabelais, mais bien d'enseigner « tout à tous », comme le soutenait Comenius, et ce simple petit ajout implique de profonds changements. Puisqu'il y a plus d'enfants, il faut s'assurer que tous puissent acquérir les habiletés de base (lire, écrire et compter), que le déroulement des activités se fasse d'une manière ordonnée, que l'on motive les élèves, que l'on surveille leur conduite, qu'il n'y ait pas de pertes de temps, etc. Voilà donc une esquisse de ces profonds bouleversements dans les façons d'enseigner et des nouveaux savoirs et savoir-faire qu'il importe désormais de maîtriser. On voit ainsi foisonner une série d'ouvrages, tant chez les catholiques que chez les protestants, traitant des bonnes manières d'enseigner. Ces ouvrages sont écrits par des pédagogues de métier.

Sur quoi se fonde, au XVIIᵉ siècle, ce nouveau souci pédagogique ? En quoi consistent les savoirs que nous venons d'évoquer ? On l'a vu, les discours des pédagogues du XVIIe siècle ont un fondement pédagogique religieux mais nourri par l'expérience de l'enseignement dans les classes. Pour Ratichius, l'œuvre de Dieu, la nature, est essentiellement harmonieuse ; il faut la respecter et s'y conformer. Elle indique la méthode à suivre dans l'éducation. Comenius va dans le même sens. Il dégage les principes de sa méthode pédagogique en prenant appui sur une vision où la nature est parfaite parce qu'elle est issue des mains du Créateur et par conséquent réglée à la perfection. La pédagogie prend ainsi sa source dans une nature « surnaturelle », dans une sur-nature qui est ordonnée en tous points et ne tolère aucun désordre.

Entre ce fondement théorique surnaturel de la pédagogie et la réalité de la classe, il y a une distance importante que l'on doit franchir. Elle le sera aisément par ces personnages particuliers que sont les premiers auteurs des traités de pédagogie. Ceux-ci sont à la fois des officiers de Dieu et, surtout (c'est là la grande nouveauté), des enseignants aguerris. Ce ne sont pas des penseurs solitaires comme ceux de la Renaissance ou des professeurs s'adressant à un public lettré, adulte, déjà formé. Le plan divin peut donc s'incarner plus facilement dans la pratique même du métier dans la classe. Ces professeurs explicitent un savoir issu de l'action, fruit de leurs nombreuses années d'expérience d'enseignement. Le fondement divin féconde ces expériences ; la méthode en pédagogie est donc ordonnée en tout.

Ainsi, fortifiés par l'expérience et nourris par une justification religieuse, les enseignants du XVIIe siècle créent une méthode pédagogique où l'ordre règne. Le savoir pédagogique qui est élaboré touche à toutes les facettes de la vie de la classe, du matin au soir, de la première journée de classe à la dernière. Il porte notamment sur l'enseignement simultané, sur le contrôle des postures et des déplacements des élèves, sur les châtiments et les récompenses, sur la répartition de l'espace et l'organisation minutieuse du temps. Ce savoir est ensuite transmis aux générations d'enseignants suivantes, qui à leur tour le lèguent à celles qui les remplacent. Ainsi se constitue peu à peu un code uniforme du savoir-faire enseignant, une tradition pédagogique, ou ce qu'il convient d'appeler la « pédagogie traditionnelle », composée d'un ensemble de réponses, de prescriptions, de rites quasi sacrés à reproduire.

La pédagogie nouvelle

La pédagogie s'est maintenue d'une manière relativement stable jusqu'à la fin du XIXe siècle, tant dans son esprit que dans ses pratiques, pour constituer une sorte de tradition générale en Europe et en Amérique. Les XVIIIe et XIXe siècles n'ont pas apporté de modifications substantielles à ce chapitre. Par exemple, les idées de Rousseau sur l'éducation ne connaissent une grande popularité que beaucoup plus tard, au XXe siècle, et l'apport du XIXe siècle à l'éducation a consisté davantage en une série de mesures législatives (l'obligation scolaire, la gratuité, la laïcité) qu'en la réalisation d'une révolution pédagogique. Par contre, on voit apparaître, à la fin du XIXe et au début du XXe siècle, un mouvement important appelé « la pédagogie nouvelle » qui vise à renverser la tradition pédagogique, laquelle commence à devenir de plus en plus contestée. Ce mouvement nouveau propose des transformations majeures dans les idées et les pratiques pédagogiques qui se répercuteront durant tout le XXe siècle.

Globalement, le mouvement de la pédagogie nouvelle s'est d'abord défini de façon polémique, c'est-à-dire par opposition à la pédagogie traditionnelle. Cette dernière étant davantage un ensemble de réponses toutes faites issues d'une tradition séculaire, elle comportait évidemment des erreurs que l'on devait rectifier. Il fallait que la pédagogie rompe avec cette tradition et se trouve un nouveau fondement. Elle prend donc le relais de la religion comme fondement. La science permet de connaître la nature, elle en dévoile les secrets et les lois ; comme une sorte de nouveau dieu, elle assigne un ordre au monde. En outre, comme nous l'avons signalé dans le présent ouvrage, la psychologie est la science privilégiée dans la constitution des nouveaux discours pédagogiques. Grâce à cette science, l'éducation centre toute son attention sur la connaissance de l'enfant.

Cette centration sur l'enfant donne lieu par la suite, dans la pédagogie nouvelle, aux courants expérimental et expérientiel. Présents dans le fondement même de la pédagogie traditionnelle, ces courants sont devenus, avec le temps, figés et même oubliés au profit du maintien de la tradition. Ces deux visions s'interpénètrent au début mais finissent par manifester des différences assez marquées, voire irréconciliables. Les adeptes des deux conceptions unissent leurs efforts, à l'origine, parce qu'ils participent à la même critique de la pédagogie traditionnelle dans laquelle on convient de l'importance de la science. Comme la psychologie joue un rôle privilégié dans la constitution des nouveaux discours pédagogiques et que cette discipline est centrée sur l'étude de l'enfant, on va accorder une grande importance à l'intellect de l'enfant, de même qu'à toutes les autres dimensions de sa personne. L'école doit s'adapter aux besoins de l'enfant en prenant notamment en compte la dimension socioaffective de sa vie. C'est ainsi que, progressivement, se créent deux grandes divisions à l'intérieur du mouvement de la pédagogie nouvelle, divisions qui correspondent à deux manières de suivre l'ordre de la nature. D'un côté, le courant expérientiel prône la libération socioaffective de l'enfant. Ce dernier dévoile ses besoins naturels au maître, qui l'accompagne dans sa libération en l'aidant à satisfaire ces besoins. De l'autre, le courant expérimental se penche sur l'étude systématique de l'enfant, les lois de son développement, son style d'apprentissage. Par cette étude, la science (la psychologie) indique les besoins naturels de l'enfant au maître, qui cherche à y répondre.

On pourrait *grosso modo* associer Neill, Freinet, Rogers et certaines variantes du constructivisme à l'approche expérientielle, bien que l'un et l'autre s'en éloignent sur certains points. Montessori, Freire, le béhaviorisme et le cognitivisme correspondent davantage à la dimension expérimentale.

La pédagogie à venir

Mais où en sommes-nous rendus maintenant ? Quels sont les savoirs et le savoir-faire pédagogique que l'on doit maîtriser pour enseigner ? Comment concevoir ce métier en ce début de millénaire ? On a vu que la méthode pédagogique ne peut être le miroir d'un ordre céleste surnaturel. Les critiques que la pédagogie nouvelle a adressées à la pédagogie traditionnelle ont fait ressortir les limites, les excès et les erreurs d'une telle approche. La pédagogie nouvelle n'est pas non plus à l'abri des critiques, tant dans sa version expérientielle qu'expérimentale. On ne peut suivre aveuglément les commandements de la nature enfantine.

La situation éducative est plus complexe, plus fluide et moins rigide que cela. Il faut donc chercher une autre voie et envisager la pédagogie autrement.

Une troisième voie pédagogique se dessine de plus en plus, actuellement, qui veut dépasser les deux précédentes en concevant le rôle de l'enseignant comme celui d'un **professionnel de l'intervention pédagogique**. Ce professionnel muni de certains savoirs et faisant face à une situation complexe sait qu'il ne peut appliquer mécaniquement ces savoirs ; il doit par conséquent délibérer, réfléchir à cette situation et décider. L'enseignant, en tant que preneur de décisions en interaction avec les élèves, doit faire appel à toutes ses connaissances pour juger de la situation. Il ne peut se fonder sur l'ordre d'un plan divin ni être un scientifique de la pédagogie qui applique machinalement des lois. Au contraire, devant les aléas d'une situation, il doit réfléchir, juger ce qu'il y a à faire puis décider, quitte à modifier plus tard ses plans et à adapter son action aux contraintes présentes. L'ordre pédagogique n'est donc plus donné, comme dans une approche de pédagogie nouvelle ; il faut le construire. Cette vision de l'enseignant comme professionnel implique la mise en relation de trois éléments fondamentaux : la situation éducative, les savoirs de l'enseignant et le jugement.

La situation éducative

Plusieurs auteurs ont tenté de caractériser la situation éducative (Tardif et Lessard, 1999). Van der Maren (1990, p. 1024) la décrit par les huit traits suivants :

(1) Une personne (adulte) censée savoir (2) est en contacts réguliers (3) avec un groupe (4) de personnes (enfants) censées apprendre, (5) dont la présence est obligatoire, (6) pour leur enseigner (7) un contenu socialement donné (8) par une série de décisions prises en situation d'urgence.

Plus précisément encore, ce contact obligatoire, répété et prolongé entre un enseignant et un certain nombre d'enfants, au sujet d'un contenu culturel donné, s'inscrit dans une dynamique où le rythme des événements est rapide, où plusieurs composantes sont interreliées et interagissent en même temps, et où le cours des événements est très souvent imprévisible. On ne sera pas surpris d'entendre qualifier l'enseignement de « métier impossible » (Perrenoud, 1993), c'est-à-dire de profession où le praticien doit composer sans cesse avec l'obligation de choisir, la faible certitude dans l'agir, la crainte d'un échec et le peu de critères tangibles de réussite.

Dans la pratique pédagogique se jouent chaque jour des contradictions impossibles à dépasser une fois pour toutes : m'oublier pour l'autre ou penser à moi ? privilégier les besoins de l'individu ou ceux de la société ? respecter l'identité de chacun ou la transformer ? avancer dans le programme ou répondre aux besoins des élèves ? fabriquer des hiérarchies ou pratiquer une évaluation formative ? développer l'autonomie ou le conformisme ? s'impliquer personnellement dans la relation ou rester aussi neutre que possible ? imposer pour être efficace ou négocier longuement pour obtenir l'adhésion ? sacrifier l'avenir ou le présent ? mettre l'accent sur les savoirs, les méthodes, l'instruction, ou sur les valeurs, l'éducation, la socialisation ? valoriser la compétition ou la coopération ? donner à chacun l'impression qu'il est compétent ou pousser à la plus grande lucidité ? préférer la structuration de la pensée et de l'expression ou

encourager la créativité et la communication ? mettre l'accent sur une pédagogie active ou une pédagogie de maîtrise ? respecter l'équité formelle ou offrir
à chacun selon ses besoins ? aimer tous les élèves ou laisser parler ses sympa-
thies et antipathies ? (Perrenoud, 1993, p. 9.)

On le voit, le contexte réel de la classe, bien loin d'être simple, univoque, lim-
pide et unidimensionnel, présente toutes les caractéristiques d'un système hautement complexe. C'est en concevant l'enseignement au regard de ce contexte que
l'on pourra créer une nouvelle pédagogie. Il faudra que le pédagogue construise
un ordre dans sa classe en tenant compte de cette situation particulière.

Le savoir pédagogique est pluriel

Le savoir de l'enseignant est pluriel. Au lieu de baser ses actes pédagogiques sur
les prescriptions issues d'un ordre surnaturel, comme dans la pédagogie naturelle,
ou de se fier seulement à la découverte de lois naturelles, comme dans la pédagogie nouvelle, le pédagogue peut puiser à plusieurs sources de savoir réunies
pour fonder son action. On peut cerner plusieurs savoirs de l'enseignant. Nous
avons déjà traité de cette question ailleurs (voir Tardif et Lessard, 1999 ; Tardif,
Lessard et Lahaye, 1991 ; Gauthier, Martineau et Simard, 1994, 1995 ; Gauthier
et coll., 1997) et insisté sur certains savoirs plutôt que sur d'autres. Pour les
besoins de notre propos, nous en décrirons sept.

Le savoir disciplinaire

Le savoir disciplinaire est celui qui est élaboré par les chercheurs et les savants
dans les diverses disciplines scientifiques. L'enseignant ne produit pas du savoir
disciplinaire, mais, pour enseigner, il utilise certains savoirs conçus par ces
chercheurs. Par exemple, l'enseignant se sert de contenus historiques produits
par des historiens dans son enseignement des sciences humaines. Enseigner
nécessite la connaissance du contenu à transmettre puisqu'on ne peut évidemment enseigner quelque chose si on n'en maîtrise pas la signification. Le savoir
disciplinaire, il faut le noter, ne peut à lui seul représenter « le » savoir enseignant.
Il fait partie d'un réservoir qui en englobe plusieurs.

Le savoir curriculaire

Une discipline n'est cependant jamais enseignée telle quelle ; elle fait l'objet de
nombreuses transformations pour devenir un programme d'enseignement. En
effet, l'école sélectionne et organise certains savoirs produits par les sciences et
en fait un corpus, lequel sera enseigné dans le cadre des programmes scolaires.
Ces derniers sont élaborés par d'autres acteurs que les enseignants, souvent des
fonctionnaires de l'État ou des spécialistes des diverses disciplines. En Amérique
du Nord et aussi en Europe, les programmes sont transformés en manuels et en
cahiers d'exercices par diverses maisons d'édition. Ils servent de guide à l'enseignant pour planifier et évaluer les apprentissages. L'enseignant doit donc
connaître le programme, ce qui constitue un autre savoir composant son réservoir de connaissances.

Le savoir de l'expérience

Le pédagogue possède aussi un savoir d'expérience. Celui-ci lui vient des nombreuses tentatives qu'il a faites tout au long de sa carrière. L'expérience s'inscrit dans un rapport particulier à l'habitude. En effet, apprendre de ses expériences signifie vivre un moment particulier, différent des circonstances habituelles et qu'on enregistre à ce titre dans notre répertoire de savoirs. On dira alors que cette expérience fait « jurisprudence ». Il arrive fréquemment que la répétition d'une expérience se stabilise en routine. C'est ce qui permet à l'esprit de se libérer pour attaquer d'autres types de problèmes. Que ce moment soit unique ou répété une infinité de fois, il n'en demeure pas moins que l'expérience est quelque chose de personnel, et surtout de privé. Bien que l'enseignant vive une somme d'expériences dont il tire grand profit, celles-ci restent malheureusement confinées au secret de sa classe. Il porte des jugements en privé et élabore au fil du temps une sorte de jurisprudence faite d'astuces, de manières de faire et de stratagèmes éprouvés mais qui demeurent secrets. Son jugement et les raisons qui le sous-tendent ne sont jamais connus ni vérifiés publiquement. Ainsi, un enseignant peut avoir de l'expérience, mais les explications qu'il donne pour justifier son action peuvent être erronées. Il peut croire que c'est parce qu'il fait tel geste que les élèves apprennent, alors qu'en réalité l'explication peut relever de bien d'autres causes. La limite du savoir lié à l'expérience est précisément qu'il est le fait de présupposés et d'arguments qui ne sont pas vérifiés à l'aide de méthodes scientifiques.

Le savoir de l'action pédagogique

Le savoir de l'action pédagogique est celui de l'expérience rendu enfin public et passé au crible de la validation scientifique. L'on peut évaluer et soupeser les jugements des enseignants et les motifs qui les sous-tendent afin d'établir des règles d'action qui seront connues et apprises par d'autres enseignants. Étant donné que le savoir de l'enseignant est dans une large mesure privé, il ne fait l'objet d'aucune réelle validation systématique, comme cela se passe dans d'autres professions. Nous en sommes encore à la situation où chaque enseignant, reclus dans son propre univers, se construit une sorte de jurisprudence privée faite de mille et un petits trucs qui « marchent » ou qui lui semblent efficaces. Cependant, précisément parce qu'elle est privée, cette jurisprudence ne tombe que trop rarement dans le domaine public pour subir l'épreuve de la validation. En règle générale, ce savoir se perd lorsque l'enseignant cesse d'exercer son métier. Or, depuis une vingtaine d'années, de nombreuses recherches ont tenté de cerner quels sont les savoirs, les savoir-faire, les attitudes des enseignants qui favorisent l'apprentissage chez les élèves (Gauthier et coll., 1997 ; Gauthier et Desbiens, 1999). Les résultats de ces recherches scientifiques peuvent aider grandement à l'amélioration de la pratique enseignante et sont de ce fait nécessaires à la professionnalisation du métier.

Le savoir de la culture professionnelle

Tout enseignant a acquis dans sa formation ou dans l'exercice de son métier une certaine culture professionnelle qui est une autre forme de savoir présente dans son réservoir de connaissances. Il possède des notions au sujet du système scolaire, il sait ce qu'est un comité d'école, un syndicat, un régime pédagogique, etc.

Il a peut-être aussi une idée de l'évolution de sa profession, il a certaines notions sur le développement de l'enfant, les classes sociales, les stéréotypes, etc. Bref, il est en possession d'un corpus de savoirs spécialisés au sujet de l'école, savoirs inconnus de la plupart des citoyens ordinaires et des membres des autres professions. C'est là le savoir de la culture professionnelle, c'est-à-dire l'ensemble des connaissances au sujet de l'école qui ne concernent pas directement l'action pédagogique mais qui servent à l'enseignant de toile de fond, qui nourrissent sa façon d'exister professionnellement.

Le savoir de la culture générale

L'enseignant possède une culture générale, un savoir culturel. Au gré de son enseignement, il puise constamment dans le réservoir de ses connaissances générales. Le pédagogue n'a pas à se définir par la grande culture (élitiste, promue par certains penseurs nostalgiques à la mode), mais, au contraire, il rend vivante sa culture dans le contexte de la classe où il évolue afin de favoriser l'apprentissage chez ses élèves. Plutôt que d'étaler une culture-ornement, simplement décorative, il emploie une culture féconde dont il fait un ensemble de connaissances utiles (*working knowledge*) pour comprendre le monde et pour le changer.

Le savoir de la tradition pédagogique

La tradition pédagogique contemporaine est faite d'un curieux mélange de pédagogie traditionnelle et d'expériences novatrices. Elle habite encore non seulement nos souvenirs d'enfance mais aussi une bonne part du quotidien des écoles actuelles. Cette tradition pédagogique, c'est le « savoir faire l'école ». Chaque enseignant a une représentation de l'école qui le détermine avant même qu'il ait étudié à l'université en formation des maîtres. Cette représentation du métier, à défaut d'être dévoilée et critiquée, lui sert de matrice pour guider ses comportements. Il est clair que ce savoir de la coutume présente bien des faiblesses, car il peut comporter des erreurs. Il sera adapté et modifié par le savoir de l'expérience, et peut-être validé par le savoir d'action pédagogique. Chose certaine, dans son agir quotidien, le maître a fréquemment recours à ce savoir présent dans son réservoir de connaissances.

Le jugement du pédagogue

Le pédagogue, nourri de ces multiples savoirs, doit sans cesse exercer son jugement en situation d'enseignement. C'est en ce sens que Schön (1994) parle de l'enseignant professionnel, c'est-à-dire de celui qui, face à une situation complexe, mobilise divers savoirs pour en arriver à prendre la bonne décision au bon moment.

Tous les savoirs énumérés plus haut constituent une base pour alimenter les décisions qu'aura à prendre le pédagogue. Le propre des situations d'enseignement, on l'a vu, est l'ambiguïté. L'enseignant, bien qu'il maîtrise son programme, bien qu'il connaisse sa matière sur le bout des doigts, bien qu'il ait une bonne expérience, peut néanmoins demeurer perplexe face à une situation comportant un conflit de valeurs. Par exemple, s'il s'occupe de Marie, élève qui semble avoir un énorme besoin d'attention particulière, il ne pourra poursuivre sa leçon et sera encore plus en retard dans son programme. Mais il ne peut se dérober et doit choisir dans l'instant une action. Shulman (1987) parle d'un processus de « raisonnement pédagogique » pour indiquer cette phase de réflexion dans l'action qui amène le pédagogue à décider quelque chose en puisant dans son réservoir de savoirs. Quand l'enseignant décide dans sa classe, ce n'est ni en tant que scientifique ni en tant que secrétaire de l'ordre divin mais plutôt en tant qu'acteur prudent qui essaie de construire un ordre dans une situation complexe en mobilisant ses savoirs.

En conclusion, l'enseignant de l'avenir est comme un juge qui fait appel à des savoirs devant un problème afin de prendre une décision éclairée. Les savoirs sur lesquels il s'appuie sont nombreux, la situation est fort complexe et la décision à prendre est loin d'être toujours évidente et généralisable. Un réservoir de connaissances « bien garni » sera donc un précieux atout pour les enseignants qui, dans leur pratique, recherchent des solutions appropriées à leurs problèmes. Nous espérons que cet ouvrage contribuera un tant soit peu à cette entreprise.

Bibliographie

DEWEY, J. (1929). *The Source of a Science of Education*. New York : Harper.

DOYLE, W. (1978). « Paradigms for Research on Teacher Effectiveness », dans L.S. Shulman (sous la dir. de), *Review of Research in Education*. Vol. 5. Itasca, Ill. : F.E. Peacock, p. 69-74.

DURKHEIM, E. (1938). *L'évolution pédagogique en France*. Paris : Presses universitaires de France.

GAUTHIER, C. (1993a). *Tranches de savoir : l'insoutenable légèreté de la pédagogie*. Montréal : Éditions Logiques.

GAUTHIER, C. (1993b). « La raison du pédagogue », dans C. Gauthier, M. Tardif et M. Mellouki (sous la dir. de), *Le savoir des enseignants : que savent-ils ?* Montréal : Éditions Logiques, p. 187-206.

GAUTHIER, C., et DESBIENS, J.-F. (1999). *Mots de passe pour mieux enseigner*. Québec : Presses de l'Université Laval.

GAUTHIER, C., DESBIENS, J.-F., MALO, A., MARTINEAU, S., et SIMARD, D. (1997). *Pour une théorie de la pédagogie : recherches contemporaines sur le savoir des enseignants*. Québec : Presses de l'Université Laval.

GAUTHIER, C., MARTINEAU, S., et SIMARD, D. (1994). « À la recherche d'une base de connaissances en enseignement ». *Pédagogie collégiale*, vol. 8, n° 2, p. 22-34.

GAUTHIER, C., MARTINEAU, S., et SIMARD, D. (1995). « Enseigner... juste pour voir ». *Vie pédagogique*, n° 95, p. 37-40.

PERRENOUD, P. (1993). « La formation au métier d'enseignant : complexité, professionnalisation et démarche clinique », dans *Compétences et formation des enseignants ?* Actes de colloque. AQUFOM. Trois-Rivières : Publications des sciences de l'éducation, Université du Québec à Trois-Rivières, p. 3-36.

SCHÖN, D.A. (1994). *Le praticien réflexif*. (Trad. de *The Reflexive Practitioner*, paru en 1983.) Montréal : Éditions Logiques.

SHULMAN, L.S. (1987). « Knowledge and Teaching : Foundation of the New Reform ». *Harvard Educational Review*, vol. 57, n° 1, p. 1-22.

TARDIF, M. (1993). « Savoirs et expérience chez les enseignants de métier : quelques pistes et jalons concernant la nature des savoirs d'expérience », dans H. Hensler, *La recherche en formation des maîtres : détour ou passage obligé sur la voie de la professionnalisation ?* Sherbrooke : Éditions du CRP, p. 53-86.

TARDIF, M., et GAUTHIER, C. (2001). « L'enseignant comme acteur rationnel : quelle rationalité, quel savoir, quel jugement ? », dans P. Perrenoud et coll., *Des professionnels de l'enseignement*. Bruxelles : Éditions De Boeck.

TARDIF, M., LESSARD, C., et LAHAYE, L. (1991). « Les enseignants des ordres d'enseignement primaire et secondaire face aux savoirs : esquisse d'une problématique du savoir enseignant ». *Sociologie et Sociétés*, vol. 23, n° 1, p. 55-70.

TARDIF, M., et LESSARD, C. (1999). *Le travail enseignant au quotidien : contribution à l'étude du travail dans les métiers et professions d'interactions humaines*. Québec : Presses de l'Université Laval.

VAN DER MAREN, J.-M. (1990). « Les savoirs et la recherche pour l'éducation », dans G.R. Roy (sous la dir. de), *Contenus et impacts de la recherche universitaire actuelle en sciences de l'éducation*. Actes du II⁰ Congrès des sciences de l'éducation de langue française du Canada, Sherbrooke, *Tome 3 : L'enseignement et l'apprentissage*. Sherbrooke : Éditions du CRP, p. 1023-1031.

Index des noms propres

A

Abélard, P., 56, 87
Ackerman, N.W., 189, 190
Agricola, R., 78
Aimond, C., 64, 65, 66, 68
Alberti, L.-B., 78
Alcuin, A.F., 51, 55
Alexander, F., 215
Alexandre le Grand, 39, 41, 44
Allport, L.H., 217
Althusser, L., 243
Ambroise, 79
Amsel, A., 302, 304
Anan, K., 263
Anderson, J.R., 325, 330
Anderson, T., 267
Angers, P., 224, 225, 226
Antiphon, 26
Appel, M., 241
Arendt, H., 10, 12, 14, 16, 216
Ariès, P., 71, 93, 94
Arioste, L., 67
Aristophane, 79
Aristote, 21, 33, 38, 53, 56, 62, 66, 68, 79, 80, 145, 279, 291
Atkinson, R.C., 292, 293, 294, 295, 296, 297, 298, 303
Atkinson, R.L., 219, 220, 292, 293, 294, 295, 296, 297, 298, 303
Audet, M., 195
Auguste, 39, 41, 80
Augustin, saint, 56, 78, 79, 87, 376
Austin, G.A., 311
Avanzini, G., 96
Avicenne, 53

B

Babbage, C., 258, 260
Bachelard, G., 334, 347
Bailbé, J., 63
Ballard, M., 41, 45, 50, 52
Bally, C., 135, 136, 138, 139
Bandura, A., 304, 305
Baron, G.L., 266, 267
Barrow, R.H., 40, 42, 44
Basile, 79
Batencour, J. de, 95, 96, 97, 98, 99, 100, 101, 102, 103, 105, 106, 133
Bateson, G., 24, 334
Beaude, P.-M., 43
Beillerot, J., 3

Bekterev, V., 353
Bell, A.G., 134, 158, 177
Benoît de Nursie, saint, 46
Berghes, H. de, 78
Bergson, H., 156, 335
Bernanos, G., 239
Bernard, C., 142, 283
Berthelot, M., 143
Bertrand, Y., 230, 232
Bettelheim, B., 189, 190
Bibeau, R., 264, 266
Bidon, D.-A., 94, 107
Biederman, I., 325
Binet, A., 142, 143, 144, 283, 336
Bissonnette, S., 309, 317, 319, 321, 323, 326
Biswanger, L., 216
Bloch, M.A., 146, 148, 149, 150, 151
Bolton, D., 302, 303, 304
Boniface VIII, 64
Borges, C., 237
Boss, M., 216
Bossuet, J.B., 143
Bouchard, C., 226
Bouchard, M.-A., 216, 217
Bourdieu, P., 191
Bourrel, J.R., 268
Bovet, P., 336
Brabant, G.P., 180, 181, 182
Bramante, D. di A., 67
Braunstein, J.-F., 292, 293, 295
Breton, P., 68, 69, 70
Breuer, J., 179
Brien, R., 303, 311
Brown, S., 261
Bruer, J.T., 311, 328
Brun, J., 27
Bruner, J.S., 269, 311, 366
Brunet, A., 54, 57, 88, 107, 115, 116
Brunschvicq, L., 336
Buber, M., 215
Budé, G., 74, 88
Bugental, J.F.T., 217
Buisson, F., 88, 107, 142
Burckhardt, J., 60, 66
Busleiden, J. de, 74

C

Calvin, J., 65, 70, 93
Campanella, T., 63
Canter (les filles de la famille __), 73

Carlyle, T., 211
Cassé, M.C., 262
Cassirer, E., 113, 114
Castonguay, L.-G., 235
Catherine d'Aragon, 73
Caton, M.P., 55
Cattier, M., 182, 183
César, J., 39, 79
Chambers, E., 115
Charbonnel, N., 142
Charcot, J.M., 179
Charlemagne, 37, 50, 51, 52, 53, 54, 57, 98
Charles, C.M., 297
Chartier, R., 94, 95, 97, 98, 101, 103, 107
Charybde, 182
Chatelain, F., 144, 149, 150
Châtillon, J., 56
Chaunu, P., 282
Chenevez, O., 265
Chenu, M.D., 53
Chomsky, N., 303, 304, 311
Christ. *Voir* Jésus-Christ
Chrysoloras, D., 66
Chrysostome, saint Jean, 79
Cicéron, M.T., 67, 72, 77, 79
Claparède, É., 143, 144, 148, 149, 150, 196, 283, 336
Clément d'Alexandrie, 43
Clément d'Irlande, 51
Clément V, 64
Clément VII, 64
Cole, M., 305
Colet, J., 72
Collectif d'alphabétisation, 248, 251
Colomb, C., 19, 69
Comenius, J.A., 95, 96, 97, 104, 107, 377
Commission Parent, 224
Compayré, G., 142, 143
Compère, M., 94, 95, 97, 98, 101, 103, 107
Comte, A., 141, 142
Condillac, E. Bonnot de, 144
Condorcet, marquis de __, J.-A.-N. de Caritat, 141, 215
Conseil supérieur de l'éducation (CSE), 209, 224, 225
Constantin 1er le Grand, 41
Copernic, N., 110, 148, 280, 281
Corneille, G., 78
Cortès, W., 240
Coué, É., 178

Cousinet, R., 143, 144, 145, 148, 149, 150, 196
Couture, C., 223
Crahay, M., 295, 299, 300, 307, 321, 345
CSE. *Voir* Conseil supérieur de l'éducation
Cuban, L., 264
Cues, N. de, 68

D

D'Ailly, P., 64
D'Alembert, Jean Le Rond, 115
D'Épinay, Mme, 117
Dardelin, M.-J., 232
Darwin, C., 215, 279, 283
Debesse, M., 107
Decroly, O., 143, 144
Demerson, G., 75
Démia, C., 94, 96, 100, 103, 104, 107, 135
Démosthène, 79
Dempster, F.N., 322
Desbiens, J.-F., 289, 298, 382
Descartes, R., 93, 215, 281, 337
Deschamps, J.-C., 344
Dewey, J., 144, 148, 150, 158, 213, 214, 215, 221, 251, 269
Diacre, P., 51
Dickens, C., 211
Diderot, D., 104, 115, 117, 120, 282
Dieu, 13, 31, 42, 43, 44, 49, 53, 56, 61, 62, 63, 65, 68, 69, 73, 77, 92, 96, 99, 100, 112, 120, 142, 176, 185, 245, 287 ; *voir aussi* Jésus-Christ
Dioclétien, C.A.V., 40, 41
Diodème, 80
Dioscoride, P., 77
Doise, W., 344
Dolence, M.G., 267
Doron, R., 303
Dottrens, R., 196
Duchâteau, C., 265
Dumont, F., 20
Duplessis, M., 223
Dupréel, E., 26
Durkheim, É., 10, 22, 38, 39, 41, 42, 45, 46, 47, 48, 50, 52, 62, 70, 76, 77, 78, 79, 81, 82, 87, 88, 93, 98, 104, 107, 376
Durozoi, G., 120
Dweck, C., 329
Dwyer, D.C., 266

E

Eco, U., 30
Edison, T., 256, 257

Einstein, A., 210
Elias, J., 242
Elliot, H., 212
Emerson, R.W., 211
Engelbart, D.C., 260
Engels, F., 354
Engleman, S., 323
Entommeures, F.J. des, 77
Érasme, D., 4, 53, 62, 66, 67, 70, 71, 72, 73, 74, 76, 77, 78, 79, 80, 82, 88, 97, 103, 104, 107, 376
Ésope, 55
Este, famille __ (F., M., R.), 67
Euclide, 169
Eudémon, 80
Euripide, 79

F

Faure, P., 67, 68
Fechner, G.T., 283
Fedele, C., 73
Feltre, V. da, 71, 72
Fenichel, O., 215
Ferdinand 1er de Habsbourg, 78
Ferrière, A., 144, 149, 196
Fesdick, H.E., 212
Ficin, M., 66, 68, 78
Flacelière, R., 16
Fletcher, Miss, 158
Fletcher, P.R., 250
Fontenelle, B., 113
Forquin, J.-C., 11
Fournier, M., 265, 266
Fraisse, A., 27
Francastel, P., 67
Franco, P., 68
François 1er, 74, 78
Frappier, A., 190
Frappier, M., 190
Frei, E., 240
Freinet, C., 5, 145, 146, 152, 196, 197, 198, 199, 200, 201, 202, 203, 205, 206, 207, 251, 266
Freinet, É., 197, 198, 379
Freire, P., 146, 152, 237, 238, 239, 240, 241, 242, 243, 244, 245, 246, 247, 248, 249, 250, 251, 252, 379
French, T.M., 215
Freud, S., 156, 179, 181, 182, 183, 184, 185, 210, 215, 216, 217
Freund, J., 63
Frœbel, F., 140
Fromm, E., 216

G

Gagné, R.M., 309, 310, 313, 314, 328
Galibois, R., 61

Galilée, G.G., 215, 281
Galton, F., 283
Gama, V. de, 69
Garcia, R., 336
Gargantua, 68, 71, 74, 75, 76, 77
Garin, E., 51, 53, 55, 60, 63, 66, 71, 73, 75, 77
Gauthier, C., 1, 37, 85, 131, 175, 267, 318, 319, 381, 382
Gaza, T., 80
Genet, J.-P., 41, 45, 50, 52
Gentlin, E., 216
Giotto di Bondone, 67
Giroux, H., 241
Glaserfeld, E., 369
Godet, P., 335
Gohindo, V.M., 64
Gontard, M., 140, 141
Goodman, P., 217
Goodnov, J.J., 311
Gorgias, 26
Goulart, J., 240
Gouvernement du Canada, 262
Gouvernement du Québec, 266
Gramsci, A., 243
Grasset, K., 257
Grégoire XI, 64
Guarino, V., 71
Guédon, J.-C., 264
Guizot, F., 140
Gutemberg, J., 270
Guthrie, J., 283
Guthrie, W.K.C., 26

H

Halkin, L.-E., 78
Hameline, D., 232
Hannoun, H., 232
Harvey, J.-L., 264
Haughey, M., 267
Hazard, P., 282
Hazlett, J.S., 142
Hegel, G.W.F., 119, 148, 215, 354
Heidegger, M., 10, 216
Helmholz, H.L.F. von, 283
Hemmings, R., 176, 178, 184, 186, 187, 188
Henares, A. de, 74
Henick, V., 213
Henri VIII, 65, 78
Herbart, J.F., 140
Hérodote, 17, 25, 79
Hésiode, 77, 79
Hesnard, A., 181
Hilgard, E.R., 292, 293, 294, 295, 296, 297, 298, 303
Hill, J., 302, 303, 304
Hippias d'Élis, 26

Hippolyte, 43
Hitler, A., 158
Hobbes, T., 291
Hohenzollern, A. de, 65
Hollingworth, L., 213
Homère, 18, 25, 79
Horace, Q.H.F., 41, 57, 79
Horney, K., 215, 217
Howe, D., 260
Hubert, R., 88, 92, 107
Hugo, V.M., 211
Hume, D., 115, 117, 291
Humphrey, G., 212
Hus, J., 65
Husserl, E., 10, 216, 287
Hutten, U. von, 74

I

Isambert-Jamati, V., 141, 146
Isocrate, 39, 87
Itard, J.M.G., 140, 143, 157, 161

J

Jackinot, G., 268
Jacquet-Francillon, F., 113
Jaeger, W., 62
James, W., 212
Jaspers, K., 16, 216, 249
Jaucourt, L., 115
Jean, saint, 43
Jérôme, saint, 79
Jésus-Christ, 27, 38, 41, 42, 43, 44, 48,
    53, 56, 93, 100, 104, 179, 242 ; voir
    aussi Dieu
Jobs, S., 258, 260
Jocaste, 179
Jolibert, B., 61, 63, 64, 70, 191
Jollès, B., 56
Jospin, L., 265
Jouvency, J., 98, 100, 102, 107, 146
Jules II, 67
Julia, D., 94, 95, 97, 98, 101, 103, 107
Justinien 1er, F.P.S., 40

K

Kant, E., 20, 22, 112, 119, 215, 337,
    338
Kantor, J.R., 305
Karsenti, T., 255
Kelly, E.C., 217, 227
Kepler, J., 281
Kergomard, P., 140
Kerschensteiner, G., 144, 148, 149
Kessler, A., 144, 145, 146
Khal, G., 223
Kierkegaard, S.A., 215, 216

Kilpatrick, W., 213, 214, 215
Knox, J., 65
Koyré, A., 281
Kuhn, T., 334

L

La Mirandole, Pic de (Giovanni Pico
    Della Mirandola, dit Jean), 61, 66
La Salle, J.-B. de, 89, 90, 94, 98, 99,
    100, 101, 103, 104, 105, 107, 134
Lahaye, L., 381
Laïos, 179
Lancaster, J., 134, 135
Lane, H., 178, 184, 186, 187
Langlois, G., 46
Lascaris, C., 80
Lasteyrie, Comte de, 135
Latium, 41, 57
Lazard, M., 60, 71
Lazare, saint, 55
Le Chanois, 198
Le Goff, J., 53, 54, 56, 64, 73
Le Moigne, J.-L., 369
Le More, L., 67, 68
Le Tasse, T., 67
Lecomte, C., 235
Leduc, A., 294
Lefoe, G., 267
Legendre, M.-F., 307, 333, 351
Leibniz, N.G., 258
Lemire, G., 264
Lenoir, Y., 303
Léon, A., 134, 135, 140, 141
Leontiev, A.N., 353
Lesage, P., 134, 139
Lessard, C., 380, 381
Lessing, G.E., 112
Lévi-Strauss, C., 14, 120
Locke, J., 112, 115, 291, 292
Loiola, F.A., 237
Loyola, I. de, 93, 105
Luc, saint, 43
Lucien de Samosate, 79
Lulle, R., 77
Luria, A.R., 353
Luther, M., 64, 65, 85, 92, 93, 97
Lyman, P., 262

M

Macedo, D., 248
Mackie, R., 244
McLaren, P., 241
McLuhan, M., 255, 262
Mahomet II, 66
Marc, P., 96
Marc, saint, 43
Marcel, G., 216

Marcuse, H., 186
Margaret (fille de Thomas More), 73
Margolin, J.-C., 66, 67, 69, 71, 72, 74,
    78, 82
Marie (fille de Henri VIII), 73
Marinus, 77
Marion, H., 142, 283
Maritain, J., 239
Marquet, P.B., 221
Marrou, H.-I., 39, 40, 41, 43, 44, 46,
    47, 48, 49, 50, 87, 107
Martin V, 64
Martineau, S., 109
Marx, K., 15, 22, 119, 148, 210, 239,
    242, 244, 245, 354
Maslow, A.H., 215, 217
Matthieu, saint, 42, 43
Mauss, M., 24
May, R., 217
Mead, M., 24
Médici, A., 144
Médicis, famille __, 67
Médicis, Laurent 1er dit le Magnifique,
    67
Meirieu, P., 267
Melisson, P., 256
MEQ. Voir Ministère de l'Éducation du
    Québec
Merleau-Ponty, M., 287
Meslin, M., 40
Meyerson, É., 336
Mialaret, G., 25, 52, 55, 107, 149
Michel, J.-L., 263
Michel-Ange, 63, 66, 67
Mill, S., 215
Miller, G., 311
Miller, J., 169
Ministère de l'Éducation du Québec
    (MEQ), 224
Minkowski, H., 216
Montaigne, M.E. de, 66, 72, 88, 104,
    144, 215, 376
Montanaro, S.Q., 160
Montefeltro, famille __, 67
Monteith, M.K., 250
Montesquieu, C., 111, 115, 215
Montessori, Maria, 5, 143, 144, 146,
    151, 155, 156, 157, 158, 159, 160,
    161, 162, 163, 164, 165, 167, 168,
    169, 170, 171, 178, 379
Montessori, Mario, 159
Montessori, R., 169, 172
More, T., 63, 66, 78
Moreau, J., 26, 27, 62, 86, 107
Morin, E., 334, 369
Mounier, E., 239, 242
Mousnier, R., 67, 68, 70
Mugny, G., 344
Murphy, G., 217

Murray, H., 217
Mussolini, B.A.A., 158

N

Napoléon 1er (Bonaparte), 40, 215
Nasier, Alcofribas, 75 ; voir aussi Rabelais
Neill, A.S., 5, 134, 144, 146, 152, 175,
    176, 177, 178, 184, 185, 186, 187,
    188, 189, 190, 191, 192, 379
Neill, G., 177
Neill, Z., 178, 192
Néron, L.D.C., 42
Newel, A., 311, 312
Newton, I., 111, 115
Nietzsche, F., 10, 210, 215
Nobel, A., 158
Noiseux, G., 313, 315, 318
Norris, D.M., 267
Novoa, A., 252

O

Œdipe, 179, 180, 182
Oliviera, E.M.C., 239
Oppenheimer, J.R., 270
Oppien, 77
Origène, 79
Ortega y Gasset, J., 215
Othman ou Osman 1er Gazi, 66
Ottavi, D., 121
Ovide, P.O.N., 79

P

Paccho, D., 64
Pagès, M., 214, 218, 219, 220, 221, 232
Palestrina, G.P. da, 65
Pantagruel, 75, 76, 77, 78
Panurge, 77
Papert, S., 257, 263
Paquette, C., 209, 224, 230, 231
Paré, Ambroise, 68
Paré, André, 209, 224, 226, 227, 229,
    230
Paré, G., 54, 57, 88, 107
Parent. Voir Commission Parent
Parias, L., 90, 92, 93, 95, 107
Parkhurst, H., 144
Parot, F., 303
Parsons, T., 60
Pascal, B., 215, 258
Paul III, 65
Paul, saint (Saül), 42, 43
Paupert, J.-M., 41, 43
Pavlov, I., 256, 291, 292, 293, 294, 295,
    298, 353
Peraya, D., 265
Peretti, A. de, 214, 215, 216, 218, 232

Perotti, N., 71, 80
Perreault, J.-F., 134
Perrenoud, P., 265, 268, 380, 381
Perret-Clermont, A.-N., 344
Perriault, J., 266
Pestalozzi, J.H., 132, 140
Pétrarque, F., 64, 66
Pewzner, É., 292, 293, 295
Philippe le Bel, 64
Piaget, A., 335
Piaget, J., 10, 123, 145, 152, 157, 159,
    164, 257, 264, 269, 286, 287, 333,
    334, 335, 336, 337, 338, 339, 340,
    342, 343, 344, 345, 346, 347, 353,
    355, 357, 359, 366, 367, 368, 369
Piaget, R., 335
Piette, J., 264
Pinker, S., 305
Pirckheimer (les sœurs __), 73
Pise, P. de, 51
Placzek, B.R., 178
Platon, 4, 9, 12, 21, 27, 28, 30, 31, 33,
    44, 62, 77, 79, 87, 169, 242, 279, 280,
    376
Plaute, T.M., 79
Pline, 79
Poe, E.A., 211
Poeydomengue, M.-L., 210, 232
Polakow Suransky, V., 169
Pollux, 77
Pompée, C.P.M., 39
Pomponius Mela, 79
Popper, K., 9, 14
Pouts-Lajus, S., 265, 266
Presseau, A., 323, 324, 325, 326
Pressey, S.L., 256
Pressley, M., 328
Priscien, P.C., 53
Prodicus, 26
Prost, A., 134, 139, 140
Protagoras, 26, 63
Ptolémée, C., 53, 79
Puech, M., 291, 292
Puente, M. de la, 210, 213, 214, 215,
    216, 217, 219, 235
Pythagore, 169

Q

Quint, C., 78
Quintilien, M.F., 55, 72, 77, 78, 143

R

Rabelais, A., 74, 376, 377
Rabelais, F., 4, 53, 62, 63, 66, 67, 68,
    69, 70, 71, 72, 73, 74, 75, 76, 77, 78,
    79, 81, 82, 86, 88, 94, 104, 113, 215
Ramnoux, C., 11

Ramus, P., 78, 104
Rank, O., 213, 215, 217
Raphaël, R.S., 67
Ratichius, 96, 104, 378
Readhead, Z. Voir Neill, Z.
Reddie, C., 144
Reder, L.M., 330
Reich, W., 176, 178, 179, 182, 183,
    184, 185, 217
Richard, M., 309, 317, 319, 321, 323,
    326
Riché, P., 46, 47, 50, 51, 52, 54, 55
Riché-Magnier, M., 265, 266
Ricœur, P., 10
Rieu, A.-M., 68, 69, 70
Ringstaff, C., 266
Rioux, G., 96, 104
Rivault, A.S., 256
Rocher, G., 223, 235
Rogers, C., 5, 152, 209, 211, 212, 213,
    214, 215, 216, 217, 218, 219, 220,
    221, 222, 223, 224, 225, 228, 232,
    235, 286, 379
Rogers, J., 211
Rogers, W., 211
Rondal, J.-A., 290, 292, 296
Rosnay, J. de, 261, 265, 267
Rossi, S., 260
Rouche, M., 41, 45, 50, 52
Rousseau, J.-J., 4, 15, 26, 30, 94, 104,
    109, 110, 111, 112, 114, 115, 116,
    117, 118, 119, 120, 121, 122, 123,
    124, 125, 126, 127, 132, 144, 148,
    170, 185, 215, 242, 278, 280, 282,
    283, 285, 375, 378
Roussel, A., 120
Ruskin, J., 211
Rycroft, C., 183

S

Saffange, J.-F., 177, 186, 188
Saint-Esprit, 42, 53
Salles, C., 42
Salomon, 77
Sandholtz, J.H., 266
Sartre, J.-P., 216
Satan, 13
Saül, 55
Schickard, W., 258
Schmuller, A.M., 294
Schön, D.A., 278, 383
Schopenhauer, A., 215
Scott, W., 211
Scylla, 182
Seguin, É.O., 143, 157, 161
Sénèque, L.A., 55
Servet, M., 68
Shaw, B., 215

Shiffrar, M.M., 325
Shulman, L.S., 384
Sillamy, N., 303
Silva, L.I.L. da, 241
Simard, D., 209, 381
Simard, J.-J., 69
Simon, H., 311, 312, 330
Simon, H.A., 369
Singley, M.K., 325
Sketel, 178
Skidelsky, R., 144, 177, 178, 184, 185, 186
Skinner, B.F., 256, 257, 263, 269, 283, 286, 291, 296, 297, 298, 299, 300, 301, 302, 303, 304, 305, 311
Slavin, R., 296, 297, 298, 300
Sméjova, R.N. (épouse de Vygotsky), 352
Smith, A., 215
Snyders, G., 95, 97, 146, 191, 192, 232, 235
Socrate, 4, 9, 12, 20, 21, 26, 27, 28, 29, 30, 33, 34, 62, 376
Sophocle, 179
Sorel, M., 303
Spencer, H., 215
Spenlé, J.-E., 65
Spinoza, B., 354
Standing, E.M., 156
St-Arnaud, Y., 219, 235
Starobinski, J., 117, 118, 120
Stephenson, M.E., 170
Stevenson, R.L.B., 211
Sturm, J., 72, 74
Sullivan, H.S., 215
Symonds, P., 217

T

Tagore, R.T., 215
Tardif, J., 222, 235, 291, 292, 300, 323, 324, 325, 326
Tardif, M., 1, 9, 277, 380, 381
Taylor, P.V., 242

Térence, P.T.A., 79
Tertullien, Q.S.F., 43
Tetzel, J., 92
Thalès, 169
Théodose 1er dit le Grand, F., 41
Théodulf, 51
Théophraste, 77
Thomas d'Aquin, saint, 56, 87, 280, 376
Thorndike, E.L., 215, 269, 283, 291, 293, 294, 295, 296, 298, 323, 325
Thorpe, L.P., 294
Tinland, F., 68, 69, 70
Tocqueville, C.A.H.C. de, 215
Tolstoï, L., 140
Torres, C.A., 243
Toynbee, A., 215
Tremblay, P., 54, 57, 88
Tucker, N., 187
Turgot, A.R.J., 215
Turing, A., 260

U

Urbain II, O. de L., 52
Urbain VI, B.P., 64

V

Valcke, L., 61
Valla, L., 71, 80
Valsimer, J., 352
Van der Maren, J-M., 380
Van der Veer, R., 352
Van Ostade, A., 89, 98, 99
Vargas, J., 296, 299, 300
Varian, H., 262
Vasari, G., 63
Védrine, H., 61
Vercingétorix, 39
Vernant, J.-P., 11
Vésale, A., 68
Vial, J., 25
Vigny, A. de, 223
Villemure, G., 46

Vinci, L. de, 66, 67, 68, 78
Virgile, P.V.M., 77, 79
Vives, J., 71, 72, 73, 104
Voigt, W., 66
Voltaire, F.M.A., 104, 111, 115, 117, 215, 282
Vygotsky, L., 152, 251, 269, 286, 287, 305, 333, 334, 335, 336, 344, 345, 351, 352, 353, 354, 355, 356, 357, 358, 359, 360, 361, 362, 363, 366, 367, 368, 369

W

Waelhens, A. de, 68
Warens, Mme de, 117
Washburne, C., 145
Washington, G., 116
Watson, J.B., 263, 283, 286, 289, 290, 291, 295, 298, 302, 303, 305
Weber, E.H., 283
Weber, M., 10
Weil, É., 16
Weiler, K., 242
Wells, H.G., 215
Wertsch, J.V., 353
Winckel, P., 78
Wolff, C. von, 112
Wozniak, S., 258
Wundt, W., 283
Wyclif ou Wycliffe, J., 65

X

Xénophon (d'Athènes), 27, 28
Xypas, C., 342, 344

Y-Z

Young, M.F.D., 11
Zimbardo, P.G., 292, 293, 296, 297, 305
Zimring, F., 216
Zuse, K., 259
Zwingli, U., 65

Index des sujets

A

abstraction
  empirique, 347
  réflexive, 341
    processus d'__, 366
  simple ou empirique, 341
accomodation, 338, 345, 355
  processus d'__, 342
acquisition, phase d'__, 317
action, modèle d'__, 14
activité
  anthropologique fondamentale, 22
  de consolidation, 322
  de l'artisan, 280
    et éducation, 280
  éducative
    conception organique de l'__, 225
  métacognitive, 327
actualisation de soi, 228
adaptation, 338, 355
  biologique, 338, 339, 341, 355
  cognitive, 338, 339, 355
  praxique ou cognitive, 338
adaptation-survie, 338
adulte, 163
  autorité de l'__, 191
aèdes, 25
âge de raison, 164
alphabétisation
  méthode d'__, 249
  pratique de l'__, 249
analystes existentiels, 216
anarchie, 187
Antiquité
  gréco-romaine, 61
  grecque, 52
  héritage de l'__, 53
APO. Voir applications pédagogiques
  de l'ordinateur
applications pédagogiques de
  l'ordinateur (APO), 257
apprenti, 25
apprentissage(s), 201-202, 220, 221,
  222, 361, 364, 371
  approche scientifique de l'__, 277
  au sens
    large, 344
    strict, 345
  authentique, 222
  coopératif, 363
  de l'apprentissage, 222
  et développement, 344
  modèle cognitif d'__, 33

scolaire, 361
significatifs, 221
théorie de l'__, 313
transfert des __, 323, 324
approche(s)
  développementale, 355
  dialogique, 247
  individualisées, 202
  phénoménologique-existentielle, 216
  rationnelle de la vie, 38-39
  scientifique
    de l'enseignement et de
      l'apprentissage, 277
argumentation, 17
art(s), 69, 278, 279, 280, 281
  d'éduquer, 280
  dans la culture grecque (technè), 278,
    279
  éducation comme __, 278, 279
  humaniste, 18
  libéraux, 77
    sept __, 51, 55
  oratoire, 26
  philosophie des Lumières et __, 112
artisan, 25, 279, 280, 281
  activité de l'__, 280
    et éducation, 280
  enseignant __, 281
assimilation, 338, 345, 355
  processus d'__, 342
  schèmes d'__, 340, 345
associations d'enseignants.
  Voir enseignant(s)
Athènes, 16, 20
audiovisuel, 258
autogestion, 204-205
autonomie, 185
autorité, 14, 15, 40
  de l'adulte, 191
  du maître, 205
  État en tant qu'__, 40

B

barbares, 45, 50
  invasions __, 45
base de connaissances, 11
béhaviorisme, 217, 287, 311
  paradigmatique, 157
béhavioristes, 219
bibliothèques, 46
« bien parler », 26
biologie, 167

bonheur, 67
bourgeois, 70
bourgeoisie, 116
but de l'éducation nouvelle, 148

C

calcul, 54, 103, 201
capitalisme, 15, 115
caverne, mythe de la __, 32
CEL. Voir Coopérative de
  l'enseignement laïque
changement, 227
  conceptuel, 347
châtiment corporel, 101
chrétienté, 64
christianisme, 39, 41, 42, 43, 44, 62
citoyen, 16, 120
citoyenneté, 40
civilisation, 182
  grecque, 57
  occidentale, 18, 19
civilité(s), 67, 103
classe(s), 96
  conseil de __, 204
  coopérative, 204
  décentralisée, 206
  Freinet, 200, 203
  idéologie de __, 182
  laborieuses, 183
  organisation de la __, 98
  ouvrière, 196
clergé, 47, 50, 54
collège, 74
commission Parent, 224
communautés religieuses, 134
  et tradition pédagogique, 134
communication, 199, 200
compétence(s), 313, 370, 371
  métacognitives, 366
  notion de __, 370
  transversale, 371
compétition (entre les élèves), 102, 200
complexe d'Œdipe, 179, 182
comportement(s)
  contrôle des __, 290
  façonnement du __, 297
  modification du __, 297
  observation des __, 292
  prédiction des __, 290
  psychologie du __, 286, 290
concept(s)
  de problème, 314
  spontanés, 358, 360, 362, 363

conception
  de l'enfant, 148
  organique de l'activité éducative, 225
  psychanalytique de l'éducation, 184
conditionnement
  classique, 293
  de l'être humain, 298
  instrumental, 294
  opérant, 296
Condorcet
  loi de __, 141
    et l'enseignement primaire, 141
  plan de __, 141
conduite
  de l'enfant, 100-102
  modèle de __, 13
conflits sociocognitifs, 344, 367
congrégations
  écoles des __, 140
  religieuses, 73
connaissance(s), 21, 29, 32, 220, 337
  absolue, 31
  base de __, 11
  conventionnelles, 347
  déclaratives, 315
  générale, 27
  logico-mathématiques, 341, 345,
    347, 367
  physiques, 341, 345, 347
  procédurales, 315
  procédurales-conditionnelles, 315
  scientifiques, 367
  sensorielle, 32
  sociales, 347
  structures de __, 340, 342, 343
  types de __, 315
  véritable, 31
conscience, 216, 244
  critique, 245-246
  magique, 245
  métacognitive, 329
  primaire, 244-245
conscientisation, 246, 247
conseil de classe, 204
conservatisme, 191
consolidation, activités de __, 322
construction(s)
  de la personne, 158-159
  de soi, 159
constructivisme, 286, 330, 334, 345,
  346, 347, 351, 367, 369, 370
  dialectique (ou génétique), 369
  dialogique, 369
  empirique, 369
  génétique, 369
  ingéniériel, 369
  radical, 369
  récursif, 369
  social, 369

trivial, 369
contingence, 297
  comportementale, 297
contrat social, 120
Contre-Réforme catholique, 64, 92-93
contrôle
  des comportements, 290
  procédés de __, 135
conversion de l'élève, 48
coopération, 200, 343, 364
Coopérative de l'enseignement laïque
  (CEL), 197
cosmos, 69
courant(s)
  encyclopédique, 74-78
  introspectionniste, 291
  pédagogiques, 230
crise(s)
  de la culture, 10, 11, 12, 21, 34, 82
    actuelle, 12
  de la tradition, 62
  des modèles établis, 12
  vécues à la fin du Moyen Âge, 53
croisades, 52
croissance, 228
  personnelle, 222
croyant, 13
culture(s), 11, 12, 15, 17, 19, 34, 39,
  66, 67, 122, 163, 224
  antique, 61
  autres __, 25
  commune, 23
  crise de la __, 10, 11, 12, 21, 34, 82
    actuelle, 12
  de la Grèce antique, 18
  différenciée, 23
  écrite et savante, 50
  esthétique, 77
  européenne occidentale, 62
  fragilisation de la __, 20
  générale, 27
  grande __, 26
  grecque, 41
    art dans la __, 278, 279
    classique, 18
  intellectuelle, 21
  littéraire, 26
  livresque, 53
  matérielle, 15
  modèle(s) de __, 12, 19, 20, 29
    établis, 13
    nouveau, 21, 29
  moderne, 111
  nature et __, 17
  occidentale, 66, 215
  païenne, 44
  séculière, 60
  socialisation de la __, 22
  spécialisée, 24

technique, 23, 24
vaste __, 26
vécue et quotidienne, 24
curriculum, 73

D

découverte, pédagogie de la __, 345
déficients mentaux, 187
définition de l'éducation, 22
démarche d'abstraction
  réflexive, 341
  simple ou empirique, 341
démocratie, 16, 17, 20, 25, 26, 62
  grecque, 17
déplacements de l'enfant, 99-100
déséquilibre(s), 339, 342, 345, 368
désir, 183
  de joindre le monde des Idées, 31
  libération du __, 189
  sublimation du __, 182, 184
déterminisme, 282
développement, 156-157, 361, 371
  apprentissage et __, 344
  culturel, 355, 356, 360
  de l'intelligence, 336, 337, 340
  de la pensée, 344, 357, 362
  de la personne, 157
  humain, 159
  intégral, 215
  intellectuel, 343, 359
  mental, 364
  moral, 343
  naturel, 355, 356, 360
  proximal, zone de __, 360, 361, 365
  zone proximale de __, 346
dialectique, 28, 51, 53, 77
dialogue rationnel, 29
didactique, 226, 337
Dieu, 62
discipline(s), 73, 139, 150, 169
discours
  humaniste, 111
  rationnel, 18
discussion rationnelle, 25
division du savoir, 103

E

école(s), 26, 38, 47, 87, 94
  active, 196
  cathédrales, 52
  chrétienne(s), 47, 48
  classiques grecques, 44
  coopérative, 196
  d'enseignement, 20
  de paroisse, 52
  de Vence, 197
  des congrégations, 140

du Palais, 51, 52
élémentaire, 54
encyclopédique, 227
épiscopale(s), 46, 47
fréquentation des __, 54
libre(s), 176, 190
maîtres d'__. *Voir* maître(s)
monacales, 46, 47
Montessori, 158
   formation des maîtres à l'__, 170-
   171
nouvelles, 144, 196
presbytérales, 46, 47
traditionnelle, 166
écoliers, 54
économie du savoir, 264
écriture, 25, 49, 54, 55, 72, 103, 199,
  201
éducateur, 121
éducation(s), 21, 22, 23, 25, 27, 29, 30,
  32, 40, 47, 127, 156, 175, 177
à la Renaissance, 60
au cosmos, 165-170
aux métiers, 77
bancaire, 246
chrétienne, 47
classique et humaniste, 33
comme art, 278, 279
conception psychanalytique de l'__,
  184
dans la Grèce antique, 40
définition de l'__, 22
des filles, 73
en tant qu'activité anthropologique
  fondamentale, 22
esthétique, 77
et activité de l'artisan, 280
finalité(s) de l'__, 26
grecque, 40
humaniste, 70, 81, 343
latine, 40
modèle d'__, 12, 20
monde de l'__, 264
morale, 77
nécessité de l'__, 22
négative, 124
normale, 164
nouvelle, 177, 283, 342
  but de l'__, 148
occidentale, 11, 12
orale, 18
origine de l'__, 21-22
pédagogie et __, 48
physique, 76
pluralité des __, 25
« poétique », 18
pour la libération, 244
rabelaisienne, 76
religieuse, 47, 77

rousseauiste, 122
science de l'__, 277, 278, 285
sensorielle, 162, 163
socratique, 29
sophistique, 27
technique traditionnelle, 27
traditionnelle, 23, 25
universalité de l'__, 22
efficacité du transfert, 325
Église, 41, 42, 43, 46, 50, 62, 112
  primitive, 44
élaboration de la pensée, 337
élan amoureux, 180
élève(s), 47
  compétition entre les __, 102, 200
  conversion de l'__, 48
  liberté des __, 176
  voir aussi enfant(s)
éloquence, 26
émancipateur, 188
  professeurs comme __, 188
émotions, 178
empathie, 220, 223
Empire romain, 39, 45
empirisme, 291, 303, 337
  et théorie associationniste, 292
émulation, système d'__, 101
Encyclopédie, 115
encyclopédisme, 150
enfance, 26, 71, 93, 94, 125, 178
  et liberté, 125
  pédagogie de l'__, 30
enfant(s), 26, 110, 121, 122, 123, 148,
  149, 156, 157, 158, 161, 163, 171,
  215, 227
  conception de l'__, 148
  conduite de l'__, 100-102
  défavorisés, 158
  déplacements de l'__, 99-100
  du peuple, 105
  « idiots », 157
  jeune __, 161
  libération de l'__, 185
  modèle, 123
  monde de l'__, 150
  nature de l'__, 148
  pédagogie Freinet et __, 196, 201,
    203
  posture de l'__, 99
  spontanéité de l'__, 140
  travail scolaire de l'__, 169
  voir aussi élève(s)
enseignant(s), 203
  artisan, 281
  expert, 285
  voir aussi maître(s) et professeur(s)
enseignement, 39, 48, 95, 96, 104, 178,
  220
  approche scientifique de l'__, 277

chez les Grecs, 86
écoles d'__, 20
élémentaire, 54, 73
en tant que métier spécialisé, 96
explicite, 318, 320
  et le transfert, 325
individualisation de l'__, 264, 299
méthode d'__, 95, 187
mutuel, 134, 135, 140, 176
  et la loi Guizot, 140
  et procédés de contrôle, 135
  principe de base de l'__, 135
non directif, 212
primaire, 141
  et loi de Condorcet, 141
programmé, 263, 300
  par ordinateur (EPO), 257
secondaire, 55
simultané, 97-98
supérieur, 74
technologie de l'__, 302
enseigner, machine à __, 300, 301
environnement, 228
épistémè. *Voir* science, dans la culture
  grecque
épistémologie, 336
  constructiviste, 336, 337
  génétique, 336
  scientifique, 339
EPO. *Voir* enseignement programmé
  par ordinateur
équilibration, 338, 341, 342, 345, 368
  majorante, 341
  processus d'__, 341
  progressive, 341
équilibre, 338, 339
érudition, 28, 29
espace, gestion de l'__, 98-99
esprit
  absorbant, 160
  critique, 29
  technicien, 114
État, 70
  en tant qu'autorité, 40
étayage, 358, 361
être humain, 22
  conditionnement de l'__, 298
  mal éduqué, 30
Europe, 50
évaluation, 205
expérience(s)
  de décentrement, 15-16, 17, 21
  de la Renaissance, 69-70
  logico-mathématique, 341
  ouverture à l'__, 228
  physique, 341
  subjective, 217
  vécue, 216
expertise, 312, 324

experts, 312, 324
  enseignants __, 285
  fonctionnement cognitif des __, 312
  performances des __, 312
expression, 198, 199
  pédagogie d'__, 198

F

facilitateur, 219
façonnement du comportement, 297
Fédération internationale des mouvements d'école moderne (FIMÉM), 198
féodalité, 52
fille(s), 180
  éducation des __, 73
FIMÉM. *Voir* Fédération internationale des mouvements d'école moderne
finalité(s) de l'éducation, 26
FOAD. *Voir* formation(s), ouvertes ou à distance
fonctionnement
  cognitif
    des experts, 312
    des novices, 312
  interpsychique, 360
  intrapsychique, 360
fonctions
  mentales, 356
    supérieures, 357
  psychiques, 358, 359
    élémentaires, 357
    supérieures, 354, 356, 357, 358, 360, 362, 366, 368
  psychologiques, 357
  supérieures, 356
formation(s)
  chrétienne, 102
  des maîtres, 55, 95
    Montessori, 170-171
  intellectuelle, 76
  modèle de __, 20
  ouvertes ou à distance (FOAD), 269
forme, psychologie de la __, 286
fossé numérique, 265
fragilisation de la culture, 20
fréquentation scolaire, 54
frères des Écoles chrétiennes, 96, 106, 139, 140, 141, 283
freudisme, 215, 217

G

garçon(s), 180
géographie, 166
géométrie, 168-169
gestalt, 219
gestalt-thérapie, 217

gestion
  de l'espace, 98-99
  du temps, 98
grammaire, 51, 55, 168
« grandes leçons », 165
grec, 40
Grèce antique, 18
  culture de la __, 40
  éducation dans la __, 40
Grecs et début de l'enseignement, 86
groupe, 203
Guizot, loi __, 140

H

hellénisme, 66
héritage de l'Antiquité, 53
histoire, 166-167
homme
  cultivé, 43
  de la nature, 119
  éduqué, 39
    modèle de l'__, 39
  libre, 124
  moderne, 60
  naturel, 122
  traditionnel, 13
humanisme, 12, 19, 21, 34, 60, 66, 68
humanistes, 60, 67

I

ICÉM. *Voir* Institut coopératif de l'école moderne
idées, 31
  désir de joindre le monde des Idées, 31
identification, 180
idéologie(s) de classe, 182
ignorance, 113
imagination, 164
imprimerie, 69, 92, 197, 199
inconscient, 179, 219
individu, 61
individualisation de l'enseignement, 264, 299
individualisme, 113
industrialisation, 115
information, traitement de l'__, 313, 314, 328
Institut coopératif de l'école moderne (ICÉM), 198
instituteur, métier d'__, 48
instruction littéraire, 47
instruments
  psychologiques, 355, 358
  sémiotiques, 356
intégration pédagogique des TIC, 265
intelligence, 339, 343, 357

développement de l'__, 336, 337, 340
  sensorimotrice, 340
  structure(s) de l'__, 337, 341
Internet, 257
introspectionnisme, 290
invasions barbares, 45

J

Jésuites, 93, 96, 98, 102, 105, 106
Jésus, 41, 43
journal, 206

L

langage, 162-163, 344, 347, 354, 357, 359, 364, 368
  communicatif, 359
  éducation au cosmos et __, 167-168
  égocentrique, 359, 360
  extérieur (ou social), 359, 360
  intérieur, 359, 360
  social, 360
latence, période de __, 181
latin, 40
lecture, 49, 54, 55, 102, 202
libération
  de l'enfant, 185
  du désir, 189
  éducation pour la __, 244
  pédagogie de __, 207
  sexuelle, 184
liberté, 60, 112, 123, 124, 158, 169-170, 187, 216, 228
  des élèves, 176
  enfance et __, 125
livres saints, 46
LOGO, 257, 263
logos, 30
loi de Condorcet, 141
  et l'enseignement primaire, 141
loi Guizot, 140
  et enseignement mutuel, 140
  obligations de la __, 140

M

machine à enseigner, 300, 301
maïeutique, 28-30
maître(s), 99, 105, 204
  autorité du __, 205
  d'école, 47, 95
  formation des __, 55, 95, 170-171
  grecs, 41
  voir aussi enseignant(s) et professeur(s)
manuscrits, 46
mathématiques, 163
maturation
  neuropsychique, 341
  physiologique, 341

médiation
  instrumentale, 354
  sociale, 366
  symbolique, 354, 356
    outils de, 356
mémoire, 324, 326
  à court terme, 314, 316
  à long terme, 314, 315
  de travail, 316
  épisodique, 315
  procédurale, 327
  sémantique, 315, 327
métacognition, 327, 328, 366, 368
  notion de __, 366
métaphysique, 31
méthode(s), 89, 96
  actives, 342
  caractéristiques de la __, 97, 104
  d'alphabétisation, 249
  d'enseignement. Voir enseignement
  dialogique, 246
  en pédagogie, 105
  génétique, 355
  historico-critique, 339
  instrumentale, 355
  pédagogiques, 55
  psychogénétique, 339
métier(s)
  d'instituteur, 48
  éducation aux __, 77
  spécialisé de l'enseignement, 96
milieu moral organisé, 47, 48
modelage, 318, 320
modèle(s), 12-13, 25, 31, 61
  à copier, 24
  anthropologique, 70
  autoritaires, 11
  cognitifs d'apprentissage, 33
  d'action, 14
  d'éducation, 12, 20
  de conduite, 13
  de courage, 13
  de culture. Voir culture
  de formation, 20
  de l'homme éduqué, 39
  de pensée, 13, 14
  de vie, 12, 13, 14, 23, 24
  environnemental de l'activité
    éducative, 226
  établis
    crise des __, 12
    de la culture, 13
  féminin, 13
  masculin, 13
  pédagogique, 228-230
  réductionniste, 216
  religieux, 11
  sociaux, 22
  suprahumains, 63

surhumains, 13, 14
  traditionnels, 11
modernité, 223
modification du comportement, 297
moines, 46, 51
monde
  de l'éducation, 264
  de l'enfant, 150
  des Idées, 31
    désir de joindre le __, 31
monothéisme, 42, 62
motivation, 201
« mots génératifs », 249
Moyen Âge, 46, 70, 87, 88
  crises vécues à la fin du __, 53
mythe de la caverne, 32

N

nature, 63, 96, 121
  culture et __, 17
  de l'enfant, 148
  et Renaissance, 63
  homme de la __, 119, 122
  humaine, 292
  unité de la __, 281
navigation du savoir, 267
nécessité de l'éducation, 22
non-directivité, 232
normalisation, 156
notion(s)
  de compétence, 370
  de métacognition, 366
  de réponse, 295
  de stimulus, 295
  de transfert, 323
  scientifiques, 360, 362, 363
novices, 312
  fonctionnement cognitif des __, 312
  performances des __, 312

O

objectivation, 321, 327
observation des comportements, 292
Occident, 13, 17
  civilisation en __, 18, 19
  culture en __, 66, 215
  éducation en __, 11, 12
Œdipe, complexe d'__, 179, 182
opérations
  déductives, 343
  intellectuelles, 358
  logiques, 343, 367
  mentales, 358
opinions, 32
orateur, 43, 72
ordinateur, 311, 313
ordre

pédagogique, 134
scolaire, 104-106
souci de l'__, 135
organisation(s), 338, 355
  de la classe, 98
  des savoirs, 102-104
  pédagogique, 187
orientation
  existentielle et phénoménologique,
    219
  non directive, 213
origine de l'éducation, 21-22
outil(s), 365
  culturels, 358, 359
  de médiation symbolique, 356
  de pensée, 358
  intellectuels, 346
  logico-mathématiques, 347
  matériels, 365
  psychologique(s), 356, 357
  sémiotiques, 357, 358, 363, 366, 368
  symboliques, 364, 365, 368
ouverture à l'expérience, 228

P

Palais, école du __, 51, 52
parents, 189
paroisse, école de __, 52
parole, 18
pédagogie(s), 32, 48, 49, 56, 82, 87, 89,
    95, 96, 97, 105, 122, 132, 133, 140,
    176, 220-223, 336, 337
  active, 125, 165
  apparition de la __, 92-96, 111, 133
  d'expression, 198
  de l'effort, 32
  de l'enfance, 30
  de la contrainte, 225
  de la découverte, 345
  de libération, 207
  encyclopédique, 231
  engagée, 200
  et éducation, 48
  et science, 142, 143
  et tradition, 143
  expérimentale, 142
  fermée, 231
  Freinet, 196, 198, 200, 201, 205
  libératrice, 247
  libertaire, 176
  libre, 231
  matérialiste, 198
  médiévale, 55
  méthode en __, 105
  nouvelle, 132, 144, 145, 146, 148,
    150, 176, 196
    partisans de la __, 146
  organique, 224

ouverte(s), 165, 223-224, 226-227, 230-231
rousseauiste, 123-125
selon Binet, 143
traditionnelle, 106, 145, 146, 148, 150, 178, 299
opposants à la __, 146
traités de __, 55, 103, 105
pédagogue(s), 56
peines, 100
pensée
conceptuelle, 360, 362
développement de la __, 344, 357, 362
élaboration de la __, 337
intuitive, 340
logico-mathématique, 337, 340
modèle de __, 13, 14
opératoire
concrète, 340, 344
formelle, 340, 344
outils de __, 358
préopératoire, 340
rationnelle, 18, 19, 31
symbolique, 340
verbale, 359, 360
période de latence, 181
personnalité, 157
sociale, 164
personne, 218-219, 227
construction de la __, 158-159
développement de la __, 157
perspective
constructiviste, 334, 338, 370, 371
socioconstructiviste, 334, 363, 365, 366, 370, 371
persuasion, 26
peuple(s), 113
enfants du __, 105
phase
d'acquisition, 317
de rétention, 320
philosophe(s), 18, 43, 115
philosophie, 17, 25, 30, 31, 33, 114-115
des Lumières, 111-112
et arts, 112
et techniques, 112
empiriste, 291
plaisir, 180
plan
de Condorcet, 141
individuel (ou intrapsychologique), 356
interpsychologique, 356, 358
intrapsychologique, 356, 358
social (ou interpsychologique), 356
planification, 322
pluralisme, 17, 18, 38, 61

pluralité des éducations, 25
poésie, 25
poètes, 25
polythéisme, 62
positivisme, 282
posture de l'enfant, 99
pratique
autonome, 319
dans la culture grecque (praxis), 278, 279
de l'alphabétisation, 249
guidée, 319, 320
indépendante, 320
scolaire, 104
praxis. Voir pratique, dans la culture grecque
libératrice, 244, 246
prédiction des comportements, 290
principe de base de l'enseignement mutuel, 135
problème(s)
concept de __, 314
résolution de __, 312
procédés de contrôle, 135
et enseignement mutuel, 135
processus
d'abstraction réflexive, 366
d'accomodation, 342
d'assimilation, 342
d'équilibration, 341
psychiques, 361
professeur(s)
comme émancipateur, 188
premiers __, 27
rôle du __, 188
voir aussi enseignant(s) et maître(s)
programme(s)
de l'école élémentaire, 54
scolaire(s), 202
transmis aux élèves, 150
progrès, 68
siècle des Lumières et __, 113-114
propos intérieurs, 359, 360
protestantisme, 65, 92
psautier, 54
psychanalyse, 178, 181, 286
psychanalystes, 219
humanistes, 216
psychogénèse, 339, 357
psychologie(s), 143, 284
américaine, 217
cognitive, 286
de la forme, 286
du comportement, 286, 290
expérimentale, 123
génétique, 343
humaniste, 157, 267, 286
phénoménologique, 287
scientifique, 215, 285, 290

stimulus-réponse (S-R), 295
transpersonnelle, 287
psychopédagogie, 278, 287
psychothérapie, 213, 219-220
pulsion sexuelle, 179
punitions, 101, 298

Q

quadrivium, 51, 55, 73
questionnement, 320

R

raison, 18, 19, 29, 57, 63, 69
âge de __, 164
siècle des Lumières et __, 112-113, 114
raisonnement, 17
rationalisme, 12, 19, 20, 21, 34, 53, 337
antique, 20
classique, 21
du siècle des Lumières, 114
rationalité, 15, 17, 18, 30, 112
récompenses, 100, 101, 294
rééquilibrages, 345
réflexe(s), 293
conditionnels, 293
inconditionnels, 293
réflexion épistémologique, 337
Réforme protestante, 64, 92
refoulement, 179, 181
réinvestissement, 322
relativisme, 17, 18
religion, 13, 14, 15, 41
Renaissance, 60, 88, 110, 111
carolingienne, 63-64
importance de la nature à la __, 63
science et technique à la __, 68-69
réponse (R)
notions de __, 295
représentation, 316, 317, 318
répression, 215
sexuelle, 183
résolution de problèmes, 312
rétention, phase de __, 320
rétroaction, 327
réversibilité opératoire, 343
révolution
américaine, 116-117
cognitive, 312
copernicienne, 68
tranquille, 223
Révolution française, 117
rhétorique, 26, 41, 51
rôle du professeur, 188
Rome, 39, 40
rythme, 202

S

sage, 26
savant, 26
savoir(s), 24, 28, 29, 31, 33, 71, 103, 141, 225
    collectif, 24
    culturel, 24
    division du __, 103
    économie du __, 264
    encyclopédique, 76
    implicite, 24
    individuel, 24
    navigation du __, 267
    organisation des __, 102-104
    pédagogique, 105, 141
    réfléchi, 24
    socialement partagé, 24
    spécialisé, 25
    techniques, 25
    théorique, 24
    universel, 76
« savoir argumenter », 29
« savoir convaincre », 26
savoir-faire, 25
« savoir parler », 26, 29
« savoir penser », 30
« savoir-s'y-prendre », 24
schéma, 315
schèmes, 341
    d'assimilation, 340, 345
schisme de la papauté, 64
science(s), 15, 17, 25, 63, 68-69, 77, 141, 143
    à la Renaissance, 68-69
    dans la culture grecque (épistémè), 278, 279
    de l'éducation, 277, 278, 285
        création d'une __, 278
    et le Siècle des lumières, 141
    et pédagogie, 142, 143
    fonctions fondamentales de la __, 141
    philosophie des Lumières et __, 112, 113-114
    unité de la __, 291
scientisme, 282
scolastique, 52-53, 71
sentiments, 228
sexualité, 180, 182, 183, 185
Siècle des lumières, 111-117
    et progrès, 113-114
    et raison, 112-113, 114
    et science, 141
    rationalisme du __, 114
singuliers matériels, 279
socialisation de la culture, 22-23
socialisme, 196
société(s), 25, 119, 184
    archaïques, 17
    autoritaires, 14, 15, 17

closes, 14
fermées, 14, 16
froides, 14
informationnelle, 261
moderne, 15
ouverte(s), 14, 16, 17
religieuses, 14, 15, 17
stables, 14
traditionnelle(s), 14, 15, 23-24
socioconstructivisme, 334, 351, 363, 364, 367, 369
sociogénèse, 339
soi
    actualisation de __, 228
    construction de __, 159
sophistes, 18, 26-27, 28, 86
spiritualisme, 178
spontanéité de l'enfant, 140
S-R. Voir psychologie, stimulus-réponse
stade
    anal, 180
    oral, 180
    phallique, 180-182
stimulus (S)
    notions de __, 295
stimulus-réponse, psychologie __, 295
stratégies cognitives, 328
structure(s)
    de connaissance(s), 340, 342, 343
    de l'intelligence, 337, 341
    logico-mathématiques, 338, 340
    opératoires de l'intelligence, 340
sublimation du désir, 182, 184
sujet épistémologique, 339, 343, 368
système
    d'émulation, 101
    scolaire, 52

T

technè. Voir art, dans la culture grecque
technique(s), 15, 63, 68-69
    à la Renaissance, 68-69
    corporelles, 24
    du travail scolaire, 197
    philosophie des Lumières et __, 112
technologie(s)
    de l'enseignement, 302
    de l'information et de la communication (TIC), 256
temps
    gestion du __, 98
    modernes, 68
tendance(s)
    actualisante de l'organisme, 218
    humaines, 159
textes sacrés, 65
théologie, 52-53
théorie(s)
    associationniste, 292

cognitivistes, 335
    de l'apprentissage, 313
    développementalistes, 335
    personnalistes en éducation, 232
thérapeute, 219
thérapie, 213
TIC. Voir technologie(s), de l'information et de la communication
    intégration pédagogique des __, 265
tradition(s), 13, 14, 15, 18, 24, 38, 86, 112, 133, 134, 141, 142, 145
    crise de la __, 62
    occidentale, 30, 47
    orales, 25
    pédagogique, 106, 132, 133, 134, 141, 146
        caractéristiques de la __, 133
        et communautés religieuses, 134
        façons de faire et la __, 133
        prolongement de la __, 135
traitement de l'information, 313, 314, 328
traités de pédagogie, 55, 103, 105
transfert, 323, 324, 325, 326, 327
    des apprentissages, 323, 324
    efficacité du __, 325
    et enseignement explicite, 325
    et nouvel apprentissage, 327
    notion de __, 323
transmission
    éducative, 341
    sociale, 341
travail
    mémoire de __, 316
    scolaire, 169
        techniques du __, 197
trivium, 51, 55, 73
types de connaissances, 315

U

unité
    de la nature, 281
    de la science, 291
universalité de l'éducation, 22
université, 20, 51, 74
Ursulines, 106
utopiste, 30

V

valeurs, 61
vie
    modèle de __, 12, 13, 14, 23, 24
    pratique, 161-162
volonté générale, 120
zone
    de développement proximal, 360, 361, 365, 368
    proximale de développement, 346

Photographies

p. 28   Socrate   ©Publiphoto

p. 30   Platon   ©Publiphoto

p. 51   Charlemagne   ©AKG Images

p. 75   Rabelais   ©AKG Images

p. 79   Érasme   ©Publiphoto

p. 117   Jean-Jacques Rousseau   ©AKG Images

p. 157   Maria Montessori   ©Hulton — Deutsch Collection/Corbis/Magma

p. 177   Alexander S. Neill   ©Getty

p. 197   Célestin Freinet   ©Institut national de recherche pédagogique — Musée national
                                               de l'éducation

p. 212   Carl Rogers   ©Ressmeyer/Corbis/Magma

p. 239   Paulo Freire   ©Paulo Freire Institute

p. 258   L'Apple II   ©Smithsonian Institute

p. 261   Couverture du magazine *Time*   ©Getty

p. 295   J.B. Watson   ©Corbis/Magma

p. 296   B.F. Skinner   ©Publiphoto

p. 313   Robert Gagné   ©Mudd Library — Princeton University

p. 335   Jean Piaget   ©Publiphoto

p. 353   Lev Vygotsky   ©Davidson Films inc.